Hans Rudolf Klein

EINE BAYERISCHE CHRONIK

Die Hofmark Kempfenhausen
am Starnberger See

HANS RUDOLF KLEIN

Eine Bayerische Chronik

Die Hofmark Kempfenhausen am Starnberger See

See Verlag

Graphik: Robert Bernhardt, Neusäß
Gesamtherstellung: Kösel, Kempten
Lithographien: Graf & Fraunholz und SM Litho, Augsburg
Printed in Germany
ISBN 3-930080-11-7

Schloß Kempfenhausen
Kupferstich
Michael Wening 1701

KEMPFENHAUSEN

Ein Villenort am Ufer des Starnberger Sees ohne große Bedeutung, mit seinem Freizeitgelände Ziel vieler Erholungssuchender, das ist Kempfenhausen heute. Folgt man aber den geschichtlichen Spuren dieser alten Hofmark, die bis zur bajuwarischen Besiedelung im 6. und 7. Jh. zurückreichen und immer wieder mit der Geschichte des Landes eng verwoben waren, dann entfaltet sich eine erstaunlich lebendige, reiche, vielgestaltige Vergangenheit, und es ergeben sich sehr interessante Rückblicke auf die Epochen der bayerischen Geschichte und der Landschaft um den See. Kempfenhausen ist ein Platz, den schon die Menschen der Jungsteinzeit, 4000 Jahre vor unserer Zeitrechnung, für ihre Pfahlbauten am Ufer des Sees ausgewählt haben und in dessen Umfeld Hügelgräber der Bronzezeit und Spuren der Kelten und Römer zu finden sind. Kempfenhausen, im 8. Jh. Ausstattungsgut des Klosters Tegernsee, dann Besitz der mächtigen Grafen von Ebersberg, die das Land gegen die Ungarneinfälle verteidigt haben, war mehr als hundert Jahre Sitz adeliger Dienstmannen des Bischofs von Freising und der Burghauptleute der bischöflichen Burg Beigarten auf dem Isarhochufer gegenüber von Kloster Schäftlarn. Vierhundert Jahre lang war Kempfenhausen Sitz Münchner Patrizier und Bürgermeister, und in der Zeit der großen Seefeste, Seejagden und des Bucentaurus Besitz der bayerischen Kurfürsten Ferdinand Maria und Max Emanuel. Es war Sitz bayerischer Adeliger bis in unser Jahrhundert, aber auch Sitz zäher Bauernfamilien und Fischerfamilien, die sich in allen Fährnissen der Zeit behauptet haben. Heute ist Kempfenhausen ein attraktives Wohngebiet und Standort bedeutender Kliniken und Verlage.

Die Vergangenheit Kempfenhausens ist lebendig geblieben in dem unter Denkmalschutz stehenden Schloß aus dem 16. Jh., in der Schloßkirche, einem Kleinod mit reicher Rokokoausstattung, in der Kirche St. Peter und Paul, eine der ältesten bayerischen Kirchen, die in den Ungarneinfällen zerstört und dann wieder aufgebaut wurde, und in zahlreichen bemerkenswerten Villen, die ebenfalls unter Denkmalschutz stehen. Dieser Ort hat immer wieder interessante und oft auch bedeutende Menschen angezogen. Sie alle haben Spuren hinterlassen. Dieses Buch ist der Versuch, diese Spuren aufzudecken.

Hans Rudolf Klein

INHALT

ERSTER TEIL

Entstehung der Landschaft und die Vor- und Frühgeschichte

I. Entstehung der Landschaft

II. Kempfenhausen und Haarkirchen, Adelssitze Freisinger und Tegernseer Ministerialen vom 11.–13. Jh.

III. Kempfenhausen und Haarkirchen, Sitz Münchner Patriziergeschlechter und Bürgermeister von 1272–1678

IV. Kempfenhausen im Besitz der Bayerischen Kurfürsten Ferdinand Maria und Max Emanuel von 1678–1690

V. Kempfenhausen im Besitz bayerischer Adeliger von 1690–1837

VI. Kempfenhausen im Besitz von Maximilian Joseph, Herzog in Bayern von 1837–1850

VII. Schloß Kempfenhausen, Adelssitz von 1850–1938

DRITTER TEIL

Das bäuerliche Kempfenhausen

VIERTER TEIL

Die denkmalgeschützten Gebäude in Kempfenhausen und Haarkirchen

ANLAGEN

Starnberger See
Blick von der Starnberger Bucht nach Süden
Am Ostufer der Bucht, Kempfenhausen

VORWORT

Am Ostufer des Starnberger Sees, in der Starnberger Bucht, liegt der Ort Kempfenhausen, heute ein Teil der Gemeinde Berg.

Lorenz von Westenrieder,[1] einer der bedeutenden bayerischen Geschichtsschreiber, hat den Starnberger See 1784 so beschrieben:

»Der Würmsee ist unstreitig in Baiern der reitzendste. Sein Wasser ist von schöner hellblauer Farbe, frisch und durchsichtig, und in steter Bewegung. Die sanften Berge, welche sich zu beyden Seiten längst dem See hinabziehen, sind größtentheils mit anmuthigen Waldungen, zwischen welchen schöne, frische Felder und Wiesen innen liegen, wie mit einer Tapete, geziert. Am Fuße der Hügel liegen, im romantischen Reitz, einsame und ärmliche Schifferhütten, aber auf den offnen Anhöhen erblickt man, fast immer in Entfernungen von weniger als einer Stunde, ansehnliche Schlösser mit Thürmen und Mauern, und darunter einzelne Kirchen, beyderseits den ganzen See hinunter, an dessen Ende die, wiewohl noch weit entfernten bairischen Alpen, und hinter diesen, die himmelhohen Felsen, und Schneegebirge sich aufthürmen. Gewiss eine der prächtigsten Scenen in der Natur, voll erhabener und einfacher Maiestät.«

Kempfenhausen bestand schon ein Jahrtausend, als 1701 der Band »Rentamt München« der »Beschreibung des Kurfürsten- und Herzogtums Ober und Niedern Bayern«[2] von dem 1645 in Nürnberg geborenen Kupferstecher Michael Wening veröffentlicht wurde. In dieser ersten systematischen bildlichen Darstellung der »Stätt, Märkt, Clöster, Graf- und Herrschaften, Schlösser, Probsteyen, Commenduren, Hofmarken, Sitz und Sedel des gantzen Lands«, heißt es im Band »Rentamt München« über Kempfenhausen:

»Kempfenhausen ist ein Hofmarch / liegt in Ober Bayrn am Würmsee / Gericht Wolfertshausen / Renntambt München / Bistumb Freysing / unweit der berühmbten Wallfahrt / und Miraculosem U. L. Frauen Bildniss Auffkirchen / allwohin es auch Pfarrgehörig / hat ein hipsches Schloss / neben vielen Weyern / und Puechwaldungen; der Innhaber dessen ist der Churfürstl. Cammerer und Revisions Rath / Herr Caspar Marquardt Zindt / Freyherr von Kentzing; warbey ein der Heil. Mutter Anna decitirtes Gottshauss / in welches Herr Servatius Barth von Harmating schon in Anno 1523 als damaliger Besitzer dieser Hofmarch / einen ewigen Jahrtag /

[1] Lorenz von Westenrieder: Beschreibung des Würm- oder Starnberger Sees 1784
[2] Michael Wening: Typographia Bavaria, Rentamt München 1701

sambt einer Spendt auf jedesmalligen 26. Julij / als auff St. Anna Fest gestüfftet; dazue gehöret auch die Hofmarch Haarkirchen / allwo auch ein Gotteshauss / und ruhen in diesem die zwey heilige Apostel Peter und Paul / so ein Filial nacher obigem Aufkirchen / welches gleich an Kempfenhausen liget / ein Continuum machet / und selbiger Hofmarch incorporirt ist.«

Damals lebten im Kurfürstentum Bayern etwa 1 Million Menschen.[3] Ein Drittel davon lebte im Rentamt München, das sich weitgehend mit dem heutigen Oberbayern deckte. Es hatte mit 24% den weitaus größten Anteil an bürgerlicher Bevölkerung, die in 16 Städten – darunter München mit 39000 Einwohnern – und in 25 Märkten lebte. Das Land war jedoch überwiegend Agrarland und wurde von 115000 bäuerlichen Familien bestellt. 96% der Bauern waren von irgendwelchen Grundherren – dem Kurfürsten, der Kirche oder dem Adel – abhängig. Nur 258 Familien im Herzogtum hatten volle Edelmannsfreiheit, doch 600 Familien waren im Besitz von Hofmarken. Darin spiegelt sich der Aufschwung des Bürgertums. Das Grundeigentum befand sich zu 25% in Obereigentum des Adels, und die 83 Prälatenklöster und Stifte der Benediktiner, Augustiner, Zisterzienser und Prämonstratenser besaßen 56% der Bauerngüter.

Bis in unser Jahrhundert konnte Kempfenhausen seine ursprüngliche Siedlungsstruktur aus der Zeit der bayerischen Landnahme im 6. und 7. Jh. bewahren, und glücklichen Umständen ist es zu verdanken, daß erhaltengebliebene geschichtliche Zeugnisse die Entwicklung und die Lebensumstände Kempfenhausens bis in seine Anfänge zurückverfolgen lassen.

[3] Andreas Kraus: Geschichte Bayerns 1983

Kurfürstliche Hirschjagd am Starnberger See zwischen Kempfenhausen und Berg
Aquarell
Maximilian de Geer 1730

ERSTER TEIL

Entstehung der Landschaft und die Vor- und Frühgeschichte

I. Entstehung der Landschaft

Die Menschen werden von der Landschaft geprägt, doch was prägt die Landschaft ?

Diese Frage läßt sich für das Gebiet zwischen Isar, Starnberger See und Ammersee leicht beantworten, denn diese Region hat, wie das gesamte nördliche Alpenvorland, ihre charakteristische Ausprägung durch die Eiszeit erhalten und insbesondere durch die letzte der vier großen Eiszeitperioden, die sogenannte Würmeiszeit, die sich von etwa 70000 v. Chr. bis ca. 10000 v. Chr. erstreckte.

1. Entstehung der Alpen

Die Grundlagen für die Alpen und das heutige Alpenvorland begannen sich im Erdzeitalter des Trias vor 230 Mio. Jahren zu bilden, als unser Gebiet von einem riesigen Meer, dem sogenannten Tethysmeer, bedeckt war, in dem sich während der nächsten 160 Mio Jahre Kalkschlamm absetzte.[1] Dieser Kalkschlamm schichtete sich bei gleichzeitigem Absinken der Meeressohle mehr als 1000 m dick auf. Dort, wo der Kalkschlamm auf magnesiumreiche Wässer traf, wurde er in Dolomit umgewandelt.

Vor etwa 115 Mio. Jahren begannen die Geburtswehen der Alpen, d. h. die Alpenfaltung und Alpenüberschichtung. Erstmals gerieten kontinentgroße Teile der Erdrinde, bis zu 100 km dick, sogenannte »Platten«, in Bewegung und kollidierten miteinander. Im Verlauf dieser riesigen Erdkrustenbewegungen zerbrach das ursprünglich horizontal liegende Gesteinspaket des Tethysmeerbodens in »Decken«, die steilgestellt, in sich verfaltet und übereinander geschoben wurden.

Das alles passierte unter dem Meeresspiegel des noch immer vorhandenen Tethysmeeres. Vor ca. 35 Mio. Jahren, hoben sich die zentralen Alpen, und mit ihnen die nördlichen Kalkalpen, aus dem Meer heraus. Jetzt erst begann die festländische Geschichte der Alpen, zunächst als flaches Hügelland, allmählich als Mittelgebirge und schließlich als Hochgebirge. Die Alpenhebung teilte das Meer, wodurch im Süden der Vorläufer des Mittelmeeres entstand und im Norden ein Teil des Tethysmeeres verblieb. Gebirgsflüsse transportierten ständig Gesteinsschutt aus den Alpen in das nördliche, tiefer gelegene und ständig absinkende Becken, das anfangs gänzlich und später zeitweise vom Meer überspült war. Erst vor 18 Mio. Jahren zog sich das Meer endgültig aus Südbayern zurück, doch die Ablagerung von Gesteinsschutt ging weiter. Diese abgelagerten Gesteinsmassen nennt man »Molasse«. Auch diese Molasse wurde von den bis in die Jungsteinzeit – ca. 4000 bis 3500 v. Chr. – anhaltenden Bewegungen des Alpenkörpers aufgefaltet und steilgestellt.

In der Zeit, in der sich die Molasse bildete, herrschte subtropisches Klima. Beiderseits der Flüsse erstreckten sich weitausgedehnte lianenreiche Urwälder, in

[1] H. Frank, W. Jung, W. Werner: Geologie rechts und links der Isar in »Die Isar« 1983.

Entstehung der Alpen

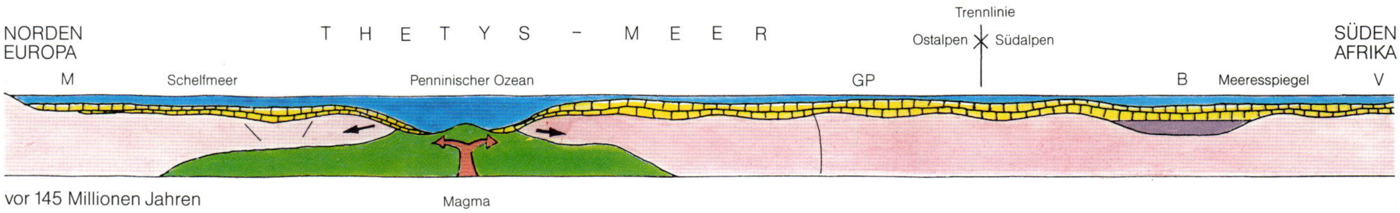

vor 145 Millionen Jahren
JURA

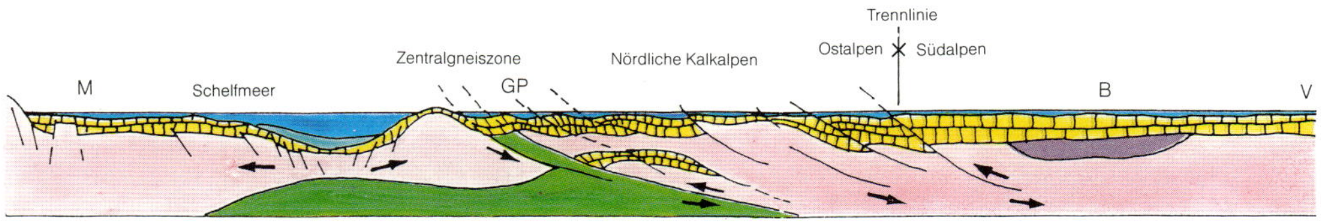

vor 70 Millionen Jahren
KREIDE

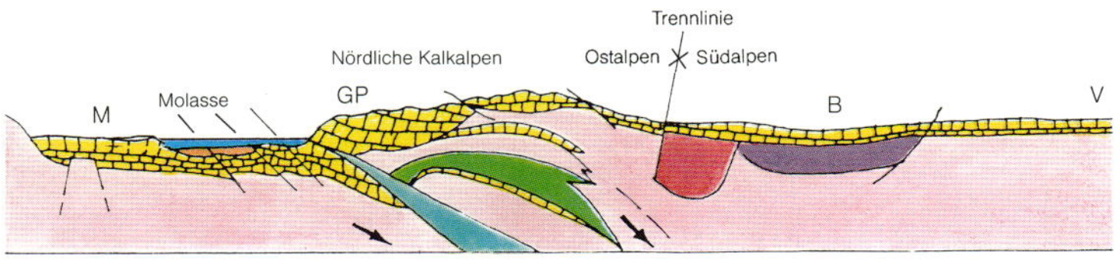

vor 37 Millionen Jahren
TERTIÄR

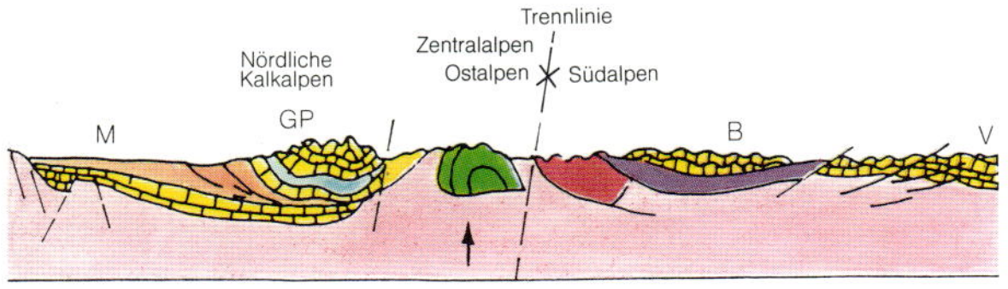

GEGENWART

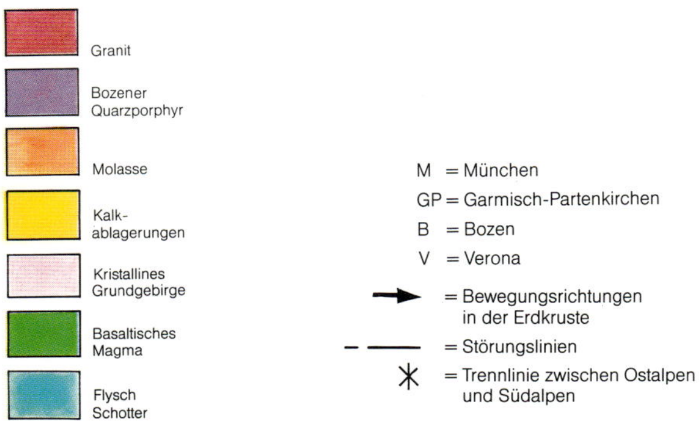

Vor Mill. Jahren	Ära	Epoche	Ereignisse
230	Erdmittelalter	TRIAS	Der Großteil der kalkalpinen Gesteine bildet sich als mehrere 1000 Meter starke Kalkablagerungsschicht des Tethysmeeres vor 225 bis 190 Millionen Jahren.
195		JURA	Die obersten 100 bis 200 Meter starken Ablagerungen des Tethysmeeres stammen aus der Jura- und Kreidezeit.
140		KREIDE	In der Kreidezeit geraten erstmals bis zu 100 km dicke kontinentgroße Teile der Erdrinde in Bewegung. Die Platten von Europa und Afrika kollidieren. Noch sind die Kalkalpen weit im Süden, wandern aber immer weiter nach Norden. Durch diese Erdkrustenbewegung wird das Gesteinspaket des Tethysbodens zerbrochen, steilgestellt in sich verfaltet und übereinandergeschoben. Das alles geschieht zunächst noch unter dem Meeresspiegel.
65	Erdneuzeit	TERTIÄR	Vor etwa 37 Millionen Jahren heben sich die zentralen Teile der Alpen und die Nördlichen Kalkalpen aus dem Meer heraus und werden zum Hochgebirge empor gehoben. Der südliche Teil des geteilten Meeres ist der Vorläufer des Mittelmeeres. Vor 18 Millionen Jahren zieht sich das Meer aus Südbayern zurück.
2,2		QUARTIÄR	Die Wasser der Gebirgsflüsse verfrachten Gesteinsmassen in die tiefer liegenden Becken, die sogenannte Molasse.

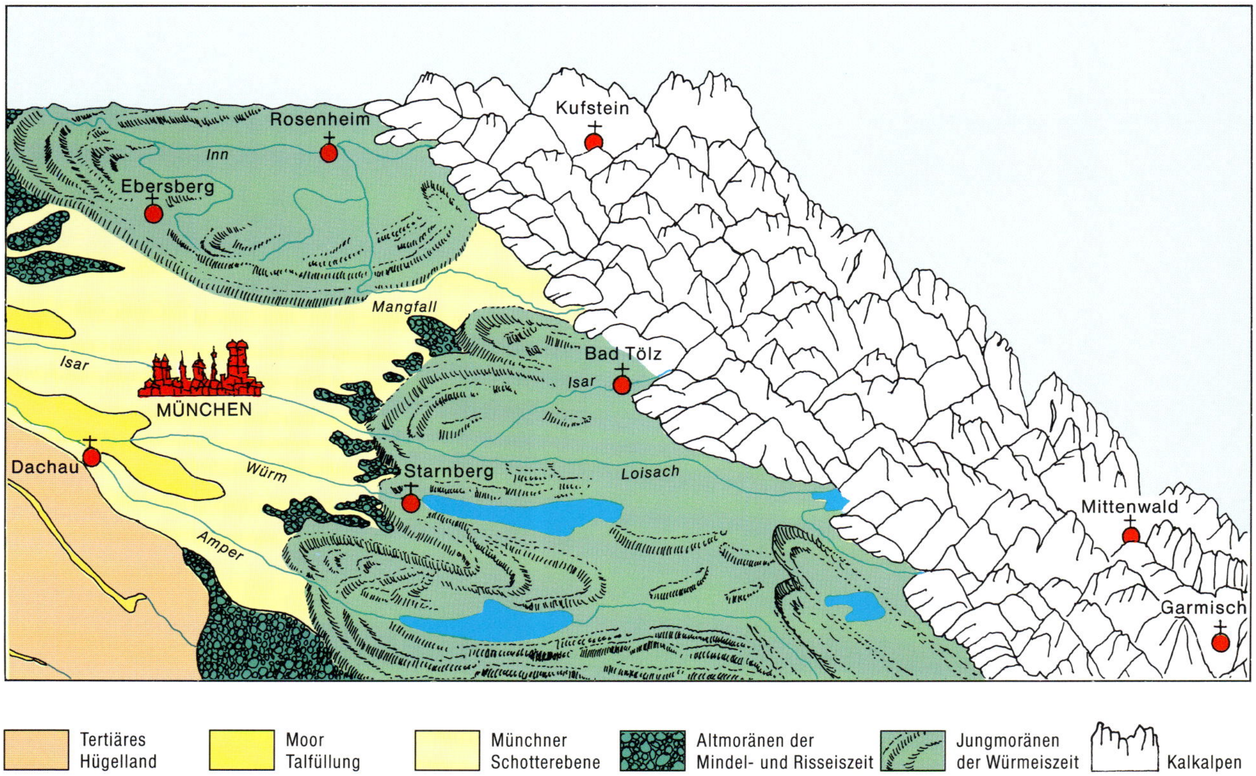

Das Alpenvorland nach der letzten Eiszeit, der Würmeiszeit

denen Laubbäume, Kastanien, Lorbeer und Palmen vorherrschten. Im Laufe der Zeit traten an die Stelle der immergrünen Bäume Gehölze mit sommergrünem Laub. Lorbeerbäume, Magnolien und Palmen verschwanden, und statt dessen gaben jetzt Nußbäume, Ulmen und Eichen den Ton an. D.h. das Klima wurde kälter. Ähnliche Veränderungen gab es auch in der Tierwelt.

2. *Beginn des Eiszeitalters*

Das große »Eiszeitalter« und damit einer der bedeutendsten Klimaumschwünge der Erdgeschichte begann vor etwa 2 Mio. Jahren.[2] Das warm-gemäßigte Klima der Tertiärzeit, in der das Mittelmeer noch bis zum Alpensüdfuß reichte, begann sich in Schwankungen zu verschlechtern.

Durch fallende Temperaturen kam es in Polnähe zu immer ausgedehnteren Vereisungen. Mit der Bindung von Wasser als Inlandeis sank der Spiegel der Weltmeere, und es bildeten sich Landbrücken aus. Die Klimagürtel verschoben sich äquatorwärts. In den Hochgebirgen sank die Schneegrenze von 2500 m um ca. 1200 m. Es bildeten sich immer tiefer herabreichende Firngebiete, die Gletscher rückten durch vorgezeichnete Täler vor und kolkten diese aus. Das Eisregime dehnte sich bis ins Vorland aus. Die Mächtigkeit des Vorlandeises nahm von über 1000 m in den Alpentälern bis auf 100 m am Zungenende ab. Schließlich waren 55 Mio. km^2 der Erde von Eis bedeckt, während es heute nur 15 Mio. km^2 oder ein Viertel davon sind.

Das Eiszeitalter ist durch mehrfachen Wechsel von Kalt- (Glazial-) und Warm- (Interglazial-) Zeiten gekennzeichnet.[3] Im Alpenvorland unterscheidet man vier große Kaltperioden, benannt nach den Flüssen Günz (vor 800000 Jahren), Mindel (vor 380000 Jahren), Riß (vor 120000 Jahren) und Würm (vor 70000 Jahren), zwischen denen Warmzeiten von z.T. mehr als 100000 Jahren Dauer lagen, mit einem Klima, das unserem heutigen Klima ähnlich oder wärmer war.

Während der Kaltzeiten lag die Temperatur in Mitteleuropa 8° bis 12 °C niedriger als heute.[4] Im Alpenvorland läßt sich für diesen Zeitraum folgende monatliche Temperaturverteilung vermuten:

Januar	− 14 °C	Juli	+ 10 °C
Februar	− 12 °C	August	+ 8 °C
März	− 8 °C	September	+ 4 °C
April	− 2 °C	Oktober	− 2 °C
Mai	+ 4 °C	November	− 8 °C
Juni	+ 8 °C	Dezember	− 12 °C

[2] René Hanke: Eiszeitalter 1951
[3] Albert Penck, Eduard Brückner: Die Alpen im Eiszeitalter 1909
[4] Martin Schwarzbach: Das Klima der Vorzeit 1950

Es gab kühle Sommer mit Temperaturen von + 4° bis + 10 °C und kalte Winter mit – 12° bis – 15 °C mittlerer Temperatur.

Die aus den Alpen vorstoßenden Gletscher der aufeinanderfolgenden Eiszeiten tieften die Talebenen des Alpenvorlandes 200 bis 500 m tief unter die heutigen Talsohlen ein, wobei die Mindelgletscher am stärksten in die Tiefe gewirkt haben. Es ist anzunehmen, daß sich bereits in den frühen Zwischeneiszeiten Günz/Mindel, Mindel/Riß und Riß/Würm durch die Schmelzwasser in den übertieften Becken des Alpenvorlandes Seen gebildet hatten, die die Becken wieder mit feinkörnigen Sedimenten (Seetonen) füllten. Die Schmelzwasser verfrachteten in den Zwischeneiszeiten den Frostschutt und lagerten ihn als Schotterfluren in den Gletschervorfeldern ab.

Die ältesten Schotterablagerungen der Münchner Ebene stammen vermutlich aus der Mindeleiszeit vor 380000 Jahren und sind später von jüngeren Schotterfluren überschüttet worden, die deren Spuren verwischt haben. Die Schotter der Vor-Rißzeit wurden dadurch zu Nagelfluh verkittet. Die am weitesten ins Alpenvorland reichenden und noch nachweisbaren Gletschermoränen wurden in der Rißeiszeit vor 120000 Jahren bei Oberföhring und Ismaning geschüttet.

3. Die letzte, die Würmeiszeit

Die Schotter der letzten Kaltzeit, die Jungendmoränen der Würmeiszeit von 70000 bis 10000 v. Chr., sind vorzüglich erhalten. Sie bilden die Höhenzüge von Söcking über Leutstetten, Karlsberg, Icking, Schäftlarn, Deining und Dietramszell am Nordende des Starnberger Sees und von Schöngeising, Wildenroth über Geltendorf bis zum Westfuß des Hohen Peißenbergs am Ammersee.

Unser Gebiet hat der Isarvorlandgletscher geprägt. Er war das Fusionsprodukt von drei Eiszungen, die in ziemlich gleichen Abständen aus den Alpen hervortraten:

beim Murnauer Moor der Ammerseegletscher
beim Kochelsee, durch den Tischberg in zwei Äste geteilt,
der Würmseegletscher und der Wolfratshauser Gletscher
bei Tölz der Tölzer Gletscher

Zwei Stammfurchen des Isargletschers sind noch heute vom Ammersee und vom Würmsee gefüllt.

Der Seespiegel der beiden Seen war ursprünglich auf gleicher Höhe bei etwa Kote 605 m über NN. Heute liegt der Wasserspiegel des Starnberger Sees bei Kote 584 m und ca. 50 m höher als der Wasserspiegel des heutigen Ammersees.[5] Nacheis-

[5] A. Rothpletz: Der Isarvorlandgletscher 1917

zeitliche Bewegungen haben wahrscheinlich zu den einschneidenden Veränderungen für die Voralpenseen geführt.

Der Würmsee war mit dem gewaltigen System der Loisachseen – Murnauer See, Kochelsee und Wolfratshauser See – verbunden, die sich nach dem Abschmelzen des würmeiszeitlichen Isareises gebildet hatten, und reichte bis zu den Felsrippen, die ihn von den Seebecken vor Murnau und Kochel abtrennten, die heute zum größten Teil vermoort sind. Die Drumlinfelder von Königsdorf und Herrenhausen ragten als Inseln daraus hervor. Die alten Uferlinien der später deutlich abgesunkenen Seen Würmsee und Ammersee liegen heute am Südende bei Seeshaupt und Fischen etwa 40 m höher als am Nordende bei Starnberg und Stegen, was auf die bereits erwähnten nacheiszeitlichen tektonischen Bewegungen schließen läßt.[6]

Am Starnberger See sind mehrere Wasserspiegelschwankungen feststellbar. Heute liegt der See etwa 20 m tiefer als ehedem und hat an Ausdehnung verloren. Zwischen 2000 v. Chr. und 1000 v. Chr. muß der Seespiegel noch um 2 m niederer gelegen haben als heute, was zahlreiche tiefliegende Gräberfunde nahelegen. Am Ammersee waren die Veränderungen noch einschneidender als am Starnberger See. Aus dem Einbruch der Ammer, die vorher zum Lech abgeflossen war, als neuer Zufluß, und durch die Eintiefung des Amperabflusses, wahrscheinlich infolge des zunächst angestiegenen Sees, resultierte eine Wasserspiegelsenkung, durch die der Ammersee 40% seiner Fläche und die Verbindung zum Pilsensee und Wörthsee verlor.

Die Isar schließlich, die ursprünglich die Schmelzwasser des Isargletschers durch den heute trockenen Teufelsgraben zur Mangfall abführte, durchbrach sowohl die Endmoräne bei Tölz als auch die Endmoränensperre bei Schäftlarn und brachte den einst 150 m tiefen Wolfratshauser See zum Auslaufen.

Alle diese Vorgänge müssen erst in jüngerer Zeit erfolgt sein, da damals schon die Buche und der Bergahorn dominierten. Das läßt sich an den Tuffen nachweisen, die sich schon vor dem maximalen Wasserstand gebildet hatten und eine Waldflora enthalten, die der heutigen ähnlich ist. Noch in der geschichtlichen Zeit, bei Apian im 16. Jh., reichte der Ammersee 4 km weiter nach Süden und Raisting lag, ebenso wie Fischen, noch am Ammersee und Benediktbeuern noch am Kochelsee.

Wärmere und kältere Epochen mit wechselnden Auswirkungen auf Flora und Fauna folgten sowohl in den Eiszeiten als auch in den Zwischeneiszeiten aufeinander und sind besonders gut nachweisbar für die Nacheiszeit der letzten 10000 Jahre.

[6] R. Nordhagen, H. Gams: Postglaziale Veränderungen 1923

4. Die Epochen der Nacheiszeit

Für die *Zwischeneiszeit zwischen Riß- und Würmeiszeit* wird eine Dauer von 100000 Jahren vermutet, in der es etwas wärmer war als heute und der Wasserspiegel des Mittelmeeres ca. 15 m über dem heutigen lag. Im Alpenvorland waren in dieser Erdepoche Tanne, Fichte, Birke, Stieleiche und Ahorn verbreitet sowie Urelefant, Höhlenbär, Nashorn und Riesenhirsch.

Die Würmeiszeit, die bisher letzte große Vereisungsperiode im Alpenraum, begann ca. 70000 Jahre vor unserer Zeitrechnung, hatte ihren Höhepunkt vor ca. 18000 Jahren und endete vor ca. 10000 Jahren, als die Gletscher wieder bis zum Alpenfuß zurückgeschmolzen waren. Die Jahrestemperaturen während der Würmeiszeit lagen ca. 8°–12 °C niederer als heute, der Wasserspiegel des Mittelmeeres lag ca. 100 m tiefer als der heutige und die Schneegrenze, d. h. die Höhenlage, von der an der als Schnee gefallene Niederschlag im Sommer nicht mehr abschmilzt, so daß sich eine dauernde Schneedecke bildet, lag um 1200 m niederer als die heutige, die bei 2500 m liegt.

Der Rückzug des Würmeises erfolgte nicht kontinuierlich, sondern mit mehreren Haltepausen, was sich an den Rückzugsmoränen des Starnberger Sees bei Münsing-Söcking, Aufkirchen-Traubing, Allmanshausen-Pöcking, Holzhausen-Feldafing und St. Heinrich-Bernried ablesen läßt, die später durch den Starnberger See in je 2 Hälften geteilt wurden.[7]

Die ältere Dryas- oder Tundrenzeit von ca. *18000 bis 10000* vor unserer Zeitrechnung, in der das Eis abschmolz, hatte ein subarktisches Klima. Selbst in der Endphase der zunehmenden Erwärmung war die mittlere Jahrestemperatur noch etwa 4 °C kühler als heute. Fichte, Weißbirke und Föhre wanderten am Alpenrand ein. Das arktische Faunaelement war mit Mammut, Nashorn und Ren noch stark vertreten, aber daneben traten Waldtiere wie Rot- und Riesenhirsch, Luchs und Wildkatze auf. Steinzeitliche menschliche Spuren, die auch im Voralpengebiet vorhanden gewesen sein dürften, waren durch das Vordringen der Gletscher der Würmeiszeit vernichtet worden.

Die jüngere Dryaszeit von *8800–8000 v. Chr.* brachte noch einmal ein subarktisches Klima und eine Abkühlung auf 7°–8 °C kühler als heute und die Schlußvereisung der Alpen. Drumline, elliptische Moränenhügel von 200–1000 m Länge, die aus alten Moränen, über die neue Eisvorstöße gingen, entstanden sind, stammen aus dieser Zeit. Die Waldgrenze, das ist die Höhenlinie, bis zu welcher der Wald die für sein natürliches Fortkommen notwendigen Bedingungen vorfindet und die

[7] Karl Troll: Die Rückzugsstadien der Würmeiszeit 1917

etwa 800–1000 m unter der Schneegrenze liegt, wurde gegenüber der vorangegangenen Epoche um 400–500 m heruntergedrückt.

In der Borealzeit von ca. *7500–5000 v. Chr.* setzte eine rasche Erwärmung in den Alpen ein und die Gletscher gingen zurück. Es herrschte in dieser frühen Wärmezeit ein trockenes, kontinentales Klima. Die Sommer waren wärmer und trockener als heute. Die Tuffquellen versiegten, die Moore trockneten aus und die Seen verlandeten. In Mitteleuropa starb das Ren aus. Im Alpengebiet bildeten sich frühe Eichenwälder und die Föhre und Lärche breiteten sich aus. Mittelsteinzeitliche Kulturen fehlten noch im gesamten Alpengebiet. Der Mensch war weiterhin vorwiegend Sammler und Jäger, wobei nach Abwanderung der eiszeitlichen Tiere die Fischerei und die Jagd auf Kleinwild und Vögel für ihn an Bedeutung gewannen.

In der Atlantischen Zeit von ca. *5000 bis 2500 v. Chr.* wurde das Klima wieder feuchter. In dieser »mittleren Wärmezeit« war es in Mitteleuropa ozeanisch und die Sommer 2°–3 °C wärmer als heute. Dadurch lagen Schneegrenze und Baumgrenze höher als heute. In dieser Zeit bilden sich die Tufflager und die Flachmoore. Die Stieleiche war der beherrschende Waldbaum neben Linde und Ulme. Im Alpenvorland breiten sich auch Weißtanne und Eibe aus und die ersten Buchen wanderten ein.

Zwischen 4500 und 3500 v. Chr. entwickelte sich die jungsteinzeitliche Lebensform mit Ackerbau und Viehzucht auch im Alpenvorland. Sie führte zu größerer Seßhaftigkeit und zum Bau von Behausungen für Mensch und Tier. Das erforderte eine umfangreiche Vorratshaltung und es entstand Töpfergut.[8] Da sich im späten 5. und frühen 4. Jahrtausend v. Chr. die postglaziale Walddecke aus Eiche, Linde und Ulme geschlossen hatte, mußten die Menschen, um weitflächige Rodungen zu vermeiden, sich auf die Hochterrassenränder entlang der Talauen beschränken, die ihrerseits vielfach vermoort oder mit Schottern, Sanden und Mergel bedeckt waren und nur in günstigsten Lagen als Siedlungs- und Wirtschaftsflächen in Betracht kamen. Am Alpenrand läßt sich zwar für diese Zeit schon Getreidebau nachweisen, doch war er durch die höheren Niederschläge und die schweren Böden für einen ertragreichen Ackerbau wenig geeignet. Günstiger war er für die Viehzucht. Die ausgedehnten Wälder brachten den Jägern reiche Beute.

Mit der Wiederbesiedlung des Alpenvorlandes zwischen 4500 und 3500 v. Chr. begann die Vor- und Frühgeschichte unseres Gebietes, da nun der Mensch stärker in Erscheinung trat. Auch die nun folgenden Epochen wurden, ebenso wie die vorhergegangenen, durch periodische Klimaveränderungen beeinflußt und geprägt.

[8] Georg Kossak: Südbayern, Mensch und Umwelt in vor- und frühgeschichtlicher Zeit 1978

5. Die Geschichte des Waldes im bayerischen Alpenvorland

Das Gebiet des Alpenvorlandes liegt heute 400–600 m über dem Meeresspiegel und steigt im Süden bis über 800 m an. In der nördlichen Hälfte liegt die mittlere Jahrestemperatur heute bei 7°– 8 °C und in der südlichen Hälfte bei 6° – 7 °C. Die Niederschlagsmenge ist mit 700–900 mm/Jahr verhältnismäßig hoch und erreicht am Alpenfuß infolge der großen Sommerniederschläge sogar 1600 mm/Jahr. Bodenbeschaffenheit, Jahrestemperatur und Niederschlagsmenge haben wesentlichen Einfluß auf Art und Umfang der Vegetation und insbesondere der Wälder.

Die Würmeiszeit hatte die Wälder der Zwischeneiszeit aus dem Alpenvorland verdrängt. Die Wiederansiedlung der Vegetation und die Entwicklung neuer Wälder wurden durch die Klimaschwankungen der Nacheiszeit beeinflußt. Dadurch läßt sich auch die Entwicklung des Waldes analog zu den wechselnden Klimaperioden in zeitliche Vegetationsperioden einteilen.[9]

Die Vegetationsperioden der Nacheiszeit

In der *älteren Dryaszeit oder Tundrenzeit von ca. 15000–10000 v. Chr.* war das Klima noch kühl und entsprach etwa dem heutigen Klima jenseits der polaren Baumgrenze. Große Flächen waren noch ohne Pflanzenwuchs, andere nur mit Gräsern, Moosen, Silberdisteln, also Dryas, und vereinzelt mit Wacholder, Zwergbirke und Sanddorn bewachsen.

In der *Allerödzeit oder mittleren subarktischen Zeit von ca. 10000–8800 v. Chr.* war das Klima etwas wärmer geworden, aber immer noch subarktisch-kühl und etwa 4 °C kälter als heute. Lichte Wälder von Zwergbirke und Wacholder herrschten vor. Im bayerischen Alpenvorland trat nun auch die Kiefer auf und breitete sich rasch aus, weshalb diese Periode als *Kiefern-Birkenzeit* bezeichnet wird.

In der *jüngeren Dryaszeit oder Tundrenzeit von ca. 8800–8000 v. Chr.* gab es einen starken Klimarückschlag, und die mittlere Jahrestemperatur wurde wieder 7 °C kälter als heute. Das zurückgekehrte arktische Klima verdrängte die Wälder erneut. Die Tundra mit Zwergbirke, Polarweide, Dryas und Sanddorn kehrte zurück. Diese Periode brachte die Schlußvereisung der Alpen und den eigentlichen Beginn der Nacheiszeit.

Im *Präboreal, der Vorwärmezeit von ca. 8000–6500 v. Chr.*, entstand durch zunehmende Erwärmung ein trockenes Festlandsklima, in dem sich Kiefer und Birke ausbreiten konnten. Diese Vegetationsperiode heißt im Alpenvorland *Kiefer-Birkenzeit*. Im Verlauf dieses Zeitabschnitts erschienen auch erstmals Haselnuß (Corylus), Eiche (Quercus) und Ulme (Ulmus). Während der Eichenmischwald und die Haselnuß weiter vordrangen, ging die Weide zurück.

[9] F. Fibas: Waldgeschichte Mitteleuropas 2. Band 1952

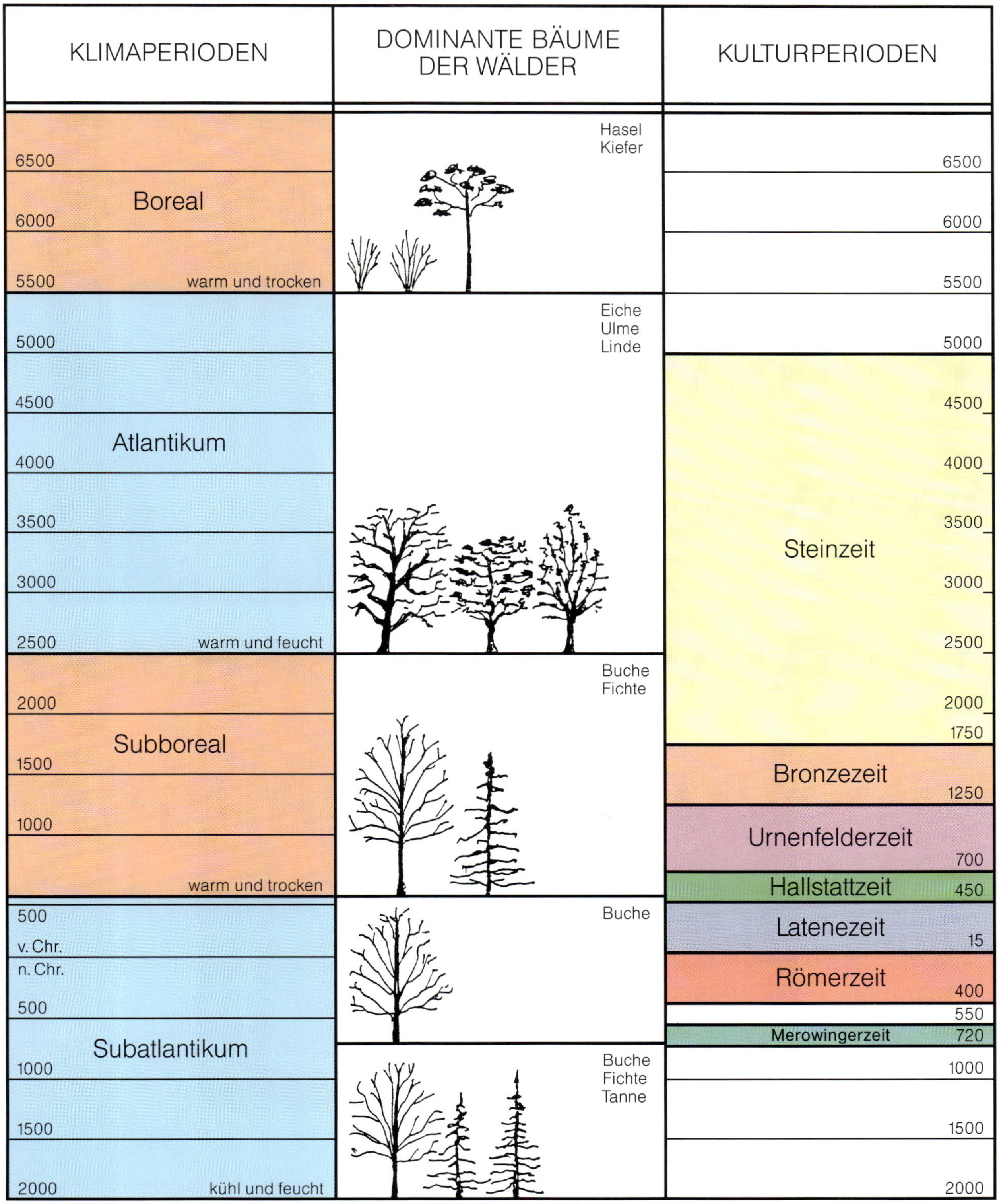
KLIMAPERIODEN
DOMINANTE BÄUME DER WÄLDER
KULTURPERIODEN
6500
Boreal
6000
5500
warm und trocken
Hasel
Kiefer
5000
4500
Atlantikum
4000
3500
3000
2500
warm und feucht
Eiche
Ulme
Linde
2000
Subboreal
1500
1000
warm und trocken
Buche
Fichte
500
v. Chr.
n. Chr.
500
Subatlantikum
1000
1500
2000
kühl und feucht
Buche
Buche
Fichte
Tanne
6500
6000
5500
5000
4500
4000
3500
Steinzeit
3000
2500
2000
1750
Bronzezeit
1250
Urnenfelderzeit
700
Hallstattzeit
450
Latenezeit
15
Römerzeit
400
550
Merowingerzeit
720
1000
1500
2000

Buchen am Starnberger See

Das *Boreal oder die frühe Wärmezeit, von ca. 6500–5500 v. Chr.*, mit einem insgesamt etwas wärmeren Festlandsklima als heute, war für die Kiefern- und Haselwälder günstig, die auch vorherrschten. In dieser *Kiefern-Haselzeit* erschien im Alpenvorland als neuer Baum die Fichte und begann sich langsam auszubreiten.

Im *älteren Atlanticum, dem 1. Abschnitt der mittleren Wärmezeit von ca. 5500–4000 v. Chr.*, war das warme Festlandsklima weiterhin etwas wärmer als heute. Nun begann der Eichenmischwald vorzuherrschen, auch gegenüber der Fichte, und deshalb heißt dieser Zeitabschnitt *EMW-Fichtenzeit*. Im Eichenmischwald spielte, neben der Eiche und der Ulme, vor allem die Linde eine Rolle. In dieser Periode erschienen fast zur gleichen Zeit die ersten Buchen und Tannen.

Im *jüngeren Atlanticum, dem 2. Abschnitt der mittleren Wärmezeit von ca. 4000–2500 v. Chr.*, gewann in einem warmen, feuchten Klima die Fichte bei noch immer beträchtlichen Eichenmischwaldanteil an Boden, so daß dieser Zeitabschnitt als *Fichten-EMW-Zeit* charakterisiert wird.

Im *Subboreal oder der späten Wärmezeit von ca. 2500–800 v. Chr.* wurde das Klima wieder mehr kontinental mit zwar noch warmen Sommern, aber kälteren Wintern. Es war insgesamt ca. 2 °C wärmer als heute. In diesem Zeitabschnitt breiteten sich, bei allmählichem Rückgang des Eichenmischwaldes, die Buche (Fagus silvatica) und die Tanne (Abies) weiter aus, während die Fichte ihren Anteil behielt. Deshalb heißt diese Vegetationsperiode *Buchen-Fichten-EMW-Zeit*.

Im *älteren Subatlanticum, der Nachwärmezeit von 800 v. Chr.–1300 n. Chr.*, entwickelte sich unser heutiges, feucht-kühles Klima. Die Niederschläge erhöhten sich und die Sommertemperaturen sanken. Die Buche hatte sich endgültig durchgesetzt, vor allem im Moränengebiet und im Molassebergland. Das Gebiet um den Starnberger See und den Ammersee war in diesem Zeitabschnitt reines Buchenland. Selbst die Bergwälder bestanden aus Buche, Fichte und Tanne, während der Eichenmischwald weiter abnahm. In den Mooren läßt sich für diese *Buchenzeit* erstmals ein hoher Pollenanteil an Kulturpflanzen feststellen.[10]

Mit dem Ende des *Subatlanticum* schlossen die großen Klimaschwankungen der Nacheiszeit vorläufig ab, und ebenso endete die große Rodungsperiode von 700–1300. Seitdem ist die Verteilung von Feld und Wald etwa gleichgeblieben.

Veränderung der Wälder durch den Menschen

Mit dem *jüngeren Subatlanticum, der jüngeren Nachwärmezeit von 1300 n. Chr. bis heute*, begann die Zeit der durch den Menschen stark genutzten Wälder und Forste. Dadurch hat das späte Mittelalter erstmals auf die natürlichen und ursprünglichen Waldbestände so eingewirkt, daß sich nachhaltige Veränderungen

[10] Paul und Ruoff: Pollenstatistische und stratigraphische Mooruntersuchungen im südlichen Bayern 1932

vollzogen. [11] Die Laubwälder verschwanden allmählich und an ihre Stelle trat die Fichte, die sich ursprünglich vorwiegend auf die subalpine Region und auf die Bergregion beschränkt hatte. Das umfangreiche Fichtengebiet des heutigen Alpenvorlandes ist erst in den letzten 250–300 Jahren entstanden.

Die Veränderungen des Waldes lassen sich in den alten Waldbeschreibungen nachvollziehen. Herzog Wilhelm II. von Bayern hatte sie 1597 für die herzoglichen Wälder angeordnet und 1614 und 1625 wiederholen lassen. Ebenso ließ Kurfürst Max Joseph III. im Jahre 1752 Waldlagerbücher anlegen, aus denen sich die Veränderungen der letzten 200 Jahre deutlich ablesen lassen.

Um 1600 herrschte das Laubholz noch deutlich vor. Eiche und Buche waren die Hauptholzart. Als Beimengungen zu den Eichen- und Buchenwäldern gab es Eschen, Ulmen und Linden. Die »Fruchtbäume«, Eiche und Buche, waren bis in das 16. Jh. besonders geschützt, ebenso die Wildobstbäume Apfel und Birne, und die Schädigung dieser Bäume wurde achtmal so hoch bestraft wie die der übrigen Waldbäume. Der Ebersberger, der Hofoldinger und der Forstenrieder Forst waren noch vorwiegend Laubwälder, ebenso die Forste bei Allach und Dachau.

In den Waldbeschreibungen aus dieser Zeit heißt es deshalb: »Hat viel Aichholz, daneben frisch Puechholz und daneben Öschen, Linden, Hainbuchen, Espen etc.«, »darin befinden sich schöne Eichen und Buchen«. Aber die Bestückung des Alpenvorlandes war um 1600 bereits im Wechsel begriffen, wie sich aus den damaligen Aufzeichnungen ergibt: »die meisten Eichen sind inwendig hohl und ausgeflogen«, »das Aichholz will nicht recht mehr wachsen«, »viele hundert oder wohl etliche tausend Eichen, meistenteils ganz abgestanden, teils noch etwas besser, doch auch unfruchtbar«. Durch die Nutzungen und Eingriffe der Menschen war die Eiche um 1600 nicht mehr lebensfähig genug, um im Mischwald bestehen zu können.

Noch deutlicher wird der Wandel der Holzart in den Beschreibungen der Jungwüchse: »wo vorher großer Aichenanteil, im Jungholz nunmehr Jungfichten, sonst etliche Aichenreis«, »wo vorher Eichen und Buchen mit untergeordneter Nadelholzbeimengung im Jungwuchs Feicht- und Tannenposchen, daneben einige Buchenstauden, Aichen kommen nicht auf«.

In den Laubholzbeständen erfolgte die Umwandlung oft über Weichlaubhölzer als Durchgangsstufe zu Nadelholz, wodurch die Verjüngung der edlen Holzarten unterdrückt oder verdrängt wurde: »so dann der alte Buchenwald abgehauen worden, so besamt sich der Schlag mit Bürkhin und Aspen am aller meisten und gerat nit der zehnte Teil Buchenholz«, »obwohl Schlag im Puchholz geführt, ist er mit schönen jungen Fichten und Mantelholz (Föhren) angeflogen«. »In Summa, so bald ein wenig Raum oder Platz gemacht wird, wechst kein anderes Holz mehr hernach als lauter Feichtholz und will sich sowohl das Aichen als Puechen verlieren und gar wenig mer wachsen«.

[11] Fritz Backmund: Der Wandel des Waldes im Alpenvorland 1941

Ursache für diesen Wandel der Holzart waren die menschlichen Einwirkungen. Durch die Übernutzung des Waldes als Holzlieferant und durch zahlreiche Nebennutzungen wurde das Laubholz zugunsten der Fichte verdrängt. Die Folge des immer größeren Holzbedarfs war Raubbau. Oft wurden für einen Schloßneubau oder einen Brückenbau Kahlschläge in unmittelbarer Nähe vorgenommen. Ohne Holz hätte natürlich auch keines der heimischen Handwerke bestehen können. Holz war damals Wärmequelle, Baustoff, Werkstoff für landwirtschaftliches Gerät, Wegeholz, Straßenbaustoff und Baustoff von kilometerlangen Zäunen. Der Wald wurde dadurch wie eine Kiesgrube ausgebeutet. Die Verjüngung des Waldes überließ man der Natur.

Der Bauer nutzte den Wald aber auch als Weide und als Lieferant für Streu. Dies war für den Wald ebenso schädlich wie die übermäßige Holznutzung. Hatte der Boden in der Zeit der wilden Feld-Gras-Wirtschaft, als er noch unregelmäßig für Getreideanbau und als Weide benutzt wurde, genügend Zeit, sich zu erholen, so hatte sich das mit der von Karl dem Großen eingeführten Dreifelderwirtschaft geändert. Brache, Winterfrucht und Sommerfrucht erschöpften die Bodenkraft rasch, doch die steigende Bevölkerung benötigte gleichzeitig höhere Ernteerträge. Der Bauer war gezwungen, das ihm fehlende Futter und Streu aus dem Wald zu holen, denn der Futteranbau, vor allem der Kleeanbau, wurde erst 1645 eingeführt. Bei der Streunutzung wurde das Laub mit Rechen aus dem Wald geholt, wobei die junge Aussamung mit ausgerissen wurde. Mit der Weidenutzung wurde der Laubwald noch mehr geschädigt, denn die Verjüngung der edlen Laubhölzer wurde vom Vieh zertreten und abgefressen. Dementsprechend steht in den Waldbeschreibungen: »Das Vieh läßt keine jungen Puchen noch Aichen nit aufkommen, frisst es alspald weck«.

Man versuchte zwar, den Rückgang der Eichenbestände aufzuhalten und fast jede Forstverordnung um 1600 hatte Schutzbestimmungen für die Eiche. Man beschränkte das Schlagen der gesunden, lebensfähigen Alteichen und ordnete die Förderung und Pflege des Jungwuchses an, aber man überwachte die Beachtung dieser Anordnungen nicht, und so blieben sie wirkungslos.

Noch 150 Jahre später, nach Dreißigjährigem Krieg und Spanischem Erbfolgekrieg, in denen die Wälder verwahrlost waren, hatte sich am Raubbau, an der übertriebenen Holznutzung und an den Nebennutzungen nichts geändert. Noch immer machte Futtermangel das Verfüttern von Stroh erforderlich und Streu mußte aus dem Wald geholt werden. Die Waldschäden nahmen durch das Beweiden ungeheure Ausmaße an. Der Forstenrieder Park wurde beispielsweise jährlich von 5000 Stück Vieh beweidet.

Der überwiegende »Einzelauszug« der besten und kräftigsten Bäume war nicht forstgemäß und unterband die natürliche Regeneration des Waldes. Der Holzbedarf wurde immer größer, da Holz noch im 18. Jahrhundert die Stelle einnahm, die heute Eisen und Beton als Baustoffe ausfüllen.

Die Auswirkungen zeigten sich in den Waldberichten:

- Rückgang der Eichenreinbestände
- Rückgang der Buchenwaldungen
- Rückgang der reichgemischten Laubholzwaldungen
- Zunahme der reinen Nadelholzbestände
- Zunahme der Mischbestände aus Fichte, Föhre und Tanne
- Änderung des Aufbaus der Laubholz-Nadelholz-Mischwälder

In den Waldbeschreibungen heißt es im einzelnen:

1750: »Puchen holz ist weg. Thannen und Fichten aber desto mehr«.

1583: für 750 Tagwerk Wald: »schön gewachsene starke Aiche, Buche, Hagebutte und Haselstaudenholz«.

1752: für denselben Wald: »Fichte, der etwas Eiche, Buche und etwas Espe beigemischt sind«.

1516: »edles Puches und Aichels Holz« und

1756: für dasselbe Gehölz: »Föhre und Fichte«.

1604: »war schöner, fruchtbarer Eichenwald, vor wenige Jahren abgetrieben. Stehen wenig Pirn und Öpflständ noch drauf, Chranawittstauden, alles Wiesmahder«.

1755: Für den gleichen Wald: »nur noch Tannen und Fohrenjungholz, einige Eichen, Buchen und Wildobst vollständig verschwunden«.

Die Waldungen um München fielen wegen des großen Holzbedarfs der Stadt ausgedehnten Kahlschlägen zum Opfer, die sich fast ausschließlich mit Fichten, Tannen und Föhren neu besamten. Deshalb sind die Forste der Münchener Ebene heute Fichtenwaldungen. Im Holfoldinger Forst, um 1600 noch reiner Buchenwald, gibt es heute vor allem Fichten und nur noch vereinzelt Buchen. Auch im Altmoränenbereich dominiert heute die Fichte, lediglich im Jungmoränenbereich, um den Starnberger See, gibt es noch reine Buchenwaldungen und Mischwald aus Fichte und Buche. Ein ausgedehnter Eichenwald nordwestlich von Haarkirchen, mit Stammdurchmessern bis 1,5 m, wurde noch 1896 gefällt, um Eichenschwellen zum Eisenbahnbau zu gewinnen. An die Stelle der abgeholzten Laubwälder traten meist Fichten-Monokulturen.

Drei charakteristische Waldbäume im Gebiet des Starnberger Sees

Die Rotbuche – Fagus silvatica

Die Rotbuche ist noch heute der dominierende und charakteristische Baum rund um den Starnberger See, entlang der Würm und an der Isar zwischen Schäftlarn und München. Viele alte Ortsbezeichnungen und Waldnamen künden von der

Vorherrschaft dieses schönen Baumes: Buchendorf und Buchbichl bei Gauting, Hofbuchet bei Leutstetten, Buchenhain bei Baierbrunn, Buchberg und Buchhof bei Percha und Asssenbuch bei Berg. Auch für Kempfenhausen schrieb Michael Wening 1701: »hat ein hübsches Schloß neben vielen Weihern und Buchenwaldungen«.

Die Buche ist die Königin dieser Wälder mit ihren hochaufragenden silbergrauen geraden Stämmen und der dichtbelaubten Krone, deren zartes Grün beim Blattaustrieb im Mai und deren gelbe bis rotbraune Herbstfärbung von faszinierender Pracht sind. In geschlossenen Wäldern ist der Stamm bis zur Krone ohne Geäst, während freistehende Bäume wundervolle, weitausladende, tiefreichende Baumkronen entwickeln. Unter dem dichten Buchenlaub ist es schattig, weshalb es unter Buchen nur vor dem Blattaustrieb blüht, Anemonen, Schlüsselblumen und Leberblümchen bilden einen lieblichen Teppich. Die Buche wächst langsam, kann aber über 30 m hoch werden und liebt als Standort nährstoffreiche Mineralböden. Sie bevorzugt die Moränenhänge rund um den Starnberger See und um den Ammersee.

In Kempfenhausen stehen am Sonnleitenweg noch heute Buchen mit Stammdurchmessern bis zu 1,30 m. Dies läßt auf ein Alter von mehr als 150 Jahren schließen.

Die Eiche – Quercus robur

Die Eiche und die lichten Eichenwälder gehören seit 4000 Jahren zur Moränenlandschaft des Voralpenlandes, von den Menschen als Fruchtbaum bevorzugt und lange geschützt. Durch den lichten Stand der Eichen und ihre lichtdurchlässigen Kronen ist es in Eichenwäldern hell und licht, und es gedeiht ein üppiger Unterwuchs aus Gräsern, Farnen, Brombeeren usw., im Gegensatz zu den schattigeren Buchenwäldern. Die Eiche ist ein langsam wachsender Lichtholzbaum, der erst Ende Mai belaubt ist und sehr alt werden kann, weit älter als 500 Jahre. Eichen waren der Kultbaum der Germanen und gelten noch heute als Symbol für Kraft, Macht und Stärke. Auch sie können 30 m hoch werden und lieben nahrhafte Böden in freier Lage. In Kempfenhausen stehen am Sonnleitenweg alte Eichen mit Stammdurchmessern bis zu 1,40 m. Diese Bäume haben ein Alter von mehr als 250 Jahren und stammen aus einer Zeit, in der die Hofmark Kempfenhausen im Besitz des Freiherrn Caspar Marquardt Zündt von Kenzingen gewesen ist, der sie von Kurfürst Max Emanuel erhalten hatte.

Die Fichte – Picea abies

Die Fichte ist heute – durch den Eingriff des Menschen in die Entwicklung der Wälder – der am meisten verbreitete Waldbaum auf der Schotterebene rund um

München und hat auch im Moränengebiet stark an Boden gewonnen. Die Fichte ist schnellwachsend und dadurch der bevorzugte Nutzbaum geworden. Fichtenwälder sind dicht und düster, da kaum Licht auf den Waldboden fällt, der mit einer dicken Nadelschicht bedeckt ist und wenig Wachstumsmöglichkeiten für andere Pflanzen bietet. Die Fichte ist ein Schattenbaum, der hohe Bodenfeuchtigkeit liebt und unter günstigen Bedingungen ebenfalls 30 m hoch werden kann.

Im Forst von Haarkirchen stehen Fichten mit 90 cm Durchmesser, die vermutlich ein Alter von mehr als 130 Jahren haben.

Neben dem See und der lebendigen Hügelstruktur machen gerade die Laubwälder und die Bäume im Gebiet des Starnberger Sees den Reiz dieser Landschaft aus.

II. Vor- und Frühgeschichte im Alpenvorland

Die Wiederbesiedlung des Alpenvorlandes nach der letzten Eiszeit erfolgte im *Atlantikum*, zwischen *4500–2500 v. Chr.*, in der sogenannten *mittleren Wärmezeit*. Die damals entstandenen Altsiedellandschaften blieben im wesentlichen bis zum beginnenden Mittelalter erhalten. Das ist um so bemerkenswerter, als sich während dieser Zeitspanne von mehr als 4000 Jahren Klima, Waldzusammensetzung, Wasserhaushalt, Bodengefüge und Talformen mehrfach verändert haben.[12]

Der Übergang von der nahrungsaneignenden zur nahrungsproduzierenden Wirtschaft im bayerischen Alpenvorland läßt sich durch Blütenstaub des Getreides in den Pollendiagrammen der Moore nachweisen. Sie geben brauchbare Hinweise auf einen Getreideanbau mit Weizen, Gerste und Hirse. Neben dem Getreideanbau gab es Haustierhaltung mit Rind, Schwein, Schaf und Ziege, Jagd, Fischfang und Fruchtlese. Die Menschen dieser Jungsteinzeit bevorzugten baumfreie Areale, die keine Rodungen erforderten und raschen Erfolg versprachen.

Mehrere Jahrtausende hindurch war der Besiedlungsvorgang in hohem Maße durch passives Verhalten geprägt. Bevölkerungsgröße und Wachstumsrate blieben gering, und die Zahl selbständig wirtschaftender Hofstellen überschritt nie ein bestimmtes Fassungsvermögen. Die Wirtschaftsflächen erstreckten sich als schmale Streifen an den Rändern der Flußauen und Seen, welche die weitflächigen, dichten Waldareale durchschnitten und Verkehr und Kommunikation kanalisierten. Da man die Düngung der Äcker nicht kannte, wechselte man Flur und Wohnplatz, wenn der Boden erschöpft war. Wurde der Wohnplatz durch Naturereignisse zerstört, erfolgte die Neubesiedlung sobald die Gefahr gebannt war.

Die Einschätzung der vorgeschichtlichen Bevölkerungsgröße, d. h. welche Kopfzahl die Siedlungsverbände hatten, ist eine der am schwierigsten zu beantwortenden Fragen. Selbst für die nachsteinzeitlichen Perioden können Schlüsse nur aus der Größe, der Belegungsdauer und der geographischen Verteilung von Friedhöfen gewonnen werden, da Siedlungsplätze bisher nicht oder nur fragmentarisch aufgedeckt werden konnten. Wegen der kleinräumigen Wirtschaftsflächen scheint das Maximum bei 10 »Betriebsstellen« und insgesamt 15–40 Personen gelegen zu haben. Selbst bei günstigen Voraussetzungen überdauerte offensichtlich ein Siedlungsplatz höchstens 10 Generationen mit einer mittleren Lebenserwartung von 25 Jahren.

Aus der Zeit der Wiederbesiedlung des Alpenvorlandes in der Jungsteinzeit stammt eine, 1984 aus der Luft entdeckte, *Seeufersiedlung bei Kempfenhausen.*[13]

Die ersten Hinweise dazu hatten Taucher gegeben. Der Siedlungsplatz hatte nach den gefundenen Pfahlresten eine Grundfläche von 45 × 15 m und liegt auf

[12] Georg Kossak: Südbayern, Mensch und Umwelt in vor- und frühgeschichtlicher Zeit 1978

[13] H. Beer: Tauchuntersuchungen an einer jungneolithischen Seeufersiedlung bei Kempfenhausen im Starnberger See 1986

einem eiszeitlichen Tonschotterhügel ca. 180–200 m vor der Uferlinie, etwa 4,5–5 m unter dem heutigen Wasserspiegel. Durch ungünstige Strömungsverhältnisse an dieser Stelle wurden sowohl die Kulturschichten als auch die älteren Seesedimente, die vermutlich 1–2 m stark gewesen waren, abgespült, so daß nur noch die Reste der bis zu einem Meter in die eiszeitlichen Tone gegründeten Pfähle, ein Kupferflachbeil und einige Keramikscherben gefunden werden konnten. Dadurch läßt sich über die Dauer dieser Besiedlung keine Aussage mehr machen. Als Bauholz war für die Pfähle vorwiegend Eiche, aber auch Esche und Buche verwendet worden. Die dendroarchäologische Untersuchung der Eichenpfähle ergab als Schlagjahr frühestens 3728 v. Chr. und spätestens 3720 v. Chr. Das Schlagjahr der Eschenpfähle lag bei 3719 v. Chr. und ist möglicherweise einer zweiten Bauphase zuzuordnen. Diese Eschenpfähle waren jeweils paarweise neben einem Eichenpfahl gerammt. Der Kempfenhausener Seeuferabschnitt war also schon vor fünfeinhalbtausend Jahren besiedelt.

Aus der Jungsteinzeit stammen auch die ältesten Keramikfunde im Alpenvorland. Man rechnete sie der Bandkeramik der Münchshöfener Kultur zu. Die Gefäße hatten schon Fußformen und erreichten 50 cm Höhe.

Die nachhaltigsten Spuren aller nacheiszeitlichen Epochen hat jedoch die *Subboreale Zeit*, die sogenannte späte Wärmezeit, zwischen *2500–800 v. Chr.* hinterlassen. Das wieder einsetzende kontinentale Klima ließ den Grundwasserspiegel rasch absinken, und selbst die Seespiegel gingen um mehrere Meter zurück. Der Wasserspiegel des Starnberger Sees lag damals 2 m tiefer als heute. Die Tuffquellen versiegten, und die Verlandungen schritten rasch fort. Auf den ausgetrockneten Torfmooren siedelte sich Föhrenwald an, während sonst lichte Eichenwälder vorherrschten und die Waldgrenze höher lag als heute.

In die Anfangszeit des *Subboreal*, etwa um das Jahr *2350 v. Chr.*, fiel eine kurzfristige Hochwasserkatastrophe, die sich auch in den Sintflutberichten des Orients wiederfindet. Die Talauen waren dadurch starken Umformungen ausgesetzt, und es wurde dort grobes und feinkörniges Material abgelagert. Die mittlere Jahrestemperatur stieg im Verlauf des *Subboreal* auf 2 °C über den heutigen Wert und erreichte ca. 9 °C. Die Jahresniederschlagsmenge lag um ca. 20 mm unter dem heutigen Wert. Das nacheiszeitliche Maximum der Sommertemperaturen fiel in die Epoche zwischen 1200 und 800 v. Chr. Die Alpen wurden eisfrei, und es entwickelte sich ein lebhafter Verkehr über die heute z. T. vergletscherten Pässe. Außerdem entwickelte sich ein blühender Bergbau und die erste nacheiszeitliche Besiedlung der Alpentäler. An den Voralpenseen erlebte die Pfahlbaukultur ihre Blütezeit.

Das *Subboreal* von *2500–800 v. Chr.* läßt sich entsprechend dem Werkzeugmaterial, das sich die Menschen nutzbar machten, in vier charakteristische Vorgeschichtsabschnitte einteilen.[14]

[14] Walter Torbrügge: Vorzeit bis zum Ende der Keltenreiche. In Spindler 1981
R. Nordhagen, H. Gams: Postglaziale Veränderungen 1923

In der *jüngeren Steinzeit* von ca. *2200–1800 v. Chr.* verwendeten die Menschen aus Stein gefertigte Werkzeuge. Solche Werkzeuge der Jungsteinzeit wurden u.a. auf der Roseninsel im Starnberger See gefunden: Steinbeile, Lanzen, Pfeilspitzen, Schaber und auch ein kleines Beil aus Nephrit.

Zu Beginn des 2. Jahrtausends v. Chr. kamen die Glockenbecherleute aus Westeuropa ins Voralpengebiet. Ihre Keramik in Glockenform gehörte nach Technik, Form und Dekor zu den besten Zeugnissen der spätsteinzeitlichen Kultur in Europa. Ihre Toten bestatteten sie in Flachgräbern in liegender Hockerstellung mit dem Kopf nach Norden. Zu dieser Zeit begann man auch Kupfer als Werkstoff erstmals zu verwenden, das, geschmeidig und weich, sich leicht verarbeiten ließ zu Schmuck und Gefäßen, aber für Werkzeuge deshalb ungeeignet war. Das änderte sich in der nachfolgenden Zeit.

In der *Frühen Bronzezeit* von *1800–1550 v. Chr.*[15] war es gelungen, durch die Beimengung von einem Teil Zinn auf 9 Teile Kupfer, ein neues, härteres, goldglänzendes Metall, die Bronze, zu gewinnen. Das brachte eine bedeutsame Wende in der kulturellen Entwicklung. Mit dieser Entdeckung begann das »goldene Zeitalter« der Bronzezeit, die wenig durch kriegerische Auseinandersetzungen gestört war. Es entwickelten sich weitreichende Handelswege und ein lebhafter Warenaustausch. Die Bronze selbst war eine begehrte Handels-und Tauschware. Das erforderliche Kupfer wurde anfangs aus alpinen Kupfervorkommen zwischen Inn und Salzach gewonnen. Die Werkstätten hatten technischen Höchststand. In den bronzezeitlichen Hockergräbern wurden reiche Grabbeigaben gefunden: Schmuck, Gewandnadeln, Werkzeuge und Waffen, die auf einen gestiegenen Schönheitssinn hinweisen. Zahlreiche Hockergräber entdeckte man in München und seiner Umgebung.

In der *Mittleren Bronzezeit* von *1500–1250 v. Chr.* änderten sich die Begräbnissitten. Über steinerne Grabkammern wurden nun Erdhügel geschüttet. Man nennt sie deshalb »Hügelgräber«. Reiche Grabbeigaben aus Keramik und Waffen lassen Wohlhabenheit vermuten, und die zahlreichen Grabhügelgruppen lassen auf eine dichte Besiedlung schließen. Solche Hügelgräber wurden im heutigen Stadtgebiet von München, entlang der Würm und im Seengebiet bis nördlich vom Staffelsee gefunden.[16] Dort hatte sich über die gesamte Bronzezeit hinweg ein blühendes Siedlungszentrum entwickelt, das dem Ringsee-Schwert den Namen gegeben hat. Auch bei Raisting wurde ein größeres Siedlungszentrum, das über viele Generationen bewohnt war, entdeckt. Die Bestattung der Toten erfolgte in gestreckter Körperlage, wobei die Männer auf der linken Seite lagen, mit dem Kopf nach Norden, und die Frauen auf der rechten Seite mit dem Kopf nach Süden. Parallel zu dieser Bestattungsart fanden sich auch Grabhügel mit Brandbestattungen und Urnen. Die

[15] Harald Koschik: Die Bronzezeit im südwestlichen Oberbayern 1981
[16] Friedrich Wagner: Denkmäler und Fundstätten der Vorzeit Münchens und seiner Umgebung 1958

Verbrennung der Toten hatte sich dann endgültig in der späten Bronzezeit eingebürgert und ebenso die Beisetzung in Friedhofsbezirken ohne Grabhügel. Zahlreiche Funde von Waffen, Schmuck und Nadeln in Quellen, Seen, Bächen, Flüssen und Mooren lassen Opfer- und Weihegaben an dort verehrte Mächte mythischer Kulte vermuten.

Die *jüngere* oder *späte Bronzezeit* von *1250–750 v. Chr.* bezeichnet man wegen der geänderten Bestattungssitte auch als Urnenfelderzeit. Sie war eine Folge der von Osten kommenden großen europäischen Völkerbewegung. Durch sie kamen auch das Rad und der Wagen ins Alpenvorland. Diese Völkerwanderungen hatte ein Klimasturz am Ende der späten Bronzezeit ausgelöst, mit der Folge ausgedehnter kriegerischer Erschütterungen. Das veranlaßte die Menschen im Alpenvorland, Plätze mit natürlichem Schutz, darunter auch die Roseninsel im Starnberger See, aufzusuchen.

Etwa *800 v. Chr.* begann die *Subatlantische Zeit*, in der wir noch heute leben, zunächst mit extremen Klimaverhältnissen nach einem Klimasturz. Die Gletscher rückten wieder vor und brachten in den Alpen den bronzezeitlichen Verkehr und Bergbau zum Erliegen. Die Gletscher der Gegenwart stammen aus dieser Neuvergletscherung im *Subatlantikum* und sind keine Rückstände der Eiszeit. Die Flüsse und Bäche führten mehr Wasser, vermehrten die Erosion und schütteten große Schwemmkegel auf. Die Quellen setzten wieder umfangreichen Quelltuff ab. Die vorhandenen Seen stiegen stark an, wodurch sämtliche Pfahlbauten und Ufersiedlungen vernichtet wurden. Schließlich kam es zum Ausbruch des Ammersees und des Tölzer Sees und später auch des Wolfratshauser Sees. Der Ammersee verkleinerte sich dadurch auf etwa 40% der ursprünglichen Fläche, während der Tölzer See und der Wolfratshauser See verschwanden. Die auf den Mooren angesiedelten Wälder und Heiden gingen unter, und die Baumgrenze sank wieder. Die wärmeliebenden Kiefern und Eichen gingen zurück, während die feuchtigkeitsliebende Buche in diesem Zeitabschnitt ihre stärkste Ausbreitung erreichte. Diese drastische Klimaverschlechterung löste in den atlantischen Gebieten Hungersnöte und Auswanderung aus. Den kontinentalen Gebieten brachte sie die Invasion der Kelten, Zimbern und Teutonen.

Auch im *Subatlantikum* lassen sich charakteristische Vorgeschichtsabschnitte mit wechselnden Klimabedingungen unterscheiden. In der *Hallstattzeit* von *750 bis 450 v. Chr.*[17] war im Alpenvorland das Eisen als neuer und wichtigster Werkstoff hinzugekommen, das nun die Waffen und Werkzeuge aus Bronze mehr und mehr verdrängte. Salz – für Nahrungsmittel, für die Gewinnung von Metall und für die Gerberei benötigt – wurde ein wichtiger Handelsartikel. Als Waffe kam zum Schwert die Lanze neu hinzu, und als Statussymbol der Dolch. Es bildete sich eine deutliche Führungsschicht heraus, wie Wagen und Zaumzeug als Grabbeigaben

[17] Georg Kossak: Die Hallstattzeit in Bayern 1950

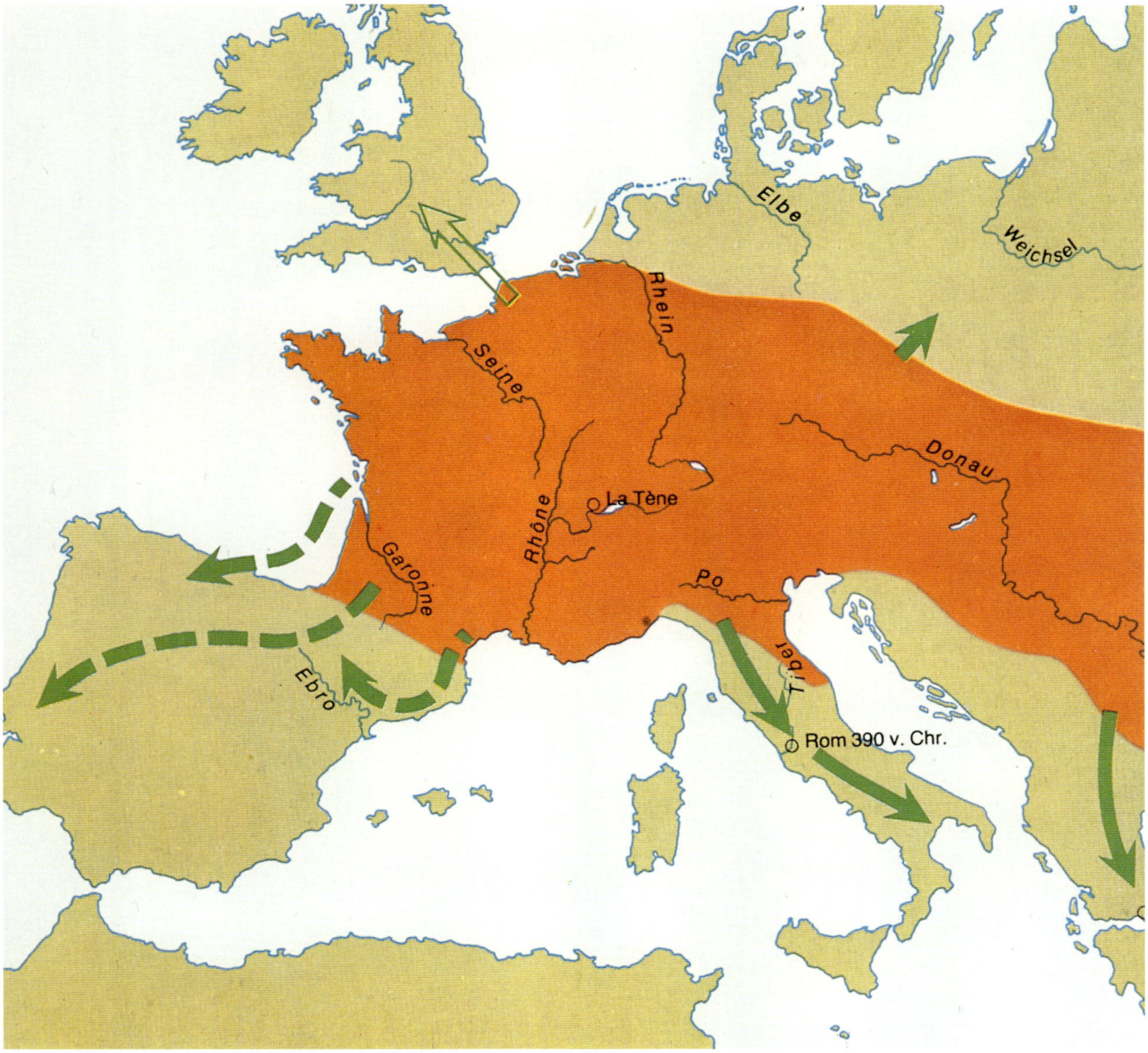

Das keltische Europa von 450 v. Chr. – 15 n. Chr.

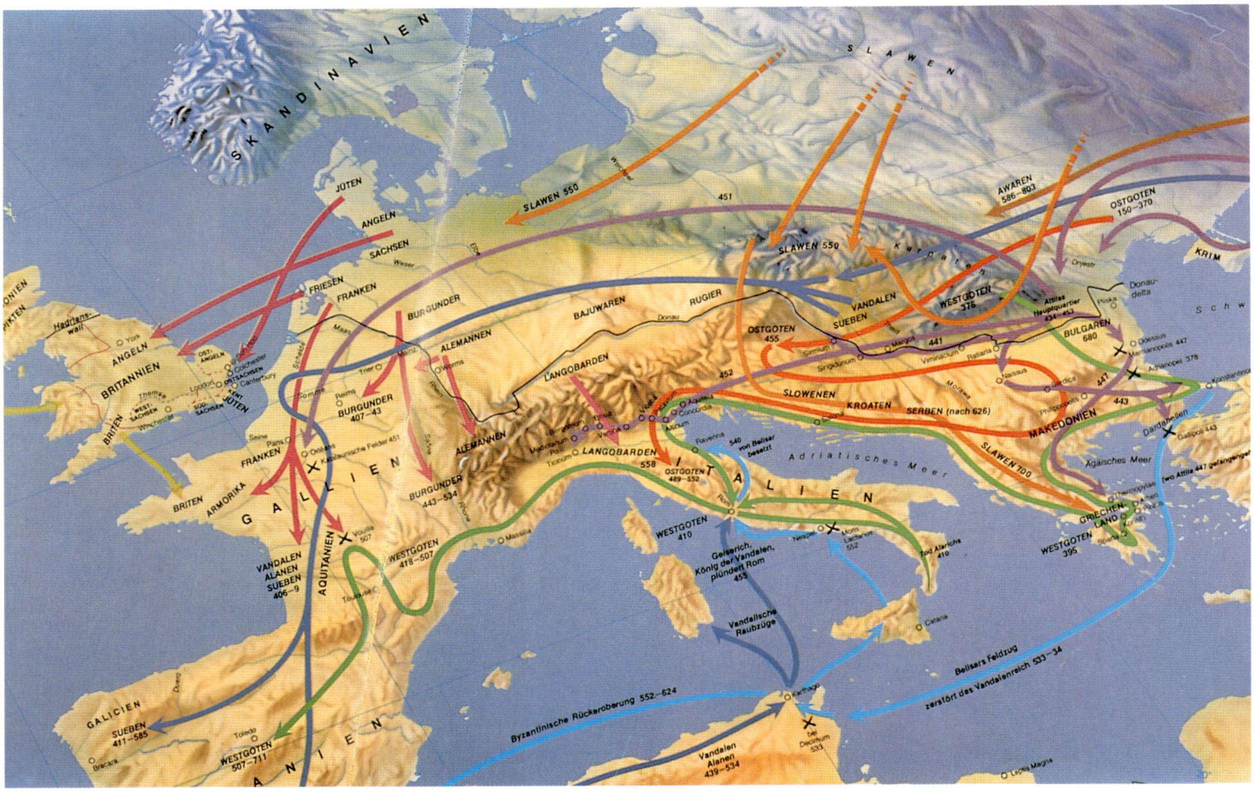

Die Völkerwanderung von 350 n. Chr. – 600 n. Chr.

zeigen. Die Funde mehrfarbiger Keramik, griechischer Vasen, etruskischer Metallgefäße und Bernsteinschmuck von der Ostsee, bestätigen umfangreiche und weitreichende Handelsbeziehungen. Die Toten wurden nicht mehr in Urnen in Flachgräberfeldern beigesetzt, sondern wieder in Hügelgräbern mit Grabkammern, die aus Holzbalken und Steinen errichtet waren. Das Althergebrachte wurde aber auch nicht völlig verdrängt, und so fand man in den Gräbern nebeneinander die Bestattung der Toten und deren Beisetzung in Urnen nach der Verbrennung. Grabhügel der Hallstattzeit wurden im Mühltal bei Leutstetten, am Maisinger Bach, bei Forst Kasten, in Höhenrain und bei Bachhausen gefunden.

Die *Latènezeit, die Keltenzeit* von *450–15 v. Chr.,*[18] begann mit den großen Keltenwanderungen um 500 v. Chr., die zu einem keltischen Europa führten. Von da ab bestimmten im Land nördlich der Alpen die Kelten für nahezu 500 Jahre Zivilisation und Kultur. Trotz gleicher Sprache, gleicher Kultur, gleicher Sitten und Gebräuche bildeten die Kelten keine Nation und kein Keltenreich. Das verhinderte ihre »Stammesverfassung«, die ständig Anlaß zu fortgesetzten Rivalitäten und zur Zersplitterung gab. Keiner der mächtigen Stammesfürsten wollte sich einem anderen unterordnen.

Im Alpenvorland ist die eisenzeitliche Kultur kontinuierlich in die keltische Latènekultur übergegangen. Die Kelten waren die Erben der bronzezeitlichen Erfahrungen und entwickelten die Herstellverfahren und Geräte der Eisenzeit – Waffen, Werkzeuge und Schmuck – weiter und veränderten und verbesserten sie. Die Kelten waren in hohem Maße kreativ und erfindungsreich und besaßen eine große handwerkliche Meisterschaft in der Metallverarbeitung, in der Goldschmiedekunst, in der Münzprägung, in der verfeinerten Bearbeitung von Holz und Textil und in der Glaserzeugung. Sie brachten aus dem Osten den Mahlstein und die Töpferscheibe nach Mitteleuropa, und sie sollen auch die Erfinder der Emaillierung gewesen sein. Sie kannten keine Literatur, sondern nur die mündliche Überlieferung, wodurch vieles Wissen über sie verlorengegangen ist. Die meisten Flußnamen stammen jedoch von den Kelten, wie Isar, Würm, Amper und Lech, und sie blieben erhalten, auch nachdem die Kelten und ihre Sprache längst untergegangen waren.

Die keltischen Stämme im bayerischen Voralpenland gehörten zu den »Vindelikern«. Ihre Stammesnamen sind die ersten Stammesnamen, die uns überliefert sind. Sie gründeten stadtähnliche, befestigte Siedlungen, deren bedeutendste bei Manching lag. Dort wurden die berühmten »Regenbogenschüsselchen« geprägt, kleine gebogene Münzstücke aus Gold. Gegen Ende der Latènezeit entstanden die »Viereckschanzen«. Das waren Kultstätten, 80 × 100 m große Gevierte, die mit Wall und Graben umschlossen waren. Eine dieser »Viereckschanzen« liegt in Buchendorf bei Gauting. Dort fand man auch keltische Flachgräber, wie auch im Mühltal bei Leut-

[18] Paul Marie Duval: Die Kelten 1978

stetten. Die Kelten waren wieder zur Verbrennung der Toten und zur Bestattung der Asche in Urnen übergegangen. Ihre Uneinigkeit wurde den Kelten schließlich zum Verhängnis und trug zu ihren Niederlagen gegen die Römer bei.

Die *Römerzeit*[19] im Alpenvorland begann *15 v. Chr.* und dauerte bis ca. *400 n. Chr.* Da am Ende der Keltenzeit das kontinentale Klima wieder wärmer und trockener geworden war, wichen die Gletscher zurück, und der Grundwasserspiegel sank. Dadurch wurde der Verkehr über die Alpen wieder ermöglicht und setzte auch wieder ein.

Im Jahr 15 v. Chr. begannen die Stiefsöhne von Kaiser Augustus, Drusus und Tiberius, einen Alpenfeldzug gegen die Kelten, um deren Einfälle nach Oberitalien endgültig zu beenden. Drusus kam über das Etschtal und den Brenner ins Alpenvorland. Tiberius durchquerte die Nordschweiz und vereinigte sich, nach erfolgreicher Seeschlacht auf dem Bodensee, mit Drusus an den Donauquellen. Mit diesem erfolgreichen Feldzug besiegelten die Römer endgültig das Schicksal der mitteleuropäischen Kelten. Die Hauptstadt der »Vindeliker« bei Manching wurde zerstört. Die Kelten wurden zwangsrekrutiert und vier vindelikische Kohorten mit je 500 Mann in der Fremde eingesetzt. Die verbliebene Bevölkerung wurde romanisiert. Das eroberte Gebiet wurde dem römischen Imperium einverleibt und durch kleine militärische Stützpunkte – darunter Gauting – gesichert.

Schon wenige Jahre später, unter Kaiser Claudius (41–54 n. Chr.), wurde die Provinz Raetien mit der Hauptstadt *Augusta Vindelicorum*, dem heutigen Augsburg, gegründet. Die Römer brachten die Kunst des Steinbaus über die Alpen. Außerdem bauten sie Wein, Edelfrüchte, Gemüse und Kräuter an, die es bis dahin im Alpenvorland nicht gegeben hatte. Durch den Ausbau eines funktionierenden Straßennetzes, von dem Reste noch heute erhalten sind, begann für das eroberte Gebiet eine wirtschaftliche Blütezeit. Im Schutz der römischen Truppen breitete sich römische Kultur, Zivilisation und Wirtschaft in den Städten aus, und auf dem Lande entstanden aus Stein gebaute Gutshöfe. Eine solche »villa rustica« stand u. a. zwischen Erling und Machtelfing.[20]

Ab etwa 180 n. Chr. wurde die günstige wirtschaftliche Entwicklung des römischen »Bayern« durch germanische Einfälle gestört. Doch waren die Römer der Situation immer wieder gewachsen, bis im 3. Jh. n. Chr. die Alemannenstürme begannen. Die Wanderungen der Alemannen, Franken und Sachsen fielen mit einer neuen, jedoch wesentlich schwächeren, Regenperiode zusammen und waren die Vorboten der eigentlichen Völkerwanderungszeit. Im Jahre 213 n. Chr. überrannten die Alemannen erstmals den Limes, den römischen Grenzwall nach Norden, 20 Jahre später erneut, und schließlich endgültig zwischen 361/362. Dabei verwüsteten sie jedesmal Südbayern.

[19] Friedrich Wagner: Die Römer in Bayern 1920
Hans-Jörg Kellner: Die Römer in Bayern 1971

[20] P. Reinecke: Kaiserzeitlicher Gutshof an der Grenze von Erling und Machtlfing 1920

Die eigentliche *Völkerwanderungszeit* von *350–600 n. Chr.* begann mit dem Einfall der Hunnen 378 n. Chr., der durch eine starke Trockenheit und Hungersnot im Osten ausgelöst worden war. Da die Einfälle der Ungarn ca. 550 Jahre später, von 900–955 n. Chr., ebenfalls in eine ausgeprägte Trockenperiode fielen, scheint sich der Zusammenhang geschichtlicher Vorgänge und klimatologischer Veränderungen zu bestätigen.

Durch den Hunneneinfall, der erst durch die Schlacht auf den Katalaunischen Feldern im Jahre 451 n. Chr. und den Tod Attilas im Jahre 453 n. Chr. sein Ende fand, war im Osten ein Aufbruch germanischer Völker – Goten, Vandalen, Burgunder – nach West- und Südeuropa in Bewegung gesetzt worden. Im 4. Jahrhundert n. Chr. waren die Römer der Germanenflut, die nun von allen Seiten ins Land drängte, nur noch dadurch gewachsen, daß sie den Germanen selbst den Schutz weiter Teile des Landes anvertrauten. Doch um 400 n. Chr. brach die römische Herrschaft südlich der Donau gänzlich zusammen, und die römischen Truppen zogen ab. Nach den archäologischen Funden war die Belegung der römischen Friedhöfe ab 401 n. Chr. beendet. Das Leben auf den Gutshöfen hatte sich schon vorher aufgelöst. Mehrmals wogte die Germanenwanderung aller Stämme durch das Land, durch das auch die Hunnen unter Atttila 451 n. Chr. zogen. Die Brandspuren aus dieser Zeit geben Zeugnis von dem Ausmaß der über das ganze Land hereingebrochenen Verwüstungen. Aus dem archäologischen Fundmaterial läßt sich schließen, daß die Mehrzahl der ländlichen Siedlungen diese Völkerwanderungszeit nicht überdauert hat und das Land entvölkert war.

Die Völkerwanderungszeit klang aus mit dem Aufbruch der Langobarden nach Oberitalien um 530 n. Chr. und mit der Einwanderung der Bajuwaren im bayerischen Alpenvorland, zwischen Lech und Enns, ab 530 n. Chr.

Damit endete die Vorgeschichte im Alpenvorland, und es begann die Geschichte der Bayern, mit der die Geschichte Kempfenhausens eng verbunden ist.

ZWEITER TEIL

Die Geschichte Kempfenhausens

I. Kempfenhausen und Haarkirchen von der Zeit ihrer Gründung bis zum Ende des 1. Jahrtausends

Die Gründung Kempfenhausens und Haarkirchens liegt im geschichtlichen Dunkel. Es gibt aber glücklicherweise Möglichkeiten, den Zeitraum der Ortsgründung einzugrenzen. Dazu gehören die Siedlungsnamen, die Siedlungsform und frühe urkundliche Zeugnisse, die Schlüsse zulassen. Kempfenhausen und Haarkirchen sind bajuwarische Namen und demnach bajuwarische Ortsgründungen.

1. *Die bajuwarische Landnahme im 6. und 7. Jahrhundert*[1]

Herkunft und Frühgeschichte der »Bayern« war lange rätselhaft, da sie keine Stammessage haben und von den spätantiken Historikern nicht erwähnt wurden. Erst die zahlreichen neuen Grabfunde in den letzten Jahrzehnten brachten darüber fundierte Erkenntnisse. Sie zeigen, daß in Böhmen die Mehrzahl der Reihengräberfunde aus der Zeit vor 530 n. Chr. datiert und dort nur noch eine sehr schwach vertretene Stufe bis etwa 568 nachweisbar ist, während die Mehrzahl der Reihengräber in Bayern einige Jahrzehnte nach 500 angelegt wurden. Deshalb ist der Schluß zwingend, daß die aus Böhmen abgewanderten germanischen Gruppen anschließend in Bayern auftraten. Damit scheint sich die alte Deutung des Namens der Bayern als »Leute aus Böhmen« zu bestätigen als ein Herkunftsname, der den Neuankömmlingen von den Germanen gegeben wurde, die schon im Lande saßen, denn man kann davon ausgehen, daß es in Bayern, neben den Resten der romanisierten keltischen Vorbevölkerung, auch bereits ansässig gewordene germanische Volksgruppen gab. Aus den Grabfunden in Bayern, Schmuck, Waffen, Tracht und Keramik, ergibt sich, daß vom frühen 6. Jahrhundert bis ins 9. Jahrhundert zwischen Lech und Enns Menschengruppen siedelten, die ihre Toten ebenso in Reihengräbern bestatteten, die nach Osten ausgerichtet waren, wie die Germanenstämme westlich und östlich des Rheins. Die Formen dieser Grabbeigaben stimmen mit denen der germanischen Siedlungsgruppen im Raum an der Elbe überein und beruhen offensichtlich auf einer gemeinsamen elbgermanischen Wurzel. Aus der Keramik läßt sich schließen, daß auch die Germanen in Böhmen ursprünglich aus dem Raum der mittleren Elbe kamen, in dem einst die Sueben und Semonen saßen, die später den Großstamm der Alemannen bildeten. Aus ihnen und Splittern anderer Germanenstämme in Böhmen wird sich schließlich der neue Stamm der »Männer aus Böhmen« gebildet haben.

Der Stamm der Bayern ist der jüngste der großen Germanenstämme der Völkerwanderungszeit und erst um die Mitte des 6. Jahrhunderts in das Licht der Ge-

[1] Andreas Kraus: Geschichte Bayerns 1983

schichte getreten. Zum ersten Mal wurde er in der Gotengeschichte des Ostgoten Jordanes 551/552 erwähnt:

»nam regio illa Suavorum ab oriente Baibaros habet, ab occidente Francos, a meridie Birgundzones, a septentrione Thuringos ...«

Damals grenzte also das Land der Schwaben im Osten an das Land der Bayern, im Westen an die Franken, im Süden an die Burgunder, im Norden an die Thüringer. In dieser Beschreibung stehen die Bayern in einer Reihe mit den benachbarten Stämmen, von ihnen durch Name und Wohnsitz deutlich unterschieden, ein Germanenstamm unter seinesgleichen.

Die Wanderung der »Bayern« könnten die historischen Umwälzungen dieser Epoche, der Untergang des Thüringerreiches im Jahre 531 n. Chr. nach dem Sieg der Franken über die Thüringer, und die Abwanderung der Langobarden aus Mähren nach Oberitalien und ihr Donauübergang im Jahre 530 n. Chr., ausgelöst haben. Die Initiative dazu könnte von den Franken ausgegangen sein, die zur Absicherung ihrer Expansion nach Thüringen und nach Oberitalien südlich der Donau und nördlich der Alpen eine ihnen freundlich gesinnte Bevölkerung brauchten. Doch wahrscheinlich ist die Initiative dazu schon eine Generation früher vom Ostgotenkönig Theoderich ausgegangen, der vor einer ähnlichen Situation gestanden und zuvor schon die Alemannen westlich des Lechs, nach ihrer Niederlage gegen die Franken, in Schutz genommen hatte. Für die zweite Annahme spricht auch, daß, nach byzantinischen Quellen, der Frankenkönig Theudebert im Jahre 536 nicht nur die Alemannen, sondern auch »gewisse andere benachbarte Stämme«, vermutlich auch die Bayern, unterworfen hatte.

Die zugewanderten Bajuwaren siedelten zwar entlang der schon vorhandenen Straßen, aber nicht unmittelbar an ihnen, und sie mieden die zerstörten und zerfallenen römischen Gebäude. Auch die Namen der von ihnen neugegründeten Orte knüpften nicht an vorbayerische Namen oder lokale Traditionen an, sondern sie verwendeten Personennamen, durch die ein Personenverband bezeichnet wurde, der zum Namengeber gehörte. Das war eine Gepflogenheit, die die Bayern mit den Alemannen gemeinsam hatten. Germanischen Ursprungs sind auch die mit »Walchen« gebildeten Ortsnamen. Damit bezeichneten die Bajuwaren Siedlungen, in denen konzentrierte Reste der Vorbevölkerung verblieben waren.

Aus den in Bayern gefundenen Reihengräbern läßt sich eine zweite bajuwarische Einwanderungswelle im späten 6. Jahrhundert belegen. Sie begrenzt den frühestmöglichen Gründungszeitpunkt Kempfenhausens.

[2] B. Eberl: Die bayerischen Ortsnamen 1925
S. Riezler: Die Ortsnamen der Münchner Gegend 1887
K. Puchner: Ortsnamenbuch Landkreis Ebersberg 1951
Friedrich Schnell: Ortsnamen aus dem Landkreis Wolfratshausen 1962
Wilhelm Störmer: Der Adel als Träger von Rodung, Siedlung und Herrschaft im frühmittelalterlichen Oberbayern 1981

2. *Hinweise auf die Gründungszeit Kempfenhausens*

Weitere Hinweise auf die Gründungszeit Kempfenhausens liefern der Siedlungsname, die Siedlungsstruktur und erhaltengebliebene frühe urkundliche Zeugnisse.

Der Siedlungsname[2]

Kempfenhausen und Haarkirchen waren schon in der Frühzeit miteinander verbunden. Kempfenhausen, ursprünglich »Chempfinhusa« genannt, bedeutet »bei den Häusern des Kempfo« und Haarkirchen, in der ursprünglichen Schreibweise »Hartchiricha«, bedeutet »die Kirche am Wald«.

Die Ortsnamen der ersten bajuwarischen Siedlungswelle enden mit der Silbe »ing«. Die »ing«-Orte markieren deshalb die frühesten Siedlungsgrenzen des bayerischen Stammes zwischen Lech und Enns. Zahlreiche solche »ing«-Orte sind zwischen dem Starnberger See und dem Ammersee, entlang der Würm und im heutigen Stadtgebiet von München entstanden. Die Orte mit der Namensendung »hausen«, zu denen auch Kempfenhausen gehört, werden erst einer späteren Siedlungswelle zugerechnet. Für sie ist die Lage auf der Höhe charakteristisch. Dementsprechend finden sich besonders zahlreiche »hausen«-Orte auf dem Höhenrücken zwischen dem Starnberger See und der Isar und Loisach.

Die Siedlungsstruktur[3]

Die neu eingewanderten Bajuwaren wählten für die Ansiedlung von der Vorbevölkerung bereits kultivierte Siedlungsräume und siedelten in Einzelhöfen oder lockeren Hofgruppen. Die Inhaber der Höfe gehörten der Ober- oder Mittelschicht an und lebten mit ihrer »familia« zusammen, die aus einigen freien Gefolgsleuten und zahlreichen Unfreien bestand. Kempfenhausen und Haarkirchen wurden, ebenso wie die Nachbarorte, als Zentrumssiedlungen gegründet, jeweils innerhalb von Blockfluren mit ca. 50 ha. Fläche. Beides waren Paarhofsiedlungen mit den Urhöfen »Sattler« und »Claus« in Kempfenhausen und »Blasl« und »Wirth« in Haarkirchen. Die Sedelhöfe, d. h. die »Herrensitze«, waren der »Sattler« in Kempfenhausen und der »Blasl« in Haarkirchen. Diese Hofnamen stammen jedoch aus einer sehr viel späteren Zeit. In beiden Orten hat sich die ursprüngliche Siedlungsstruktur über die Jahrhunderte hinweg erhalten und ist noch in der ersten Katasteraufnahme vom Jahre 1810 deutlich zu erkennen.

[3] Klaus Fehn: Die bayerische Siedlungsgeschichte nach 1945, Quellen – Methoden – Hauptergebnisse – Bibliographie 1965

Bajuwarensiedlung im 6. und 7. Jh., der Gründungszeit Kempfenhausens
Rekonstruktion

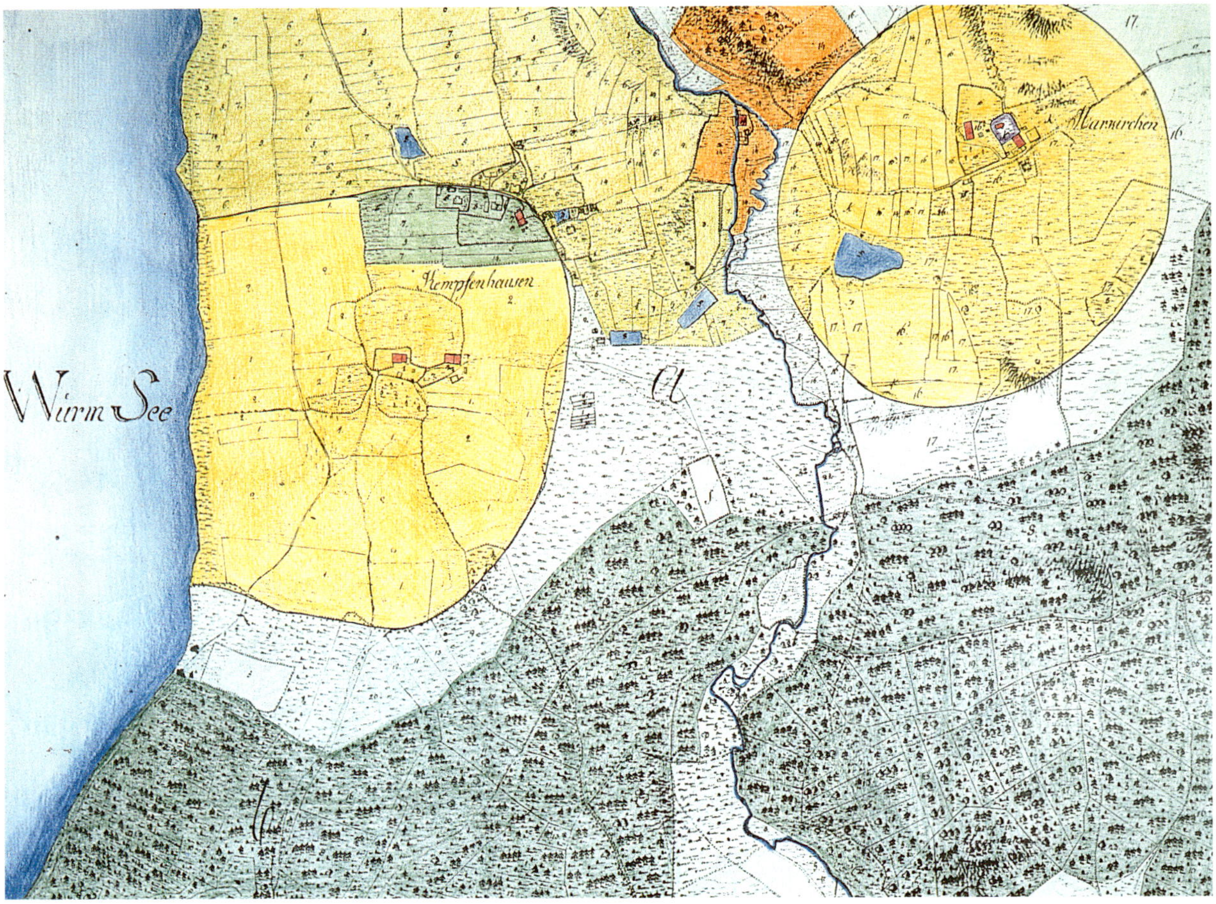

Die Rodungsinseln Kempfenhausen und Haarkirchen

gelb: Blockfluren der Altflur des 7./8. Jh.s mit den Urhöfen
grün: Ausstattung der Flurrandsiedlungshöfe
orange: Mühlenflur
gelbgrün: Streifenfluren des von den Randsiedlungshöfen kultivierten Landes

Das Gebiet der Ursiedlung wurde später durch Rodungsland arrondiert. An der Flurgrenze von Kempfenhausen entstanden im 10. oder 11. Jahrhundert Aussiedlerhöfe als Abspaltung von der Paarhofzelle. Von hier aus wurde das Land zwischen den Altsiedelbereichen kultiviert. Für die Siedlungserweiterung durch die Aussiedlerhöfe sind kleinteilige Streifenfluren kennzeichnend. Auch sie sind im Katasterplan von 1810 noch deutlich ablesbar. Die »Aussiedlerhöfe« Kempfenhausens waren »Schmauz« und »Schwaiger«. Der Schmausenhof ist bereits 1158 urkundlich[4] belegt. Für die Mühle und die blockartige Mühlenflur, zwischen Kempfenhausen und Haarkichen, fehlen dagegen frühe schriftliche Zeugnisse. Vermutlich ist die Mühle aber ebenfalls schon um diese Zeit entstanden, und nach der Lage der Mühlenflur am Rande der ursprünglichen Haarkirchner Ortsflur, ist anzunehmen, daß sie vom Sedelhof in Haarkirchen aus geplant und mit Grund und Boden ausgestattet worden ist.

Die ersten urkundlichen Zeugnisse[5]

Dem »Gesetz der Bayern«, der *Lex Baiuvariorum*, verdanken wir die ersten schriftlichen Zeugnisse, da darin für alle Schenkungen an die Kirche – bis zur Mitte des 9. Jahrhunderts die beinahe ausschließliche Form des Rechtsgeschäfts in Bayern – die Ausstellung einer Urkunde vorgeschrieben war. Diese Urkundensammlungen werden Traditionen genannt und sind vom Hochstift Freising ab 744 n. Chr. und vom Kloster Schäftlarn ab 760 erhalten geblieben, während vom Kloster Tegernsee alle Urkunden vor 1003 verlorengegangen sind. Schenkungen an die Kirche erfolgten aus religiöser Überzeugung, zum eigenen Seelenheil oder um dadurch sich selbst oder Familienangehörige unter den Schutz der Kirche zu stellen. Geschenkt wurde sowohl Grundbesitz als auch Gesinde. Aufgrund solcher Besitzübertragungen sind in den Traditionen des Hochstifts Freising erstmals erwähnt: 763 Gräfelfing, 765/76 Ambach und Münsing, 772 eine nicht mehr lokalisierbare Kirche an der Würm, 776 Herrsching, Raisting, Erling und Fischen, 776/83 Gauting, 777/83 Holzhausen bei Münsing, 817 Höhenrain, 822 Berg[6], 859/75 Percha, das schon 785 in den Traditionen des Klosters Schäftlarn erwähnt ist, 887/95 Heimathausen, 895/99 Irschenhausen, das schon 801 in den Traditionen des Klosters Schäftlarn genannt wurde, 994/1005 schließlich Aufkirchen, Kempfenhausen und Haarkirchen.[7] Die Siedlung Kempfenhausen ist jedoch wesentlich älter und gehörte, ebenso wie Berg, zu den zahlreichen Besitzungen des Klosters

[4] Alois Weißthanner: Traditionen des Klosters Schäftlarn Nr. 97 1953
[5] Theodor Bitterauf: Die Traditionen des Hochstifts Freising 744–926 n. Chr. 1905
Alois Weißthanner: Die Traditionen des Klosters Schäftlarn 760–1305 n. Chr. 1953
Peter Abt: Die Traditionen des Klosters Tegernsee 1003–1242 n. Chr. 1952
[6] Theodor Bitterauf: Traditionen des Hochstifts Freising Nr. 464, 567, 618
[7] Theodor Bitterauf: Traditionen des Hochstifts Freising Nr. 1338

Tegernsee, die der Bayernherzog Arnulf I. zwischen 907 und 914 säkularisiert, d. h. die er dem Kloster genommen und an den Adel vergeben hat, um den Kampf gegen die Ungarn fortführen zu können.[8] In den Besitz von Tegernsee können Kempfenhausen und Berg nur als Ausstattungsgut im Jahre 763 n. Chr. oder als Schenkung vor dem Jahre 830 n. Chr. gelangt sein, denn dann hörten Schenkungen an das Kloster auf. Zusammenfassend läßt sich demnach die Gründungszeit Kempfenhausens in den Zeitraum zwischen dem Ende des 6. Jh.s und dem Anfang des 8. Jh.s eingrenzen.

3. *Die geschichtliche Entwicklung in Bayern vom 6. Jahrhundert bis zur Jahrtausendwende*

In die zweite Hälfte des ersten Jahrtausends fiel nicht nur die Landnahme der Bajuwaren zwischen Lech und Enns, sondern auch die Gründung eines bayerischen Stammesherzogtums unter fränkischer Oberhoheit und die Ausweitung der bayerischen Besiedelung nach Süden bis Bozen, nach Südosten bis Kärnten und nach Osten bis in den Wienerwald. Im Westen blieb dagegen der Lech immer die Sprach- und Bevölkerungsgrenze zu den Alemannen. An der Ostgrenze des Landes kam es während des gesamten Zeitraumes zu Kämpfen, zunächst gegen die Slawen, die hinter den abziehenden Germanenstämmen der Langobarden und Ostgoten nachgerückt waren, und später gegen die Awaren und schließlich ab 900, ein halbes Jahrhundert lang, gegen die Ungarn. Immer wieder kam es auch zu Auseinandersetzungen mit den Franken um die bayerische Unabhängigkeit. Zeitweise schien sie de facto zu bestehen, doch ging sie durch das Eingreifen der fränkischen Könige immer wieder verloren. Schließlich endeten die bayerischen Unabhängigkeitsbestrebungen 788 mit der Aufhebung des bayerischen Stammesherzogtums durch Karl den Großen. Das 8. Jahrhundert hatte Bayern eine Hochblüte der Kultur gebracht durch zahlreiche Klostergründungen, die sich zu Zentren eines lebendigen, geistigen und literarischen Lebens entwickelten, bis die 50 Jahre anhaltenden Ungarneinfälle das Land verwüsteten.

[8] Wilhelm Beck: Tegernseeische Güter aus dem 10. Jh. 1912

[9] Kurt Reindel: Das Zeitalter der Agilolfinger. In Spindler. Handbuch der bayerischen Geschichte 1961
Rudolf Reiser: Die Agilolfinger 1985
Wilhelm Störmer: Die Agilolfinger. In: Adelsgruppen, im Früh- und hoch- mittelalterlichen Bayern 1972
Karl Bosl: Das bayerische Stammesherzogtum 1959

4. Das Stammesherzogtum Bayern im ersten Jahrtausend

Die Zeit der Agilolfinger von 548–788[9]

Als erster Herzog der Bayern ist *Garibald I.* bezeugt, nur wenige Jahre nachdem der Frankenkönig Theudebert 536 die Alemannen und Bayern unterworfen hatte. Garibald I. hatte sein Amt um 548 angetreten. Nach heutiger Auffassung war er ein Franke aus der fränkischen Königsdynastie der Merowinger und der erste der Agilolfinger, die 250 Jahre lang als Herzöge in Bayern mit Sitz in Regensburg herrschten. Die Situation Garibalds war symptomatisch für die Situation, in der sich die bayerischen Herzöge während der nächsten zweieinhalb Jahrhunderte befanden. Er war von den Franken eingesetzt worden, war jahrelang weitgehend selbständig, aber letztlich erfolglos bei dem Versuch, die Spannungen zwischen Franken und Langobarden zur vollen Unabhängigkeit auszunutzen.

Durch seine Heirat mit der verwitweten langobardischen Königstochter Waltrada begründete Garibald I. eine zweihundert Jahre dauernde Allianz der Bayern und Langobarden. Waltrada war zuvor mit dem Frankenkönig Theudebald verheiratet gewesen.

Garibald hat in seiner fünfundvierzigjährigen Amtszeit, von 548–593, die Ostgrenze des Landes gegen die Awaren verteidigt und das Land östlich von Inn und Salzach im Kampf gegen die Alpenslawen kolonisiert.

Nach dem Tod des Herzogs wurde Garibalds Sohn *Tassilo I.* vom Frankenkönig Childebert als Herzog von Bayern eingesetzt. Der Name Tassilo ist langobardisch und wohl auf den Einfluß der langobardischen Mutter zurückzuführen. Mit Tassilo I. begann die bayerische Expansion. Durch Feldzüge gegen die Slawen, mit zwar wechselndem Erfolg, gelangten während seiner siebzehn Regierungsjahre der Brenner, Bozen und Brixen unter bayerischen Einfluß.

Nach Tassilos Tod um 610 wurde sein Sohn *Garibald II.* bayerischer Herzog. Auch er heiratete eine langobardische Prinzessin und mußte bis zu seinem Tod, um 630, immer wieder gegen die Awaren kämpfen.

Für die anschließende Zeit von 630 bis 650 sind in den Geschichtsquellen keine bayerischen Herzogsnamen überliefert. Im Zeitabschnitt um 635 wurde das »Gesetzbuch der Bayern«, die *Lex Baiuvariorum*,[10] erstmals niedergeschrieben, nachdem der Frankenkönig Dagobert I. vier »viris illustribus«, d. h. vier ausgezeichnete Männer, damit beauftragt hatte, das schon vom König Theuderich in Auftrag gegebene »Gesetz der Franken, Alemannen und Bayern« zu überarbeiten. Einer der vier Männer hieß Agilolf.

[10] Konrad Beyerle: Lex Baiuvariorum 1926

Die *Lex Baiuvariorum* war sowohl Verfassungsgesetz, das die Herrschaft in Bayern regelte, als auch Strafgesetzbuch, um »die menschliche Bosheit im Zaum zu halten und die Unschuld der Ehrbaren zu schützen«. Der Herzog, der »immer aus dem Geschlecht der Agilolfinger war und sein soll«, war oberstes Verfassungsorgan und genoß höchsten Rechtsschutz. Wer einen Anschlag auf den Herzog auch nur plante, verlor Leben und Gut. Als Stammesfürsten waren fünf Geschlechter herausgehoben, die *Huosi, Trozza, Fagana, Hahiligga* und *Anniona* als »die vornehmesten nach den Agilolfingern«. Die Gebiete, in denen sie zuständig waren, sind nicht genannt.

Aus anderen Dokumenten läßt sich für die Huosi ersehen, daß sie im Gebiet um Dachau und im westlichen Alpenvorland zwischen Starnberger See und Ammersee saßen, und daß das Gebiet der Fagana nördlich und südlich von Freising lag. Für Vergehen enthält die *Lex Baiuvariorum* einen detaillierten Strafenkatalog, in dem neben der Todesstrafe, Körperstrafen und Geldbußen aufgeführt sind.

Zwischen 640 und 650 wurde *Theodo I.* bayerischer Herzog. In seiner Regierungszeit kam der aus Poitiers stammende Bischof Emmeran 649 nach Regensburg. Drei Jahre später wurde dieser Bischof in eine dubiose Geschichte mit der Herzogstochter Uta verwickelt und von deren Bruder Lantbert 652 bei Helfendorf ermordet. Hundert Jahre später hat Bischof Arbeo von Freising (764–783) das Leben und Martyrium Emmerans beschrieben. Dieser Bericht Arbeos enthält auch die sehr reizvolle Beschreibung des Herzogtums Bayern:

»Es war sehr gut, lieblich anzusehen, reich an Hainen, wohlversehen mit Wein. Es besaß Eisen in Fülle und Gold, Silber und Purpur im Überfluß; seine Männer waren hochgewachsen und stark, auf Nächstenliebe und Sitte gegründet. Das Erdreich war fruchtbar und brachte üppige Saaten hervor, und der Erdboden schien von Vieh und Herden aller Art fast bedeckt zu sein; Honig und Bienen waren wahrlich in sichtlicher Menge vorhanden. In Seen und Flüssen gab es Fische in großer Zahl; das Land war von klaren Quellen und Bächen bewässert und besaß Salz so viel es bedurfte. Das Bergland war ergiebig an Obst und bot Weiden und saftiges Gras; das Waldgebirge war mit wilden Tieren bevölkert und das Unterholz mit Hirschen, Elchen, Auerochsen, Rehen, Steinböcken und mit Tieren und Wild aller Art«.

Das Todesjahr Herzog Theodos I. ist nicht überliefert, doch wird es zwischen 680 und 690 gelegen haben, denn um diese Zeit begann die königsgleiche Herrschaft Herzog *Theodos II.* Arbeo, der Bischof von Freising, hat Herzog Theodo in der »Vita Corbiniani« als starke Persönlichkeit beschrieben: »Er war durch Macht und Tüchtigkeit ausgezeichnet, mit Söhnen geziert, angesehen dank der Tapferkeit seiner Fürsten, und sein Ruhm war weit und breit gewachsen«. Schon zu Beginn seiner Herrschaft hatte sich auch Theodo II. mit den fränkischen Königen auseinanderzusetzen. Nach den »Metzer Annalen« hatte Pippin 688 und 691 die Bayern besiegt, die »einst den Franken unterworfen waren«, doch scheint dies kein durchschlagender fränkischer Erfolg gewesen zu sein.

In Salzburg nahm im Jahre 699 der heilige Rupert (699–714) seine Missionstätigkeit auf. Das herausragende Ereignis der Regentschaft Theodos II. war jedoch die Teilung des Herzogtums. Wohl als Zeichen seiner Unabhängigkeit und als Demonstration eigenständiger Politik teilte Herzog Theodo II. im Jahre 711 das bayerische Herzogtum unter sich und seine Söhne auf und ernannte sie zu Mitregenten.

Daraufhin regierte sein ältester Sohn *Theodebert* zunächst in Salzburg und, nach der Erkrankung seines Vaters, ab 711 als Herzog in Regensburg. Der zweite Sohn *Grimoald* residierte zunächst in Freising und wurde nach dem Tod seines älteren Bruders Theodebert 723/724 neuer Herzog von Bayern. Die jüngeren Brüder Theodebald, der zunächst in Passau residiert hatte, und Tassilo starben vor Grimoald.

Als fast Siebzigjähriger reiste Theodo II. im Jahre 715 noch nach Rom, um den Papst zu bitten, Bayern zu einer eigenen Kirchenprovinz zu erheben. Doch durch seinen Tod im Jahre 716 erlebte Theodo die Ankunft des päpstlichen Legaten nicht mehr, der die Anweisungen von Papst Gregor II. überbrachte: »Ihr sollt in Berücksichtigung der Ortsverhältnisse nach der herzoglichen Gebietseinteilung Bistümer errichten und ihre Grenzen festsetzen. Und wenn ihr drei oder vier oder auch mehr solche Sitze bestimmt habt, den ausgezeichnetsten für einen Erzbischof reserviert habt, so zieht drei Bischöfe bei und ordiniert glaubensbewährte Männer als Bischöfe für diese Sitze«.

Dazu kam es durch den Tod Theodos II. jedoch nicht mehr. Erst fünfundzwanzig Jahre später, im Jahre 739, installierte der heilige Bonifatius die Bistümer Regensburg, Passau, Freising und Salzburg an den Orten, an denen während der Landesteilung Herzogsitze bestanden hatten, und erst weitere fünfzig Jahre später, im Jahre 798, wurde Salzburg zum Erzbistum erhoben.

Im Jahre 720 starb Theodebert, der als Sohn von Theodo II. als bayerischer Herzog nachgefolgt war. Daraufhin wurde sein Bruder *Grimoald* »Herzog des gesamten Stammes«. Er veranlaßte Bischof Korbinian, nach einer Romreise, als Bischof in Freising zu bleiben. Nach dem Tod seines Bruders Theodebert hatte Grimoald dessen bildschöne Gattin Pilitrud geheiratet, was nach Bischof Arbeo »in sträflicher Zuneigung« geschehen war. Bischof Korbinian nahm an dieser Heirat Anstoß und verlangte die Scheidung, die ihm der Herzog auch zusagte. Doch 714 mußte Korbinian nach Südtirol fliehen, da er von Attentatsplänen der Herzogin erfahren hatte. Grimoald hatte offensichtlich Hucbert, den Sohn seines Bruders Theodebert, aus dem Herzogtum verdrängt. Deshalb griff Karl Martell, der mächtige fränkische Hausmeier, 725 mit einem Heer in Bayern ein. Grimoald wurde ermordet, seine Residenz geplündert, und Herzogin Pilitrud mit ihrer Nichte Swanahild von den Franken als Gefangene mitgenommen. Herzogin Pilitrud wurde von Karl Martell in ein fränkisches Kloster gesteckt und Swanahild noch im gleichen Jahr von Karl Martell geheiratet.

Nach dem Tod Grimoalds war *Hucbert* 725 mit Hilfe der Franken Herzog der Bayern geworden. Während seiner elfjährigen Herrschaft kam das Herzogtum zur Ruhe, da es Hucbert gelang, sowohl mit den Langobarden als auch mit den Franken gut auszukommen. Nach den Berichten Arbeos hatte Hucbert 725 den heiligen Korbinian »in aller Freundschaft und mit hohen Ehren« nach Freising zurückgeholt und »ehrte ihn hoch, wie es seinem Verdienst entsprach«. Korbinian starb im Jahre 730 und 736, erst vierzigjährig, Herzog Hucbert.

Herzog von Bayern wurde nun *Odilo*, vermutlich ein Neffe Hucberts. Er hat Bonifatius ins Land geholt, der »mit seiner Zustimmung das Land der Bayern in vier Sprengel einteilte und vier Bischöfe einsetzte«. Diese Bistumseinteilung des Bonifatius hat bis heute alle Stürme der Zeit überdauert. Auch Herzog Odilo mißlang es, eine eigenständige Politik zu betreiben. Nach den »Metzer Annalen« versuchte er zwar, sich der Oberhohheit der Franken zu entziehen, doch Karlmann und Pippin, die Söhne des 741 verstorbenen Karl Martell marschierten daraufhin in Bayern ein und besiegten Odilo am Lech. Der Herzog mußte fliehen, während nun feindliche Truppen 50 Tage lang das Land durchstreiften. Drei Jahre später konnte Odilo Frieden mit Karlmann schließen und 744 nach Bayern zurückkehren, wo er 748 starb.

Noch als Minderjähriger wurde 748 sein 741 geborener Sohn *Tassilo III.* bayerischer Herzog, wie sich aus zahlreichen Schenkungsurkunden ersehen läßt. Vorübergehend hatte zwar Grifo, der Sohn Swanahilds, das Herzogtum Bayern in seine Gewalt gebracht, doch kam Pippin seinem Neffen noch im gleichen Jahr mit einem Heer zu Hilfe und setzte ihn wieder ins Herzogtum ein. Erst sechzehnjährig mußte Tassilo 757 in Compiègne den Vasalleneid auf Pippin und seine Söhne, Karl und Karlmann, ablegen. Als Tassilo 763, sechs Jahre später, auf Geheiß Pippins am Feldzug nach Aquitanien teilnehmen mußte, verließ er eigenmächtig mit seinen Gefolgsleuten das fränkische Heer und kehrte nach Bayern zurück. Diese Fahnenflucht trug fünfundzwanzig Jahre später zu seinem Verhängnis bei.

Zunächst jedoch regierte Tassilo als selbständiger Herrscher zwanzig Jahre lang über ein unabhängiges Herzogtum Bayern, dessen Grenzen bis Bozen und bis zum Wienerwald reichten und Kärnten einschlossen. Unter ihm fanden erstmals auf deutschem Gebiet Landesversammlungen statt. Auf den Synoden in Aschheim 756/57 und in Dingolfing 769/70 wurden u. a. Gesetze verabschiedet, die den Frauen Grundrechte einräumten, und auf der Synode von 771, in Neueching bei München, nahm die Sozialgesetzgebung breiten Raum ein. In der Regierungszeit Tassilos intensivierte sich das klösterliche Leben in Bayern durch zahlreiche Klostergründungen des Herzogs und des westbayerischen Adels längs der alten Römerstraßen, und dies kam der geistigen Kultur Bayerns zugute.[11] Es entstand das erste uns bekannte deutsche Buch, ein Wörterbuch des Freisinger Bischofs Arbeo, der auch einer der bedeutendsten Gesellschaftskritiker des Mittelalters war.[12] Außerdem entstand die erste altdeutsche christliche Dichtung, das »Wessobrunner Gebet«, ein Hymnus von der Größe und Herrlichkeit der Erschaffung der Welt. Der erste Vers beginnt mit den Worten:

> »Nicht war die Erde mit Baum und Berg,
> nicht der Himmel mit Sonne und Mond,
> nicht war das Weltmeer.
> Vor all dem war doch schon
> der eine allmächtige Gott.«

Die Gründung eines Klosters war ein Rechtsakt, bei dem die Gründung mit beachtlichen Rechten und umfangreichem Besitz als wirtschaftliche Existenzgrundlage ausgestattet wurde. Die Klöster Niederaltaich (741) und Mondsee (748) hatte noch Odilo, der Vater Tassilos, gegründet. Nun entstanden allein in den sieben Jahren, von 763 bis 770, zwölf neue Klöster nach der Benediktinerregel. Die Klöster Tegernsee (763), Scharnitz-Schlehdorf (763), Schäftlarn (764), Benediktbeuern (nach 765) und Schliersee (nach 765) waren Gründungen des westbayerischen Adels, der Huosi und ihrer Verwandten, während der Herzog bei Innichen (769), Wessobrunn (nach 770), Kremsmünster (777) und bei den Chiemseeklöstern (781) als Gründer auftrat. Das heißt, nach 777 gab es nur noch herzogliche Klostergründungen. Die neuen Klöster waren im Verzeichnis der Reichsklöster von 817 nach verschiedenen Kategorien eingestuft: In der 1. Klasse, die zu Kriegsdienst und Abgaben verpflichtet war, die Klöster Tegernsee und Mondsee. In der 2. Klasse, die nur zu Abgaben verpflichtet war, die Klöster Benediktbeuern, Niederalteich, Weltenburg und Kremsmünster und in der 3. Klasse, die nur Gebetsdienst für den Herrscher zu leisten hatte, Wessobrunn und Metten.

Schon in der Gründungszeit im 8. Jahrhundert waren die südbayerischen Urklöster mit Weingutbesitz und Weinrechten in Südtirol ausgestattet[13] und noch 1802, kurz vor der Aufhebung der Klöster in Bayern, waren 24 Weingüter in Südtirol im Besitz bayerischer Klöster. Das Kloster Tegernsee besaß noch Weingüter in Kaltern, Lana und Planitzing, Schäftlarn in den Gemeinden Gries und Branzoll und Benediktbeuern in Terlan, Untermais und St.Quirin bei Bozen. Der Weinbedarf der Klöster war riesig und betrug zwischen 350 und 500 Liter pro Kopf und Jahr, da der Wein nicht nur als Meßwein, sondern auch als Medizin und Gästewein

[11] Josef Hemmerle: Die Benediktiner Klöster in Bayern 1951
Ludwig Holzfurtner: Gründung und Gründungsüberlieferung der bayerischen Klöster der Agilolfingerzeit 1984
Max Fastlinger: Die wirtschaftliche Bedeutung der Klöster in der Zeit der Agilolfinger 1901

[12] Andreas Kraus: Geschichte Bayerns 1983

[13] Dietmar Stutzer: Weingüter bayerischer Prälaten-Klöster in Südtirol 1980

verwendet wurde. Der Transport des Weines erfolgte über den Brenner, das Inntal und den Zirler Berg mit Saumtieren in den ersten beiden Jahrhunderten und später mit Faßwagen durch ein sehr gut organisiertes Transportsystem.

So reich sich auch das Klosterleben in Bayern im 8. Jahrhundert entfaltet hatte, so überstanden doch nur wenige Klöster aus der Zeit der Agilolfinger das 10. Jahrhundert und die ungarischen Plünderungskriege: weder Tegernsee, noch Schäftlarn, noch Benediktbeuern. Erst die Reformzeit der Klöster, vom Ende des 10. Jahrhunderts bis zum Ende des 12. Jahrhunderts, brachte die Erneuerung des benediktinischen Mönchtums in Bayern.

Durch die Eheschließung Herzog Tassilos mit Liutburga, 769, einer Tochter des langobardischen Königs Desiderius, sowie die Eheschließung Karls des Großen mit dessen jüngerer Tochter Desiderata, schien eine Aussöhnung zwischen Franken und Langobarden möglich zu werden. Sie scheiterte jedoch am Widerstand von Karls Bruder Karlmann. Bereits zwei Jahre später hatte sich die Situation gründlich geändert. Während der Anwesenheit des Langobardenkönigs Desiderius, 771 in Rom, wurden die Anhänger der fränkischen Partei ermordet. Das veranlaßte Karl den Großen, seine langobardische Frau Desiderata zu verstoßen und einen Feldzug gegen die Langobarden zu führen, den er siegreich beendete. König Desiderius wurde gefangengenommen. Von dieser Zeit an nannte sich Karl der Große »König der Franken und Langobarden«.

Zu diesem Zeitpunkt befand sich Tassilo III. auf dem Höhepunkt seiner Macht, nachdem es ihm glänzend gelungen war, den Aufstand der in Osttirol siedelnden Karantanen niederzuschlagen. In den fränkisch orientierten Bischöfen Arbeo von Freising (764–783), dessen Nachfolger Ato (783–811) und in Arn, dem späteren Bischof von Salzburg, erwuchsen ihm jedoch gefährliche Gegenspieler. Im Jahre 781 schickten Karl der Große und der Papst einen Gesandten zum bayerischen Herzog, um Tassilo daran zu erinnern, »ihnen untertänig und gehorsam zu sein«, wie er Pippin und dessen Söhnen geschworen hatte. Da dies jedoch ohne Wirkung blieb und auch ein Vermittlungsversuch des Papstes gescheitert war, maschierte Karl der Große 781 in Bayern ein. Auf dem Lechfeld zwang er Tassilo, das ihm von Pippin verliehene bayerische Herzogtum zurückzugeben. Obwohl Tassilo das Herzogtum wieder zurückerhielt, war er doch nun für alle sichtbar ein Herzog von Königs Gnaden.

Der Konflikt spitzte sich weiter zu, da Tassilo auch noch Kontakt mit den Awaren aufgenommen hatte. Deshalb mußte er sich 781 auf der Reichsversammlung in Ingelheim verantworten. Er wurde angeklagt, verhaftet und wegen der fünfundzwanzig Jahre zurückliegendenen Fahnenflucht zum Tode verurteilt. Karl der Große begnadigte ihn zwar, steckte aber die gesamte Herzogsfamlie, Tassilo, seine Frau Liutburga, die Söhne Theodo und Theudebert und die Töchter Coloni und Rotrud in fränkische Klöster. Dort starb Tassilo erblindet, neun Jahre später, im Jahre 796.

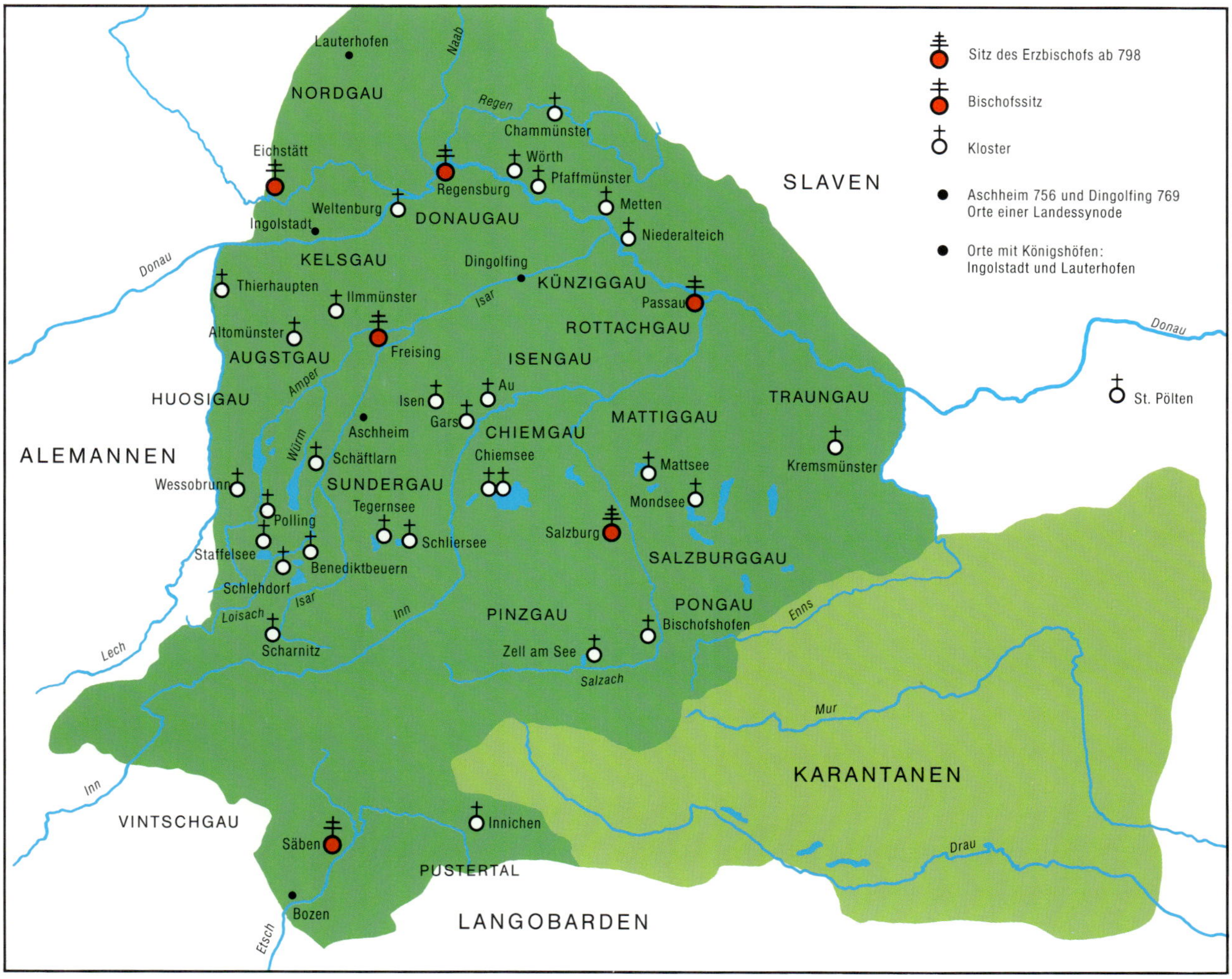

Das bayerische Stammesherzogtum um 788 n. Chr., seine Klöster und Bischofssitze

Mit Tassilo III. endete, nach 240 Jahren, die Herrschaft der Agilolfinger in Bayern. Während der folgenden 130 Jahre regierten nun die Karolinger das Land.

Die Zeit der Karolinger von 788–911[14]

Nach der Absetzung Tassilos, 788, beließ *Karl der Große* das Herzogtum Bayern als geschlossene Provinz und setzte seinen Schwager Gerold als Statthalter ein. Im gleichen Jahr begannen die Auseinandersetzungen mit den Awaren, die 25 Jahre andauerten, bis 803 die Awarenfürsten dem Frankenkönig endgültig huldigten. Nach dem Sieg über die Awaren gründete Karl der Große zwischen Enns und Wienerwald die »Neumark«. Das eroberte Land wurde Königsland und an Adel und Kirche vergeben, wobei vor allem die Grafen von Ebersberg, die Bistümer Salzburg, Passau und Regensburg und die Klöster Niederaltaich, Kremsmünster und Mondsee bedacht wurden.

Dadurch, daß Bayern nach dem Sturz Tassilos in das Karolingerreich eingegliedert wurde, wurde auch in Bayern die Karolingische Renaissance, »ein neuer Sinn für das Maß« wirksam, und es entstanden bedeutende Schreibschulen. In Regensburg und in Freising für Dichtung, in Passau für Geschichtsschreibung und in Salzburg für Lebensbeschreibungen der Heiligen. Arn, einer der Hauptgegner Tassilos III., inzwischen Bischof in Salzburg, der »jenes Echo geweckt hat, durch das eine Zeit auf kraftvolle Führung zu antworten pflegt«, wurde 798 Erzbischof.

Nach dem Tod Karls des Großen erbte 814 sein jüngster Sohn *Ludwig der Fromme* das Frankenreich, da seine Brüder noch vor dem Vater gestorben waren. *Lothar (814–817)*, der Sohn Ludwigs des Frommen, erhielt von seinem Vater Bayern als »Regnum«, d. h. als Teilreich. Er führte den Königstitel, doch war sein Titel nicht an das Land gebunden, sondern an die Person. 817 wurde Lothar von seinem Vater zum Mitregenten des Frankenreichs bestimmt und übergab deshalb seinem Sohn *Ludwig dem Deutschen* (817–876) »Bayern, die Karantanen, Böhmen, Awaren und Slawen, die im Osten Bayerns wohnen und ferner zu seinem Unterhalt zwei Königshöfe im Nordgau, Lauterhofen und Ingolstadt«. Zu diesem Zeitpunkt war Ludwig erst 12 Jahre alt, weshalb er die Herrschaft in Bayern erst 825, acht Jahre später, wirklich antreten konnte. Dann bestimmte er aber auf Jahrzehnte das Geschick Bayerns. Durch eine aktive, zielstrebige Politik erkämpfte er sich von Bayern aus im Karolingerreich immer größere Macht, bis er schließlich im Vertrag von Verdun, 843, das ganze Ostfrankenreich erhielt. Bayern wurde dadurch das Königsland des ostfränkischen Reiches und Regensburg seine Hauptstadt. Beide

[14] Kurt Reindel: Bayern im Zeitalter der Karolinger. In Spindler, Handbuch der bayerischen Geschichte 1961
Friedrich Prinz: Bayern als Karolingische Königsprovinz und Teilregnum. In Spindler, Handbuch der bayerischen Geschichte 1961

blieben bis zum Tod Ludwigs des Deutschen, 876, das Zentrum seiner Herrschaft.

Als Nachfolger Ludwig des Deutschen erhielt Ludwigs Sohn *Karlmann (876–880)* »Bayern mit seinen Marken und die Hoheit über die Slawenstaaten des Südostens« und nannte sich von nun an in den Urkunden »rex Bawariorium«. 880 starb Karlmann und 882 sein Bruder Ludwig. Dadurch wurde nun der dritte, der jüngste Bruder, *Karl der Dicke (882–887)*, Herrscher des ostfränkischen Reiches und 883 auch des Westfrankenreiches. Unter ihm war damit zum letzten Mal das Reich Karls des Großen vereint.

Fünf Jahre später wurde »Karl der Dicke« jedoch wegen Krankheit abgesetzt. Als sein Nachfolger trat *Arnulf von Kärnten (887–899)*, ein unehelicher Sohn Karlmanns, die Herrschaft im Ostfrankenreich an. Auch er regierte in Regensburg und stützte sich, wie Ludwig der Deutsche, im wesentlichen auf Bayern. 896 erstürmte Arnulf Rom und erhielt vom Papst die Kaiserkrone. Mit ihm starb 899 der letzte Karolingische Herrscher, und es endete die 130jährige Herrschaft der Karolinger in Bayern. Sein siebenjähriger Sohn, »Ludwig das Kind«, war zwar 900 noch zum Nachfolger gewählt worden, doch starb er 911, ohne selbst zur Herrschaft gelangt zu sein.

Die Zeit der Luitpoldinger von 895–947[15]

Noch in der Zeit »Ludwig des Kindes«, als das Ostfrankenreich in seiner Führung geschwächt war, begannen die Angriffe der Ungarn. Die Raubzüge dieses Nomaden- und Reitervolkes dauerten ein halbes Jahrhundert an und verbreiteten im Abendland maßloses Entsetzen.[16] Initiative und Kriegsführung gegen die Ungarn übernahm in Bayern *Markgraf Luitpold (895–907)*, der als Stammvater der Wittelsbacher gilt. Ihn hatte noch sein Onkel, Kaiser Arnulf, als Markgraf im Nordgau, Donaugau, Kärnten und Oberpannonien eingesetzt. Die Ungarn fielen erstmals im Herbst 900 in Bayern ein, überschritten die Enns und verwüsteten den Traungau. Noch im gleichen Jahr konnten Markgraf Luitpold und der Bischof von Passau ein zweites, kleineres ungarisches Heer bei Linz vernichtend schlagen, wobei 1200 Feinde gefallen sein sollen.

Im darauffolgenden Jahre 901 wurden die in Kärnten eingefallenen Ungarn von dem als Gaugraf eingesetzten *Graf Ratold von Ebersberg* zurückgeschlagen. 902 und 903 kam es erneut zu Kämpfen mit den Ungarn. Deren eigentliche Raubzüge begannen jedoch erst 906 mit einem Einfall nach Sachsen. Nachdem das Mährische

[15] Kurt Reindel: Die bayerischen Luitpoldinger 1973
Friedrich Prinz: Das Herzogtum der Luitpoldinger.
In Spindler, Handbuch der bayerischen Geschichte 1961

Reich untergegangen war, fehlte diese Barriere, die bis dahin den Angriffen der Ungarn standgehalten hatte. Im Jahre 907 unternahm ein bayerischer Heerbann unter Führung von Markgraf Luitpold eine Gegenoffensive nach Ungarn. Er wurde am 5. Juli 907 bei Preßburg so vernichtend geschlagen, daß nahezu das gesamte Heer fiel, darunter Markgraf Luitpold, die Bischöfe von Salzburg, Säben und Freising und 19 bayerische Grafen. Diese verheerende Niederlage der Bayern fand in den zeitgenössischen Berichten Europas ein gewaltiges Echo.

Nach der Katastrophe von Preßburg trat *Arnulf (907–937)*, der Sohn Luitpolds, die Herrschaft in Bayern an. Um ein neues Heer gegen die Ungarn aufstellen zu können, zog er zwischen 907–914 umfangreichen Kirchenbesitz ein und vergab ihn an den Adel. Dadurch verlor Tegernsee, das damals mächtigste Kloster, allein 92 Ortschaften, darunter auch die Orte Kempfenhausen und Berg. 908 fielen die Ungarn erneut in Sachsen und 909 wieder in Bayern ein, wobei Freising in Brand gesteckt und von 53 Klöstern 21 verwüstet oder vernichtet wurden. Erst die heimkehrenden Ungarn konnte Herzog Arnulf beim Übergang über die Rott schlagen. Die Bayern hatten sich darauf eingestellt, die Ungarn nicht schon beim Einfall anzugreifen, sondern erst bei der Rückkehr an den Flußübergängen, wenn sie beutebeladen weniger beweglich waren.

910 konnte Arnulf die zurückkehrenden Ungarn, die ein fränkisches Heer besiegt hatten, bei Neueching schlagen. Doch auch in den Jahren 911/12 tauchten überall ungarische Reiterscharen auf, die nun erstmals den Rhein überschritten und den Ahrgau plünderten. Der nächste ungarische Einfall erfolgte im Jahre 913 und führte zur Plünderung weiter Teile Schwabens. Wieder konnte Arnulf die mit großer Beute heimkehrenden Ungarn, diesmal beim Übergang über den Inn, vernichtend besiegen. Dieser Sieg führte dazu, daß in Bayern für mehr als ein Jahrzehnt die Kämpfe und Plünderungen aufhörten. 914 mußte Herzog Arnulf aus Bayern fliehen, da er die mißlungene Auflehnung seines Onkels Erchanger gegen den 911 zum deutschen König gewählten Franken Konrad I. unterstützt hatte.

917 konnte Arnulf Bayern zurückgewinnen. Ein Jahr später starb König Konrad I. und der als Nachfolger zum deutschen König gewählte Sachse *Heinrich I.* machte, im Gegensatz zu seinem Vorgänger, dem bayerischen Herzog große Zugeständnisse, so daß Arnulf in Bayern königliche Rechte ausüben konnte, ohne die Königskrone zu besitzen. Während in Bayern Ruhe herrschte, hatten die Ungarn 915 erneut Sachsen, Thüringen und Schwaben geplündert, 917 Burgund und Lothringen, hatten Basel erobert und 918 Bremen verwüstet. 919 wiederholte sich das in Lothringen, Sachsen und Italien. Die Beute, die die Ungarn jedesmal mit sich führten und die Zahl der Gefangenen beiderlei Geschlechts, die sie mit in

[16] Rudolf Lüttich: Die Ungarnzüge in Europa im 10. Jh. 1910
Friedrich Prinz: Klerus und Krieg im frühen Mittelalter 1965
Heinrich Büttner: Die Ungarn, das Reich und Europa bis zur Lechfeldschlacht 955 1956
Georg Spitzelsberger: Die Ungarnstürme des 10. Jahrhunderts 1960

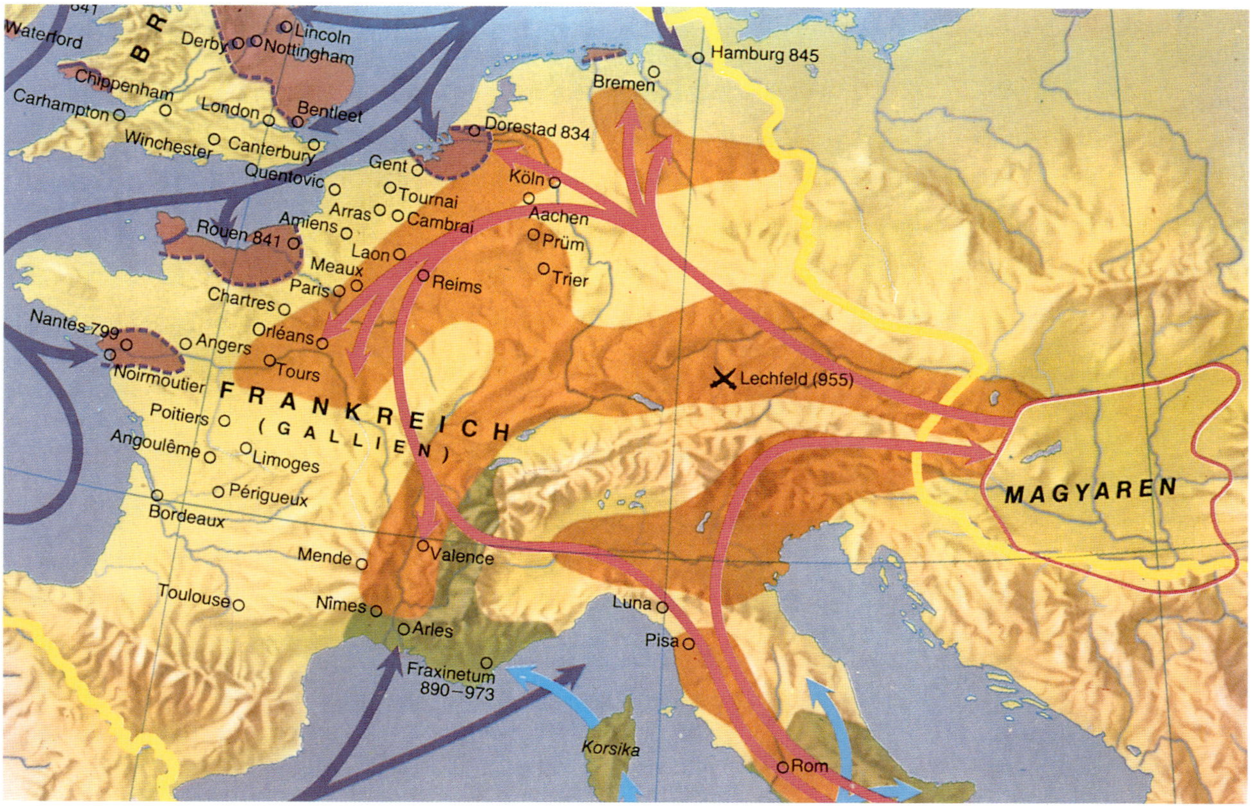

Die Ungarneinfälle in Europa von 900–950 n. Chr.

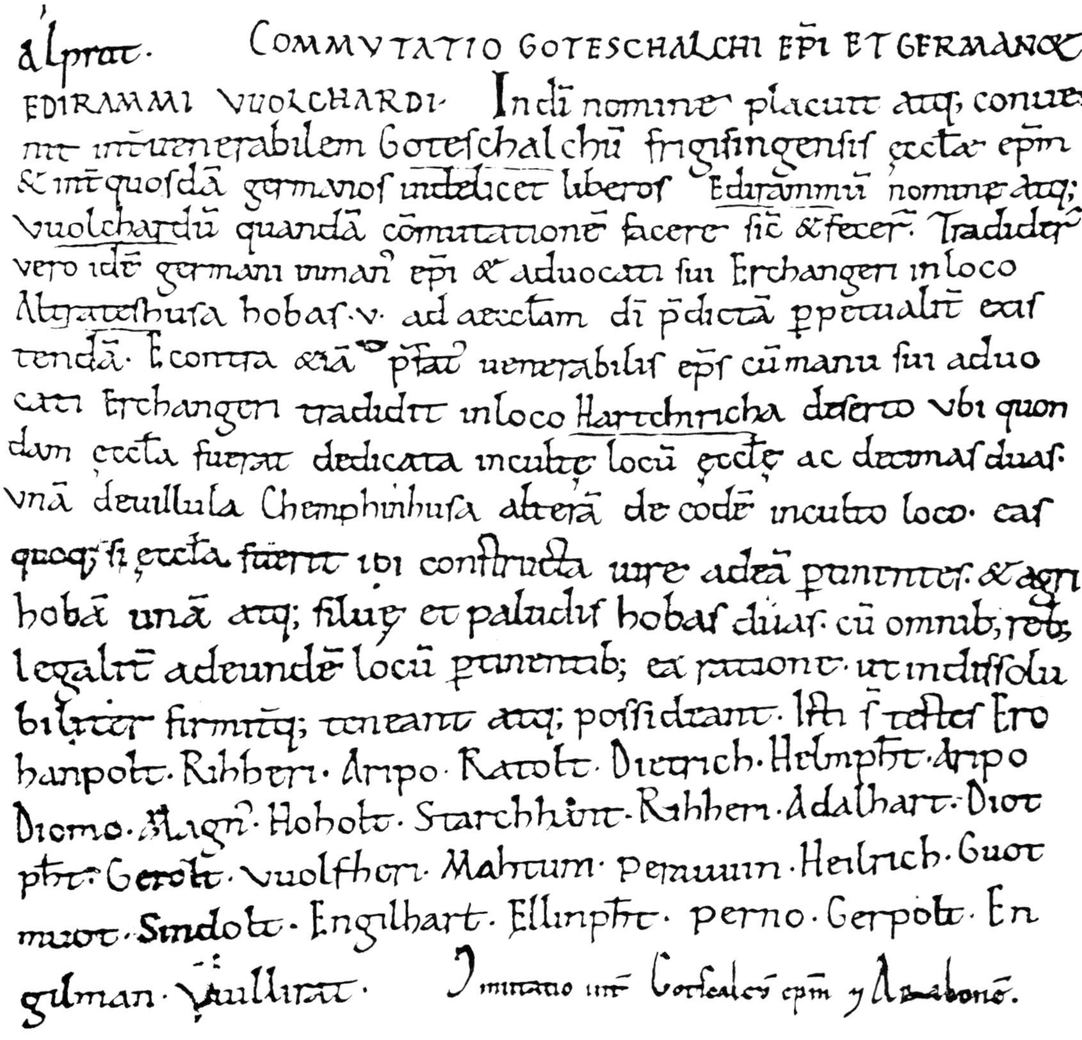

ālprat. COMMVTATIO GOTESCHALCHI EPI ET GERMANORVM
EDIRAMMI VUOLCHARDI. In dī nomine placuit atq; conue-
nit inter uenerabilem Goteschalchū frigisingensis ecclae epm
& inter quosdā germanos videlicet liberos Ediramū nomine atq;
Vuolchardū quandā comutationē facere sic & fecer̄. Tradider̄
vero idē germani inmanū epi & aduocati sui Erchangeri inloco
Altgatteshusa hobas .v. ad aecclam dī p̄dictā ppetualit̄ eas
tendā. E contra hec iā p̄fat̄ uenerabilis eps cū manu sui aduo
cati Erchangeri tradidit inloco Haratchiricha deserto ubi quon
dam eccla fuerat dedicata incultū locū eccle ac decimas duas.
Unā deuillula Chemphinhusa alterā de eodē inculto loco. eas
quoq; si eccla fuerit ibi constructa iure adeā pertinent. & agri
hobā unā atq; silue et paludis hobas duas. cū omnib; reb;
legalit̄ adeundē locū ptinentib; ea ratione. ut indissolu
biliter firmitq; teneant atq; possideant. Isti s̄ testes Ero
hanpolt. Rihheri. Aripo. Ratolt. Dietrich. Helmpreht. Aripo
Diomo. Magn̄. Hoholt. Starchhart. Rihheri. Adalhart. Diot
preht. Gerolt. Vuolfheri. Mahtuuin. Peraunin. Heilrich. Guot
muot. Sindolt. Engilhart. Ellinpreht. Perno. Gerpolt. En
gilman. Vuillirat. Commutatio int̄ Gotscalcū epm & Adalbonē.

Traditionen des Hochstifts Freising Nr. 1338 (994 – 1005)
Erste, erhaltengebliebene, urkundliche Erwähnung von Kempfenhausen und Haarkirchen,
unter Bischof Gottschalk von Freising.
»Bischof Gottschalk von Freising tauscht mit den freien Brüdern Ediram und Vuolchard 5 Hufen zu Allershausen
gegen eine zerstörte Kirchstätte in Haarkirchen und zwei Zehnte zu Haarkirchen und Kempfenhausen
mit der Verpflichtung, die Kirche wieder aufzubauen.«

ihre Heimat verschleppten, war ungeheuer. Auch das Jahr 924 brachte für Mitteleuropa erneut Schrecken ohne Ende. Rom ging durch die Ungarn in Flammen auf, in Südfrankreich und in Ostfrankreich richteten sie entsetzliche Blutbäder an und brannten viele Orte und Klöster nieder. 926 wurden Konstanz und St.Gallen überfallen, das Bistum Verdun verwüstet und erstmals, nach 13 Jahren, kamen die Ungarn auch wieder nach Bayern. Durch Tributzahlungen gelang es Herzog Arnulf, mit ihnen Frieden zu schließen, und so folgten den Schreckensjahren sieben Jahre ohne irgendwelche Einfälle in Mitteleuropa. Ein neuer Ungarneinfall galt 933 Thüringen. Sie verwüsteten das Land und wandten sich dann nach Sachsen. Dort wurde ein Heer vernichtet und ein zweites Heer von König Heinrich I. in die Flucht geschlagen. Das hinderte die Ungarn jedoch nicht, zwei Jahre später Burgund zu überfallen und diesmal sogar die Loire zu überschreiten und bis Aquitanien vorzudringen.

König Heinrich I. starb 936. Daraufhin wurde sein Sohn *Otto I.* zum deutschen König gewählt. Er konnte schon im darauffolgenden Jahr die Ungarn in Sachsen abwehren, die daraufhin nach Lothringen, Burgund und Aquitanien zogen und in Frankreich großes Unheil anrichteten. 938 erhob sich der Sohn König Otto I. gegen den Vater. Während der König mit seinem aufständischen Sohn zu tun hatte, konnten die Ungarn erneut Sachsen und Thüringen verwüsten, doch gelang nur wenigen die Rückkehr in die Heimat. Das führte dazu, daß Thüringen und Sachsen künftig von den Ungarn verschont blieben.

Herzog Arnulf hatte noch zu Lebzeiten König Heinrichs I. die Nachfolge im Herzogsamt für seinen Sohn *Eberhard (937–938)* geregelt, der auch nach Arnulfs Tod 937 bayerischer Herzog wurde. Die Unabhängigkeit des Vaters konnte er jedoch nicht bewahren und geriet deshalb sofort mit König Otto I. in Konflikt. Der schickte ihn 938 in die Verbannung und setzte *Berthold (937–947)*, einen Bruder Arnulfs, als Herzog in Bayern ein. Herzog Berthold hatte zwar noch immer eine starke Stellung im Herzogtum, mußte aber viele Errungenschaften Arnulfs, wie die selbständige Regelung der Erbfolge, das Münzrecht und das Recht zur Einsetzung der Bischöfe, aufgeben. Die fünfzigjährige Epoche der Luitpoldinger in Bayern endete mit dem Tod Herzog Bertholds im Jahre 947.

Die Zeit der sächsischen Herzöge in Bayern von 947–1024[17]

Sie begann damit, daß König Otto I., ein Sachse, seinen Bruder *Heinrich (947–955)*, der mit einer Tochter Herzog Arnulfs verheiratet war, als bayerischen Herzog einsetzte. Herzog Heinrich gelang ein Sieg gegen die Ungarn an der Theiß, und als Dank für Waffenhilfe erhielt er vom König die Marken Trient, Verona,

[17] Kurt Reindel: Bayern im Dienste des Reichs. In Spindler, Handbuch der bayerischen Geschichte 1961

Aquileia und Istrien, wodurch Bayern damals bis zur Adria reichte und die größte Ausdehnung seiner Geschichte besaß.

Der bayerische Stammesadel hatte jedoch die Verdrängung des angestammten Herrscherhauses durch die Sachsen nicht verwunden und schloß sich dem Aufstand des Königssohns Lindolf an. Dem König gelang es erst nach langem heftigem Kampf, Regensburg, das Zentrum des Aufstands, zu erobern und damit den Aufstand niederzuschlagen. Im gleichen Jahr belagerten die Ungarn das von Bischof Ulrich verteidigte Augsburg. Dort wurden sie, 955, von König Otto I. mit einem Heer aus fränkischen, schwäbischen, bayerischen und böhmischen Kontingenten in der berühmten Schlacht auf dem Lechfeld so vernichtend geschlagen, daß damit die Ungarngefahr auf Dauer gebannt war.

Nach dem Tod seines Vaters trat 955 *Heinrich II. (955–974 und 985–995)*, der vierzehnjährige Sohn Herzog Heinrich I., die Nachfolge im Herzogsamt an, bis 967 jedoch unter der Vormundschaft seiner Mutter Judith. Im Jahre 974 rebellierte Heinrich II. gegen den 973 gewählten königlichen Vetter Otto II., da dieser die Herzogsgewalt beschränken wollte. Dies brachte Heinrich den Beinamen »der Zänker« ein. Wegen seiner Auflehnung wurde er vom König verbannt und bis 985 blieben alle seine Versuche, Bayern zurückzugewinnen, erfolglos. 976 trennte König Otto II. Kärnten von Bayern ab und erhob es zu einem selbständigen Herzogtum. Die Ostmark vergab er nicht an einen Luitpoldinger, sondern ein Babenberger wurde Markgraf der Ostmark. Damit war das Gewicht Bayerns erheblich geschwächt. Erst nach dem Tod von König Otto II., 985, erhielt Heinrich der Zänker das Herzogtum Bayern zurück und blieb von da ab bis zu seinem Tod, 995, dem König treu ergeben.

Der bayerische Adel wählte 995 den Sohn des »Zänkers«, *Heinrich IV. (995–1002)*, zum neuen Herzog. Dieser wurde 1002 deutscher König und nannte sich von da ab König *Heinrich II.* Er war der Gründer des Bistums Bamberg, zu dessen Ausstattungsgütern auch Aufkirchen gehörte. König Heinrich II. besaß eine ausgeprägte Frömmigkeit. 1014 erhielt er die Kaiserkrone. Nach seinem Tod im Jahre 1024 wurde er im Bamberger Dom beigesetzt. Mit ihm gingen das erste Jahrtausend und die Ära der sächsischen Könige zu Ende. Danach kamen die Salier zur Macht und bestimmten 100 Jahre lang die deutsche Geschichte.

5. Kempfenhausen Ausstattungsgut und Besitz des Klosters Tegernsee von 763–907/11

Kempfenhausen ist in den »Entfremdungslisten« des Klosters Tegernsee von 1020/1035 und 1057/1062, die auf Aufzeichnungen des Klosters aus dem 10. Jahrhundert zurückgreifen, unter den 92 Lehensgütern des Klosters aufgeführt[18], die Herzog Arnulf von Bayern zwischen 907 und 914 dem Kloster Tegernsee entzogen, d. h. »entfremdet« hat. Er vergab sie an den Adel, um nach der verheerenden Niederlage des bayrischen Heerbannes vor Preßburg im Jahre 907, den Kampf gegen die Ungarn fortsetzen zu können.

Es spricht viel dafür, daß Kempfenhausen schon als Ausstattungsgut an das Kloster Tegernsee gekommen ist, das bei seiner Gründung mit Herzogs- bzw. Königsgut reichlich ausgestattet worden war. Hinweise, daß Kempfenhausen Fiskalgut, d. h. Herzogsgut oder Königsgut war, sind der Lehenscharakter der entfremdeten Güter und die Tatsache, daß die Ansprüche des Klosters an seine Lehenshöfe auch nach der »Entfremdung« erhalten blieben, so daß noch im 18. Jh. Baron von Zündt Zehntzahlungen für die Kempfenhausener Lehenshöfe an Tegernsee abführen mußte. Dafür spricht auch, daß in Kempfenhausen und Haarkirchen im 11. Jh. Sitze des Ministerialenadels entstanden sind.[19] Eine Gründungsurkunde des Klosters Tegernsee, die Gewißheit über den Zeitpunkt dieser Gründung geben würde, blieb ebensowenig erhalten wie die Traditionen dieses Klosters von seiner Gründung bis zum Jahr 1003. Nach der Liste der Äbte, die an der Synode von Dingolfing 769/70 teilgenommen hatten, müßte der Gründungsabt jedoch sein Amt um 763 angetreten haben, und 763 müßte das Gründungsjahr des Klosters Tegernsee gewesen sein.[20] Der erste Abt war einer der beiden bayerischen Adeligen aus dem Sundergau, die dort reich begütert waren und das Kloster gegründet hatten. Die ersten Mönche des Klosters Tegernsee wurden aus St. Gallen geholt. Das Kloster wurde mit umfangreichem Grundbesitz ausgestattet und entwickelte sich rasch zu einem kulturellen Zentrum und zum bedeutendsten Benediktinerkloster Süddeutschlands. Im Jahre 795 kam es mit dem Bischof von Freising zu Auseinandersetzungen um 22 Pfarrkirchen, die sich bereits im Besitz von Tegernsee befanden. Tegernsees Klosterkirche, in der 804 die römischen St. Quirin-Reliquien beigesetzt wurden, war den Aposteln Peter und Paul geweiht und hatte damit die gleichen Schutzheiligen wie die Kirche in Haarkirchen. 788 wurde Tegernsee Reichskloster und stand damit unter königlichem Schutz. 817 war es in der Liste der Reichsklöster in der 1. Kategorie aufgeführt und gehörte damit zu den bedeutendsten Klöstern des Reiches.

Gegen Ende der Karolingerzeit erlebten die Benediktinerklöster Bayerns einen unaufhaltsamen Niedergang, so daß um die Mitte des 10. Jahrhunderts in Bayern kaum mehr ein Kloster im ursprünglichen Sinn der Benediktinerregel zu finden war. Zum Erlöschen des geistigen Lebens nach der Blütezeit des 8. Jahrhunderts und zum Verfall der Gebäude hatten sowohl die wiederholten Ungarneinfälle beigetragen als auch der Umstand, daß der größte Teil der Klöster in die Abhängigkeit der Bischöfe geraten war und sie dadurch ihre Selbständigkeit verloren hatten. In

18 Wilhelm Beck: Tegernseer Güter aus dem 10. Jahrhundert 1912
19 Getrud Sandberger: Hinweise auf den Fiskalcharakter Kempfenhausens 1986
20 Ludwig Holzfurtner: Gründung und Gründungsüberlieferung der bayer. Klöster der Agilofingerzeit 1984

Tegernsee schwiegen die schriftlichen Quellen ab 920, da jede literarische Tätigkeit des Klosters erloschen war. Auf dem Tiefpunkt des Niedergangs fielen 975 auch noch seine Klostergebäude einem Brand zum Opfer.

Vier Jahre später wurde das Kloster Tegernsee neu gegründet und mit der Gorzer Reform wieder einem lebendigen Mönchstum zugeführt. Der neue Abt und 12 Mönche kamen aus St. Maximin in Trier. Kaiser Otto II. verlieh Tegernsee erneut die Rechte eines Reichsklosters mit freier Abtwahl und stellte es wieder unter königlichen Schutz. Damit begann eine neue Blüte. Die Schreibschule und die Buchmalerei wurden wieder begonnen, eine eigene Erzgießerei für das Gießen von Glocken und eine eigene Glashütte für die Herstellung von Glasfenstern – darunter die Fenster für den Dom von Augsburg – wurden errichtet. Im Investiturstreit stand Tegernsee auf der Seite des Kaisers. Größere Schwierigkeiten gab es wieder ab 1150 durch Bischof Otto von Freising, der Tegernsee der Reform von Cluny zuführen wollte, und durch die Übergriffe des Klostervogts, des Grafen Heinrich von Wolfratshausen.

Von einem erneuten äußeren und inneren Niedergang wurde Tegernsee im 13. und 14. Jahrhundert betroffen, der mit dem Klosterbrand von 1419 und dem Einsturz des Chors 1423/24 einen traurigen Tiefpunkt erreichte. Aus dieser trostlosen Situation führten die Äbte *Kaspar Ayndorffer, 1426–1461*, und *Konrad Ayrinschmalz, 1461–1492*, das Kloster zu neuer Blüte und neuem Wohlstand. Abt *Kaspar Ayndorffer*, 1401 in München geboren und aus einer Patrizierfamilie stammend, wurde mit fünfundzwanzig Jahren Abt des Klosters. Er machte sich um die Klosterdisziplin und um die Erneuerung des klösterlichen Lebens sehr verdient. Durch ihn wurde Tegernsee der bayerische Mittelpunkt der von Melk ausgehenden Klosterreform. Zunächst sanierte er die wirtschaftliche Grundlage des Klosters, dann baute er Kirche und Kloster um und stattete sie neu aus. Während seiner Amtszeit war die Bedeutung Tegernsees so gestiegen, daß es Äbte für die Klöster Andechs, Wessobrunn, Benediktbeuern und Scheyern stellen konnte.

Nach dem Tod von Abt Ayndorffer, am 17.1.1461, wurde der 1424/26 in Weilheim geborene *Konrad Ayrinschmalz* Abt von Tegernsee und blieb es 30 Jahre lang bis zu seinem Tod am 24.1.1492. Ayrinschmalz veranlaßte die Befestigung des Klosters und dessen Erweiterung und Verschönerung und den Umbau der Abteikirche. Seinen Schwager, den Münchner Maler *Gabriel Maleskirchner*, beauftragte er mit Bildtafeln für 14 Altäre, an denen Maleskirchner von 1474 bis 1477 arbeitete. Durch Abt Ayrinschmalz wurde auch die Bibliothek Tegernsees erweitert. Tegernsee besaß damals mit 2000 Handschriften und fast 4000 Erstdrucken, sogenannten »Inkunabeln«, die größte Bibliothek Süddeutschlands. 1574 bekam Tegernsee eine eigene Klosterdruckerei, die bald berühmt wurde und auch weltliche Werke verlegte. Knapp 60 Jahre später, im Jahre 1632, wurde das Kloster von den Schweden geplündert und von der Pest heimgesucht. Berühmte Künstler, wie der Freskenmaler Hans Georg Asam und der Wessobrunner Stukkateur Johann Baptist Zimmermann arbeiteten in der Zeit zwischen 1681 und 1728 an der Verschönerung des Klosters.

Durch die Reformen von Graf Montgelas wurde Tegernsee, wie alle anderen bayerischen Klöster, 1803 säkularisiert. Zu diesem Zeitpunkt befanden sich in seiner Bibliothek etwa 60000 Bände, von denen für die bayerische Staatsbibliothek 1478 Handschriften, 1584 Inkunabeln, 276 Bücher in Folio, 308 Bücher in Quarto, 969 Bücher in Octavo, 733 kleinere Werke und 11 Choralbücher ausgewählt wurden. Mit der Säkularisation endete die stolze Tradition des Klosters Tegernsee, das in seiner mehr als tausendjährigen Geschichte Wesentliches zur religiösen, geistigen und künstlerischen Kultur Bayerns beigetragen hat.

6. *Kempfenhausen im Besitz der Ebersberger Grafen und der Sieghardinger Grafen im Chiemgau von 907/14–1078*

Das Kloster Tegernsee hatte durch die »Säkularisation« von Herzog Arnulf I., zwischen 907 und 914, zusammen mit 90 anderen Lehensgütern, auch Kempfenhausen und Berg verloren. Hundert Jahre später, um 1020/1035, waren 35 dieser »entfremdeten« Tegernseer Güter, unter denen sich nach der älteren »Entfremdungsliste« des Klosters auch Kempfenhausen und Berg befanden, im Besitz von *Graf Adalpero II. von Ebersberg*. Verfolgt man die Ebersberger Grafen bis in die »Entfremdungszeit« zurück, so trifft man auf *Graf Ratold I. (890–917)*, Markgraf in Kärnten.[21] Er hatte 907 als Gaugraf die in Kärnten eingefallenen Ungarn zurückschlagen können und hat, nach der Katastrophe in der Schlacht von Preßburg (907), wohl vom bayerischen Herzog Arnulf die Tegernseer Lehensgüter erhalten. Kempfenhausen war somit fast 140 Jahre lang im Besitz der Grafen von Ebersberg, von der Belehnung *Graf Ratolds I.* (907/11) bis zum Tod des *Grafen Adalpero II.* (1045).

Die Ebersberger Grafen waren im 10. und 11. Jh. das mächtigste Adelsgeschlecht im altbayerischen Raum.[22] In diesen beiden Jahrhunderten gab es in Bayern keine Adelsfamilie, die eine so intensive und großflächige Herrschaft hatte ausdehnen können wie die Ebersberger. Ihr umfangreicher Besitz lag zum Teil in Kärnten und reichte vom nördlichen Alpenrand bis zur Donau und vom Starnberger See bis zum Inn. Dort schloß sich zwischen Inn und Salzach der Herrschaftsbereich der von ihnen abstammenden »Sieghardinger Grafen im Chiemgau« an. Das Geschlecht der Ebersberger, nach den Luitpoldingern damals das bedeutendste, wurde vom Königtum gefördert. Es war rund 150 Jahre lang ein Machtfaktor erster

[21] Franz Tyroller: Genealogie des altbayerischen Adels im Hochmittelalter. Darin die »Ebersberger« und die »Sieghardinger« 1962

[22] Wilhelm Störmer: Früher Adel. Darin: Die Grafen von Ebersberg 1973

Kempfenhausen im Besitz der Ebersberger Grafen und der Sieghardinger Grafen im Chiemgau 907/11 - 1085.

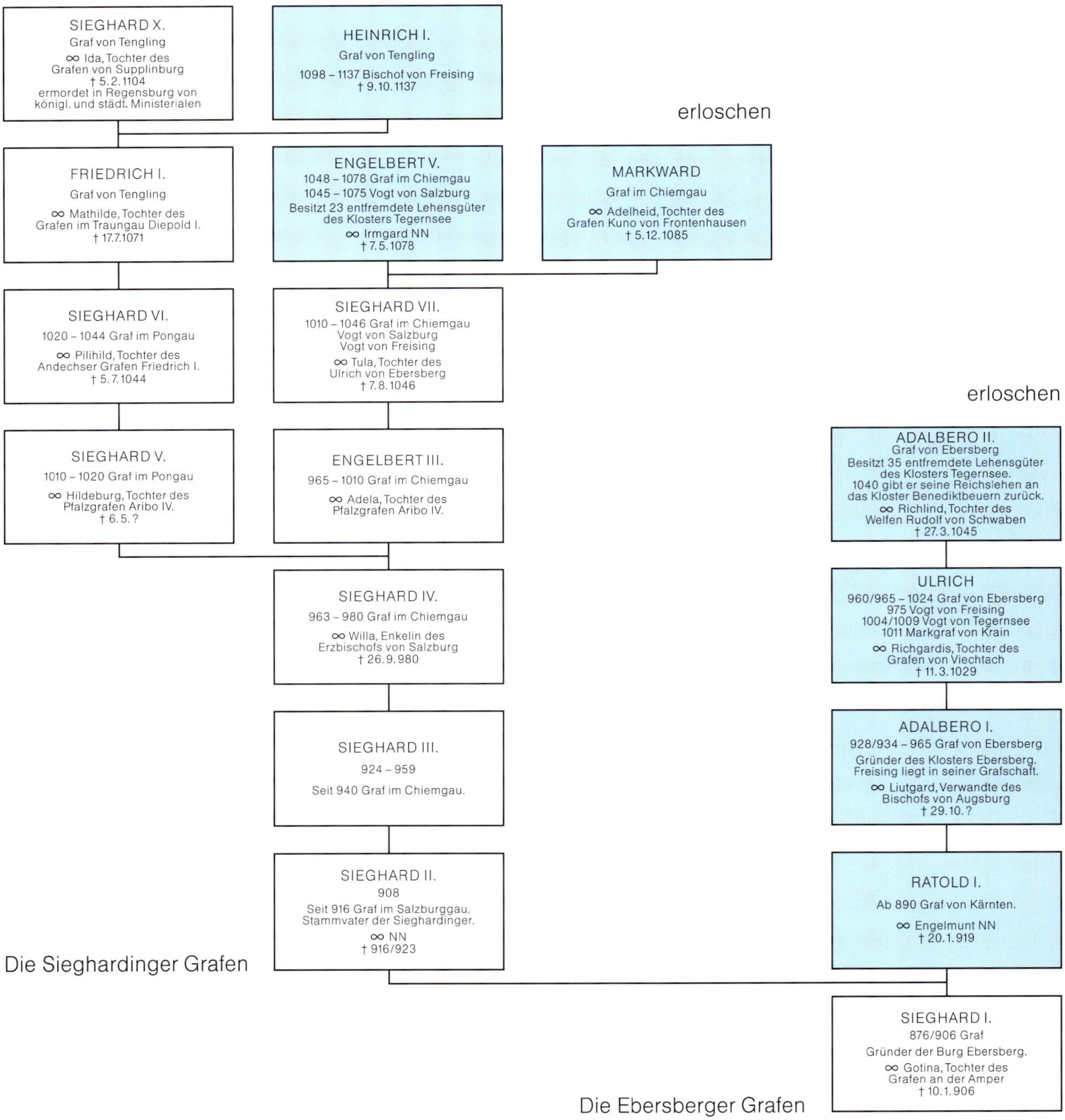

Franz Tyroller: Genealogie des altbayerischen Adels im Hochmittelalter 1962

Ordnung und einer der wesentlichen Träger der bayerischen Ostkolonisation. Die Ebersberger gehörten auch zu den seltenen Klostergründern des 11. Jh.s.

Der Stammvater dieses Geschlechts war *Graf Sieghard I. (876–906)*, Vater von Ratold I., mit Kaiser Arnulf verwandt und Gründer der Burg Ebersberg. Seine Enkel, die Söhne Ratolds I., *Graf Adalpero I. von Ebersberg (928/34–965)* und dessen Bruder *Eberhard*, waren die Gründer des Klosters Ebersberg. Mit der Errichtung einer Kirche und eines Kanonikerstifts 934, bauten sie Ebersberg zum Zentrum ihres Herrschaftsbereiches aus. Von Adalpero I. gingen die Tegernseer Lehensgüter an dessen Sohn *Graf Ulrich von Ebersberg (960/65–1024)* über. Dieser war 975 Vogt von Freising, das in seiner Grafschaft lag, 1004/1009 Vogt von Tegernsee und seit 1011 Markgraf von Krain, dem Gebiet um Laiblach südlich von Kärnten. Von Graf Ulrich wurden die Tegernseer Lehensgüter an seinen Sohn *Graf Adalpero II.* von Ebersberg vererbt, der mit einer Nachfahrin von Kaiser Otto dem Großen verheiratet war. Dies macht das hohe Ansehen des Ebersberger Grafengeschlechts deutlich. 1040 wandelte Adalpero II. das Kanonikerstift Ebersberg in ein Benediktinerkloster um, dessen Aufzeichnungen die Kenntnis über das Geschlecht der Ebersberger zu verdanken ist.[23]

Mit dem Tod Adalperos II., 1045, dessen Ehe kinderlos geblieben war, erlosch das mächtige Geschlecht der Ebersberger. Das Aussterben der Grafen von Ebersberg führte in Bayern zu einer politischen Umstrukturierung. Bei der Verteilung der umfangreichen Besitzungen, zu denen eine namhafte Zahl ehemaliger Reichslehen gehörte, wirkte *Kaiser Heinrich III.* entscheidend mit, woraus sich die Macht des Königs am Beginn des Investiturstreits erklären läßt, die in Bayern keine gregorianischen, d. h. päpstlichen Einflüsse zuließ.

Nach dem Tod *Graf Adalperos II.* erbte sein Neffe, der Sieghardinger *Graf im Chiemgau Engelbert V. (1048–1078)*, von 1045–1075 Vogt von Salzburg, 23 der Tegernseer Lehensgüter, darunter Kempfenhausen und Berg. Diese Linie der Sieghardinger erlosch aber bereits mit dem Tod Engelberts V., 1078, und dem Tod seines Bruders Markward, 1085. Nun scheint Kempfenhausen in den Besitz des *Sieghardinger Grafen von Tengling Heinrich I.*, ab 1098 Bischof von Freising, eines Vetters von Engelbert V., gelangt zu sein, denn am Ende des 11. Jh.s waren Kempfenhausen und Haarkirchen Adelssitze Freisinger Ministerialen. Die Ministerialen von Haarkirchen wurden von Bischof Heinrich I., um 1124/26, als Burghauptleute der Freisinger Burg Beigarten eingesetzt.[24] Diese Burg, mit deren Schicksal die Adelsfamilien von Haarkirchen und Kempfenhausen während des 12. Jh.s und bis ins 13. Jh. verbunden blieben, hatte Bischof Heinrich I. am Isarhochufer, gegenüber von Kloster Schäftlarn, errichten lassen, um in diesem Raum eine Territorialherrschaft des Bistums auszubauen.

[23] Friedrich Hector Hundt: Das Cartular des Klosters Ebersberg 1819
[24] Günther Flohrschütz: Die Freisinger Dienstmannen des 12. Jh.s 1973

7. Klöster und Klosterbesitz des 8. Jh.s entlang römischer Fernstraßen. Kempfenhausen – Haarkirchen, Sitz an einer Altstraße römischen Ursprungs?

Die bedeutenden Besitzer Kempfenhausens in den ersten Jahrhunderten seiner Geschichte legen die Frage nahe, welche Bedeutung hatte Kempfenhausen selbst? In dieser frühen Zeit scheint es die Lage von Kempfenhausen – Haarkirchen an einer wichtigen Querverbindungsstraße römischen Ursprungs gewesen zu sein, neben der Lage am See und dessen Fischreichtum.

Nach der Niederlage Herzog Odilos, 743 am Lech gegen die Franken, und vor allem in der Zeit der Vormundschaft Pippins über den minderjährigen Tassilo III., von 748–757, scheint fränkischer Reichsadel in die bayerische Führungsschicht eingeschleust und ihm im Westen des Herzogtums ein großer Teil des Herzoggutes überlassen worden zu sein. Wenige Jahre später, 763–765, setzte im westbayerischen Raum eine Gründungswelle von Klöstern durch fränkisch orientierte Gründersippen ein, denen Tegernsee, Scharnitz/Schlehdorf, Schäftlarn und Benediktbeuern ihre Entstehung verdanken. Auffallend an den Klosterstandorten und am zahlreichen Klosterbesitz aus den Schenkungen des 8. und 9. Jh.s ist, daß sie sich entlang der ehemaligen Römerstraßen aneinanderreihen und ehemalige römische Straßenstützpunkte besonders bevorzugt wurden.[25] Das läßt darauf schließen, daß die antiken Verkehrsstraßen im 8. Jh. noch weitgehend intakt waren, daß sie noch benützt wurden und für den Fernverkehr eine große Rolle spielten. Das damalige Straßennetz muß dichter gewesen sein, als es sich heute nachweisen läßt.

Mit ihrem Besitz beherrschten die obengenannten Klöster, bzw. deren Gründerfamilien, das Straßensystem im Voralpengebiet zwischen Lech und Isar bis Freising und Augsburg und auch weitgehend die Alpenstraßen, von den nördlichen Alpenpässen bis ins obere Inntal und bis Bozen.

Entsprechend dieser Bedeutung wurden wohl Tegernsee und Benediktbeuern frühzeitig vom König begünstigte Reichsklöster, und es bestand königlicher Einfluß in Scharnitz und Schäftlarn. Mit dem Status »Reichskloster« war die Verpflichtung verbunden, dem König, seinem Gefolge und den Königsboten Unterkunft, Bewirtung und die notwendigen Beförderungsmittel zu stellen. D. h. diese Klöster waren gleichsam die Residenzen des Königs und seiner Beauftragten, wenn sie im Lande waren.

Die Klöster Benediktbeuern und Scharnitz und ihre Besitzungen lagen an der römischen Fernstraße Augsburg–Raisting–Partenkirchen–Zirler Berg–Innsbruck–Wilden–Brenner–Bozen, und sie lagen am Abzweig dieser Fernstraße vom Brenner über Wallgau–Kochelsee–Schlehdorf (wohin das Kloster Scharnitz 772 verlegt worden war)–Benediktbeuern–Königsdorf–Schäftlarn nach Freising.

[25] Wilhelm Störmer: Fernstraße und Kloster 1984

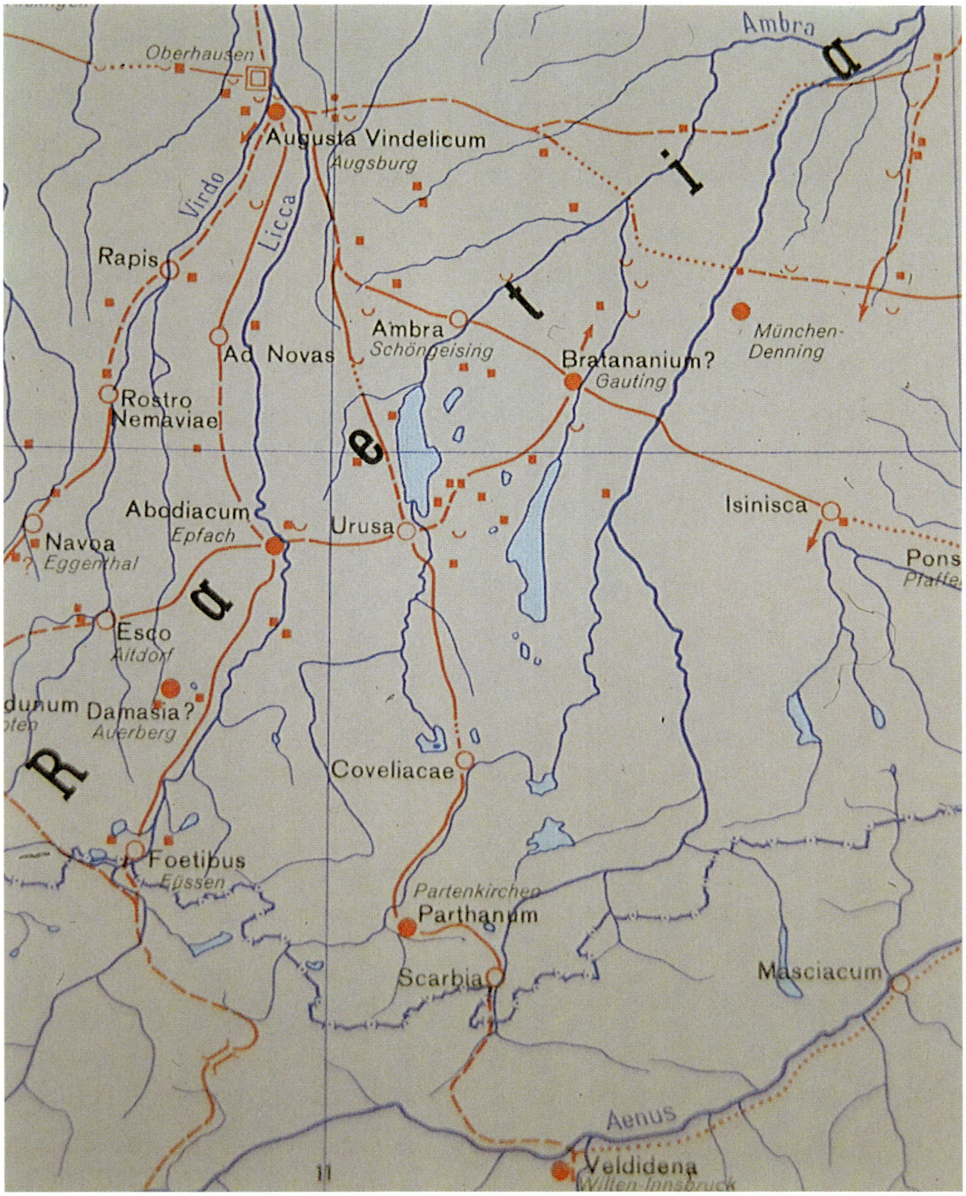

Die römischen Fernstraßen im bayerischen Alpenvorland

Mittelalterliche Fernstraßen entlang alter Römerstraßen,
an die sich umfangreicher Klosterbesitz reihte

Das Kloster Benediktbeuern lag im Kochelseegebiet an einem wichtigen Verkehrsknotenpunkt und seine Besitzschwerpunkte an den Kreuzungen von Römerstraßen. In Gauting waren es die Straßen von Augsburg nach Salzburg und von Kempten nach Regensburg, und in Raisting am Ammersee die Straßen Augsburg–Gauting und Augsburg–Murnau–Partenkirchen–Brenner. Der Besitz Benediktbeuerns war sehr großräumig und reichte bis zu den Salinen bei Hall in Tirol und bis Bozen.

Dagegen konzentrierte sich der Besitz des Klosters Schäftlarn zwischen den beiden römischen Isarübergängen Föhring–Schwabing und Grünwald–Baierbrunn, wobei der reißende Fluß die möglichen Flußübergänge immer wieder verschoben hat, und reichte, in einer zweiten »Schenkungslinie«, von Straßlach über Hohenschäftlarn bis zum Ostufer des Starnberger Sees. Auch diese Besitzungen lagen an einer »Altstraße« von Straßlach–Hohenschäftlarn–Neufahrn–Haarkirchen nach Percha mit westlichem Anschluß an die Römerstraße Raisting – Gauting.[26] Diese wurde bei Neufahrn von der Nord-Süd-Verbindung Würmtal–Buchendorf–Wangen–Irschenhausen–Icking gekreuzt. Deutliche Hinweise auf eine »Altstraße« sind die Ortsnamen Straßlach und Neufahrn, wobei der Name Neufahrn »Scheideweg« bedeutet und für Siedlungen genommen wurde, die an Kreuzungen oder Abzweigungen von Römerstraßen lagen.[27]

Mit der Lage an einer solchen frühen Verbindungsstraße werden auch Kempfenhausen und Haarkirchen »Verkehrsaufgaben« zu erfüllen gehabt haben, zumal sie zum Besitz des Reichsklosters Tegernsee gehörten, das selbst »Verkehrsaufgaben« an der Fernstraße über den Achenpaß zum Inntal zu erfüllen hatte.

Der große Straßenübergang über die Isar lag vermutlich vom 7.–9. Jh. nicht bei Grünwald oder Pullach, sondern flußaufwärts unweit von Schäftlarn bei Mühltal, wo der Isarübergang in vieler Hinsicht eine ähnliche Struktur hatte wie in Föhring. Bei Schäftlarn scheint im frühen Mittelalter ein wichtiger Handelsplatz und Umschlaghafen für Waren bestanden zu haben, die auf Saumpfaden über den Brenner kamen. Die Endung -arn im Namen Schäftlarn weist auf die Handwerkersiedlung eines Grundherrn hin, während der Name »Schäftlarn« »bei den Speermachern« bedeutet. Um 800 bestand in Schäftlarn ein Königsgutbezirk und wahrscheinlich auch ein Königshof, und dies unterstreicht die damalige Bedeutung dieses Ortes.

[26] Hermann Dannheimer: Epolding – Mühltal 1968
Wilhelm Störmer: Zur Geschichte des Raumes Schäftlarn–Mühltal im 8. Jh. 1966

[27] Hans Dachs: Römisch-germanische Zusammenhänge in der Besiedelung und den Verkehrswegen Altbayerns 1923

8. *Kempfenhausen und Haarkirchen, bei Bischof Gottschalk von Freising 994–1005 erstmals urkundlich genannt*

Kempfenhausen und Haarkirchen wurden am Ende des ersten Jahrtausends erstmals in einer uns erhaltengebliebenen Urkunde genannt.

Nach den Freisinger Traditionen[28] tauschte Bischof Gottschalk von Freising während seiner Amtszeit, von 994–1005, von den freien Brüdern Ediram und Vuolchard 5 Hufen in Allershausen gegen eine verwüstete Kirchstätte in Haarkirchen und zwei Zehnte, mit der Bedingung, daß die Kirche wieder aufgebaut wird. Diese Zehnte standen ihnen zu von einem Gut in Kempfenhausen und von einem Feldmaß Acker, einem Feldmaß Wald und zwei Feldmaßen Sumpfland in Haarkirchen.

In der Reihe der Freisinger Bischöfe, die mit Bischof Korbinian, 724–750, begonnen hatte, war Bischof Gottschalk der Sechzehnte. Er stammte aus Weilheim, soll durch Herzensgüte und Beredsamkeit ausgezeichnet gewesen sein und besaß das besondere Vertrauen von Kaiser Heinrich II. Bischof Gottschalk war bei der Kaiserkrönung, 1004, in Rom anwesend und bekam am Krönungstag vom Kaiser Marktrecht, Zollrecht und Münzrecht für das an der wichtigen Salzstraße und in seinem Gebiet liegende Föhring bestätigt.[29] 42 Eintragungen in den Freisinger Traditionen stammen aus der Amtszeit Bischof Gottschalks, darunter auch die erste Erwähnung von Aufkirchen.[30]

9. *Die Kirche von Haarkirchen und ihre Nennung in den Matrikeln des Bistums Freising*

Die Kirche von Haarkirchen, ursprünglich Hartchiricha, war nach den Freisinger Traditionen am Ende des 1. Jahrtausends zerstört. Es ist anzunehmen, daß sie von den Ungarn zerstört worden war, möglicherweise bei deren Einfall in Bayern 931 oder 955. Über den Wiederaufbau der Kirche ist nichts überliefert. Er muß aber erfolgt sein, denn in der ältesten Matrikel des Bistums Freising von 1315[31] ist Haarkirchen als Filialkirche von Aufkirchen aufgeführt, gemeinsam mit den Kirchen in Wangen, Icking, Walchstadt und Biberkor.

Die Namensendung -kirchen in Verbindung mit Hart, d. h. Wald, deutet darauf hin, daß es sich um eine frühe Kirche aus dem 8. Jh. gehandelt hat, die wohl zur selben Zeit entstanden ist, wie die schon 785 urkundlich nachgewiesene Kirche im benachbarten Percha. Solche Kirchen sind in großer Zahl im 8. Jh. als Eigenkirchen adeliger Grundherren auf eigenem Grund, meist abseits vom eigentlichen

28 Theodor Bitterauf: Die Traditionen des Hochstifts Freising Nr. 1338 1909
29 Karl Meichelböck: Geschichte der Stadt Freising und ihrer Bischöfe 1864
30 Theodor Bitterauf: Die Traditionen des Hochstifts Freising Nr. 1604 1909

Sitz, und bei Herzogsgründungen auf Fiskalgrund, entstanden.[32] Diese Eigenkirchen mußten vom Bischof geweiht und an ihn übertragen, »tradiert«, werden, blieben aber im Familienbesitz der Kirchengründer und in der Verfügungsgewalt der Grundherren, wenn nicht eine Schenkung an die Bischofskirche erfolgte. Der Grundherr hatte für den Unterhalt der Eigenkirche zu sorgen, er war verpflichtet, den Gottesdienst in ihr zu unterhalten und ihr einen Geistlichen zu geben und zu besolden, soweit er nicht selbst Geistlicher war. Andererseits standen ihm sowohl das Vermögen als auch die Einkünfte der Kirche zu und das Recht, den Geistlichen, der für ihn die Kirche und das Amt verwaltete, einzusetzen oder abzusetzen.[33]

Die Eigenkirche war ein Element der germanischen Grundherrschaft und überall dort zu finden, wo germanische Stämme in die katholische Kirche eingetreten waren. Die Eigenkirchen schränkten das bis dahin unbegrenzte Verfügungsrecht der Bischöfe ein, schmälerten deren Einkünfte und führten zur Dezentralisation der kirchlichen Organisation. Deshalb versuchten die Bischöfe mit aller Macht, die Eigenkirchen in die Hand zu bekommen. Die Konflikte, die daraus entstanden, veranlaßten Karl den Großen, 794, Gesetze zum Eigenkirchenwesen zu erlassen. Er verbot, vom Kirchengut etwas abzutrennen, machte den Grundherren zur Auflage, die Kirche ausreichend auszustatten und damit ihre wirtschaftliche Basis zu gewährleisten und machte ihnen zur Pflicht, zur Kirchengründung und zur Ernennung eines Geistlichen, die Erlaubnis des Bischofs einzuholen.

In den Bestimmungen, die Kaiser Ludwig der Fromme, 819, zu den Eigenkirchen erließ, wurde das Zehntrecht geregelt. In Bayern hatte es die Zehntabgabe seit der Synode von Aschheim, 756, für Tauf- und Pfarrkirchen gegeben. Nun wurde der Zehnt auch den Eigenkirchen zugesprochen, wobei die Zehntabgabe zu gleichen Teilen dem Bischof, dem Grundherren, den Geistlichen und den Armen zufließen sollte.

Das Eigenkirchenrecht erstreckte sich auch auf die Bistümer. Seit dem 10. Jh. wurde der Bischof vom König ernannt, der auch die Aufsicht über das Reichskirchengut hatte. Vom 11. Jh. an verlieh der König die Bistümer auf Lebenszeit gegen das Versprechen von Lehensdienst. Dadurch blieb die Reichsunmittelbarkeit der Bistümer gewahrt. Das Besetzungsrecht des Königs wurde von den sächsischen und salischen Königen auch für die römische Kirche geltend gemacht. Dagegen verstärkte sich nach dem Tod von Kaiser Heinrich III., ab 1059, der Widerstand des Papsttums, das die Investiturbefugnis des deutschen Kaisers bestritt. Daraus entwickelte sich der Investiturstreit, der erst 1122 mit dem Wormser Konkordat beendet werden konnte.

Nach den Traditionen des Hochstifts Freising waren im Bistum Freising von 739–788 neunundneunzig Kirchen entstanden, davon die meisten als private Ei-

[31] Konradin'sche Matrikel: Matricula Dioecesis Frisigensis 1315
[32] Helmuth Stahleder: Bischöfliche und adelige Eigenkirchen des Bistums Freising im frühen Mittelalter 1974
[33] Ulrich Stutz: Die Eigenkirche als Element des mittelalterlich – germanischen Kirchenrechts 1895

genkirchen, und nur einundzwanzig Kirchen des 8. Jh.s waren bischöfliche Eigenkirchen. Nach dem Verlust der Selbständigkeit des Herzogtums, 788, begannen die Kirchengründungen abzuflauen und wurden nach 811 eine Seltenheit.

Die privaten Eigenkirchen bildeten das Kontingent der späteren Filialkirchen. Über die Patrozinien, d. h. die Schutzheiligen dieser Kirchen, lieferte erstmals die Sunderdorferische Matrikel des Bistums Freising von 1524 verläßliche Informationen. Feste Pfarrbezirke sind vermutlich um die Jahrtausendwende entstanden, und die Dekanatseinteilung hat das Bistum Freising, 1139, durch Bischof Otto den Großen erhalten.

Die fünf Bistumsbeschreibungen von 1315, 1524, 1738, 1820 und 1884 enthalten über Haarkirchen folgende Angaben:

- In der *Konradinischen Matrikel* von 1315[34] ist Haarkirchen eine der 5 Filialkirchen der Pfarrkirche Aufkirchen im Dekanat Wolfratshausen mit eigenem Bestattungsrecht.
- In der *Sunderdorferischen Matrikel* von 1524[35] ist Haarkirchen eine der 10 Filialkirchen der Pfarrkirche Aufkirchen im Dekanat Endlhausen mit dem Patrozinium Peter und Paul, das die Kirche Haarkirchen mit den Kirchen von Straßlach, Thanning, Baierbrunn, Höhenrain und Baierrain im Dekanat Wolfratshausen gemeinsam hatte. Außerdem war unter den Filialkirchen zum ersten Mal die Kirche von Kempfenhausen mit dem Patrozinium St. Anna genannt.
- In der *Schmidt'schen Matrikel* von 1738/40[36] hatte sich an den Eintragungen von 1524 für Haarkirchen und Kempfenhausen nichts geändert.
- In der *Tabellarischen Beschreibung des Bistums Freising* von 1820[37] heißt es: Haarkirchen, Hofmark, Weiler, Filialkirche von Aufkirchen, Dekanat Wolfratshausen im Sundergau mit 4 Häusern und 35 Seelen. Kempfenhausen, Hofmark, Dorf, Filialkirche von Aufkirchen mit 13 Häusern und 63 Seelen. Bachjäger, Einöde mit einem Haus und 2 Seelen. Martinsholzen, Einöde mit einem Haus und 7 Seelen.
- In der *Statistischen Beschreibung des Erzbistums München-Freising*[38] von Meyer Westenrieder 1884: Haarkirchen, Weiler, Filialkirche, 5 Häuser mit 33 Seelen. Kempfenhausen, Dorf, Nebenkirche, Schloß, 14 Häuser mit 65 Seelen.

Noch heute werden in beiden Kirchen, sowohl in Haarkirchen als auch in Kempfenhausen, Gottesdienste abgehalten.

[34] Bischof Conrad III: Matricula Dioecesis Frisigensis 1315
[35] Sunderdorferische Matrikel des Bistums Freysing 1524
[36] Schmidtische Matrikel des Bistums Freysing 1738–1746
[37] Bischöfliche General-Vicariats Kanzley: Tabellarische Beschreibung des Bistums Freysing 1820
[38] Anton Mayer und Georg Westenrieder: Statistische Bearbeitung des Erzbistums München – Freysing 1884

Die Wallfahrtskirche Aufkirchen mit weitem Blick über den See.
Kempfenhausen und Haarkirchen waren ihre Filialkirchen

10. *Aufkirchen, Ausstattungsgut des Bistums Bamberg, Pfarrkirche für Kempfenhausen und Haarkirchen, im 15. Jh. berühmter Wallfahrtsort*

Aufkirchen liegt an reizvoller Stelle auf einer Anhöhe am Ostufer des Starnberger Sees, mit weitem Blick über den See nach Westen und nach Süden bis zu den Alpen. Seine Kirche ist ein weithin sichtbares Wahrzeichen.

Aufkirchen, »Kirche auf der Anhöhe«, ist nach seiner Namensbildung eine der alten Kirchen. Die Kirche wurde jedoch erst unter Bischof Gottschalk, 994/1004, erstmals in den Freisinger Traditionen genannt. Nach der Konradinischen Matrikel von 1315 gehörte Aufkirchen zu den bischöflichen Kirchen und hatte 5 Filialkirchen in Haarkirchen, Wangen, Icking, Walchstadt und Biberkor mit Bestattungsrecht und 3 Nebenkirchen in Berg, Farchach und Mörlbach ohne Bestattungsrecht.

Nach den Freisinger Traditionen hatte unter Bischof Gottschalk, 994–1004, Graf Otto »Ufchiricha« an das Domstift Freising geschenkt.[39] Wenige Jahre später, am 29. August 1017, schenkte Kaiser Heinrich II. dem von ihm gegründeten Bistum Bamberg »ein Gut dasselbst praedium Ufchiricha, das er von Rapoto (Vogt des Bistums Freising) zu seinem Kammergut erkauft hatte, zum Bischöflichen Sitz in Bamberg«.[40]

An weiteren Ereignissen sind überliefert: Am 4.9.1302 gaben »Eberhart und Gottschalk von Unterberg (Berg) einen Hof zu Aufkirchen und zwei Güter, die sie vom Bischof von Bamberg zu Lehen hatten, an Heinrich von Preysing«. Im Grundbuch des Bistums Freising von 1305 ist Aufkirchen aufgeführt. Als ältester Pfarrer ist uns Nikolaus Pienzenau, aus dem Jahr 1310, überliefert.

Die Sunderdorferische Matrikel des Bistums Freising von 1524 nannte erstmals das Marien-Patrozinium und enthält den Hinweis, daß das Besetzungsrecht für diese Pfarrstelle der bayerische Herzog innehatte. Auf der Anhöhe über dem Starnberger See hatte jahrhundertelang nur eine kleine Kirche mit einem der Gottesmutter Maria geweihten Altar gestanden bis, mit Unterstützung der Herzöge Sigmund und Albrecht IV., Ende des 15. Jh.s, eine schönere, größere Kirche gebaut wurde und im Jahre 1500 geweiht werden konnte.[41] Die alte Kirche war zu klein geworden, um die zahlreichen Wallfahrer aufzunehmen, die den berühmt gewordenen Wallfahrtsort Aufkirchen aufsuchten. Die neue Kirche wurde 1605 durch Brand zerstört, aber sogleich wieder aufgebaut. Auch in der Folgezeit war sie immer wieder Zerstörungen und Beschädigungen ausgesetzt. 1774 schlug der Blitz in den Turm ein, der dadurch völlig ausbrannte. 1739 und 1783 stürzte der Turm ein, und der Neubau von 1785 mußte zehn Jahre später abgetragen werden, um einem neuen

[39] Theodor Bitterauf: Die Traditionen des Hochstifts Freising Nr. 1604 1909
[40] Lang: Regesta Boicarum IV
[41] Karl Graf von Rambaldi: Geschichte der Pfarrei Aufkirchen am Würmsee 1900

Einsturz zuvorzukommen. Der heutige Kirchturm stammt aus dem Jahre 1796 und hat seitdem allen Stürmen standgehalten.

Die alten Kirchenbücher, Trauungs-, Tauf- und Sterberegister von Aufkirchen sind erhaltengeblieben. Die Eintragungen beginnen nach dem Einfall schwedischer Reiter im Jahre 1632, während des Dreißigjährigen Krieges, und enthalten auch die Eintragungen für die beiden Orte Kempfenhausen und Haarkirchen.

II. Kempfenhausen und Haarkirchen, Adelssitz Freisinger und Tegernseer Ministerialen vom 11.–13. Jh.

1. Die geschichtliche Entwicklung vom 11. Jh. bis zum 13. Jh.

Von 1050 bis 1200 vollzog sich in der abendländischen Welt und in der europäischen Geschichte ein tiefgreifender Wandel. Bis unmittelbar vor dieser Umbruchzeit war die gesellschaftliche und politsche Ordnung des deutschen Reiches ungewöhnlich stabil, und die Verantwortung des deutschen Kaisers für das Heil der Christenheit war nicht in Frage gestellt.[42] Nun kam alles in Bewegung:

- die Bevölkerung nahm zu
- die Intensivierung von Ackerbau, Handwerk und Handel veränderte Landschaft und Gesellschaftsstruktur
- die Mobilität der Menschen nahm räumlich und sozial zu
- die alten Städte wuchsen und neue Städte entstanden
- die Stammesherzogtümer wandelten sich allmählich zu Territorialherrschaften
- ein neues Glaubensbewußtsein setzte ein und führte zu neuen Mönchsorden, zur Kirchenreform, zur Papstreform und schließlich zum Investiturstreit und zu den Kreuzzügen
- der sakrale Charakter des deutschen Königtums ging verloren, und die deutsche Kaiserherrlichkeit versank in der Auseinandersetzung mit den Päpsten schließlich in der Bedeutungslosigkeit

Kaiser Otto der Große (936–973) hatte sich, um die Machtstellung des deutschen Königtums gegen die nach Unabhängigkeit und Erblichkeit strebenden Herzöge zu stärken, auf ein geistliches Reichsbeamtentum gestützt. Durch die Verleihung von Grundbesitz und Hoheitsrechten an Bischöfe und durch den Ausbau der kirchlichen Immunität hatte er kirchliche Herrschaftsgebiete gebildet. Durch die Ehelosigkeit des Klerus waren dessen Lehen der Erblichkeit entzogen und konnten aufgrund des königlichen Rechts der Ernennung und Einsetzung, d. h. der Investitur aufgrund des Eigenkirchenrechts, mit ergebenen Gefolgsleuten besetzt werden.

[42] Horst Fuhrmann: Deutsche Geschichte im hohen Mittelalter 1985

Dieses Reichskirchenrecht hatte der letzte Kaiser aus sächsischem Haus, *Heinrich II. (1002–1024)*, 1014 zum Kaiser gekrönt, zur Festigung seiner Königsmacht weiter ausgebaut. Seinen Nachfolger, den salischen König *Konrad II. (1024–1038)* zwangen die Verhältnisse, das Lehensrecht im Reich auf eine neue gesetzliche Grundlage zu stellen und das Recht auf Wiederverleihung der Lehen an die Erben zu verankern. Das stärkte einerseits den hohen Adel, andererseits entstanden mit der Erblichkeit der, vom hohen Adel vergebenen, Lehen in den Untervasallen Dienstmannen, sogenannte »Ministerialen«, aus denen sich rasch ein neuer Stand entwickelte, der in die Adelspositionen nachrückte.

Parallel dazu war vom Kloster Cluny in Burgund eine Reformbewegung ausgegangen, die die Wiederherstellung der kirchlichen Zucht und Frömmigkeit zum Ziel hatte und, um diese zu gewährleisten, das Verbot der Laieninvestitur, d. h. das Verbot der Übertragung eines kirchlichen Amtes durch einen weltlichen Herrn, forderte. Diese von Cluny verlangte Freiheit der Kirche von jeglichem weltlichen Einfluß bedeutete eine große Gefahr für das bestehende Reichskirchensystem, doch wurde dies vom deutschen König *Heinrich III. (1039–1056)* nicht erkannt. Der dadurch unausweichliche Konflikt zwischen weltlicher und geistlicher Gewalt, der Investiturstreit, kam jedoch erst bei seinem Sohn und Nachfolger *Heinrich IV. (1056–1106)* zum Ausbruch. Heinrich war schon als Sechsjähriger Thronfolger geworden.

Im Verlauf des Investiturstreits setzte *Heinrich IV.* im Jahre 1076 Papst *Gregor VII.* ab. Dieser antwortete mit dem Bannspruch über Heinrich IV., den der König nur durch den Gang nach Canossa wieder lösen konnte und erst 46 Jahre später, 1122, gelang es König *Heinrich V. (1106–1125)*, dem Sohn von Heinrich IV., durch das Wormser Konkordat den Investiturstreit zu beenden. Darin verzichtete der König auf die Investitur der Bischöfe in Deutschland, behielt aber den Einfluß auf die Bestimmung der Amtsträger.

Mit dem Konkordat hatte sich die Stellung der Bischöfe gewandelt und ihre Abhängigkeit vom Königtum gelockert. Aus Reichsbeamten waren Reichsvasallen geworden, die mit den weltlichen Lehensfürsten nun das gleiche Interesse verband, nämlich die eigene Machtstellung zu stärken und auszuweiten.

Mit *Heinrich V.* starb 1125 der letzte Kaiser der Salier. Nach einer Übergangszeit kamen 1138 die Staufer mit *Konrad III. (1138–1152)* auf den deutschen Königsthron. Auf ihn folgten die Stauferkönige *Friedrich I., genannt Barbarossa, (1152–1190), Heinrich VI. (1190–1197) und Friedrich II. (1197–1250)*, mit dem 1250 die Stauferherrschaft in Deutschland endete.

Durch den Investiturstreit war das Kaisertum geschwächt und die Position der Reichsfürsten gestärkt worden. 1257 wählten nur noch die 7 Kurfürsten – die Erzbischöfe von Mainz, Köln und Trier, der Pfalzgraf bei Rhein, der Herzog von Sachsen, der Markgraf von Brandenburg und der König von Böhmen – den deutschen König. Die Erbfolge im Königshaus war nun rechtlich ausgeschlossen. Erst nach dem Interregnum, der kaiserlosen Zeit von 1256–1273, wurde, durch die Wahl *Rudolf I. von Habsburg (1273–1291)* zum deutschen König, das Königtum wieder gestärkt und die Verfügungsgewalt über das Reichsgut zurückgewonnen.

Während des Investiturstreits hatte sich das religiöse Bewußtsein geändert und hatte zur Gründung neuer Mönchsorden geführt – der Zisterzienser 1098, der Kartäuser 1101, der Prämonstratenser 1120, der Augustiner Chorherren im 12. Jh., der Dominikaner 1170 und der Franziskaner 1210 –, und es war die Idee der Kreuzzüge entstanden.

Zum ersten Kreuzzug, 1096–1099, hatte *Papst Urban II.* 1095 aufgerufen, um die heiligen Stätten zurückzuerobern, die von den Türken besetzt waren, ohne daß dadurch die Wallfahrten dorthin behindert gewesen waren. Dieser 1. Kreuzzug endete 1099 erfolgreich mit der Eroberung Jerusalems. Der 2. Kreuzzug, 1146–1149, kam auf Initiative des Abtes Bernhard von Clairvaux zustande. Er kam jedoch nicht ans Ziel und endete schon in Kleinasien mit katastrophalen Niederlagen, in denen die meisten Kreuzfahrer niedergemetzelt wurden. Den 3. Kreuzug, 1189–1192, unter *Kaiser Friedrich I.*, Barbarossa, hatte die Einnahme Jerusalems 1187 durch Sultan Saladin ausgelöst. Auch dieser Kreuzzug endete nach dem Tod Barbarossas 1190 in Kleinasien ohne den erhofften Erfolg. Der 4. Kreuzzug, 1202–1204, führte schließlich nur noch zur Eroberung und Plünderung des christlichen Byzanz durch das Kreuzzugsheer. Erst im 5. Kreuzzug, 1228–1229, gelang *Kaiser Friedrich II.*, dem Enkel Barbarossas, wieder ein Erfolg. Ohne kriegerische Auseinandersetzungen konnte er mit Sultan Saladin einen zehnjährigen Friedensvertrag abschließen, durch den die Christen Bethlehem, Nazareth und Jerusalem erhielten. Die wiedergewonnenen Städte gingen jedoch schon 1244 erneut verloren.

Obwohl letztlich alle Kreuzzüge ohne anhaltenden politischen Erfolg geendet hatten, haben sie doch das geistige Leben und die kulturelle Entwicklung Europas nachhaltig beeinflußt.

2. *Die Entwicklung Bayerns vom Stammesherzogtum zum Territorialstaat im 11. und 12. Jh.*

In der Zeit, in der Salier auf dem deutschen Königsthron saßen, von Konrad II. (1024–1038) bis zu Heinrich V. (1106–1125), war Bayern die meiste Zeit unter königlicher Vormundschaft, und damit praktisch Reichsland, gewesen.[43]

Besonders Konrad II. und Heinrich III. verfügten über das Herzogtum Bayern wie kein König vorher, zogen es ein und vergaben es wieder wie eine Grafschaft, während die Inhaber des Herzogamtes die meiste Zeit außer Landes oder minderjährig waren oder bestenfalls Befehlshaber der königlichen Vasallen. Das änderte

[43] Andreas Kraus: Geschichte Bayerns 1983

sich erst mit *Welf I.*, der die Herzogswürde in Bayern von *1070–1077* und von *1096–1101* innehatte. Im Jahre 1077 hatte ihn Kaiser Heinrich IV. abgesetzt und das Herzogtum bis 1096 selbst in Besitz genommen, da sich Welf I. im Investiturstreit gegen den Kaiser gestellt hatte. Mit Welf I. war Bayern wieder in den Besitz einer Dynastie gelangt und war nicht mehr nur kurzfristiger Besitz von Einzelpersonen. Die Welfenherrschaft in Bayern dauerte fast 100 Jahre, von 1070–1180, unterbrochen von 1139–1156 durch die Babenberger Herzöge *Leopold, Markgraf der Ostmark (1139–1141)*, und Herzog *Heinrich XI. Jasomirgott (1143–1156)*. Die Welfenherrschaft hatte jedoch keine Konsolidierung des Herzogtums gebracht. Das lag vorwiegend an den anhaltenden Fehden zwischen den Welfen und dem deutschen Königtum der Staufer und ebenso am geringen Besitz der Welfen in Bayern, so daß ihr Hauptinteresse immer ihrem angestammten Herzogtum Sachsen gegolten hatte. In Bayern ist der letzte Welfenherzog *Heinrich XII., der Löwe (1156–1180)*, in Erinnerung geblieben durch die Gründung von München, 1158, und durch die Zerstörung der Isarbrücke des Freisinger Bischofs in Föhring.

Kaiser Friedrich I., Barbarossa, hatte den Babenberger Heinrich XI. Jasomirgott zum Verzicht auf das Herzogtum Bayern bewegen müssen, um Heinrich den Löwen damit belehnen zu können. Das gelang ihm 1056 dadurch, daß er die Markgrafschaft Österreich von Bayern abtrennte, sie zu einem selbständigen Herzogtum erhob und mit besonderen Privilegien ausstattete, um sie dann an Jasomirgott zu vergeben. Damit wurde das alte Stammesherzogtum endgültig geteilt, und dies führte letztlich zu dem schicksalschweren Dualismus zwischen Bayern und Österreich, bzw. zwischen den Wittelsbachern und den Habsburgern in den folgenden Jahrhunderten.

Als der Anschlag Heinrichs des Löwen auf den Freisinger Markt Föhring erfolgte, war *Otto I. (1138–1158)* Bischof von Freising. Er war ein Babenberger, Sohn des Markgrafen Leopold II. von Österreich und Stiefbruder des deutschen Königs Konrad III. sowie der Onkel von Kaiser Friedrich I., Barbarossa. Er war nicht nur ein tatkräftiger Bischof und Reformer, sondern auch der bedeutendste Geschichtsschreiber des Mittelalters[44] und einer der größten Geister seiner Zeit. Er hatte Verbindung zu allen großen politischen Mächten, hat viele Ereignisse selbst mitgestaltet und konnte sie dadurch durchschauen. Er war ein echter Historiker, der Geschichte erzählt hat, lebendig, bewegt, mit einem klaren Blick für die Ereignisse, für die Personen und für die politischen Mächte. Er besaß erstaunliche Unabhängigkeit, Nüchternheit und kritische Selbständigkeit des Urteils. Seine klaren Formulierungen, seine Anschaulichkeit, sein Ausdruck und die dabei spürbare innere Ergriffenheit beeindrucken.[45] Er war der Auffassung, daß »es die Absicht der

[44] Otto I. von Freising: Chronica 1143–1146
Otto I. von Freising: Gesta Friderica 1157–1158
[45] Hans Werner Goetz: Das Geschichtsbild Ottos von Freising 1984
Walter Lammers: Weltgeschichte und Zeitgeschichte bei Otto von Freising 1977

Geschichtsschreiber immer gewesen ist, die glänzenden Taten der tatkräftigen Männer zu loben, um die Seele der Menschen zur Tugend zu bewegen. Die obskuren Werte der Feigen aber sollten gar nicht erwähnt werden; wenn sie aber doch ans Licht gezogen werden, dann sollen sie als Warnbeispiele vorgeführt werden, um die Gemüter der Sterblichen zu schrecken«.

1112 war Otto I. als fünfter Sohn des Markgrafen Leopold II. und der Kaisertochter Agnes geboren worden. Von 1126–1132 studierte er in Paris, wahrscheinlich vorübergehend auch in Chartres und Reims, und kannte dadurch die geistigen Strömungen der Zeit. Während der Rückkehr von Paris war er 1132 in das Zisterzienserkloster Morimond, an der lothringischen Grenze östlich von Langres, eingetreten. 1138 wurde er Bischof von Freising. Ihm gelang es auf dem Reichtstag in Frankfurt, 1140, von König Konrad III. wichtige Privilegien für die Freisinger Kirche zu erhalten bzw. bestätigt zu bekommen: so erhielten die Freisinger Ministerialen den gleichen Rechtsstand wie die des Reiches, und dem Bistum wurden das Münzrecht und das Recht auf die Abhaltung von Märkten bestätigt.

Mit großem Elan widmete sich Bischof Otto I. den Reformen des kirchlichen und klösterlichen Lebens. 1140 reformierte er das heruntergekommene Kloster Schlehdorf und übergab es den Augustiner Chorherren, 1141 die Klöster Schliersee und Rottenbuch. 1140 übergab er Kloster Schäftlarn an die Prämonstratenser, die es wieder belebten, und 1142 gründete er das Kloster Neustift bei Freising.

Neben den kirchlichen Aktivitäten war Otto I. von Freising als Reichsbischof für den Kaiser tätig.[46] Er war mehrmals Zeuge in kaiserlichen Urkunden und, 1140 sowie 1145/46, war er für den Kaiser beim Papst in Rom. Von seiner zweiten Romreise brachte er die Bitte des Papstes an den deutschen König um Kreuzzughilfe mit. Auf dem Reichstag in Regensburg »nahm er selbst das Kreuz« und beteiligte sich gemeinsam mit dem deutschen König Konrad III., dem König von Frankreich, Ludwig VII., Welf II. und Markgraf Jasomirgott am 2. Kreuzzug von 1147–1149. Das Kreuzzugsheer erreichte Nicea im Oktober 1147 und teilte sich dort. Während König Konrad III. mit dem Hauptheer quer durch Kleinasien zog, übernahm Otto I. die Führung derer, die freiwillig den »sicheren« Weg an der Küste wählten. Das Heer von Konrad III. erlitt eine vernichtende Niederlage durch die Türken, und Ottos Kontingent wurde auf dem Marsch nach Ephesus, Ende 1147, aufgerieben. Der Bischof selbst erreichte ausgehungert, barfuß und zerfetzt die Küste bei Antalaya und an Ostern 1148 Jerusalem. Im Frühjahr 1149 kehrte er in die Heimat zurück und wurde vom Freisinger Probst am Inn mit den Worten empfangen: »Aus dem Schmelzofen des Elias haben wir dich durch Gottes Güte gleichsam wie erprobtes Gold wieder empfangen«. 1152 assistierte Bischof Otto I. bei der Wahl seines Neffen Friedrich I., Barbarossa, zum deutschen König und 1155 wies er Heinrich den Löwen in Regensburg in das bayerische Herzogtum

[46] Leopold Josef Grill: Das Itinerar Ottos von Freising 1977

ein. Drei Jahre später zerstörte dieser Brücke und Markt Föhring am Isarübergang der wichtigen Salzstraßen von Reichenhall und Berchtesgaden nach Freising. Der Bischof verlor dadurch Maut, Münzstätte, Salzniederlage und Markt. Zwar erhielt er auf dem Reichstag in Augsburg durch Kaiser Friedrich I., Barbarossa, ein Drittel der Einkünfte zurück, aber seine Position war weiter geschwächt, nachdem er schon durch die Katastrophe im 2. Kreuzzug nicht nur die Mehrzahl seiner Streiter, sondern auch an Ansehen als Heerführer verloren hatte. Noch im gleichen Jahr starb Bischof Otto I. von Freising, dessen Wirken von 1140–1156 auch für Kempfenhausen und Haarkirchen von Einfluß war.

1180 wurde Heinrich der Löwe vom Kaiser abgesetzt, nachdem er ihm 1075 die Heerfolge nach Italien verweigert hatte. Friedrich I., Barbarossa, verlieh nun das Herzogtum Bayern noch im gleichen Jahr an den Pfalzgrafen *Otto von Wittelsbach (1180–1183)*, der bis dahin schon als Stellvertreter des Herzogs vor Gericht und bei der Wahrung des Landfriedens aufgetreten war. Dieser Otto von Wittelsbach, unerschrocken und wagemutig, hatte 1156 den Kaiser und sein heimkehrendes Heer aus der Etschklause bei Rivoli befreit, in der sie von den Veronesern eingekeilt worden waren. Mit seinen Bayern hatte er die steilen Felswände erstiegen und war den Angreifern in den Rücken gefallen. Gleichzeitig, mit der Verleihung des Herzogtums an den Wittelsbacher, trennte der Kaiser die Steiermark von Bayern ab und machte sie zu einem eigenständigen Herzogtum. Den Grafen von Andechs und Wolfratshausen, dem mächtigsten Geschlecht nach den Wittelsbachern in Bayern, verlieh er die Grafschaft Meranien in Dalmatien und erhob sie in den Reichsfürstenstand.

Mit Herzog Otto I. begann die 738 Jahre dauernde Herrschaft der Wittelsbacher in Bayern. Otto I. brachte dem Land Frieden und Wohlstand, obwohl er sein Herzogsamt nur 3 Jahre ausüben konnte. Die Bildung des Territorialstaates war jedoch vor allem seinem Sohn und Nachfolger *Ludwig I. (1183–1231)* zu verdanken, der später den Namen »der Kelheimer« erhielt, weil er 1231 auf der Donaubrücke bei Kelheim von einem Unbekannten ermordet worden war, und sie war seinem Enkel Herzog *Otto II. (1231–1253)* zu verdanken.

3. Das Herzogtum der Wittelsbacher im 13. Jh.

Den Wittelsbachern ist es von 1183 bis 1281 gelungen, nicht weniger als 17 Grafschaften und adelige Herrschaften aussterbender Geschlechter einzuziehen, in Besitz zu nehmen und eigenen Beamten zu übertragen. Der Grund für das Aussterben der meisten bedeutenden Adelsgeschlechter im 13. Jh. waren die hohen Verluste auf den Italienzügen der Kaiser, auf den Kreuzzügen, bei den unzähligen Fehden, und der häufige Eintritt ihrer Söhne in den geistlichen Stand. Die Machtbündelung, die dadurch in den Händen der Wittelsbacher entstanden war, und der Wegfall der zahlreichen Grafschaften, die bis dahin Hoheitsrechte ausgeübt hatten, erforderte eine Neuorganisation des Herzogtums. Dies geschah mit Hilfe der Burgen, der neu gegründeten Städte und der Ministerialen. Die Burgen hatten militärische, gerichtliche, grundherrliche und fiskalische Aufgaben zu erfüllen. Hieraus entwickelten sich bis 1251 Urbarämter und Landgerichte. Gleichzeitig entstanden – oft mit einer Burg als Keimzelle – neue Städte, die zunächst die gleichen Funktionen erfüllten wie die Burgen und herrschaftsbildend und herrschaftssichernd wirkten. Die Stadt galt als Festung, wenn auch die Befestigungen im 13. Jh. überwiegend Palisaden, Erdwälle und Wassergräben waren, und die Ummauerungen erst im 14. Jh. einsetzten.

Als Otto I. 1180 das Herzogtum erhielt, besaß es nur die vier Bischofsstädte Freising, Passau, Regensburg und Salzburg, die auf römische Gründungen zurückreichten und sonst keine Städte oder stadtähnlichen Siedlungen. Das änderte sich nun grundlegend. Von 1180 bis 1280 entstanden allein in Oberbayern 16 neue Städte, darunter Weilheim 1204, Ingolstadt 1250, Landsberg 1250, Wolfratshausen 1270, Dachau 1270 und Bad Tölz 1281. München kam 1240 in Wittelsbacher Besitz und wurde 1255 Residenzstadt. Viele Stadtgründungen gingen auf die Initiative der Herzöge selbst zurück. So gründete Herzog *Ludwig I. (1183–1231)* 1204 Landshut, 1218 Straubing, 1224 Landau und sein Sohn und Nachfolger *Otto II. (1231–1253)* 1250 Ingolstadt und Deggendorf, 1251 Dingolfing und 1270 Kelheim. Alle diese von den Wittelsbachern gegründeten Städte entwickelten sich zu Zentren der Verwaltung und zu ergiebigen Finanzquellen.

Ludwig I., »der Kelheimer«, war beim Tod des Vaters Otto I. erst 10 Jahre alt. Er heiratete später Ludmilla, die schöne Witwe des Grafen von Bogen, wodurch die Wittelsbacher nicht nur die Grafschaft Bogen gewannen, sondern auch das weißblaue Rautenwappen, das noch heute Bestandteil des bayerischen Staatswappens ist. Ludwigs Vetter, der Pfalzgraf Otto von Wittelsbach, ermordete 1208 in Bamberg, auf der Hochzeit des Andechser Grafen Otto mit Beatrice von Burgund, den Stauferkönig Philipp von Schwaben, weil der Staufer sein Versprechen nicht gehalten hatte, ihm eine Tochter zur Frau zu geben. Ludwig I., bis dahin Anhänger der Staufer, wechselte daraufhin zur Partei des Welfenkönigs Otto III. und erhielt zum Dank sowohl die Erblichkeit des Herzogtums als auch die Güter der Andechser, die der Mitwisserschaft am Königsmord bezichtigt und deshalb mit der Acht belegt worden waren. Obwohl sich die Andechser 1211 rehabilitieren konnten, gab er deren Besitz nicht mehr heraus. Daraus entstand ein vierzigjähriger Kampf, bis die Andechser ausgeschaltet waren. Nach mehreren Niederlagen eroberten die Wittelsbacher schließlich 1246 Starnberg und 1243 Wolfratshausen. Mit dem Tod Graf Ottos VIII. starben die Andechser Grafen 1248 aus. Sie hatten 40 Jahre vorher, auf dem Höhepunkt ihrer Macht und ihres Ansehens, noch 7 Grafschaften – Andechs, Wolfratshausen, Unterinntal, Neuburg, Schärding, Burgund und die Markgrafschaft Istrien – in ihrer Hand vereinigt. Sie waren Herzöge von Meranien

(Dalmatien) und Vögte über das Hochstift Brixen und die Klöster Tegernsee, Benediktbeuern und Dießen gewesen.

1214, Herzog Ludwig I. war inzwischen Anhänger des Stauferkaisers Friedrich II. (1197–1250) geworden, erhielt er vom Kaiser die Pfalzgrafschaft bei Rhein. Außerdem war ihm die Grafschaft Regensburg und die Markgrafenschaften von Cham und Vohburg zugefallen. 1221 nahm Ludwig I. an einem Kreuzzug nach Ägypten teil. Durch ein Hochwasser des Nil geriet er bei Daniette in die Gefangenschaft des Sultans und mußte ausgelöst werden. 1126 ernannte ihn der Kaiser zum Reichsverweser, fünf Jahre später wurde er aus unbekanntem Grund ermordet.

Otto II. (1231–1253), der Sohn Ludwigs I., wechselte, wie sein Vater, mehrmals die Fronten und geriet unter den Kirchenbann. Bei seinem Tod hinterließ er jedoch eine wittelsbach'sche Hausmacht, die dreimal so groß war wie unter Otto I. Er hatte unter anderem das Erbe der Wasserburger und der Andechser erhalten und dabei mehrmals mit Gewalt nachgeholfen.

Nach ihm teilte sein Sohn *Ludwig II. (1253–1294)* das Herzogtum mit seinem Bruder Heinrich, dem er Niederbayern überließ, obwohl die Landesteilung nach der Reichsverfassung ungesetzlich war. Es fehlte aber durch das Interregnum der König, der hätte eingreifen können. Ludwig II. hat München zur Residenzstadt gemacht und den Alten Hof errichtet. Er erhielt später den Beinamen »der Strenge«, da er 1156 seine Gemahlin, Maria von Brabant, wegen vermuteter Untreue ohne Gerichtsverfahren hatte enthaupten lassen. Nachdem sich nachträglich die Unschuld der Herzogin herausgestellt hatte, errichtete er 1263 zur Buße das Kloster Fürstenfeld bei Bruck, in dem er begraben liegt.

Das Ergebnis von 100 Jahren Wittelsbacher Politik war imponierend. Das Land war zu einer Einheit zusammengewachsen, war zum Staat geworden, war durchorganisiert mit einer vorbildlichen Ämterverfassung und war durch Burgen und Städte geschützt.

4. *Kempfenhausener und Haarkirchener Ministerialen in den Zeugenlisten der Traditionen des Hochstifts Freising und der Klöster Tegernsee, Schäftlarn, Weihenstephan und Neustift*

Am Ende des 11. Jh.s tauchten in den Zeugenlisten der Traditionen des Hochstifts Freising und des Klosters Tegernsee – später auch in denen der Klöster Schäftlarn, Weihenstephan und Neustift – Kempfenhausener und Haarkirchener Ministerialen auf und sind dort bis 1218 zu finden, bis die Traditionen versiegen.

Die Zuordnung der Zeugen in den Traditionen nach Stammsitzen und Geschlechtern ist erst für die Zeit nach 1070 möglich, da vorher ergänzende Angaben zu den Namen fehlen, und Ortsangaben erst in der Mitte des 12. Jh.s zur Regel wurden.[47] Bis dahin sind auch Verwandtschaftshinweise nur spärlich zu finden, so daß sich vor dem 12. Jh. die Zeugen einer genealogischen Betrachtung entziehen. Über die Herkunft und die Namen der Frauen ist aus den Zeugenlisten kaum etwas zu erfahren, obwohl der Stand der Ehefrau im Mittelalter für die Stellung der Kinder und die ihrer Ehegatten so wichtig gewesen ist. Häufiger wurden die ältesten Söhne genannt, während über die jüngeren Söhne nur selten etwas zu finden ist. Wenn diese Söhne Gründer neuer Linien mit neuen Stammsitzen wurden, was öfter vorkam, fehlt meist jede Möglichkeit der Anknüpfung an bekannte Geschlechter, und dies ist auch ein Grund dafür, daß sich viele Adelsfamilien nicht weit zurückverfolgen lassen.

Eine weitere Schwierigkeit, die Zeugen zuzuordnen, ergibt sich daraus, daß sich die gleichen Adeligen nach verschiedenen Orten nannten, in denen sie ihren weitverstreuten Besitz hatten, und daß es am gleichen Ort oft mehrere verschiedene, nicht miteinander verwandte, Familien gab. Für Haarkirchen und Kempfenhausen lassen sich drei Familien unterscheiden. Der Rang, die Bedeutung und der Einfluß der Zeugen drückte sich in der Häufigkeit aus, in der sie als Zeugen auftraten und in ihrer Rangstelle innerhalb der Zeugenliste. Verwandte – Vater und Sohn oder Brüder – wurden fast immer zusammen genannt, jedoch häufig ohne Hinweise auf den Verwandtschaftsgrad.

Die bedeutendste Familie im Schäftlarner Raum war das *Haarkirchner Geschlecht des Volchart*, das Bischof Heinrich I. von Freising um 1120/30 als Kastellane über die Burg Beigarten und deren Ritterschaft eingesetzt hatte. Es stammte aus der Freisinger Ministerialität und nannte sich zunächst nach Haarkirchen, später nach der ihm anvertrauten Burg Beigarten. Obwohl Volchart den gleichen Namen trug wie einer der beiden Freien, denen Bischof Gottschalk knapp hundert Jahre vorher die verwüstete Kirchstätte in Haarkirchen übertragen hatte, läßt sich aus den vorgenannten Gründen nichts darüber sagen, ob er aus der gleichen Familie stammte.

Volchart und seine Nachkommen waren die mächtigsten Männer im Schäftlarner Raum und aus den übrigen Freisinger Dienstmannen deutlich herausgehoben. Sie erschienen häufig in den Zeugenlisten, und meist an vorderer Rangstelle. Ihr Sitz soll in Haarkirchen auf der Anhöhe nördlich der Kirche gestanden haben, auf der heute noch ein Plateau zu sehen ist. Zur Kirche soll es einen unterirdischen Gang gegeben haben, der um 1900 noch existierte.[48] Das Geschlecht des Volchart läßt sich über vier Generationen verfolgen.[49] In der 1.Generation waren es die Brüder Volchart I. von Haarkirchen (1113–1152), der sechsmal als Zeuge aufgetreten ist, und Sigboto I. (1113–1130) von Haarkirchen, dreimal als Zeuge genannt. In der 2. Generation waren es Volchart II. von Haarkirchen und Beigarten (1140–1152), achtzehnmal Zeuge in den Traditionen und Sigboto II. von Haarkir-

[47] Günther Flohrschütz: Die Freisinger Dienstmannen des 12. Jh.s. 1973
[48] Karl Graf von Rambaldi: Geschichte der Pfarrei Aufkirchen am Würmsee 1900
[49] Stammbaum des Geschlechts der Burghauptleute von Beigarten. B 19

Das mächtige Haarkirchner Adelsgeschlecht der Burghauptleute von Beigarten.

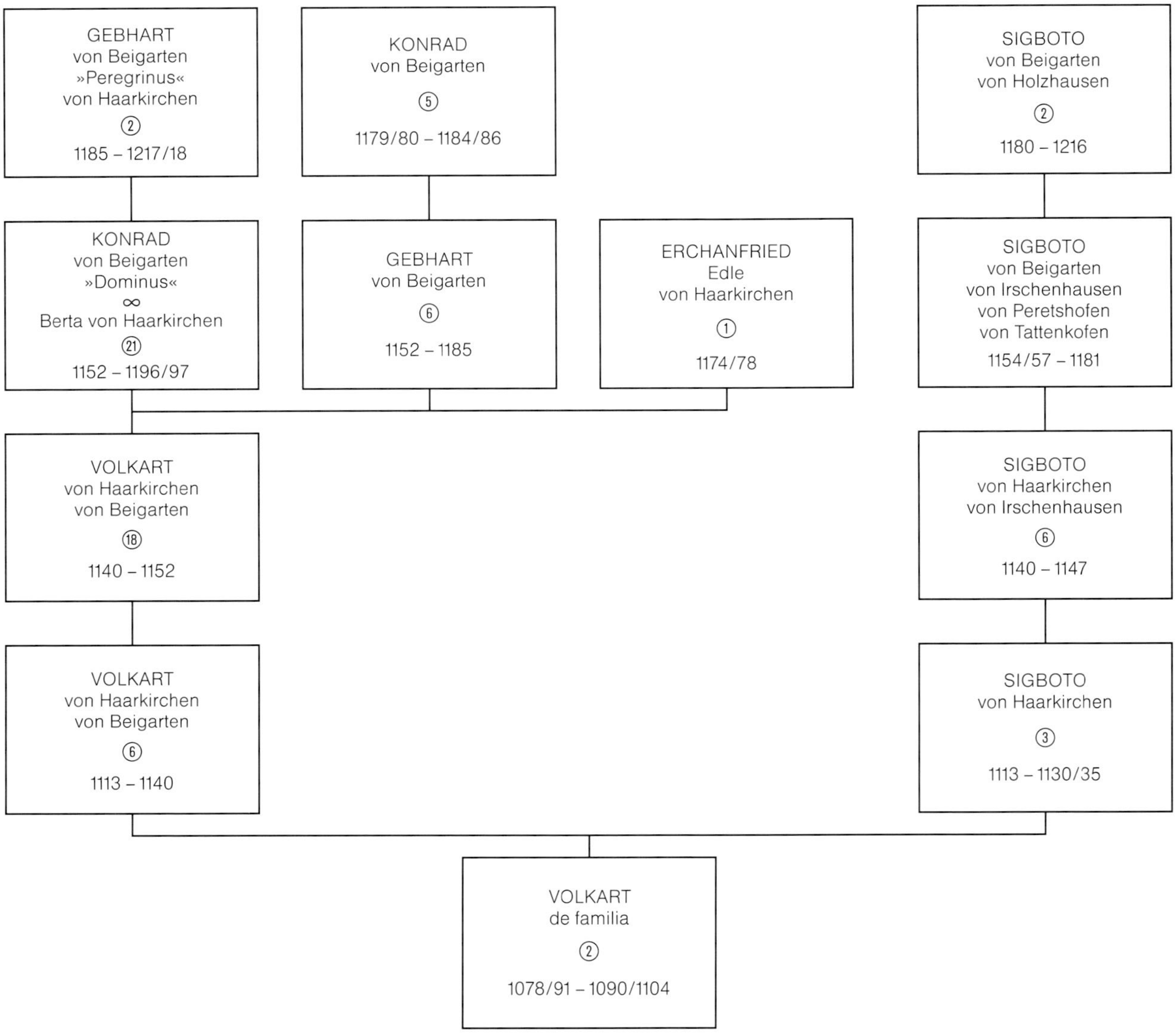

○ Anzahl der Nennungen in den Traditionen

Günther Flohrschütz: Die Freisinger Dienstmannen des 12. Jahrhunderts

chen und Irschenhausen (1140–1147), sechsmal Zeuge. Von ihm ist nach 1147 nichts mehr zu hören, was vermuten läßt, daß Sigboto II. auf dem 2. Kreuzzug geblieben ist. 1140/47 hatte Siboto II. von Haarkirchen ein Gut in Hohenschäftlarn an das Kloster in Schäftlarn übergeben (S 55). Sein Sohn, Sigboto III. von Irschenhausen, übergab 1158/59, ebenfalls an das Kloster Schäftlarn, ein kleines Gut zu Irschenhausen und eine Hofstätte (Schmausengut) zu Kempfenhausen (S 97). Der dritte Burghauptmann von Beigarten war Konrad (1152–1196), der Sohn von Volchart II., verheiratet mit Berta von Haarkirchen. Er ist einundzwanzigmal als Zeuge überliefert. 1179/80 übereignete Konrad sein in der Nähe von Erding gelegenes Gut, seine Mühle und seinen Weinberg an Schäftlarn (S 234). Die Edle Erchanfried von Haarkirchen hatte durch ihn 1174/79 das Gut Wilparting, im Landkreis München, an das Kloster übergeben lassen. Der Bruder Konrads hieß Gebhart von Beigarten (1152–1185) und ebenso sein Sohn (1185–1217). Der letztere hatte den Beinamen »Peregrinus«, was auf eine längere Abwesenheit, möglicherweise im Heiligen Land, schließen läßt. 1197/99 mußte der Streit zwischen Berta von Haarkirchen, der Witwe des verstorbenen Konrad von Beigarten, und ihres Sohnes, Gebhard von Haarkirchen, mit dem Stift Schäftlarn, der wegen Besitzungen in Deining und Harlaching entstanden war (S 239), von Bischof Otto II. von Freising geschlichtet werden. Ein Gut in Percha wurde vom jüngeren Gebhard von Beigarten 1208/10, auf Wunsch des Fritelo von Geiselgasteig, an das Kloster Schäftlarn übergeben.

Eine zweite Familie in Haarkirchen war die *Familie des Odalrich d. i. Ulrich (1121–1153).*[50] Odalrich war zwölfmal Zeuge und nannte sich zunächst nach Kempfenhausen, später nur noch nach Haarkirchen, ebenso wie seine Nachkommen der 2. und 3. Generation. Die Bedeutung von Haarkirchen übertraf im 12. Jh. ohne Zweifel die von Kempfenhausen deutlich. Von den Söhnen des Odalrich I. waren Odalrich II. (1140–1173), Hartmann (1140–1204) und Ingram (1162–1190) ebenfalls häufig genannte Zeugen in vorderer Position. Ihr Bruder Alban, der nur einmal in Haarkirchen vorkam, hatte seinen Wohnsitz offensichtlich an anderer Stelle. 1170/73 übergaben Hartmann von Haarkirchen und seine Brüder Alban und Ingram, am Todestag ihres Bruders Ulrich (Odalrich II.), eine Hube in Sauerlach an Schäftlarn. Heinrich, der Ehemann ihrer Schwester Kunigunde, verzichtete gleichzeitig auf seine Rechte an dieser Hube (S 163 a, b). 1190/1200 beauftragte die Edle Willibirg von Girlan ihren Salmann Hartmann bei ihrem Eintritt in das Kloster Neustift (bei Freising) mit der Übergabe der für das Kloster bestimmten Hälfte ihres Erbgutes in Kampill, Russan und Girlan (alle bei Bozen) zu Händen des Ingram von Haarkirchen und bestimmte, daß die ihrem Sohn zugefallene Hälfte, nach dessen Tod, ebenfalls dem Kloster gehören soll. Die Namen Hartmann, Ingram und Alban waren in dem bedeutenden Tegernseer Dienstmannengeschlecht

[50] Stammbaum der Haarkirchner Familie des Odalrich d. i. Ulrich. B 20

Die zweite Haarkirchner Adelsfamilie im Dienst des Bischofs von Freising und später des Klosters Tegernsee.

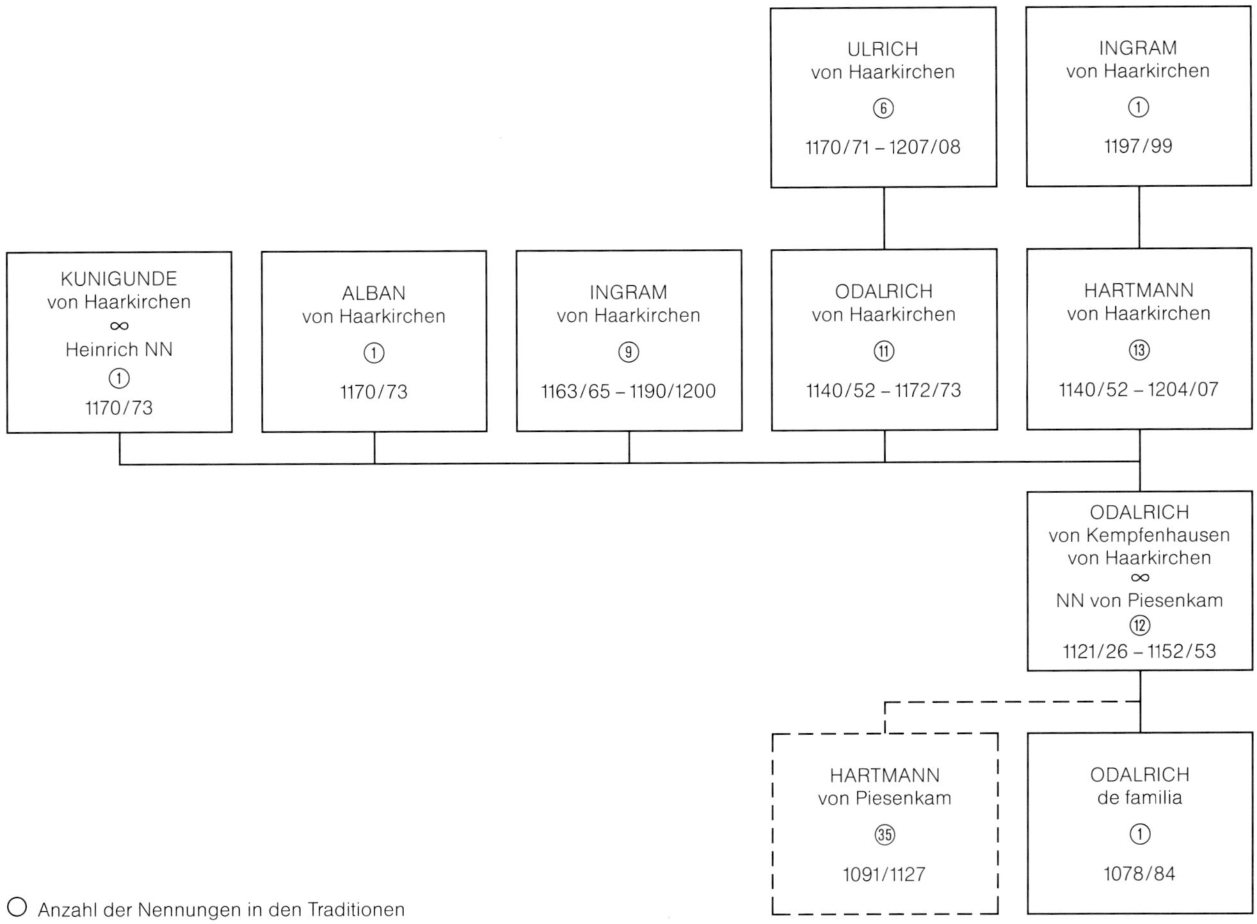

Günther Flohrschütz: Die Freisinger Dienstmannen des 12. Jahrhunderts

der Piesenkam-Reichertsbeuern üblich und lassen vermuten, daß die Mutter der vier Brüder aus diesem Geschlecht stammte. Deshalb sind die Nachkommen von Odalrich vermutlich nach 1158 von der Dienstmannschaft des Bischofs zu der des Klosters Tegernsee übergetreten.

Eine *dritte Familie* mit den Namen *Richere, Benno* und *Eberhart*[51] stammte vermutlich aus Aßling und war von Bischof Otto I. für Beigarten gewonnen worden. Die Brüder Richere (1120–1152), der sich nach Kempfenhausen und Irschenhausen nannte, Benno I. (1130/39) von Irschenhausen und von Aßling und Eberhart I. (1127/47) von Aßling, waren Söhne des Benno von Aßling (1080/93) und auch in Irschenhausen begütert. Von den Söhnen Bennos I. trat Eberhart II. (1140–1180) fünfmal mit dem Ortsnamen von Haarkirchen auf, nannte sich aber auch von Irschenhausen und Aßling. Sein Bruder Bernhart/Benno II. nannte sich nur nach Irschenhausen. Nach 1170 verschwand diese Familie aus Haarkirchen und scheint später in Tattenhofen ansässig geworden zu sein.

Nur einmal erschien 1140–52 ein *Gotehalm von Kempfenhausen* als Zeuge in den Schäftlarner Traditionen. Dieser Name war uralt und kam sowohl bei den Freisinger wie auch bei den Tegernseer Ministerialen vor, war jedoch sehr selten. Deshalb läßt sich dieser Gotehalm mit seiner einzigen Nennung nicht einordnen.

Nach 1200 traten erstmals Fischer aus Kempfenhausen als Zeugen auf. Es war in dieser Zeit eine allgemeine Entwicklung, daß neben den Rittern nun auch Handwerksmeister das Zeugnisrecht hatten, und dies kam in allen Traditionen vor.

Die große Zahl der Zeugen aus Haarkirchen im 12. Jh.und ihre hervorragende Plazierung in den Zeugenlisten wirft die Frage auf, worin im 12. Jh. die Bedeutung Haarkirchens, bzw. seiner Ministerialen, bestanden hat. Ihre Bedeutung verdankten sie dem Bestreben der Großen des Landes, Territorialherrschaften auszubilden, eine politische Entwicklung, die schon vor dem Ende des Investiturstreites begonnen hatte und die Freisinger Bischöfe zum Bau der Burg Beigarten veranlaßt hatte.

5. *Kempfenhausen und Haarkirchen, Adelssitze Freisinger und Tegernseer Ministerialen*

Schon während des Investiturstreits hatten die Landesherren damit begonnen, anstelle der bis dahin üblichen losen Oberheit über weitverstreute Gebiete, ihre Macht auf bestimmte Gebiete zu konzentrieren und eigene Landesherrschaften auszubauen. Als deren politische und militärische Mittelpunkte bauten sie Burgen und besetzten sie mit Ministerialen.

Der Ursprung der Freisinger Dienstmannen reicht in die Zeit der Ungarnkriege zurück, in der unfreie Waffenträger für ihre Verdienste mit »Lehen zu Herrenrecht«

[51] Die Haarkirchner und Kempfenhausener Ministerialen in den Zeugenlisten. Siehe Tabelle i. d. Anlage, S. 392

41

Notum sit deo 7 hominib. quod ego
Sigboto de harchirchen trado ad alta
re. s. dionisii 7. s. iuliane tale p̄dium
quale habeo ad scefdaren. p remedio ani
me mee & parentū meoꝝ. Testes. Volchirt
Piligrim. Meginwart. Diethere. Rodpht.
Hainrich. Gerolt. adalune.

Traditionen des Klosters Schäftlarn Nr. 55 (1140–1152)
»Sigboto von Haarkirchen übergibt Gut in Hohenschäftlarn an das Kloster Schäftlarn.«
Zeugen: Volchart von Haarkirchen, Piligrim von Beigarten,
Meginwart von Baierbrunn, Ruprecht von Deining, Heinrich von Irschenhausen.

Tdmo sigbotonis Iursenhusen. 90

Nouerint om̄s qd̄ q̄dā minister frisinḡ Sigboto de ursen
husen delegauit curtile unū in ipsa uilla. & ad chem
phenhusen curtiferū unū sup altare. s. dyonisii. p salu
te anime sue & omniū parentū suoꝝ.

Traditionen des Klosters Schäftlarn Nr. 97. (1158/59)
»Sigboto von Irschenhausen übergibt kleines Gut in Irschenhausen und Hofstätte in Kempfenhausen (Schmausengut)
an das Kloster Schäftlarn.«

ausgestattet worden waren. Kaiser Otto der Große hatte sich schon auf Dienstmannen der Kirche gestützt und bei seinem Sieg über die Ungarn, in der Schlacht auf dem Lechfeld (955), scheinen diese einen entscheidenden Anteil gehabt zu haben. Im 11. Jh. gehörten die Freisinger Dienstmannen zur »familia« des Bischofs. Um die Mitte des 11. Jh.s hatten sie bereits die Erblichkeit ihrer Rechtsstellung erreicht. Im Investiturstreit (1076–1122) stieg dann der Bedarf an waffentragenden Dienstleuten gewaltig an. Der Freisinger Bischof verfügte in der Blütezeit der Freisinger Dienstmannschaft, von 1140–1170, über knapp 100 Familien und etwa 200 Gefolgsleute. Davon standen den Herren von Beigarten zwischen 1140 und 1200 etwa 25 Mann als Burgbesatzung zur Verfügung, davon waren ein knappes Dutzend Ritter. Das war für mittelalterliche Verhältnisse eine sehr starke Mannschaft. Um 1205 waren dem Bischof von Freising nur noch 35 Familien seiner Dienstmannschaft verblieben. Die anderen waren entweder ausgestorben (ca. 20) oder zu anderen Dienstmannschaften, vorwiegend zu der der Wittelsbacher (ca. 20), übergegangen.

Die Wittelsbacher hatten als erste in Bayern damit begonnen, Burgen zu bauen und sich auf Herrschaftsbereiche zu konzentrieren. Vorher die »Grafen von Scheyern«, nannten sie sich nach der Fertigstellung ihrer Burg Wittelsbach »Wittelsbacher«. Die Freisinger Bischöfe versuchten ebenfalls, eine eigene Territorialherrschaft aufzubauen. Zur Ausdehnung ihrer Machtposition blieb ihnen nur der Schäftlarner Raum im Süden, da ihr Gebiet im Westen, Norden und Osten von Wittelsbacher und Andechser Besitz umklammert war.

Bischof Heinrich I. (1098–1137), der Sohn des Grafen von Tengling, wurde von Kaiser Heinrich IV. auf den Freisinger Bischofsstuhl berufen. Er ließ auf dem Isarhochufer, gegenüber Schäftlarn, die Burg Beigarten erbauen und setzte um 1120/30 den Haarkirchner Ministerialen Volchart als Burghauptmann ein. Für die Besatzung der Burg holte er Leute aus seiner Heimat im Chiemgau, die auf ihn persönlich eingeschworen waren.

Es ist erstaunlich, daß sich Bischof Heinrich I. in den turbulenten Zeiten des Investiturstreites, und in der Zeit der Auseinandersetzungen zwischen Welfen und Staufern, 40 Jahre lang auf dem Bischofsstuhl in Freising halten konnte. Er stand im Investiturstreit auf der Seite des Kaisers, wie auch die Städte und der Großteil des Adels, der Bischöfe und der Klöster. Die gewichtigsten Gegner Heinrichs IV. waren der bayerische Herzog Welf IV., Luitpold II., Markgraf der Ostmark, und die Bischöfe von Salzburg und Passau. Für die Parteinahme waren meist weniger religiöse als vor allem machtpolitische Gründe bestimmend gewesen. 1115 wurde Bischof Heinrich I. mit dem Kirchenbann belegt, ebenso wie Kaiser Heinrich V. Deshalb zerstörte der Bayernherzog Welf IV., der zur päpstlichen Partei gehörte, 1116 die Bischofsstadt Freising. Erst zehn Jahre später wurden Kaiser und Bischof vom Kirchenbann losgesprochen. Weitere zwölf Jahre später, im Jahre 1137, starb Bischof Heinrich I., ausgesöhnt mit dem Papst.

Sein Nachfolger als *Bischof in Freising* wurde *Otto I.*, ein Stiefbruder des deutschen Königs Konrad III. und Onkel des späteren Kaisers Friedrich I., Barbarossa. Er setzte den Herrschaftsausbau im Schäftlarner Raum mit verstärkter Energie fort, wechselte die Besatzung der Burg Beigarten aus, beließ aber das Amt des Burghauptmanns bei der gleichen Familie. Ihm gelang es, eine ganze Reihe von Ministerialenfamilien in den Schäftlarner Raum zu holen und dort anzusiedeln, unter gleichzeitiger Bereinigung der verflochtenen Besitzverhältnisse. Irschenhausen, Mörlbach, Straßlach, Berg-Biberkor, Peretshofen und Tattenkofen wurden Freisinger Dienstmannensitze. Um 1140 lag die Herrschaft in diesem Raum fest in der Hand des Bischofs, doch dann erlitt die positive Entwicklung einen jähen Rückschlag durch die Katastrophe des 2.Kreuzzuges. Bischof Otto I. war nicht nur mehrere Jahre vom Bistum abwesend gewesen, sondern hatte auch den größten Teil seiner Streiter verloren und an Ansehen eingebüßt, da er als Heerführer versagt hatte. Der nächste große Rückschlag war für ihn der Verlust der Isarbrücke bei Föhring, 1158, durch Heinrich den Löwen. Noch im gleichen Jahr ist er gestorben.

Seine Nachfolger *Bischof Adalbert (1158–1184)* und *Bischof Otto II. (1184–1220)* verfügten nicht mehr über die gleiche Potenz und über den kaiserlichen Rückhalt wie ihr Vorgänger. Sie gerieten zudem in die Auseinandersetzungen zwischen den Wittelsbachern und Andechsern. So ging ab 1170 ein Freisinger Dienstmannensitz nach dem anderen verloren: Straßlach, Biberg, Haching, Mörlbach, Dingharting und Haarkirchen. Das Signal zum endgültigen Umschwung gab dann der Übertritt der Baierbrunner zu den Wittelsbachern um 1184. Die Burg Beigarten wurde mehrmals erobert, zurückgewonnen, zerstört und wieder aufgebaut. Beigarten blieb zwar noch längere Zeit im Besitz der Freisinger Bischöfe, doch war es von einem Machtzentrum zu einem bedeutungslosen Außenposten herabgesunken. Heute ist dort nur noch ein grasbewachsenes Plateau zu sehen. An die Stelle der Freisinger Bischöfe waren im Schäftlarner Gebiet zunächst die Andechser und später die Wittelsbacher getreten.

Mit dem allmählichen Versiegen der Traditionen nach 1220 verlor sich die Spur der Haarkirchner und Kempfenhausener Ministerialen. Kempfenhausen verschwand für etwa 55 Jahre aus den Geschichtsquellen. Es trat wieder in Erscheinung, als 1272 der Münchner Patrizier *Peter Part von Kempfenhausen* die Münchner Patriziertochter Gertraud Pütrich heiratete. Die Parts wurden eines der bedeutendsten Patriziergeschlechter in München, waren vier Jahrhunderte lang im Rat der Stadt vertreten, und in Kempfenhausen bis zum Aussterben ihrer Kempfenhausener Linie um das Jahr 1620.

[52] Joachim Leuschner: Deutschland im späten Mittelalter 1985

III. Kempfenhausen und Haarkirchen, Sitz Münchner Patriziergeschlechter und Bürgermeister von 1272–1678

1. Die geschichtlichen Entwicklungen vom 14. bis zum 17. Jahrhundert

In den vier Jahrhunderten, in denen Kempfenhausen Sitz Münchner Patriziergeschlechter war, der Part, der Schrenck und der Hörl, vollzogen sich tiefgreifende politische, religiöse und kulturelle Veränderungen, umfaßt doch dieser lange Zeitabschnitt das »späte Mittelalter«, das »Zeitalter der Reformation«, das »konfessionelle Zeitalter« und das »Zeitalter des Absolutismus«.

Das späte Mittelalter im 14. und 15. Jahrhundert

Das späte Mittelalter war eine Umbruchs- und Krisenzeit, voller Bewegung und geistiger Unruhe, in der viele Grundlagen unseres geistigen, sozialen und politischen Lebens begannen Gestalt zu gewinnen.[52]

Vom 10. Jh. bis zum 14. Jh. hatte sich das Klima ständig erwärmt. Nun folgte im 14. Jh. eine spürbare Abkühlungsphase, die bis ins 17. Jh. andauerte. Das hatte Konsequenzen für die Agrarwirtschaft, deren Ertragskraft gering war. Gelang es um 1200 aus einem Saatkorn 3,5 Getreidekörner zu gewinnen, so konnte der Ernteertrag bis 1400 lediglich um 20% auf 4,2 Getreidekörner gesteigert werden, während die deutsche Bevölkerung in diesem Zeitraum um 75%, von 8 Millionen auf 14 Millionen, angewachsen war. Die Verschlechterung der Klimabedingungen führte zu zahlreichen Mißernten und diese, gemeinsam mit dem Bevölkerungswachstum, zu Hungersnöten und Epidemien, denen im 14. Jh. etwa ein Viertel der Bevölkerung zum Opfer fiel. Viele Menschen suchten Zuflucht in den Städten, in denen steigende Löhne die Landflucht begünstigten. Verarmte Landadelige ergaben sich dem Raubrittertum, das damals entstand.

Die Städte, wie wir sie aus dem 19. und 20. Jahrhundert kennen, fanden ihre Ausprägung im späten Mittelalter. Seitdem hat sich die Zahl der Städte kaum mehr verändert. Neben ihrer wirtschaftlichen und militärischen Bedeutung, spielten die Städte eine wichtige Rolle bei der Verschmelzung unterschiedlicher Bevölkerungselemente. Im späten Mittelalter entstanden auch die Geldwirtschaft und die Banken, und durch sie ein neuer Wirtschaftsstil im Handel, Gewerbe und Verkehr. Naturalien wurden durch Geld ersetzt und selbst in der Kirche wurde vieles »kapitalisiert«, die Würden, die Pfründen, der Ablaß, und es wurde nahezu alles mit Gebühren und Taxen belegt. Daneben entwickelte sich eine starke Frömmigkeit des Einzelnen. Damals entstand die Predigt in deutscher Sprache. Man lebte nicht mehr in der gewohnten Ordnung des unangefochtenen Heils, sondern war kritisch, skeptisch, unruhig und unsicher, und dies förderte den Individualisierungsprozeß.

Die wirtschaftliche und soziale Mobilität der Menschen nahm zu. Die Straßen des späten Mittelalters waren voll von Menschen, Wagen, Pilgern, Wallfahrern, Scholaren, Schaustellern, Soldaten, Kaufleuten, Handwerksburschen und Wanderpredigern. Die Straßen waren jedoch schlecht und unsicher. Deshalb forderten die Städte eine Landfriedensordnung. Das neue Geldwesen erforderte die Festlegung von Maßen und Münzwerten und machte es notwendig, vieles schriftlich niederzulegen. Deshalb mußte man nun schreiben und rechnen können. Als Folge davon entstanden in den Städten neue Schulen. Viele Familiennamen, die Auskunft geben über Eigenart, Herkunft und Beruf des Namenträgers, stammen aus dieser Zeit.

Politisch war das späte Mittelalter vor allem durch zwei deutsche Kaiser geprägt worden, von *Ludwig IV., »der Bayer« (1314–1347)*, »adelig in Haltung und Gang, tapfer, sprunghaft, zäh, kühn bis zur Tollkühnheit« und von seinem Nachfolger auf dem Königsthron, König *Karl IV. von Böhmen (1346–1378)*, dem späteren Kaiser, »hochgebildet, nüchtern, zäh, abwägend, berechnend und fromm«.

Im Jahr 1314 war *Ludwig IV. von Wittelsbach*, Herzog von Bayern, mit 28 Jahren von einem Teil der Kurfürsten zum deutschen König gewählt worden. Der andere Teil der Kurfürsten wählte den Habsburger Friedrich den Schönen, Herzog von Österreich, ebenfalls zum König. Es dauerte acht Jahre, bis Ludwig der Bayer seinen Gegenspieler 1322, in der Schlacht bei Mühldorf, besiegt und ausgeschaltet hatte. Jedoch schon ein Jahr später, im Jahre 1323, begann sein Konflikt mit dem siebzigjährigen französischen Papst in Avignon, Johannes XXII. Der Papst klagte den König der Anmaßung an, da er den Königstitel angenommen habe, ohne daß dies vom Papst gebilligt und bekräftigt worden sei. Da der König diesen päpstlichen Anspruch nicht anerkannte, kam es 1324 zum päpstlichen Bann über Ludwig IV. und zum Interdikt für Deutschland, wodurch die Spende der Sakramente vom Papst untersagt wurde. Beides wirkte zunächst nicht. Die Bischöfe der Reichskirche, die Städte und der niedere Adel standen auf der Seite des Königs. Dieser zog 1328 nach Rom und ließ sich dort zum Kaiser krönen und ernannte im darauffolgenden Jahr einen Gegenpapst. Dadurch verschärften sich die Gegensätze noch.

Da es weder zu einem Ausgleich noch zur Rücknahme des Kirchenbannes kam, stellten die Kurfürsten, 1338, in einem »Weistum« fest: »Allein die Wahl der Kurfürsten, nichts sonst, macht den König. Wer von den Kurfürsten gewählt ist, bedarf keiner Nomination, Approbation, Konfirmation oder sonstiger Zustimmung des Papstes für die Regierung des Reiches oder für die Führung des Königstitels«.

Nun stand der Kaiser auf dem Gipfel seiner Macht. Sein Versuch, die Stellungnahme der Kurfürsten auf die Kaiserwürde auszudehnen, die selbstherrlichen Entscheidungen des Kaisers und eine Intervention des Papstes führten jedoch dazu, daß ihn die Kurfürsten 1346 absetzten und einen Gegenkönig ernannten, den König von Böhmen, Karl IV. Dieser konnte sich jedoch erst dann behaupten, als Kaiser Ludwig IV., 1347, einen tödlichen Jagdunfall beim Kloster Fürstenfeld erlitten hatte.

Obwohl Ludwig der Bayer darin gescheitert war, seinem Hause die Nachfolge in der deutschen Königswürde zu sichern, war er als Staatsmann zielstrebig und voll Weitsicht gewesen. Das zeigt sich vor allem daran, wie er den Ausbau seines eigenen bayerischen Landes betrieben hat, auf das er als Machtbasis immer wieder zurückgriff.

Im Jahre 1322 vergab er die Markgrafschaft Brandenburg an seinen Sohn Ludwig. Sie blieb daraufhin fünfzig Jahre lang im Besitz der Wittelsbacher. Die Grafschaft Tirol gewann er 1342 dadurch, daß er seinen Sohn, den inzwischen verwitweten Brandenburger, mit der geschiedenen Margarete Maultasch von Tirol verheiratete und ihm die Grafschaft Tirol übertrug. In Bayern sicherte er den Wittelsbachern durch seine Klosterpolitik Vogteien über die Reichsklöster Tegernsee und Benediktbeuern und die ehemals welfischen Vogteien über die Klöster Prüfening, Steingaden, Rottenbuch und Polling. Für die Klöster erließ er 1329 Schutzprivilegien und verlieh ihnen 1330 die niedere Gerichtsbarkeit und das Hofmarkprivileg. Noch im gleichen Jahr gründete er das Kloster Ettal, mit 20 Benediktinermönchen und 13 Rittern und ihren Frauen, an der Verbindungsstraße zwischen den Fernstraßen über den Reschenpaß und den Brenner.

Von größter Bedeutung und von weitreichender Wirkung für das Land war jedoch seine Gesetzgebungstätigkeit. Mit dem oberbayerischen Landrecht von 1336–1346, einer Zusammenfassung aller Gesetze und Verordnungen in Schriftform, wurde der Landfrieden geordnet, die Prozeßordnung geregelt und die Friedensgerichtsbarkeit in die Hand ordentlicher Gerichte gelegt. Es war die einzige umfassende Gesetzessammlung in Bayern zwischen der »Lex Baiuvariorum« des 8. Jh.s und dem »Codex Maximilianeus« des 17. Jh.s.

Die besondere Fürsorge des Kaisers hatte den Städten gegolten. Nur wenige der bedeutenden Städte Bayerns wurden von ihm nicht mit fürstlichen Privilegien ausgestattet. Beispielhaft war die Förderung der Residenzstadt München. Er bestätigte ihr 1315 die Stadtrechte und stellte sie im Rang den Reichsstädten gleich. Weitere Privilegien, aus dem Jahr 1315, schützten für München den Marktfrieden, den Fernhandel, die Zollfreiheit seiner Kaufleute in Nürnberg und die Vorherrschaft im Salzhandel.

Sein Nachfolger als deutscher König, *Karl IV. (1346–1378)*, war von anders geartetem Temperament und anderer Bildung. Er hatte eine hervorragende Erziehung in Paris genossen und sprach Deutsch, Latein, Französisch, Italienisch und Tschechisch. Praxis und Erfahrung erschienen ihm für die politische Tätigkeit bedeutsamer, als Theorie und literarische Bildung.

Er verfolgte eine pragmatische, sehr konkrete Politik und baute ebenfalls seine Hausmacht stetig und erfolgreich aus. Im Jahr 1355 wurde er von einem päpstlichen Legaten zum Kaiser gekrönt. Dem Reich hat Kaiser Karl IV. nicht nur Frieden und einen gewissen Ausgleich zwischen den konkurrierenden Mächten und Kräften verschafft, sondern in der »Goldenen Bulle« von 1356 auch eine allgemeingültige Ordnung, eine Art Verfassung gegeben. Die »Goldene Bulle« war zwar im modernen Sinn keine Verfassung, sondern nur ein Bündel von Gesetzen und Verordnungen, aber sie beendete die verfassungspolitischen Kämpfe aus der Zeit Kaiser Ludwigs IV. und regelte sowohl die Königswahl, wie auch die Rechte und Pflichten der Bürger.

Im Todesjahr Kaiser Karls IV., 1378, begann das große abendländische Schisma, in dem es jeweils zwei Päpste gab, einen in Rom und einen in Avignon, bis 39 Jahre später wieder ein gemeinsamer Papst gewählt werden konnte.

Auf Kaiser Karl IV. folgten als deutsche Könige zunächst seine Söhne *Wenzel (1378–1400)* und später *Siegmund (1430–1437)*. Ihnen folgten die Habsburger *Albrecht II. (1438–1449)*, *Friedrich III.* (1440–1486) und der »letzte Ritter« *Maximilian I. (1486–1519)*, mit dem das späte Mittelalter endete.

Die 1415 ausgebrochenen Hussitenkriege, die bis 1434 andauerten, zwangen 1430 zur Erhebung einer Hussitensteuer im betroffenen Bayern. Der damaligen Steuerliste verdanken wir die einzigen Kempfenhausener Namen dieser Zeit, Stoll, Partel und Dankel, die diese Steuer zu entrichten hatten.

Das Herzogtum Bayern wurde im Jahre 1392 von den Söhnen Kaiser »Ludwigs des Bayern« in drei Teile geteilt, wodurch die Wittelsbacher als Großmacht ausschieden, die unter Ludwig noch mächtiger als die Habsburger gewesen waren. Oberbayern erhielt *Johann II.*, und ab 1397–1435 dessen Söhne *Ernst* und *Wilhelm III.* gemeinsam. Sie wurden von ihrem Ingolstädter Bruder »Ludwig dem Gebarteten« mehrmals bekriegt, bis sie ihn in der Schlacht bei Alling, mit Hilfe der Münchner Zünfte unter ihren Feldhauptleuten Schrenck und Part, entscheidend besiegen konnten. Nächster Herzog von Oberbayern wurde *Albrecht III. (1438–1460)*, der Sohn Herzog Ernsts. Er stiftete 1451 die Benediktinerabtei Andechs. Ihm folgen seine Söhne *Johann IV. und Sigmund*, der 1463 ein Opfer der Pest wurde. Als nächster Herzog folgte *Albrecht IV. (1467–1508)*. Er hatte in Italien studiert und 1487 eine Tochter von Kaiser Friedrich III. geheiratet. 1506 erließ er das Primogeniturgesetz für Bayern, das die Herrschaft über das Herzogtum Bayern jeweils dem ältesten Erben zusprach und künftige Landesteilungen verhinderte. Als er 1508 starb, hatte das Zeitalter der Reformation schon begonnen.

Das Zeitalter der Reformation 1500–1555[53]

Das Jahr 1500 war in der europäischen und in der deutschen Geschichte ein Wendepunkt. Es begann ein neues Zeitalter voller sozialer und religiöser Bewegungen und Unruhen.

In den Mißständen der Zeit hatte sich der Sprengstoff angesammelt, den Luthers Auftreten wie ein Funke zur Explosion bringen sollte. Die Krisenelemente waren zahlreich. Die Spannung zwischen der Schwäche des Reiches und des Kaisers auf der einen Seite, und der Macht der Kurfürsten, Fürsten und Städte auf der anderen Seite, erschien ebenso schwer erträglich wie die Spannung zwischen gesteigerter Kirchenfrömmigkeit einerseits und den verbreiteten kirchlichen Mißständen andererseits. Die soziale Not, durch den Bevölkerungszuwachs auf dem Lande und im Gefolge frühkapitalistischer Entwicklungen, rief ebenso nach Reformen, wie der beginnende Niedergang der Städte, das Streben nach Rationalität im politischen Bereich und nach frommer Gewissenhaftigkeit im kirchlich-religiösen Bereich.

Noch immer war Deutschland zu 90% ein Agrarland. Die Bevölkerung auf dem Lande war, nach den Pestepidemien, ab 1450 wieder jährlich um mehr als ein halbes Prozent gewachsen und hatte den alten Umfang wieder erreicht oder überschritten. Diese Bevölkerungsexpansion führte zu sozialen Spannungen und brachte eine unterbäuerliche Schicht von Häuslern und Tagelöhnern hervor.

Die Städte, die eigentlichen Zentren, der Sitz von Gewerbe, Handel, Wohlstand, Kultur, Kunst, Bildung, Kirchen und Geld, waren in ihrer Selbständigkeit bedroht durch die Landesherren, die die Städte und deren Finanzquellen in ihre Gewalt zu bringen versuchten. Von den 3000 Orten mit Stadtrecht hatten nur etwa 5% mehr als 2–3000 Einwohner, und nur ganz wenige Städte hatten mehr als 20000 Einwohner.

Der Adel stand zwar noch immer in hohem gesellschaftlichem Ansehen, doch entsprachen diesem nicht seine wirtschaftlichen Einnahmen. Obwohl die bäuerlichen Abgaben zunahmen, litt der Adel ständig unter Geldmangel und aus Konvention auch an einem Mangel an Bildung, so daß ihm die zunehmende Zahl von gelehrten Räten darin weit überlegen war. Die Fürsten benötigten für ihre Residenzen, Verwaltungen und Söldnerheere ständig wachsende Geldmittel, bedurften aber für das Einziehen von Steuern, zur Deckung ihres wachsenden Finanzbedarfs, der Zustimmung der Landstände. Diese waren die Inhaber der Grundherrschaften, der Adel, die geistlichen Institute und die Städte.

Die Kirche schließlich, als mächtigste Institution jener Zeit, bestimmte das Leben der Menschen, vermittelte ihnen das ewige Heil, lenkte ihren irdischen Weg, überwachte und beurteilte sie. Die Kirchenfrömmigkeit und Glaubensbereitschaft hatte Hochkonjunktur. Es gab neue Prozessionen und Wallfahrten, die Heiligenverehrung stand in Blüte, und die Ablaßpredigten hatten ungeahnte Erfolge. Gleichzeitig gab es Mißstände in der Priesterschaft. Die Bischofssitze waren Versorgungsstellen des Adels geworden, und dem unteren Klerus fehlte in der Regel jede Vorbildung. Das Zölibat verursachte Anfechtungen. Um 1560 lebten in Freising 55% der Kleriker im Konkubinat, wofür sie lediglich eine Gebühr zu zahlen

[53] Bernd Moeller: Deutschland im Zeitalter der Reformation 1985

hatten. Alles, was die Kirche leistete, mußte bezahlt werden, die Verleihung von Würden, die Entscheidung in Rechtsfragen, die Erteilung von Gnaden oder Dispens und nicht zuletzt der Ablaß der Sünden. Kirchenkritik und Reformansätze waren vor allem in den Städten und bei der geistigen Elite, den Humanisten, vorhanden.

In diese Zeit fiel das Auftreten Luthers. Er war 1483 geboren worden, wurde 1505 Magister der Theologie, war im gleichen Jahr in den Augustinerorden eingetreten und war seit 1512 Professor für Bibelauslegung in Wittenberg. 1517 setzte er sich in 95 Thesen mit dem Ablaßwesen auseinander. 1521 wurde Luther auf den Reichstag in Worms vorgeladen, um seine Ansichten zu widerrufen. Sein Auftreten war eine Sensation, denn er war 1520 durch die päpstliche Bannbulle zum Ketzer erklärt worden. Von 105 Flugschriften, die über diesen Reichstag berichteten, der wichtige Reformen der Reichsgesetzgebung beschlossen hatte, beschäftigten sich 90 mit Luther. Luther hatte mit seinem berühmten Schlußwort das herrschende Wert- und Ordnungssystem in seiner Gesamtheit in Frage gestellt: »Wenn ich nicht durch Schriftzeugnisse oder einen klaren Grund widerlegt werde – denn allein dem Papst oder dem Konzilium glaube ich nicht, da es feststeht, daß sie häufig geirrt und sich auch selbst widersprochen haben – so bin ich durch die von mir angeführten Schriftworte bezwungen. Und so lange mein Gewissen durch die Worte Gottes gefangen ist, kann und will ich nichts widerrufen, weil es unsicher ist und die Seligkeit bedroht, etwas gegen das Gewissen zu tun. Gott helfe mir. Amen«. Luther mutete damit einer autoritätsgeleiteten Zeit zu, Autorität total neu zu verstehen. Mit der Gefahr für sein Leben hatte er öffentlich seine Überzeugung zum Ausdruck gebracht, daß ein individuelles Verhältnis zwischen den einzelnen Christen und Gott bestehe, und daß es daher schlechterdings keine irdischen Institutionen gebe, die das durch den Glauben an Gott freie Gewissen binden, irremachen oder umleiten können. *Kaiser Karl V.* reagierte auf diese Herausforderung und erklärte am folgenden Tag, er werde alles tun, um den Ketzer und dessen Irrtümer aus der Welt zu schaffen. Einen Monat später, am 26. 5. 1521, folgte das Wormser Edikt, das, zusätzlich zum Kirchenbann, die Reichsacht über Luther verhängte.

War Luther fünf Jahre vorher noch völlig unbekannt gewesen, so machten ihn seine Schriften von 1520, »An den christlichen Adel deutscher Nation«, »Von der Freiheit eines Christenmenschen« und »Von der babylonischen Gefangenschaft der Kirche« rasch bekannt. Es entstand eine Massenbewegung, die sich schnell durch Flugschriften ausbreitete. Die Übersetzung des Neuen Testaments durch Luther, im Jahre 1523, war ein sprachliches Meisterwerk. Die folgenden Jahrzehnte, von 1520 bis 1555, waren durch den wechselvollen Kampf gegen und für die neue Lehre geprägt, wobei dynastische Überlegungen und der Widerstand der Reichsstände gegen die Macht des Kaisers darin mit verwoben waren, so daß es zu ständig wechselnden Bündnissen, oft quer durch die Konfessionen, kam und zu wechselnden Erfolgen auf beiden Seiten.

Am Ende dieser bewegten Epoche stand der Augsburger Religionsfriede vom 25.9.1555. Die Wahl der Konfession wurde nun vorwiegend eine Sache der Reichsstände, der Landesherren. Den Untertanen blieb das begrenzte Recht, aus Gebieten mit andersgläubiger Obrigkeit auszuwandern. In Reichsstädten, in denen beide Konfessionen vertreten waren, sollte es weiterhin eine paritätische Religionsausübung geben. Den geistlichen Fürsten wurde die Konfessionswahl versagt. Sie hatten Stand und Amt aufzugeben, wenn sie ihre Konfession änderten. Mit dem Augsburger Religionsfrieden war sowohl das Ziel der Katholiken, die Wiederherstellung der Kirchen- und Glaubenseinheit, wie auch das Ziel Luthers, die Erneuerung der gesamten Kirche, rechtlich versperrt worden. Noch im Jahr des Augsburger Religionsfriedens, 1555, verkündete Kaiser Karl V. seinen Thronverzicht. Als deutscher König folgte ihm sein Bruder *Ferdinand von Habsburg* nach.

Bayern war von den Wirren des Reformationszeitalters nur begrenzt berührt worden. *Wilhelm IV.*, seit 1508 bayerischer Herzog, hatte schon frühzeitig die von Luther ausgehende religiöse Bewegung bekämpft. In Bayern gab es ab 1522 staatlichen Glaubenszwang, verbunden mit obrigkeitlichen Reformmaßnahmen. Dies blieb für die bayerische Religionspolitik während der folgenden eineinhalb Jahrhunderte bestimmend. Das bayerische Religionsmandat von 1522 verbot auf der Grundlage des Wormser Edikts die Lehre Luthers und wies die Beamten an, die Anhänger Luthers zu verhaften. Luther hatte vor allem in den Städten Anhänger gefunden, in München, Augsburg, Regensburg, Nürnberg, Landshut, Wasserburg, Aibling und Burghausen, aber auch beim Adel und beim Klerus. Marius, der Abt von Aldersbach, registrierte 1520, daß von der Lehre Luthers gewaltige Erschütterungen ausgingen und Domherren, Äbte und ein Weihbischof zu den Anhängern Luthers gehörten.[54] Nachträglich läßt sich nicht mehr feststellen, wie tief der bayerische Klerus von der neuen Lehre erfaßt war, da die staatliche Unterdrükkung 1522 mit solcher Energie einsetzte, daß sich danach nur sehr mutige oder sehr unkluge Männer zu einem öffentlichen Bekenntnis aufraffen konnten. Viele Klöster waren aber durch die neue Lehre von Mönchen so entblößt, daß sie nur durch Zuzug aus Italien am Leben erhalten werden konnten.

Vom Bauernkrieg in Schwaben und Franken, von 1524–1526, in dem 70000 Bauern getötet wurden, blieb Bayern verschont.

Im Jahre 1550 starb Herzog Wilhelm IV. Ihm folgte sein Sohn *Albrecht V. (1550–1579)* nach, der von Peter Apian, Professor für Mathematik und Geographie in Ingolstadt, unterrichtet worden war. Der junge Herzog gestattete ab 1550 zunächst die freie Religionsausübung der Lutherianer nach dem Augsburger Bekenntnis und gewährte ab 1556 Straffreiheit für das Abendmahl in »beiderlei Gestalt«. Nach heftigen Auseinandersetzungen mit den Landständen um den Erlaß seiner Schulden, änderte sich jedoch die Haltung des Herzogs. Ab 1568 ließ er Anders-

[54] Andreas Kraus: Geschichte Bayerns 1983

gläubige aus Bayern ausweisen. Davon war u.a. auch Philipp Apian, der Sohn seines Erziehers, dem er die Landkarte Bayerns von 1554 zu verdanken hatte, betroffen. In Bayern begann die Gegenreformation. Gleichzeitig bemühte sich Albrecht V. mit Hilfe der Jesuiten um die Reform des katholischen Glaubens. Dieser Orden war 1556 nach Ingolstadt gekommen und 1559 vom Herzog nach München geholt worden, wo er bis zu seiner Aufhebung im Jahre 1773 wirkte.

Herzog Albrecht V. hat das Antiquarium in der Residenz, die spätere Münze in München und das Schloß in Dachau bauen lassen. Den Grundstein zur Bayerischen Staatsbibliothek hat er mit dem Erwerb der Bibliotheken von Jakob Fugger und Hartmann Schedel, dem Herausgeber der 1. Weltgeschichte, gelegt. Als er 1579 starb, wurde sein Sohn *Wilhelm V. (1579–1597)* bayerischer Herzog, dessen Regierungszeit in das »konfessionelle Zeitalter« fiel.

Das konfessionelle Zeitalter 1555–1648

Um die Mitte des 16. Jh.s fand ein Generationswechsel statt. Die großen Männer der Reformationszeit starben, fanden aber keine ebenbürtigen Nachfolger. Nach der friedliebenden Generation, die den Religionsfrieden zustande gebracht hatte, gewannen in den siebziger Jahren die Scharfmacher die Oberhand.[55]

Die Städte und das Bürgertum hatten in der Mitte des 16. Jh.s einen deutlichen Bedeutungs- und Funktionsverlust erlitten. Das hatte zunächst wirtschaftliche Gründe. Durch Mißernten waren die Preise für Nahrungsmittel deutlich gestiegen und hatten die Kaufkraft der Städte und den Wert städtischer Waren rasch sinken lassen. Aber auch die städtefeindliche Politik Kaiser Karl V., Zölle, Straßenkontrollen und Stapelrechte hatten die Wirtschaftskraft der Städte geschwächt und Handel und Gewerbe behindert. Die Städte leisteten künftig keinen eigenständigen Beitrag mehr zu Politik und Kultur. Durch eine Verfassungsänderung wurde 1548 die Mitwirkung der Zünfte beendet. Gleichzeitig war die Macht der Fürsten und des Fürstenstaats gewachsen. Sie hatten – zwar in unterschiedlichem Ausmaß – das Kirchenregiment und die Kulturhoheit übernommen und ihre Kompetenzen deutlich ausgenützt. Der größte Nutznießer der glänzenden Agrarkonjunktur dieser Zeit und des Niedergangs der Städte war der Adel. Ihm ermöglichten die steigenden Grundzehnten den Bau zahlreicher Adelsschlösser. Was den Bürgern verlorenging, gewann größtenteils der Adel.

Für das nun folgende Zeitalter wurde der Konfessionalismus zum Hauptmerkmal. Die Konfessionen drängten zur Weltdurchdringung, Weltgestaltung, bis zur Weltbeherrschung. Das führte zum Anwachsen der Konfessionen zu mächtigen weltlichen Bewegungen. Die Konfessionalisierung fand ihre stärkste Ausprägung

[55] Martin Heckel: Deutschland im konfessionellen Zeitalter 1985

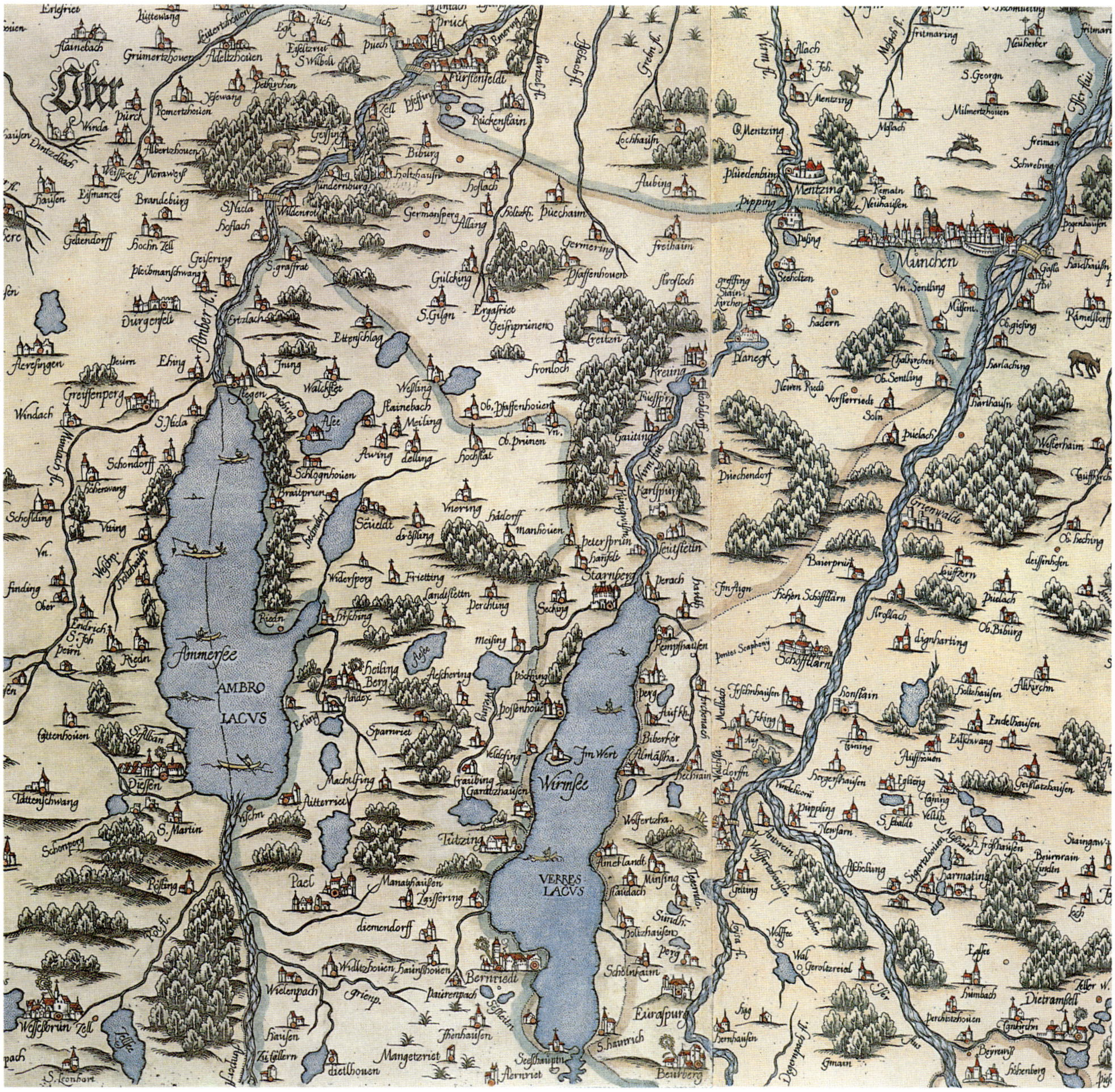

Kempfenhausen in den Landtafeln des Philipp Apian 1568

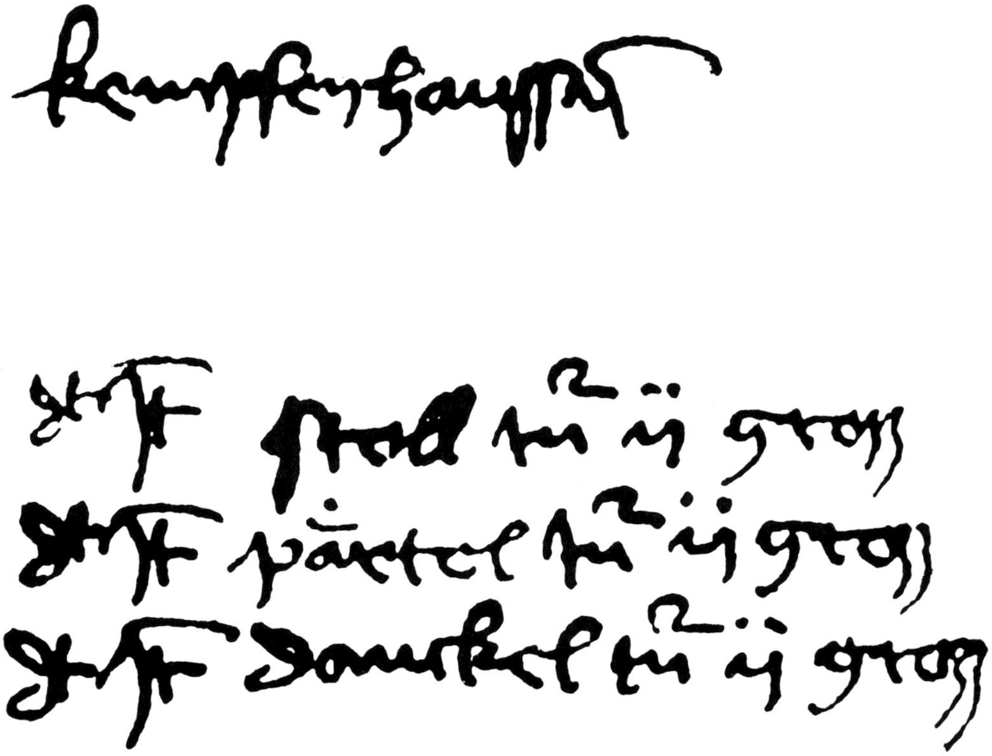

Die Kempfenhausener Fischlehen in der Hussitensteuerliste von 1430

im Konfessionsstaat. Fast überall wurde in der nachreformatorischen Zeit das Bekenntnis als Staatsreligion eingeführt. Die landesherrliche Gewalt verfügte nun auch über das Landeskirchenregiment. Dadurch verloren jedoch die konfessionellen Belange, Motive und Argumente ihre geistige Kraft, Reinheit und Glaubwürdigkeit.

In die Verquickung des politischen Dualismus der deutschen Verfassungskräfte mit dem konfessionellen Dualismus verstrickten sich immer stärker die Interessen anderer europäischer Staaten. Zwar blieb Deutschland von 1555–1618, inmitten erbitterter Konfessionskriege – des Hugenottenkrieges 1562–1590 und dem Freiheitskampf der Niederländer 1566–1640 –, im wesentlichen in Frieden, doch dann mündeten die Interpretationskämpfe um den Augsburger Religionsfrieden von 1555 in den Dreißigjährigen Krieg. Die Überwindung der Anarchie innerhalb der Staaten hatte die Anarchie zwischen den Staaten hervorgerufen.

Der Krieg wurde durch den Aufstand der evangelischen, böhmischen Landstände gegen kaiserliche Verordnungen und durch den Prager Fenstersturz von 1618 ausgelöst. Dieser Aufstand wurde zwar vom bayerischen Herzog Maximilian I. in der Schlacht am Weißen Berg bei Prag 1620 niedergeworfen, doch folgten nun über viele Jahrzehnte kriegerische Handlungen, Plünderungen und Verwüstungen, und es folgte das Eingreifen ausländischer Staaten, der Franzosen, Spanier, Dänen und Schweden in den Konflikt. Das Kriegsglück und die politischen Konstellationen wechselten ständig. Erst mit dem Westfälischen Frieden von 1648 konnten die dreißig Jahre dauernden kriegerischen Auseinandersetzungen beendet werden. Der Westfälische Friede bestätigte den Augsburger Religionsfrieden von 1555 und entwickelte ihn in entscheidenden Aussagen fort. Der Friede von 1648 war ein Sieg der Reichsstände über den Kaiser, da er die Anerkennung ihrer Landeshoheit brachte. Er war auch ein Sieg der Liberalität über den Konservativismus durch die Aufhebung des Restitutionsediktes von 1629. Maximilian I. von Bayern brachte er die Kurwürde und den Gewinn der Oberpfalz. Dafür hatte er die schweren Kriegsverwüstungen seines Landes in den Jahren 1632, 1633, 1646 und 1648 hinnehmen müssen.

Die Auswirkungen des Dreißigjährigen Krieges auf Europa, und im besonderen auf die verwüsteten deutschen Länder, waren verheerend. Man rechnet für Bayern mit einem Bevölkerungsverlust von 40–50% auf dem Land und 30% in den Städten durch Kriegshandlungen, Hunger und Seuchen. Da die Bevölkerungsentwicklung immer einen starken Einfluß auf die wirtschaftliche, soziale, politische und kulturelle Entwicklung eines Landes hat, verursachten die Kriegsverluste in Deutschland eine wirtschaftliche Depression, die ein halbes Jahrhundert anhielt und den ökonomischen Entwicklungsschub in Deutschland um ein Jahrhundert gegenüber Westeuropa verzögerte.

Mit derartigen Bevölkerungskatastrophen sind jeweils auch umfangreiche Besitzveränderungen verbunden. Neben dem Bevölkerungsverlust, traf der Verlust zerstörter Wohnungen und Produktionsmittel das Land. Im kurfürstlichen Bayern waren am Ende des Krieges 900 Städte, Marktorte, Dörfer und Flecken verwüstet und niedergebrannt. Noch mehr als ein Jahrhundert später, im Jahre 1760, hatte die Anzahl der Bauernhöfe und der bäuerlichen Familien noch immer nicht wieder den Stand von 1606 erreicht.

Auch nach dem Ende des Krieges blieb es bei einer hohen Kinder- und Erwachsenensterblichkeit. Das durchschnittliche Lebensalter betrug nur 30 Jahre. Der Bevölkerungsanstieg wurde, trotz der hohen Zahl von 30 Geburten je 1000 Einwohnern, durch Epidemien und Hungerkrisen immer wieder unterbrochen, denn nicht die Zahl der Geburten, sondern das Aufziehen der Kinder war das Problem.

Die Agrarpreise sanken auf das niedrigste Niveau und verminderten die Einnahmen der Landwirtschaft. Zwar verbilligte das die Lebenshaltung in den Städten, doch reduzierte gleichzeitig die Stagnation der Bevölkerung die Nachfrage nach gewerblichen Gütern. Infolge der niedrigen Agrarpreise bei gleichzeitig sehr hohen Steuerlasten, fielen die Grundstückspreise auf die Hälfte, bis zu einem Viertel des Wertes der Vorkriegszeit. In Bayern war ein Hof schon für 20–50 Gulden zu haben, während die Arbeitskraft, wegen des Mangels an Knechten und Mägden, teuer bezahlt werden mußte. In den Städten hatte der Krieg, nach dem Wohlstand des 16. Jh.s, eine Depression bei Handel und Gewerbe ausgelöst. Allein in München war die Zahl der Gewerbetreibenden um 500 zurückgegangen. Die Bevölkerungsbilanz der Städte blieb auch nach dem Ende des Krieges negativ und war auf den Zuzug vom Lande angewiesen.

Im Herzogtum Bayern hat nach dem Tod Albrechts V. sein Sohn *Wilhelm V. (1579–1598)* die aktive Politik der Gegenreformation fortgesetzt. Zwischen 1581 und 1584 beseitigte er die letzten Reste des Protestantismus in Bayern und sicherte dem Land 1583 durch den Abschluß eines Konkordats mit dem Papst wesentliche Kirchenhoheitsrechte. Auf seine Initiative wurde das Erzbistum Köln, dessen Erzbischof 1583 zum Protestantismus übergetreten war (er war nach 1542 der 2. Kölner Erzbischof, der das tat), von bayerischen und spanischen Truppen zurückgewonnen und an Herzog Ernst, den Bruder des Bayernherzogs, übertragen. Von da ab blieb das Erzbistum Köln fast 200 Jahre im Besitz des Hauses Wittelsbach. Wilhelm V. war von tiefer, heilsbezogener Frömmigkeit und verbrachte während seines ganzen Lebens täglich mehrere Stunden im Gebet und in Andachtsübungen. Immer wieder erforschte er sein Gewissen, ging täglich zu mehreren Messen, wöchentlich zur Beichte und unternahm zahlreiche Bußübungen und Wallfahrten. Er trug deshalb den Beinamen »der Fromme« zu Recht.

Gleichzeitig hatte der Herzog Verständnis und Freude an der bildenden Kunst und an der Musik und eiferte dem Mäzenatentum seines Vaters nach. Landshut verdankt ihm die Umgestaltung der Burg Trausnitz in einen Renaissancebau, und München die Bauten des Jesuitenkollegs und der Michaelskirche (1583–97), das Hofbräuhaus (1589) und die Maxburg (1590). Seine zahlreichen Bauten verursachten ständig hohe Schulden. Diese zwangen ihn schließlich, um den Staatsbankrott abzuwenden, seinen Sohn Maximilian I. 1594 zum Mitregenten zu berufen und 1597 mit 49 Jahren abzudanken.

Nun folgte die Ära *Maximilians I. (1598–1651)*. Bei seinem Regierungsantritt hatte Bayern 900000 Einwohner. Von den Städten hatten nur München, Landshut und Straubing mehr als 4000 Einwohner. Maximilian, 1573 geboren, studierte von 1587–91 an der Universität Ingolstadt und bekam dort eine gründliche Ausbildung in Staatsrecht, Geschichte, Geographie, Mathematik, Befestigungskunst, Französisch, Italienisch und Tschechisch. Durch kontrollierte Sparsamkeit und durch die Steigerung der Einnahmen gelang es ihm, die zerrütteten Staatsfinanzen in Ordnung zu bringen. In dem halben Jahrhundert, von 1596 bis 1650, stiegen im Staatsetat die Einnahmen von 461000 Gulden auf 1630000 Gulden, d.h. auf das Dreifache, während die Ausgaben von 410000 Gulden nur auf 1130000 Gulden anwuchsen. Maximilian I. hielt sich für einen auserwählten Fürsten von Gottes Gnaden und zählte den Anspruch auf Steuern und Abgaben zu den ursprünglichen landesherrlichen Hoheitsrechten, von denen er ohne Zustimmung der Landstände Gebrauch machen könne. So schaltete er die Landstände stufenweise aus. 1605 berief er den Landtag zum ersten Mal ein und 1612 zum letzten Mal.

Maximilian I. gehörte in der Zeit von 1609–1648 zu den bestimmenden Gestalten der europäischen Geschichte. Er setzte seine Kraft bedingungslos für seine religiösen Ideale, für die Gegenreformation und für den bayerischen Territorialstaat ein. Er war ein Mann des Willens, humorlos, mißtrauisch, nachtragend und leicht verletzt, aber beeindruckend durch seine starke Persönlichkeit. Obwohl von starken Affekten, Jähzorn und Rachsucht, nicht frei, gelang es ihm doch, diese Seite seines Charakters seinem scharfen Intellekt unterzuordnen und kaum je unbesonnen zu handeln. Sein herrisches Pflichtgefühl war eine Grundhaltung seiner Epoche. Seine geschichtliche Wirkung lag in der ungewöhnlichen Zähigkeit, Intensität und Geschicklichkeit, mit der er traditionelle Mittel benutzte, um vorwiegend traditionelle Ziele zu erreichen. Neben der Reorganisation und Sanierung der Staatsfinanzen, schuf er durch Kontrolle, Strafe und Vorbild eine zuverlässige, effektive Beamtenschaft. Seine umfangreiche Gesetzgebung, die der römischen Rechtsauffassung breiteren Raum gewährte, wurde 1616 im »Codex Maximilianeus« zusammengefaßt. Der Bau der Münchner Residenz, den er veranlaßt hatte, entsprach seiner Vorstellung von fürstlicher Repräsentation und Reputation und war bei seiner Fertigstellung 1628 die größte Residenz des Reiches. Durch Maximilian I. begann in Bayern das Zeitalter des Absolutismus, das unter seinem Sohn Ferdinand Maria (1654–1679) und unter seinem Enkel Max II. Emanuel (1680–1726) seine stärkste Ausprägung fand.

2. *Die Entwicklung Münchens von der Stadtgründung 1158 bis ins 17. Jahrhundert*

Die Geschichte Münchens, bis dahin ein unbedeutendes Klostergut, begann 1158. Nachdem der bayerische Herzog, *Heinrich der Löwe*, die Isarbrücke des Freisinger Bischofs bei Föhring in einem Handstreich zerstört hatte, verlegte er 1158 diesen wichtigen Isarübergang der von Reichenhall kommenden Salzstraße 6 km isaraufwärts in sein eigenes Gebiet und errichtete dort einen befestigten Handels- und Verkehrsplatz. Es entstand eine sorgfältig geplante bauliche Anlage, die auf die Bedürfnisse eines Marktes zugeschnitten und mit Marktrechten und einer Münze ausgestattet war.[56] Am Kreuzungspunkt der Salzstraße Reichenhall – Augsburg mit der Landstraße Schwabing – Sendling entstand das Stadtzentrum, der Marktplatz. Er hieß zunächst »Schrannenplatz« und seit 1854 »Marienplatz« und ist bis heute der Stadtmittelpunkt geblieben. Noch heute ist in den Straßenzügen Münchens der Grundriß des ursprünglichen Stadtkerns und die eiförmige Umrißlinie seines viertorigen Befestigungsringes zu erkennen.

Im Gegensatz zu Föhring war München nicht lediglich eine herrschaftliche Markt- und Zollstätte, sondern es wurde als ein Handelsplatz mit bürgerlichen Marktrechten gegründet. Das Gebiet des Marktes und des Burgfriedens war von aller fremden Herrschaft befreit. Jeder Vollbürger besaß seine Hofstätte und seinen Grund zu freiem Eigentum. Auch in der Folgezeit wurden die Anwesen der ältesten Innenstadt nie mit einem Hofstattzins belastet. Diese ungewöhnlich günstige Rechtsstellung der Altbürger, die von Anfang an den Kern eines vollgültigen Stadtrechts in sich schloß, hatte München mit Lübeck, Braunschweig und anderen Stadtgründungen Heinrichs des Löwen gemeinsam.

Bischof *Otto I. von Freising* hatte jedoch die Zerstörung seiner Brücke und Zollstätte nicht widerspruchslos hingenommen und sich an Kaiser Friedrich I., Barbarossa, gewendet. Der Kaiser bestätigte aber im Schiedsspruch vom 14. 6. 1158, auf dem Augsburger Reichstag, die Stadtgründung und sprach dem Bischof lediglich ein Drittel der Einkünfte aus Zoll und Münze zu.

Münchens wirtschaftlicher Aufschwung vollzog sich nun so rasch, daß die junge Stadt auch die gefährliche Krise nach dem Sturz Heinrich des Löwen, im Jahre 1180, erfolgreich überstehen konnte. Durch eine neue Klage war es dem Freisinger Bischof Albert zwar gelungen, daß auf dem Regensburger Reichstag der Schiedsspruch von 1158 für nichtig erklärt und dem Freisinger Bischof zugebilligt wurde, München zu zerstören und Brücke, Markt und Münze wieder nach Föhring zu verlegen, doch wurde dies nie verwirklicht, so daß sich der eindrucksvolle Aufschwung Münchens fortsetzen konnte.

[56] Pius Dirr: Denkmale des Münchner Stadtrechts 1934
Fridolin Solleder: München im Mittelalter 1938

Von Anfang an war München ein bevorrechtigter Standplatz des Salzfernhandels, und Salz war die wichtigste Zollware vor Wein, Getreide und Tuchen. Da die Bevölkerung rasch wuchs, wurde neben der Peterskirche, deren Grundstein 1181 gelegt worden war, 1271 ein zweiter, nördlicher Pfarrsprengel »Unsere Liebe Frau« geschaffen. 1195 wurden erstmals »mercatores de Munichen« urkundlich erwähnt, und in den Schäftlarner Annalen wurde München 1221 erstmals als Stadt bezeichnet. Die Wittelsbacher waren seit 1240 Herren der Stadt. 1265 bestätigte Herzog *Ludwig der Bayer* das städtische Steuerwerk und 1294 bestätigte Herzog *Rudolf I.* in der »rudolfinischen Handfeste« das Stadtrecht der Stadt und ihre Niedergerichtsbarkeit.

Die Bürger der Stadt befanden sich nun im Besitz aller wesentlichen Grundrechte, der Freiheit der Person, des Einkommens und des Erbganges. Bürger war, wer vom Rat als solcher aufgenommen wurde, Steuern und Abgaben leistete und sich am Wach- und Wehrdienst beteiligte. Die Gerichtsbarkeit oblag dem Stadtgericht und dem Rat. Der Richter erhielt zwar sein Amt weiterhin vom Fürsten, aber nach Wahl und auf Vorschlag der Bürger, und war an die Satzungen und das Recht der Stadt gebunden. Stadt und Rat regelten alle öffentlichen Angelegenheiten und verfügten über das städtische Vermögen, die Steuereinnahmen und die Zollanteile. Das Stadtregiment hatte die Form einer Geschlechterherrschaft. Der Innere Rat bestand aus 12 Mitgliedern der Patrizierfamilien und hatte befehlende und vollziehende Gewalt. Der Äußere Rat hatte dagegen lediglich ein Mitspracherecht. Er bestand aus 24 Mitgliedern, Patriziern und Handwerkern.

Münchens erste Blütezeit fiel in die Regierungszeit der Herzöge *Rudolf I.* und *Ludwig IV. (1294–1314)* und begann etwa 150 Jahre nach der Stadtgründung. Herzog Rudolf I. machte die 1255 errichtete »Alte Veste« zur ständigen herzoglichen Hofhaltung. Durch die Wahl von Herzog »Ludwig IV. der Bayer« 1314 zum deutschen König wurde München zeitweilig zum geistigen Mittelpunkt des Reiches. München war ein sicherer Hort für den König und späteren Kaiser und widerstand 1319 erfolgreich der Belagerung durch den Habsburger Gegenkönig Friedrich den Schönen von Österreich. Münchner Bürger trugen 1322 entscheidend zum Sieg über Friedrich den Schönen in der Schlacht von Mühldorf und Ampfing bei. Die Stadt verfügte über einen schlachterprobten Bürgeradel und über harte kämpferische Zunftgenossen und benötigte deshalb keine Söldner.

Ein Jahr nach seiner Wahl gewährte Kaiser Ludwig der Bayer den Münchner Bürgern Schutz im gesamten Reich. 1325 erhielt die Stadt gegenseitige Zollfreiheit mit Nürnberg, und mit der Kaiserlichen Goldbulle von 1332 wurden ihr die Salzrechte bestätigt. Das Salz blieb für lange Zeit ihre Haupteinnahmequelle. Das Münchner Stadtrecht wurde 1350 vom Kaiser besiegelt und blieb in seinen Grundzügen bis 1800 gültig. Selbst die Reichskleinodien ließ der Kaiser in München aufbewahren, und sie blieben dort, bis sie unter Kaiser Karl IV. 1350 an Prag übergeben werden mußten. München, das Ludwig dem Bayer soviel zu verdanken hatte, wählte als Farben der Stadt die Reichsfarben des Kaisers, Schwarz-Gold. Trotz der Förderung durch die bayerischen Herzöge und durch den Kaiser war München eine bürgerliche Stadt geblieben und hatte seine städtische Unabhängigkeit weiter ausbauen können. Dieser Blütezeit folgten in der ersten Hälfte des 14. Jh.s fünf Jahrzehnte mit schweren Belastungsproben. Sie begannen 1348 mit der Pest und setzten sich mit weiteren Pestjahren 1356, 1380, 1396, 1412, 1421, 1430 und 1439 fort, wodurch die Bevölkerung erheblich dezimiert wurde. Den großen Stadtbränden von 1418, 1429 und 1434 fiel ein großer Teil der Stadt zum Opfer, und die Fehden und Erbstreitigkeiten der bayerischen Herzöge verwüsteten das Land. Zwischen 1395–1422 kämpften die Münchner Bürger an der Seite der Herzöge Ernst und Wilhelm von Oberbayern gegen die Herzöge Stephan und Ludwig von Ingolstadt, bis diese Auseinandersetzung 1422 durch den Sieg der oberbayerischen Herzöge, in der Schlacht bei Alling, beendet werden konnte. Das Münchner Kontingent, unter seinen Feldhauptleuten Hans Part, Bartholomäus Schrenck, Pütrich und Ligsalz, hatte die Schlacht entschieden.

In München gab es seit dem Ende des 14. Jh.s vier Stadtviertel, denen jeweils Feldhauptleute vorstanden: das »Angerviertel«, zwischen Sendlingerstraße und Tal, in dem Gewerbe angesiedelt war, das »Hackenviertel«, zwischen Sendlingerstraße und Kaufinger Straße, ebenfalls mit Gewerbe, das »Graggenauviertel«, zwischen Kaufinger Straße und Residenzstraße, das Viertel des Adels und das »Kreuzviertel«, zwischen Residenzstraße und Tal, das Viertel der Klöster und der Geistlichkeit. Für jedes Stadtviertel wurde jeweils ein Hauptmann des Inneren Rates, des Äußeren Rates und der »Gemeinde« ernannt, um eine rasche Kampfbereitschaft zu erreichen. Die Kriegsstärke Münchens betrug damals 1600 Mann.

In den andauernden Notzeiten entwickelten sich soziale Spannungen, die 1397 zum offenen Aufstand der Bürgerschaft gegen das Patriziat führten, der erst 1403 wieder beigelegt werden konnte. Trotz alledem erstarkten Münchens Wirtschaft, Handel und Gewerbe im 14. und 15. Jh. Die Stadt hatte 1440 etwa 10000 Einwohner, mehr als Frankfurt und Basel, aber nur etwa die Hälfte der Einwohnerschaft von Augsburg, Nürnberg und Straßburg. Münchner Kaufleute genossen inzwischen Privilegien auf den Messen in Venedig, Genua und Lyon. Kraftvollen Ausdruck fand diese Zeit bürgerlicher Hochblüte in den Bauten der Frauenkirche (1468–1488) und des alten Rathauses (1470–1480), die beide der Baumeister Jörg von Halsbach, genannt Jörg Ganghofer, errichtet hatte.

1504 wurde München Hauptstadt des wiedervereinigten Herzogtums. Hatten bis dahin der Hof der Wittelsbacher und die, außerhalb des damaligen Stadtgebietes 1385 errichtete, »Neufeste« im Leben der Stadt keine herausragende Rolle gespielt, so ändert sich das nun, und München entwickelte sich von einer Bürgerstadt zur »kurfürstlichen Haupt- und Residenzstadt«. Den Landadel zog es nun zur Residenz. Zunächst wirkten sich die Bedürfnisse des Hofes positiv auf Handel und Gewerbe aus. Doch die geistig stets aufgeschlossen gewesene Stadt wurde nun von

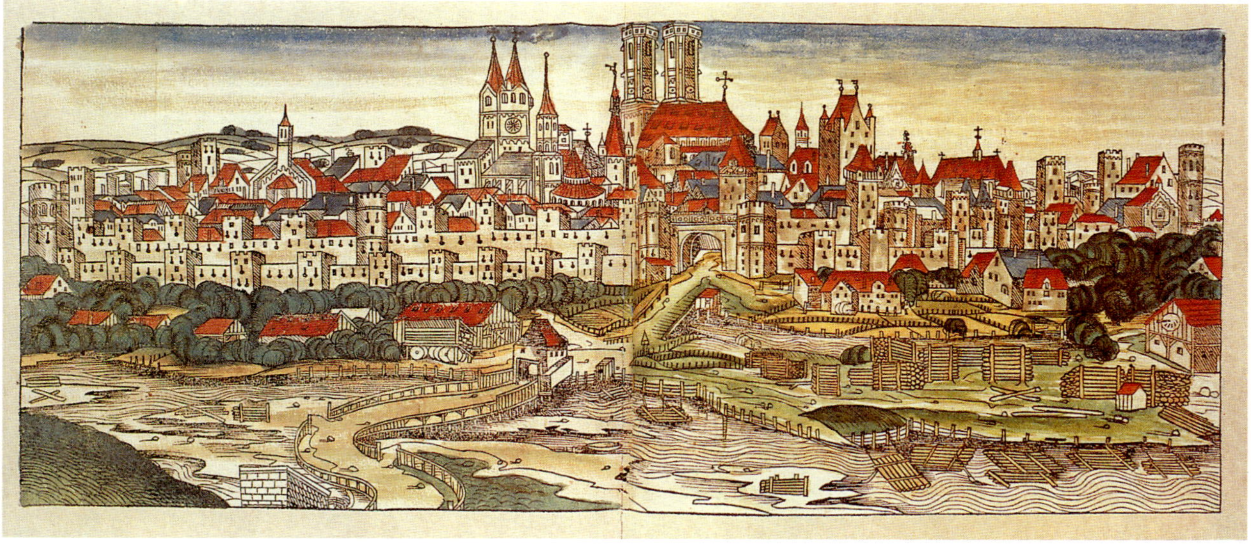

Stadtansicht von München 1493
Holzschnitt aus der Schedel'schen Weltchronik

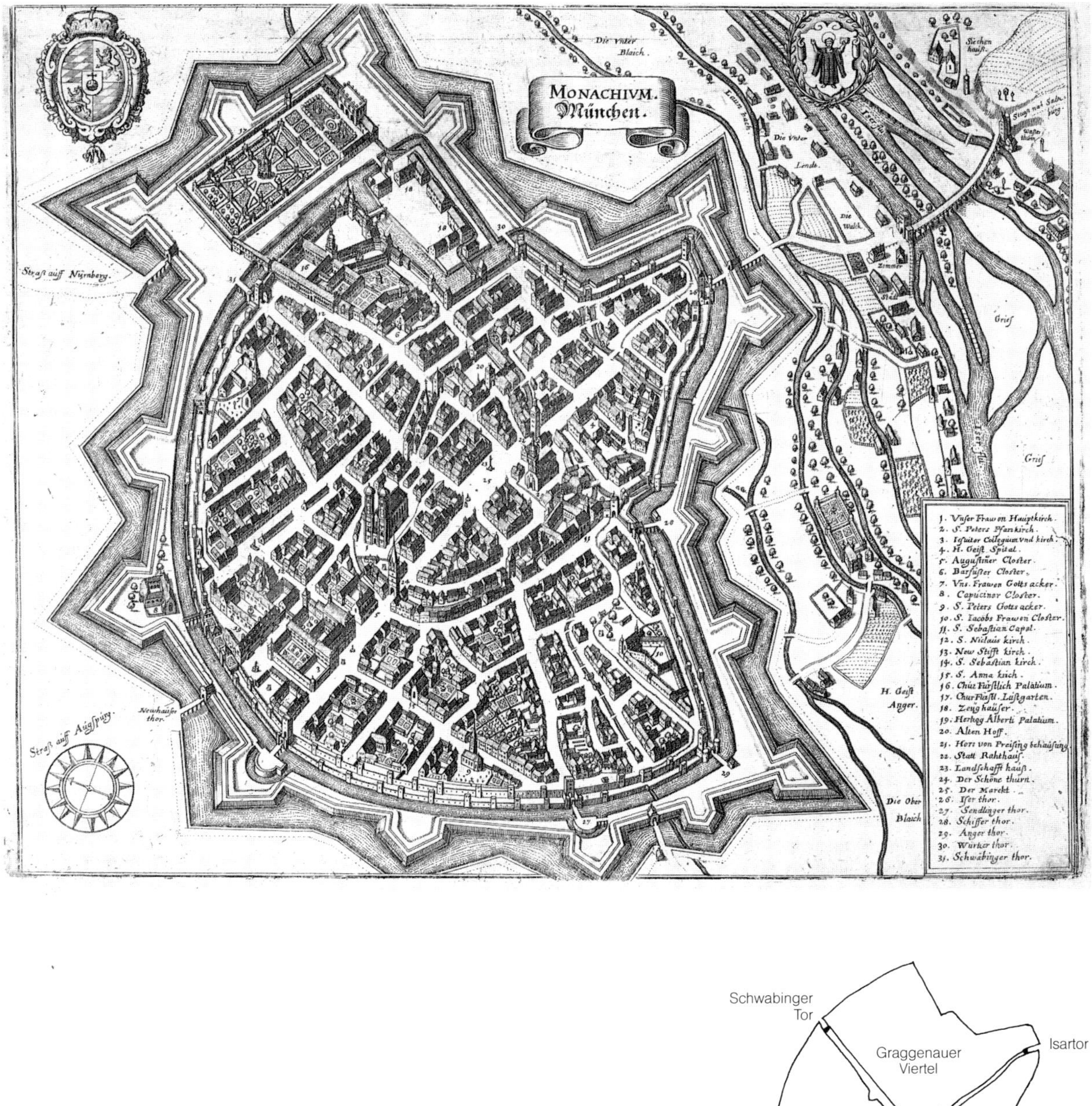

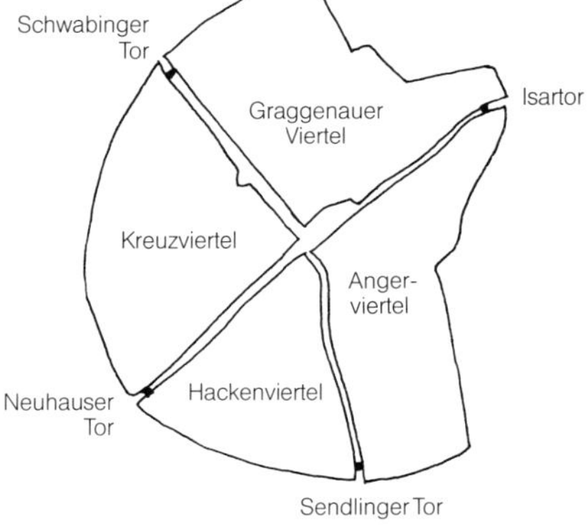

Stadtgrundriß von München
Kupferstich
Matthäus Merian 1640

den Auseinandersetzungen der Reformationszeit betroffen, und durch das Religionsmandat von 1522 zur Unterdrückung und Verfolgung der Lehre Luthers verpflichtet, die auch in München Anhänger, darunter speziell im Augustinerkloster, gefunden hatte. Verhaftungen und Hinrichtungen bewogen die ersten Patrizierfamilien, nach Augsburg und Nürnberg abzuwandern. Nach erneuten strengen Religionsverhören und Bücherverboten verließen ab 1559 erneut viele, vor allem die vermögendsten Bürger, die Stadt, darunter 9 Mitglieder des zwölfköpfigen Inneren Rates. Ab 1571 war München wieder ausschließlich katholisch, aber die geistige Freiheit der Stadt war eingeschränkt. 1587 entzog Herzog Wilhelm IV. der Stadt die uralten Salzprivilegien und übernahm sie selbst. Dies alles führte zum politischen und kulturellen Niedergang des Bürgertums. Der Hof des Landesherrn trat nun mehr und mehr in den Vordergrund, und der höfische Glanz begann den bürgerlichen Glanz früherer Zeiten zu überstrahlen. Es entstanden neue Bauwerke, die München zu einer der glanzvollsten Fürstenstädte Europas machten. Die Schicht der Kaufleute aber, die einst Wirtschaft und Gesellschaft getragen hatte, war durch die Glaubensauseinandersetzungen dezimiert und durch den Entzug der Salzprivilegien ihres wirtschaftlichen Rückgrates und ihrer Selbständigkeit beraubt worden. Selbst der Bürgermeister der Stadt wurde seit 1643 nicht mehr vom Rat gewählt, sondern von Kurfürst Maximilian I. ernannt.

Auch der Dreißigjährige Krieg hatte München nicht verschont. Am 17. Mai 1632 war Gustav Adolf von Schweden kampflos in München eingezogen, wodurch die Stadt vor Zerstörung bewahrt wurde. Sie mußte aber 300 000 Reichstaler Reparationen bezahlen und verarmte. Zwei Jahre später, 1634, fiel dann ein Drittel der 22 000 Einwohner der Pest zum Opfer. Als 1648 der Krieg beendet werden konnte, waren München und seine Einwohner finanziell ausgeblutet.

Nach dem Tod Maximilians I., 1554, begann die absolutistische Zeit der glänzenden Hofhaltung mit großen Festen, Theater und den großartigen Bauten des Barock, aber das Bürgertum wurde immer stärker politisch entmachtet. Die ihnen aufgezwungenen hohen Steuern und Investitionen zwangen viele Bürger, ihren Grundbesitz an den Adel zu verkaufen, und so entstand zwischen Residenz und Promenadeplatz ein Adelsviertel mit prachtvollen Palästen, darunter das Preysing Palais (1723/28), das heutige Erzbischöfliche Palais (1733/37) und das Törring-Palais (1747/54), das heutige Hauptpostamt. Der Hof, seine Bedürfnisse und seine Bediensteten beherrschten nun die Stadt, die Bürger der Stadt gerieten dagegen in zunehmende Abhängigkeit.

3. Das Münchner Patriziat von 1289–1678[57]

Die Münchner Patrizier waren ein Kreis vermögender, miteinander versippter Familien, die schon frühzeitig wirtschaftlich, politisch und gesellschaftlich die

Führung der Stadt innehatten und fast ausschließlich die 12 Sitze des Inneren Rates besetzten und einen großen Teil der 24 Sitze des Äußeren Rates. Diesen etwa 20 Familien, darunter die Part, Pütrich, Pötschner, Hundertpfund, Ligsalz, Rudolf und Schrenck, die mit einer gewissen ständigen Exklusivität die Macht der Stadt, den Rat und die wichtigsten Ämter in Händen hatten, ermöglichte ihr Reichtum die ehrenamtliche Ausübung des Stadtregiments und einen gehobenen, adelsähnlichen Lebensstil. Die Bezeichnung »Patrizier« wurde jedoch erst nach 1550 verwendet.

Reichtum, und die damit gesicherte Finanz- und Steuerkraft, bedeutete in dieser Zeit ständische Qualifikation. Die ersten Münchner Ratsfamilien waren ausschließlich reiche Handelsherren und gehörten zu jeder Zeit zu den reichsten Bürgern und zu den größten Steuerzahlern der Stadt. Die Mitglieder des Rates leisteten 1381 allein ein Viertel der gesamten Stadtsteuer. Fernhandel, Großhandel und Geldgeschäfte begründeten den Reichtum des Münchner Patriziats. Münchner Großhandelsleuten begegnete man im Mittelalter auf fast allen bedeutenden Handelsplätzen des europäischen Festlandes: in Flandern, Brüssel, Verona, Venedig, Genua, Mailand, Paris, Lyon, Zürich, Prag, Regensburg, Nürnberg und Frankfurt.

In den ersten Ratslisten der Stadt, von 1295–1346, überwogen die Weinhändler – Schrenck, Pütrich, Rudolf, Part, Pötschner, Schluder –, die Tuchhändler – Ligsalz und Pütrich –, und die Salzhändler – Part, Sendlinger, Tichtl, Hundertpfund, Pütrich und Schrenck. Es gab aber auch Ratsmitglieder, die das Geld- und Wechselgeschäft betrieben. Die Pütrich waren Gläubiger der Stadt Würzburg, und die Ligsalz Gläubiger der Krone von England und des spanischen Statthalters in Brüssel, d.h. sie hatten Geld verliehen. Später erwarben Münchner Patrizier Bergwerke. Die Schrenck besaßen Silber- und Kupferminen in Rattenberg und in Leoben. Die Ligsalz hatten Silbergruben in Tirol, und die Part schürften bei Benediktbeuern und am Kochelsee nach Kupfer, Silber und Quecksilber. Das größte Vermögen der Stadt besaß 1369 Nikolaus Schrenck, 1383 Heinrich Pütrich, 1423 Hans Pütrich, 1482 Bartholomäus Schrenck und 1522 ein Ligsalz. Ihr Vermögen legten die Münchner Patrizier zum Teil außerhalb des Landes in Leibrenten an, um es dem Zugriff des Landesherren zu entziehen. So kauften Münchner Bürger, darunter die Part, Schrenck und Pütrich, 1374 in Augsburg Leibrenten mit 16⅔ % Verzinsung. Vorwiegend wurde jedoch in Grundbesitz investiert, in Stadthäuser, Edelsitze, Höfe, Mühlen, Zehnte und ganze Hofmarken, vor allem in den Landkreisen Wolfratshausen, Starnberg und Dachau. Die Part und Pütrich erwarben 1420[58] gemeinsam die Feste Fuesberg bei Gauting, später die Pütrich Stegen am Ammersee und Pasing, die Part Harmating, die Pötschner Kemnaten, das spätere

[57] Franz von Karaisl: Zur Geschichte des Münchner Patriziats 1938
Michael Schattenhofer: Das Münchner Patriziat 1974

[58] Regesta Boicarum 12

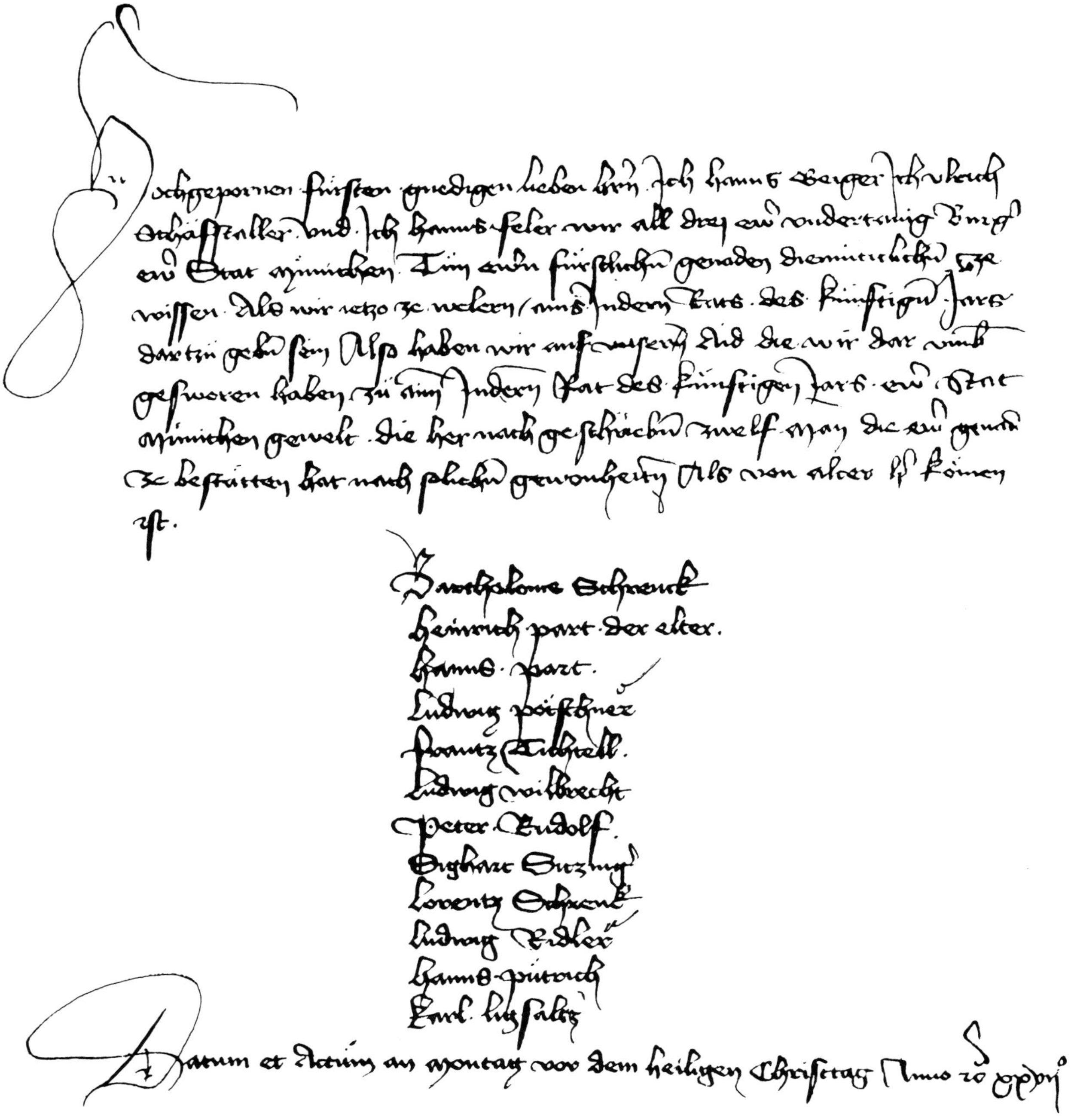
Hochgeporner fürsten gnedigen lieben herrn. Ich hanns Berger Ich Ulrich
Schaffstaller und Ich hanns Feler wir all drey ewr undertanig burger
ewr Stat München. Tun ewrn fürstlichen genaden diemüticlich ze
wissen. Als wir ietzo ze welen umb Indern Rat des künftigen Jars
dartzu geben sein. Also haben wir auf unsern Aid die wir darumb
gesworen haben zu ainem Indern Rat des künftigen Jars ewr Stat
München gewelt. Die hernach geschriben zwelf man die ew genad
ze bestätten hat nach solicher gewonheit Als von alter her komen
ist.

Bartholome Schrenck
Heinrich part der elter.
Hanns part.
Ludwig pötschner
Frantz Tichtell.
Ludwig wilbrecht
Peter Rudolf.
Sighart Sürzinger
Lorentz Schrenck
Ludwig Ridler
Hanns pitrich
Karl ligsaltz

Datum et Actum am Montag vor dem heiligen Christtag Anno etc. xxvij

Liste des Inneren Rats der Stadt München von 1427

Nymphenburg, die Schrenck Aschheim, Egmating und Notzing, die Ligsalz Berg, Farchach und Ascholding und die Tichtl Poing und Tutzing.

Die ratssässigen Geschlechter legten jedoch nicht nur ihr Geld an, sondern erfüllten auch soziale Aufgaben und stifteten Klöster und Seelhäuser zur Betreuung alter und kranker Bürger, wie die Pütrich, Riedler, Rudolf und Part.

Infolge der politischen Veränderungen zogen sich die alten Patriziergeschlechter in der zweiten Hälfte des 16. Jh.s immer mehr aus der Wirtschaft und aus dem Handel der Stadt zurück und zogen auf ihre Landgüter. Im Jahre 1625 war das Altpatriziat bis auf die Part, Ligsalz und Ridler ausgestorben oder im Landadel aufgegangen. Die Part waren mit 452 Jahren am längsten im Inneren Rat der Stadt vertreten, die Ligsalz 438 Jahre, die Schrenck 328 Jahre, die Rudolf 270 Jahre und die Pütrich 200 Jahre.

Die Mehrzahl dieser Geschlechter hat kaiserliche Adelsbriefe erhalten, die Rudolf 1546, die Tichtl 1571, den Schrenck wurde ihr Adel 1575 vom Kaiser bestätigt, die Ligsalz und die Ridler erhielten ihn 1583, die Part 1585 und die Hörl und Hundertpfund 1595.

Im 16. Jh. wurden aus den Ehrenämtern der Ratsherrn besoldete Ämter, und seit Kurfürst Ferdinand Maria (1654 -1679) wurden die Patrizier nicht mehr vom Rat der Stadt, sondern vom Landesherrn bestimmt und ausgewählt. Damit war die Blütezeit des Münchner Patriziats endgültig vorbei.

4. Kempfenhausen und Haarkirchen, Sitz des Münchner Patriziergeschlechts der Part von 1272–1620

Nahezu 350 Jahre war Kempfenhausen Sitz der Part, eines der bedeutendsten Münchner Patriziergeschlechter, bis die Kempfenhausener Linie um 1620 erlosch.

Die Part waren nach den erhaltengebliebenen Ratslisten seit 1328[59] Mitglieder des Inneren Rats der Stadt München und haben das Geschick der Stadt mitbestimmt. In jeder Generation stellten sie Bürgermeister, Stadtkämmerer und Stadthauptleute, von denen sich einige bei den Fehden der Stadt als Feldhauptleute auszeichneten. Als Kurfürst Maximilan I. 1626 eine neue Kleiderordnung erließ, nach der sich die Stände auch in der Kleidung deutlich unterscheiden sollten, wurden auf eindringliche Bitte des Rats die verbliebenen alten Geschlechter der Ridler, Part und Ligsalz, »die vielleicht hundert Jahre lang stetig und ohne Unterbrechung im Inneren Rat allhier gewesen und dem gemeinen Stadtwesen vorgestanden haben«, dem Adel gleichgestellt.

[59] Roswitha von Bary: Verfassung und Verwaltung der Stadt München 1158–1580 1957

Nach dem im Stadtarchiv München aufbewahrten, lückenhaften Faszikel »Namen, Stamen und Herkhomen des Parttischen Geschlechts in München vom ungefehrlichen nach der Zahl Christi unseres Herrn und Seeligmachers Geburtt aintausendzweyhundert bis an iezo wehrentem Jahr«[60] war der erste Part in München *Hans Part* (1), der 1210 die Münchner Patriziertochter Gertraud Rudolf von Anger geheiratet hat. Seine Nachkommen,[61] *Peter Part* (1.1) und *Heinrich Part* (1.2), waren die ersten, die »zu Kempfenhausen« genannt wurden. *Peter Part* (1.1) hatte 1272 in erster Ehe die Münchner Patriziertochter Ehrentrud Pütrich geheiratet und 1276 in zweiter Ehe die Münchner Patriziertochter Gertraud Pötschner. Die Pütrich und die Pötschner waren, ebenso wie die Rudolf, Weinhändler und schon vor den Part Mitglieder des Inneren Rats. *Heinrich Part* (1.2) war seit 1288 mit der Augsburger Patriziertochter Anna Welser verheiratet.

Die Part waren also schon in den ersten Generationen mit den bedeutendsten Münchner Patriziergeschlechtern verwandt und verschwägert, zu denen später noch die Stupf, Wildprecht, Weiler, Schrenck, Hundertpfund, Dichtl, Sendlinger, Ligsalz, Schluder, Ridler, u.a. kamen. Auf Heinrich Part (1.2) folgte sein Sohn *Michael Part* (2.1) »zu Kempfenhausen«, seit 1310 mit der Münchner Patriziertochter Barbara Stupf verheiratet. Sein Sohn *Heinrich Part* (3.1) *»der alte Part«* war Weinhändler und nach den Ratslisten von 1328, 1331, 1334 und 1346, Mitglied des Inneren Rats.

Die Söhne des »alten Part« (3.1), *Heinrich Part »der Ältere«* (4.1) und sein Bruder *Hans Part* (4.2), sind in den Ratslisten der Stadt, in Urkunden der Pfarrei St. Peter und in den seit 1368 zum größten Teil erhaltengebliebenen Steuerlisten zu finden. *Heinrich Part* (4.1) hatte 1360 in erster Ehe Agnes Wildprecht und 1374 in zweiter Ehe Agnes Weiler geheiratet, beide waren Töchter bedeutender Münchner Patriziergeschlechter. Zwischen den Jahren 1362 und 1381 war Heinrich Part vier Jahre Mitglied des Inneren Rats und 15 Jahre Mitglied des Äußeren Rats. 1368 und 1379 hatte er das Amt des Stadtkämmerers inne. Von Beruf Weingroßhändler, zahlte er 1381 6½ Pfund Münchner Pfennige Steuer, das Pfund zu 240 Pfennigen, sein Schwager Heinrich Pütrich vom Roßmarkt zahlte 50 Pfund Pfennige und war damit der größte Steuerzahler unter den Ratsmitgliedern. Der Steuersatz betrug damals 6 Pfennige je Pfund Pfennige Vermögen, so daß Heinrich Part ein Vermögen von 260 Pfund Münchner Pfennigen besaß und Heinrich Pütrich ein Vermögen von 2000 Pfund Münchner Pfennigen. Dieses Vermögen lag allerdings weit über dem Durchschnitt, denn schon Heinrich Part war ein vermögender Mann, da 100 Pfund Pfennige schon als bedeutendes Vermögen galten. Um diese Zeit kostete 1 Pfund Mastochsenfleisch 1 Pfennig, eine Henne 5 Pfennige, 100 Eier 22 Pfennige, ein Brot je nach Größe 1/2, 1 oder 2 Pfennige und ein Liter bester Welschwein

[60] Stadtarchiv München: Faszikel A 5 b
[61] Stammbaum der Kempfenhausener Linie des Münchner Patriziergeschlechts der Part. B 26

5 Pfennige. Tausend Mauerziegel kosteten 200 Pfennige. Erst 1519 wurde der Steuersatz von Münchner Pfennigen auf Gulden zu je 60 Kreuzer umgestellt. Ein Gulden entsprach 7/8 Pfund Pfennigen.

Schon damals lag der Münchner Wohnsitz der Kempfenhausener Part in der Kaufinger Gasse auf dem Grundstück der heutigen Kaufingerstraße Nr. 9, das später bis zur Fürstenfelderstraße Nr. 7 durchging. Dieser Besitz blieb der Wohnsitz dieser Familie während der nächsten fünf Generationen bis 1597.[62]

Hans Part (4.2) war in den Jahren 1364, 1366 und 1370 Mitglied des Äußeren Rats der Stadt. Gegen eine Zahlung von 500 Pfund Münchner Pfennigen hatte er 1361 von Bischof Paul von Freising den Brückenzoll der Isarbrücke in München erworben, der jährlich 48 Pfund Pfennige abwarf. Seine Jahressteuer betrug 1381 vier Pfund Münchner Pfennige.

Auf Hans Part (4.2) folgte in der nächsten Generation *Hans Part »der Ältere«* (5.1) »zu Kempfenhausen«, verheiratet mit Barbara Hundertpfund aus dem Münchner Patrizier- und dem berühmten Münzmeistergeschlecht der Hundertpfund, das von 1435 bis 1589 fünf Generationen fürstliche Münzmeister gestellt hat. Er war 1419, 1421 und 1441 Bürgermeister der Stadt München, 1416, 1417 und 1423 Stadtkämmerer und zwischen 1395 und 1441 zwölf Jahre Mitglied des Inneren Rats. Außerdem war er ein erfolgreicher Feldhauptmann der Stadt. Er kämpfte 1420 vor Dachau, war 1422 an der Belagerung der Feste Friedberg beteiligt und trug gemeinsam mit den anderen Feldhauptleuten Bartholome Schrenck, Hans Pütrich und Karl Ligsalz, zum Sieg bei in der Schlacht bei Alling am 19. 9. 1422, in der die oberbayerischen Herzöge Ernst und Wilhelm den Herzog Ludwig von Ingolstadt endgültig besiegten. »Hans Part führte das alte Stadtpanier, um ihn standen die anderen Männer aus den edlen Bürgergeschlechtern, die Hundertpfund, Ligsalz, die Riedler, der Schrenck, Conrad, der Dachauer und Andere. Hinter der Würm bei Pasing und Menzing standen einige Heerhaufen der Ingolstädter Herzöge. Als die Münchner sie ansichtig wurden, stürzten sie sich gegen dieselben, durchbrachen mit gewaltigem Mut die Reihen und sahen die Fahnen der Feinde bald rückwärts wehen auf der Ebene gegen Germering hin«.[63]

Anna, die Tochter von Hans Part »dem Älteren«, hatte 1415 den Patrizier Hans Pütrich geheiratet. Gemeinsam mit diesem Schwiegersohn kaufte Hans Part 1420 von den Brüdern Konrad und Rudolf von Preysing Sitz und Feste Fuesberg bei Gauting.[64]

Der Sohn von Heinrich Part »dem Älteren« (4.1), *Heinrich Part »der Jüngere«* (5.2), war seit 1386 mit Barbara Schrenck verheiratet. Zwischen 1406 und 1432 war er elf Jahre Mitglied des Inneren Rats und 1413 und 1424 Bürgermeister der Stadt München. Als Stadthauptmann (1410 und 1413) nahm er an der Belagerung der

[62] Häuserbuch der Stadt München: Hackenviertel H 259 und H 175 1957
[63] Josef Heinrich Wolf: Urkundliche Chronik von München 103 1852
[64] GU Starnberg 102 und RB 12

Stammbaum der Kempfenhausener Linie des Münchener Patriziergeschlechts der Part von 1272–1620

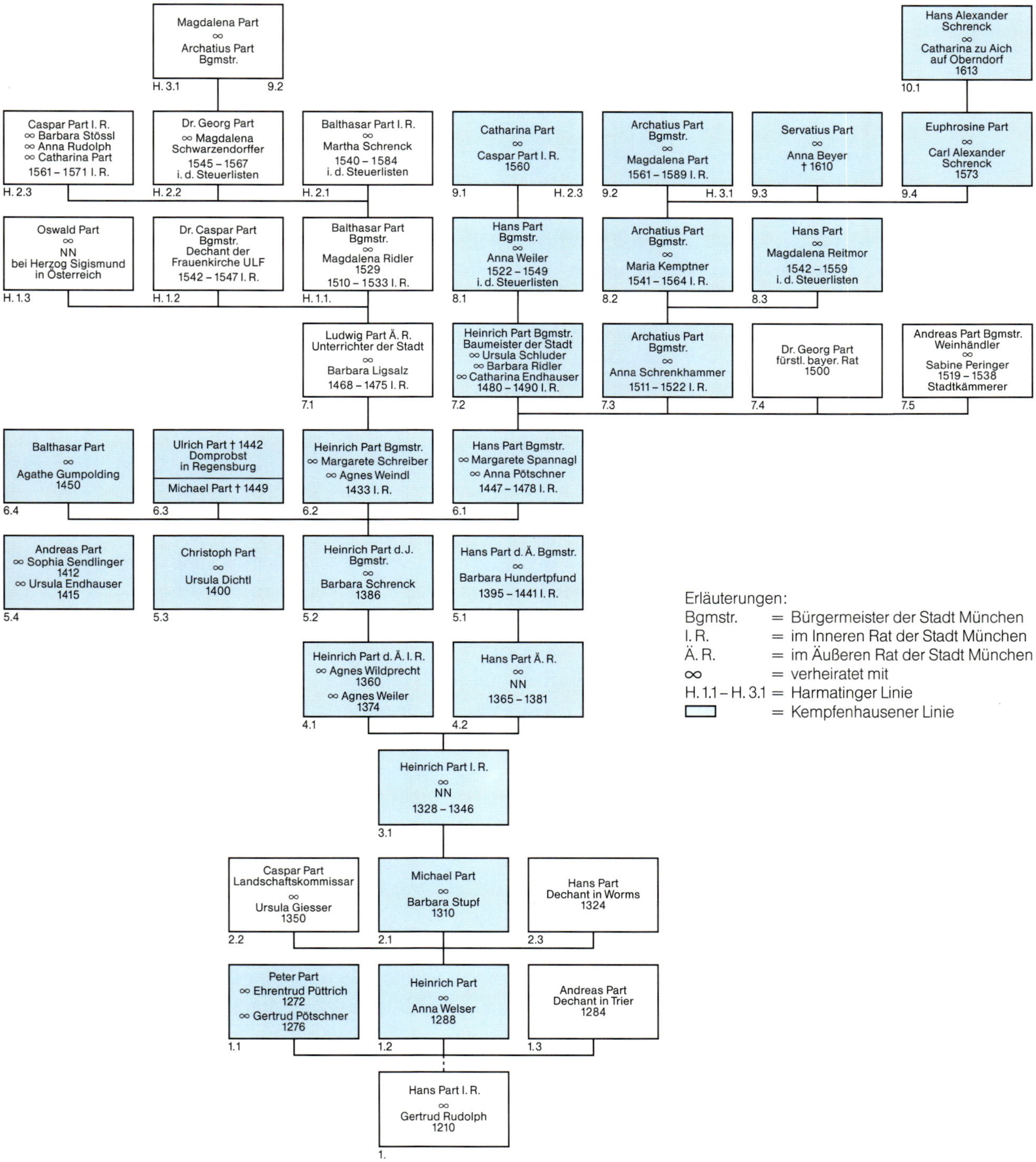

Feste Schaumburg bei Ohlstadt teil und an der Belagerung der Burg Friedberg bei Völders in Tirol. Dem Herzog Wilhelm gab er dort zur Antwort: »und haben nie anders gehört, als daß die von München allweg da gewesen sind, wo ihr Herr der Herzog im Feld lag«. Für den Reichskrieg gegen die Hussiten beschaffte er 1431 Waffen und Munition aus Ungarn. In den Salzzollregistern[65] von 1429–1431 ist Heinrich Part »der Jüngere« 1429 unter den fünfzig Münchner »Salzsendern« aufgeführt, und *Andreas Part* (5.4) »zu Kempfenhausen« in den Listen von 1429 und 1431.

Die Salzsender waren Großhändler, die den Transport und den Vertrieb des Reichenhaller Salzes vornahmen und das Salz-Stapelrecht Münchens nutzten. Sie mußten mindestens 100 Pfund Pfennige Vermögen haben und 5 Jahre lang verheiratet und mit »eigenem Rauch und Brot« in der Stadt gesessen haben, um als Salzsender zugelassen zu werden. Jedes Jahr wählten sie aus ihrer Mitte die »Vierer« als Zunftvorsteher, die die Interessen der Salzsender nach außen und nach innen zu vertreten hatten. Die Münchner Salzsender waren entweder für das Abholen des Reichenhaller Salzes in Wasserburg zugelassen oder für den Vertrieb des Salzes von München nach Landsberg, niemals jedoch für beides. Sie mußten sich deshalb für eine der beiden Möglichkeiten entscheiden. Durch herzogliche Verordnung durfte das Salz nur in München über die Isar gebracht werden. Bei Verstößen wurde das Salz beschlagnahmt.

In der nächsten Generation folgten auf Heinrich Part »dem Jüngeren« (5.2) seine vier Söhne *Hans, Heinrich, Ulrich und Balthasar*. Töchter sind in dieser Chronik im Stammbaum der Part aus Platzgründen nicht berücksichtigt und auch deshalb, weil von ihnen die Kempfenhausener Linie nicht fortgeführt wurde.

Hans Part (6.1) war in erster Ehe mit Margarete Spannagl verheiratet und in zweiter Ehe mit Anna Pötschner. Aus beiden Ehen hatte er 5 Söhne und 6 Töchter. 1459 war er Bürgermeister von München und in der Zeit von 1447–1478 sechzehn Jahre im Inneren Rat der Stadt. Im Jahre 1460 fungierte er als Münzmeister und 1466, auf dem herzoglichen Gerichtstag, vertrat er als Anwalt die Stadt in einem Pfändungsprozeß, den er gewann. Das Amt des Stadthauptmannes bekleidete er im Angerviertel 1469 und im Hackenviertel 1471 und 1473. In den Urkunden von St. Peter ist er 1451, 1454 und 1461 erwähnt. Im Jahre 1468 erwarb er den Sitz Giebing im Landkreis Dachau und erhielt von Herzog Albrecht IV. diesen Burgstall zu Lehen.[66] Als er 1478 starb, vergab der Herzog Giebing an die Söhne Heinrich, Archatius, Georg und Andreas Part.

Heinrich Part (6.2), in erster Ehe mit Margarete Schreiber verheiratet, und in zweiter Ehe mit Agnes Weindl, hatte aus beiden Ehen nur einen Sohn, *Ludwig Part* (7.1). Er ist nur in der Ratsliste von 1433 als Mitglied des Inneren Rats aufgeführt.

[65] Hermann Vietzen: Der Münchner Salzhandel im Mittelalter 1158–1587 1937
[66] Bayerisches Hauptstaatsarchiv: Oberster Lehenshof Lit.3 Blatt 197, 200, 208.

1435 war er Bußmeister der Stadt. Als solcher war er für die Gewerbe- und Lebensmittelpolizei zuständig.

In der folgenden Generation blieben die Nachkommen von Hans Part (6.1) im Besitz von Kempfenhausen, bis diese Linie um 1620 erlosch, während die Nachkommen von Heinrich Part (6.2) und seinem Sohn Ludwig Part (7.1) 1531 die Hofmark Harmating erwarben, nach der sie sich künftig nannten. Sie begründeten damit die Harmatinger Linie.

Die Kempfenhausener Linie der Part wurde von den Brüdern *Heinrich Part* (7.2) und *Archatius Part* (7.3), den Söhnen von Hans Part (6.1), fortgesetzt.

Heinrich Part (7.2) war Baumeister, sowohl des Herzogs als auch der Stadt, und er war Unternehmer. Im Jahre 1492 baute er im Auftrag von Herzog Albrecht IV. die Kesselbergstraße von Kochel zum Walchensee[67] und schuf damit die kürzeste Verbindung von München über Benediktbeuern nach Mittenwald. Das war für den bayerischen Venedighandel von Bedeutung, denn die Venezianer hatten, nach einem Übergriff von Erzherzog Sigmund von Tirol gegen venezianische Kaufleute im Jahre 1487, ihren Markt von Bozen nach Mittenwald verlegt und dort während der nächsten 192 Jahre belassen.[68] Als Baumeister der Stadt München baute Heinrich Part die Bastion am Neuhauser Tor. 1505 gestattete Herzog Albrecht IV. Heinrich Part, dem Erbauer der Kesselbergstraße, »an dem dort herabfließenden Jochbach einen Kupfer-, Eisen- und Auftriebshammer, auch eine Saiger- und Schmelzhütte zu errichten«. Im darauffolgenden Jahr ließ sich Heinrich Part die Erlaubnis erteilen, »in den Gerichten Weilheim und Teisbach auf Erde und Sand, woraus man Messing macht, zu graben«,[68] und im Jahre 1508 wurde »dem Handelshaus Part in München, welches eine vorzügliche Messinghandlung betrieb und ein eigenes Hammerwerk errichten wollte, bewilligt, daß alle fremden Arbeiter, welche es hierzu bestellen würde, zehn Jahre steuerfrei seyen sollen«. Neben seiner unternehmerischen Tätigkeit war Heinrich Part 1476 und 1478 Stadtkämmerer, 1480 Bürgermeister, 1481 Bußmeister und, von 1480 bis 1511, sechs Jahre Mitglied des Inneren Rats. Er war in erster Ehe mit Ursula Schluder verheiratet, in zweiter Ehe mit Barbara Ridler und in dritter Ehe mit Catharina Endhauser. Nach seinem Tod im Jahre 1522 war seine Witwe noch bis 1529 in den Steuerlisten der Stadt verzeichnet. Heinrich Part war in seinen Unternehmungen offensichtlich sehr erfolgreich gewesen, denn er hatte umfangreichen Grundbesitz erworben. 1478 war ihm als Erbe, gemeinsam mit seinen Brüdern Archatius, Georg und Andreas, der Sitz Giebing zugefallen. Nach den Häuserbüchern der Stadt[69] besaß er außerdem 1480 das Haus Herzogspitalstraße 15, 1486 das Haus Marienplatz 5 und 1489 das Haus Kaufingerstraße 37. Erbe der Herzogspitalstraße war sein Bruder Archatius, und Erbe der Kaufingerstraße 37 sein Bruder Dr. Georg Part.

[67] Karl Meichelbeck: Chronicum Benedictoburanum 1751
[68] Sigmund Riezler: Geschichte Bayerns Band 3 Seite 745–775. 1889
[69] Häuserbücher der Stadt München: H 175, G 169 und K 97

Archatius Part »zu Kempfenhausen« (7.3), der Bruder von Heinrich Part (7.2), war nach der bayerischen »Landtafel« von 1524[70] »landsässig« in Kempfenhausen, Gericht Starnberg, und in Haarkirchen, Landgericht Wolfratshausen. »Landsassen« waren die in der »Landtafel« eingetragenen Besitzer der Hofmarken und Sitze.[71] Die »Landtafeln« waren die amtlichen Listen der »Landstände« und sind seit dem 15. Jh. erhaltengeblieben. Die »Landstände« hatten das Recht, das Land in seiner Gesamtheit in der »Landschaft«, d. h. im Landtag, der Versammlung der Landstände, bei der Steuerbewilligung, beim Lehensaufgebot und bei allgemeinen Landesangelegenheiten gegenüber dem Herzog zu vertreten. Im Titelblatt der Landtafel von 1524[70] hieß es: »Jedes Vitztum oder Rentmeisteramt hat sein besonderes Landgericht, dem Fürsten zugehörig. Danach werden in die Landtafel bei jedem Landgericht mit Namen angezeigt und beschrieben die Ritterschaft von Adel und Bürger mit ihren Schlössern, Sitzen und Hofmarken, davon sie in eine Landschaft berufen werden und erst zum Ende stehen verzeichnet die Stifte, Klöster, Städte und Märkte, so in jedem fürstlichen Landgericht liegen«.

Das Landgericht Wolfratshausen[71] war der Rechtsnachfolger einer Grafschaft im Sundergau, die seit 828 belegt ist und 1005 im erblichen Besitz eines Grafengeschlechts war, das sich zunächst die Grafen von Thanning (1073), dann die Grafen von Wolfratshausen (1098/1116) nannte. Nachdem die Grafen von Wolfratshausen 1157 ausstarben, ging die Grafschaft auf die mit ihnen verwandten Grafen von Dießen-Andechs über und, nach deren Erlöschen 1248, kam sie in den Besitz der Wittelsbacher. Die Richter zu Wolfratshausen sind seit 1200 namentlich überliefert. An der Spitze des Landgerichts stand der Landrichter, dem die Hochgerichtsbarkeit, d. h. die Blutgerichtsbarkeit bzw. der Blutbann oblag. Sie umfaßte seit 1258 die todeswürdigen Verbrechen Mord, Diebstahl, Notzucht und Straßenraub. Im 15. und 16. Jh. wurde die Anzahl der todeswürdigen Verbrechen erweitert.

Das Landgericht Starnberg, von Kaiser Ludwig dem Bayer (1314–1347) errichtet, ist aus Teilen des Gerichts Pähl, das etwa die alte Grafschaft Andechs umfaßte, und der Herrschaft Baierbrunn hervorgegangen. Der erste Richter in Starnberg erscheint in den Urkunden 1346. Die Grenzen des Landgerichts Starnberg überschnitten sich teilweise mit den Gerichten Wolfratshausen, Dachau und Weilheim und veränderten sich mehrfach. In den Jahren 1538 und 1554 gehörte auch Kempfenhausen zum Landgericht Starnberg, davor und danach zum Landgericht Wolfratshausen. Eine Besonderheit des Landgerichts Starnberg war das Seerichteramt, d. h. die Gerichtsbarkeit über die gesamte Seefläche und über alle Fischer. Dieses Seegericht dürfte in die Zeit weit vor 1200 zurückgehen und stammt entweder aus der Karolingerzeit oder aus der Zeit der großen Forstprivilegien in der ersten Hälfte des 11. Jh.s.[72]

[70] Hauptstaatsarchiv: Altbayerische Landschaft Lit.22 1524
[71] Heinz Lieberich: Die Rechtsformen des bäuerlichen Besitzes in Altbayern 1941
[72] Dieter Albrecht: Das Landgericht Starnberg 1951

Seit dem 15. Jh. setzte die Mitgliedschaft in der »Landschaft« Grundbesitz und dessen Ausstattung mit der Niedergerichtsbarkeit voraus und war nicht mehr personengebunden. Der Typus der Niedergerichtsbarkeit war die Hofmarkgerichtsbarkeit, die auch »gefreite« Sitze besaßen. Sie umfaßte:

- die Strafgerichtsbarkeit mit Ausnahme des Blutbannes
- die Zivilgerichtsbarkeit in Streitfällen mit Ausnahme von Grund und Boden und der Gant (Zwangsvollstreckung)
- das Gerichtsscharwerk
- die freiwillige Gerichtsbarkeit in notarieller Funktion, d. h.das Verbriefungsrecht, die Nachlaßinventur und die Vormundschaftsbestellung
- die Polizeiaufgaben für Sicherheit, Feuer, Gesinde, Gewerbe, Sitte, Lebensmittel
- die Steuereinhebung
- die Mannschaftsrüstung
- die niedere Jagd auf eigenem und fremdem Boden, d. h. die Jagd auf Haar- und Federwild, mit Ausnahme von Hirsch, Gemse, Wildschwein, Steinbock, Reiher und Milan

Die Zuständigkeit der Hofmarkgerichtsbarkeit war umfassend. Dem Landrichter war das Betreten einer Hofmark verboten. Von der Ausübung der Hofmarkgerichtsbarkeit waren nichtadelige Besitzer ausgeschlossen.

Die Eintragung in der Landtafel von 1524[70] lautet für Kempfenhausen: »Kempfenhausen, ein neu erbauter Sitz, hat Arsatius Part, Bürger zu München. Ist bisher für kein Edelmannsgut gehalten«. Dies erklärt, weshalb Kempfenhausen in der vorangegangenen Landtafel von 1514 noch nicht als Sitz aufgeführt war. Demnach sind das Schloß Kempfenhausen und die Schloßkirche St. Anna vermutlich zwischen 1514 und 1523 entstanden. In der Sunderdorferischen Matrikel des Bistums Freising von 1524 ist unter Kempfenhausen bereits St. Anna aufgeführt, und nach der Überlieferung hat Archatius Part 1523 einen ewigen Jahrtag für St.Anna gestiftet. Schloß und Kirche wurden auf der Aussiedlerparzelle am Rande der alten Paarhofsiedlung von Kempfenhausen errichtet.

Über Haarkirchen heißt es in der Landtafel Lit. 24, die den Zeitraum von 1492–1522 umfaßt, »Haarkirchen, ein alter Edelmannssitz, von den Pienzenauern an Archatius Part, Bürger zu München, kommen«. Wann die Pienzenauer Haarkirchen besaßen, ließ sich nicht ermitteln. Die *Pienzenauer*[73] waren ein altes, 1046 erstmals erwähntes, bedeutendes Wittelsbacher Ministerialengeschlecht, dessen Stammburg ursprünglich in der Gemeinde Wattersdorf, Gericht Miesbach, zwischen den Flüssen Mangfall und Schlierach stand. Vieles spricht dafür, daß sie unter *Otto von Pienzenauer* (1298–1371) Hofmarksherren von Haarkirchen gewesen sein könnten, da dieser umfangreichen Grundbesitz am Ostufer des Starnberger

[73] Dr. Theodor Wiedemann: Die Pienzenauer OA 49 1895

Sees hatte, von Aufhausen bis Münsing. Otto von Pienzenau, verheiratet mit Adelheid Schurpfeisen, erhielt 1327 das Kammeramt des Klosters Tegernsee als Lehen. 1337 und 1339 ist er als Vitztum von Oberbayern belegt. 1339 übergaben er und seine Gattin Adelheid ihr Gut in Aufhausen am Starnberger See dem Kloster Tegernsee. Als Herzog Stephan 1363 eine Verordnung zum Landfrieden erließ, da »seit dem Tod seines Vetters Meinhard Raub, Brand, Pfändung und mancherlei Beschwernis sich in Oberbayern ergeben und großen Schaden verursacht haben«, und ein besonderes Gericht einsetzte, war Otto von Pienzenau einer der Richter. 1365 wurde er vom Herzog, neben anderen Edelleuten, zum »Schirm« des verkündeten Landfriedens gesetzt.

Sein Sohn *Otto von Pienzenau* († 1400) , verheiratet mit Katharina von Waldeck, war persönlicher Rat von Herzog Ludwig dem Brandenburger, ab 1377 Kämmerer des Klosters Tegernsee und von 1373–1394 Vitztum in Oberbayern.

Dessen Sohn *Otto von Pienzenau* († 1449), verheiratet mit Adelheid von Törring, erwarb 1418 das Erbmarschallamt des Hochstifts Freising, das ihm der Bischof 1420 als Lehen verlieh. 1433 war auch er Erzkämmerer des Klosters Tegernsee und 1442 Hofmeister von Herzog Ernst.

Vor Archatius Part war 1514 Hans Präzl, 1479 Rentmeister von Oberbayern, Besitzer von Haarkirchen gewesen. Durch Archatius Part wurden Kempfenhausen und Haarkirchen zwischen 1514 und 1521 nach einer längeren Zeit der Trennung wieder vereint.

Archatius Part (7.3), mit Anna Schrenkhammer verheiratet, war 1501 Bürgermeister der Stadt München. 1500, 1514, 1520, 1522 und 1541 Mitglied des Inneren Rats, 1507 und 1510 Bußmeister, 1523 Stadtkämmerer und von 1518 bis 1530 zehn Jahre lang Stadthauptmann für das Hackenviertel. Im Jahre 1508 und 1517 bis 1529 wählten die Salzsender Archatius Part zum Vierer der Salzsenderzunft. Schwager des Archatius Part war Caspar Maleskirchner, herzoglicher »Salzgegenschreiber«, verheiratet mit Veronica Part.[74] Gemeinsam mit seinen Vettern hatte Archatius Part von Kaiser Karl V. am 31. 12. 1526 einen Wappenbrief erhalten.[75]

Als Herr von Kempfenhausen und Haarkirchen lag er wegen des Viehtriebs in jahrelangem Streit mit der Nachbargemeinde Farchach, bis die Pfalzgrafen Wilhelm und Ludwig von Bayern am 14. 6. 1529 ein Urteil fällten. Danach wurde den Farchachern der »Blumbesuch« und der Eintrieb der selbstgezogenen Schweine im Oedholz, Hochholz und Birkach gestattet, und ebenso dem Lantzinger zu Kempfenhausen, Hintersasse des Archatius Part, und den Haarkirchnern der Gegentrieb auf der Farchacher Flur.[76]

In den Steuerlisten der Stadt München war Archatius Part von 1482 bis 1542 verzeichnet, und seine Witwe Anna noch von 1544 bis 1548.

[74] Hauptstaatsarchiv: Altbayerische Landschaft U 1526 VI 1526
[75] Schloßarchiv Harmating: U 645 31. 12. 1526
[76] Hauptstaatsarchiv: Kurbayern U 171176 14. 7. 1529

Der Name Archatius bzw. Arsatius stammt von einem römischen Märtyrer aus dem 3. Jh. und wurde später der Name eines der 14 Nothelfer, der bei Todesangst anzurufen ist. Das Kloster Tegernsee hatte eine Archatius-Reliquie im Jahr 765 an sein Filialkloster Illmünster gegeben.

Die Söhne des Archatius (7.3), *Archatius Part* (8.2) und *Hans Part* (8.3) »zu Kempfenhausen«, waren beide mit Münchner Patriziertöchtern verheiratet, Archatius (8.2) mit Maria Kemptner und Hans (8.3) mit Magdalena Reitmor. Die beiden Brüder hatten von ihrem Vater gemeinsam Kempfenhausen und Haarkirchen geerbt. Die Landtafel von 1549[77] vermerkt unter dem Rentamt München: »Hardtkirchen, Arsazi und Hanns die Pärt«. Im Scharwerkbuch des kurfürstlichen Landgerichts Wolfratshausen von 1553[78] heißt der Eintrag: »Hartkhirchen, sitzen alle hinter den Pärtten und scharwerken ihnen« und in der Beschreibung des Landgerichts Starnberg von 1554[79] heißt es: »Kempfenhausen, 4 Hofinhaber sitzen hinter dem Archazi und Hanns Part«. Der Passus in der Landtafel von 1554[80] schließlich lautet: »Hartkirchen Hofmark und Kempfenhausen Sitz: Achaz und Hans Part«. Auch der zweite *Archatius Part* (8.2) war Bürgermeister der Stadt München, 1547 und 1564. Er war Mitglied des Inneren Rats, 1546, 1555, 1561 und 1564 und Stadtkämmerer 1536, 1545, 1546, 1551 und 1559. In den Steuerlisten ist er von 1540 bis 1564 zu finden, und seine Witwe Maria noch von 1565 bis 1569.

Hans Part (8.3) zu Kempfenhausen war 1555 Mitglied des Inneren Rats und 1554 Stadtkämmerer. Die Steuerlisten verzeichnen ihn von 1542 bis 1559, und seine Witwe Magdalena von 1560–1561.

Der Sohn des Baumeisters Heinrich Part (7.2), *Hans Part* (8.1), war mit Anna Weiler aus Garatshausen verheiratet. Er ist 1542 als Bürgermeister von München beurkundet und 1542, 1544 und 1545 als Mitglied des Inneren Rats. In den Jahren 1527, 1529, 1534, 1543 und 1544 war er Stadtkämmerer. Gemeinsam mit Konrad Hörl mußte er 1541 für einen Tag und eine Nacht in den Turm, da beide ein Malefizgericht, d. h. eine peinliche Gerichtsverhandlung, ohne Erlaubnis des Bürgermeisters vorzeitig verlassen hatten. In den Steuerlisten ist er von 1520 bis 1543 vertreten. Auch er war mit Kempfenhausen verbunden, denn nach dem Faszikel[81] »Namen, Stamen und Herkhomen das Parttischen Geschlechts in München« wurde seine Tochter, *Catharina Part »zu Kempfenhausen«* (9.1), in dritter Ehe von dem Mitglied des Inneren Rats, *Caspar Part zu Harmating (H.2.3)*, geheiratet.

Die Harmatinger Linie war von den Söhnen des Münchner Unterrichters *Ludwig Part* (7.4) und seiner Ehefrau Barbara Ligsalz, *Balthasar Part (H 1.1)* und *Dr. Caspar Part (H. 1.2)* begründet worden, die gemeinsam im Jahre 1531 den Sitz

[77] Hauptstaatsarchiv: Altbayerische Landschaft Lit 48 1529
[78] Hauptstaatsarchiv: GL Fasz. 4541/25 1553
[79] Hauptstaatsarchiv: Kurbayern Geheimes Landesarchiv 1196 1554
[80] K. Primbs: Die altbayerische Landschaft und ihr Güterbesitz unter Herzog Albrecht V. von Bayern 1550–1579, 1885
[81] Staatsarchiv München: Faszikel A 5 b

Harmating käuflich erworben hatten. Harmating blieb Sitz dieser Linie der Part, die sich von da ab nach Harmating nannte.

Balthasar Part (H.1.1) war 1522 Bürgermeister von München, von 1510–1533 Mitglied des Inneren Rats, 1517, 1518, 1524 und 1532 Stadtkämmerer und von 1512 bis 1522 zehn Jahre lang Stadthauptmann für das Kreuzviertel. 1529 heiratete er Magdalena Ridler. Die Steuerlisten der Stadt verzeichnen ihn von 1509 bis 1541, und seine Witwe von 1542 bis 1543.

Sein Bruder *Dr. Caspar Part* (H 1.2), war Dechant der Frauenkirche, 1542 Bürgermeister von München und von 1542 bis 1547 Mitglied des Inneren Rats. Von 1542 bis 1553 ist er in den Steuerlisten der Stadt zu finden.

Die Brüder *Archatius Part* (9.2) und *Servatius Part* (9.3) und ihre Schwester *Euphrosine Part* (9.4), die Ehefrau von *Carl Alexander Schrenck*, waren die Nachkommen des Archatius Part (8.2) und seiner Ehefrau Maria Kemptner. Sie waren die letzte Generation der Kempfenhausener Part.

Archatius Part (9.2) erbte 1564 von seinem Vater das Haus in der Kaufingerstraße 9 in München und den Sitz Kempfenhausen mit Haarkirchen. Der Eintrag im Verzeichnis der einschichtigen Güter im Landgericht Wolfratshausen[82] von 1580 lautet: »Arsaty Part, des Inneren Rats zu München, hat zu Hartkirchen einen Sedelhof, einen Hof, eine Hube, eine Mühle, ein Lehen«. In der Landtafel des Rentamts München von 1581[83] ist »Arsacy Part« als Inhaber von »Hardkirchen und Kempfenhausen im Landgericht Wolfratshausen« verzeichnet. In der Beschreibung der Landgüter und Hofmarken des Landgerichts Wolfratshausen[84] von 1597 heißt der Abschnitt über Kempfenhausen: »Arsaty Part hat allda ein Schloß und Hofmarksgerechtigkeit auf zwei Höfen, einer Hube und einer Sölde, bei dem Schloß liegend«. Nach dem Tod des Archatius Part (1596) wurde das Haus in der Kaufingerstraße, jahrhundertelang Familiensitz, von seinem Bruder Servatius Part und seiner Schwester Euphrosine Part, deren Interessen ihr Ehemann Carl Alexander Schrenck wahrnahm, 1597 an den Münchner Raatsherrn Hans Reindl für 3800 Gulden verkauft.[85] Kempfenhausen und Haarkirchen aber gingen auf Servatius Part über. Die vier Fischlehen von Kempfenhausen hat Carl Alexander Schrenck von seinem Schwager Servatius 1606 erworben.

Archatius Part (9.2) war mit Magdalena Part, der Tochter des Harmatinger Dr. Georg Part (H 2.2) verheiratet. In den Jahren 1567 und 1582 war er Bürgermeister der Stadt München, 1568, 1574, 1577, 1578, 1581 bis 1583 und 1586 bis 1588 Mitglied des Inneren Rats. 1580 war er Landschaftskommissar. Am 3. Dezember 1587 erhielten die Brüder Archatius und Servatius Part von Kaiser Rudolf II. ge-

[82] Hauptstaatsarchiv: Kurbayern Geheimes Landesarchiv 1231 1580
[83] Hauptstaatsarchiv: Altbayerische Landschaft 73 1581
[84] Hauptstaatsarchiv: Kurbayern Geheimes Landesarchiv 1232 1597
[85] Häuserbuch der Stadt München: H 259
[86] Schloßarchiv Harmating: U 649 1587

meinsam einen Adelsbrief.[86] In den Steuerlisten der Stadt war Archatius Part von 1567 bis zu seinem Tode, im Jahre 1596, vertreten. Die Schreibweise des Geschlechts änderte sich um 1597 von Part in Barth. Diese neue Schreibweise wurde von der Harmatinger Linie von nun an konsequent verwendet.

Servatius Part (9.3), Bruder und Erbe von Archatius (9.2), war mit Anna Beyer aus Weilheim verheiratet, die 1610 starb. Die Inschrift auf ihrem Grabstein an der Westseite der Wallfahrtskirche in Aufkirchen lautete:[87] »Allda liegt begraben des Edlen und Vesten Servacien Partt zu Kempfenhausen eheliche Hausfrau Anna Beyrin von Weilheim, so den 25. Augusti anno 1610 in Gott selügelich verschieden ist. Gott wolle Ihr und allen Christgläubigen Seelen gnedig sein. Amen«.

Servatius Part hat nie in München gewohnt und kam deshalb in den Rats- und Steuerlisten der Stadt nicht vor. In der »Beschreibung der Hofmarken und anderer Güter im Landgericht Wolfratshausen« von 1606[88] lautet der Eintrag für Kempfenhausen: »Daselbst hat Servaty Barth ein gemauertes Schloß und die Niedergerichtsbarkeit auf zwei Höfen, einer Hube und einer Sölde beim Schloß liegend, dann zu Harkirchen auf einer Mühle und einer Sölde«. Der gleiche Text steht in der »Beschreibung des ganzen fürstlichen Landgerichts Wolfratshausen« von 1620,[89] wobei bei Haarkirchen ergänzt ist: »hat die Niedergerichtsbarkeit von alters her, doch hat die fürstliche Landgerichtsobrigkeit bei der Mühl die Mühlbeschau«.

Zwischen den Farchachern und den Haarkirchnern war der Streit um den Viehtrieb 1583 neu entbrannt. 1602 kam es zwischen Servatius Part, seinem Schwager Carl Alexander Schrenck und den Farchachern erneut zu einem Vergleich,[90] in dem Landhofmeister und Hofratspräsident entschieden, daß die Farchacher 60 eigene Schweine zur Mast in den Haarkirchner Forst treiben können.

Servatius Part vermehrte am 25. Juli 1601 den Jahrtag, den sein Großvater Archatius Part (7.3) 1523, vermutlich anläßlich der Weihe der neu erbauten Kirche St. Anna gestiftet hatte. Im Stiftsbrief des Servatius von 1601, den noch der Geschichtsschreiber Lorenz Westenrieder in Händen hatte und den er 1784 in seiner Beschreibung des Starnberger Sees wörtlich wiedergab, war festgelegt:

Jährlich sollte der Pfarrer von Aufkirchen zusammen mit zwei von ihm ausgewählten Priestern am 26. Juli, dem St. Anna-Tag, in der Kirche von Kempfenhausen ein gesungenes Lob- und Seelamt und eine gesprochene, andächtig begangene Messe halten und vorher und während des Gottesdienstes dazu mahnen, den Allmächtigen für die verschiedenen Seelen des Partischen Geschlechts zu bitten. Nach dem Gottesdienst sollten die acht ärmsten Personen, die der Inhaber von Kempfenhausen und der Pfarrer ausgewählt haben, eine gehäufte Metze gutes Korn und drei Ellen weißen Loden erhalten. Keine dieser 8 Personen sollte mehr als 1 Meile ent-

[87] Karl von Rambaldi: Geschichte der Pfarrei Aufkirchen am Würmsee 1900
[88] Hauptstaatsarchiv: Kurbayern Geheimes Landesarchiv 1232 1606
[89] Stadtarchiv: Pflegegericht Wolfratshausen B 5 1620
[90] Hauptstaatsarchiv: Kurbayern U 17177 17. 12. 1602

fernt wohnen, und jedes Jahr sollten die Personen wechseln und neu ausgewählt werden. Nach dem Gottesdienst erhielt der Pfarrer für seine Bemühungen 1 Gulden, die beiden Priester jeder einen Schilling 15 Pfennige und der Messner von Aufkirchen 1 Schilling 12 Pfennige an barem Geld.

Die Stiftung war mit den Abgaben einer Hube des Servatius Part in Kempfenhausen ausgestattet, auf der damals freistiftsweise Franz Weiß saß. Dieser hatte jährlich 5 Gulden Wissgilt, 22 Pfennige Stiftsgilt, 4½ Schäffel Korn, 1 Schäffel Gerste, 4 Schäffel Hafer, 1 Lamm, 100 Eier, 1 Henne, 4 Hühner und eine Gans abzuliefern.

Als Zeugen hatten Servatius Part, Leonhardt, der Abt von Schäftlarn, Hans Sigmund von Seiboldsdorf, Pfleger zu Wolfratshausen, Hans von Gregersdorf zu Berg und Aufkirchen, Pfleger zu Wermosen und Hans Albrecht Dichtl von Tutzing, Pfleger zu Starnberg, unterschrieben und ihre Wappen angeheftet.

1610 erwarb der Geheime Rat und Landschaftskanzler Hans Georg Hörwarth von und zu Hohenberg die Hofmark Berg und wurde damit Nachbar von Servatius Part. Bereits im darauffolgenden Jahr, am 29. 3. 1611, beschwerte sich Servatius Part schriftlich bei Herzog Maximilian I., »daß sein neuer Nachbar unberechtigterweise und mit Gewalt in dem Fischwasser gefischt habe, das ihm seit undenklichen Zeiten gehöre, im Farchenbach, der bei Höhenrain entspringt und bei Percha in den See läuft«. Er bat, »daß dies dem Landschaftskanzler Hörwarth verwehrt würde«. Eine umfangreiche Befragung alter Männer aus Kempfenhausen, Berg und Percha ergab jedoch, daß der Farchenbach immer ein öffentliches Fischwasser gewesen ist und kein Privatbesitz.[91]

Mit dem Tod von Servatius Part erlosch um 1620 die Kempfenhausener Linie der Part. Kempfenhausen und Haarkirchen gelangten nun in den Besitz von Hans Alexander Schrenck, dem Sohn des 1609 verstorbenen Carl Alexander Schrenck und seiner Ehefrau Euphrosine Part. Auch die Schrenck gehörten zu den bedeutendsten Münchner Patriziergeschlechtern und waren 328 Jahre lang, von 1295–1623, im Inneren Rat der Stadt vertreten.

5. Kempfenhausen in Urkunden des 14., 15. und 16. Jahrhunderts

22. 7. 1365 »Monumenta Boica MB 19 / Seite 233«

Ludwig Pütrich der Ältere, Bürger zu München, gibt seinen eigenen Hof zu Kempfenhausen, den er von seinem Schwager, Herrn Perchtold von Wittelzhofen gekauft hat, mit allen Nutzrechten und Diensten den geistlichen Frauen des Pütrichklosters an der Schwabinger Gasse in München.

[91] Hauptstaatsarchiv: Kl 866/308 1611

30. 6. 1367 »Kurbayern U 171176 und U 34925«

Heinrich der Pucher, Richter zu Pähl und Weilheim, beurkundet sein Gerichtsurteil, wonach der Hof zu Kempfenhausen, dem der Fischer Perchtold aufsitzt, dem Greiff von Greifenberg als Lehenherr zugesprochen wird, da weder des Peysenberger Tochter noch die Taymingerin von Starnberg irgendeinen Anspruch darauf haben.

16. 5. 1425 »GU Wolfratshausen 434«

Chunrad Podin, Richter zu Wolfratshausen, stellt einen Gerichtsbrief darüber aus, daß die Klage des Heinrich Sneyder gegen Herrn Jörg von Gundelfingen auf Herausgabe des Hofes zu Kempfenhausen, auf Grund des beschriebenen Gerichtsverfahrens, abgewiesen worden ist.

30. 11. 1477 »KU Schäftlarn Lit 184«

Wilhelm Schattenhofer, Landrichter zu Wolfratshausen, urteilt im Streit zwischen Conz Satler von Kempfenhausen und dem Schmauz, Grunduntertan des Klosters Schäftlarn.

16. 7. 1536 »GU Wolfratshausen 436«

Hans von Törring zu Seefeld verkauft an den ehrbaren Ulrich Satler zu Oberkempfenhausen seinen daselbst gelegenen Hof im Wolfratshauser Landgericht, darauf der Sattler, seine Mutter die alte Sattlerin, und andere zwei Kinder, als Freistifter sitzt für vier Pfund Pfennige jährliche Ewiggilt.

So unterschiedlich auch die Namen der Geschlechter in diesen fünf Urkunden aus zwei Jahrhunderten sind, so betreffen sie doch alle denselben Hof, den Sedelhof von Kempfenhausen, den späteren Sattlerhof. Die verschiedenen Hofinhaber waren teilweise miteinander verwandt und saßen – mit Ausnahme des Münchner Patriziers Ludwig Pütrich – um den Ammersee, im ehemaligen Gebiet der mächtigen Grafen von Andechs, deren Geschlecht 1248 erloschen war.

Am 22. 7. 1365 machte *Ludwig Pütrich der Ältere* die »reiche Stiftung« – worunter sich auch sein Hof in Kempfenhausen befand – an die geistlichen Frauen von St. Christopherus an der Schwabinger Gasse in München. An diesem Platz hatten auf Anweisung von Herzog Ludwig dem Strengen die Franziskaner 1284 ein Seelhaus gegründet. Unter »Seelhaus« verstand man im Mittelalter die Wohnung frommer Frauen, die sich der ambulanten Krankenpflege widmeten, zuweilen auch Kranke in ihre Häuser aufnahmen, sie pflegten, den Sterbenden beistanden, die Toten wuschen und bekleideten, bei ihnen wachten und beteten. Die Stiftung des Ludwig Pütrich ermöglichte, das Seelhaus erheblich zu erweitern, so daß sich der Gebäudekomplex schließlich an der nördlichen Seite der heutigen Perusastraße bis zur Theatinerstraße und bis zur Westseite des Max-Joseph-Platzes erstreckte.

Ebenso konnte eine neue, größere Kirche gebaut werden. Das Seelhaus hieß von da ab »Pütrich-Regelhaus«. Auf Betreiben von Heinrich und Hans Pütrich, den Söhnen von Ludwig Pütrich, erhielten die »Pütrich-Seelschwestern« 1387 eigene Statuten. Diese hatten jedoch noch nicht den Charakter einer Ordensregel, da die drei Gelübde, Armut, Keuschheit und Gehorsam, sowie die Klausur fehlten. Als diese Gelübde am 2. Mai 1484 eingeführt wurden, verließen alle Schwestern, bis auf eine, das Kloster. Viele Jungfrauen aus den vornehmsten Münchner Familien ließen sich jedoch neu aufnehmen, und 1508 trat sogar die Witwe von Herzog Albrecht IV. in das Kloster ein.[92] Als das Pütrich-Kloster am 20. Februar 1802 im Zuge der Säkularisation aufgelöst wurde, fehlten in seinem Besitz die von Ludwig Pütrich gestifteten Güter von Kempfenhausen und Neuhausen. Sie waren lange vorher wieder in andere Hände übergegangen. Der Hof in Kempfenhausen war schon zwei Jahre nach der Stiftung, 1367, im Besitz des Greiff von Greifenberg.

Ludwig Pütrich der Ältere war ein Enkel von Ludwig Pütrich (†1290) und Adelheid Schrenck und der Sohn von Otto Pütrich und Katharina Ligsalz. Die Schwester des Otto Pütrich, Ehrentrud Pütrich, hatte 1272 Peter Part aus Kempfenhausen geheiratet. Ludwig Pütrich war 1318 am Abschluß des großen Landfriedens beteiligt, stiftete 1328 das Heilig Geist Spital in Weilheim und erwarb 1334 den Sitz Reichertshausen, den späteren Familiensitz, für den er 1346 einen Freiheitsbrief von Kaiser Ludwig erhielt. 1346 war er Pfleger des Klosters St. Jacob am Anger in München und 1339 Pfleger des Heilig Geist Spitals in München, dem er das »Pütrich Benefizium« stiftete.[93] Ludwig Pütrich der Ältere war also nicht nur ein sehr vermögender Mann, sondern hat sich auch für das Gemeinwohl eingesetzt und verdient gemacht.

Sein Schwager, *Perchtold von Wittelzhofen*, von dem er, wahrscheinlich vor 1340, den Hof in Kempfenhausen gekauft hatte, stammte aus dem bedeutenden

Ministerialengeschlecht der Wittelzhofer, deren Wappen einen Eberkopf zeigt, und deren Sitz 6 km nördlich von Weilheim in einem Ort gleichen Namens lag, der heute Wilzhofen heißt. Die Wittelzhofener, teilweise Witoldshofer geschrieben, sind von 1173 bis 1383 sechsunddreißigmal in den Urkunden der Klöster Polling, Benediktbeuern, Steingaden, Fürstenfeld, Bernried, Dießen und Ettal in vorderer Rangstelle zu finden. Als erste Wittelzhofer wurden 1173 »Fridericus de Wittoldshoven« und »Chunradus de Witteldshoven« in den Urkunden des Klosters Polling genannt. 1316 war »Ulrich von Witoldshofen« Richter des Landgerichts Pähl.[94] »Perchtold von Witoldshofen«, der Schwager von Ludwig Pütrich und Besitzer des Hofes in Kempfenhausen, ist seit 1300 in den Klosterurkunden zu

[92] Bavaria Franciskana Antiqua: Franziskanerinnenkloster der Pütrichschwestern zum Heiligen Christopherus 1957
[93] Andreas Schmidtner: Genealogie der Pütricher 1882
[94] Monumenta Boica. MB X Seite 21 und MB V Seite 370

finden. Er verkaufte am 1. 12. 1317 drei Höfe und den Zehnt in Oettingen, den das Kloster Polling erhielt, an Kaiser Ludwig.[94] Am 25. Mai 1323 erhielten »Perchtold von Witoldshofen« und sein Bruder Hermann von Heinrich von Seefeld ein Gut und eine Schwaige in Puch als Lehen[95] und 1325 einen Zehnt in Weilheim übertragen.[95]

In der Zeit von 1328 bis 1333 amtierte »Perchtold von Witoldshofen« als Richter in Weilheim und für das Kloster Polling, dessen Klostervogt er später wurde. Er ist auch in der im Wiener Staatsarchiv aufbewahrten Urkunde vom 28. 2. 1324 zu finden, über die »Einigung« zwischen Herzog Heinrich von Kärnten und bayerischen Adeligen, unter denen Perchtold von Wittelzhofen an zweiter Stelle steht.

In der Urkunde vom 29. 11. 1344[95] verzichteten Perchtold und seine Ehefrau Diemut von Wittelzhofen auf die Vogtei über das Kloster Polling, nachdem sie beide um 1340 in die Ritterkongregation des Klosters »Unser Frauen Ettal« eingetreten waren. Das Kloster Ettal hat Kaiser Ludwig der Bayer 1330, nach glücklicher Rückkehr von einem Heerzug nach Rom und in Erfüllung eines Gelübdes, in der Wildnis der bayerischen Berge bei Oberammergau gegründet.[96] Das Kloster wurde von ihm mit umfangreichem Grundbesitz ausgestattet und mit den Vogteien über die Klöster Steingaden, Rottenbuch und Habach. Damit schuf der Kaiser einen starken kaiserlichen Stützpunkt am wichtigen Zugang zu den Alpenpässen. Die aus dem Jahr 1332 stammenden Klosterregeln des neuen Klosters orientierten sich weitgehend an den Ordensregeln des Deutschen Ritterordens und bestimmten u. a., daß zum Schutz des Klosters, neben 20 Benediktinermönchen, auch dreizehn Ritter mit ihren Ehefrauen im Kloster wohnen sollen. Die Benediktinermönche holte der Kaiser aus Reichenbach in der Oberpfalz und als Ritter, unter denen sich auch Perchtold von Wittelzhofen befand, wählte er Vertraute aus seinem Umfeld. Perchtold von Wittelzhofen ist vor 1358 gestorben, denn in diesem Jahr klagte seine Witwe erfolgreich den Besitz einer Hube in Erbolfingen ein.

Im Jahre 1367 war der Sattlerhof in Kempfenhausen im Besitz des Ritters *Otto Greiff von Greifenberg*. Diesen Besitz hatte ihm Heinrich der Pucher, Richter des Landgerichts Pähl, das 1250 als unmittelbarer Nachfolger der Grafschaft Andechs geschaffen wurde, im Urteil vom 30. 6. 1367 bestätigt.[97]

Das *Geschlecht der Greiffen von Greifenberg* war alter Turnieradel[98] und saß auf der Feste Greifenberg am Nordwestufer des Ammersees. Zu ihrem frühen Besitz gehörten die Orte Windach und Raisting im Ammerseegebiet. 1165 ist Wolf

[95] Monumenta Boica. MB X Seite 84 von 1323
Monumenta Boica. MB X Seite 86 von 1325
Monumenta Boica. MB X Seite 98 von 1344
[96] Friedrich Bock: Die Gründung des Klosters Ettal.0A 66
[97] Hauptstaatsarchiv: Kurbayern U 171176 1367
[98] Dr.Wiguläus Hundt: Stammenbuch des baierischen Adels 1598
Friedrich Töpfer: Geschichte des Schlosses Seefeld 1847

Greiff von Greifenberg, neben Pfalzgraf Otto von Wittelsbach, als Teilnehmer des Turniers in Zürich überliefert und 1197 Agnes von Greifenberg, die beim Turnier in Nürnberg die »Helmschau« vornahm. Seit 1310 ist Otto von Greifenberg in den Urkunden der Klöster Tegernsee und Dießen zu finden. 1324 starb er. Seine Ehefrau Lucia und sein Sohn Otto gaben nach seinem Tod, im Jahre 1328, »die Pfarrei Raisting an Dießen und verkauften dem Gotteshaus etliche Güter daselbst«. Otto Greiff von Greifenbergs Tochter Elsbeth heiratete Arnold von Massenhausen, der sie 1325 wegen des »falschen Argwohns der Buhlerei« im Schloß Kranzberg unschuldig verbrennen ließ. 1328 übergab der letzte Widdersberger, Eberhart von

Widdersberg, Otto dem Greiffen und seinen Erben sein Schild, Helm und Kleinod, das dieser seitdem führte. *Otto von Greifenberg* war 1340 Kämmerer von Markgraf Ludwig von Brandenburg, dem Sohn von Kaiser »Ludwig der Bayer«, und 1348 Pfleger zu Landsberg. Er ist in Urkunden der Klöster Dießen, Steingaden und Benediktbeuern verzeichnet und starb 1353.

Sein Sohn, der dritte *Otto Greiff von Greifenberg*, der Besitzer des Sattlerhofs, ist in der Liste des Turnieradels von 1361 aufgeführt und erscheint in den Urkunden des Klosters Dießen zwischen 1353 und 1363. Er war seit 1365 mit Ursula von Schmiecher verheiratet und starb vor 1396.

Nach seinem Tod wechselte der Sattlerhof seine Besitzer mit dem Besitzwechsel der Feste Greifenberg und der Feste Seefeld bis zum Verkauf an Ulrich Sattler im Jahre 1536.

In einer Urkunde vom 11. 1. 1396 erkannte *Hans der Greiff von Greifenberg* die Verpflichtung an, Frau Ursula, der Witwe seines Bruders Otto, 300 Pfd. Münchner Pfennige für Heimsteuer und Morgengabe bis Lichtmeß 1397 zu bezahlen. Dieser Hans Greiff von Greifenberg fertigte und siegelte das erste Bündnis der »Bayerischen Landschaft« von 139?. Er war als Ritter ebenfalls Mitglied des Turnieradels. Im Jahre 1386 hatte er Margarete, die Witwe des 1385 verstorbenen Hilpolt von Stein, Herr auf Seefeld am Pilsensee, geheiratet. Die Hochfreien von Seefeld hatten zu den hervorragenden Gefolgsleuten der Grafen von Andechs gehört und sind in Urkunden des 12. und 13. Jh.s zu finden. Mit dem Tod des *Marquard von Seefeld* erlosch 1353 die Linie der Seefelder. Der Sitz Seefeld kam daraufhin an den Reichsministerialen *Hilpolt von Stein*, der 1322 Margarete von Seefeld, die Tochter des letzten Seefelders, geheiratet hatte. Hilpolt von Stein war in Bayern ein bedeutender Mann. Herzog Ludwig hatte ihn 1353 zum Landeshauptmann und Pfleger von Oberbayern ernannt. Später war er Landesverweser von Oberbayern und vertrat Herzog Friedrich bei dessen Abwesenheit.

In der Erbauseinandersetzungsvereinbarung vom 25.10.1385 für den umfangreichen Besitz seines verstorbenen Sohnes Hilpolt von Stein dem Jüngeren, die die Herzöge Stephan und Friedrich vermittelt hatten, war der Witwe Margarete von Stein für eine Abfindung von 4000 fl Schloß Seefeld verpfändet worden. Sie durfte es 3 Jahre lang nicht weiter verpfänden, und Schweiker von Gundelfingen und Hilpolt von Hohenfels konnten es gegen Hinterlegung von 4000 fl an sich bringen.

Durch seine Heirat von 1386 war Hans der Greiff nun sowohl im Besitz der Feste Greifenberg, zu der auch der Sattlerhof gehörte, als auch der Feste Seefeld. 1396 trat er in den Dienst von König Siegmund von Ungarn. Siegmund, 1368 geboren, war ein Sohn von Kaiser Karl IV., wurde 1387 König von Ungarn, 1410 zum deutschen König gewählt und 1433 in Rom zum deutschen Kaiser gekrönt. Als König von Ungarn versuchte er das Vordringen der Türken zu unterbinden, doch wurde er 1396 in der Schlacht an der Donau bei Nikopolis in der Walachei vernichtend geschlagen und entkam selbst nur mit knapper Not. Tausende von Christen gerieten in türkische Gefangenschaft und wurden vor den Augen des Sultans enthauptet. Unter ihnen befand sich auch Hans der Greiff von Greifenberg, als letzter seines Gechlechts.

Die Feste Seefeld ging 1396 an *Schweiker von Gundolfingen* über. Er hatte 1385 im Namen seiner Mutter, einer Schwester des Hilpolt von Stein, ebenfalls Erbansprüche gestellt und u.a. die Stadt Hilpoltstein erhalten. Diese verkaufte er 1386.

Die Gundelfinger waren ein altes schwäbisches Geschlecht, das 1105 erstmals urkundlich erwähnt ist und dessen Stammburg in Untergundelfingen, 10 km südlich von Münsingen in Württemberg lag.[99] Ein Zweig der Gundelfinger kam im 14. Jh. nach Bayern und gelangte zu großem Einfluß, bis er 1450 erlosch.

Wohl schon in Bayern wurde 1310/15 *Swigger von Gundelfingen*, ein Sohn von *Conrad von Gundelfingen*, dem Hofrichter von Kaiser Ludwig, geboren. Er heiratete 1335/40 Salome von Neuffen und ist von 1336–1358 in Bayern. Als Neffe des bedeutenden Grafen Berthold von Neuffen spielte er unter Kaiser Ludwig und seinem Sohn eine bedeutende politische Rolle. Sein Onkel, Graf Berthold, Hauptmann in Oberbayern, vermachte ihm bei seinem Tod 1339 die Vogtei über das Kloster Ottobeuren für 600 Mark Silber Konstanzer Gewichts und 400 Mark Silber in bar. 1345 urkundet er, an Stelle Kaiser Ludwigs, als kaiserlicher Hofrichter in Nürnberg. 1348 ist er Hofmeister der Herzöge Ludwig und Stephan von Bayern und 1349 Pfleger in Wolfratshausen. 1352 ermordet Swigger von Gundelfingen, selbst Hofmeister des Markgrafen Ludwig von Brandenburg, seinen Rivalen, den geheimen Rat, Hofmeister und Hauptmann in Oberbayern, Herzog Conrad von Teck, im Haus des Herzogs in München. 1356 heiratete er in zweiter Ehe Agnes, die Tochter des Grafen Friedrich von Zollern Schalksberg. 1357 und 1358 ist er wieder Pfleger in Wolfratshausen. 1359 verkauft er die Vogtei über das Kloster Ottobeuren für 3000 Pfd. Silber an den Bischof von Augsburg und verläßt Bayern.

Swiggers Sohn, *Swiker von Gundelfingen d.Ä.*, wurde 1335/40 geboren und

[99] Alfons Uhrle: Regesten zur Geschichte der Edelfreien von Gundelfingen 1960

war in erster Ehe ab 1360/65 mit Elisabeth, der Tochter des Hilpolt von Stein d. Ä. verheiratet. Aus dieser Ehe ging der Sohn »Swiker von Gundelfingen der Jüngere« hervor. In zweiter Ehe heiratete Swiker d. Ä. 1380 Elisabeth von Hohenfels. Dieser Verbindung entstammte der jüngere Sohn »Georg von Gundelfingen«, der spätere Besitzer des Sattlerhofes in Kempfenhausen.

Ritter Swiker d. Ä. erwarb 1394 die Klosterhöfe von Benediktbeuern und Dießen und von Hans dem Greiffen von Greifenberg, das Vitztumamt in den Dörfern Herrsching und Frieding. Als Pfand für seine Schulden überschrieb ihm Herzog Johann von Bayern 1395 die Feste Widdersberg am Pilsensee. 1398 ist Swiker von Gundelfingen einer der Schiedsrichter im Streit der Herzöge Ernst und Wilhelm von Bayern mit der Stadt München. 1402 wird er von König Ruprecht als Reichsvogt in Augsburg eingesetzt. 1411 übergibt er die Feste Fuesberg bei Gauting an Rudolf den Preysinger und dessen Ehefrau Anna. 1421 stirbt er.

Swiker von Gundelfingen der Jüngere, heiratete 1380 Barbara von Hilpoltstein, eine Enkelin des Hilpolt von Stein d. Ä. Er verpflichtet sich 1385, den Herzögen Stephan, Friedrich und Johann acht Jahre zu dienen und »daß alle seine Festen den Herzögen ebenso ein offenes Haus sind, wie das unter den Vorgänger-Besitzern gewesen war«. 1386 verkaufte er die ererbte Feste Hilpoltstein für 16000 fl an die Herzöge und 1398 die ererbte Feste Thannhausen. 1401 wurde er von Herzog Ludwig gemeinsam mit dem Bruder des Herzogs und dem Bischof von Regensburg als Statthalter in Bayern eingesetzt, für die Zeit der Abwesenheit des Herzogs in Italien.

Als die Geschwister Swiker der Jüngere, Georg und ihre Schwester Anna, die mit Thomas von Preysing verheiratet war, ihr mütterliches Erbe aufteilten, erhielt Swiker Seefeld und Georg die Feste Greifenberg, zu der der Sattlerhof gehörte. Sie vereinbarten aber, »für den Fall, daß der Greiff (der bei Nikopolis umgekommen war) wieder ins Land käme und ihm die Feste Greifenberg wieder übergeben werden müßte«, die Teilung des mütterlichen Erbguts jegliche Geltung verliert.

Swiker der Jüngere war 1406 Kammermeister Herzog Ludwigs, 1413 herzoglicher Rat und starb 1424 kinderlos.

Die gesamten Besitzungen der Gundelfinger erhielt nun sein jüngerer Bruder *Georg von Gundelfingen*, der schon vorher durch Greifenberg Besitzer des Sattlerhofs in Kempfenhausen gewesen war. Er heiratete 1310 Giburg von Traunberg. Diese Ehe blieb kinderlos. 1420 veräußerte er die Feste Greifenberg am Ammersee mit »ihren bebauten Gütern, Taverne, Schmiede, Badhaus, Hofstatt und Ölgarten« und weitere 11 Höfe in verschiedenen Dörfern für 2900 fl an Elisabeth, die Gemahlin von Herzog Ernst von Bayern, behielt aber den Sattlerhof von Kempfenhausen. Greifenberg blieb zunächst im herzoglichen Besitz, wurde 1478 an die Perfaller als Burgvögte verliehen, ehe diese Greifenberg 1507 erwerben konnten. Mit dem Erlös aus dem Verkauf der Feste Greifenberg erwarb Georg von Gundelfingen 1420 von seinem älteren Bruder Swiker dem Jüngeren Feste und Hofmark Seefeld.

1425 wurde er von Heinrich Snyder verklagt, »er habe ihn von seinem Hof in Kempfenhausen vertrieben«, doch wurde ihm im Gerichtsurteil vom 16. Mai 1425 der Sattlerhof, den er von der »Greiffin« geerbt hatte, vom Richter Chunrad Podim zu Wolfratshausen zugesprochen. In einem Verzeichnis von 1402 der Schulden, die Herzog Ludwig »anläßlich seines Zuges mit König Ruprecht ins Welschland gemacht und nun in Paris bezahlt hat«, ist Georg von Gundelfingen als Gläubiger mit 110 fl aufgeführt. 1419 bürgt er für 600 fl, die die Herzöge Ernst und Wilhelm schulden. 1427 versöhnt sich Ludwig von Stein zu Marchtal mit Georg von Gundelfingen und gelobt, sich nicht zu rächen, obwohl dieser seinen Vater Berthold vom Stein erschlagen hatte.

Von 1431 bis 1446 ist Georg von Gundelfingen häufig Mitglied des herzoglichen Hofgerichts und mehrmals dessen Vorsitzender. 1433 verleiht ihm der Bischof von Freising Feste und Herrschaft Werdenfels mit der Bedingung, »die Herrschaft zu halten, zu schirmen, sich mit den gewöhnlichen Renten und Zinsen zu begnügen, die Hintersassen mit keinerlei Steuern zu beschweren und keinen unredlichen Krieg anzufangen, ohne des Stifts Zustimmung«.

1435 erwirbt Georg von Gundelfingen für 300 fl ein Haus an der Fürstenfelderstraße in München neben dem Haus des Klosters Ettal. 1438 ist er Hofmeister von Herzog Albrecht. 1439 lädt er, selbst zum Turnieradel gehörend, 20 Adelige zu einem großen Ritterturnier nach München ein.[100] 1448 bitten ihn Bürgermeister und Rat der Stadt Augsburg, sie im Streit mit Landsberg zu unterstützen.

Als Georg von Gundelfingen 1450 starb, erlosch mit ihm der bayerische Zweig des Geschlechts der Gundelfinger, das in den vorangegangenen 100 Jahren zu einem erstaunlichen Einfluß und Besitz gelangt war. Der Sattlerhof ging an seine Erben über.

Schloß und Hofmark Seefeld und den Sattlerhof in Kempfenhausen bekam nun der herzogliche Rat *Thomas von Preysing zu Wolnzach*, der Neffe des Ehemannes von Anna von Gundolfingen. Von diesem ging der Besitz im mütterlichen Erbgang an die Törringer zu Jettenbach, Georg, Seifried und Wilhelm. Ab 1477 war *Seifried von Törring* Alleinbesitzer. Er blieb kinderlos. So erhielt sein Neffe *Hans von Törring* 1508 Seefeld und auch den Sattlerhof in Kempfenhausen. Hans von Törring war zu diesem Zeitpunkt 12 Jahre alt und wurde am erzbischöflichen Hof zu Salzburg als Edelknabe erzogen. Bis zu seiner Volljährigkeit stand er unter der Vormundschaft seiner Mutter Magdalena, geb. von Tannenberg. Den Sattlerhof in Kempfenhausen hat er am 26. 7. 1536 an Ulrich Sattler verkauft.[101] Zu diesem Zeitpunkt saßen die »Sattler«, die dem Hof den Namen gegeben haben, schon mehr als sechs Jahrzehnte auf diesem Hof, wie aus dem Urteil des Landrichters Wilhelm Schattenhofer zu Wolfratshausen vom 30. 11. 1477 hervorgeht.

[100] Heinz Lieberich: Landherren und Landleute 1964
[101] Hauptstaatsarchiv: GU Wolfratshausen 436 26. 7. 1536

6. *Kempfenhausen und der Münchner Maler Gabriel Maleskirchner 1485*

Am 13. 7. 1485 erlaubte Herzog Albrecht IV. »unserem Bürger zu München und lieben getreuen Gabriel Maleskirchner dem Maler«, auf seinem eigenen Grund zu Kempfenhausen im Gericht Wolfratshausen gelegen, »ein Haus zu bauen und zu haben und darum ein Tüll oder Zaun zu machen, das damit zu umfrieden, und darin ungerügt und ungestört zu sein und zu leben«.[102]

Dieses Haus des Gabriel Maleskirchner wird allgemein für den Ursprung des Schlosses Kempfenhausen gehalten.[103] Das eigentliche Schloß hat wohl erst später der Münchner Patrizier Archatius Part erbauen lassen. Möglicherweise hatte Maleskirchner, der 1481 ebenfalls Mitglied des Inneren Rats der Stadt München gewesen war, seinen Baugrund in Kempfenhausen, auf dem heute das Schloß steht, von den Parts erhalten.

Gabriel Maleskirchner war in München der Maler der Spätgotik und zeichnete sich in seiner Malerei durch faszinierende Detailschilderungen und ein besonderes Talent der Erzählfreudigkeit aus. Er wurde 1430 geboren und in den Niederlanden als Maler ausgebildet. Im Münchner Stadtbuch wurde er seit 1462 als Maler geführt. Mehrmals hatte ihn die Malerzunft zum »Vierer«, d. h. zu ihrem Zunftvertreter, gewählt. Sein Hauptwerk, das nur z. T. erhalten ist, waren 15 Altartafeln für das Langhaus der Klosterkirche in Tegernsee, das 1471–1478 neu errichtet worden war. Vier dieser Altartafeln hängen in der Dependance der Bayerischen Staatsgalerie in der Burg von Burghausen. Es sind dies »Die Heiligen Benedikt und Scholastika«[104] »Begräbnis und Himmelfahrt des heiligen Benedikt«, »Der heilige Veit weigert sich zum Bankett zu gehen«[104] und »Die Heiligen Veit, Modestus und Kreszentia im Löwenzwinger«, aus den Jahren 1475 und 1476. Vier andere Bilder, 1474 entstanden, befinden sich im Bayerischen Nationalmuseum in München, »Enthauptung des heiligen Quirinus«, »Wunder an der Leiche des heiligen Quirinus«, »Christus am Ölberg« und »Entkleidung Christi«. Für jede Altartafel bekam der Maler nach der Klosterabrechnung von 1479 neunzig rheinische Gulden. Den Auftrag für Tegernsee verdankte Gabriel Maleskirchner seinem Schwager Konrad Ayrinschmalz, der von 1461 bis 1492 Abt in Tegernsee war. Aber auch Herzog Sigismund und die Stadt München hatten an Maleskirchner zahlreiche Aufträge vergeben. In München schmückte er 1455 das Rechtsbuch der Stadt und die Kaiserbildhandschrift mit Initialen und Verzierungen. Im Sommer 1470 malte er das vom Münchner Rat gestiftete Tafelbild für das Kloster Neustift bei Freising, 1473 die Stadtbanner am Rathaus, 1482 ein Altarbild für das Stift Raitenhaslach und 1487 ein

[102] Hauptstaatsarchiv: Kurbayern Äußeres Archiv 1131 1485
[103] Lorenz von Westenrieder: Beschreibung des Würm- oder Starnberger Sees 1784
[104] Gabriel Maleskirchner: Bildseite B 28 und B 29

Altartafel aus dem Kloster Tegernsee:
»Der heilige St. Veit weigert sich zum Bankett zu gehen.«
Gabriel Maleskirchner 1476

Altartafel aus dem Kloster Tegernsee:
»Die Heiligen Benedikt und Scholastika
und das Wunder des Unwetters.«
Gabriel Maleskirchner 1475

Tafelbild für das Augustiner Chorherrnstift Rottenbuch. Im Jahr 1495 starb Gabriel Maleskirchner in München.

1517 war Kaspar Maleskirchner, der Sohn von Gabriel Maleskirchner und Schwager von Archatius Part (7.3), Grundherr von 3 Fischlehen in Kempfenhausen, während das 4. Fischlehen dem Bischof von Freising zinste.[105]

7. Kempfenhausen im Besitz des Patriziergeschlechts der Schrenck von 1620–1639

Nach den Parts kamen Kempfenhausen und Haarkirchen in den Besitz der Schrenck und damit wieder in den Besitz eines der bedeutendsten Münchner Patriziergeschlechter, das 328 Jahre, von 1295 bis 1623, im Rat der Stadt vertreten war, bis es sich auf seine Landgüter zurückzog.

Carl Alexander Schrenck (9.3), Pfleger von Eckmühl, hatte, nach dem Tod des Archatius Part (9.1) im Jahre 1597, durch seine Ehefrau Euphrosine Part (9.3), gemeinsam mit deren Bruder Servatius Part (9.2), den Hausbesitz in der Kaufingerstraße 9 in München und Kempfenhausen mit Haarkirchen geerbt. Deshalb war er am Schiedsvergleich vom 17. 12. 1602, der den Viehtrieb zwischen Haarkirchen und Farchach regelte, gemeinsam mit seinem Schwager Servatius Part beteiligt. Noch zu Lebzeiten von Servatius Part hatte er die vier Fischlehen in Kempfenhausen erworben. Am 26. 11. 1606 stellte er bei Herzog Maximilian I. den Antrag, ihm und seinen Erben die Edelmannsfreiheit auf seinen einschichtigen Gütern in Kempfenhausen und in den Landgerichten Reisbach, Dingolfing und Wasserburg zu erteilen.[106]

»Einschichtige Güter« waren Bauerngüter, die nicht im hofmärkischen Gerichtsbezirk der in der Landschaft eingetragenen Hofmark ihres Grundherrn bzw. Obereigentümers lagen.

Die »Edelmannsfreiheit« hatte der 60. Freiheitsbrief vom 22. 12. 1557 geschaffen. Nach ihm waren alle Freiherren »edelfrei«, die 1557 zum bayerischen Ritteradel gehörten und Familien oder Personen mit kurfürstlichem Spezialprivileg.

Die Edelmannsfreiheit verschaffte besondere Rechte, vor allem die Niedergerichtsbarkeit und das Scharwerksrecht auf einschichtigen Gütern und das Recht der niederen Jagd auf fremdem Grund.

Mit dem Dekret vom 31. 3. 1607 entsprach Maximilian I. dem Antrag Carl Alexander Schrencks, doch erhielt er die Edelmannsfreiheit auf seinen einschichtigen Gütern nur für die eigene Person, nicht aber, wie beantragt, auch für seine Erben. Deshalb mußte sein Sohn *Hans Alexander Schrenck*, nach dem Tod des Vaters 1609, den gleichen Antrag erneut stellen. Ihm wurde am 9. 2. 1639 von Maxi-

[105] Staatsarchiv: Pfleggericht Wolfratshausen Kuchelholzbuch B 63 1517
[106] Hauptstaatsarchiv: Kurbayern Geheimes Landesarchiv 1482 1606

Ahnenreihe des Hans Alexander Schrenck zu Notzing und Kempfenhausen 1278 – 1639

Generation	Name	∞	Kinder	Ämter
1	Berchtold Schrenck ∞ Thekla Kray † 1329		Berchtold Nicolaus Conrad 5 Töchter	Weinhändler Tuchhändler I. R. 1295 – 1329
2	Nicolaus Schrenck ∞ NN ∞ Gertrud Impler † 1333	1290	Georg Johannes Niclas 2 Töchter	I. R. 1326 – 1333 Feldhauptmann in Italien 1317/18 für den Kaiser
3	Niclas Schrenck ∞ Selinta Dräxl ∞ Margarete Vötter † 1380		Marquard Niclas Andre Barthelme 2 Töchter	Stadtkämmerer 1337 Bußmeister 1362 – 64 Stadthauptmann 1363 I. R. 1362 – 1380 Reichster Bürger Münchens 1367
4	Barthelme Schrenck ∞ Anna Astaller ∞ Elisabeth v. Grembach † 1433	1394	Barthelme 3 Töchter	I. R. 1391 – 1422 Bußmeister 1395 – 1425 Stadthauptmann 1413 – 1422 Salzsender 1429 – 1431
5	Barthelme Schrenck ∞ Dorothea Handschuester † 1472	1438	Niclas, Jacob Barthelme, Vincenz Stefan, Johannes Hieronimus, 6 Töchter	Bürgermeister 1459 I. R. 1441 – 1472 Stadthauptmann 1445 – 1471 Salzsender 1443 – 1444
6	Barthelme Schrenck ∞ Margarethe Engelhardt † 1518	1468	Caspar 1 Tochter	Bürgermeister 1475 Bußmeister 1476 – 1484 Stadthauptmann 1474 – 1514 I. R. 1472 – 1507 Reichster Bürger 1482
7	Caspar Schrenck d. Ä. ∞ Elisabeth Hofer * 1479		Barthelme Caspar 3 Töchter	Bürgermeister 1547 I. R. 1542 – 1571
8	Barthelme Schrenck ∞ Felicita Tichtl ∞ Sibilla Meitinger * 1508 † 1576	1536	Jacob, Barthelme † Georg, Hans † Carl Alexander Octavianus, Martin † Friedrich, Moritz † Hans Barthelme, 4 Töchter	Bürgermeister 1532 I. R. 1542 – 1546 Castner in Rosenheim Adelsbestätigung durch den Kaiser 1575
9	Carl Alexander Schrenck ∞ Maria Meninger ∞ Euphrosine Part * 1546 † 1609	1572 1574	Hans Jacob † Hans Alexander Tobias Barthelme † Octavian †, 6 Töchter	Pfleger zu Eckmühl Kämpfte in den Niederlanden und in Ungarn gegen die Türken
10	Hans Alexander Schrenck zu Notzing und Kempfenhausen ∞ Catharina zu Aich auf Oberndorff * 1586	1613	Johann Baptist, Anton Johann Melchior Barthelme, Mathaeus Venceslaus, 6 Töchter Joh. Chrysostomos	Wurde auf beiden Hofmarken 1632 im Schwedenkrieg geplündert

milian I. die Edelmannsfreiheit und Niedergerichtsbarkeit auf seinen einschichtigen Gütern für sich und seine Erben erteilt. Da die Chronik des »alten adeligen Geschlechts der Schrenckhen von Notzing« erhaltengeblieben ist,[107] läßt sich die Ahnenreihe des Hans Alexander Schrenck zehn Generationen zurückverfolgen. Nach dieser Chronik war der erste Schrenck 1278 in München der Großkaufmann *Perchtold Schrenck* (1),[108] der Weinhandel und Tuchhandel mit Südtirol betrieb. Er war schon 1295 in der ersten Ratsliste der Stadt Mitglied im Inneren Rat und ist es bis 1329 geblieben.[109] Durch ihn wurde der Sitz Notzing erworben.

Seinem Sohn *Nicolaus Schrenck* (2), der zweimal verheiratet war, brachte seine zweite Ehefrau, die Münchner Patriziertochter Gertrud Impler, den Sitz Egmating ein. Auch er war von 1326 bis zu seinem Tod im Jahre 1333 Mitglied des Inneren Rats der Stadt. Als kaiserlicher Feldhauptmann hatte er 1317 und 1318 für Kaiser Ludwig in Italien gekämpft.

Sein Sohn *Niclas Schrenck* (3) war durch seine Ehe mit Selinta Dräxl der Schwiegersohn von Marquard Dräxl, dem Kanzler des Kaisers, geworden. Er gründete 1308 in München eine Handelsgesellschaft und muß als Weinhändler und Tuchhändler sehr erfolgreich gewesen sein, denn 1367 war er mit einem Vermögen von 1886 Pfund Münchner Pfennigen der reichste Bürger der Stadt. Für die Stadt München war er in vielen Funktionen tätig, als Stadtkämmerer 1337, als Bußmeister von 1362–1364, eine Funktion, in der ihm die Gewerbe- und Lebensmittelpolizei unterstand, als Stadthauptmann für das Rindermarktviertel 1363 und als Mitglied des Inneren Rats von 1362 bis zu seinem Tod im Jahre 1380.

Von seinem Sohn *Barthelme Schrenck* (4) berichtet die Schrenck'sche Chronik: »er ist ein gar vernünftiger, redlicher, ernsthafter Mann gewesen und darum bei den Fürsten allwegen wohlgeachtet« und an anderer Stelle: »er ist von Leib ein starker Mann gewesen und hat ein ernstes Gesicht gehabt, dazu ein beständiges, unerschrockenes großes Gemüt und wollte keine Gemeinschaft mit kleinmütigen, erschrockenen Leuten«. Barthelme Schrenck hatte in Padua studiert. Er besaß Silber- und Kupferminen in Rattenberg und Leoben und belieferte 1391 Zürich mit Salz, Eisen und Stahl. Mitglied der Salzsenderzunft war er von 1429 bis 1431. In der Stadthierarchie war er von 1391 bis 1422 Mitglied des Inneren Rats, von 1395 bis 1425 Bußmeister der Stadt und von 1413 bis 1422 Stadthauptmann für das Rindermarktviertel. In dieser Funktion hat er an zahlreichen Fehden der Stadt teilgenommen. Bei der Belagerung von Friedberg befehligte er 272 Bürger. Am Sieg 1422 in der Schlacht bei Alling gegen die Ingolstädter Herzöge hatte er großen Anteil als Münchner Feldhauptmann mit seinen schlachterprobten Münchnern.

Auf ihn folgte sein Sohn *Barthelme Schrenck* (5), der ebenfalls in Padua studiert hatte. Padua gehört zu den ältesten europäischen Universitäten und ist , ebenso wie

[107] Stadtarchiv München: »Chronik der Schrenckhen von Notzing«
[108] Ahnenreihe des Hans Alexander Schrenck. B 30
[109] Roswitha von Bary: Verfassung und Verwaltung der Stadt München 1158–1580 1950

Paris, schon vor 1250 gegründet worden. Das Gründungsjahr der ersten deutschen Universität in Prag war dagegen erst das Jahr 1348. Über Barthelme Schrenck steht in der Schrenck'schen Chronik: »Barthelme Schrenck, des Barthelme Sohn, ist ein vernünftiger Mann gewesen, zu Gerechtigkeit und Billigkeit aller geneigt. Hat auch den Gemeinen lieb gehabt und denselben hoch und groß allzeit nach seinem Vermögen gefördert. Darum ist er zu seinen Zeiten auch von auswärtigen Leuten geehrt und geliebt worden. Er ist von den Fürsten viel in Räten und Botschaften gebraucht worden um seines guten Vertrauens und Vernunft willen«.

Barthelme Schrenck hatte mit seiner Ehefrau Dorothea Handschuester sieben Söhne und sechs Töchter. Im Jahre 1443 besaß er neben seinen Stadthäusern nicht weniger als 24 Güter und Lehen in den Landgerichten Weilheim, Starnberg, Erding, Schwaben, Wolfratshausen und Dachau. In der Liste der Salzsender von München ist er 1443 und 1444 verzeichnet. Auch er hat zahlreiche öffentliche Ämter bekleidet. 1459 war er Bürgermeister, von 1441–1472 Mitglied des Inneren Rats der Stadt und von 1445 bis 1471 Stadthauptmann für das Rindermarktviertel.

Im Jahre 1463 hat er mit dem Bergwerksbesitzer Hans Engelhardt aus Rattenberg eine Vereinbarung abgeschlossen, wonach sein damals dreizehnjähriger Sohn, Barthelme Schrenck, die damals neunjährige Margarete Engelhardt in sechs Jahren heiraten sollte, wobei für Barthelme 1000 rheinische Gulden als seine Mitgift und für Margarete 3/4 der Silberminen in Rattenberg als ihre Mitgift festgelegt wurden.

Sein Sohn *Barthelme Schrenck* (6) hat 1468, wie zwischen den Vätern 1463 vereinbart, Margarete Engelhardt geheiratet und war 1482 der reichste Bürger Münchens. Für Bayernherzog Albrecht IV. hatte er sich, nach der Schrenck'schen Chronik, so verdient gemacht, daß er nach dem Tod des Herzogs, im Jahre 1510, neben drei anderen Männern zum Vormund von des Herzogs Söhnen Wilhelm, Ludwig und Ernst bestellt wurde. Auf einer Adelsversammlung, als er angegriffen wurde, weil er auf Befehl des Herzogs oben saß, antwortete er voll Stolz und Selbstbewußtsein: »denen vom alten Adel weiche er gerne und erkenne sich schuldig, ihnen alle gebührende Ehre zu erweisen, aber denen, die ihr Herkommen nicht so lange nachweisen könnten wie er, gedenke er nicht im geringsten zu weichen«. Für München war er 40 Jahre lang Stadthauptmann für das Rindermarktviertel von 1474 bis 1514, fünfunddreißig Jahre Mitglied des Inneren Rats von 1472 bis 1507 und 1475 Bürgermeister der Stadt.

Auch sein Sohn, der fürstliche bayerische Rat *Caspar Schrenck* (7) von und zu Notzing und Egmating, Inhaber der Herrschaft Eckmühl, war 1547 Bürgermeister von München und von 1542 bis 1571 Mitglied des Inneren Rats der Stadt.

Auf ihn folgte sein 1508 geborener Sohn *Barthelme Schrenck* (8), der in Frankreich erzogen worden war, um die Landessprache zu erlernen. Er wurde fürstlicher bayerischer Rat, Zeugmeister, Kastner zu München und Pfleger zu Eckmühl.

Neben dem Landgericht und dem Richter für Straftaten war das Pfleggericht das Verwaltungsgericht eines Landkreises. Es war für das Kammerwesen, aber auch für die Land- und Kirchenpolizei zuständig. Im späten 16. Jh. wurde das Richteramt eingezogen und dessen Funktionen dem Pfleger, zusätzlich zu seinen bisherigen Aufgaben, übertragen.

Mit seiner Ehefrau Sibilla Meitinger hatte Barthelme Schrenck fünfzehn Kinder, von denen jedoch mehrere schon im Kindesalter starben. Er war nach der Schrenck'schen Chronik »ein guter Fechter und Turnierer, war im Schmalkaldischen Krieg (1547) Proviantmeister von Kaiser Karl gewesen, war bei allen Kurfürsten, Fürsten und vielen Kardinälen und Bischöfen bekannt und hat mit ihnen geredet, beherrschte das perspektivische Malen und Musik und hatte viel Verstand für Edelsteine«. Im Jahre 1576 starb er.

Sein 1546 geborener Sohn *Carl Alexander Schrenck* (9), der Ehemann von Euphrosine Part, wurde am bayerischen Hof in München erzogen. Er kämpfte in den Niederlanden und gegen die Türken in Ungarn und erhielt für seine Verdienste 1570 die Pflegschaft Eckmühl in erblichen Besitz. Nach dem Tod seines Schwagers Archatius Part wurde er 1597 Mitbesitzer von Kempfenhausen. Er starb am 27. 11. 1609.

Im Erbgang erhielt sein Sohn, der kurbayerische Kammerrat *Hans Alexander Schrenck*, die Hofmark Kempfenhausen und behielt sie bis 1639, bis weit in die Zeit des Dreißigjährigen Krieges, in Besitz. Er war 1586 geboren worden und seit 1613 mit Catherina zu Aich auf Oberndorf verheiratet. Mit ihr hatte er sieben Söhne und sechs Töchter. 1627 war Hans Alexander Schrenck von Notzing und auf Kempfenhausen Hofmeister des Klosters Seligenthal bei Landshut. Am 10. 8. 1633 bewarb er sich um das Oberrichteramt Landshut, denn die Pflege Eckmühl hatte sein ältester Bruder Karl Schrenck erhalten. Am 12. 11. 1633 war Hans Alexander Pfleger der Pflege Geisenhausen im Rentamt Landshut. Er war inzwischen Witwer mit acht Kindern. Nach den Gerichtsliteralien von Geisenhausen hat »Schrenck nit Geringes getan, daß die Stadt Landshut ist von den Schweden erhalten worden«.

Auf seinen beiden Hofmarken Notzing und Kempfenhausen wurde er, nach der Schrenk'schen Chronik, jedoch von den Schweden geplündert.

8. Kempfenhausen während des Dreißigjährigen Krieges von 1618–1648

Das Gebiet um den Starnberger See wurde erst im Jahre 1632 vom Krieg erreicht. Schwedische Reiter drangen am 17. Mai 1632, einen Tag nach der Besetzung Münchens, ins bayerische Oberland vor. Dort kam es, ganz im Gegensatz zu München, zu zahlreichen Plünderungen und Tötungen. Im Gebiet der Pfarrei Aufkirchen verloren in den vier Wochen, vom 17. Mai bis zum 19. Juni, 22 Männer und 2 Frauen durch die Schweden ihr Leben. Darunter befand sich auch der Zimmermann Jörg Arnold von Kempfenhausen. Am 19. Juni zogen die Schweden ab, und die Leute kamen wieder aus ihren Verstecken zurück, doch fanden sie die Lebensmittelvorräte verschwunden und »manche fanden ihre Wohnstatt vom Feind ganz oder teilweise ruiniert vor«, wie dies im Pfarrbuch von Aufkirchen vermerkt ist, das mit diesen Aufzeichnungen beginnt. Die Mühle von Haarkirchen war abgebrannt. Die nächste Heimsuchung des Würmseegebiets durch herumschwärmende Soldaten ereignete sich 1634, wobei es erneut zu Tötungen kam. Doch die meisten Todesfälle verursachte nun die Pest, vor allem im ersten Halbjahr von 1634 und im Herbst 1635. Anstelle von sechs bis acht Sterbefällen in Normaljahren, waren 1634 schon bis August mehr als 50 erwachsene Personen im Pfarrgebiet Aufkirchen gestorben. Erst im Jahre 1636 verließ die Pest die Ufer des Würmsees, und es konnte wieder Ruhe am See eintreten. Manche der ruinierten Siedelstätten blieben bis 1642 verödet. Eine sehr detallierte Schilderung der Wirren des Krieges, der Drangsale der Bevölkerung durch fremde und eigene Soldaten, durch Hunger, Krankheit und Elend hat Maurus Friesenegger, der Abt von Kloster Andechs, in seinem Tagebuch[110] von 1627–1648 aufgezeichnet. Schon kurze Auszüge aus diesem Tagebuch geben einen Eindruck von dem Schrecken dieser Kriegsjahre:

1627 »Seit anfangs April ständiger Regen bis Peter und Paul, dazwischen Schnee und Kälte, am St. Johann Tag (24. Juni) Schnee und im Herbst Ausbruch einer Pestart.

1628 Von August bis Oktober Pest mit vielen Toten.

1629 Gesegnetes Feldjahr, aber keine Baumfrüchte.

1630 Viehseuche, Pferdeseuche, Wildseuche und Angst vor dem herannahenden Krieg.

1631 Gustaf Adolf erobert Würzburg und Kurfürst Maximilian läßt die Landmiliz aufbieten. Die Mannschaft von 14–40 Jahren wird zum Militärdienst ausgehoben.

1632 Am 20.4. fiel Augsburg, am 4.5. fiel Landsberg, überall Feuersbrünste, am 15.5. wird München übergeben, am 17.5. plündern die Schweden Schloß und Dorf Gauting, am 18.5. sind 16 schwedische Reiter in Andechs und rauben 26 Pferde. Am Auffahrtstag wird das Wirtshaus abgebrannt. Nach 3 Wochen ziehen die Schweden ab. Bilanz: 12 Menschen erschlagen, 43 Häuser abgebrannt, 116 Stück Vieh geraubt, Hunger und Elend. Bis 14.7. streifen die Schweden durch die Gegend, dann kamen die Kroaten, die noch mehr Schaden anrichteten. Am 27.10. kamen erneut die Schweden. Die Dorfbewohner flohen in die Wälder.

1633 Die Hälfte der Häuser lag in Asche, der Rest war beschädigt, die Zäune als Wachfeuer verbrannt. Auf der Bevölkerung lastete eine hohe unerschwingliche Kriegssteuer. Schreckliche Stürme entwurzelten Bäume und brachten

[110] Maurus Friesenegger: Tagebuch aus dem Dreißigjährigen Krieg. Nachdruck 1974

den Kirchturm von Eching zum Einsturz. Am 3. Februar kamen die Kroaten zurück und plünderten, was sie fanden. Am 10. April wurde die eigene Armee unter General Johann von Werth bei Aichach geschlagen und versprengt. Sie ging über die Isar zurück und überließ München und die Gegend um den Starnberger See und Ammersee dem Feind. Am 17.4. brannten 40 Häuser in Weilheim, das von Flüchtenden voll war. Die Menschen flohen mit Pferd und Vieh und eilten den Alpen zu, da sie den Wäldern nicht mehr trauten, die von den Schweden durchstreift wurden. Am 19. April kapitulierte die Stadt Landsberg. Sie wurde 4 Tage lang geplündert, 160 Menschen wurden getötet, und die Befestigungen geschleift. Zu den Kriegsplagen kamen andere. Ende Mai stellte sich große Kälte mit Schnee und Eis ein, die den Baum- und Feldfrüchten großen Schaden zufügte. Die darauffolgende Trockenheit vergrößerte das Übel. Viele Leute lebten nur von Kräutern und Salatstrünken. Ende Juli waren alle Brunnen ausgetrocknet. Am 7. August rückten 3000 Berittene der Unseren unter Oberst Schaftenberg in Starnberg ein, die sehr übel hausten. Bei ihrem Abzug nahmen sie Pferde, Vieh und was sie kriegten mit und hinterließen nichts als Schandtaten. Wehe, wer sich ihnen widersetzte. Die Äcker lagen meist öd. Die Kroaten waren den Bauern wegen ihrer Räuberei mehr als die Schweden verhaßt. Bis Dezember zogen immer wieder Soldaten durch und verlangten Verpflegung. Soldaten und Bauern waren nur halb bekleidet, vom Elend gebleicht, vom Hunger ausgemergelt, mit bloßen Füßen bei großer Kälte.

1634 Der Durchzug von Soldaten und Freibeutern hielt von Januar bis August an, die das Vieh mitnahmen und Häuser und Dörfer in Brand setzten. Im Januar gab es viele Kranke, vor allem an der Ruhr. Viele starben. Bis April nahmen Hunger und Not zu. Viele starben, und manche verloren Haus und Gut und gingen nach Österreich zum Betteln. Immer wieder kamen Freibeuter und Räuber und stahlen und plünderten. Im Mai gab es einen Schauer, Reif im Juni und Regen im Juli. Auf den langwierigen Hunger folgte Ende Juli die Pest. Die Toten blieben oft viele Tage liegen. 1634 starben in Eching von 500 Einwohnern 310, so daß nur noch 190 am Jahresende übrig waren. Überall wurden strohene Kreuze aufgestellt. Ab Ende November ließ die Pest nach. In München sollen es 18000 Tote gewesen sein. Man lebte in größter Not.

1635 Vielerorts Pest, Pferdeseuche und Mäuse.

1638 Starker Sturm entwurzelt Bäume und deckt Dächer ab. Wölfe in ungewöhnlicher Zahl. Im Juli schrecklicher Donner. Im Herbst viel Regen, er verdirbt das Krumet.

1639 Ende April ungewöhnliche Kälte, Schnee und Eis verderben Blüten und Laub. Im Sommer immer Regen und Wind, verdirbt das Heu und Getreide. Es gab keine Baumfrucht. Den Feldfrüchten fügten die unzähligen Wildschweine großen Schaden zu.

1640 kamen wieder die Wölfe. Ab 8. Juni regnete es fast einen Monat lang, und es gab große Überschwemmungen, so daß Stege und Orte unter Wasser standen. Die Feldfrüchte litten unter Regen und den Wildschweinen.

1641 Am 21. Januar so viel Schnee, daß fast alle Wege und Straßen unpassierbar waren. Am 28. Januar wurde die Miliz aufgeboten und nach Ingolstadt beordert. Der Frühling war winterlich und der Sommer sehr stürmisch. Eine Überschwemmung richtete größten Schaden an, ebenso die unzähligen Wildschweine.

1642 Das erste Übel waren wieder die Wölfe. Auf die kältesten Winde und Reif, die bis Mitte Mai dauerten, folgte eine große Trockenheit. Am 11. Juni waren die Felder von Reif und Schnee bedeckt. Die Wölfe vermehrten sich und nahmen überhand.

1643 Große Plage und Wolfsjagen, große stürmische Winde mit viel Schaden.

1644 Mehrere Häuser, die von den Schweden zerstört und darniederlagen, wurden aufgebaut und renoviert, aber alle wohlfeil und um die Hälfte verkauft. Die Ernte war gesegnet.

1645 Wieder waren die Wölfe überlästig. Im Sommer große Trockenheit und Hitze. Im Herbst viel Regen und Überschwemmungen. Eine neue Kriegssteuer und eine gute Ernte.

1646 Am 3. September floh der Kurfürst nach Wasserburg. Am 12. September floh das Kloster und die Bevölkerung in die Alpen. Auf dem Weg nach Tegernsee viel Flüchtlingselend. Ab 29. September bis Jahresende kamen immer wieder kaiserliche Reiter, die raubten, plünderten und marterten und die Menschen entblößten und sie zu Tode schändeten. Wer nicht schon geflüchtet war, mußte sich in den Wäldern verbergen. Seit die Kaiserlichen in Bayern waren, wünschte sich jeder die Schweden zurück. Am 5. November überfielen 200 Schweden das Schloß Starnberg und am 8. November wurde von ihnen Weilheim eingenommen und geplündert.

1647 Im Juli bis Ende August Regenwetter mit großen Güssen und großen Überschwemmungen. Am 20. September wurde die bayerische Armee wieder mobilisiert und marschierte nach Böhmen und nach Memmingen. Auf die Soldaten folgten wieder Wölfe und Mäuse.

1648 Ende März ging die bayerische Armee bei Donauwörth über die Donau und lagerte dort. Auf den Wegen nichts als Elend, arme Familien, die ihr Heil in der Flucht suchten. Die ganze Gegend bis zu den Alpen wurde von eigenen Soldaten durchstreift und geplündert. Alles war voll von Flüchtlingen. Der Kurfürst begab sich am 24. 5. nach Wasserburg und kam am 8. Juni in Salzburg an. Dort fand er 12 000 geflüchtete Bayern vor. Anfangs Oktober rückten die Schweden nach Dachau vor. Wir hatten jetzt 4 Armeen um uns, die bayerische, die kaiserliche, die schwedische und die französische, und es war schwierig festzustellen, welche die schlimmste war. Rotten kamen und gingen, keiner wußte, wer sie waren, aber keiner ging ohne Schaden. Am 12. November kam der Abt zurück und brachte den Frieden mit, der am 24. Oktober 1648 in Münster geschlossen wurde und den Dreißigjährigen Krieg beendete. Am 17. November befahl der Kurfürst ein Friedensfest zu feiern«.

Soweit das Tagebuch von Abt Maurus Friesenegger. Wie sich die Kriegswirren auf Kempfenhausen ausgewirkt haben, geht aus einem Schreiben[111] von Friedrich Alois Hörl, dem späteren Besitzer von Kempfenhausen und Haarkirchen, aus dem Jahre 1677 hervor: »das Schloß ruiniert, verheert und verderbt, so daß weder Ofen noch Fenster noch Nagel in dem Schloß mehr zu finden und gleiches auf der Untertanen Behausungen, teils abgebrannt, teils aber ganz ruiniert und kaum mit drei bis vier Untertanen besetzbar, sind von meinem Vater mit großen Unkosten wiederum erhebt und aufgebaut worden«.

9. *Kempfenhausen im Besitz des Münchner Patriziergeschlechts der Hörl von 1639–1678*

Kempfenhausen und Haarkirchen sind 1639 in den Besitz des Münchner Patriziergeschlechts der Hörl übergegangen, nachdem sie der Münchner Bürgermeister Hans Heinrich Hörl von den Erben des Servatius Part käuflich erworben hatte, wie der Pflegeverwalter von Wolfratshausen am 2. April 1640 an Kurfürst Maximilian I. meldete.[112]

In der Urkunde[113] vom 20. 2. 1646, erklärte der Abt des Prämonstratenserordens sein Einverständnis damit, daß Carolus, der Abt des Klosters Schäftlarn »das Schmausengut in Kempfenhausen, auf dem Mathäus Rotmayer sitzt«, an den Bürgermeister Hörl in München als Hofgerichtsherr verkauft, um damit eine Schuld des Klosters von 700 Gulden an den Orden zu begleichen. Der Verkauf »des Schmausenguts, auf dem jetzt Wolf Schlemmer sitzt«, erfolgte jedoch erst mit der Verkaufsurkunde vom 10. 11. 1659 »an den edlen und gestrengen Herrn Hans Heinrich Hörl, zu Farchach und Kempfenhausen, gewester Innerer Rat, Bürgermeister in München und Landschaftsverordneter«.[114]

Die Hörl sind um 1460 nach München zugezogen und waren Tuchhändler. Als erster seines Geschlechts war *Konrad Hörl*, verheiratet mit Margarete Lerchenfelder, 1538 Mitglied im Inneren Rat der Stadt. Als erster Hörl nannte sich *Hans Hörl* »zu Farchach«. Er war von 1588 bis 1633 ebenfalls Mitglied des Inneren Rats und

[111] Hauptstaatsarchiv: GU Wolfratshausen Lit 4541 19. 2. 1677
[112] Hauptstaatsarchiv: Kurbayern geheimes Landesarchiv 1233 Seite 83 1640
[113] Hauptstaatsarchiv: KU Schäftlarn 486 1646
[114] Hauptstaatsarchiv: KU Schäftlarn 496 1659

mehrmals Bürgermeister. Er gehörte zu den Bürgermeistern, zu deren Ehre eine Erinnerungsmedaille geprägt wurde wegen ihrer Verdienste während des Schwedeneinfalls 1632 und der Pest.[115] Hans Hörl war in erster Ehe mit Anna Lerchenfelder verheiratet und in zweiter Ehe mit Ursula Ligsalz. Über die Ligsalz kam er in den Besitz von Farchach, der Nachbargemeinde von Haarkirchen.

Den Sitz Farchach hatte 1545 Georg Part von Kempfenhausen von Herzog Wilhelm IV. als Lehen erhalten. 1555 wurde er von Sebastian Ligsalz erworben und kam, nach dessen Tod, im Erbgang über seine Tochter Ursula an deren Ehemann Hans Hörl. Möglicherweise war dies der Anlaß für die Hörl, 1639 auch den Sitz Kempfenhausen und die Hofmark Haarkirchen zu erwerben. *Hans Heinrich Hörl*, der Kempfenhausen und Haarkirchen gekauft hatte, war seit 1600 mit Lukretia Ligsalz verheiratet und seit diesem Jahr auch Besitzer des Anwesens Kaufingerstraße 10 in München.[116] Von 1638–1655 war er Mitglied im Inneren Rat, und zwischen 1635 und 1656 viele Jahre Bürgermeister der Stadt München. Er erwarb 1652 von Kurfürstin Anna, der Witwe von Kurfürst Maximilian I., die als Vormund ihres minderjährigen Sohnes Ferdinand Maria handelte, auch die Mühle in Martinsholzen als Lehen.[117]

Die Verkaufsurkunde des Klosters Schäftlarn[118] vom 10.11.1659 für das Schmausengut ist auf ihn als Käufer ausgestellt, doch war er bereits seit dem 25.5.1656 tot und seine minderjährigen Kinder noch unter Vormundschaft. Als Vormund der hinterlassenen Erben nennt die Urkunde Herrn Johann Friedrich zu Ronegg und Herrn Ferdinand Hörl, des Inneren Rats Bürgermeister in München, der auch Stadtoberrichter gewesen ist. Von Hans Heinrich Hörl erbten seine Söhne *Johann Urban Hörl*, Innerer Rat von 1665–1694 und Bürgermeister von 1685–1688, und *Friedrich Aloys Hörl* zu Farchach, Kempfenhausen und Haarkirchen. Friedrich Aloys Hörl war Stadtoberrichter der Stadt München und 1680 Bürgermeister. Seit dem 8.1.1675 war er mit Maria Franziska Ligsalz verheiratet. Von ihm erhielten mehrere seiner Hintersassen Freistift: am 20.10.1666 Hans Mayr auf einer Hube in Kempfenhausen und am 17.2.1677 Hans Denk der Jüngere auf einem Hof und Sebastian Wörner auf einer Sölde, beide in Haarkirchen.

Friedrich Aloys Hörl hat den Sitz Kempfenhausen und die Hofmark Haarkirchen am 3.9.1678 für 15000 Gulden an *Kurfürst Ferdinand Maria* von Bayern verkauft,[119] der schon 1668 Schloß Possenhofen und 1676 die Hofmark Berg mit Aufkirchen erworben hatte. Verkauft wurde »das Schloß, das einen viereckigen Saal mit 12 Fenstern hat, das Pfleghaus, der mit einer Ringmauer eingefangene Obstgarten, ein gedielter großer Obstgarten, der gegen Aufkirchen stehende große

[115] Stadtarchiv München: Reindlchronik
[116] Stadtarchiv München: Häuserbuch Hackenviertel H 260 1957
[117] Hauptstaatsarchiv: GU Wolfratshausen 159 20.5. 1652
[118] Hauptstaatsarchiv: Kurbayern U 17178 10.11. 1659 und KU Schäftlarn 496
[119] Hauptstaatsarchiv: Kurbayern U 17172 3.9. 1678

Aus dem »Verzeichnis der Gilt, Getreidt und Küchendienst von Kempfenhausen und Haarkirchen für Kurfürst Ferdinand Maria«. Anlage zum Kaufbrief vom 3.2.1678.

Lfd. Nr.	Name	Hof Rechtsform	Gilt	Stiftgilt	Scharwerkgilt	Fischdienst Getreidedienst	Wiesgilt	Eier	Hühner Hennen	Gänse	Lamm
Kempfenhausen							fl = Gulden Kr = Kreuzer				
1	Melchior Hueber	Sedelhof freieigen veranlaite Freistift	Pfenniggilt 20 fl	6 Kr	4 fl	–		150	4 1	1	1
2	Hans Mayr	Lehngut freiledig eigen veranlaite Freistift	Eigengilt 12 fl	4 Kr	1 Klafter Holz nach München fahren	–		100	3	1	–
3	Peter Gebhardt	Fischlehen freieigen veranlaite Freistift	Gilt 10 fl	4 Kr	1 Klafter Holz nach München fahren	12 Stück Bodenrenken 6 Pfd. Ruten		100	3	1	–
4	Georg Obholzer	Fischlehen so eigen veranlaite Freistift	Eigengilt 10 fl	4 Kr	1 Klafter Holz nach München fahren	12 Stück Bodenrenken 6 Pfd. Ruten		100	3	1	–
5	Georg Pfanzelter	Fischlehen freiledig eigen veranlaite Freistift	Eigengilt 10 fl	4 Kr	2 Klafter Holz nach München fahren	12 Stück Bodenrenken 6 Pfd. Ruten		100	3	1	–
6	Georg Schlemmer	1/2 Hof freiledig eigen veranlaite Freistift	–	6 Kr	2 Tage mähen	3 Metzen Weizen 3 Metzen Gerste 2 Scheffel Korn 4 Scheffel Hafer	34 Kr	100	4	1	–
Haarkirchen											
1	Hans Denk d. J.	1/1 Hof so freieigen veranlaite Freistift	In barem Geld 48 fl	8 Kr	8 fl	–	7 fl	200	8 1	2	1
2	Hans Denk d. Ä.	1/1 Hof freiledig eigen veranlaite Freistift	In barem Geld 42 fl	8 Kr	8 fl	–	8 fl	150	6 1	1	2 Geiß. 1
3	Georg Wörner	Sölde so freieigen veranlaite Freistift	Eigengilt 2 Kr	2 Kr	Im Winter die Fischweiher eisen	–	1 fl	–	–	–	–
4	Andreas Lenz	Mühle und Sägemühle, eigen veranlaite Freistift	In barem Geld 30 fl	8 Kr	–	–	–	100	4 1	1	1

Wasserturm, und schließlich 1000 Tagwerk Gehölz«. Der Verkaufsurkunde waren als Anlage die nachstehenden Dokumente beigefügt:

1. »Übergabebrief vom 3. Febris 1678
2. Verzeichnis, was vermöge obigen Übergabebriefs Ihrer churfürstlichen Durchlaucht übergeben worden
3. Steuerregister über Kempfenhausen und Haarkirchen
4. Anlageregister über Kempfenhausen und Haarkirchen
5. Kaufbrief um das Schmausengut zu Kempfenhausen von 1659
6. Acta und Erkenntnis zwischen der Gemeinde Percha und den Haarkirchnern in causa juris presente (Weiderecht)
7. ein Bund Schlüssel zum Schloß Kempfenhausen gehörig«.

Mit diesem Verkauf an Kurfürst Ferdinand Maria gingen 400 Jahre zu Ende, in denen Münchner Patrizier und Bürgermeister Kempfenhausen als Sitz gewählt hatten. Allerdings war nun auch das Zeitalter der bürgerlichen Hochblüte vorbei und das Zeitalter des Absolutismus längst angebrochen.

IV. Kempfenhausen im Besitz der bayerischen Kurfürsten Ferdinand Maria und Max II. Emanuel von 1678–1690

1. Das Zeitalter des Absolutismus 1648–1763 [120]

Mit dem Westfälischen Frieden endete das konfessionelle Zeitalter, die Epoche der Glaubensstreitigkeiten und der Glaubenskriege. Nun rückte der Kampf um politische Macht, um ihren Erwerb, ihre Anwendung und ihre Durchsetzung in den Mittelpunkt. »Absolutismus« und die »absolute Monarchie« kennzeichnen die Politik von Fürsten, die absolute Herrschergewalt in Anspruch nahmen. In dieser Zeitspanne war das die dynamischste politische Kraft. Der Absolutismus war aber nicht nur ein Herrschaftssystem, sondern er prägte auch das soziale Gefüge von oben. Man orientierte sich am regierenden Fürsten, an der Dynastie und am Hof. Die Gesellschaft war hierarchisch gegliedert und obrigkeitlich geprägt.

Auf dem Reichstag in Regensburg waren, ohne die reichsritterlichen Territorien, 255 Fürstenhöfe vertreten, die alle einen eigenen Hof unterhielten. Das Hofzeremoniell diente sowohl der Repräsentation als auch der Disziplinierung und vertiefte den sozialen Abstand zur Bevölkerung. Lebensweise, kultureller Anspruch und Sprache des Hofes gehörten einer anderen Welt an, und dies galt in noch größerem Maß für die höfische Repräsentation, für Jagden, militärische Paraden, Feste, Konzerte, Theater usw. Ausländische Architekten und Künstler wur-

[120] Rudolf Vierhaus: Deutschland im Zeitalter des Absolutismus 1985

den an die Höfe berufen. Der wirtschaftliche Niedergang der vom Krieg verwüsteten Gebiete und das dadurch reduzierte Selbstwertgefühl bewirkten die Übernahme des französischen Zivilisationsstandards, der französischen Mode und der französischen Redensarten. Das patriarchalische, landesherrliche Regiment und die Kirchenobrigkeit mit ihrer Sozialdisziplinierung prägten für lange Zeit die Obrigkeitsorientierung der Menschen.

Die Bemühungen der Höfe zur Verbesserung der Einkünfte führten zum »Merkantilismus«. Das war die Lenkung und Förderung der Wirtschaft durch die Regierungen, aber immer bevormundend und an Staatszwecken orientiert, mit Vorgaben und Kontrollen aus fiskalischen Gründen. Das Ziel war die Verbesserung der Wirtschaftsstruktur, um dadurch höhere staatliche Einkünfte zu erzielen. Das sollte durch Steigerung der Bevölkerungszahl, Steigerung der gewerblichen Produktion und durch Förderung der Landwirtschaft und der Ausfuhr erreicht werden. Durch »Kameralismus« sollten die Einnahmen der fürstlichen Kammern verbessert werden.

Die Folge dieser Situation waren verkrustete soziale Verhältnisse. Anstelle konfessioneller Konflikte trat nun das Bemühen nach Sicherung des Besitzstandes und nach Sicherung des Status in den Vordergrund.

Die eifersüchtige Beachtung von sozialen Unterschieden und ein dichtes System sozialer Kontrolle erzeugten einen hohen Anpassungsdruck. Jeder mußte darauf bedacht sein, sich in seinem »Stande« zu erhalten und andere von gleichen Rechten auszuschalten. Die Notwendigkeit in der Kleidung, im Umgang, im Auftreten ständig die eigene Reputation, den eigenen Stand zu wahren, gab dem Leben eine stark konventionelle Prägung und ließ soziale Dynamik kaum aufkommen. Servilität prägte sich im Denken und Verhalten der Menschen tief ein. Standes- und Zunftmentalität herrschte auch bei Juristen, Gelehrten und Pfarrern, und selbst der nicht regierende Adel hatte das Interesse, sich als privilegierte Gruppe zu behaupten und Aufsteiger fernzuhalten.

War Deutschland im 16. Jh. das Land einer dynamischen Stadtkultur gewesen, so wurde es seit der Mitte des 17. Jh.s ein Land der Höfe. Viele Städte erlangten nach dem Krieg ihre frühere Bedeutung nie wieder. Das Leben in den Städten stagnierte, und die kommunale Selbständigkeit ging immer weitgehender an die fürstliche Verwaltung verloren. Ein wohlhabendes, selbstbewußtes und weltläufiges Großbürgertum war selten geworden und blieb es bis in das 19. Jh. hinein. Meist fehlte ihm die unternehmerische Energie, die für die Städte im 15. und 16. Jh. so charakteristisch gewesen war. Dagegen wurde für die Städte das Kleinbürgertum mit »kleinbürgerlicher Mentalität« und »kleinbürgerlichem Verhalten« das beherrschende und charakteristische Element.

Immer größere Bedeutung gewann in der Gesellschaft die Gruppe der landesherrlichen Beamten. Sie garantierten die kontinuierliche Wahrnehmung der Regierungsfunktion über die Zufälle der Eignung und Qualität des regierenden Fürsten hinweg. Zwar hielt die absolute Monarchie daran fest, die oberen Hofämter und die höchsten Stellen in der Verwaltung, im Offizierskorps und im Diplomatischen Korps vorwiegend an Adelige zu vergeben, aber sie bediente sich nun auch in stärkerem Maße der bürgerlichen Kräfte, deren Aufstieg meist durch Nobilierung zustande kam, die verdiente Offiziere, Kaufleute, Unternehmer und Gelehrte erhalten konnten. Es begann sich eine Personalpraxis durchzusetzen, in der Ausbildung, Vorkenntnisse und Bewährung zählten. Die adeligen Amtsbewerber mußten sich zunehmend den gleichen Qualifikationsanforderungen wie Nichtadelige stellen, doch hatten sie weiterhin bessere Aufstiegschancen.

Die Zunftbindungen und die überlieferte Agrarverfassung waren im wesentlichen erhalten geblieben. In Bayern hatte sich jedoch die personale Bindung der Bauern an die Grundherren mehr und mehr gelockert und sich in reale Abgaben gewandelt. Trotz unterschiedlicher Besitzrechte waren die Höfe praktisch erblich geworden. Die Reallasten blieben zwar durchweg hoch, waren aber fixiert und konnten vom Grundherrn nicht willkürlich verändert werden. Die Landbevölkerung deckte ihren Eigenbedarf – vor allem für Textilien – noch immer selbst. Nach dem Dreißigjährigen Krieg wandelte sich jedoch die Sozialstruktur der Dörfer, und die Zahl der dörflichen Handwerker und Tagelöhner nahm zu. Hofmarken mit ihrer Niedergerichtsbarkeit hatten das Recht, Personen auf Sölden anzusiedeln. Sölden waren eingehöftige Anwesen mit 1/16–1/32 Hoffuß. Von 85000 eingehöftigen Anwesen in Bayern waren 1691 50% Sölden mit 1/16–1/32 Hoffuß, d.h. 44000, bzw. ein Drittel aller ländlichen Anwesen war auf zusätzliches Handwerk und Handel, auf Zu- und Nebenerwerb angewiesen. Sölden mit 1/32 Hoffuß ernährten nur Tagelöhner. Die Einkünfte waren jedoch kümmerlich, und selbst die Bauern arbeiteten zu 80% ohne Überschuß und mit dem Existenzminimum.

Die kirchlich-religiöse Entwicklung in Bayern wurde seit Herzog Wilhelm V. (1550–1597) von den bayerischen Herzögen bestimmt. Sie waren die führenden Vertreter der Gegenreformation, haben in ihrem eigenen Land den Protestantismus verboten und radikal entfernt und haben das religiös-kirchliche Verhalten ihrer Untertanen staatlich beaufsichtigt, überwacht, gelenkt und korrigiert.[121] Gleichzeitig haben sie die innerkirchliche Reform mit Nachdruck betrieben und, unterstützt durch päpstliche Privilegien, selbst in die Hand genommen. Mit Hilfe der Reformorden – vor allem der Jesuiten und Kapuziner –, die von ihnen ins Land gerufen wurden, und durch zahlreiche neu geschaffene Klöster versuchten sie, die Jugenderziehung und die Theologenausbildung zu reformieren und einen neuen, frommen, gebildeten, sittlich einwandfreien Priesterstand zu bekommen, der in der Lage war, die Heilsaufgabe der Kirche zu erfüllen und neue Glaubwürdigkeit zu gewinnen.

Auch für Bayern bedeutete der Westfälische Friede (1648) eine Epochengrenze. Es entwickelte sich nach dem Ende des Krieges eine neue starke, leidenschaftliche Volksfrömmigkeit der Gelübde, Wallfahrten, Prozessionen, Heiligen- und Reliquienverehrung, mit Umritten und Passionsspielen. Viele der Reformbeschlüsse des Trienter Konzils (1545–1563) wurden jetzt verwirklicht. Das Ziel von Kult und Predigt war die Verehrung der Sakramente und die verklärende Darstellung der Herrlichkeit Gottes und der Kirche.

So entwickelte sich bei der Kirche der Gegenreformation dieselbe Tendenz zu Repräsentation von Macht und Herrlichkeit wie bei der absoluten Monarchie, die beide in der Kunst des Barock den adäquaten Ausdruck ihres Selbstdarstellungswillens fanden. In den Kirchen und an den Fürstenhöfen entfalteten sich Architektur, Bildhauerei, Malerei und Musik zu höchster Blüte und erhielten von weltlichen wie den kirchlichen Auftraggebern Impulse und Aufgaben. Die Kunst des Barock hat die Harmonie der Renaissance weiterentwickelt durch dynamische Überhöhung der Form, durch die Verstärkung des Symbolischen und durch die Öffnung des Begrenzten ins Unbegrenzte.

Die barocke Kirche war der Raum der Anwesenheit Gottes. In ihr wurden die Menschen durch die prunkvolle Repräsentation des Übernatürlichen ergriffen. Nachdem in der späteren Hälfte des Dreißigjährigen Krieges wesentliche Neubauten völlig gefehlt hatten, erfaßte der Barock das ganze Land bis in die entlegenen Dörfer, mit einer Breite des Schaffens voller Kraft.[122] Zahlreiche Kirchen, Klöster und Kapellen entstanden neu oder wurden umgestaltet und prägten und veränderten das Bild der altbayerischen Kulturlandschaft, das bis heute bestehen blieb. Es entstanden helle Bauten, klargegliedert mit charakteristischen Zwiebeltürmen, innen auf weißem Grund eine Bilderwelt in Deckenfresken und Altarbildern, die festlich und farbig stimmt. Alle Barockbauten verbindet das gemeinsame Bewußtsein einer festen Ordnung der Welt, die Respekt und Huldigung verlangt. Seine Vollendung und seine Selbständigkeit erreichte der bayerische Barock am Ende des 17. Jh.s. Die Anregungen waren vom Hof ausgegangen.

Von den vielen bedeutenden Kirchen, Klöstern und Schlössern des Barock entstanden in München die Theatinerkirche, 1627–1687, von *Barelli* und *Zucalli* und das Nymphenburger Schloß, ab 1664, von *Barelli*. Bei Waldsassen entstand die Klosterkirche Kappel, 1684–1699, von *Georg Dientzenhofer*. Die Klosterkirche Benediktbeuern, 1680–1683, und Tegernsee, 1684–1689, wurden barockisiert. *Effner* erbaute von 1684–1688 das Schloß Lustheim, von 1701–1704 Schloß Schleißheim, 1716 die Pagodenburg, 1718 die Badenburg im Nymphenburger Park, von 1723–1727 das Palais Preysing und von 1733–1737 das Palais Holnstein. Von *Viscardi* stammt die Zisterzienserabtei Fürstenfeld ab 1701 (von *Ettenhofer* 1736 vollendet) und die Klosterkirche Ettal, 1710–1713. *Johann Michael Fischer*, der 32 Kirchen und 23 Klöster erbaut hat, ist auch der Baumeister der Stiftskirche

[121] Dieter Albrecht: Die kirchlich-religiöse Entwicklung 1500–1748. In Spindler, Handbuch der bayerischen Geschichte 1977

[122] Sigmund Benker: Kunstentwicklung vom 16. Jh. bis zum Ende des 18. Jh.s. In Spindler, Handbuch der bayerischen Geschichte 1977

Dießen, 1732–1739. Ein Höhepunkt des bayerischen Barock ist die Wieskirche von *Dominikus Zimmermann*, 1736–1741. Am Kloster Schäftlarn arbeiteten 1733–1760 *Viscardi*, *Cuvilliés* und *Gunetzrhainer*. Im Übergang zum Rokoko entstanden von 1751–1753 das Hoftheater von *Cuvilliés* in München, das Schloß Haimhausen 1747, die Klosterkirche Andechs 1751 und die Pfarrkirche in Starnberg, 1763–1766, von *Leonhard Mathäus Giesler*.

Der bedeutende Barockmaler *Christian Wink* (1738–1797) hat nicht nur den Speisesaal von Schloß Schleißheim ausgemalt, sondern auch das Deckenfresko in der Schloßkirche St. Anna in Kempfenhausen. Auch die beiden bedeutendsten Barockbildhauer waren im Gebiet des Starnberger Sees tätig: *Johann Baptist Straub* (1704–1784) arbeitete in Andechs, Schäftlarn und Ettal und von *Ignaz Günther* (1725–1775) stammt der Altar in der Pfarrkirche St. Josef in Starnberg (1766–1788).

Im Zeitalter des Absolutismus[123] regierten in Bayern nach Maximilian I. *Kurfürst Ferdinand Maria* (1658–1679), *Kurfürst Max II. Emanuel* (1679–1726) und *Kurfürst Karl Albrecht* (1726–1741), der von 1742–1745 als Karl VII. deutscher Kaiser war.

Von diesen drei Herrschern waren *Kurfürst Ferdinand Maria* und *Kurfürst Max II. Emanuel* von 1678–1690 Besitzer der Hofmark Kempfenhausen und prägten durch ihre glanzvollen Feste am Starnberger See Zeit und Gegend.

Kurfürst Ferdinand Maria wurde mit fünfzehn Jahren Kurfürst und übernahm mit achtzehn Jahren die Regentschaft. Er übernahm ein Land, das durch Krieg und Pest etwa die Hälfte seiner Bevölkerung verloren hatte. Der Prozeß der Regeneration bedurfte des behutsamen Schutzes und Ferdinand Maria hat diese Aufgabe mit zäher Umsicht erfüllt und seinem Land dreißig Jahre Frieden verschafft, in denen es sich von den Wunden des Dreißigjährigen Krieges erholen konnte. Unter ihm wendete sich die bayerische Politik zwischen 1664 und 1679 von Habsburg ab. Bayern schloß nun ein Bündnis mit Frankreich.

Sein Sohn *Kurfürst Max II. Emanuel* unternahm alles, um den Glanz des Hauses Wittelsbach zu vergrößern, doch die Widerstände der Umwelt und die Mißgunst des Schicksals waren stärker als er. Die siebenundvierzig Jahre seiner Regentschaft kannten Höhen und Tiefen. Auf die Zeit als Türkensieger und Statthalter der Niederlande, von 1685–1692, folgte das diplomatische Ringen um das spanische Erbe von 1692–1702, der Spanische Erbfolgekrieg mit dem Kampf um Bayern von 1703–1706, und von 1706–1714 die Ächtung des Kurfürsten. Erst der Frieden von Rastatt, 1714, ermöglichte Max Emanuel die Rückkehr nach Bayern. Von 1679 bis zu seinem Tod, im Jahre 1726, war er nur elf Jahre zusammenhängend in seinem

[123] Andreas Kraus: Bayern im Zeitalter des Absolutismus.
In Spindler, Handbuch der bayerischen Geschichte 1977

Land gewesen, und dies erst nach seiner Rückkehr 1715. Er war zwar kühn und er war bereit gewesen, für den Ruhm alles einzusetzen, selbst das eigene Leben, aber es hatte ihm letzlich der Wille zur Macht gefehlt. Er war stets durch seine Emotionen gefährdet. Zu leicht siegten bei ihm Gefühle aller Art, Zu- und Abneigungen, Zorn und Ruhmsucht über die Staatsräson.

Nach dem Tode Max Emanuels wurde sein Sohn *Karl Albrecht* mit neunundzwanzig Jahren, 1726, Kurfürst von Bayern. Wie sein Vater sah er nur, was er sehen wollte und hatte einen unerschütterlichen Glauben an die Größe des Hauses Wittelsbach.[123] Er hielt unbeirrbar an seinem Ziel fest, die österreichischen Erblande zu gewinnen. Karl Albrecht war ehrgeizig, aber egozentrisch und weich gegen sich selbst. Im Jahre 1714 hatte sich sein Vater, Max Emanuel, vom französischen König Ludwig XIV. den Erbanspruch der Wittelsbacher auf die österreichischen Erblande, falls die Habsburger ohne männlichen Nachfolger bleiben würden, bestätigen lassen. Die Habsburger hatten jedoch 1713, in der »Pragmatischen Sanktion«, die weibliche Erbfolge festgelegt.

Als der Ernstfall durch den Tod von *Kaiser Karl VI.* 1740 eintrat, erhob Karl Albrecht Anspruch auf die Kaiserwürde und auf die habsburgische Erbfolge. Um diesen Anspruch durchzusetzen, begann er Ende Juli 1741 den Krieg gegen Österreich mit der Einnahme von Linz. Damit begann der Österreichische Erbfolgekrieg, der bis 1745 dauerte. Zwar wurde Karl Albrecht 1741 zum König von Böhmen und am 25.1.1742 einstimmig als *Karl VII.* zum Deutschen Kaiser gewählt, doch zwei Tage später zogen die Österreicher in München ein, und Karl VII. war ein Kaiser ohne Land. Im November 1742 konnte Bayern wieder befreit werden, doch bereits im Mai 1743 ging das Land, nach empfindlichen Niederlagen der bayerischen Armee, erneut an die Österreicher verloren. Karl Albrecht konnte erst im Oktober 1744 wieder nach München zurückkehren und erlag dort am 20.1.1745 einem Herzschlag. Das veranlaßte die Österreicher, im Mai 1745 einen neuen Angriff auf Bayern zu beginnen, den der neue *Kurfürst Max III. Joseph* mit dem Vorfrieden von Füssen am 12.4.1745 beenden konnte. Er erhielt Bayern gegen den Verzicht auf alle Ansprüche Karls VII. zurück.

2. *Kurfürst Ferdinand Maria (1651–1679) und Kurfürstin Henriette Adelaide von Savoyen*

Kurfürst *Ferdinand Maria* hatte die Hofmark Kempfenhausen und Haarkirchen am 3.9.1678 von Friedrich Aloys Hörl gekauft, nachdem er 1668 schon Schloß Possenhofen und 1676 die Hofmark Berg mit Aufkirchen erworben hatte. Damit hatte er optimale Möglichkeiten gewonnen, für Fahrten mit seiner prunkvollen Flotte, für Kaffeepausen und abendliche Tafelrunden in eigenen Schlössern. Mit Berg und Kempfenhausen hatte er außerdem Zugang zum wildreichen Forstenrieder Park, von dem aus sich Hirsche zu den Seejagden in den flachen Ufergewässern zwischen Berg und Kempfenhausen treiben ließen.

Unter Ferdinand Maria wurde der Starnberger See zum fürstlichen »Hof-See«. Die Schlösser und Edelsitze lagen wie Perlen einer Krone an den Ufern des Sees: Starnberg, Possenhofen, Garatshausen, Tutzing, Ambach, Allmannshausen, Berg, Kempfenhausen und im Norden Leutstetten, ein passender Rahmen für höfische Feste und kurfürstliche Repräsentation.

Ferdinand Maria wurde 1636 als Thronfolger geboren. Er entstammte der zweiten Ehe Maximilians I. mit Maria Anna, der Tochter Kaiser Friedrichs III. Die erste Ehe Maximilians I., die eine glückliche Verbindung von 40 Jahren Dauer gewesen war, war kinderlos geblieben. Der Ausbildung Ferdinand Marias hatte man große Aufmerksamkeit gewidmet. Er erhielt Unterricht in Latein, Italienisch, Französisch, Ethik, Religion und in den »schönen und nützlichen Wissenschaften« Physik, Mathematik, Philosophie, Jura, Staatskunst und Diplomatie.

1650 wurde Ferdinand Maria in Turin in Abwesenheit mit Prinzessin Henriette Adelaide, einer Enkelin des französischen Königs Heinrich IV., verheiratet. Die eigentliche Vermählung wurde später, 1652, in München vollzogen. Nach dem Tod seines Vaters wurde er, unter der Regentschaft seiner Mutter, Kurfürst von Bayern. Zwei Jahre später, 1654, mit 18 Jahren, übernahm er die Regierung des Landes selbst. In seiner Thronrede[125] nannte der junge Kurfürst seine Ziele:

- die katholische Religion der Väter und Ahnen zu schützen und zu verteidigen
- die alte, gute, ehrwürdige Verfassung zu erhalten und Änderungen nur mit Beistand und Rat der Landstände vorzunehmen
- des Landes Wohl als einzige und wahre Richtschnur aller Handlungen
- die Wunden des Krieges zu heilen
- alle Mühe für die Rückkehr des alten Wohlstandes aufzuwenden, damit das treue Volk nicht unter zu großen Lasten seufze oder ihnen wohl erliege.

Den Verwüstungen des Dreißigjährigen Krieges ließ Kurfürst Ferdinand Maria 30 Jahre friedlichen Aufbau folgen, ließ abgebrannte Häuser wieder aufbauen, unbebaute, verödete Fluren, Äcker und Wiesen wieder kultivieren, unterstützte die Landbevölkerung durch kostenlose Abgabe von Kavalleriepferden und Steuersenkungen, verbesserte den zerrütteten Staatshaushalt, stellte den Landeskredit wieder her und bemühte sich, Gewerbe und Handel zu fördern und zu beleben.

Die ihm 1658 angebotene deutsche Kaiserkrone schlug Ferdinand Maria aus und ermöglichte statt dessen die Wahl des Habsburgers Leopold II. Als erstes Kind wurde ihm 1660 Prinzessin Maria Anna Christine Viktoria geboren, die später den

[125] Joseph Lipowsky: Ferdinand Maria Lebens- und Regierungsgeschichte 1831

Sohn des französischen Königs Ludwig XIV. heiratete. 1662 war das Geburtsjahr des ersehnten Kurprinzen *Maximilian Emanuel.* Aus Freude über einen Thronfolger ließen die Eltern, in Erfüllung ihres Gelübdes, in München die Theatinerkirche und das Kloster der Theatiner erbauen. Außerdem schenkte Ferdinand Maria der Kurfürstin die Schwaige Kemnathen, auf deren Grund der Mitteltrakt des Nymphenburger Schlosses entstand.

Die reizvolle, charmante und geistreiche Kurfürstin Henriette Adelaide beendete am Münchner Hof das steife spanische Hofzeremoniell, holte zahlreiche italienische Künstler ins Land und machte den Münchner Hof weltberühmt und zu einem der lebendigsten und bedeutendsten Europas.

Dem Kurfürst flossen dank seiner Neutralitätspolitik zahlreiche Subsidienzahlungen zu, die es ihm ermöglichten, trotz seiner zahlreichen Bauten und Stiftungen, den Haushalt immer wieder auszugleichen. Er liebte das Wasser und verbrachte in der schönen Jahreszeit oft mehrere Wochen mit der Kurfürstin am Starnberger See, mit Bootsfahrten, mit Fischfang, Jagden und Seefesten. 1663 gab er den Auftrag zum Bau des Prunkschiffes »Bucentaur«, dem das Prunkschiff des Dogen von Venedig als Vorbild diente. Zur Flotte auf dem Starnberger See, die 2000 Leute aufnehmen konnte, gehörte, außer dem »Bucentaur«, das »Blaue Schiff«, eine Halbgaleere, die »Rote Halbgaleere« und zahlreiche Gondeln, sowie Proviant- und Küchenschiffe.

Im Jahre 1660 erließ Kurfürst Ferdinand Maria eine Dienstbotenordnung, die die Vergütung der Dienstboten regelte. Danach hatte ein Reitknecht ein Kleid, einen Mantel ohne Stiefel und 18–22 fl (Gulden) zu erhalten, ein Kutscher einen Kutscherrock ohne Stiefel und 15–18 fl, ein Vorreiter 10–12 fl, ein Oberknecht 1 Paar Stiefel, 1 Paar Schuhe, 1 Pfund Schmer und 10–14 fl, ein Drittelknecht 2 Paar Schuhe, ½ Pfund Schmer und 5–6 fl. Einer »Oberdirn« standen 2 Paar Schuhe, 1 Pfund Schmer, 6 Ellen herbe und 6 Ellen rupfene Leinwand und 5–6 fl zu, einer gewöhnlichen Dirn 1 Paar Schuhe, 4 Ellen rupfene und 4 Ellen herbe Leinwand und 3 fl.

1672 erließ Ferdinand Maria das Amortisationsgesetz. Danach durften adelige Landgüter, also Herrschaften, Hofmarken, Sitze und Sedlhöfe, nicht ohne seine Erlaubnis an nicht edelfreiheitsfähige Personen vererbt werden, und Schenkungen an kirchliche Institutionen durften unter keinem Vorwand mehr als 2000 Gulden betragen. Der Dreißigjährige Krieg hatte viele Adelsgeschlechter ruiniert. Dadurch waren mehr als 100 Adelsgüter in den Besitz der Kirche übergegangen, und die Anzahl der landsässigen Familien war von 593 im Jahre 1600 auf 278, das sind 47%, im Jahre 1693 gesunken.

1669 berief Ferdinand Maria zum letzten Mal die Landstände ein. Von 567 Abgeordneten erschienen nur 317, das sind 56%. Von da ab blieben die Landstände ausgeschaltet. Ferdinand Maria hatte damit erreicht, daß die Allmacht des Fürsten über Gesetzgebung, Verwaltung und Politik nun uneingeschränkt wurde und ohne

Kontrolle und Mitsprache blieb. Er war ein rein absolutistischer Herrscher geworden. 1676, noch nicht vierzigjährig, starb die Kurfürstin, und drei Jahre später, 1679, der Kurfürst.

3. Kurfürst Maximilian II. Emanuel (1679–1726)

Nach dem Tod des Vaters wurde *Maximilian II. Emanuel* 1679 Kurfürst von Bayern und übernahm nach dreizehnmonatiger Vormundschaft durch seinen Onkel, 1680, im Alter von 18 Jahren, selbst die Regierung. Max Emanuel hatte ein wechselvolles Schicksal.

Zunächst schloß er im Jahre 1683 mit dem habsburgischen Kaiser die Defensiv-Allianz gegen Frankreich und die Türken. Dadurch erhielt er jährliche Subsidien von 250000 Gulden im Frieden und 450000 Gulden im Krieg gegen die Verpflichtung, ein Heer von 8000 Mann aufzustellen. Der türkische Großwesir Kara Mustafa bedrohte 1683 Wien. Dort wurde er von kaiserlichen, polnischen und bayerischen Truppen in der Schlacht am Kahlenberg vernichtend geschlagen. Entscheidend für diesen Sieg war die bayerische Kavallerie gewesen. Das bayerische Regiment Graf Arco war als erstes ins türkische Hauptlager eingedrungen.

Max Emanuel heiratete 1685 die habsburgische Kaisertochter Maria Antonia. Mit 24 Jahren erhielt er 1686 ein eigenes Kommando und verstärkte sein Heer für den Kampf gegen die Türken auf 18000 Mann. Bei der Einnahme von Ofen, der Schlacht bei Harsan und bei der Einnahme Belgrads, gelangte Max Emanuel zu höchstem Ruhm, der ihm in Bayern dauerhafte Zuneigung einbrachte und den Beinamen »der blaue Kurfürst« wegen seiner blauen Uniform. Als sein Bruder Joseph Clemens 1688 Erzbischof von Köln wurde, fiel der französische König Ludwig XIV. in die Pfalz und in Köln ein und verwüstete beide. Max Emanuel trat, nach Zusicherung der Statthalterschaft in den Niederlanden, der Allianz gegen den französischen König Ludwig XIV. bei und wurde von 1689–1697 Statthalter der Niederlande. Im Jahre 1692 wurde ihm ein Sohn geboren, der Anspruch auf das spanische Erbe der Habsburger hatte. Durch den frühen Tod dieses Erben, im Jahre 1699, ging dieser Anspruch jedoch wieder verloren. So rief der französiche König Ludwig XIV. nach dem Tod Kaiser Karls VI., im Jahre 1699, seinen Enkel als Philipp V. zum König von Spanien aus. Das führte zum spanischen Erbfolgekrieg, von 1702–1714, zwischen Frankreich und dem Habsburger Kaiser. Max Emanuel und sein Bruder Clemens, Erzbischof von Köln, traten auf die Seite Frankreichs. Max Emanuel überfiel 1702 Ulm und marschierte 1703 in Tirol ein. Dieser Angriff schlug jedoch fehl. Als Folge davon rückten zwei österreichische Korps in Bayern ein und verwüsteten das Land. Max Emanuel und die mit ihm verbündeten Franzosen verloren auch die Entscheidungsschlacht von Höchstädt 1704, in der mehr als 6000 Bayern fielen. Nach dieser verhängnisvollen Schlacht überschwemmte die feindliche Armee das Land und wütete nicht weniger furchtbar als 50 Jahre früher Schweden, Kroaten und Franzosen. 4000 Reiter streiften bis nach München und steckten 300 Ortschaften in Brand. Von Furcht und Schrecken ergriffen, flohen die Landbewohner mit ihren Habseligkeiten in dichte Wälder oder befestigte Städte. Das Gnadenbild von Aufkirchen wurde am 19. Juli 1704 nach München in die Augustinerkirche gebracht und kehrte erst am 24. März 1705, in feierlicher Prozession, nach Aufkirchen zurück. 1705 war auch München in die Hand der Österreicher gefallen.

Das besetzte Land wurde von den Österreichern auf das härteste ausgebeutet. Immer wieder kam es zu schwersten Exzessen, zu Brand, Totschlag und Erpressungen. Nach den zeitgenössischen Berichten wurde auch das Ostufer des Würmsees verwüstet, und allnächtlich waren dort brennende Häuser zu sehen. Die Steuerlasten für die Bevölkerung wuchsen über jedes erträgliche Maß, und nachdem die Werbung für die kaiserlich-österreichische Armee ohne Erfolg blieb begannen Zwangsaushebungen. Dies führte zu Gewalttätigkeiten und impulsiven Empörungen, die von den davon betroffenen Bauernsöhnen ausgingen. In Tölz bildete sich die »churbayerische Landesdefension des Oberlandes«, die die Landfahnen, d. h. die wehrfähigen Männer aufbot. Ihr Appell an die Treue der Bevölkerung zum bayerischen Herrscherhaus hatte Erfolg. Am 22. Dezember 1705 versammelten sich in Schäftlarn 2769 Mann, meist Bauern, von denen allerdings nur ein Drittel ein Gewehr besaß. Am 24. Dezember brachen sie nach München auf, um mit Unterstützung der Bürger, die sie erwarteten, die Stadt einzunehmen. Doch diese Unterstützung blieb aus. In der sogenannten »Sendlinger Mordweihnacht« wurden bei Sendling fast 3000 Bauern von österreichischer Kavallerie niedergemetzelt.

Im darauffolgenden Jahr, 1706, wurde über Kurfürst Max Emanuel und über seinen Bruder Clemens, den Erzbischof von Köln, die Reichsacht verhängt. Sie verloren dadurch alle ihre Länder und Güter. Erst nachdem, 1711, Kaiser Josef II. gestorben war, kam es 1714 zum Rastatter Frieden, in dem Max Emanuel sein Land zurückerhielt und nach Bayern zurückkehren konnte. Als er 1726 starb, hinterließ er 26 Millionen Gulden Staatsschulden. Diese hatten zwischen 1620 und 1680 lediglich 3 Millionen Gulden betragen. Max Emanuel hinterließ aber auch das Schleißheimer Schloß, ein vergrößertes Nymphenburger Schloß, die Pagodenburg und die Badenburg im Nymphenburger Park und die Erinnerung an seine glanzvollen Siege gegen die Türken.

Um den Glanz seines Hauses zu erhöhen, hatte Max Emanuel noch prunkvollere Schlösser gebaut, noch kunstreichere Gärten angelegt und noch aufwendigere Feste veranstaltet als seine Vorgänger. Er hatte das Instrumentarium prunkvoller, barocker Repräsentation glänzend beherrscht. Seine Feste übertrafen an Farbe und Prachtentfaltung, allerdings auch an Kosten, alles bis dahin Dagewesene. Die Flotte seines Vaters auf dem Starnberger See hat er gepflegt und erhalten, soweit nicht Jahre des Krieges, des Exils oder chronische Geldnöte ihn daran ge-

Kurfürstliches Fest vor Schloß Nymphenburg
Ölgemälde
Ignaz Bidermann 1727

hindert haben. Die Hofmark Kempfenhausen übertrug er 1690 seinem Gesandten, dem Freiherrn Caspar Marquardt Zündt von Kenzingen, in dessen Familie sie bis 1748 blieb.

4. Die kurfürstliche Flotte am Starnberger See, kurfürstliche Jagden, Seefeste und Schloß Berg[126]

Der Starnberger See war schon im 13. Jh. ein See der Wittelsbacher und fürstlicher Jagden in den ausgedehnten wildreichen Wäldern hinter seinen Uferhügeln. Außerdem wurden auf dem See und auf den umliegenden Weihern Enten gejagt. Von der Residenz in München aus war der See über den »Fürstenweg« mit Pferden in fünf Stunden leicht zu erreichen. Die Wittelsbacher hatten 1246 den Andechser Grafen die Starnberger Burg abgenommen und sie von da ab durch Wittelsbacher Ministerialen und Pfleger verwalten lassen. Die frisch renovierte Burg hatte *Herzog Ernst*, Herzog von Oberbayern (1397–1438), im Jahre 1396 seiner Gemahlin Elisabeth geschenkt, und damit war sie in das Interesse des bayerischen Hofes gerückt. Zum Sommersitz des Münchner Hofes wurde der See und die Starnberger Burg unter *Herzog Wilhelm IV.* (1508–1550) und seinem Sohn *Albrecht V.* (1550–1579).

Die ersten schriftlichen Zeugnisse über Schiffe auf dem Starnberger See, die damals jedoch keine Neubauten waren, stammen aus dem Jahr 1498. Eine Rechnung von 1499 betraf schon größere Reparaturen an den Schiffshütten und den Bau eines neuen Schiffes für den Herzog. Eine Rechnung aus dem Jahr 1504 belegt sogar den Bau von sieben neuen Schiffen. Das bedeutet, daß es auf dem Starnberger See schon früh eine richtige Flotte gab, deren Schiffshütten schon damals an der Mündung des Georgenbaches lagen, wo heute noch Schiffshütten stehen. 1542 wurde wieder ein neues Schiff gebaut, das acht Ruderpaare hatte, und zu dessen Neubau man den Schiffsbauer Lienhart Pruner vom Kloster Tegernsee holte. Dieser Schiffsbaumeister Pruner mußte für *Albrecht V.*, 1550, das »große alte Schiff« besichtigen und reparieren lassen, das vermutlich das Leibschiff dieses Fürsten gewesen ist, der den Prunk, die großen Auftritte und rauschenden Feste liebte. 1555 ließ Herzog *Albrecht V.* aus Lärchenholz drei weitere Schiffe bauen, über die Philipp Apian 1560 in seiner bayerischen Topographie berichtete, es seien Schiffe mit Masten und Segeln gewesen, wie sie auf bayerischen Seen noch nie zu sehen gewesen seien, wohl aber in Venedig und in anderen Seestädten.

Die Schiffahrt auf dem See war zur damaligen Zeit bei aufkommendem Sturm nicht ungefährlich. So kam Herzog *Albrecht V.* bei einer Lustfahrt auf dem Würmsee, 1571, in ein schreckliches Unwetter mit Donner, Blitz, Sturm und Regen, so

[126] Gerhard Schober: Prunkschiffe auf dem Starnberger See 1982
Eberhard Straub: Repraesentatio maiestatis oder churbayerische Freudenfeste 1969
Henry Simonsfeld: Der »Bucintoro« auf dem Starnberger See 1890

daß »alle schiffleuth und die in dem schiff waren gäntzlichen Undergangs sich beforchten und alle hoffnung des Lebens verloren«. Hierbei gelobte der Herzog eine Stiftung für die Muttergottes in Altötting, wenn er errettet würde. Er erfüllte sein Gelübde im gleichen Jahr mit der sogenannten »Altöttinger Stiftung«, der reichsten, die Altötting je erhalten hat.

Die Ausstattung der herzoglichen Schiffe wurde mit der Zeit immer kostbarer und schöner. Kosten für Vertäfelungen, gedrehte Säulen, rote Vorhänge, grüne Borten, Gold- und Silberanstriche, Seidenbanner mit beidseits goldenen Sternen sind in den Rechnungen zu finden. Neben dem Leibschiff des Herzogs gab es schwarze Gondeln nach venezianischem Vorbild, ein Edelleuteschiff, ein Silberschiff, ein Keller-, ein Küchen- und ein Musikschiff. Alles das kostete Geld. Deshalb ermahnten die herzoglichen Räte den Herzog wegen seiner verschwenderischen Hofhaltung »... item dess vilfeltigen, unzeittigen und ungelegenen Farens auf den Wasserstraßen, darzue auch auf dem Wyrmbsee mit sovil Schiffen, darzue man sovil vischer notdurftig«. Doch der Herzog gab, 1570, wieder ein neues Leibschiff in Auftrag, das von 48 Ruderern bewegt wurde.

Herzog *Albrecht V.* hat nicht nur die herzogliche Flotte auf dem See ausgebaut, sondern auch südlich vom alten Schloß in Starnberg im Jahre 1565 ein neues, luftiges, modernes Sommerhaus errichten lassen. Es ist auf dem Kupferstich von Michael Wening aus dem Jahr 1701 zu sehen. 1763 mußte es der heute dort stehenden St. Josephskirche weichen. Immer wieder hatte der Herzog Freude daran, das neue Herrenhaus, oben auf der Uferhöhe, mit dem weiten Blick über den See und die Alpenkette, und die prachtvolle Flotte seinen Gästen zu zeigen. Sein Nachfolger, sein Sohn *Wilhelm V.* (1579–1597), hat ebenfalls Starnberg geliebt und die herzogliche Flotte instandgehalten. Vor allem im Zeitraum von 1580 bis in die neunziger Jahre, war er oft mit seiner Familie und mit hohen Gästen am See. Auch er ließ ein neues »Leibschiff« bauen und fürstlich ausstatten, wozu er die besten Künstler des Hofes heranzog. Sein Sohn *Maximilian I.*, seit 1597 Herzog von Bayern, hat ebenfalls immer wieder Fahrten auf dem See unternommen und die Flotte instandgehalten, obwohl ihm die Begeisterung des Vaters und des Großvaters fehlte.

1603 wurden Herzog *Karl von Lothringen*, der Schwiegervater *Maximilians I.*, und der lothringische Hof empfangen. Nach festlichen Tagen in München begab man sich mit großem Gefolge hinaus an den Starnberger See, um in einem rauschenden Seefest den Gästen zu zeigen, welche herrlichen Feste man am bayerischen Hof zu feiern wußte. Die gesamte Flotte war auf dem See, bunte Wimpel und die Fahnen der beiden Häuser knatterten im Wind, die Fischer der kleinen Dörfer ringsum saßen als bunt uniformierte Rudermannschaft in den Booten oder versorgten die lodernden Holzhaufen, die einen Lichterkranz um den See legten, bis das Fest mit einem »nie gesehenen« Feuerwerk ausklang. Ende 1607 war Erzherzog *Ferdinand von Österreich*, der spätere Kaiser Ferdinand II., mit seiner Familie zu Besuch. Auch ihm wurde ein rauschendes Fest auf dem Starnberger See ausgerich-

Der »Bucentaur« vor Starnberg
Aquarell
Maximilian de Geer 1730

Kurfürst Ferdinand Maria und Kurfürstin Henriette Adelaide
Ölgemälde
Sebastian Bombelli 1666

tet, an dem 13 Schiffe beteiligt waren. Am Abend fand – dies wurde erstmals schriftlich erwähnt – eine Seejagd statt, bei der man das Wild in die niederen Ufergewässer trieb und dort erlegte. Die Festlichkeiten endeten mit einem Festbankett auf dem Schloß.

Im Jahre 1625 wurde die Flotte zum letzten Mal überholt. Von Festen war keine Rede mehr, denn der Dreißigjährige Krieg hatte begonnen, und 1632 wurden die Schiffshütten am Georgenbach von den Schweden zerstört. Da das Leibschiff 1642 renoviert werden mußte, läßt dies darauf schließen, daß die Schiffe nicht zerstört worden waren. Durch Kurfürst Ferdinand Maria (1651–1679) und die lebenslustige, aufgeschlossene Kurfürstin, die Opern, große Feste, Schlittenfahrten und Turniere liebte, erwachte die Flotte am Starnberger See zu neuem Leben.

Als die Kurfürstin 1662 einen Thronfolger geboren hatte, gab das Kurfürstenpaar ein neues Leibschiff, den »Bucentaur«, in Auftrag. Erstmals wurden damit nicht nur einheimische Handwerker betraut, sondern Schiffsbauer aus Venedig geholt. Das Schiff sollte ein schwimmendes Jagdschloß für 100 Personen werden und alles in den Schatten stellen, was es vorher gegeben hatte. Die Arbeiten begannen bereits sechs Monate nach der Geburt des Kurprinzen. Im Juni 1663 erfolgte der Stapellauf des Schiffes, das knapp 20000 Gulden gekostet hatte und von märchenhafter Ausstattung war. Seine Länge betrug 29 m, die Breite 7,50 m und die Höhe bis zur Balustrade des Oberdecks 5 m. An zwei Masten blähten sich die weißblaugestreiften Segel, am Bug und am Oberdeck die Wimpel in den bayerischen Farben. 80 Ruderer bewegten das Schiff mit vergoldeten Rudern. Die Flotte wurde durch die übrigen Prunkboote, die das schwimmende Jagdschloß begleiteten, ergänzt. Das waren Gondeln und Kähne, Schiffe in den Farben rot, blau, gelb und grün, die mit vergoldeten Ornamenten geschmückt waren.

Der »Bucentaur« hatte drei Decks. Im untersten waren die Ruderer untergebracht, etwa 160 Mann. Dort befanden sich auch 12 Kanonen für Böllersalven. Vier weitere Kanonen standen oben am Vorplatz des Mitteldecks. Das mittlere Deck war die »Beletage« für den Hof und seine Gäste. Man erreichte es über zwei Treppen am Heck des Schiffes. Zwischen den beiden Türen zu den Kabinetten stand die vergoldete Statue der »Pallas Athene«. Um das Mitteldeck führte eine Galerie aus gedrehten Balustern, auf der man um das Schiff gehen und alles Geschehen auf dem Wasser beobachten konnte. Wenn im Tafelzimmer gespeist wurde, hatten die Küchenschiffe, das Keller- und das Sommelierschiff beizudrehen, damit die Diener die Speisen und Getränke an Deck übernehmen konnten. Die Außenwände des Mitteldecks waren in einer langen Fensterreihe mit Butzenscheiben aufgelöst, die sich verdecken ließen. Zwischen den Fenstern befanden sich vergoldete Säulen, die die Brüstung des Oberdecks trugen.

Den Speisesaal betrat man von einem kleinen Vorplatz am Bug des Schiffes. Über dem Portal waren die Wappen des kurfürstlichen Paares angebracht. Die Mitte des Vorplatzes nahm ein Springbrunnen ein, dessen Wasserstrahl bis zum

Oberdeck emporstieg. Der Saal war etwa 11 m lang und 6,40 m breit. Seine Decke war rot und mit Blumen und Früchten bemalt. Beim Eintritt stand man einer Figur des Herkules gegenüber. In der Mitte des Saales befand sich ein weiterer Brunnen. Auf einer von Meereswogen getragenen, großen Muschel ritt die vergoldete Figur des Neptun auf einem Delphin und schüttete aus einem Krug auf seiner Schulter Wasser in eine Muschel in der anderen Hand. Von ihr ergoß sich das Wasser in die große Muschelschale. Dort taufte der Kurfürst, zum Vergnügen aller, Gäste, die zum ersten Mal auf dem Schiff waren. Die Tafel bestand aus einem Ausziehtisch mit 22 Stühlen, die eine geschweifte Lehne hatten und sechs runden Stühlen. Sie waren alle mit karmesinrotem Samt überzogen und mit goldenen Posamenten versehen. Bei Bedarf wurde dieses Mobiliar durch Stühle und Sessel aus dem Starnberger Schloß oder der Residenz ergänzt. Von dort wurden auch jedesmal die Teppiche und Gobelins herbeigeschafft. Der Fußboden bestand aus wertvoller Einlegearbeit verschiedener Hölzer.

Vom Vorplatz am Bug führten zwei geschwungene Treppen zum Oberdeck, das leicht gewölbt und mit einer schönen Balustrade umgeben war. Am 15 m hoch aufragenden Mast hing das weißblaue Banner. Auf dem Oberdeck war der Platz des Kapitäns, der das Schiffsruder bediente, der Platz der 24 Trompeter, der Pauker und der anderen Musikanten, die in zwei Chöre aufgeteilt waren. Außerdem befand sich am Oberdeck die Mannschaft, die die Segel bediente. Bei großen Anlässen waren 450 bis 500 Personen, Gäste, Hofleute, Diener und Mannschaften an Bord. Ohne die Tradition im Schiffbau und in der Schiffahrt des bayerischen Hofes und am See, und ohne das venezianische Vorbild des »Bucintoro« von 1605, wäre dieses Prunkschiff nicht denkbar gewesen, das die Bewunderung ganz Europas erregte. Unter Ferdinand Maria wurde der Starnberger See endgültig zum fürstlichen Hofsee. 1669, nachdem er das Schloß Possenhofen erworben hatte, veranstaltete er die erste Hirschjagd, eine Seejagd in den flachen Ufergewässern bei Possenhofen, die später nach Berg und Kempfenhausen verlegt wurde. Diese barocken Seefeste übertrafen alle Feste der Vorgänger. Sie waren eindrucksvolle Darstellungen absolutistischer Repräsentation.

Nach der Fertigstellung des »Bucentaur« war das Kurfürstenpaar oft in Starnberg, sowohl im familiären Rahmen wie auch mit hohen Gästen und großem Aufwand. Mehrmals 1663 und 1664, und viermal 1665, kam man zu Seefahrten und Hirschjagden mit 12 Schiffen und 219 Mann. Die Flotte wurde nach und nach den wichtigsten Persönlichkeiten vorgestellt, den ausländischen Gesandten, hochfürstlichen Gästen aus den deutschen Landen, aus Österreich und Frankreich, und wiederholt den Bischöfen und Erzbischöfen der Fürstbistümer Freising, Köln und Salzburg. Immer nahm hierbei der bayerische Adel teil, darunter die Grafen von Preysing, Törring, Fugger oder Arco.

1671 wurde ein großes Seefest zu Ehren des Salzburger Fürstbischofs *Max Gandolf* gegeben, das 18 Tage dauerte und mit Turnieren, Feuerwerken, Jagden, Festessen, Schauspielen und Opern gefeiert wurde. Die Kurfürstin trug jeden Tag ein anderes Kleid, das auf Perlen oder auf Saphire, auf Rubine oder Smaragde abgestimmt war. Das Festessen war jeden Tag unter ein anderes Motto gestellt, und bei all der Pracht war ein Fest auf dem See mit dem »Bucentaur« das vortrefflichste Vergnügen. Ein zeitgenössischer Bericht lautete: »Die Höchsten Herrschaften brachen morgens von München auf und machten mittags auf halbem Weg halt, um unter Zelten das Mittagsmahl einzunehmen. Als man sich später dem See näherte, wurde man von den Kanonen des Schlosses in Starnberg und des ›Bucentaur‹ begrüßt. Diese Kanonade dauerte fort, nachdem man den ›Bucentaur‹ und die übrigen Schiffe bestiegen hatte und eine kleine Lustfahrt angetreten hatte. Die Nacht wurde auf dem Schloß verbracht. Den folgenden Tag zwang Regenwetter die Gesellschaft im Schloß zu bleiben, wo man sich mit verschiedenen Spielen vergnügte. Am dritten Tag, als sich der Himmel wieder aufgeheitert hatte, bestiegen die Hohen Herrschaften wiederum den ›Bucentaur‹ und die anderen Fahrzeuge und unternahmen eine Fahrt nach Possenhofen, wo zu Mittag gespeist wurde. Bei der Rückfahrt konnt man einer großen Hirschjagd beiwohnen. Dann wurde den Plätzen für den Fischfang und die Perlenfischerei ein Besuch abgestattet. Das Souper wurde wieder im Schloß eingenommen. Nochmals bestieg man dann die Schiffe, um das prächtige Schauspiel eines glanzvollen Feuerwerks zu genießen«. Bei diesem Feuerwerk am Starnberger See wurden »2000 feuer und schläg, 600 undterschidtliche Ragehten verwendet und mit vier Lichtkugeln und 40 unterschidtlich großen Wasserkugeln die Schiffe beleuchtet«.

Über ein Seefest zwischen 1676 und 1679 wird berichtet: »Ferdinand Maria bewirtete in Berg viele fürstliche Gäste. Eines Abends bestiegen die höchsten und hohen Herrschaften den ›Bucentaur‹, um nach Possenhofen hinüberzusegeln, wo ihrer im Schlosse ein kostbares Souper harrte. Die Flotille umschwärmte wie gewöhnlich das kurfürstliche Hauptschiff. Als man die Mitte des Sees erreicht hatte, donnerten plötzlich sämtliche Feuerschlünde des ›Bucentaur‹, und auf dieses Zeichen verwandelte sich das bisher in nächtlichem Dunkel kaum noch zu unterscheidende Schloß zu Possenhofen in einen herrlichen Flammenpalast. Ein tausendfacher Ruf der Freude und des Erstaunens erfüllte die Luft, rauschende Musik fiel ein, die Feuerschlünde krachten lustiger und in diesem Jubeltaumel bestieg man die westliche Küste. Nun wurde getafelt und getanzt und spät nach Mitternacht erst die Rückfahrt angetreten. Es war eine sehr finstere Nacht, allein den ›Bucentaur‹ und seine Flotille erleuchteten Tausende von Lampen und Fackeln, deren Schein aus der schweigsamen Silberfläche des Sees widerstrahlte, welches ein herrliches Schauspiel gewährte.

Die vornehmen Gäste hielten das Fest für beendet und sehnten sich bereits nach Ruhe; allein noch einmal und nun zwar im höchsten Grade sollten sie überrascht werden, denn als man die Rückfahrt zur Hälfte zurückgelegt hatte und nun anfing, sich bereits wieder dem östlichen Gestade zu nahen, gaben die sechzehn Geschütze auf dem ›Bucentaur‹ eine abermalige Generalsalve, und, wie durch einen Zauberschlag, stand nunmehr auch das kurfürstliche Schloß in Berg in Flammen, glanzvoller noch strahlend als vorher Possenhofen, und um dem Prachtfeste die Krone aufzusetzen, wurde auf der hohen Terrasse des Schloßgartens ein kostbares Feuerwerk abgebrannt«.

Diese Feste erforderten einen ungeheuren Aufwand an Vorbereitungen und einen großen Einsatz an Menschen und Material. Bei normalen Seefesten zählte man 1681 einmal 248 Personen mit 400 Pferden, und noch einmal im gleichen Jahr 199 Personen mit 389 Pferden. 1682 waren es 163 Personen mit 256 Pferden. Bei den großen Festen waren es sogar 500–600 Personen. Dafür mußte Unterkunft und Verpflegung beschafft werden, ebenso für die Dienerschaft und die Bauern und Fischer, die unmittelbar am Seefest beteiligt waren. Für eine Reise an den Starnberger See wurden 1686 von der Hofkammer 612 Pfund Altfleisch und 784 Pfund Jungfleisch, 111 Pfund Speck, 15 Zungen, 8 Schinken und 1 Kuh mitgenommen. Zusätzlich kauften Aufkäufer – beispielsweise für einen sechstägigen Ausflug, 1677, an den See – 159 Maß Erdbeeren, 11 Wachteln, 333 Hühner, 31 Suppenhennen, 7 Kapaune, 9 Enten, 1 Reh, 2 Hasen, 6 Tauben, 4 Gänse. Für Butter und Käse war die kurfürstliche Schwaige Schleißheim zuständig. Die Fische spielten eine große Rolle. Besonders beliebt waren die Renken. Sie fehlten bei keinem Festessen. Als kurfürstliche Geschenke, verpackt in Kisten mit feuchtem Sand, wurden sie in Eilstafetten auch an auswärtige Höfe geliefert. Für die erforderliche Menge an Fisch hatte der »Fischkäufel« von Berg zu sorgen. So lieferte die Berger Schloßküche beispielsweise für einen Ausflug 181 Pfund Lachsferchen, 18½ Pfund Bodenrenken, 512 Stück gemeine Renken, 411 Pfund Hechte, 11½ Pfund Grundeln, 52 Pfund Ruten und 70 Pfund Prachsen. Lange vor der Reisegesellschaft hatte ein Vortrupp die Schlösser herzurichten. Dafür brachte man 2 bis 6 Fuhren Teppiche und Gobelins von der Residenz nach Starnberg. Im Jahre 1670 reisten elf Köche und 12 Küchenjungen voraus und das Heer der übrigen Helfer. Die Reisegesellschaft wechselte in Forstenried die Pferde. Dort wurde meist auch das Mittagessen im Freien, unter dem Schutz der Bäume, eingenommen. Dann ging es quer durch den Forstenrieder Park nach Starnberg oder Berg. Da die normalen Bauernstraßen damals allgemein in schlechtem Zustand waren, gab es für den Hof den sogenannten »Fürstenweg«, der schon zur Zeit der Herzöge bestand und eine halbwegs erträgliche Fahrt im Reisewagen gestattete. Er lief in möglichst gerader und bequemer Linie nach Starnberg und konnte von Bauernwagen mit schmalerer Spurweite nicht benützt werden. An Kreuzungen war er mit verschließbaren Schranken versehen, von denen es 18 zwischen München und Starnberg gab.

Maximilian II. Emanuel, seit 1679 Kurfürst, beherrschte vollendet das Instrumentarium prunkvoller barocker Repräsentation. Mit Ausnahme der Zeiten seiner Feldzüge und seines Exils kam er regelmäßig mehrere Male im Jahr nach Starnberg. Sein Temperament sorgte dafür, daß immer etwas los war. 1722 gab er anläßlich der

Kurfürstliches Seefest mit »Bucentaur«
vor Kempfenhausen und Schloß Berg
Ölgemälde
Ignaz Bidermann 1738

Hochzeit des Kurprinzen Karl Albrecht ein wochenlanges Fest, in dessen Festfolge Starnberg am 26. Oktober mit einer Seejagd an der Reihe war, die vom Beichtvater am Münchner Hof so beschrieben wurde:

»Der 26. Oktober war einer der schönsten und seltensten Jagden in Europa gewidmet. Es gibt keinen Fürsten, welcher dergleichen besäße; sie findet sich nur in Bayern und ihre Eigentümlichkeit macht sie umso angenehmer, als sie ganz mühelos ist und ein wahres Vergnügen bereitet. Das Schloß Starnberg ist fünf Meilen von München entfernt und liegt auf einer Anhöhe, ein altes Schloß, dessen Räumlichkeiten aber sehr bequem, geschmackvoll und reich möbliert sind. Am Fuße dieser Anhöhe befindet sich ein See von mehr als einer Meile Breite und sieben bis acht Meilen Länge, von außerordentlicher Tiefe und gespeist von so reichen unterirdischen Quellen, daß der Abfluß einen starken Fluß bildet, der die Würm heißt. Neben mehreren Fischerfahrzeugen sieht man auf dem See viele Schiffe, welche vereinigt eine große Flotte und zwar förmlich eine ganze Kriegsflotte bilden. Es gibt da Galeeren, Fregatten, Gallionen, Tartanen, mehrere Gondeln, alle bemannt mit Matrosen, die gekleidet sind in verschiedenen Farben, je nach dem Schiff, das sie führen. Was aber das größte Aufsehen auf diesem See macht, ist der ›Bucentoro‹«. Es folgte dann die detaillierte Schilderung der Seejagd.

Max Emanuel hatte 1715 oder 1716, nach seiner Rückkehr, im Forstenrieder Park einen langgestreckten Waldstreifen mit Wildzäunen abgrenzen lassen, der Haarkirchen südlich umging und mit einer trompetenförmigen Ausweitung zwischen Kempfenhausen und Berg das Seeufer erreichte. Dieses Wildgehege ermöglichte es, dort ausgesetzte kapitale Hirsche mit Treibern aus dem Dickicht aufzuscheuchen und mit Hilfe einer Hundemeute dem See zuzutreiben. Von den Hunden wurde der Hirsch in den See getrieben und weiter verfolgt bis er, vor den Augen der Jagdgesellschaft auf den Schiffen, erlegt war. Nach der Jagd begab sich die Jagdgesellschaft nach Schloß Berg, um sich umzuziehen oder dort das Abendessen einzunehmen.

Eine Ansicht von Schloß Berg und seiner Gartenanlage zur Zeit von Kurfürst Max Emanuel ist durch den Kupferstich von Michael Wening von 1701 überliefert. Der Stich zeigt Schloß Berg als gut befestigtes Wasserschloß, von einem Wassergraben umgeben, der von einer mit Turmdächern bewehrten Ringmauer umschlossen ist. Das Zeltdach des Schlosses krönt ein barocker Dachreiter. Das Schloß war von weit ausgedehnten, kunstvoll gestalteten Gärten umgeben, mit Parterres, Lauben, Hecken, Baumanlagen und reichen Wasserkünsten.[127] Ein Laubengang führte vom Schloß zum See. Dieses frei in der Landschaft stehende Lustschloß Berg mit seinem prächtigen Park, mit seinem überhöhten Standort über dem See und der Aussicht auf See und Gebirge, hielt jedem Vergleich mit italienischen ländlichen Villen und Landschlössern stand.

Der Ursprung des Schlosses geht auf das Münchner Patriziergeschlecht der Ligsalz zurück, das Berg ab 1556 besaß, und dort als Sommerhaus ein einfaches Her-

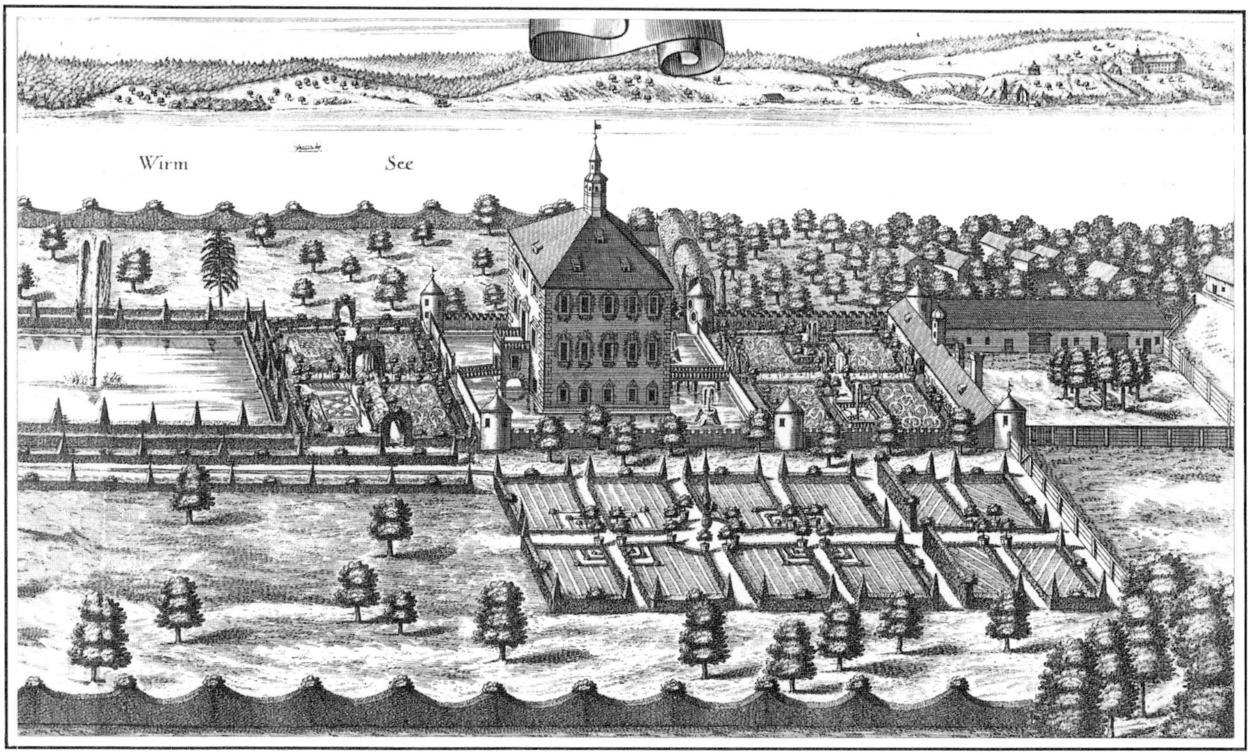

Schloß Berg mit französischer Gartenanlage
Kupferstich, Ausschnitt
Michael Wening 1701

König Ludwig II. im Park von Schloß Berg
Aquarell
Ludwig Quaglio 1865

renhaus errichten ließ. Nachdem dieses Landschloß errichtet war, wurde Berg unter *Georg Ligsalz* 1571 zur Hofmark erhoben. Zwischendurch im Besitz des *Freiherrn von Radweiler* und des fürstlichen Rats *Hans von Gregersdorf*, kam es 1610, für 13356 Gulden, an *Georg von Hörwarth*. Die Hörwarths waren schon seit langem am Starnberger See begütert gewesen und besaßen neben Berg die Edelsitze Possenhofen, Allmannshausen und, nördlich davon, Fürstenried und Planegg. *Georg von Hörwarth* baute 1640, noch im Dreißigjährigen Krieg, an der Stelle des Ligsalz'schen Herrenhauses, »einer schlecht gemauerten Behausung«, das jetzige Schloß im Stil italienischer Villenarchitektur als einfachen, kubischen Bau mit fast quadratischem Grundriß von 18 × 16 m, drei Geschossen und einem Zeltdach, als typisches Beispiel eines kleinen bayerischen Landsitzes der Spätrenaissance.

Im Jahre 1676 verkaufte *Hans Ludwig Freiherr von Hörwarth*, der Sohn von Georg von Hörwarth, Schloß und Hofmark Berg für 3000 Gulden an Kurfürst *Ferdinand Maria*. Schloß Berg blieb seitdem bis heute im Besitz der Wittelsbacher. Nach dem Ende der Seejagden und dem Abbruch des Bucentaurus im Jahre 1759, verblaßte vorübergehend das Interesse der Wittelsbacher an Schloß Berg. Der kunstvolle Garten verwilderte, und am Ende des 18. Jh.s war Schloß Berg verödet. Das änderte sich erst 1807. König *Max I. Joseph* ließ, an Stelle des barocken Lustgartens, von dem Gartenarchitekten Skell, der den Englischen Garten geplant hatte, einen englischen Landschaftsgarten anlegen. Aber erst König *Max II.* von Bayern (1848–1864) wählte Berg wieder zu seinem Lieblingsaufenthalt und ließ von 1849 bis 1850 das Schloß im Stil englischer Tudor-Gotik umbauen und mit vier zinnenbewehrten Türmen an den Gebäudeecken ergänzen. Der Hofgarten wurde durch eine Mauer abgeschlossen. Nach Lorenz Westenrieder war »das Schloß frisch und ziemlich hoch gebaut und genießt die herrliche Aussicht auf das ganze westliche Ufer des Sees«.

Ludwig II., der »Märchenkönig«, erwählte nach seiner Thronbesteigung ebenfalls Berg zu seinem Lieblingsaufenthaltsort. Hier empfing er 1868 die russische Zarin *Maria Alexandra* mit einem glanzvollen Fest. Nach dem Tod *Ludwig II.*, 1886, verlor das Schloß wieder an Bedeutung. Nach dem Ende des zweiten Weltkrieges war es vorübergehend von Amerikanern belegt und erlitt dadurch schwere Schäden. Das war auch ein Anlaß, 1949/51, die gotischen Gebäudeergänzungen von 1850 zu entfernen und den ursprünglichen, kubischen Baukörper wiederherzustellen. So steht Schloß Berg heute am Ostufer des Starnberger Sees.

[127] Claus Peter Echter: Zur Baugeschichte von Schloß Berg 1989

König Ludwig II. empfängt am 26. September 1868 Zarin Maria Alexandrowna in Schloß Berg
Aquarell
Josef Watter 1868

V. Kempfenhausen im Besitz bayerischer Adeliger von 1690–1837

1. Die geschichtliche Entwicklung vom Ende des 17. Jh.s bis zur Mitte des 19. Jh.s

Das Ende des »Alten Bayern« 1745–1799[128]

Der Absolutismus hatte in Bayern mit den Kurfürsten Ferdinand Maria und Max Emanuel von 1651–1726 seine stärkste Ausprägung gefunden. Nach dem Ende des Dreißigjährigen Krieges hatte das Bedürfnis, Gewalt und Bürgerkriege zu verhindern, Brot und Nahrung zu sichern, den Wiederaufbau und die Lebensumstände zu verbessern, der absoluten Monarchie Vorschub geleistet und ihr Berechtigung verliehen. Durch sie wurde eine einheitliche Staatsgewalt und die Konzeption des einheitlichen Staatsgebietes gegen eine Vielzahl historisch begründeter Hoheitsrechte durchgesetzt.

Ab 1720 etwa, später als in England und Frankreich, begannen sich auch in Deutschland die Ideen der Aufklärung bemerkbar zu machen, die den vernünftig handelnden und denkenden Menschen anstrebten. Die Aufklärung setzte die Gedanken der europäischen Denker wie Descartes, Spinoza, Leibniz u.a. in eine allgemeine Denkweise um, in ein Programm des vernünftigen Handelns, das alle Bereiche des sozialen und kulturellen Lebens umfassen sollte. Sie klammerte die Metaphysik aus der vernünftigen Erkenntnis aus und suchte eine rationale Welterklärung. In Deutschland versuchte vor allem Christian Wolff, von der Mathematik ausgehend, die Philosophie durch klare Begriffe und Beweise zu einer gesicherten und nützlichen Wissenschaft zu machen. Es bestand die Auffassung, die christliche Offenbarung könne diesem System der Vernunft nicht widersprechen, sondern es allenfalls übersteigen, die Religion die Ethik wohl krönen, aber nicht begründen. Die Voraussetzungen für die Aufklärung hatten sowohl die Philsophie des Rationalismus als auch die Entwicklung der Naturwissenschaften geschaffen und den Aufstieg bürgerlicher Schichten in einem kapitalistischen Wirtschaftssystem ermöglicht. Durch die rasche Ausbreitung des Buchdrucks hatte die Zahl der Lesenden und der Schreibenden enorm zugenommen, und es bildete sich jener Komplex des literarischen Lebens und der Publizistik aus, der noch heute für die moderne Gesellschaft charakteristisch ist.

Es konnte nicht ohne Folgen bleiben und es mußte Auswirkungen haben, daß nun öffentlich nicht nur über Fragen der individuellen, sondern auch der gesellschaftlichen Moral, der sozialen Ordnung, über das Wesen von Herrschaft, über die Eigenschaften eines guten Fürsten, über die Aufgaben von Ministern, Räten und Beamten, über Rechte und Pflichten der Menschen, über Gerechtigkeit und Unterdrückung gesprochen und geschrieben wurde. Die anfänglich rein pädagogisch orientierte Bewegung der Aufklärung, die zum Gebrauch von Vernunft und dadurch zur Tugend erziehen wollte, ging so allmählich in eine politische Emanzipationsbewegung über.

In Bayern kam 1745 mit dem achtzehnjährigen Kurfürst *Max III. Joseph* ein Herrscher an die Regierung, der bereits im Geist der Aufklärung erzogen worden war. Zunächst noch unerfahren, war er ein hochgebildeter, kluger, von sittlichem Verantwortungsgefühl beseelter Fürst, sparsam, maßvoll und auf Ausgleich bedacht, aber auch beeinflußbar und schwankend trotz nüchternem Wirklichkeitssinn. Lessing sah in ihm »eine helle Denkart, gesunden Verstand und vor allem ein unverbesserliches Herz«. *Max III. Joseph* übernahm 1745 ein von den Österreichern ausgeplündertes Land mit 32000 Gulden Schulden, in das kurz darauf die Österreicher erneut einmarschierten. Da am 22. 4. 1745 der Frieden von Füssen mit ihnen geschlossen werden konnte, blieb Bayerns Souveränität erhalten. Dem neuen Kurfürst gelang es dann während seiner 32 Regierungsjahre, seinem Land den Frieden zu erhalten und, durch Subsidienverträge mit England und Holland, die Staatsfinanzen vor dem Ruin zu bewahren sowie die Einheit Bayerns zu erhalten.

Max III. Joseph strebte bewußt nach dem Ruf eines aufgeklärten Fürsten und hielt trotzdem ebenso bewußt am Absolutismus fest. So hatte die Aufklärung in Bayern ihre Grenzen:

- die Entscheidungen blieben allein beim Kurfürsten; die Stände gewannen keinen neuen Einfluß
- die Adelsherrschaft auf dem Lande blieb unverändert
- die 1715 und 1728 erneuerte Zensur wurde nicht gemildert
- der Rechtsstaat wurde nicht verwirklicht; der neue Strafkodex von 1751 behielt Folter und barbarische Strafen bei
- die Verwaltung wurde nicht rationalisiert

Andererseits hat *Max III. Joseph* aber auch die Grundlagen für entscheidende Veränderungen geschaffen. Eine davon war 1759 die Gründung der Bayerischen Akademie der Wissenschaften, in der auch erstmals protestantische Gelehrte Mitglied werden konnten. Das führte zum Aufschwung der Geschichtswissenschaft und später auch der Naturwissenschaften, die nun als Disziplin des Forschens und nicht nur des Wissens betrachtet wurden. Pfeffel, der erste Sekretär der Historischen Klasse der bayerischen Akademie, gab die ersten zehn Bände der »Monumenta Boica« heraus, einer Sammlung alter bayerischer Urkunden. 1766 begann der Kampf gegen den Hexenaberglauben und 1768 eine Neuorientierung der bayerischen Kirchenpolitik, in der die Grenzen zwischen weltlicher und geistlicher Herrschaft neu gezogen wurden. An die Spitze des 1570 gegründeten »Geistlichen Rates«, der die Funktion des heutigen Kultusministeriums hatte, wurde anstelle eines Geistlichen erstmals ein Jurist berufen. Durch das Amortisationsgesetz von 1769 untersagte *Max III. Joseph* alle Zuwendungen an kirchliche Institutionen über

100 Gulden pro Jahr oder testamentarische Verfügungen an sie über mehr als 2000 Gulden. Im gleichen Jahr forderte er für Bayern eigene Kirchenprovinzen und ließ nur noch kurfürstliche Untertanen als kirchliche Vorstände zu. Ab 1770 wurde die Bekanntmachung geistlicher Verordnungen an die landesherrliche Genehmigung gebunden. Im Land herrschten 1770/71 Mißernten und Hungersnot.

Eine große Rolle spielte die neue Akademie der Wissenschaften bei der großen Schulreform von 1770, die durch ein Generalschulmandat eingeführt wurde. Bis dahin hatte das Schulwesen fast ausschließlich in kirchlicher Regie gestanden. Acht Jesuitengymnasien, ein Lyzeum der Benediktiner in Freising und die Ritterakademie in Ettal vermittelten eine ausgezeichnete humanistische Bildung, aber ohne Geschichte, Geographie, Physik und Deutsch. Nun wurden neue Realschulen als Ausbildungsstätten für bürgerliche Berufe und ein neues Volksschulwesen geschaffen. Ein Jahr später, 1771, wurde die allgemeine Schulpflicht eingeführt. 1773 wurde der Jesuitenorden, der sich unter anderem nicht mehr von dem Ruf der Wissenschaftsfeindlichkeit hatte befreien können, vom Papst aufgehoben.

München verdankt *Max III. Joseph* das Cuvillies-Theater (1753), die Fassade der Theatinerkirche (1765) und die Nymphenburger Porzellanmanufaktur. Sie wurde 1747 gegründet und 1769 nach Nymphenburg verlegt, und sie erlangte durch die Figuren von Bustelli Weltruhm.

Als *Max III. Joseph* am 30. 12. 1777 im Alter von 50 Jahren, ohne Nachkommen, an den Blattern starb, war der österreichische Kaiser *Joseph II.* der Auffassung, Bayern sei ein erledigtes Lehen, das nun eingezogen werden könne. Doch *Max III. Joseph* hatte vorgesorgt. Durch die Erneuerung des Wittelsbacher Hausvertrages im Jahre 1746 und den neuen Erbvertrag von 1771, dem 1774 auch der Wittelsbacher Zweig von Zweibrücken beitrat, sollten alle Wittelsbacher Besitzungen jeweils dem Überlebenden der verwandten Linien zufallen. So übernahm nach dem Erlöschen der altbayerischen Linie, entsprechend diesen Erbverträgen, der pfälzische Wittelsbacher, Kurfürst *Karl Theodor* (1777–1799), vierundfünfzig Jahre alt, erfahren, gebildet, schwer durchschaubar, eine höchst differenzierte Persönlichkeit, das Kurfürstentum Bayern. Als Kurfürst der Pfalz hatte er von 1742–1777 energisch weitschauende Reformen durchgeführt, das Behördenwesen neu organisiert und mit seiner Kultur- und Sammelpolitik seine Residenz Mannheim zu einem kulturellen Zentrum von europäischer Bedeutung gemacht. In Bayern hat er jedoch diese Reformpolitik nicht konsequent fortgesetzt, so daß keine neuen kulturpolitischen Impulse von ihm ausgingen. Im Gegenteil, *Karl Theodor* erließ neue Zensurgesetze, engherzige Presse- und Theatergesetze und widerrief die aufgeklärte Schulordnung. Er, der Pfälzer, dem München den Englischen Garten

[128] Ludwig Hammermayer: Das Ende des Alten Bayern. In Spindler, Handbuch der bayerischen Geschichte 1977
Rudolf Vierhaus: Aufklärung. In Deutsche Geschichte von Vandenhoeck & Ruprecht 1985

von 1789 verdankt, hat sich in Bayern nie wohlgefühlt. Seine Politik galt vorrangig der Sicherung und Abrundung der Wittelsbacher Besitzungen am Rhein. Dafür war er bereit, das Land Bayern gegen die Niederlande einzutauschen. Daß dies nicht gelang, war nicht sein Verdienst. Unter Führung der Kurfürstin Anna Maria widersetzten sich bayerische Patrioten, die der Kurfürst verfolgen und ausweisen ließ. Bei der Verfolgung der sogenannten Illuminaten mußte Graf Maximilian von Montgelas – später der Schöpfer des »Neuen Bayern« – das Land verlassen und wurde Sekretär beim Wittelsbacher Herzog von Zweibrücken.

In Frankreich hatte 1789 die Revolution mit dem Sturm auf die Bastille begonnen. Mit der Hinrichtung König Ludwig XVI. erreichte sie, 1793, ihren Höhepunkt. Die Versuche österreichisch-preußischer Truppen, im Jahre 1792 das Königtum in Frankreich wieder einzuführen, scheiterten ebenso an den siegreichen französischen Revolutionstruppen wie der Reichskrieg von 1793–1795, in dem die Gebiete des linken Rheinufers verlorengingen. Die betroffenen Fürsten sollten für diese Gebietsverluste durch die Säkularisation kirchlicher Güter einen Ausgleich erhalten.

Als *Karl Theodor* starb, war die Pfalz von Frankreich besetzt und Kurbayern von den »verbündeten« Österreichern. Ihrem Oberbefehl hatte der Kurfürst in der Konvention von 1798 seine eigenen Truppen unterstellt und ihnen das Innviertel, ältestes bayerisches Siedlungsland, mit 80 000 Einwohnern, abtreten müssen. Seinem Nachfolger hinterließ er eine schwierige Situation. Doch nun folgten neue Männer, die die kommenden schwierigen Jahre meisterten und einen modernen Staat, das »Neue Bayern«, schufen.

Das »Neue Bayern« 1799–1825[129]

In diesem Zeitabschnitt erfolgte die stufenweise Ablösung der feudalen, ständisch gegliederten, absolutistisch regierten Gesellschaft durch eine bürgerliche Klassengesellschaft auf kapitalistischer Grundlage. Der Regierungswechsel nach dem Tod Karl Theodors im Februar 1799, leitete einen neuen Abschnitt der bayerischen Geschichte ein. Unter dem Einfluß der, von der französischen Revolution ausgehenden, Entwicklung und insbesondere unter dem Einfluß Napoleons, vollzogen sich für Bayern bedeutsame territoriale Veränderungen und grundlegende innere Reformen.

Eine neue Generation trat die Herrschaft über das Land an. Der Wittelsbacher *Max I. Joseph*, von der Zweibrücker Linie des Hauses, und sein geheimer Staats- und Konferenzminister für die Innen- und Außenpolitik, Freiherr *Maximilian von*

[129] Eberhard Weis: Die Begründung des modernen bayerischen Staats unter König Max I. In Spindler, Handbuch der bayerischen Geschichte 1979
Eberhard Weis: M.J. Graf von Montgelas 1963

Montgelas. Der neue Kurfürst und sein Minister waren sich in dem Wunsch einig, in Bayern die Mißstände aus der Zeit Karl Theodors zu beseitigen:

- Günstlingswirtschaft und die Verschleuderung von Staatsgut
- die rasch steigende Verschuldung des Landes
- die Ungleichmäßigkeit der Besteuerung und die Vorrechte des Adels
- die Unwissenheit und Korruption vieler Beamten

Kurfürst *Max I. Joseph* besaß einen guten politischen Instinkt, war aufgeschlossen für politische und gesellschaftliche Veränderungen, besaß Menschenkenntnis und Kontaktfähigkeit, die ihm bei der Wahl seiner Mitarbeiter und beim Umgang mit Menschen zugute kamen und ihm zu Popularität verhalfen. Das war ein wichtiger Aktivposten in einer Zeit der Revolutionsgefahren, des ständigen Durchzugs fremder Truppen und der äußersten wirtschaftlichen und finanziellen Not. Seine Beliebtheit bei der Bevölkerung erleichterte später das Zusammenwachsen des neuen Staatsgebildes.

Maximilan von Montgelas, 1759 in München als Sohn eines bayerischen, aus Savoyen stammenden, Generals geboren, war in Freising und Nancy erzogen worden und hatte an der berühmten Diplomatenschule in Straßburg studiert. Er entwickelte sich zum fähigsten bayerischen Staatsmann und leitete Bayerns Politik mit meisterhafter Präzision und bewundernswerter Folgerichtigkeit, wobei es ihm gelang, in den europäischen Krisenjahren, von 1803–1813, Bayerns staatliche Existenz zu sichern, das Land neu zu gestalten und neue staatliche Grundlagen zu schaffen, die seit zwei Jahrhunderten, bis zur heutigen Zeit, ihre Tragfähigkeit bewiesen haben. Die linksrheinischen Gebiete mußten nach dem erfolglosen, zweiten Reichskrieg 1801, im Vertrag von Lunéville, endgültig abgetreten werden. Dafür versprach Frankreich die Entschädigung der betroffenen Fürsten durch die Säkularisation geistlicher Territorien.

Napoleon, seit 1799 Erster Konsul und, seit 1804, Kaiser der Franzosen, besaß zu dieser Zeit noch viele Sympathien in Europa. Er galt als Bändiger der Französischen Revolution. Seine Verwaltungsmaßnahmen hatten die innere Stabilisierung Frankreichs bewirkt, und seine Reformarbeit eine in Europa unerreichte Rechtssicherheit geschaffen. Sein Konkordat mit dem Papst im Jahre 1801 hatte ihn zudem als den Garant einer neuen Ordnung ausgewiesen, die auf den großen abendländischen Prinzipien beruhte. Napoleons Ziel war die Schaffung leistungsfähiger mittlerer Staaten, die, zu schwach zu eigenständiger Politik, von Frankreich abhängig bleiben sollten. Durch den Reichsdeputationshauptschluß von 1803 erhielt Bayern, als Entschädigung für die verlorenen linksrheinischen Gebiete, die Hochstifte Würzburg, Bamberg, Augsburg und Freising, Teile der Hochstifte Eichstätt und Passau und, vom Erzstift Salzburg, Mühldorf. Außerdem wurden Bayern 13 Reichsabteien und 15 Reichsstädte in Franken und Schwaben zugesprochen. Dagegen ging, nach den linksrheinischen Gebieten, nun auch die rechtsrheinische

Kurpfalz um Mannheim und Heidelberg verloren. Die Reichsstädte Augburg, Nürnberg und Regensburg und das Fürstentum Ansbach-Bayreuth hatte Bayern damals noch nicht erhalten, ebensowenig die Territorien der Reichsritterschaft in Franken. Die durch den Reichsdeputationshauptschluß entschädigten Länder erhielten für die übertragenen Gebiete nicht nur die Landeshoheit, sondern auf Antrag von Montgelas auch das Kirchengut, »die Güter der fundierten Stifte, Abteien und Klöster«. Davon waren in den bayerischen Gebieten 93 Stifte und Niederlassungen der Bettelorden betroffen, die im Besitz der Hälfte des kirchlichen Bodens waren, womit ihnen ein Viertel des gesamten Grundbesitzes dieser Gebiete gehörte. Frankreich, Spanien und Italien hatten das Kirchengut schon früher säkularisiert, und in Österreich hatte der Deutsche Kaiser schon im Jahre 1782 mehr als 700 Klöster aufgehoben.

Zwischen Bayern und Frankreich kam es am 25. 8. 1805 zu einem Allianzvertrag, in dem Napoleon die bayerische Souveränität garantierte, dafür aber die Eingliederung der 30 000 Mann starken bayerischen Armee verlangte. Die Bayern waren aber an der Schlacht bei Austerlitz, in der Napoleon Österreich besiegte, nicht beteiligt. Trotzdem erhielt Bayern im Frieden von Preßburg am 26. 12. 1805 Tirol, die Fürstentümer Brixen und Triest, Vorarlberg, die Reichsstadt Augsburg und die Markgrafschaft Ansbach. Würzburg mußte es an den Herzog der Toskana abgeben. Gleichzeitig wurde Bayern zum Königreich erhoben, und dies wurde am 1. 1. 1806 in München feierlich proklamiert.

Der Rheinbund, ein Zusammenschluß der Könige von Bayern und Württemberg, der Großherzöge von Baden, Hessen-Darmstadt und der Fürsten von Hohenzollern-Sigmaringen u. a., wurde 1806 auf Veranlassung von Napoleon gegründet. Der Rheinbund gewann dadurch an Bedeutung, daß Kaiser Franz II. daraufhin den deutschen Kaisertitel ablegte und das Ende des 900jährigen Heiligen Römischen Reiches deutscher Nation erklärte. Zwei Jahre zuvor hatte er sich den Titel eines österreichischen Kaisers zugelegt. Für Bayern brachte der Beitritt zum Rheinbund die Landeshoheit über die fränkische und schwäbische Reichsritterschaft, über die Reichsstadt Nürnberg und den Besitz der restlichen Fürstentümer, die das Land »durchlöchert« hatten.

Im Krieg von 1806/7 besiegte Napoleon Preußen und im Jahre 1809 Österreich. Im Jahre 1809 begann am 9. April der Tiroler Aufstand, der bis Ende Oktober 1809 dauerte und später ein Vorbild für den Volksaufstand von 1813 wurde. Ausgelöst hatte den Aufstand der stupide Reformeifer bayerischer Beamter, die Wallfahrten, Prozessionen, Feiertage und sogar Klöster abschafften und die Tiroler Bauern zur Bayerischen Armee aushoben.

Innerhalb von vier Tagen hatten die Tiroler Bauern ganz Tirol erobert. Zwar eroberten 40 000 Franzosen und Bayern Tirol bis zum 13. 5. 1809 wieder zurück, doch kam es nach Abzug der Truppen erneut zum Aufstand. Erst der Ausfall Österreichs, durch den Frieden von Schönbrunn mit Napoleon vom 24. 10. 1809 und die vierte Schlacht am Berg Isel, führten zum endgültigen Ende des Aufstandes. Die Vorgänge in Tirol hatten zu ersten Verstimmungen zwischen Bayern und Frankreich geführt. Im Pariser Frieden vom 28.2.1810 verlor Bayern Südtirol, Osttirol, einen Teil Kärntens, Ulm und Würzburg und erhielt neu Salzburg, Berchtesgaden, das Innviertel, Bayreuth und das Fürstentum Regensburg. Die Beziehungen zwischen Bayern und Frankreich wurden durch den Rußlandfeldzug, den Napoleon am 24.6.1812 begann, erneut belastet. An ihm mußte ein bayerisches Kontingent von 30000 Mann teilnehmen. Es wurde auf diesem Feldzug fast vollständig aufgerieben. Nach der Katastrophe kamen nur 200 Mann zurück. Weitere 800 bayerische Soldaten wurden 1814 aus russischer Gefangenschaft entlassen.

An der europäischen Wende im Frühjahr 1813, die mit dem Krieg gegen Napoleon begann, hatte Bayern zunächst keinen Anteil. Bayern trat jedoch – nachdem Österreich Garantien für die bayerische Souveränität im Vertrag von Ried am 8.10.1813 gegeben hatte – noch vor der Völkerschlacht bei Leipzig, die vom 16. bis 19.10.1813 stattfand, zu den Alliierten über und kämpfte bereits am 30.10.1813, in der Schlacht bei Hanau, für deren Sache. Nach der siegreichen Völkerschlacht, konnten die alliierten Truppen am 30.3.1814 in Paris einziehen. Im September 1814 begann der Wiener Kongreß, mit dessen Schlußakte, vom 8.6.1815, Europa neu geordnet wurde. Bayern mußte Salzburg und das Innviertel wieder an Österreich abtreten, erhielt aber zum Ausgleich dafür Berchtesgaden, das Salzburger Land westlich der Salzach und die linksrheinische Pfalz. Die alte Kurpfalz um Mannheim und Heidelberg aber blieb bei Baden. Um die äußere und innere Sicherheit zu erhalten und die Unabhängigkeit und Unverletzlichkeit der einzelnen deutschen Staaten und ihrer neuen Grenzen zu gewährleisten, wurde am 8.7.1815 der Deutsche Bund gegründet.

Die außenpolitische Leistung von Montgelas liegt in der Erfassung aller Chancen, welche die dramatischen Wechselfälle der europäischen Politik in den 13 Jahren von 1803–1816 zur Verwirklichung seines Programms boten, wobei kein bedeutender Schritt zu schnell oder voreilig getan wurde und es ihm immer wieder gelang, den Staat auch in einigen nahezu aussichtslos erscheinenden Situationen zu retten.[130] Seine innenpolitischen Reformen waren für Bayern nicht weniger bedeutsam. Montgelas ist es gelungen, den Wittelsbacher Patrimonialstaat in ein modernes Staatswesen umzuwandeln, für das der Fürst treuhänderisch zu sorgen hatte, dem er selbst als erster Diener untersteht, das nicht mehr veräußert oder geteilt werden kann. An die Stelle der uneingeschränkten Gewalt des Fürsten setzte Montgelas die Staatsgewalt, und die Souveränität des Staates ersetzte die des Fürsten. Montgelas hatte schon 1796, in seiner Denkschrift zum Staatsaufbau, für sei-

[130] Montgelas: Compte rendu und Denkwürdigkeiten 1817

nen Fürsten ein Programm ausgearbeitet, dessen Reformen er als Minister nahezu alle verwirklicht hat:

- Reorganistion der Zentralregierung mit strenger Trennung der Kompetenzen nach Ressorts
- ein fachlich vorgebildetes, ausreichend besoldetes, nicht mehr korruptes Beamtentum
- Gleichheit der Besteuerung und Aufhebung der teilweisen Steuerbefreiung der privilegierten Stände
- Abschaffung der Binnenzölle
- Reform der Landschaftsverfassung
- Abschaffung der Fronarbeit und Fixierung der Leistungen und Abgaben an die Grundherren
- Reform der niederen Gerichtsbarkeit und des Zivilrechts
- Humanisierung des Strafrechts
- Einführung der konfessionellen Toleranz
- staatliche Kontrolle der Verwaltung kirchlicher Stiftungen
- Aufhebung der Klöster der Bettelorden
- Verbesserung des Pfarrsystems und Ausbildung der Geistlichen unter Aufsicht des Staates
- Reform der Universität und der Schulen, vor allem der Volksschulen
- Herstellung der Pressefreiheit und der Veröffentlichungsfreiheit
- Zugang für alle Bürger – auch der Nichtadeligen – zu den Staatsämtern

Montgelas hatte die Abrundung des bayerischen Staatsgebietes bereits 1797 so vorgeschlagen, wie sie dann bis 1806 bzw. 1815 verwirklicht werden konnte. Von 1799–1817 war er Außenminister, von 1803–1806 und von 1809–1817 zusätzlich Finanzminister und von 1806–1817 auch noch Innenminister.

Beim Regierungsantritt von Max I. Joseph, im Jahr 1799, war Bayern ein föderalistischer Territorialstaat ohne einheitliche Verwaltung, ohne einheitliches Recht und ohne Staatsbewußtsein, mit 65 Millionen Gulden Staatsschulden gewesen. Bis 1808 war Bayern durch Montgelas ein geschlossener Flächenstaat geworden, dessen Staatsgebiet 83 politische Gebilde der Vergangenheit umfaßte, sowie 150 Herrschaften der Reichsritterschaft und die reichsunmittelbaren Klöster mit einer zu 90% bäuerlichen Bevölkerung.

1800 wurde der Ausschluß der Protestanten aus den wichtigsten bürgerlichen Rechten aufgehoben und ihnen das Recht der freien Niederlassung und das Recht zum Erwerb von Liegenschaften zugebilligt
1801 folgte das erste Toleranzedikt
1802 wurde die Zensur aufgehoben
1802–1806 erfolgte die Einverleibung der Reichsritterschaft in den Staat

DAS WERDEN DES NEUEN BAYERN

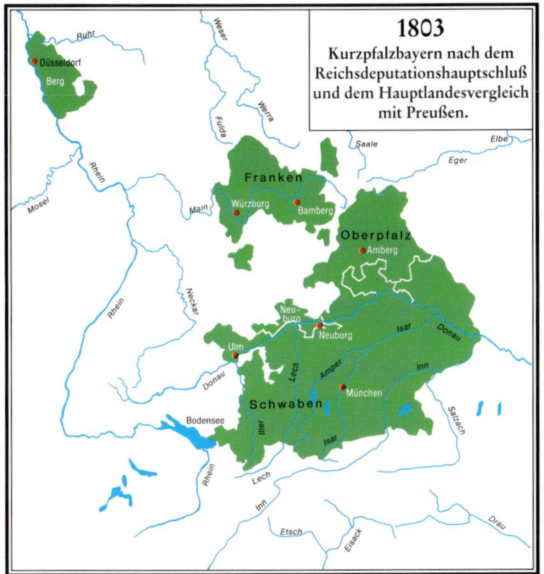

1803
Kurpfalzbayern nach dem Reichsdeputationshauptschluß und dem Hauptlandesvergleich mit Preußen.

Gebietsverluste seit 1800

- rechtsrheinische Kurpfalz um Mannheim und Heidelberg
- linksrheinische Kurpfalz um Jülich
- Herzogtum Zweibrücken

Gebietszuwachs seit 1800

+ Hochstifte: Augsburg, Bamberg, Freising, Würzburg und Fürststift Kempten
+ Reichsabteien: Ebrach, Elchingen, Irsee, Ottobeuren, Waldsassen, Wangen
+ Reichsstädte: Dinkelsbühl, Leutkirch, Memmingen, Nördlingen, Ravensburg, Rothenburg, Schweinfurt, Wangen, Weissenburg, Windsheim, Ulm

1810
Königreich Bayern nach den Pariser Verträgen.

Gebietsverluste seit 1803

- Hochstift Würzburg
- Herzogtum Berg mit Düsseldorf

Gebietszuwachs seit 1803

+ Vorarlberg
+ Hochstifte: Eichstätt, Passau, Regensburg
+ Erzstift: Salzburg
+ Reichsstädte: Augsburg, Lindau, Nürnberg, Regensburg
+ Markgrafschaften: Ansbach, Burgau
+ Herrschaft: Tettnang
+ Fürstentümer: Schwarzenberg, Hohenlohe, Oettingen, Fugger, Thurn und Taxis
+ Grafschaft: Castell, Pappenheim, Schönborn, Ortenburg

1819
Königreich Bayern nach dem Wiener Kongreß und seinen Folgeverträgen.

Gebietsverluste seit 1810

- Vorarlberg
- Salzburg
- Innviertel
- Hausruckviertel

Gebietszuwachs seit 1810

+ Grossherzogtum Würzburg
+ Aschaffenburg
+ Rheinpfalz bzw. Rheinkreis
+ Ämter: Hammelburg, Brückenau, Redwitz, Miltenberg, Amorbach, Heubach

1802–1808 wurde die Selbstverwaltung der Städte und Märkte beseitigt und deren Gerichtsbarkeit, Polizei und Verwaltung verstaatlicht

1803 beendete das Religionsedikt die ausschließliche Katholizität in Bayern und den Katholizismus als Staatsreligion. Im gleichen Jahr führte Montgelas vier Fachministerien ein, Auswärtiges, Justiz, Finanzen und Kultur

1806 zusätzlich ein Innenministerium zur Trennung von Justiz und Polizei. Alle Ministerien koordinierte er selbst

1803 folgte die Aufhebung der landsässigen Klöster im Zuge der Säkularisation. Sie waren die Grundherren von 56% der Bauernhöfe. Der Anteil des Adels umfaßte 24% der Höfe

1805 wurde die allgemeine Wehrpflicht eingeführt

1807 wurden die Stände beseitigt

1807 wurden die Steuerprivilegien des Adels aufgehoben und der Grundsatz der Gleichheit der Staatsbürger verwirklicht. Von nun an wurden Staatsdiener nicht mehr nach der Geburt ausgewählt, sondern nach ihren Fähigkeiten und Verdiensten

1807 führte Bayern als erstes Land die Pockenschutzimpfung ein, außerdem die Armen- und Krankenfürsorge; die moderne Statistik, die Topographie und die Landesvermessung, die Förderung der Landwirtschaft, den Straßen-, Brücken- und Kanalbau. Es baute ein modernes Schulwesen auf, mit neuen Lehrerbildungsanstalten für Volks- und Mittelschullehrer und für Realgymnasien

1808 wurde die Post von Thurn und Taxis verstaatlicht

1808 wurde der Frondienst der Bauern aufgehoben

1808 schuf Montgelas mit der »Konstitution« die Grundlagen der bayerischen Verfassung von 1818. Sie hat das »Neue Bayern« begründet, hat die vielen ungleichen Verhältnisse in den vielen neugewonnenen Landesteilen beseitigt, alle Sonderrechte und Sondergesetze außer Kraft gesetzt, und das gesamte Staatswesen zusammengefaßt und zu einem einheitlichen Staatskörper verbunden

Die »Konstitution« vollzog die Trennung von Staat und Dynastie. Der Staat war nun nicht mehr Eigentum des Fürsten. Der Fürst war jetzt Organ des Staates, und die Regierungsakte des Königs bedurften nun der Gegenzeichnung durch den Minister. 1813 erhielt Bayern ein gemeinsames Strafrecht.

Am 2. Februar 1817 wurde Montgelas, auf Initiative des Kronprinzen Ludwig, der selbst zu Einfluß kommen wollte, von König Max I. Joseph entlassen. 21 Jahre lang hatte er das Vertrauen des Königs besessen, der ihm im wesentlichen seine Macht verdankt hatte. Nach der Entlassung von Montgelas wurde 1817 ein Konkordat mit dem Papst abgeschlossen, wodurch der Katholizismus wieder Staatsreligion wurde.

Die neue Verfassung für Bayern wurde am 26.5.1818 verabschiedet. Ihr § 1 lautete: »Der König ist das Oberhaupt des Staates, vereinigt in sich alle Rechte der Staatsgewalt und übt sie unter den von ihm gegebenen, in der gegenwärtigen Verfassungsurkunde festgesetzten Bestimmungen aus. Seine Person ist heilig und unverletzbar«.Damit war der König vom Diener wieder zum Herrn des Staates geworden. Auf Wunsch des Kronprinzen erhielt die Verfassung ein Zweikammersystem, mit Gesetzgebungsrecht und Steuerbewilligungsrecht. Die Unabhängigkeit der Kammern von der Krone war jedoch offensichtlich nicht beabsichtigt. Die erste Kammer bestand aus Reichsräten, den volljährigen königlichen Prinzen, den Kronbeamten des Reiches, den Erzbischöfen von München und Bamberg und Personen, die vom König zu Mitgliedern der Kammer ernannt wurden. Sie war deshalb vom König stark geprägt. Die zweite Kammer bestand »aus den Grundbesitzern, welche eine gutsherrliche Gerichtsbarkeit ausüben und in der ersten Kammer nicht Sitz und Stimme haben«. Dabei stellten Adel und Geistlichkeit je ein Achtel, Städte und Märkte ein Viertel der Sitze und die Grundeigentümer die andere Hälfte. So entfielen auf einen gutsherrlichen Abgeordneten 67 Familien, auf einen städtischen Abgeordneten 4101 Familien und auf einen bäuerlichen Abgeordneten 12238 Familien. Trotz alledem hat diese Verfassung ganz wesentlich dazu beigetragen, in den zahlreichen, auch in den neuen Teilen Bayerns ein gemeinsames Staatsbewußtsein zu wecken.

1825 starb König Max I. Joseph. Ihm verdankt München u.a. das Nationaltheater, die Akademie der bildenden Künste und das erste Oktoberfest, das anläßlich der Hochzeitsfeier des Thronfolgers, 1810, gefeiert wurde. Die Münchner Landschaftsmalerei mit Kobell, Dillis, Wagenbauer und anderen, war während seiner Regierungszeit aufgeblüht.

Die Regierungszeit von König Ludwig I. 1825–1848[131]

Der Regierungsantritt *König Ludwig I. (1825–1848)*, im Jahre 1825, bedeutete nach den Reformen von Montgelas eine völlige Neuorientierung der geistigen Grundlagen des bayerischen Staates, vor allem in der Kultur- und Kirchenpolitik.

Ludwig I. empfand sich als Monarch von Gottes Gnaden, wodurch er die Emanzipation des Staates von der Person des Monarchen hemmte. Herrschen war für ihn Lust und Leidenschaft. Er versuchte, den Staat auf christlicher Grundlage neu zu gründen. Seine Regierungserklärung von 1825 begann: »Wir Ludwig, von Gottes Gnaden König« und enthielt die Passage »... daß ich Religion als das Wesentliche ansehe«.

[131] Max Spindler: Die Regierungszeit Ludwig I. 1825–1848. In Spindler, Handbuch der bayerischen Geschichte 1979

Ludwig I. war eine originäre, starke, schöpferische, auf Großes angelegte Persönlichkeit mit Phantasie. In ihm verband sich Empfindsamkeit und Schwärmerei für die Schönheit der Natur, der Frauen und der Kunst mit einem stahlharten Willen, strengem Pflichtgefühl, nüchternem, rechnendem Verstand, einem pedantischen Ordnungssinn und Selbstüberschätzung. Verschlossen und einsam, verlor er nie eine jäh aufkeimende Heftigkeit, die oft verletzte. Ludwig I. sprach französisch und italienisch und hatte Kenntnisse in Englisch, Spanisch und Russisch. Weltanschaulich war er nie beunruhigt. Die Ursachen für seine Abdankung, 1848, lagen in seiner eigenen Persönlichkeit begründet.

Von einer Romreise, 1804, beeindruckt, war Ludwig I. ein glühender Verehrer der Antike und später auch der Romantik. Er förderte Kunst und Wissenschaft, baute leidenschaftlich und war der größte Mäzen seiner Zeit. Er ließ die Nationaldenkmäler Walhalla, Befreiungshalle, Siegestor und Feldherrnhalle bauen, Kloster und Kirche St. Bonifaz und die Ludwigskirche in München, die Propyläen, die Glyptothek für seine, in 8 Jahren gesammelten, antiken Statuen, die Alte Pinakothek und die Bavaria.

Ludwig I. war ein begeisterter Verehrer des klassischen Griechenlands. Der 1821 ausgebrochene Freiheitskampf der Griechen gegen die türkische Herrschaft wurde von ihm tatkräftig unterstützt und unmittelbar nach seiner Thronbesteigung gab er dafür reiche Spenden. Der Freiheitskampf konnte von den Griechen 1829 erfolgreich beendet werden. Im Februar 1832 einigten sich die Signaturmächte des Friedensschlusses darauf, dem Sohn Ludwigs, dem noch minderjährigen Prinzen *Otto von Wittelsbach*, die griechische Königskrone anzubieten. Mit Unterstützung Ludwigs und einer 3500 Mann starken bayerischen Schutztruppe, landete König Otto im Februar 1833 in Griechenland. Den Thron bestieg er im Mai 1835, nachdem bis zu seiner Volljährigkeit ein Regentschaftsrat regiert hatte. 1834 wurde der Architekt Leo von Klenze von Ludwig I. nach Griechenland geschickt. Ihm ist zu verdanken, daß die Akropolis von den venezianisch-türkischen Einbauten befreit und in ihren ursprünglichen Zustand zurückgeführt wurde. Die Regierungszeit Ottos war wenig glücklich. Im Aufstand von 1862 wurde er von einer provisorischen Regierung für abgesetzt erklärt und verließ daraufhin das Land. Bis zu seinem Tod, im Jahre 1867, lebte er in der, von seinem Vater zur Verfügung gestellten, Neuen Residenz in Bamberg.

In Bayern begann *Ludwig I.* nach einer liberalen Periode eine neue Kulturpolitik. Er führte die kirchlichen Orden wieder ein und gründete zahlreiche Klöster. Bis 1830 waren 43 Klöster neu gegründet oder wiederbelebt, darunter auch Scheyern, Metten und Schäftlarn, denen der König, ebenso wie den Frauenklöstern der »Englischen Fräulein« und der »Armen Schulschwestern«, die Funktion höherer Schulen gab. Seine Kulturpolitik förderte, im Gegensatz zu Montgelas, die Konfessionalisierung des Unterrichts. 1826 wurde die radikale Alleinherrschaft der klassischen Sprachen an den bayerischen Schulen durchgesetzt, wobei Deutsch ganz ent-

Otto von Wittelsbach, 1832 zum König von Griechenland berufen, landet am 6. Februar 1832
in Nauplia
Unbekannter Maler

fiel, und Geschichte, Geographie und Mathematik stark eingeschränkt wurden. Die Universität wurde 1826 von Landshut nach München verlegt.

Ludwig I. hatte seine Regierung mit dem Ziel begonnen, das Erreichte zu sichern, die Finanzen zu ordnen, den Wohlstand zu fördern, den Staat zu konsolidieren und die Verfassung zu verbessern. In den 30 Jahren seiner Regierungszeit von 1818 bis 1849 ist die Bevölkerung Bayerns um 21% von 3,7 Millionen Einwohnern auf 4,5 Millionen gestiegen. Bayerns Bevölkerung wohnte damals in 208 Städten, 410 Märkten und 23 000 Dörfern. München hatte 100 000 Einwohner. Noch immer waren 67% der Einwohner in Agrarbetrieben beschäftigt; ein Viertel war in Handel und Gewerbe tätig und etwa 7% waren Beamte und Soldaten. Wichtigstes bayerisches Erzeugnis war das Bier mit 30 Millionen Gulden Jahresleistung, gefolgt vom Getreide mit 24 Mio. Gulden, den Industrieprodukten einschließlich Salz mit 13 Mio. Gulden, den rohen Naturprodukten mit 8 Mio. Gulden, Holz mit 2 Mio. und Wein mit 1 Mio. Gulden. Nur 50 Betriebe hatten mehr als 50 Mitarbeiter. Das Existenzminimum lag bei einem Einkommen von 100 Gulden/Jahr. Ein Hilfsarbeiter verdiente damals 75–100 Gulden, ein Maurer 150–200 Gulden, ein Professor 200–600 Gulden. Die Hälfte der Bevölkerung hatte ein Jahreseinkommen unter 500 Gulden.

Die finanzielle Sanierung der 110 Mio. Gulden Staatsschulden gelang Ludwig I., trotz seiner Bauleidenschaft, durch rigorose Sparmaßnahmen im Zivil- und Militäretat, wobei er Beamtenstellen strich und die Bezüge von Ministern bis zu Kanzleibeamten radikal reduzierte.

Ludwig war ein Autokrat, der die Regierungsarbeit selbst in die Hand nahm und seine Minister lediglich als seine Schreiber betrachtete, die seine Anordnungen vor den Kammern zu vertreten hatten. Die Selbstregierung des Monarchen entsprang seinem Pflichtgefühl. Doch seine Regierungsweise war mit dem konstitutionellen System nicht vereinbar und führte zwangsläufig zu Konflikten mit den Kammern und mit seinen Ministern, die er oft opferte. Die Verfassungsrechte der Kammern, wie sie 1818 niedergelegt wurden, betrachtete der König als Verletzung seiner Herrschaftsrechte und reagierte im Laufe der Jahre immer heftiger auf Kritik. Im Landtag von 1827/28 brachte er von 25 Reformgesetzen nur 3 durch, worüber er sehr betroffen war und daraufhin das Kabinett umbildete. 1831 wurde die Pressezensur wieder eingeführt und nach Studentenunruhen, im Dezember 1831, die Universität geschlossen und die auswärtigen Studenten ausgewiesen. Nach dem Hambacher Fest gab es in der Pfalz zahlreiche Verhaftungen und Prozesse.

In den folgenden Landtagen gab es weitere Mißhelligkeiten, vor allem durch die zunehmende Kampfstellung des politischen Katholizismus gegen den Liberalismus und gegen den Protestantismus, wie sie vom Kabinett Abel zwischen 1837–1847 vertreten wurde.

Die Konflikte spitzten sich zu, als Ludwig I. 1846 die Tänzerin Lola Montez zur Gräfin von Landsfeld ernannte, wozu er vorher seine, damit nicht einverstandenen,

Minister entlassen mußte. Professoren der Universität, die eine Dankadresse an die entlassenen Minister verfaßt hatten, wurden ebenfalls entlassen. Die Verstärkung der Truppen, wegen der Unruhen in München, führte zu einem ständigen Kleinkrieg zwischen Studenten und Soldaten, worauf im Februar 1848 die Universität erneut geschlossen wurde. Daraufhin griff die Bürgerschaft ein, erzwang die Rücknahme der Universitätsschließung, die Entfernung der Lola Montez und erreichte, daß der König im März die Pressezensur aufhob und zusagte, das Heer auf die Verfassung zu vereidigen. Zwei Wochen später, am 19. 3. 1848, trat König Ludwig I. zurück und übertrug die Krone seinem Sohn *Maximilian*. Dies kommentierte er mit den Worten: »regieren konnte ich nicht mehr und einen Unterschreiber abgeben wollte ich nicht«.

Ludwig I. war trotz des Scheiterns an seinen autokratischen Neigungen eine große Persönlichkeit. Er hat den Ruf des modernen Bayern auf dem Gebiet der Kunst begründet. Seine staatsmännische Leistung bestand in seinem Wirken für den inneren Staatsaufbau und für die Staatsfinanzen. Nach der Zeit des Umbruchs und der Aufklärung hat er die Werte des Glaubens, der Tradition und der Geschichte in Bayern wiederbelebt.

2. *Kempfenhausen im Besitz des Freiherrn Caspar Marquardt Zündt von Kenzingen und seiner Erben von 1690–1748*

Kurfürst Max Emanuel übertrug am 10. Juli 1690 die ihm gehörende Hofmark Kempfenhausen, einschließlich Haarkirchen, seinem Gesandten *Caspar Marquardt Zündt*, Freiherr von Kenzingen und erhob Kempfenhausen zur geschlossenen Hofmark, die 1692 dem Pfleggericht Starnberg einverleibt wurde. Damit erstreckte sich die Hofmarkgerechtigkeit Zündts auch auf die in der Hofmark lebenden Grunduntertanen fremder Grundherren. An das Kloster Tegernsee hatte Freiherr von Zündt jährlich noch immer 3 Gulden Zehntgebühren für drei Höfe in seiner Hofmark abzuführen.[132]

Die Zündt waren ein altes schwäbisches Geschlecht aus dem Breisgau. *Hans Conradt Zündt*, der Vater des Caspar Marquardt Zündt, war 15 Jahre lang im Kriegsdienst für Herzog Maximilian I. gewesen, zuletzt als Oberstleutnant. Er hatte »hochwichtige Komissionen und Kriegsexekutionen durchgeführt« und dem Kurfürsten während des Dreißigjährigen Krieges dreimal auf eigene Kosten eine ganze Kompanie von den tapfersten Leuten und verschiedenen adeligen rheinländischen und elsässischen Volontären zur kurbayerischen Armee gestellt, wie es in der Ernennungsurkunde von 1686 für seinen Sohn hieß. Von

[132] Hauptstaatsarchiv: GL Wolfratshausen Faszikel 4541

1639–1645 bekleidete Hans Conradt Zündt das Amt eines Pflegers für die Stadt und Herrschaft Mindelheim. Dieses Amt wurde während seines Kriegsdienstes von örtlichen Beamten verwaltet. Die Grafschaft Mindelheim, die ringsum von schwäbischem Gebiet umgeben war, war 1616 an die bayerischen Herzöge gekommen und 1618 bayerisches Pfleggericht geworden.

Caspar Marquardt Zündt wurde vor 1636 bei Mindelheim geboren, studierte zweieinhalb Jahre Philosophie in Dillingen und anschließend eineinhalb Jahre Jura an der Universität Ingolstadt.[133] Dann ging er vier Jahre auf Reisen, besuchte ausländische Universitäten und lernte fremde Sprachen. Ab 1664 war er kurbayerischer Truchseß. 1666 bewarb er sich beim Hofamt in München. Er mußte sich einer Prüfung unterziehen, über deren Ergebnis die Räte und der Hofkammerpräsident voll des Lobes waren. Sie empfahlen, ihm eine freiwerdende Hofratsstelle zu übertragen. So wurde Caspar Marquardt Zündt Hofrat mit 500 Gulden Jahresgehalt. Im Jahre 1674 wurde er Kämmerer und in den darauffolgenden Jahren Revisionsrat, Geheimer Rat des Kurfürsten und am 4. 5. 1682 zum Pfleger und Kastner zu Mindelheim ernannt.[134] Auch für ihn war dies lediglich ein Ehrenamt mit Einkünften, ohne die Verpflichtung, in Mindelheim anwesend zu sein und dort die Amtsgeschäfte selbst vorzunehmen.

In den folgenden Jahren wurde Caspar Marquardt Zündt vor allem mit Aufgaben im auswärtigen Dienst betraut. 1678 schickte ihn Kurfürst Max Emanuel an den sächsischen Hof nach Dresden. Dort sollte er sich für einen Frieden zwischen Frankreich und dem Habsburger Kaiser einsetzen und zwischen Brandenburg und Schweden vermitteln. Als er jedoch merkte, daß er vom sächsischen Hof hintergangen wurde und dessen Intrigen auf die Spur kam, stellte er seine Gesprächspartner zur Rede und reiste nach München zurück, was einem Abbruch der Beziehungen zwischen Bayern und Sachsen gleichkam. Das hinderte Kurfürst Max Emanuel nicht, ihn 1681 erneut als Gesandten nach Dresden zu schicken, nachdem die Beziehungen zwischen Bayern und Sachsen wieder besser geworden waren.

Während der gesamten Dauer seiner diplomatischen Tätigkeit im Dienst des Kurfürsten hat Caspar Marquardt Zündt die Anlehnung Bayerns an Frankreich mit Zähigkeit und Überzeugung vertreten. Er fiel deshalb in Ungnade, als Max Emanuel auf die Seite der Habsburger, d. h. auf die Seite des Kaisers, überwechselte. Trotzdem wurde er in dieser Zeit, 1686, in den Freiherrnstand erhoben. In der Ernennungsurkunde des Kurfürsten hieß es in der Präambel: »Wiewohl wir aus der Höhe und Würdigkeit, darein uns der Allmächtige nach seinem göttlichen Willen gesetzt und verordnet hat, auch aus angeborener Güte und Mildtätigkeit gnädiglichst geneigt sind, allen und jedem unserer getreuen Untertanen Ehr, Nutz und Bestes zu betrachten und zu befinden, so ist doch unser Gemüt billigerweise mehr geneigt und begierlicher gewogen, diejenigen mit unserer besonderen Gnade zu

[133] Walter Fürnrohr: Kurbayerns Gesandte auf dem Immerwährenden Reichstag 1971
[134] Hauptstaatsarchiv: Personenselekt Zündt Cart. 524

begaben und zu versehen, auch sie in noch höhere Ehre und Stand zu erheben und zu würdigen, deren Voreltern und sie von adeligem tugendsamen Wesen und Standesherkommen, mit Geschicklichkeit und Vernunft von Gott begabt sind, sich deren vor anderen befleißigen und denselben anhangen«. So wurde »nach den unser kurfürstliches Gemüt bewegenden Ursachen« das uralte Rittergeschlecht der Zündt in den Freiherrnstand erhoben.

Am 17. Juli 1691 ernannte Max Emanuel Caspar Marquardt Zündt zum Direktor des »Speyerischen Rats«, einer Kommission für die beim Reichskammergericht anhängigen Prozesse, an denen Kurbayern als Partei beteiligt war.

Im Mai 1701 erfolgte seine Entsendung zum »Fränkischen Kreis« nach Nürnberg, um zu verhindern, daß sich die süddeutschen Reichskreise auf die Seite des Kaisers stellen, statt neutral zu bleiben. Dies gelang jedoch nicht, und die Isolierung Bayerns und ihres Kurfürsten nahm zu.

Als geheimer Rat wurde Caspar Marquardt Zündt, als Nachfolger von Graf Tattenbach, im November 1701, Gesandter Kurbayerns beim Reichstag in Regensburg mit einem monatlichen Deputat von 500 Gulden.

Der »Immerwährende Reichstag« zu Regensburg begann 1663 und tagte bis 1806. Obwohl der Reichstag nicht der Ort war, an dem Entscheidungen fielen, denn die Politik wurde an den Fürstenhöfen gemacht, schickten die großen Reichsstände ihre besten Leute als Gesandte nach Regensburg, die keineswegs »Briefboten« waren, sondern meist sehr viel mehr von den Geschäften verstanden als die Kabinettsminister und daher oft selbständig entschieden.[133]

Den im Reichstag vertretenen Reichsständen waren durch den Westfälischen Frieden von 1648 Souveränitätsrechte zugesprochen worden, doch lebten die Reichsstände nicht aus eigener Kraft, sondern verdankten ihre Existenz dem Reich und der Reichsverfassung. Die Hauptaufgabe des Reichstags, der kaum Gesetze beschloß, war die Wahrung der Reichseinheit und der Reichsverteidigung. Außerdem war er das Kontrollorgan der kaiserlichen Regierung, die an die Zustimmung des Reichstags gebunden war. Die Mitglieder wurden nicht gewählt, sondern ernannt. Es gab drei Versammlungen, die getrennt abstimmten: die Versammlung der Kurfürsten mit 7–9 Mitgliedern, die der Fürsten mit 100 Stimmen und die der Reichsstädte mit 50 Stimmen. Im Fürstenrat hatten die Landesherren, die »weltliche Bank«, 60 Stimmen, die »geistliche Bank« 30 Stimmen und die 143 kleinen Reichsstände hatten 6 Gesamtstimmen. Der »Immerwährende Reichstag« entwikkelte sich in Europa zu einer Kontaktstelle ersten Ranges, an der viele Entscheidungen vorbereitet und Kompromisse gefunden wurden. Ein Vetorecht gab es nicht. Bei Streitigkeiten konnte das Reichskammergericht oder der Reichshofrat in Wien angerufen werden.

Als Freiherr von Zündt 1701 nach Regensburg kam, war der Reichstag auf eine Kriegserklärung gegen Frankreich eingestimmt. Zündt versuchte für seinen Kurfürsten, der sich wieder entschieden auf die Seite Frankreichs gestellt hatte, zu retten, was zu retten war. Es wurde ihm von allen Seiten bescheinigt, daß er Kurbayern mit Geschick und Energie auf dem Reichstag vertreten hat, doch am 30. September 1702 wurde der Reichskrieg gegen Frankreich erklärt. Man wagte wegen der Bedrohung durch bayerische Truppen jedoch nicht, Baron Zündt auszuweisen. Dieser beschwerte sich, auf dem Reichstag vom 15. 1. 1703, über das »illegale Verhalten« von Kaiser und Reich gegenüber Kurbayern und forderte die Neutralität Regensburgs. Gleichzeitig verhandelte er mit dem Gesandten von Brandenburg-Preußen, der zwischen Kaiser und Kurfürst zu vermitteln versuchte. Am 4. April 1703 schloß er, im Einvernehmen mit den Reichstagsabgeordneten, im Namen des Kurfürsten einen Vertrag mit der Stadt Regensburg, der diese vor Zerstörung bewahren sollte.

Als sich die militärische Lage zu Gunsten des Kaisers geändert hatte, wurde Baron Zündt im September 1704 aus Regensburg und aus dem Reich ausgewiesen. Nachdem er sich zuvor noch das Bargeld des Kurbayerischen Salzamtes in Regensburg hatte aushändigen lassen und es damit in Sicherheit brachte, reiste er über München und Straßburg nach Brüssel und folgte seinem Kurfürsten ins französische Exil. Er wurde Mitglied des Staatsrats in Namur, den Kurfürst Max Emanuel, nach Erhalt der Niederlande, dort gegründet hatte. Über Zündt äußerte sich Kurfürst Josepf Clemens von Köln, der Bruder Max Emanuels, »er bedauere zutiefst, daß dieser hochverdiente, für die Interessen seines Kurfürsten so begeisterte Mann« bei Max Emanuel so wenig Gehör fand, da dieser von eigensüchtigen Schmeichlern umgeben gewesen sei.

Caspar Marquardt von Zündt stand fünfzig Jahre im Dienst Kurbayerns. Als konsequenter Anhänger einer Anlehnung Bayerns an Frankreich, hat er fürstliche Gnade und fürstliche Ungnade erfahren und für Kurfürst Max Emanuel alle Möglichkeiten genutzt, die die Reichsverfassung bot. Im Laufe seines Lebens hatte Baron Zündt Schulden gemacht, nicht zuletzt durch die kostspieligen Gesandtschaften und das zehnjährige Exil. Sie beliefen sich 1782 auf 15 000 Gulden und wurden vom Kurfürsten beglichen. Nachdem im Frieden von Rastatt, im Jahre 1714, Kurfürst Max Emanuel Bayern zurückerhalten hatte, beorderte er Caspar Marquardt von Zündt, mit Dekret vom 7. 6. 1715, erneut als Gesandten nach Regensburg. Diese Aufgabe konnte Baron Zündt jedoch nicht mehr übernehmen, da er am 17. August 1715 starb. Die Sterbematrikel der Pfarrkirche Aufkirchen enthält den Eintrag «1715 am 17. August starb nach Empfang aller Sakramente der Kirche zu München gottselig im Herrn der sehr angesehene und ausgezeichnete Herr Kaspar Marquardt Zündt, des heiligen römischen Reiches Freiherr von Kenzingen in Kempfenhausen und Haarkirchen, des erlauchten bayerischen Churfürsten Kammerer und wirklicher Geheimer Rat, ferner derselben Durchlaucht Reichsgesandter zu Regensburg, dessen Leichnam am 19. desselben Monats hierher zur Pfarrkirche übertragen und auf der Evangelienseite nahe dem Hochaltar beigesetzt wurde«.

Aus der Zeit von Baron Caspar Marquardt Zündt stammen die alten Eichen am Sonnleitenweg. Erhalten ist auch der Kupferstich von Michael Wening von 1701 und eine Beschreibung des Besitzes aus dem Jahr 1696:

»Es hat auch bei dem Schloß ein schönes Wasser- und Druckwerk gehabt, weil aber die Herrschaft nicht da wohnt, ausgehoben, aber das Druckwerk noch alles beisammen ist. Das schöne gemauerte dreigadige Schloß oder vielmehr Lusthaus auf einer Anhöhe an dem Würmsee gegen Starnberg, 3 Meilen von München gelegen, hat drei gewölbte Küchen, vier Stuben, acht Kammern, einen großen Saal mit 12 Fenstern auf der Vorderseite und zwei Keller, eine gemauerte Kapelle, Padstibel (Badstube), Pflegehäusl, Prunn und Garten mit allerlei Edelobst, alles mit einer Rinkmauer umfangen. Gleich bei dem Tor einen schönen großen Garten, darin 200 kleine und große Bäume, einen Vogelhorst auf zwei Masten, rings mit Plancken, das übrige mit hohen Stöcken umfangen, fünf Weiher, davon 2 an einen Fischer 3 Jahre für 15 Gulden verstiftet, der 3. aber frei eigen. Die Herrschaft hat drei Segen auf dem Würmsee zum Fischen, deren zwei beschlagen, der dritte aber ledig zu seines Herren Lust kann gebraucht werden. Die Fischer müssen alles Fischwerk für den Gebrauch der Herrschaft zutragen, in dem Wert, wie es der Kurfürst zahlt. Zudem hat es einen fischreichen Bach, daraus die Herrschaft täglich Fische fangen kann. Außerdem das Weidwerk, dessen man im üblichen Gebrauch gewesen seit Menschengedenken, Rehe, Hasen, Fuchs, Marder, Dachs, Rebhühner, Schnepfen und anderes Geflügel, dazu drei unterschiedliche Vogelhorste«.

Während des spanischen Erbfolgekriegs wurde auch das Ostufer des Starnberger Sees von österreichischen Truppen besetzt und verwüstet, nachdem die verbündeten Bayern und Franzosen bei Höchstadt entscheidend geschlagen worden waren. Aus der Zeit, nachdem Kurfürst Max Emanuel nach Bayern zurückgekehrt war, stammt die Jagdkarte des Gebietes von Kempfenhausen, die der französische Leutnant Coquille 1716 gezeichnet hat. Sie enthält die damaligen Häuser, den Jagdzaun zwischen Berg und Kempfenhausen, der sich bis in den Hofoldinger Forst bei Schorn und Neufahrn hinzog, und zeigt nördlich von Wangen den Fürstenweg von München nach Starnberg.

In München besaß Caspar Marquardt Zündt die Stadtwohnungen Platzl 4 und Weinstraße 14. Er war seit 1666 mit Maria Franziska Freiin von Lerchenfeld verheiratet. Seine Schwägerin, Maria Magdalena Freifrau von Lerchenfeld, Witwe des Johannes Albertos von Lerchenfeld, Obrist Hofmeister beim Bischof von Straßburg, bat ihn, mit Schreiben vom 20. 4. 1698, die Vormundschaft für ihren minderjährigen Sohn zu übernehmen, da sie »wegen erheblicher Ursachen ihren mütterlichen Obligenheiten nicht nachzukommen vermag«. Sie bat außerdem »alles und jedes, was ihrem minderjährigen Söhnlein erquicklich sein kann und mag, vorzunehmen«.

Die Tochter von Caspar Marquardt Zündt, Maria Ursula Theresia, wurde 1677 geboren. Sie heiratete *Ferdinand Alexander Marquis von Maffei*, Kämmerer, Generalfeldmarschall-Leutnant, und von 1727 bis 1730, Pfleger von Neumarkt an der Rott.

Nach dem Tod ihres Gatten wurde sie selbst »Hauptpflegerin« von Neumarkt, lebte jedoch bis zu ihrem Tod, im Jahre 1733, in München. Nach dem Tod von Caspar Marquardt von Zündt erbte 1715 sein Sohn Maximilian *Anton von Zündt*, Freiherr von Kenzingen, geb. am 7.7.1676, Kempfenhausen und Haarkirchen. Er war Kämmerer, Hofrat, Pfleger und Kastner zu Mindelheim und mit der »gewesten« Hofdame Maria Fabronia, geb.Gräfin von Muggenthal, verheiratet.

Im Mai 1716 ließ er den Grundstein zum Neubau der Schloßkirche St. Anna legen, nachdem die erste Kirche von 1520 baufällig geworden war. Die Bauarbeiten führte ein Habacher Maurermeister für 634 Gulden aus. 1717 war die neue Kirche fertiggestellt.

Unter Maximilian Anton von Zündt wurde die Hofmark Kempfenhausen von dem adeligen Verwalter Jeremias Sebastian Mair betreut. Es ist kein Zufall, daß gerade in dieser Zeit zahlreiche Handwerker – ein Zimmermann, ein Maurer, ein Schneider und ein weiterer Fischer – in Kempfenhausen neu angesiedelt wurden, wodurch sich die Erträge der Hofmark spürbar steigern ließen. Dem »Nobilis« Jeremias Mair und seiner Ehefrau Maria Ursula wurden in Kempfenhausen fünf Söhne geboren.

Vor ihm hatten jeweils Jäger das Schloß und den Waldbesitz der Hofmarksherrschaft betreut. Unter den Hörl war das, von 1652–1678, Adam Hupfauf, unter den Kurfürsten, von 1678–1690, der Überreiter Martin Hilgersheimer und, unter Caspar Marquardt von Zündt, der Jäger Martin Heichl gewesen. Martin Heichl war mit Ursula Winninger aus Aufkirchen verheiratet, von der er zwischen 1699 und 1723 sieben Söhne und acht Töchter bekommen hatte.

Da sein Vater Maximilian Anton erkrankt war, erhielt 1741 der Sohn *Franz Anton Bonaventura von Zündt* die Hofmark Kempfenhausen. Er war in erster Ehe mit Maria Ursula geb. Gräfin von Buttler, verheiratet und nach deren Tod, im Jahre 1766, seit 1767 mit Maria Viktoria, geb. von Bernheim. Kurfürst Max III. Joseph berief ihn am 14.9.1753 ins Hofratskollegium nach München.

Von seinem einzigen Sohn *Christoph Ignaz von Zündt*, Freiherr von Kenzingen ist ein Testament vom 1.10. 1767 erhalten, in dem er und seine Gattin Maria Antonia geb. Freiin von Lerchenfeld, sich gegenseitig als Erben einsetzen. Das Testament beginnt: »Im Namen der Allerheiligsten Dreyfaltigkeit, Gott des Vaters, Sohn und heiligen Geistes. Ich, Ignatius Freiherr von Zündt auf Kenzingen, Ihro Churfürst Rath in Bayern Kammerer, und Vice-Oberiststallmeister, dann neben ihm Maria Antonia Freyfrau von Zündt, geb. Freyin von Lerchenfeld-Penneberg, dessen eheliche Hausfrau, bekennen und bezeugen, daß wir die Vergänglichkeit dieses Lebens und daß der Todt gewiß, die Zeit desselben aber ungewiß, in reife

Betrachtung gezogen, und uns dahero entschlossen, bei Zeiten, und da wir noch gesund und bei Kräften seiend, über unser zeitliches Vermögen zu disponieren und ein Testamentum Reciprocum, wie solches unter Eheleuten am besten und beständigsten sein kann, oder mag zu errichten«. Da sein Vater, Franz Anton von Zündt, Freiherr von Kenzingen, Kempfenhausen und Haarkirchen am 22. 6. 1748 an den Hofkammer- und Kommerzienrat Franz Joseph Dufrésne verkauft hat, ist Christoph Ignaz von Zündt niemals Hofmarkbesitzer von Kempfenhausen geworden.

3. Kempfenhausen im Besitz des Hofkammer- und Kommerzienrats Franz Joseph von Dufrésne von 1748–1768

Der kurbayerische Hofkammerrat und Kommerzienrat *Franz Joseph von Dufrésne* hat die Hofmark Kempfenhausen am 22. 6. 1748 von Franz Anton von Zündt, Freiherr von Kenzingen, für 14 000 Gulden durch Kauf erworben. Die Bewilligung dazu erhielt er von Kurfürst Max III. Josef »in Ansehung der langjährig gut und anständig geleisteten und continuierend ersprießlichen Dienste«, nicht aber die gleichzeitig erbetene Edelmannsfreiheit.[135] Die Dufrésne waren ein altes Bürgergeschlecht, dessen Schreibweise wechselte. Meist wurde der Name Dufrésne geschrieben, gelegentlich aber auch Duffrene, Duffraine oder Dufréne.

Die Eltern von Franz Joseph Dufrésne, der aus Savoyen stammende Kaufmann *Joseph Duffrene* und *Anna Catharina Duffrene*, geb. Lochnerin, waren in Regensburg ansässig. Franz Joseph Dufrésne war Leiter der Hofkammer, der Schneiderei und der »Mobilien« der Kurfürsten und seit 1738 Hofkammerrat. Der kurfürstlichen Hofkammer stand er bis 1750 vor. Seit 1746 war er Mitglied des kurfürstlichen Hofkammer-Collegiums, das in den einzelnen Jahren zwischen 30 und 44 Mitglieder umfaßte, und seit 1753 Mitglied des Commerzien Collegiums mit 13 Mitgliedern. Seit 1759 unterschrieb er »Franz Joseph von Dufrésne«. Franz Joseph von Dufrésne war ganz offensichtlich kunstsachverständig. Er besaß nicht nur selbst eine umfangreiche Gemäldesammlung, sondern hat auch immer wieder für die Kurfürsten Kunstgegenstände erworben. Am 23. Okt. 1737 erhielt er von der Hofkammer 853 Gulden für 500 Ellen gelben Brokat, die er beschafft hatte. Am 30. Okt. 1737 ordnete Kurfürst Karl Albrecht an, daß er für die von ihm übernommenen Malereien, einen Lüster, eine Pendule (Uhr), eine vergoldete Bronze und einen Porzellanaufsatz, von der Hofkammer, von jetzt ab bis zu seinem Lebensende, jährlich 400 Gulden erhalten solle, und seine Witwe bis zu ihrem Tod jährlich 200 Gulden.[136] Am 22. September 1748 wurde die Hof-

[135] Hauptstaatsarchiv: GL Faszikel 4541
[136] Hauptstaatsarchiv: HR I Faszikel 282/160

kammer angewiesen, dem Hofkammerrat Franz Joseph Dufrésne 7000 Gulden zu überweisen, die dieser zum Kauf eines »reich mit Brillanten gefaßten Porträts des Kaisers« vorgestreckt hatte, das Kaiser Karl VII. dem scheidenden spanischen Botschafter Graf Montijo verehrte.[136]

Mit Schreiben vom 27. Dez. 1744 erbat Franz Joseph Dufrésne bei Graf Preysing die Bezahlung von 6500 Gulden in 6 monatlichen Raten von je 1000 Gulden und eine Schlußzahlung von 500 Gulden für ein Portrait, das »Ihre kaiserliche Majestät« bei ihm für den französischen Botschafter Conte de Bavière erworben hatte.[136] Am 23. Juli 1745 verrechnete er mit der Hofkammer den Kauf einer goldenen Tabatière und am 26. Aug. 1752 für gold- und silbergestickten Samt 3500 Gulden.[136] Am 15. Juli 1759 quittierte er den Erhalt von 1000 Gulden für ein Porträt von Kurfürst Max Emanuel in Lebensgröße, das »Ihre churfürstliche Durchlaucht für den Hofkammerpräsidenten Graf von Törring« erworben hatte.[135] Am 28. Juli 1759 erhielt er 500 Gulden für 6 Gemälde, die Graf von Törring bei ihm für das Belvedere in Lustheim gekauft hatte und am 4. 9. 1759 für 4 Landschaften, die die vier Jahreszeiten darstellen, 250 Gulden.[136] 600 Gulden erhielt er am 5. Febr. 1760 für ein Buch mit 200 Kupferstichen, ein Buch mit Zeichnungen berühmter Maler und ein Porträt des Grafen von Plettenberg, welche der Kurfürst von ihm gekauft hatte. Am 10. Januar 1760 erwarb Kurfürst Max Joseph ein großes Porträt von Rembrandt und zwei Gemälde von Breugel de Velour. Von diesen Bildern wurden von der Akademie der Kunst Beschreibungen angefertigt. Danach ist der Rembrandt »das Porträt eines alten gelehrten Niederländers in schwarzem Habit, welcher sich mit der linken Hand auf einen Sessel lehnt, worauf vier Bände in folio liegen«. Die beiden Bilder von Breugel de Velour zeigen Göttinnen als Allegorien der Elemente Luft und Feuer auf dem einen Bild, und Erde und Wasser auf dem anderen Bild.[137] Selbst noch aus dem Nachlaß von Franz Joseph von Dufrésne, aus seiner ansehnlichen Bildersammlung, erwarb Kurfürst Max III. Joseph am 24. 8. 1768 gegen ein Legat von 700 Gulden 12 Gemälde, die er selbst auswählte und im Schloß Schleißheim aufhängen ließ.[138]

Das Schloß Kempfenhausen kannte auch zur Zeit von Dufrésne Geselligkeit. Nach der Kirchenbuchaufzeichnung in Aufkirchen von 1749 starb am 20. August 1749 Max Josephs oberster Kriegs-Arzt Heinrich Liersch, »der von München her zur Kirchweihe nach Haarkirchen kommend und im Schloße Kempfenhausen mit anderen edlen Gästen an den Vergnügen teilnehmend bei Mahlzeit und Tanz plötzlich vom Schlage getroffen niederfiel und wie nicht zu verwundern, am nächsten Tage, den 19. August ungefähr morgens 2 Uhr mit der letzten Ölung nur versehen, in die Ewigkeit hinüberging und am 20. dieses Monats in unserer Pfarrkirche beerdigt wurde«.[139] Der Eintrag in der Sterbematrikel beginnt mit dem Satz: »Tod und

[137] Hauptstaatsarchiv: HR Faszikel 279/12 1/1 137
[138] Hauptstaatsarchiv: HR Faszikel 279/12 1/1 138
[139] Rambaldi: Geschichte der Pfarrei Aufkirchen am Würmsee 1900

Schloß Kempfenhausen um 1750
Am linken Bildrand der Sattlerhof.
In Bildmitte die Handwerkersiedlung.
Ölgemälde eines unbekannten Malers

Leben sind in der Hand des Herrn, welcher zu einer Stunde, an der ihr es nicht vermutet, kommt und zum Gericht ruft« und enthielt den Hinweis, daß der Arzt Heinrich Liersch »die Länder Ungarn, Frankreich, Böhmen und andere Provinzen des römischen Reiches mühsam, unverdrossen und mit Lebensgefahr aus Nächstenliebe wie ein zweiter Paulus ganz Asien durchreist habe«.

Im April 1761 wurde die »Dufrénische Hofmark Kempfenhausen« zur Steuer veranlagt. Zum ersten Mal sind darin die Hofnamen der einzelnen Höfe genannt, die sich bis heute erhalten haben. Kempfenhausen verfügte damals über 2 ganze Höfe, den »Sattlerhof« und den »Hofbauerhof«, 3 halbe Höfe »Claus«, »Schwaiger« und »Schmauz«, 3 Sechzehntelhöfe und 6 Zweiunddreißigstelhöfe. Haarkirchen hatte 2 ganze Höfe, den »Blasl« und den »Wirth«, die »Mühle« und einen Sechzehntelhof, den »Weber«. Außerdem gab es eine »Badestube« und einen »Holzhey«, womit ein Holzhändler bezeichnet wurde. Auf dem Bild eines unbekannten Malers von Schloß Kempfenhausen aus der Zeit Dufrésnes sind am linken Bildrand die Holzhäuser des Sattlerhofs zu sehen und in der Bildmitte die Holzhütten der Handwerker.[140]

In München besaß Franz Joseph Dufrésne das Anwesen Prannerstraße 2, heute Promenadeplatz 2, vom 8. 10. 1727 bis zum 14. 8. 1730. Am 17. Mai 1746 erwarben er und seine Ehefrau Maria Theresia Dufrésne, geb. Stuarda, das Anwesen Rindermarkt 2 für eine Kaufsumme von 18000 Gulden.[141]

Als Franz Joseph von Dufrésne am 29. März 1768 starb, erhielt durch Testament sein Neffe Johann Baptist von Pirchinger die Hofmark Kempfenhausen. Er war der Sohn von Theresia Dufrésne, der Schwester von Franz Joseph Dufrésne, die am 26. 1. 1722 den Münchner Stadtapotheker Philipp Paul Nicolaus Pirchinger geheiratet hatte.[142] Beide Eltern waren 1768 schon tot. Theresia Pirchinger war vierzigjährig, am 12. Juli 1743, gestorben und Nicolaus Pirchinger, 73 Jahre alt, am 6. Nov. 1766. So erbte ihr Sohn. Das Anwesen Rindermarkt 2 erhielt der Bruder des Verstorbenen, der Hofkammerrat und Kommerzienrat Franz Ignaz von Dufrésne. Dieser war 1741 als geheimer Legations-Sekretär bei der bayerischen Gesandtschaft am preußischen Hof in Berlin und hatte dort den Gesandten Graf Törring bei Abwesenheit vertreten. 1744 wurde er als »Geheimer Sekretär« für die geheimen französischen Expeditionen angestellt und 1748 zum »Wirklichen Hofkammerrat« ernannt. 1750 wurde er Mitglied des Commerzien-Collegiums und 1765 vom Kurfürst in den erblichen Adelsstand erhoben.[143]

[140] Schloß Kempfenhausen um 1750. B 44
[141] Häuserbücher der Stadt München A 211 und K 186141
[142] Heiratsmatrikel von St.Peter in München 142
[143] Hauptstaatsarchiv: Adelsmatrikel Adel D 19
[144] Johann Siebmacher: Großes allgemeines Wappenbuch. Neudruck 1973
[145] Häuserbuch der Stadt München A 215
[146] Lorenz von Westenrieder: Beschreibung des Würm- oder Starnberger Sees 1784

4. *Kempfenhausen im Besitz des kurfürstlichen Hofkammerrats Johann Baptist von Pirchinger von 1768 bis 1796*

Am 28.7.1768 zeigte der kurfürstliche geheime Hofkammerrat und Stadtapotheker *Johann Baptist von Pirchinger* beim Rentamt München an, daß ihm der verstorbene »Hofkammerrat Josef von Duffrene« die Hofmark Kempfenhausen mit Haarkirchen testamentarisch vermacht habe und beantragte den Eintrag des Besitzübergangs in die Landtafel.[143]

Der Stammvater dieses Geschlechts war *Peter Pirchinger*, »gewester Bürger zu Burckhausen, Befehlsmann der Kaiser Friderici und Maximilian I., in den Kriegen anno 1434«, von denen er in den Adelsstand erhoben worden war.[144] 150 Jahre später, am 20.6.1598, hat der Apotheker *Johann Friedrich Pirchinger* in München das Anwesen Rindermarkt 4 erworben und betrieb dort die älteste Apotheke der Stadt. Sie ist bis 1773 im Besitz der Familie geblieben.[145] Am 1.7.1627 erhielt *Johann Friedrich Pirchinger*, Hofkammerrat von Kaiser Ferdinand II. eine Wappenbesserung und die Erlaubnis, sich »von Pirchinger« zu nennen. Von ihm hat die Apotheke 1646 sein Sohn, der Münchner Stadtapotheker *Ferdinand Pirchinger* geerbt. Dann ging sie 1679 an dessen Sohn, den Stadtapotheker *Johann Friedrich Pirchinger* über, der Mitglied des Äußeren Rats der Stadt war. Der nächste Erbe war 1690, neben seiner verwitweten Mutter, der Stadtapotheker *Philipp Josef Pirchinger*, ab 1712 Alleinbesitzer, nachdem seine Mutter gestorben war. Dessen Sohn, der Stadtapotheker *Philipp Paul Nicolaus Pirchinger*, war Mitglied des Äußeren Rats und der Ehemann von Theresia Dufrésne. Er hat die Apotheke am Rindermarkt 4 am 24. Mai 1720 geerbt. Gemeinsam mit seinen Brüdern beantragte er bei Kaiser Joseph II. die Bestätigung des, seinen Vorfahren verliehenen, Reichsadelsstandes und erhielt sie am 20. Februar 1746. Sein Sohn, der Stadtapotheker und Wirkliche Geheime Hofkammerrat *Johann Baptist von Pirchinger,* war der Erbe von Kempfenhausen. 1733 verkaufte er den Besitz am Rindermarkt 4 und die Apothekergerechtigkeit für 5000 Gulden und zog sich auf seinen Landsitz nach Kempfenhausen zurück, nachdem die Pirchinger 175 Jahre lang als Apotheker am Rindermarkt 4 gesessen hatten. Seit 1896 gehört dieses Haus der Firma Kustermann.

Johann Baptist von Pirchinger, seit 23.10. 1768 mit Maria Clara Euphet verheiratet, war lebensfroh und kunstsinnig und führte in Kempfenhausen ein gastliches Haus.

Lorenz von Westenrieder schildert Kempfenhausen in seiner »Beschreibung des Würm- oder Starnberger Sees« von 1784:[146]

> »Das Schloß ist das lebendigste um den ganzen See, indem sich hierher seit undenklichen Jahren zur Zeit der Ferien gute Freunde zu versammeln pflegen, um auszuruhen, und zur guten Stunde das Liedchen anzustimmen Nunc est bibendum.

Der Starnberger See. Blick nach Aufkirchen
Gouache
Andreas Westermeyer 1780

Überhaupt herrscht hier bey dem dermaligen Besitzer des Schlosses, Herrn Hofkammerrat von Pirchinger, die edelste Gastfreyheit die mich noch an die Zeiten erinnert, wo jeder brave Ritter bey anderen braven Rittern willkommen war.

Das Schloß ist hoch, hat ostwärts eine unvergleichliche Aussicht in ein nahes Wäldchen, das sich von einem Thal die sich entfernenden Hügel hinabzieht, und westwärts nach dem See, von welchem es ein par Ackerläng auf der Anhöhe entfernt liegt. Es hat viele, lichte und artig meublierte Zimmer, und unter anderem einen Saal, dessen Größe man, in Betracht, daß die Höhe des Schlosses das Verhältnis der Breite überschreitet, und mithin schmal in das Auge fällt, nicht vermuthen sollte.

In einem Zimmer zu ebener Erde sah ich 18 bis 20 der Freunde (Gäste) in Portraiten, welche Andreas Schnabel zu Starnberg gemalt hat. Die meisten sind sehr wohl getroffen, und einige darunter – vorzüglich der Kopf eines Geistlichen, dann zween Köpfe auf einer Tafel – auf eine ganz besondere Art charakteristisch. Sie verdienten in Kupfer gestochen zu werden.

Gleich neben dem Schloß befindet sich eine in der That schöne Kapelle, worin im Plafond Johann der Täufer, von Wink gemalen, zu sehen ist.

Ungefähr eine Viertelstunde von Kempfenhausen liegt Haarkirchen, außerhalb welchem, nicht weit von dem letzten Dorf Percha, ein Bach, der oben bey Ammerland aus den Farchachner Filzen entsteht, nach dem See läuft«.

Den Münchner Hofmaler Christian Wink (1738–1797) hatte Johann Baptist von Pirchinger nach Kempfenhausen geholt und ihn beauftragt, die Schloßkirche St. Anna auszumalen. Sie wurde dadurch ein sehenswertes Kleinod des Rokoko mit schönen Deckenfresken und einem prächtigen Rokokoaltar, dessen zentrale Holzplastik »St. Anna Selbdritt« und dessen beide Nebenfiguren jedoch schon aus der Zeit um 1520 stammen, als unter Archatius Part die erste Schloßkirche gebaut wurde. Auch auf den Seitenaltären stehen wertvolle, in Porzellan gefaßte Figuren, der Hl. Sebastian und der Hl. Sylvester, Schutzpatron der bäuerlichen Bevölkerung. 1770 hatte Pirchinger der Kirche schon 14 Kreuzwegtafeln gestiftet.

Im Jahre 1781 schrieb Johann Baptist von Pirchinger an Kurfürst Karl Theodor[147] und bat um die Bezahlung von 22 656 Gulden, die ihm das Hofkriegszahlamt schulde. Nach den von ihm beigefügten Anlagen hatte sein Vater, der Feld- und Garnisonsapotheker Philipp Paul Niklas von Pirchinger, 1749, für gelieferte Medikamente eine Gutschrift von 20 000 Gulden und 1730 eine Gutschrift von 2656 Gulden erhalten. Selbst die Hofkammer hatte schon 1767 und 1768 die ausstehenden Zahlungen zuzüglich 2,5% Zinsen vergeblich beim Hofkriegszahlamt angemahnt. Von Pirchinger bat nun den Kurfürst, angesichts »eines so langen Borgens

[147] Hauptstaatsarchiv: I. Faszikel 450/51

und der erworbenen Verdienste seiner Vorfahren« diese Summe nun »unaufhaltlich« bezahlen zu lassen.

Nachdem er die Hofmark Kempfenhausen achtundzwanzig Jahre in Besitz gehabt und mit Leben erfüllt hatte, verkaufte sie Johann Baptist von Pirchinger am 3. März 1796 an das adelige Damenstift St. Anna zu München.

5. Kempfenhausen im Besitz des adeligen Damenstifts St. Anna in München von 1796–1819

Das adelige Damenstift St. Anna in München hat die Hofmark Kempfenhausen am 3. März 1796 erworben.[148] Die Gründerin des Stifts verband damit die Absicht, »den in Gemeinschaft lebenden Stiftsdamen einen Lustort zu verschaffen und die dazu gehörige Waldung zur Beheizung des Damenstifts zu benützen«.[149]

Das adelige Damenstift St.Anna hatte Maria Anna Sophia, Kurfürstin in Bayern, Witwe von Kurfürst Max III. Josef, eine geborene sächsische Prinzessin, mit Dekret vom 19. September 1783 für eine Äbtissin, eine Dechantin und 10 Kapiteldamen gegründet. Die Kurfürstin war selbst erste Äbtissin des Damenstifts. Sie hatte es »zum Besten des mittellosen Bairischen Landadels« errichtet. Es konnten nur Damen aus dem bayerischen Adel aufgenommen werden, die mindestens 15 Jahre alt waren und ihre adelige Herkunft über vier Generationen lückenlos nachweisen konnten. Jede Stiftsdame mußte ihren Stammbaum mit 16 adeligen Ahnen, deren in Farbe entworfene und auf Pergament gemalte Geschlechterwappen, und die erforderlichen schriftlichen legalen Beweise zur Prüfung vorlegen.[150] Dies geht aus den Statuten vom 6. Dezember 1784 hervor.

Acht Jahre später, am 16. Oktober 1792, wurden die Aufnahmebedingungen erleichtert. Von nun an waren nur noch acht adelige Ahnen, vier väterliche und vier mütterliche, nachzuweisen.[151]

Erneut geänderte Statuten wurden »im Namen seiner churfürstlichen Durchlaucht« den anwesenden Stiftsdamen am 23.2. 1802 verlesen. Nun war es nicht mehr erforderlich, daß die Stiftsdamen beisammen wohnten. Sie konnten künftig auch bei ihren Eltern, bei Verwandten oder einer Frau von unbescholtenem Ruf wohnen. Selbst die schwarze Ordenskleidung war nur noch beim Erscheinen bei Hof oder vor der Äbtissin zu tragen. Das Protokoll wurde im Namen der übrigen Stiftsdamen von der Seniorin, Mathilde Gräfin von Törring Seefeld, unterschrieben. Die übrigen anwesendenden 9 Stiftsdamen waren Maria Anna Gräfin von Lemberg, Josepha Freiin von Geböck, Maximiliane Gräfin von Sandizell, Josepha Gräfin von Preysing, Josepha Freiin von Gumpenberg, Walburga Gräfin von Hegnenburg, Caroline Gräfin von Fugger, Johanna Gräfin von Sandizell und Kunigunde Gräfin von Leiningen.[149]

Ein Platz im Damenstift war äußerst begehrt und nur gegen große Konkurrenz zu bekommen. Als 1804 die Stiftsdame Franziska von Welden gestorben war, bewarben sich um den freigeworden Platz, neben vielen anderen, für sich selbst oder für ihre Töchter: Gräfin von Sandizell, Gräfin von Seinsheim, Gräfin zu Sayn-Wittgenstein, Gräfin von Preyssing, Graf von Thürheim für seine Tochter, Gräfin de la Perousse, Gräfin zu Leiningen, Freiin von Gumpenberg, Freiin von Ruffin, Freiin von Donnersberg, Freiin von Leyden.

Durch eine Verfügung von Kurfürst Karl Theodor vom 3. 4. 1783 hatte das Damenstift St. Anna die Klostergebäude der Salesianerinnen auf den Grundstücken Damenstiftstraße 1 und 2 und Altheimer Eck 20 als Stiftsgebäude erhalten. Zuvor hatte der Kurfürst den Orden der Salesianerinnen angewiesen, in das aufgelassene Kloster Indersdorf zu übersiedeln. Der Grundbesitz an der Damenstiftstraße hatte ursprünglich dem Kloster Indersdorf gehört, das ihn wegen finanzieller Schwierigkeiten 1675 an Kurfürstin Henriette Adelaide verkaufte. Von ihr wurde er dem Orden der Salesianerinnen, den sie ins Land gerufen hatte, geschenkt. Für die Salesianierinnen ließ Kurfürst Karl Albrecht Klosterneubauten errichten. Sie waren 1740 fertiggestellt. Zu ihnen gehörte die von Johann Baptist Gunetzrhainer 1733 erbaute und erhaltengebliebene barocke Damenstiftskirche, deren Stuckdekorationen und Fresken die Brüder Asam ausgeführt haben. Die heute noch stehende frühklassizistische Fassade des Damenstifts stammt von den Stiftsneubauten des Münchner Stadtbaumeisters Mathias Widmann von 1784/85.[152]

Am 9. März 1797 starb die Gründerin des Damenstifts, Kurfürstin Maria Anna. Ihre Nachfolgerin als Äbtissin wurde die verwitwete Herzogin Maria Amalie von Pfalz-Zweibrücken.

Die Stiftung hat Kurfürst Maximilian IV. Joseph am 12. Juli 1803 erweitert. »Kraft der ihm durch § 35 des Reichsdeputationshauptschlusses erteilten Befugnisse« hatte er das adelige Damenstift zu Würzburg aufgehoben und dessen gesamtes Vermögen dem adeligen Damenstift St. Anna in München geschenkt. Die Zahl der Stiftsdarlehen konnte dadurch um 12 vergrößert werden. Davon sollten 4 Darlehen ausschließlich für den erblichen landsässigen Adel bestimmt sein, und weitere 8 Darlehen für Stiftsdamen der Staatsdiener. Die Rente der landadeligen Damen betrug 800 Florin und für die Damen der Staatsdiener 400 Florin.[153]

In der schwierigen Zeit der napoleonischen Kriege und der daran anschließenden tiefgreifenden Reformen von Montgelas war Kempfenhausen im Besitz des Damenstifts St. Anna gewesen. Das Schloß, das Westenrieder noch 1784 als das »lebendigste am ganzen See« bezeichnet hatte, ist in dieser Zeit heruntergekom-

[148] Hauptstaatsarchiv: GL Faszikel 4541/20
[149] Hauptstaatsarchiv: MA Damenstifte 47 a
[150] Hauptstaatsarchiv: MA Damenstifte 1 1784
[151] Hauptstaatsarchiv: MA Damenstifte 1 1792
[152] Häuserbücher der Stadt München
[153] Hauptstaatsarchiv: KU München St. Anna 8

men. Daran hatte die problematische Amtsführung des Damenstift-Kanzlers Schattenhofer erheblichen Anteil. Er hatte das Kanzleramt des Damenstifts mit Anstellungsdekret vom 2.1.1792 erhalten. Am 1.2.1823 wurde er in den Ruhestand versetzt und sein Ruhegehalt, ab September 1823, um ein Drittel gekürzt, da er während seiner Amtszeit, von 1796 bis 1819, keine Abrechnungen für Kempfenhausen erstellt und keine Abrechnungsbelege gesammelt hatte, die hätten Auskunft geben können über Einnahmen und Ausgaben. Daraus entwickelten sich langwierige Auseinandersetzungen zwischen dem Stiftskanzler, der Damenstiftsadministration und dem Ministerium des Innern.

Die Angelegenheit war dadurch ins Rollen gekommen, daß Äbtissin und Kanzler am 20. Mai 1814 den Antrag gestellt hatten, das Gut Kempfenhausen verkaufen zu dürfen, da dessen Erträge den Aufwand nicht decken würden, und das Damenstift, wegen der außerordentlichen Staatsabgaben, Einquartierungen, Lieferungs- und Kriegslasten, keine Zuschüsse mehr leisten könne.

Daraufhin wurde das königliche geheime Ministerial-Departement des Innern beauftragt, die Rentabilität von Kempfenhausen zu prüfen. Da keine Nachweise vorgelegt werden konnten, mußte das Ministerium Annahmen treffen. Im Bericht des Ministeriums vom 14.1.1815[154] ist unter »Realitäten« »ein baufälliges, herrschaftliches Schlössel in Kempfenhausen, aufgeführt, ⅛ Tagwerk Küchengarten, 1½ Tagwerk Ackergründe, 2½ Tagwerk Wiesgründe und 324 Tagwerk Holzgründe«. Kempfenhausen besaß damals 15 freistiftbare Grundholden und Haarkirchen 4, die auf 4 ganzen Höfen, 3 halben Höfen, 1 Viertelhof, 4 Sechzehntelhöfen und 5 Zweiunddreißigstelhöfen saßen. Nach diesen Unterlagen bekam das Damenstift aus den Wäldern von Kempfenhausen jährlich 80 Klafter Holz zugefahren, und der Stiftskanzler kostenlos jährlich 25 Klafter halb weiches und halb hartes Besoldungsholz.

Alle Aufforderungen und alle Auflagen, die fehlenden Abbuchungen und Nachweise vorzulegen, blieben beim Stiftskanzler Schattenhofer erfolglos. Erst nach der Kürzung seines Ruhegehaltes reagierte er am 5.11.1823 mit einem Schreiben an die Äbtissin, Herzogin Maria Amalia, und bat, die Gehaltskürzung zurückzunehmen und den Termin zur Rechnungsstellung entweder zu suspendieren oder um weitere 6 Monate zu verlängern.[155]

Als Antwort erhielt er von der Äbtissin die Auflage, innerhalb von 14 Tagen die nachstehenden drei Fragen zu beantworten:

1. Weshalb er von 1796 bis zum Februar 1819 keine Abrechnungen erstellt habe
2. Wie er in der Lage sei, die Rentenüberschüsse des Gutes Kempfenhausen auszuweisen, wenn er tatsächlich keine Belege zur vorschriftsmäßigen Rechenschaft gesammelt habe
3. Wie er Ersatz zu leisten gedenke, wenn er sich zu einer Rechenschaft an das Damenstift bekennen müsse

[154] Hauptstaatsarchiv: MA Damenstifte 47 a

Das adelige Damenstift St. Anna in München
Aquarell
Heinrich Adam 1826

Schattenhofers Antwort umfaßte 22 Seiten und datiert vom 16. 12. 1823.[156] Er erläuterte in seinem Schreiben ausführlich seine zahlreichen Verdienste für das Damenstift und begründete die Tatsache, daß er 23 Jahre lang, von 1796 bis 1819, keine Rechnungen erstellt habe damit, daß dies bis 1812 niemand von ihm gefordert habe, und er dafür auch eine zu geringe Entlohnung erhalten habe. Im übrigen sei er von 1801 bis 1812 mit den wichtigsten Geschäften befaßt gewesen, die nützlicher gewesen seien, als die Verfertigung von Rechnungen für Kempfenhausen. Er habe sich unmöglich mit so ganz unbedeutenden Nebengeschäften befassen können. Als Ausgleich für die von ihm selbst vereinnahmten Überschüsse von Kempfenhausen bot er eine Hypothek an, in Höhe von 3000 Gulden, auf sein Haus in der Herzog-Spital-Gasse, in dem damals der russische Gesandte wohnte. Mit Schreiben vom 27. 1. 1824[157] wurde der Damenstiftsadministration mitgeteilt, daß die Herzogin Maria Amalia geruht habe, dem ehemaligen Stiftskanzler Schattenhofer den Nachweis der Rentenüberschüsse aus Kempfenhausen zu erlassen, gegen Hergabe einer Summe von 3000 Gulden. Es sei ihm jedoch ein Termin zur Befolgung sämtlicher früherer Auflagen zu bewilligen, unter dem ausdrücklichen Beisatz, daß seine fernere Renitenz das gesetzliche Disziplinarverfahren, nach dem Edikt über die Verhältnisse der Staatsdiener vom 26. Mai 1818, einen neuerlichen Gehaltsabzug und endlich Stellung vor Gericht nach sich ziehen würde. Das veranlaßte Schattenhofer am 27. März 1824, die letzten Abrechnungen der Jahre 1796–1802 vorzulegen.

Von 1796–1819 war Schattenhofer nicht nur Verwalter von Kempfenhausen gewesen, sondern auch dessen Hofmarksrichter. Dies war ihm bewilligt worden, nachdem er es am 6. 3. 1807 mit der Begründung beantragt hatte, »Kempfenhausen sei ein so unbedeutendes Gütchen, daß die gesamten Einkünfte desselben kaum zur Bestallung eines eigenen Gerichtshalters im Sinne der Regierungsverordnung vom 6. 3. 1807 hinreichten«.[158]

Am 14. Dezember 1818 wurde das »Rittergut Kempfenhausen« im Schloß von Kempfenhausen versteigert. Unbekannte »Kaufsliebhaber« hatten sich mit »obrigkeitlichen Vermögens- und Aufführungszeugnissen« auszuweisen. Nach der Versteigerungsanzeige bestand das Objekt aus einem vier Stockwerke hohen Schloß, einer schön ausgemalten Schloßkapelle und der zugehörigen gemauerten Pferdestallung. Es gehörten 4 Tagwerk Gärten, Äcker und Wiesen dazu, 2 Tagwerk Fischweiher und 324 Tagwerk, größtenteils mit Buchen bewachsene, Waldung.

Das günstigste Angebot dieser Versteigerung wurde von Staatsrat *Karl Christian Ritter von Mann* mit 20 000 Gulden abgegeben. Das Angebot lag jedoch unter dem Schätzpreis von 21 600 Gulden, weshalb der König zunächst keine Erlaubnis zum

155 Hauptstaatsarchiv: KL München St. Anna 788
156 Hauptstaatsarchiv: KL München St.Anna 495
157 Hauptstaatsarchiv: KL München St. Anna 788
158 Hauptstaatsarchiv: GL Faszikel 3737

Verkauf erteilte. Daraufhin richtete Ritter von Mann am 20. Dezember 1818 an den König ein fünfseitiges Gesuch mit der Bitte, dem Verkauf zuzustimmen. Er sei bereit, statt seines Gebots die Schätzsumme zu bezahlen. Für das Damenstift sei Kempfenhausen ohne Wert, denn es sei verfallen, z.T. ohne Fenster und habe ein undichtes Dach, so daß mindestens 3000 Gulden für die Reparatur aufgebracht werden müßten. Für ihn selbst aber habe dieses »Landhaus« weit mehr Wert, da er eine bedeutende Bibliothek von mehreren tausend Bänden besitze und eine Gemäldesammlung von einigen hundert Stücken, die er dort unterbringen könne, und dadurch mehrere hundert Gulden Hauszins erspare.[159] Im Februar 1819 kam es schließlich zum Kaufvertrag, nachdem der König zugestimmt hatte. Um die Bezahlung des Kaufpreises schlossen sich jedoch noch jahrelange Auseinandersetzungen zwischen ihm und dem Damenstift an.

6. Kempfenhausen im Besitz des Staatsrats Karl Christian Ritter von Mann von 1819–1837

Der neue Besitzer von Kempfenhausen, Staatsrat *Karl Christian Ritter von Mann* wurde am 9. 12. 1773 in Sulzbach geboren. Sein Vater war der kurpfalzbayerische Oberstleutnant *Caspar Heinrich Ritter von Mann*, Edler von Tiechler.[160] Die »Mann« waren ein altes, aus Steyr stammendes Geschlecht, das 1618 von Kaiser Mathias geadelt wurde und sich zunächst »von Tiechler« nannte und später den Namen »von Mann, genannt Tiechler«, annahm.[161]

Unmittelbar nach dem erfolgreichen Abschluß seines Jurastudiums wurde Karl Christian Ritter von Mann als Zwanzigjähriger im Staatsdienst angestellt. Am Beginn seiner juristischen Laufbahn wurde er am 3. 6. 1794 wirklicher Hofrat, fünf Jahre später, am 25. 6. 1799 Revisionsrat und am 10. 7. 1807 Geheimer Referendar im Geheimen Ministerialjustizdepartement.

Im Jahre 1804 veröffentlichte er als Autor den 1. Band des mehrbändigen Werkes «*Archiv für die Staatskunde von Baiern*«. Deren »erster und vorzüglicher Zweck« war nach dem Vorwort, »die Staatskunde, oder eine Schilderung des Zustandes dieses Landes und seiner gegenwärtigen Beschaffenheit«. Außerdem sollte damit »die Geschichte verbunden werden, jedoch nicht erschöpfend, sondern nur das Bedeutendste, öfter nur Rückblicke, einzelne Aufschlüsse, wie es einst war, Vergleichungen des älteren und neueren Zustands, und dergleichen«.[162] 1806 erschien von ihm – er war inzwischen Mitglied der Akademie der Wissenschaften gewor-

[159] Hauptstaatsarchiv: KU München St. Anna 283
[160] Walter Schärl: Die Zusammensetzung der bayerischen Beamtenschaft 1955
[161] Johann Siebmacher: Großes und allgemeines Wappenbuch. Nachdruck 1970
[162] Carl Christian von Mann: Archiv für die Staatskirche von Bayern 1804

den – eine weitere Veröffentlichung mit dem Titel: »*Kaiser Ludwig IV., genannt der Bayer, und Maximilian I., Kurfürst von Baiern. Eine historische Parallele*«.[163]

1810 war Karl Christian von Mann Ritter des »Civilen Verdienstordens der bayerischen Krone« geworden, dessen Kommandeurkreuz er später ebenfalls erhielt. Am 26. Oktober 1812 heiratete er Lucretia Freiin von Lochner zu Hüttenbach. Zum Vizepräsident des Appellationsgerichts für den Isarkreis wurde er am 11. 2. 1817 ernannt. Am 8. 6. 1817 bat er in einem Gesuch an König Max Joseph und den geheimen Staats- und Konferenzminister von Montgelas, ihn zum Staatsrat zu ernennen. In seiner Begründung heißt es: »Wenn Treue und Ergebenheit an Euer Königliche Majestät und das Vaterland, wenn 23-jährige Dienste, wenn ein tadelfreies Benehmen während dieser langen Dauer, wenn die strengste Rechtlichkeit, wenn das tätigste Bemühen, seine Pflichten im vollen Sinne des Wortes zu erfüllen, Ansprüche auf die Gnade Euer Königlichen Majestät gewähren, so trägt der Unterzeichnete das Bewußtsein in seiner Brust, dieser Gnade würdig zu sein. Wenn sich mit allen diesen Voraussetzungen noch ganz eigene Dienstes-Verhältnisse, eine zehnjährige analoge Geschäftsführung und selbst frühere Befugnisse sich einen, so gibt es wohl in den Staaten Euer Königliche Majestät wenige Individuen, bei welchen sich ein solcher Zusammenfluß der nötigen Erfordernisse findet, als bei mir, um Euer Königliche Majestät um die Ernennung zum Staatsrat alleruntertänigst zu bitten«.[164]

Fünf Tage später, am 13. 6. 1817, ordnete König Max Joseph an, die Anträge des Herrn von Mann und seines Mitbewerbers, des Herrn von Künsberg, dem gesamten Staatsministerium zur Begutachtung vorzulegen. Er habe die Erwartung, daß jeder Staatsminister, der Feldmarschall und der Präsident des Staatsrats, einen gesonderten Vorschlag von »vier Individuen« aus den ausgezeichnetsten Staatsbeamten und anderen vorzüglich würdigen Männern des Reiches mache, zur Wiederbesetzung der zwei freien Staatsratsstellen in der Sektion der Justiz und des Innern.[164]

In der Stellungnahme des Armeeministers *von Triva* vom 16. Juni 1817 heißt es: »... glaube ich dem Vorrang dem von Mann geben zu müssen, weil mir vorzügliche Arbeiten von ihm nicht unbekannt geblieben sind, und weil er durch seine durchwanderten Dienstesgrade, sich der von ihm erbetenen Stufe sehr genähert hat«.[164]

Der Minister des Innern, *Graf von Thürheim*, äußerte sich am 19. 6. 1817: er sehe sich »... zu der treugehorsamsten Bemerkung verpflichtet, daß ihm die Qualifikation und übrigen Verhältnisse weder des Einen noch des Anderen näher bekannt seien, da jedoch insofern nur von einer Würdigung beider gegeneinander die Frage sein solle, besonders der Umstand eine vorzüglichere Rücksicht für den von Mann begründen möchte, daß er schon längere Zeit als geheimer Referendaire in einem Staatsministerium gedient habe«.

[163] Karl Kristian von Mann: Kaiser Ludwig IV. und Kurfürst Maximilian I. 1806
[164] Hauptstaatsarchiv: Staatsrat 1763

Ostufer des Starnberger Sees mit Schloß Kempfenhausen, Aufkirchen und Schloß Berg
Unbekannter Maler 1830

Feldmarschall *Karl Fürst von Wrede* nahm am 14.6.1817 zu Ritter von Mann Stellung: »...er erlaube sich zu bemerken, daß ihm Freiherr von Mann im Allgemeinen als ein Mann von vielen Kenntnissen und Tätigkeit bekannt sei, er jedoch denselben nicht näher kenne, in wieferne er zu der Stelle eines Staatsrats sich übrigens vollkommen eigne. Der Direktor von Künsberg besitzt jedoch in keiner Beziehung die zu der Stelle eines Staatsrats erforderliche umfassende Bildung, und ebenso wenig die Talente, um in allen vorkommenden wichtigen Gegenständen ein gründliches Urteil abgeben zu können«.

Daraufhin ernannte *Maximilian Joseph*, König von Bayern, mit Dekret vom 31. Oktober 1822 den Präsidenten des Appellationsgerichts im Isarkreis, Karl Christian Ritter von Mann, als »Merkmal unserer allerhöchsten Zufriedenheit mit seinen uns bisher geleisteten Diensten« zum wirklichen Staatsrat im außerordentlichen Dienst.[164]

1826 wurde das Appellationsgericht des Isarkreises, dessen Präsident von Mann am 31.7.1817 geworden war, von München nach Landshut verlegt. Ritter von Mann wollte in München bleiben. Der König entsprach dem Wunsch des Präsidenten und ernannte ihn zum Direktor des Oberappellationsgerichts in München, unter Beibehaltung seines Gehaltes und seines Ranges, der ihm das Recht gab, den Titel »Exzellenz« zu führen. Vier Jahre später, am 29.6.1832, wurde Ritter von Mann Vizepräsident des Oberappellationsgerichts und durch Verfügung von König Ludwig I., vom 12.12. 1832, Staatsrat im ordentlichen Dienst.

Der »Königliche Staatsrat« ersetzte durch die Verordnung König Max Josephs, vom 3.5. 1817, den seit 1808 existierenden »Geheimen Rat« und übernahm dessen Funktion mit neuer Organisation und Kompetenz. Aufgabe des »Geheimen Rates« war es gewesen, über die wichtigsten inneren Angelegenheiten des Staates zu beraten, und die Gesetze und wichtigsten Verwaltungsverordnungen nach den von den Ministern gegebenen Grundzügen zu entwerfen. In seiner richterlichen Funktion entschied der neue Staatsrat auch bei Zuständigkeitsstreitigkeiten zwischen Organen der Rechtspflege und der Verwaltung und hatte zu beurteilen, ob öffentliche Beamte wegen begangener Verbrechen oder Vergehen zur gerichtlichen Verantwortung zu ziehen seien.[165]

Nach der königlichen Verordnung vom 3.5.1817 waren die Mitglieder des Staatsrats: der König, der Kronprinz, die Minister des Königlichen Hauses, der Justiz, des Innern, der Finanzen und der Armee, der Feldmarschall im Range eines Ministers, die Generaldirektoren der Ministerien, die Staatssekretäre der 5 Sektionen, der Generalsekretär und der Staatsratspräsident. Durch Mitgliedschaft im Staatsrat wurde man »hoffähig« und in der gesellschaftlichen Stellung beträchtlich

[165] Heinz W. Schleicher: Der bayerische Staatsrat.Bd 28 der Zeitschrift für bayerische Landeskunde 1960
[166] Hauptstaatsarchiv: KL München St. Anna 495

gehoben. Das schätzte vor allem die bürokratische Elite. Funktion und Aufgaben des Staatsrats waren in der Verordnung vom 3. 5. 1817 festgelegt:

§ 1 »Der Staatsrat ist die oberste beratende Stelle in und mit welcher der König die wichtigsten in Titel II näher bezeichneten Angelegenheiten der Krone und seines Volkes in unmittelbare Beratung nimmt. Derselbe ist zugleich in den, in Nr. 15, 16 und 17 des II. Titels bemerkten Fällen die oberste entscheidende Stelle. An der Verwaltung selbst kommt ihm kein Anteil zu.«

§ 2 legte fest, daß der König im Staatsrat die »unmittelbare oberste Leitung« innehat und daß der Kronprinz, sobald er volljährig ist, grundsätzlich dem Staatsrat angehört.

Der Staatsrat hatte in »kollegialer Form« die von den Staatsministern eingebrachten Gesetzentwürfe aus der bürgerlichen, organischen und administrativen Gesetzgebung zu beratschlagen, in den ihm zugewiesenen gemischten Fällen das Urteil zu fällen, und zu Beginn jedes neuen Verwaltungsjahres den Generalfinanzetat aufzustellen und am Ende desselben die Rechenschaftsablegung der Minister entgegenzunehmen.

Im Dekret von 1825 äußerte König Ludwig I.: »In unseren Staatsrat setzen wir das volle Vertrauen, er werde unter genauer Beobachtung die Verfassung des Reiches mit echter Vaterlandsliebe erfüllen und durch seine Ratschläge unser unermüdliches Streben nach Beförderung der Wohlfahrt unseres treuen Volkes kräftig unterstützen«.

Skeptischer äußerte sich der Minister des Inneren, Eduard von Schenck, 1831 in einem Schreiben an den König: »Der Staatsrat – dessen sämtliche Mitglieder ich sehr genau kennengelernt habe – besteht aus sehr rechtlichen, sehr geschickten und erfahrenen Männern, allein eine streng royalistische Gesinnung gehört, mit wenigen Ausnahmen, nicht zu ihren glänzendsten Eigenschaften, wenigsten haben sie nicht den Mut, eine solche Gesinnung laut auszusprechen. Sie fürchten zu sehr die sogenannte öffentliche Meinung, die doch eigentlich die Meinung der öffentlichen Blätter ist«.

Karl Christian Ritter von Mann hat am 28. 2. 1819 Kempfenhausen und Haarkirchen erworben. Fünf Jahre später, am 10. 5. 1824, wurde er vom adeligen Damenstift St. Anna verklagt, da er den Kaufpreis für das Gut Kempfenhausen noch immer nur zur Hälfte bezahlt hatte.[166]

Daraufhin wurde er vom königlichen Kreis- und Stadtgericht am 20. 7. 1824 verurteilt. Dagegen legte er Berufung ein. In der Berufungsverhandlung gab er am 29. 7. 1826 an, daß das Damenstift wesentliche Bedingungen nicht erfüllt habe und er noch immer keinen Kaufbrief hätte, obwohl er die halbe Kaufsumme sofort bar hinterlegt habe. Außerdem habe er die Restzahlung angeboten, sobald ihm das Damenstift ausweise, daß auf dem Gut Kempfenhausen keine Schulden haften. Dies sei jedoch bisher unterblieben.

Am 28.7.1828 kam es schließlich zur Beendigung des Rechtsstreits durch Vergleich. Ritter von Mann mußte die Restkaufsumme von 9708 Gulden und 2427 Gulden Zinsen, die mit einem Zinssatz von 5% errechnet waren, bezahlen. Danach verlor er offensichtlich das Interesse an Kempfenhausen, denn in der Beschreibung »Der Würmsee« von 1831 des Schriftstellers Adolf von Schaden heißt es: »Kempfenhausen nannte Westenrieder (1784) das lebendigste Schloß an den Ufern des Sees. Jetzt aber ist es das einsamste und selten nur verweilt dort der Fuß eines mehr als neugierigen Reisenden. So ändern sich die Zeiten! Das Gebäude wird nur notdürftig unterhalten, der Besitzer besucht es nur selten und versucht, es schließlich zu verkaufen. Kempfenhausen gewährt eine herrliche Aussicht und zwar nicht nur über den Spiegel des Sees hin, sondern auch gegen Osten in ein romantisches Tal. Die natürliche Lage dieses Ortes ist von der Art, daß auch aus ihm die Kunst, freilich mit einigen Kosten, leicht ein Eldorado zu schaffen vermöchte«.

Mit dem Rittergut Kempfenhausen hatte Ritter von Mann 1819, entsprechend der Ausschreibung, auch die Gerichtsbarkeit von Kempfenhausen erworben. Nachdem ihn die Regierung des Isarkreises aufgefordert hatte, zu erklären, welche Art Patrimonialgericht er errichten wolle, stellte er am 1. Januar 1820 den Antrag, Kempfenhausen zu einem Patrimonialgericht I. Klasse zu erheben, dessen Rechtspflege er selbst übernehmen wolle. Dies wurde abgelehnt, da Kempfenhausen 6½ geometrische Stunden von München, dem Wohnsitz von Mann, entfernt liege. Daraufhin benannte von Mann den Marktschreiber von Wolfratshausen, Urban, als Gerichtshalter, wozu der Magistrat von Wolfratshausen seine Einwilligung gegeben hatte. Das Ministerium des Innern schlug daraufhin am 4. April 1820 dem König vor, Kempfenhausen, das 17 Gerichtsholden umfaßt und schon 1806 die Hofmarkgerechtigkeit besessen habe, zu einem Patrimonialgericht II. Klasse zu erheben, was dieser auch bewilligte.[167]

Sechs Monate später beschwerte sich Ritter von Mann mit Schreiben vom 29.10. 1820 beim König, daß er noch immer an der Ausübung der bewilligten Befugnisse gehindert sei und bat, die Königliche Regierung des Isarkreises ernstlich anzuweisen, die königlichen Erlasse auszuführen. Damit löste er jedoch nur einen Schriftwechsel zwischen dem Ministerium des Innern und dem Ministerium der Finanzen aus, die in dieser Sache völlig gegensätzliche Standpunkte vertraten. Das Ministerium der Finanzen stellte in seinem Schreiben vom 15.1. 1821 an das Ministerium des Innern fest, daß das Damenstift gar nicht berechtigt gewesen sei, mit den grundherrlichen Rechten auch die Patrimonialgerichtsbarkeit von Kempfenhausen zu verkaufen, da diese bereits an den Staat abgetreten gewesen sei.

In der Antwort des Ministeriums des Innern vom 3. Mai 1821 hieß es: »Auf die gefällige Note vom 15. Januar 1821, die Patrimonialgerichtsbarkeit zu Kempfenhausen betreffend, beehrt man sich dem Staatsministerium der Finanzen zu erwi-

[167] Hauptstaatsarchiv: M Inn 28909

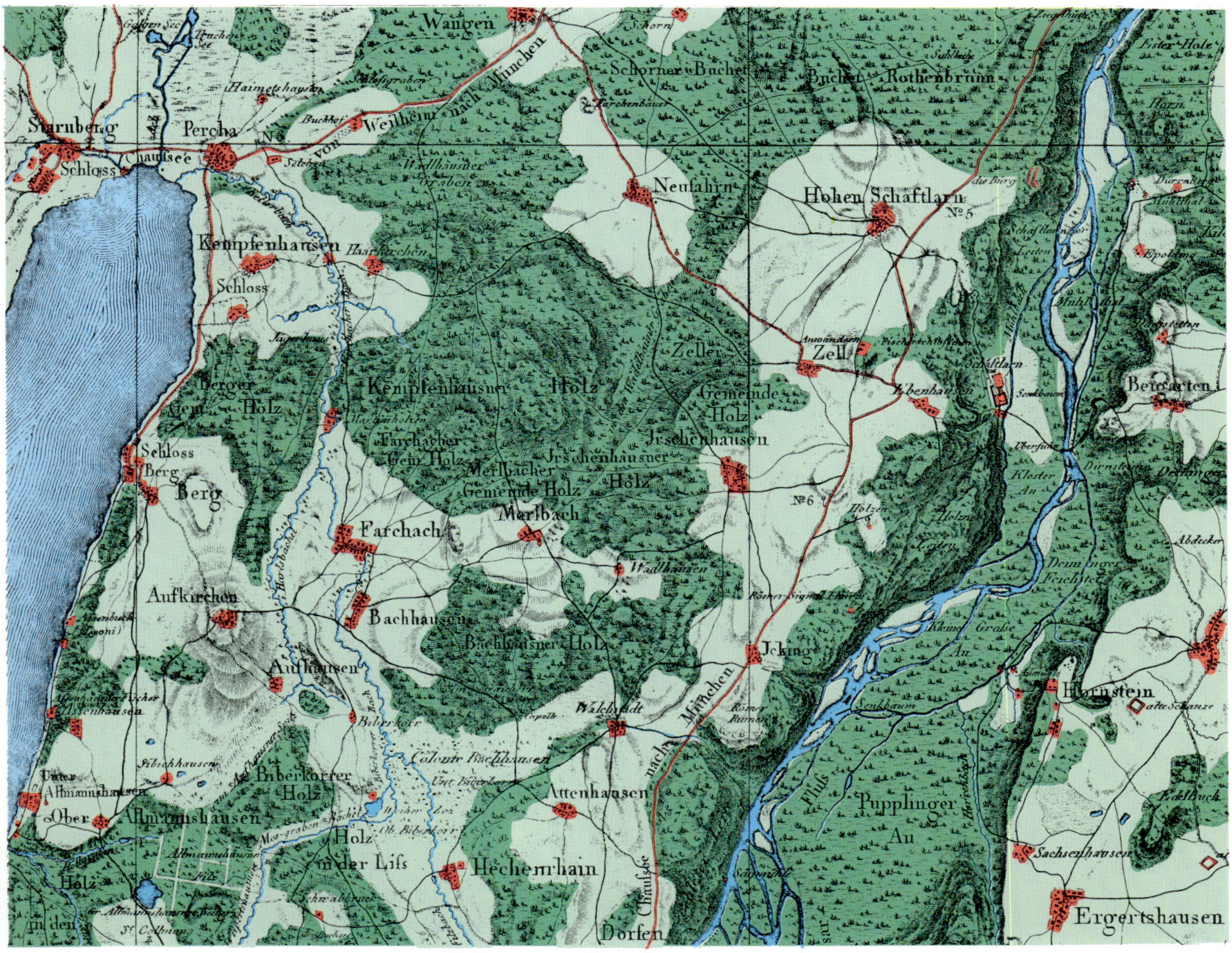

Topographische Karte von 1812

dern, daß nach dem Reskript vom 3.8.1818 die Gerichtsbarkeit der Stiftungen so lange geruht habe, bis dieselbe an eine adelige Privatperson übergeben wird, und daß dies der Fall bei Kempfenhausen wirklich ist, so glaubt man, das jenseitige Staatsministerium werde sich über das Wiederaufleben dieser Gerichtsbarkeit umso mehr beruhigen können, als ...« usw.

Das änderte die Haltung des Finanzministeriums jedoch nicht, denn es erwiderte mit Schreiben vom 6. Juli 1821: »Auf die schätzbare Note vom 3. Mai hat man die Ehre zu erwidern«, daß man hinsichtlich der Erteilung der Patrimonialgerichtsbarkeit an den Appellationsgerichtspräsidenten von Mann »darauf bestehen müsse, daß diese Gerichtsbarkeit auf Grund des Reskripts vom 4.3.1819 für den Staat definitiv eingezogen werde«.

1836 wählten die adeligen Gutsbesitzer mit Gerichtsbarkeit Ritter von Mann zu ihrem Abgeordneten für die Ständeversammlung. Die Annahme dieses Mandats wurde ihm von König Ludwig am 23. Dezember 1836 bewilligt.[164]

Karl Christian Ritter von Mann ist im 65. Lebensjahr am 22. März 1837 gestorben. Seine Erben verkauften Kempfenhausen am 7. August 1837 an seine Hoheit *Maximilian Joseph, Herzog in Bayern.*

VI. Kempfenhausen im Besitz von Maximilian Joseph, Herzog in Bayern von 1837–1850

Am 7. August 1837 erwarb seine Hoheit, *Maximilian Joseph, Herzog in Bayern*, Schloß und Hofmark Kempfenhausen. Herzog Max, wie er volkstümlich genannt wurde, hatte drei Jahre vorher am Starnberger See schon die Schlösser und Hofmarken Possenhofen und Garatshausen erworben, nachdem er das Erbe seiner Mutter, umfangreiche Besitzungen in Nordfrankreich bei Calais und St. Quentin, verkauft hatte. Possenhofen wurde sein Lieblingssitz am Starnberger See.

Die »Herzöge in Bayern« sind aus den Pfälzer Wittelsbachern hervorgegangen, als Folge einer unebenbürtigen Ehe des Pfalzgrafen Johann Karl von Birkenfeld-Gelnhausen 1696.[168] Wegen dieser Ehe wurden seine Nachkommen von der Erbfolge des Hauses Zweibrücken ausgeschlossen, das, nach dem Aussterben der bayerischen Linie mit Kurfürst Karl Theodor von der Pfalz, 1777 das Kurfürstentum Bayern erhielt.

Die »Pfalzgrafschaft bei Rhein« war 1214 an die Wittelsbachischen Herzöge in Bayern gefallen. 1329 überließ sie Kaiser Ludwig der Bayer im Hausvertrag von Pavia den Söhnen seines Bruders Rudolf, zusammen mit einem Teil des Nordgaus, der heutigen Oberpfalz. Seitdem gab es eine bayerische und eine pfälzische Linie

[168] Hermann von Witzleben und Ilka von Vignau: Die Herzöge in Bayern. Von der Pfalz zum Tegernsee 1976

der Wittelsbacher. Nach dem Vertrag von Pavia sollte die Kurwürde zwischen Bayern und der Pfalz wechseln, und beim Aussterben einer Linie die andere in die Erbfolge eintreten. Dies geschah 1777.

Die Pfälzer Wittelsbacher hatten sich in immer mehr Linien aufgespalten, so daß es zu Beginn des 17. Jh.s nicht weniger als 11 pfälzische Linien der Wittelsbacher gab, darunter die Linie Birkenfeld, eine Nebenlinie des Hauses Zweibrücken, die jedoch unter dessen Oberhoheit blieb. Nach dem Tod von Kurfürst Karl Theodor erhielt diese Pfälzer Linie 1799 das Kurfürstentum Bayern mit Max III. Joseph, der 1806 erster bayerischer König wurde.

Der Urgroßvater von Max III. Joseph, Pfalzgraf Christian II. (1637–1717) und der Stammvater der »Herzöge in Bayern«, *Pfalzgraf Johann Karl* (1638–1704) waren Brüder gewesen. Die beanstandete Ehe hatte Pfalzgraf Johann Karl im Jahre 1696 mit Esther Maria von Witzleben geschlossen, einer Hofdame seiner verstorbenen Frau, wenige Monate nach deren Tod. Seine erste Frau war eine Tochter von Herzog Friedrich von Zweibrücken gewesen. Das veranlaßte seinen Bruder, Pfalzgraf Christian II., 1704, nach dem Tod von Johann Karl, der Witwe sowohl das Erbe als auch die Anerkennung als Reichsfürstin vorzuenthalten. Erst in einem 10 Jahre dauernden Prozeß vor dem Reichshofrat in Wien, dem obersten Gericht des Kaisers, das für Reichslehensachen zuständig war, gelang es der Witwe des Pfalzgrafen, als Fürstin anerkannt zu werden. Durch das kaiserliche Urteil vom 11. 4. 1715 sicherte sie damit sich und ihren Kindern das Erbe und den Status fürstlicher Abkunft.

Ihr Enkel *Wilhelm, Pfalzgraf von Birkenfeld-Gelnhausen*, wurde am 10. 11. 1752 geboren. Er erhielt von Kurfürst Max III. Joseph von Bayern, 1799, den Titel »Herzog in Bayern« und das Recht, sich »Königliche Hoheit« zu nennen. Dies hat König Ludwig I. 1828 in »Hoheit« geändert.

Pfalzgraf Wilhelm wurde am Mannheimer Hof unter der Obhut von Kurfürst Karl Theodor erzogen. Auf Wunsch des Kurfürsten trat er als Siebzehnjähriger zum katholischen Glauben über. Als Karl Theodor 1777 Kurfürst von Bayern wurde, nahm er Wilhelm mit nach München. 1780 heiratete Pfalzgraf Wilhelm seine Kusine Anna von Zweibrücken, eine Schwester von Max III. Joseph, und wurde damit Schwager des späteren Kurfürsten. Beide bezogen die Landshuter Stadtresidenz, die ihnen Karl Theodor als Wohnsitz zugewiesen hatte.

Pfalzgraf Wilhelm wurde von den Kurfürsten wiederholt zu diplomatischen Missionen herangezogen. Im Juni 1797 war er Gesandter für Kurbayern in Wien. Nach dem Tod von Karl Theodor, am 16. Februar 1799, war es seine Aufgabe, den reibungslosen Übergang der Regierung in Bayern auf Max III. Joseph sicherzustellen und österreichischen Schritten zuvorzukommen, da Österreich, dessen Truppen fast vor den Toren Münchens standen, Ansprüche auf Bayern erhob. Deshalb kam der neue Kurfürst in Begleitung von Montgelas bereits am 19. Februar 1799 nach München, während der offizielle Einzug erst am 12. März stattfand.

Eine andere diplomatische Mission hatte Pfalzgraf Wilhelm im April 1799 in Petersburg zu erfüllen. Er sollte dort die Verstimmung des Zaren ausräumen, die entstanden war, als Bayern im eigenen Land den Malteserorden aufhob, dessen Großmeister der Zar war. Durch die Wiederherstellung des Malteserordens und den Abschluß eines Bündnisvertrages gelang dies im Oktober 1799.

Als »Ersatz« für die Besitzungen, die ihm als Erbe der Pfalz-Birkenfeldischen Linie zugestanden hätten, erhielt Pfalzgraf Wilhelm 1803 das Herzogtum Berg mit der Residenzstadt Düsseldorf. Diese Residenz mußte er jedoch 1806 innerhalb von 24 Stunden verlassen, da Kurfürst Max Joseph 1805 einen Allianzvertrag mit Frankreich abgeschlossen hatte und 1806 das Herzogtum Berg an Napoleon abtrat. Als Ersatz für das Herzogtum Berg erhielt Pfalzgraf Wilhelm für sich und seine Familie die bisherige Bischofsresidenz in Bamberg.

Am 4. Dezember 1808 wurde sein Enkel *Maximilian Joseph*, der spätere Besitzer von Kempfenhausen, geboren. Er wurde ab 1817 im »Königlichen Erziehungsinstitut für Studierende« in München erzogen und heiratete 1828 in der Schloßkirche von Tegernsee Ludowika, die jüngste Tochter von König Max Joseph, die Schwester des späteren König Ludwig II. von Bayern. Das junge Paar bezog im Jahre 1830 das von Klenze, zwischen 1822 und 1826, errichtete »Max Palais« in der Ludwigstraße in München, das daraufhin zu einem Mittelpunkt der Münchner Gesellschaft wurde.

Vor seiner Hochzeit hatte Herzog Max im Jahre 1828 eine Reise nach Frankreich, England und Belgien unternommen. Wegen der in München grassierenden Cholera reiste er mit der Familie 1831 in die Schweiz und nach Italien, wobei er Mailand, Genua, Florenz, Rom und Neapel besuchte. Im Januar 1838 startete er zu einer achtmonatigen Orientreise, die ihn über Griechenland und Ägypten ins Heilige Land führte. Jerusalem erreichte er von Ägypten aus, mit einer Karawane von 115 Kamelen und Dromedaren, nach zweiwöchiger Reise. In Kairo hatte er im Palast von Ibrahim Pascha gewohnt. Diese Orientreise hatte ihn sehr beeindruckt. 1839 veröffentlichte er seine Reisebeschreibung mit dem Titel »Wanderung nach dem Orient«. Weitere Veröffentlichungen von ihm waren zwischen 1831 und 1838 fünf Novellen und eine »Sammlung Oberbayerischer Volkslieder« im Jahre 1846. Sein Einakter »Der Fehlschuß« wurde 1847 im Münchner Hof- und Nationaltheater uraufgeführt. Herzog Max war wissenschaftlich interessiert und hatte seit 1826 die naturhistorischen, geschichtlichen und staatswissenschaftlichen Vorlesungen an der Universität München gehört. 1830 stiftete er zur Förderung der Wissenschaften eine Goldmedaille und eine Silbermedaille. Seine Bibliothek umfaßte 27000 Bände. Er interessierte sich auch für Musik, spielte ausgezeichnet Zither und komponierte selbst.

1830 ernannte ihn der König zum Kreiskommandanten der Landwehr des Isarkreises. Jeden Sonntagvormittag inspizierte er in der Ludwigstraße, zum Mißvergnügen der Münchner, seine Truppe. 1848 wurde er zum Generalleutnant und 1857 zum General der Artillerie ernannt.

Maximilian Joseph, Herzog in Bayern, bei der Inspektion der Landwehr vor dem Maxpalais in der Leopoldstraße in München
Lithographie
Gustav Wilhelm Kraus 1812

Kaiserin Elisabeth von Österreich (1837–1898)
1853 als Prinzessin Sissi in Possenhofen
Ölgemälde
Carl Piloty 1813

Herzog Max war ein passionierter Reiter und Jäger. Dies hat ihn möglicherweise zum Kauf der Hofmark Kempfenhausen mit ihrem großen Waldbesitz veranlaßt, denn als er Kempfenhausen 1850 verkaufte, behielt er die zugehörigen 314 Tagwerk Wald zurück.

Nach dem Tod seines Großvaters, 1837, hatte Herzog Max in Bayern den Besitz der Familie geerbt, darunter auch Schloß Banz, eine ehemalige Benediktinerabtei, die der Bischof von Bamberg von 1700–1719 von Leonhard Dientzenhofer und Balthasar Neumann hatte errichten lassen. Die Abtei war 1803 säkularisiert und 1814 von Herzog Wilhelm erworben worden, der sie zu einem Schloß hatte ausbauen lassen.

Herzog Max war in seinem Palast an der Ludwigstraße ein fröhlicher und einfallsreicher Gastgeber. Es gab dort Konzerte, Theateraufführungen, Bälle und als Höhepunkt Faschings- und Kostümfeste, mit 700 Tänzern und Tänzerinnen und immer neuen Überraschungen. Im Hof, zwischen den Stallungen an der Fürstenstraße, hatte der Herzog einen »Zirkus« mit Logen einrichten lassen, in dem seine Gäste die Reitkunst bewundern konnten.

Nach den Befreiungskriegen waren in München zahlreiche Herrengesellschaften entstanden, in denen sich Adel, Bürgertum und Vertreter der aufblühenden Wissenschaften zum Gespräch trafen. Diese Gesellschaften hatten sich phantasievolle Namen gegeben. So hatte Herzog Max in Bayern seit 1843 wöchentlich eine »Tafelrunde« von 14 »Rittern« zu Gast. Seine Gäste ließ er mit dem Wagen abholen und zurückbringen. Er selbst stand der »Tafelrunde« als »König Artus« vor. »Kanzler« war Graf Pocci, »Truchseß« der Advokat Dr. Anton von Schauß, der spätere Besitzer von Kempfenhausen, »Jäger« Graf Arco von Zinneberg, »Pfaff« der Architekt Friedrich von Gärtner und »Meistersinger« Franz von Kobell. Außerdem nahmen Ärzte, Theologen, Künstler und Professoren der Universität an der Tafelrunde teil.

Das Herzogpaar Max und Ludowika hatte 9 Kinder, 4 Söhne und 5 Töchter, die zwischen 1831 und 1849 geboren wurden. »Sissi«, die 1837 geborene Tochter Elisabeth Amalie Eugenie, heiratete 1854 Kaiser Franz Joseph von Österreich und wurde Kaiserin. Die jüngste Tochter, Sophie Charlotte Auguste, war 1867 einige Monate mit König Ludwig II. von Bayern verlobt. Nach dem Scheitern dieser Verlobung, heiratete sie 1868 Ferdinand von Orléans.

Am 16. 5. 1850 hat Herzog Maximilian Joseph Schloß Kempfenhausen an seinen Rechtsberater Dr. Anton von Schauß verkauft. Die adeligen Grundherrschaften waren 1848 aufgehoben worden. Nach einem reichen, intensiv gelebten Leben starb Herzog *Max Joseph* in Bayern, achtzigjährig, am 15. 11. 1888 in München.

VII. Schloß Kempfenhausen, Adelssitz von 1850–1938

1. Die geschichtliche Entwicklung von 1850–1933

Das bürgerliche Zeitalter 1850–1890

Die Jahrzehnte von 1850 bis 1890 gehören zu einer der wichtigsten wirtschaftlichen und gesellschaftlichen Umbruchphasen der deutschen Geschichte. Das gilt auch für Bayern. Ein beispielloser wirtschaftlicher und industrieller Aufschwung ebnete liberalen Reformen den Weg und brachte den endgültigen Durchbruch der bürgerlichen Ordnung im wirtschaftlichen und gesellschaftlichen Bereich. Das Bürgertum stieg zur führenden Klasse auf. Der Wandel von der Agrargesellschaft zur Industriegesellschaft, vom Feudalismus zum Kapitalismus, von einer Ständegesellschaft zu einer Klassengesellschaft vollzog sich mit großer Dynamik. Die gesamtwirtschaftliche Führung war schon in den 70er Jahren von der Landwirtschaft auf die Industrie übergegangen, obwohl das Land noch vorwiegend bäuerlich war. Das wachsende Bürgertum, das die Gesetze der Industrieproduktion beherrschte, prägte nun die Gesellschaft, besaß ein ungebrochenes Selbstbewußtsein und konnte sich der Faszination des materiellen Fortschritts nicht entziehen. Die raschen wirtschaftlichen und gesellschaftlichen Veränderungen führten jedoch auch zu Krisen.

Das Tempo der Wirtschaftsentwicklung wurde durch die Entwicklung des Verkehrswesens stark beeinflußt, und der Eisenbahnbau wurde die treibende Kraft des Wirtschaftsaufschwunges. Die erste deutsche Eisenbahnstrecke wurde 1835 zwischen Nürnberg und Fürth eröffnet.[169] 1840 wurde die Strecke München–Augsburg in Betrieb genommen und 1844 die Linie Nürnberg–Bamberg. 1851 war die Strecke München – Berlin fertig, 1853 der Bodensee bei Lindau erreicht, 1854 die Verbindung Nürnberg – Würzburg – Frankfurt fertiggestellt, und ab 1860 bestand eine durchgehende Eisenbahnverbindung von München über Salzburg nach Wien und 1861 von Nürnberg über Regensburg und Passau nach Linz. Bereits 1870 waren alle wesentlichen Linien des Eisenbahnnetzes ausgebaut. Die ersten Initiativen zum Eisenbahnbau waren von Privatpersonen, von Unternehmern ausgegangen. Sie gründeten Eisenbahngesellschaften, wie der Münchner Unternehmer J. A. von Maffei. Bis 1854 übernahm dann der Staat alle Strecken als Bauherr und Betreiber.

Der Eisenbahnbau gab der gesamten Wirtschaft Impulse. In Bayern wurden von 1854 bis 1864, 73 neue Aktiengesellschaften, darunter 22 der Textilindustrie, zu den schon bestehenden 25 Gesellschaften, gegründet. Weitere 38 Aktiengesellschaften entstanden von 1864 bis 1870, und allein in den beiden Jahren 1872 und 1873 kam es zu weiteren 43 Neugründungen. Die Zahl der Dampfmaschinen stieg in Bayern von 132 im Jahre 1847 auf 491 im Jahre 1861 und auf mehr als tausend im Jahre 1870. Der wachsende Kapitalbedarf der Industrialisierung überstieg die Möglichkeiten der bis dahin bestehenden Privatbanken, so daß es zur Gründung neuer

Banken kam. 1835 wurde die Bayerische Hypotheken- und Wechselbank gegründet, 1850 die Bayerische Staatsbank, 1869 die Bayerische Vereinsbank und die Bayerische Handelsbank und 1871 die Süddeutsche Bodencreditbank. Die 1870 gegründete Deutsche Bank und die 1872 gegründete Dresdner Bank errichteten 1889 bzw. 1896 in München Filialen.

Die Grundlagen der Industrialisierung waren die Verwendung von Dampfmaschinen und Werkzeugmaschinen, neue Produktionstechniken, die Nutzung bisher wenig verwendeter Rohstoffe wie Kohle und Stahl in großen Mengen, und die Arbeitsteilung bei der Güterproduktion in Fabriken. Zunächst waren diese Fabriken Kleinbetriebe mit weniger als 100 Beschäftigten, doch schon 1875 gab es fünf Betriebe in Bayern mit mehr als 1000 Mitarbeitern. Zu den ersten bayerischen Industrieunternehmen gehörten die Augsburger Kammgarnspinnerei von 1836, die Mechanische Baumwollspinnerei Kempten von 1839, die Maschinenfabriken Maffei in München von 1840, Cramer Klett in Nürnberg von 1841 und die Augsburger Maschinenfabrik, die spätere MAN, von 1840. Die erste einheimische Lokomotive wurde 1841 von Maffei gebaut.

Die wirtschaftliche Konjunktur hielt 20 Jahre an, von 1850–1873, mit Schwächeperioden 1857/59 und 1866. Dann kam es zur großen Krise mit Börsensturz, Bankenkrach, Preisverfall und Produktionsrückgang. Dafür gab es mehrere Ursachen, doch war wohl die aufgebaute Überkapazität die wesentlichste. Mit der weitgehenden Fertigstellung des Eisenbahnnetzes hatte der Eisenbahnbau seine wirtschaftliche Führungsrolle verloren. Erst in den 90er Jahren wurde diese Führungsrolle von Elektrotechnik, Motorenbau und Großchemie übernommen. Außerdem war es zu einem starken Bevölkerungswachstum gekommen. Die europäische Bevölkerung hatte sich von 1750 bis 1850 verdoppelt. Das führte nach den Mißernten von 1847/48 zu Hungersnot, Not und Verarmung. Der Bevölkerungszuwachs kam vor allem den Städten zugute. 1850 war Bayern noch fast reines Agrarland, in dem 69% der Bevölkerung in der Landwirtschaft arbeiteten. 1895 waren es nur noch 46%. München wuchs zwischen 1850 und 1876 von 110 000 Einwohnern auf 200 000 und erreichte 500 000 Einwohner im Jahre 1900.

Die Wirtschaftskrise der siebziger Jahre wurde nach einer von 1846 bis 1870 anhaltenden Agrarkonjunktur noch von einer Strukturkrise der Landwirtschaft überlagert. Dies führte zu tiefer Depression. Nachdem es zunächst gelungen war, die Ernährung der wachsenden Gesellschaft durch Vergrößerung der Anbauflächen, durch intensivere Bodenbearbeitung, durch die Verwendung von Eisenpflügen, durch den Einsatz von Kunstdünger und durch intensivierte Saat- und Tierzucht zu decken, brachte die zunehmende Landflucht in die Städte für die Landwirtschaft Arbeitskräftemangel und steigende Lohnforderungen. Dazu kamen

[169] Wolfgang Zorn: Bayerns Gewerbehandel und Verkehr.
In Spindler, Handbuch der bayerischen Geschichte 1979

weitere Probleme durch billige Getreideeinfuhren aus USA, Kanada und Rußland. Erst von 1886 bis 1890 konnte sich ein erneuter Wirtschaftsaufschwung durchsetzen, der bis 1913 anhielt.

Vor dem Hintergrund dieser wirtschaftlichen, sozialen und gesellschaftlichen Veränderungen vollzog sich von 1866 bis 1871 die Gründung des deutschen Nationalstaates unter Ausschluß Österreichs. In dieser Zeit regierten in Bayern *König Maximilian II.*, von 1848–1864, und *König Ludwig II.*, von 1864–1886.

Nach dem Rücktritt Ludwig I., im März 1848, war sein siebenunddreißigjähriger Sohn *Maximilian II.* bayerischer König geworden.[170] Er war ein klar und nüchtern denkender, erfahrener, arbeitsamer und grundsatzfester Mensch, der eine vielseitige Ausbildung genossen und an den Hochschulen von Göttingen und Berlin Geschichte, Philosophie und Nationalökonomie studiert hatte. Er sprach ausgezeichnet Englisch und hatte gute Kentnisse in Französisch, Italienisch und Neugriechisch. Sein vorrangiges Anliegen war die Förderung der Wissenschaften und der Bildung. Er holte bedeutende Männer, die sogenannten »Nordlichter« als Berater und Professoren nach Bayern, unter ihnen den Chemiker Liebig. 1858 wurde an der Akademie der Wissenschaften eine historische Kommission und eine naturwissenschaftlich-technische Kommission gegründet.

Eine Lieblingsidee des Königs war die Auslese und Förderung der Begabten. Dafür schuf er aus Mitteln seines Privatvermögens 1853 die hochdotierte Stiftung des Maximilianeums, in der eine Elite des Beamtentums herangezogen werden sollte. Noch im gleichen Jahr stiftete er den Maximiliansorden für Wissenschaft und Kunst, dessen Mitglieder die gleichen Rechte am Hof hatten wie der Adel. Er selbst versammelte ab 1854 wöchentlich das geistige München zu einer Tafelrunde um sich.

Das Schulwesen ließ der König ebenfalls reformieren, 1857 die Gymnasien und die Lehrerbildung und 1864 die Gewerbeschulen, die den Charakter öffentlicher Bildungsanstalten erhielten. In München wurde die Technische Hochschule gegründet, die 1868 eröffnet werden konnte.

Unmittelbar nach seinem Regierungsantritt, 1848, verwirklichte *Maximilian II.* die noch von seinem Vater, Ludwig I., zugesagten Reformen:

- ein neues Wahlrecht, das zwar die Bindung an eine direkte Steuer noch beibehielt, aber keinen Steuersatz mehr festlegte, so daß von nun an jeder Staatsbürger, auch wenn er ein noch so geringes Einkommen hatte, wahlberechtigt war. Im passiven Wahlrecht entfiel die Bindung an den Berufs- und Geburtsstand, so daß jeder, der das 30. Lebensjahr vollendet hatte, gewählt werden konnte
- durch das Gesetz über die Ministerverantwortlichkeit mußte jede Verordnung künftig vom Minister gegengezeichnet werden, der mit seiner Unterschrift die Verantwortung gegenüber dem Landtag übernahm, während er bisher nur dem König gegenüber verantwortlich gewesen war. Weiterhin wurden jedoch die Minister vom König ohne Mitwirkung des Parlaments berufen und entlassen

- die gutsherrliche Gerichtsbarkeit und die adeligen Hofmarken wurden aufgehoben, und die Ablösung der Grundlasten verfügt. Die Bauern waren fortan nicht nur Nutznießer des von ihnen bebauten Bodens, sondern sie wurden auch dessen Eigentümer
- die Pressezensur entfiel, und die Grundlagen für eine freie Presse wurden neu geschaffen
- in der Justiz wurden Schwurgerichte eingeführt

Trotz aller Reformen war die Stellung Maximilians II. nach der bayerischen Verfassung stark genug, um jeder Entscheidung dieser Epoche den Stempel des Königs aufzudrücken.

Die erste Bewährungsprobe für den neuen König ergab sich aus der nationalen Frage. Infolge der revolutionären Volksbewegungen des März 1848 stimmten alle Fürsten der Einberufung eines deutschen Parlaments zu und erklärten sich bereit, die Bildung eines Nationalstaats zu unterstützen. Im Mai 1848 trat die Deutsche Nationalversammlung in Frankfurt zusammen. Sie formulierte Grundrechte, die der bayerische Landtag am 16. 1. 1849 mit großer Mehrheit bedingungslos annahm. Am 28. 3. 1849 verabschiedete sie eine Reichsverfassung und schlug die Wahl Friedrich Wilhelm I. von Preußen zum Erbkaiser vor. 28 Länder nahmen diese Reichsverfassung an. Maximilian II., der König von Bayern, lehnte sie mit Hinweis auf den Ausschluß Österreichs ab. Das gleiche taten Österreich, Hannover und Sachsen. Die Ablehnung der Reichsverfassung erfolgte im Gegensatz zum bayerischen Landtag, der sich in seiner Mehrheit zu ihr bekannt hatte. Am 5. Juni erklärt Maximilian II., die Nationalversammlung habe rechtlich und tatsächlich zu bestehen aufgehört. Am 10. Juni 1849 wurde der Landtag von ihm aufgelöst. Daraufhin kam es in Bayern zur Krise. In den großen Städten Nürnberg, Augsburg, Bamberg, Würzburg, Kempten etc. wurden tausende von Unterschriften gesammelt für eine Protest-Adresse an den König, und in der Pfalz wurde die Republik ausgerufen. Nachdem der Aufstand in der Pfalz durch preußische Truppen niedergeworfen war, kehrte wieder Ruhe ein. Die revolutionären Bewegungen hatten ihre Dynamik eingebüßt, die konservativen Kräfte ihr Selbstvertrauen und ihre Handlungsfähigkeit zurückgewonnen.

In der Folge bemühte sich die bayerische Politik bis 1866 immer wieder um eine Union der Mittelstaaten Bayern, Württemberg, Hannover und Sachsen als Gegengewicht gegen die Dominanz Preußens und Österreichs und bemühte sich um die Wiederbelebung des noch existierenden Deutschen Bundes von 1815. Beides jedoch ohne Erfolg. Statt dessen spitzten sich die Interessengegensätze zwischen den Großmächten Preußen und Österreich und das Ringen um die Vormachtstellung in Deutschland immer mehr zu.

[170] Andreas Kraus: Geschichte Bayerns 1983

München hat *Maximilian II.* viel zu verdanken: den Bau der Maximilianstraße, das Bayerische Nationalmuseum von 1854, das Völkerkundemuseum von 1858, und das Maximilianeum, das in den Jahren von 1857 bis 1874 auf dem östlichen Isarhochufer errichtet wurde.

Als König *Maximilian II.* am 10. März 1864 mit 53 Jahren starb, wurde sein Sohn *Ludwig II.* mit 18 Jahren bayerischer König. Ihm fehlte alles, was er für seine Aufgabe benötigt hätte, trotzdem genoß er die einhellige Sympathie seines Volkes. Durch den frühen Tod seines Vaters war er auf seine Aufgabe nicht vorbereitet. Sein Interesse galt vorwiegend der Weltliteratur, dem Theater, der Musik und der Oper. Von 1864 an bis zu dessen Tod 1883 förderte er Richard Wagner, mit dem ihn eine enge Freundschaft verband. Schon früh suchte der junge König die Einsamkeit und floh vor der Wirklichkeit und vor Verletzungen seines übersteigerten Selbstgefühls. Ab 1866 empfing er nur noch selten seine Minister, selbst als es um Krieg und Frieden ging. Er ernannte aber die Minister und die Minister, die er ernannte, waren stets die Träger der Politik, die er für richtig hielt. Es gelang nie, ihn zu einer Systemänderung zu bewegen.

Der Krieg zwischen Preußen und Österreich wurde durch den Einmarsch Preußens in das, von Österreich verwaltete, Holstein am 9. 6. 1866 ausgelöst. Seine tiefere Ursache war jedoch das Ringen der Großmächte um die Vormachtstellung in Deutschland. Durch den Sieg Preußens am 5. 7. 1866, bei Königgrätz in Böhmen, wurde die politische Landschaft in Deutschland grundlegend verändert. Als erste Folge wurde am 18. 8. 1866 der Norddeutsche Bund gegründet. Am 20. 9. 1866 annektierte Preußen das Königreich Hannover, Hessen-Kassel, Nassau und die freie Reichsstadt Frankfurt. Bayern mußte als Verbündeter Österreichs 30 Millionen Gulden Kriegskostenentschädigung zahlen. Am 20. August 1866 schloß es im Zuge der Entschädigungsregelung ein geheimes Schutz- und Trutzbündnis mit Preußen ab.

Der bayerische Landtag faßte, auf dem 1. Landtag nach dem Krieg, mit großer Mehrheit (122 : 12 Stimmen) die Resolution: »Der König wolle geruhen, dahin zu wirken, daß durch einen engeren Anschluß an Preußen der Weg betreten werde, welcher zur Zeit allein dem angestrebten Ziele entgegenführen könne, Deutschland unter Mitwirkung eines frei gewählten und mit den erforderlichen Befugnissen ausgestatteten Parlamentes zu einigen, die nationalen Interessen wirksam zu wahren und etwaigen Angriffen des Auslands erfolgreich entgegenzutreten«.

Als der Bündnisfall mit der Kriegserklärung Frankreichs an Preußen vom 19. Juli 1870 eintrat, unterschrieb der König den Mobilmachungsbefehl. Für den Kriegseintritt und für die Kriegskredite stimmte eine deutliche Mehrheit der Abgeordneten. In der siegreichen Schlacht bei Sedan, am 1. September 1870, wurde der Krieg entschieden und Kaiser Napoleon III. gefangengenommen. Am 23. November 1870 schloß Bayern mit den Staaten des Norddeutschen Bundes von 1867 den Deutschen Bund, und übernahm mit gewissen Zugeständnissen dessen Verfassung:

- durch das Stimmenverhältnis im Bundesrat war auch eine Überstimmung Preußens nicht ausgeschlossen
- Bayern erhielt den Vorsitz im Ausschuß für auswärtige Angelegenheiten
- Bayern behielt eine eigene Postverwaltung und Bahnverwaltung
- Bayern behielt die Bier- und Branntweinsteuer
- Bayern behielt sein eigenes Heimat- und Niederlassungsrecht
- Bayern erhielt das Separatrecht eigener Gesandtschaften an den europäischen Höfen und
- der bayerische König behielt in Friedenszeiten das Oberkommando über das Heer.

Am 3.12.1870 wurde der »Kaiserbrief« Ludwig II. an den preußischen König übergeben. Darin hieß es: »Ich habe daher meine Regierung beauftragt, bei den verbündeten deutschen Regierungen eine Vereinbarung darüber in Vorschlag zu bringen, daß die Ausübung der Präsidialrechte des Bundes mit Führung des Titels eines Deutschen Kaisers verbunden werde«. Am 31.1.1871 wurde der preußische König Wilhelm I. in Versailles zum Deutschen Kaiser proklamiert.

Innenpolitisch war die Regierungszeit Ludwig II. durch den Kulturkampf belastet. Der sogenannte Kulturkampf von 1870–1890 war in Bayern die Verschärfung der, seit dem Konkordat und dem Religionsedikt von 1817/18 sich wiederholenden, Auseinandersetzungen zwischen Staat und Kirche über den Umfang der staatlichen Kirchenhoheitsrechte. 1849 hatte der Erzbischof von München und Freising die Aufhebung des Religionsedikts und aller sonstigen, dem Konkordat widersprechenden, Gesetze und Verordnungen gefordert. In einer Denkschrift von 1850 an den König gingen die Bischöfe noch darüber hinaus und beanspruchten Rechte, die sie nie besessen hatten. 1852 machte König Maximilian II. Zugeständnisse hinsichtlich der geistlichen Bildungsanstalten, nicht aber hinsichtlich des Religionsedikts.

Neue Spannungen entstanden zwischen Staat und Kirche, als Papst Pius IX. 1864 in einer Enzyklika gegen die fortschreitende Säkularisierung der modernen Welt und auch gegen das Staatskirchentum protestierte und erklärte, daß er sich mit Fortschritt, Liberalismus und moderner Zivilisation weder aussöhnen noch verständigen könne. Das wurde als eine Kampfansage gegen den modernen Rechtsstaat betrachtet. Am 18.7.1870 folgte das Unfehlbarkeitsdogma des Papstes, durch das der Kulturkampf ausgelöst wurde. Nach dem bayerischen Religionsedikt von 1818 bedurfte die Veröffentlichung und das Inkrafttreten des Dogmas der königlichen Zustimmung. Daran hielten sich die bayerischen Bischöfe trotz ausdrücklicher Aufforderung jedoch nicht, mit Ausnahme des Bamberger Bischofs. Dessen Antrag wurde vom Kultusministerium mit der Begründung abgelehnt: »Die vatikanischen Beschlüsse stünden im Widerspruch zu den Prinzipien des bayerischen Staatsrechts und stellten eine Gefahr für die politischen und sozialen Grundlagen des Staates dar«.

Am 16. 11. 1871 stellte die bayerische Regierung im Bundesrat des Deutschen Reiches den Antrag, angesichts der »maßlosen Agitation« des bayerischen Klerus, das Reichsstrafgesetzbuch dahingehend zu ergänzen, daß Geistliche, die öffentliche Angelegenheiten in, den öffentlichen Frieden, gefährdender Weise zum Gegenstand der Verkündigung machen, mit Gefängnis oder Festungshaft bestraft werden. Im Dezember 1872 erlangte dieser »Kanzelparagraph« Rechtskraft. Die Milderungen des bayerischen Staatskirchenrechts durch die königliche Erschließung von 1852 wurde 1873 wieder außer Kraft gesetzt. 1875 wurde das Reichszivilehegesetz verabschiedet.

Trotzdem erreichte der Kulturkampf in Bayern nicht entfernt die Heftigkeit wie in Preußen, und die Verhandlungen, die 1878 zu seiner Beendigung eingeleitet wurden, gingen von Bayern aus. König und Regierung war es eben nicht um einen grundsätzlichen Kampf gegen die Kirche gegangen, sondern um die Abwehr von Angriffen gegen den rechtlichen Zustand, wie er in der bayerischen Verfassung und ihrem Anhang, dem Religionsedikt, festgelegt war. Dies ist ihnen gelungen.

In den sechziger Jahren sind auch in Bayern politische Parteien entstanden. Die liberale *Bayerische Fortschrittspartei* wurde 1863 gegründet. Sie trat für konfessionelle Gleichberechtigung, Sozialgesetzgebung, Eindämmung des kirchlichen Einflusses in den Schulen und für eine kleindeutsche Lösung ein.

Dagegen verfolgte die 1868 gegründete *Patriotenpartei* bayerische Eigenstaatlichkeit, kirchliche Rechte, katholische Interessen, eine konservative, agrarisch bestimmte Gesellschaftsordnung und war gegen einen kleindeutschen Nationalstaat.

Die Geschichte der *Sozialdemokratischen Partei* in Bayern begann 1864. Sie entstand aus den Arbeitervereinen.

Der *Bayerische Bauernbund*, 1868 gegründet, trat als Vertreter der bäuerlichen Interessen auf.

Die Finanzlage von König Ludwig II., der die Bauleidenschaft seiner Ahnen geerbt hatte, verschlechterte sich seit 1877 bedrohlich. Das 1869 begonnene Schloß Linderhof war 1878 vollendet, und es begannen die Bauarbeiten für Schloß Herrenchiemsee, dessen Entwurf sich am Vorbild des Versailler Schlosses orientierte. Ein weiteres »Königsschloß«, Neuschwanstein, entstand bei Füssen von 1868 bis 1886. Anfang 1884 betrugen die Schulden des Königs 8,25 Millionen Mark, trotz der Zahlungen Bismarcks aus dem Welfenfonds in Höhe von ca. 5 Millionen Mark. Nachdem es dem Ministerium gelungen war, die Schulden durch eine Anleihe zu neutralisieren, betrugen sie im Sommer 1885 bereits wieder 6 Millionen Mark. Daneben war die Krankheit des Königs, sein Persönlichkeitsverfall, in den achtziger Jahren so fortgeschritten, daß sich das Ministerium entschloß, ein Gutachten über den Gesundheitszustand des Königs einzuholen. Am 9. Juni 1886 wurde der König aufgrund dieses Gutachtens für regierungsunfähig erklärt, und die Regentschaft wurde von dem 65jährigen *Prinz Luitpold*, einem Onkel Ludwig II., übernommen. Ludwig II. wurde nach Schloß Berg gebracht, wo er einen Tag später, am

13. Juni 1886, gemeinsam mit seinem Arzt, im Starnberger See ertrunken aufgefunden wurde.

Daß Bayern diese Krise der Monarchie gut überstand, verdankte es vor allem *Johann Freiherrn von Lutz*, der seit 1867 den entscheidenden politischen Einfluß im bayerischen Staat gewonnen hatte. Er war zwischen 1870 und 1890 die bedeutendste politische Persönlichkeit in Bayern.[171]

23 Jahre war Freiherr von Lutz bayerischer Staatsminister und 12 Jahre Vorsitzender des Ministerrats. Im Jahre 1826 geboren, durchlief er eine glänzende juristische und politische Karriere. Den juristischen Staatskonkurs schloß er 1851, als Bester seines Jahrganges, mit der Note 1 ab. 1857 wurde er Protokollführer der Kommission zur Ausarbeitung eines gemeinsamen deutschen Handelsgesetzbuches und war mit dieser Kommission, zum Studium des Seerechts, von 1858–1860 in Hamburg. Von 1866 bis 1867 war er Sekretär des Königs, dem er sich mit seinem Können und seiner monarchischen Haltung für diese Position empfohlen hatte. Von 1867–1871 bekleidete Freiherr von Lutz das Amt des Staatsministers der Justiz, von 1869–1890 das des Staatsministers des Innern, für Kirchen und Schulangelegenheiten, und von 1880 bis 1890 war er Vorsitzender des Ministerrats. Er war schlagfertig und besaß die Fähigkeit zu scharfer Argumentation, was sich in Debatten und Diskussionen bewährte. Er besaß eine ungeheure Arbeitskraft und umfassende Sachkenntnis.

Freiherr von Lutz war ein ausgeprägter Vertreter der hohen bayerischen Ministerialbürokratie, die sich als die eigentliche staatstragende Schicht im Lande begriff, nachdem die Monarchie zunehmend an staatsgestaltender Kraft und politischer Ausstrahlung verlor. Durch die Selbstausschaltung Ludwig II. wurde die bayerische Politik, vor allem nach der Reichsgründung von 1871, zunehmend von den Vorstellungen dieser Führungsschicht bestimmt, die sich vorwiegend aus Juristen zusammensetzte. Sie akzeptierte vorbehaltlos die Monarchie als Verfassungsnorm, war aber von dem Anspruch erfüllt, der eigentliche Träger des staatlichen Willens und des Staatsgedankens zu sein und war tätig, effizient und von Pflichtbewußtsein geprägt.

Für Freiherrn von Lutz waren die Kronrechte des Königs identisch mit den Rechten des Staates, und er verteidigte sie gegen die Ansprüche der Volksvertretung und gegen die um ihre Unabhängigkeit vom Staat ringende Kirche. Die Versailler Verträge und die Sonderrechte Bayerns im Deutschen Reich von 1871 wurden wesentlich von ihm geprägt.

[171] D. Albrecht: In Spindler, Handbuch der bayerischen Geschichte 1979

Von der Prinzregentenzeit bis zum Ende der Weimarer Republik 1886–1933[172]

Im Jahre 1886 übernahm *Prinz Luitpold* die Regentschaft in Bayern. Luitpold war der dritte Sohn König Ludwigs I. und damit ein Onkel von König Ludwig II. Bei Beginn seiner Regentschaft war er schon 65 Jahre alt. Er blieb Prinzregent, bis er 1912 als Einundneunzigjähriger starb. Er war auf eine militärische Laufbahn vorbereitet worden und hatte seit 1839 eine militärische Ausbildung erhalten. 1848 wurde er Korpskommandeur und 1869 Generalinspekteur der Armee, die er mit den Erkenntnissen aus der Niederlage von 1866 bei Königgrätz nach preußischem Vorbild reorganisierte. Prinzregent Luitpold war anspruchslos, natürlich und ungezwungen im Umgang mit Menschen, liberal, hilfsbereit und ein leidenschaftlicher Jäger und Bergsteiger. Sein stets präsentes Pflichtgefühl, seine untadelige Lebensführung und seine wohlmeinende Anteilnahme, verschafften ihm Zuneigung und Respekt, ja Verehrung. Für ihn war Repräsentation ein reeller Faktor der Politik. Er vertrat die Krone mit Würde und hat diesen Abschnitt der bayerischen Geschichte, die »Prinzregentenzeit«, geprägt.

Das Vierteljahrhundert seiner Regentschaft ist von den Zeitgenossen rückblikkend als Epoche des Friedens vor einem zerstörenden Krieg, als Zeit wirtschaftlichen Wachstums, kultureller Blüte und zivilisatorischen Fortschritts empfunden worden, obwohl es auch in diesem Zeitabschnitt mannigfaltige Spannungen gab, die sich schließlich in der Revolution von 1918 entluden.

In der Prinzregentenzeit wurden das Schulwesen, die Universitäten und die Bibliotheken ausgebaut, wurden Kunst und Wissenschaft gefördert und die Beziehungen zur Kirche normalisiert. Eine unglaubliche Aufbruchsstimmung erfaßte das künstlerische München, voll geistiger Freiheit und Kühnheit. Dazu kam ein starkes Bevölkerungswachstum. Die Einwohnerzahl Münchens wuchs in der Zeit von 1886 bis 1912 von 230 000 auf 600 000, und München veränderte sein Gesicht. Nach der Ludwigstraße und der Maximilianstraße, erhielt die Stadt 1891 mit der Prinzregentenstraße die dritte große Straßenachse. Aus seinem persönlichen Fonds schenkte ihr der Prinzregent die Prinzregentenbrücke. 1895 entstand der Wittelsbacher Brunnen, 1899 wurde die Säule mit dem Friedensengel eingeweiht, 1900 das Nationalmuseum, 1901 das Prinzregententheater und 1906 wurde der Grundstein zum Deutschen Museum gelegt. Sechs Jahre nach dem Tod des Prinzregenten, im Jahre 1912, kam jedoch das Ende für die Monarchie.

Zunächst folgte als Regent sein Sohn Ludwig (1913–1918). Nach einer Verfassungsänderung wurde er 1913 *König Ludwig III.* Er war bei der Übernahme der Regentschaft bereits 67 Jahre alt. Sein Interesse galt vor allem der wirtschaftlichen Entwicklung des Landes und der Landwirtschaft. Von ihr verstand er etwas, hatte

[172] K. Möckl: Die Prinzregentenzeit 1972
Andreas Kraus: Bayern unter Prinzregent Luitpold. Geschichte Bayerns 1983

er doch sein eigenes Gut Leutstetten zu einem Mustergut ausgebaut. Die gastliche Tafel seines Vaters, der sich regelmäßig mit Künstlern, Wissenschaftlern, Diplomaten, Politikern und Offizieren getroffen hatte, setzte er nicht fort und es gelang ihm nicht, dessen Popularität zu gewinnen. Allerdings unterband der, schon ein Jahr nach seiner Thronbesteigung, ausbrechende 1. Weltkrieg mögliche Initiativen des neuen Königs, die ihn hätten populär machen können.

Der Krieg brach aus, nachdem der Konfliktstoff zwischen den europäischen Großmächten in den davorliegenden Jahrzehnten ständig angewachsen war. Die deutsche Politik dieser Zeit war stark durch Prestigedenken beeinflußt und überschätzte die eigene Stärke. Dies führte dazu, daß das Deutsche Reich immer mehr in die Isolierung geriet, während seine Nachbarn ihre bis dahin tiefgreifenden Differenzen überwanden und gegenseitige Schutz- und Beistandsverträge abschlossen.[173] Für das Deutsche Reich stand einer Verständigung mit Frankreich die Abtrennung Elsaß-Lothringens von 1870 entgegen, die Verständigung mit England war durch die deutsche Flottenrüstung blockiert, und das Verhältnis zu Rußland war durch die panslawischen Bestrebungen belastet. So standen sich 1914 schließlich zwei hochgerüstete Blöcke gegenüber, die »Mittelstaaten«, das waren das Deutsche Reich und die Österreichisch-Ungarische Donaumonarchie auf der einen Seite, und die »Entente« der Staaten Frankreich, Rußland, Serbien und Großbritannien auf der anderen Seite. Die Ermordung des österreichischen Erzherzogs Franz Ferdinand am 28. 6. 1914 in Sarajewo war deshalb nicht die Ursache, sondern nur der Anlaß für den Ausbruch des 1. Weltkrieges am 1. 8. 1914.

Zu Beginn des Krieges herrschte im Deutschen Reich zunächst nationale Begeisterung und Siegeszuversicht. Der Vormarsch der russischen Armeen wurde vom 26. bis 30. August durch den Sieg in der Schlacht bei Tannenberg in Ostpreußen dauerhaft gestoppt. Im Westen drangen die deutschen Truppen rasch vor und standen schon am 2. September 1914 nur noch 40 km vor Paris. Der entscheidende Durchbruch gelang ihnen jedoch nicht. Nach dem »Wunder an der Marne«, das den deutschen Vormarsch zum Erliegen brachte, erstarrte der Bewegungskrieg der ersten Wochen zu einem langandauernden Stellungskrieg, in dem künftig keiner der gegenseitigen Offensiven mehr ein größerer Geländegewinn gelang, der jedoch riesige Menschenopfer auf beiden Seiten forderte. So fielen beim deutschen Angriff auf Verdun, von Februar bis Juni 1916, etwa 337 000 deutsche Soldaten und 377 000 Franzosen. Bei der Offensive der Engländer an der Somme, 1916, fielen von Juli bis November 400 000 Engländer, 200 000 Franzosen und 455 000 Deutsche.

Die bayerische Armee war, unter dem Oberkommando von Kronprinz Rupprecht von Bayern, zunächst in Lothringen eingesetzt. Später kämpften bayerische Verbände an allen Frontabschnitten. Die Kriegsstärke der bayerischen Armee hatte 1914 etwa 500 000 Mann betragen und wurde bis 1918 auf 910 000 Mann verstärkt,

[173] Wolfgang J. Mommsen: Das Zeitalter des Imperialismus 1969

wobei das Feldheer 550 000 Mann zählte. 188 000 bayerische Soldaten sind aus dem 1. Weltkrieg nicht zurückgekehrt.

In der Heimat wirkte sich nachteilig aus, daß die Männer durch den Krieg als Arbeitskräfte fehlten. Dadurch betrug u.a. die Ernte von 1917 nur noch die Hälfte des letzten Friedensjahres 1913. Die Folgen waren, verstärkt durch die englische Seeblokade, Lebensmittelmangel, Hungersnot und katastrophale Versorgungsmängel. Dies drückte auf die Stimmung der deutschen Bevölkerung, die seit Sommer 1915 die Hoffnung auf ein rasches Kriegsende verloren hatte. Zwar konnte der Zweifrontenkrieg durch den Waffenstillstand mit Rußland, im Dezember 1917, dem der Frieden von Brest Litowsk am 3. 3. 1918 folgte, beendet werden, doch verschlechterte sich die Lage seit dem Kriegseintritt Amerikas am 6. 4. 1917 zunehmend. Schließlich war die Widerstandskraft des Deutschen Reiches 1918 erschöpft. Am 28. 9. 1918 richtete die Reichsregierung ein Friedensangebot an den amerikanischen Präsidenten Wilson, und am 11. November 1918 unterschrieben die Vertreter des Reiches bei Paris den bedingungslosen Waffenstillstand, der den Krieg nach vier Jahren beendete.

Einige Tage vorher war es zu ersten revolutionären Ereignissen in Deutschland gekommen. In Kiel hatten die Matrosen am 4. 11. 1918 gemeutert und Arbeiter- und Soldatenräte gebildet. In München kam es am 7. 11. 1918 zur Proklamation eines »Freien Volksstaates Bayern« durch Kurt Eisner und zur Flucht des Königs. Die Ereignisse in München wirkten wie ein Signal für das gesamte Reich und führten in wenigen Tagen überall das Ende der monarchischen Staatsform herbei.

Die Revolution in München hatte sich rasch und ohne Widerstand vollzogen. Nach einer Friedenskundgebung auf der Theresienwiese, die mit einem Zug zum Friedensengel friedlich endete, war Kurt Eisner, ein Politiker der »Unabhängigen Partei«, entgegen den Absprachen, mit einigen Soldaten, Matrosen und Parteigängern mit der Parole »Soldaten, auf in die Kasernen, es lebe die Revolution!« zu den Münchner Kasernen im Norden der Stadt gezogen. Dort gingen die Truppen sofort zu ihm über. Eine Stunde später hatten die Aufständischen das Generalkommando, alle Ministerien, den Hauptbahnhof und das Telegrafenamt besetzt, und bereits am Abend hatte Kurt Eisner die volle Staatsgewalt übernommen. Am folgenden Tag, am 8. November 1918, wurde eine Revolutionsregierung mit dem Ministerpräsidenten Kurt Eisner gebildet, dem am 9. November 1918 die königlichen Minister in aller Form ihre Amtsgeschäfte übergaben. Daraufhin entband König Ludwig III. am 13. November, von Salzburg aus, alle Beamten, Offiziere und Soldaten von dem ihm geleisteten Treueeid und verzichtete damit faktisch auf den Thron.

Dieser rasche Zusammenbruch der konstitutionellen Monarchie, durch die Impulse nur weniger Persönlichkeiten, war kein Zufall. Am Ende des verlorenen Krieges wollte man endlich Frieden haben.[174] Als dann eine zielbewußte Gruppe

[174] D.Albrecht: Bayern im Ersten Weltkrieg. In Spindler, Handbuch der bayerischen Geschichte 1979

mit dem Motto der Kriegsbeendigung die konstitutionelle Monarchie beseitigte, war man weder willens noch fähig, sich für ein System zu engagieren, das nicht nur erheblich an Autorität verloren hatte, sondern auch funktionslos geworden war. Friedenssehnsucht, Müdigkeit, Resignation und Verzweiflung waren die Triebfeder der Revolution, nicht aber »rabiater Volkszorn«.

Zu einer dramatischen Zuspitzung der Situation kam es in München 3 Monate später, als am 21. Februar 1919 Kurt Eisner auf dem Weg in den Landtag durch ein Attentat getötet wurde und auch im Landtag tödliche Schüsse fielen. Die Abgeordneten verließen daraufhin den Landtag, und Spartakisten, Kommunisten und »Unabhängige« riefen einen dreitägigen Generalstreik aus, besetzten die Zeitungshäuser, und begannen die Arbeiter zu bewaffnen und Bürger als Geiseln zu nehmen. Zwar kam es am 18.3.1919 noch zur Wahl einer neuen Regierung, doch floh diese nach Bamberg als am 7.4.1919 die bayerische »Räte-Republik« ausgerufen wurde. Die Diktatur der Roten Armee unter dem Matrosen Eglhofer begann am 29.4. 1918. Sie wurde am 1. und 2. Mai durch bayerische, württembergische und preußische Truppen beendet, die München in blutigen Kämpfen zurückeroberten und die Ordnung wiederherstellten.

Durch den Krieg hatte sich die Struktur der Gesellschaft grundlegend gewandelt, doch weder die Abschaffung der Monarchie noch die Revolution hatten die Struktur des Staates verändert. Nach dem revolutionären Zwischenspiel kehrte man in Bayern zum alten System der Beamtenregierungen zurück, die in den Krisen der 20er Jahre, ebenso wie im Weltkrieg, mit den hergebrachten Mitteln der Verwaltung, d. h. mit bürokratischen Mitteln, regierten.

Am 12. Juni 1919 verabschiedete der Reichstag die Verfassung der Weimarer Republik, die auf das Kaiserreich folgte. Nach den Bestimmungen dieser Verfassung behielten die Einzelstaaten die Verfassungsautonomie, doch war die republikanische Staatsform vorgeschrieben. Alle Deutschen hatten nun gleiche politische Rechte. Privilegierte Personen oder Stände, Fürsten und Adel gab es nicht mehr. Alle Gewalt ging nun vom Volk aus, das seine Selbstregierung durch den von ihm in allgemeiner, gleicher, geheimer und unmittelbarer Wahl bestellten Reichstag ausübte. Die Einzelstaaten des Reiches hießen nun Länder. Ihnen gegenüber übte das Reich die Militär-, Justiz-, Finanz- und Verkehrshoheit aus. Den Ländern blieb die Polizeihoheit, die Kulturhoheit und die Justizhoheit, unter Oberaufsicht des Reiches. Die bayerische Verfassung vom 14. August 1919 hielt sich an die Vorgaben dieser neuen Reichsverfassung.

Der Beginn der jungen Weimarer Republik wurde durch die Bedingungen des Versailler Friedensvertrages, die am 11.1.1920 in Kraft traten, schwer belastet. Deutschland mußte Elsaß-Lothringen, die Ostgebiete, seine Kolonien und das Saarland abtreten und hatte enorme Reparationszahlungen zu leisten. Dies führte zu einer katastrophalen Geldentwertung. Im Frühjahr 1923 begann die Hochinflation, an deren Ende, im November 1923, eine Billion Mark (eine 1 mit 12 Nullen)

Papiergeld in eine Rentenmark auf Goldbasis umgewandelt wurde. Damit wurde der 1924 beginnende Wirtschaftsaufschwung in Deutschland ermöglicht.

Am 8. November 1929 kam es in München zum Putsch Adolf Hitlers. Auf einer Kundgebung im Bürgerbräukeller, erklärte er den Reichspräsidenten, die Reichsregierung und das bayerische Kabinett für abgesetzt, ernannte Reichsminister und erklärte, er werde selbst die Leitung der Politik übernehmen. Der bayerische Generalstaatskommissar von Kahr, der Augenzeuge gewesen war, befahl in der Nacht dem bayerischen Kontigent der Reichswehr und der Landpolizei, den Aufstand niederzuwerfen. Als daher am nächsten Morgen Hitler und Ludendorff an der Spitze einer bewaffneten Demonstration durch die Innenstadt von München marschierten, wurden sie durch die Polizei aufgehalten. Hitler floh, Ludendorff wurde verhaftet. Im späteren Landesverratsprozeß wurde Hitler am 1. 4. 1924 zu 5 Jahren Festungshaft verurteilt, während Ludendorff freigesprochen wurde. Dieses Urteil hat den späteren Aufstieg Hitlers und des Nationalsozialismus nicht verhindert, sondern begünstigt.

1928 begann die Wirtschaftskonjunktur wieder zurückzugehen, und die Zahl der Arbeitslosen nahm zu. Das Jahr 1929 brachte den Beginn der Weltwirtschaftskrise. 1931 folgte ihr eine Finanzkrise, die zur Schließung der Banken und Sparkassen führte. 1932 erreichte die deutsche Industrieproduktion den Tiefstpunkt. Die Einkommen gingen um 32% zurück, und die Agrarpreise lagen 1932 um 35% unter dem Niveau von 1913. Die Arbeitslosenzahlen waren bis 1931 auf 5,6 Millionen gestiegen und erreichten 1932 6,2 Millionen.

Parallel zu diesem wirtschaftlichen Niedergang vollzog sich der Aufstieg der Nationalsozialisten. In der Reichstagswahl vom September 1930 wurden sie mit 18,2% Stimmenanteil zweitstärkste Partei. In der Reichstagswahl vom Juli 1932 war die NSDAP mit 37,2% der abgegebenen gültigen Stimmen bereits stärkste Partei. Am 30. 1. 1933 wurde Hitler von Reichspräsident Hindenburg zum Reichskanzler berufen. In der darauffolgenden Reichstagswahl vom 5. März 1933 erhielt die NSDAP 45,7% der Stimmen, im November des gleichen Jahres 92%. Im März 1933 stimmte der Reichstag dem »Ermächtigungsgesetz« zu, das Hitler das Recht eigenmächtiger Gesetzgebung unter Ausschaltung des Reichstags überließ. Im Januar 1934 wurden die Länderparlamente aufgelöst und deren Hoheitsrechte vom Reich übernommen.

Die »Machtergreifung« in Bayern war schon vorher, am 16. 3. 1933 vollzogen worden, als Ritter von Epp als Ministerpräsident und nationalsozialistische Funktionäre als Minister eingesetzt worden waren. Am 10. 4. 1933 wurde Epp Reichsstatthalter in Bayern, ein Amt, das kurz vorher durch Reichsgesetz neu geschaffen worden war. Damit war Bayerns Eigenstaatlichkeit beendet, bis 1949 der Freitstaat Bayern neu entstand.

2. *Schloß Kempfenhausen im Besitz des Hofrats Dr. Anton von Schauß und seiner Erben von 1850–1892*

Am 16. Mai 1850 erwarb der königliche Hofrat *Dr.Anton Schauß* Schloß Kempfenhausen für 7450 Gulden von Herzog Maximilian Joseph in Bayern, dessen Rechtsberater er war. Kempfenhausen war damals keine Hofmark mehr, da König Maximilian II. 1848 die adeligen Hofmarken und deren Niedergerichtsbarkeit aufgehoben hatte. Zu dem erworbenen Besitz gehörte das Schloß, die Schloßkapelle, die Stallungen, eine Wagenremise, die Anlagen vor dem Schloß, ein Gras-, Baum- und Gewürzgarten mit Sonnenhäuschen hinter dem Schloß, eine Schiffshütte am See mit Badehaus und Steg, und der Herrengarten über dem Weg.[175]

Der Notar *Dr. Anton von Schauß* war der Sohn des »Ersten königlichen Hofinspektors« *Anton Schauß*, der am 3.1.1772 geboren wurde und am 28.11.1848 starb. Dieser hatte zunächst Jura studiert, bevor er sich dem Studium der Architektur zuwandte. 1800 trat er in das königliche Hofbauamt in München ein. Anton Schauß war mit Leo von Klenze befreundet, den Kronprinz Ludwig von Bayern 1816 als Hofbauintendant nach München geholt hatte. Mit ihm hat Anton Schauß eng zusammengearbeitet. Klenze gehörte, neben Schinkel in Berlin, zu den bedeutendsten Baumeistern des Klassizismus in Deutschland[176] und besaß europäisches Format. Er stand 48 Jahre lang, von 1816–1864, im Dienst der Wittelsbacher und hat mit seinen Bauten das Gesicht Münchens verändert.

Zu diesen Bauten gehörten die Glyptothek von 1816/31, der erste Museumsbau in Deutschland, das Leuchtenbergpalais von 1816/31, das heutige Finanzministerium, das Odeon von 1826/28, das heutige Innenministerium, das Marstallgebäude von 1817/22, das Kriegsministerium von 1824/30, das heutige Staatsarchiv, der Königsbau der Residenz von 1826/35 und deren Festsaalbau von 1832/40, in dem sich heute der Herkulessaal befindet. Weitere Bauten Klenzes waren die Hofgartenarkaden von 1826/31, die Pinakothek von 1826/36, die Propyläen am Königsplatz von 1846/60, der Monopterus im Englischen Garten von 1833/38, der Monopterus bei der Badenburg im Nymphenburger Park von 1864, das Hauptpostamt gegenüber der Staatsoper von 1836 und die Ruhmeshalle hinter der Bavaria auf der Theresienhöhe von 1843/54.

Klenze war als Stadtplaner ebenso bedeutend wie als Architekt. Von ihm stammt der Generalplan für München, die Gestaltung des Max-Joseph-Platzes vor der Oper, der Marstallplatz, der Odeonsplatz, der Wittelsbacher Platz, der Karolinenplatz, der Königsplatz und nicht zuletzt die Planung der Ludwigstraße. Als der österreichische Kanzler Metternich 1837 München besuchte, stellte er verwundert fest »was man in München sieht, übersteigt selbst die ausschweifendste Einbil-

[175] Staatsarchiv München: Kataster 20797 Seite 89–91
[176] Oswald Hederer: Leo von Klenze 1964

dungskraft. Man begreift nicht, wie ein Mann kalten Blutes die Idee fassen kann, all das zugleich zu unternehmen, was der König bauen und tun läßt. Dabei sind das nicht etwa kleine Unternehmungen, alles ist gewaltig groß«. Neben den Bauten Leo von Klenzes waren die Ludwigskirche, 1828/44, die Staatsbibliothek, 1833/34, und die Universität des Architekten Friedrich von Gärtner bereits entstanden oder im Bau.

Als Landesbaumeister war Anton Schauß zuständig für Bayern südlich der Donau, für die Residenzstadt München und für den Unterdonaukreis und war an den nachstehenden Bauaufgaben unmittelbar beteiligt: am Inneren Ausbau der Residenz, an der Planung der Ludwigstraße, der Briennerstraße, den Hofgartenarkaden, des Wittelsbacherplatzes, des Odeonsplatzes und des Karolinenplatzes. Ebenso hatte er Anteil an der Pinakothek, der Allerheiligenhofkirche, dem Wiederaufbau des Nationaltheaters nach dem Brand von 1823, der Hauptpost, den Propyläen, dem Arcopalais und dem Herzog-Max-Palais. Auf seine Initiative hin war die Walhalla, 1849/63, nach Donaustauf und nicht nach München gekommen.

Als Klenze 1834 von König Ludwig I. in diplomatischer Mission nach Griechenland entsandt wurde, wurde er von Anton Schauß und dessen Sohn Anton, dem späteren Besitzer von Kempfenhausen begleitet. Klenze sollte im Namen des bayerischen Königs die Kabalen und Intrigen am Hof Ottos von Wittelsbach, der 1832 zum König von Griechenland ausgerufen worden war, durch Abberufung zweier Minister beenden. Klenze erledigte diese Aufgabe diplomatisch und erfolgreich. Dank seiner Vollmachten und seines internationalen Ansehens gelang ihm während seines Aufenthalts in Griechenland die Rettung der Akropolis, die er von allen türkischen und venezianischen Befestigungseinbauten befreite, und der Wiederaufbau des Pantheon-Tempels. Außerdem konnte er den Schutz und die Inventarisierung der historischen Stätten in Athen, Delphi, Epidauros, Korinth, Delos und Olympia durchsetzen. An den Bauaufgaben in Griechenland war Anton Schauß beteiligt und setzte sie nach der Erkrankung Klenzes fort. Währenddessen beriet sein Sohn König Otto bei der Reorganisation der griechischen Verwaltung. Nach Abschluß der Mission erhielten beide in Anerkennung ihrer Arbeit den griechischen Erlöserorden verliehen.

Als Zar Nikolaus I. 1839 Klenze nach St. Petersburg holte und ihn mit dem Bau der »Neuen Eremitage« für die kaiserliche Gemäldesammlung beauftragte, begleitete ihn Anton Schauß auch nach Rußland. Das Ende der von 1842–1853 andauernden Bauarbeiten erlebte Anton Schauß jedoch nicht mehr, denn er starb am 28. 2. 1848 in München.

Sein Sohn, *Dr. Anton Schauß*, wurde am 18. 10. 1800 in München geboren. Er studierte Jura und schloß das Studium mit der Promotion ab. Danach wurde er Advokat und Notar und 1838 königlicher Hofrat und Rechtsberater von Herzog Max in Bayern. Nach dem ersten Besuch von 1834 reiste Dr. Anton Schauß als Vertreter des Königshauses noch mehrere Male im Auftrag des Königs nach Athen.

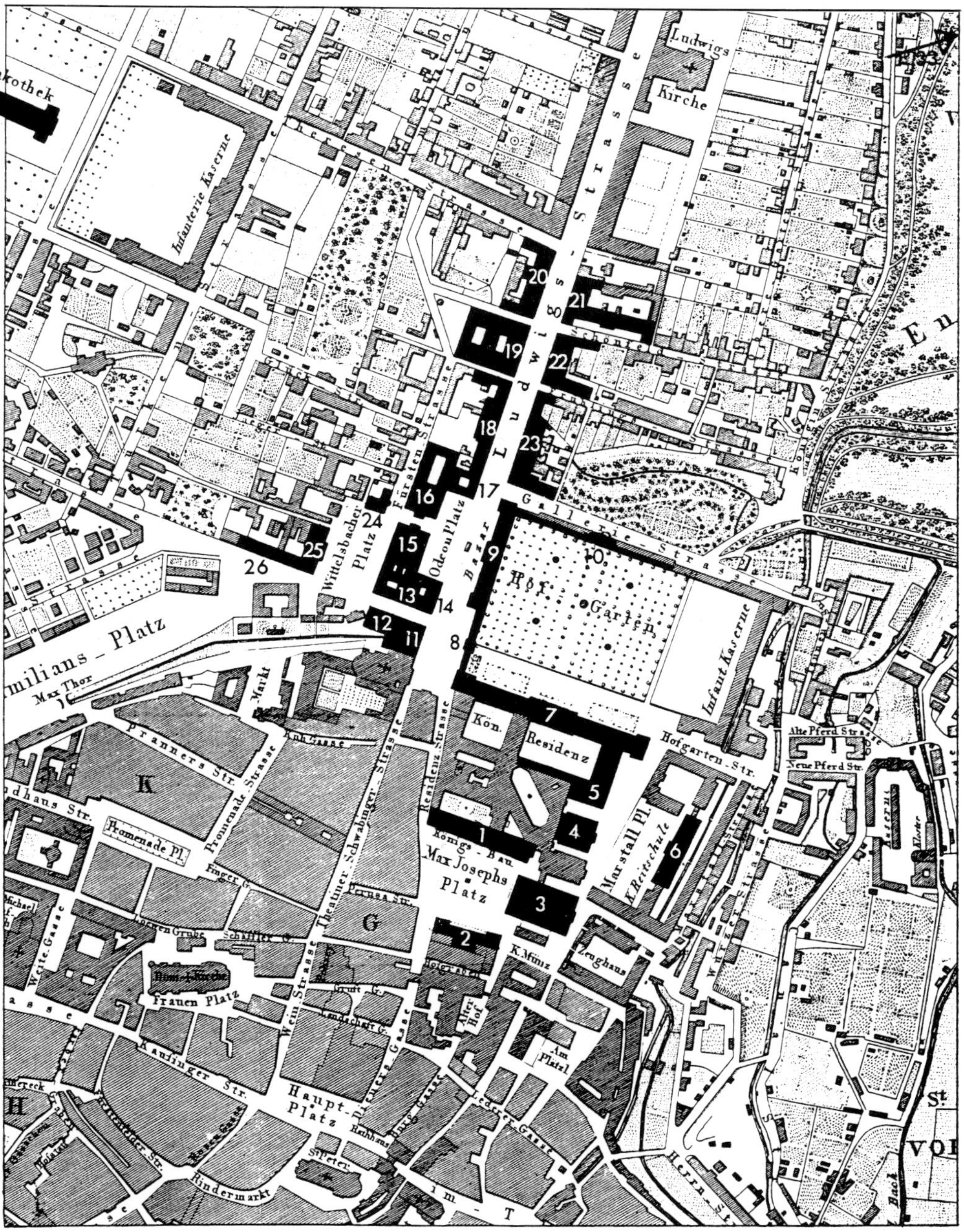

Die Bauten Klenzes für König Ludwig I. in München von 1824–1848

1 Residenz Königsbau
2 Hauptpost
3 Nationaltheater
4 Allerheiligenhofkirche
5 Residenz Apothekenflügel
6 Marstall
7 Residenz Festsaalbau
8 Hofgartentor
9 Bazar Odeonsplatz Nr. 8–18
10 Hofgartenarkaden
11 Moypalais Theatinerstraße
12 Briennerstraße Nr. 1–9
13 Briennerstraße Nr. 2–4
14 Odeonsplatz Nr. 1 und 2
15 Odeon
16 Leuchtenbergpalais
17 Ludwigstraße Nr. 1
18 Ludwigstraße Nr. 3–7
19 Maxpalais
20 Ludwigstraße Nr. 15–19
21 Kriegsministerium
22 Ludwigstraße Nr. 6–10
23 Ludwigstraße Nr. 2–4
24 Wittelsbacherplatz Nr. 3
25 Arcopalais
26 Briennerstraße Nr. 10–12
27 Obelisk
– Glyptothek
– Propyläen
30 Pinakothek
– Ruhmeshalle Theresienhöhe
– Monopterus im Engl. Garten

Das Angebot jedoch, ständiger Berater König Ottos von Griechenland zu werden, lehnte er ab.

Bei dem in der Paulskirche in Frankfurt tagenden Parlament wurde Bayern 1848 von Dr. Anton Schauß vertreten. Dort schlug er, entsprechend der gesamtdeutschen Einstellung seines Königs, Ludwig I., Erzherzog Johann von Österreich als Reichsverweser vor, um kleindeutschen Bestrebungen entgegenzutreten. In Würdigung seiner Verdienste erhob ihn der König 1853 in den erblichen Ritterstand. Er konnte sich nun »Anton Schauß von Kempfenhausen« nennen. 1856 wurde er zum griechischen Konsul ernannt. Seine vielfältige Tätigkeit wurde durch die Verleihung zahlreicher Orden gewürdigt. Er war seit 1854 Ritter des Verdienstordens der bayerischen Krone, seit 1836 Ehrenritter des bayerischen St. Michael-Ordens, Ritter des österreichischen Franz-Joseph-Ordens, Ritter des Zivil-Verdienstordens des Königreichs Sachsen, Ritter des Friedrichsordens von Württemberg, Commandeur des Ordens Franz I., des Königreichs beider Sizilien. Er besaß den Roten Adler Orden III. Klasse Preußens, den Leopoldorden II. Klasse der Niederlande, den St. Ludwig-Orden des Herzogtums Lucca und war Offizier des goldenen Kreuzes des griechischen Erlöserordens und des Ordens der Rose von Brasilien.

Mit Dr. von Schauß war, nach Jahren der Einsamkeit, die Geselligkeit in das Schloß Kempfenhausen zurückgekehrt. Durch seinen engen Kontakt zum Königshaus und zu Herzog Max in Possenhofen kamen auch hochgestellte Gäste zu ihm. Ein solches gesellschaftliches Ereignis ist in einer gerahmten Erinnerungstafel im großen Rittersaal des Schlosses festgehalten:

»Am 27. Juli 1860 abends 6½ Uhr beehrten dieses Schloß folgende Herrschaften mit Besuch:

Ihre Majestät Elisabeth von Österreich
Ihre kgl. Hoheit Herzogin Louise in Bayern
Ihre kgl. Hoheit Fürstin Helene von Thurn und Taxis
Seine Durchlaucht Erbprinz Maximilian von Thurn und Taxis
Ihre kgl. Hoheit Herzogin Sophie von Bayern
Ihre Exzellenz Gräfin Esterhazy
Seine Exzellenz Graf Nobili
Ihre Exzellenz Gräfin Ruttenhan
Ihre Durchlaucht Fürstin Taxis, Hofdame
Ihre Hochwohlgeboren 2. Hofdame Frl. Taenzl
Seine Hochwohlgeboren Herr Oberst von Hensler«.

Dr. Anton von Schauß war seit dem 22. 3. 1829 mit Karoline Prechtl verheiratet. Zeitlebens verband ihn Freundschaft mit Hippolyt, dem Sohn Leo von Klenzes, und mit Graf Pocci, dem Zeremonienmeister, Oberkämmerer und späteren Hofmusikintendanten des Königs. Schauß und Pocci waren beide dem Königshaus gleichermaßen beruflich und privat verbunden. Sie gehörten beide den Künstlergesellschaften »Alt-England« und »Die Zwanglosen« an, in denen man der zeitüblichen Ritter- und Bürgerromantik anhing.

In seinen Unterlagen zur Adelserhebung hatte Dr. Schauß angegeben, daß er am Heiratsvertrag für die Kaiserin Sissi von Österreich mitgearbeitet hat, über ein Vermögen von 107500 Gulden verfüge und über das Schloß Kempfenhausen mit einem Wert von 15000 Gulden.

Dr. von Schauß war Mäzen der Schloßkirche St. Anna, der er 1859 eine »Kreuzigung Christi« schenkte, ein Ölgemälde vom Ende des 15. Jh.s, das noch heute in der Kirche hängt.

Ende 1854 unternahm er die Verwaltung der Barth'schen Almosenstiftung, nachdem 1853 über die Auszahlung der Stiftungsgelder Meinungsverschiedenheiten entstanden waren. Unter Herzog Max hatte die Gutsverwaltung die Einnahmen nur für Schulgeld und Schulbedürfnisse verwendet, wodurch sich ein Vermögen von 110 Gulden angesammelt hatte, dessen Auszahlung acht Familienväter mit »Ungestüm« forderten. Das kgl. Landgericht Starnberg hatte daraufhin den Pfleger Georg Pischetsrieder angewiesen, die 110 Gulden auszuzahlen und den Betrag gepfändet, als dies nicht sofort geschah. Deshalb stellten der Pfarrer Michael Brandmann und die Gemeinderäte Georg Pischetsrieder, Thomas Mauser, Paul Delfner, Lorenz Pellet, Ferdinand Queri, Andreas Pentenrieder und Simon Wach am 13. 1. 1854 den Antrag bei der Regierung von Oberbayern, die Forderung der acht Familienväter abzuweisen, da keiner von ihnen arm und bedürftig sei, und zu genehmigen, daß die 110 Gulden für künftige Bedürftige verzinslich angelegt werden. Zu den acht Antragstellern führten sie aus:

1. Xaver März, »Schneidermeister« und Gemeindervorstand, mit einem reinen Vermögen von 1800 Gulden
2. Peter Gebhart, »Schäfflermeister«, der Geld auf Interesse und ein reines Vermögen von 900 Gulden hat und noch dazu Hausmeister im Schloß ist
3. Franz Gröber, »Fischer«, Söldner und Gemeinde-Bevollmächtigter, mit einem reinen Vermögen von 2000 Gulden
4. Anna März, »Grabschuster«-Anwesen-Besitzerin, ebenfalls mit einem reinen Vermögen von 2000 Gulden
5. Anton Stich, »Schuhmachermeister«, mit guter Profession und reinem Vermögen von 800 Gulden
6. Simon Melf, »Maurer«, hat als solcher einen guten Verdienst und ein reines Vermögen von 700 Gulden
7. Conrad Geisreiter, »Vest«, hat als Zimmermann guten Verdienst und ein reines Vermögen von 600 Gulden
8. Michael Streitberger, »Veicht«, hat ebenfalls als Zimmermann guten Verdienst und ein reines Vermögen von 500 Gulden

»Sämtliche Genannten sind noch in guten Jahren, vollkommen arbeitsfähig und nur mit wenigen Kindern gesegnet. Aus dem Gesagten geht hervor, daß keine dieser Familien arm ist«.[177] Nachdem Ende 1854 noch nichts entschieden war, übernahm der Schloßbesitzer Dr. Schauß selbst die Verwaltung der Almosenstiftung. Er ließ sich das inzwischen auf 300 Gulden angewachsene Stiftungsvermögen auszahlen und legte es mit 4½% Zins in Staatspapieren an. Nach seinem Gesuch vom 1. 12. 1854 an die Regierung von Oberbayern entschied diese am 9. 4. 1855, daß das Vermögen nicht auszuzahlen sei, da es derzeit keine, eines Almosens bedürftige, Personen gäbe.[177]

Als Dr. Anton Schauß am 27. 9. 1867 in Kempfenhausen starb, erbten seine drei Kinder Friedrich, Emil und Charlotte den Schloßbesitz Kempfenhausen zu gleichen Teilen.

Charlotte von Schauß, 1830 in München geboren, die älteste der drei Geschwister, heiratete den späteren Oberlandgerichtsdirektor Ferdinand von Haubenschmidt. Am 23. 8. 1861 wurde in Kempfenhausen ihr Sohn geboren, der die Namen Ferdinand Anton Philipp erhielt und seinen Onkel Friedrich von Schauß zum Taufpaten hatte.

Dr. Friedrich von Schauß, am 22. 1. 1832 in München geboren, war Jurist, engagierter Politiker und Bankier. Sein Studium der Philosophie und der Rechtswissenschaft in München, Erlangen und Heidelberg, hatte er mit der Promotion zum Dr. jur. abgeschlossen. 1856 legte er die juristische Staatsprüfung ab. Nach kürzerer Tätigkeit am Appellationsgericht in Freising und bei der Staatsanwaltschaft in München und in Kronach, ließ er sich 1863 als Rechtsanwalt in München nieder.[178] Seine Ehefrau war Laura von Seefeld (1839–1900). 1866 kaufte von Schauß für 74 000 Gulden in München das Haus Kardinal-Faulhaber-Straße 1 an der Ecke zur Prannerstraße, in dem sich heute die Bayerische Staatsbank befindet. Diesen Besitz hat er acht Monate später wieder veräußert.[179]

Dr. Friedrich von Schauß war leidenschaftlicher Politiker und von 1870–1892 Abgeordneter des bayerischen Landtages für die Nationalliberale Partei und von 1889–1892 deren Fraktionsvorsitzender. Von 1870–1881 vertrat er im Landtag den Wahlkreis Kronach in Oberfranken, von 1881–1886 den Wahlkreis Hof und schließlich von 1887–1892 den Wahlkreis München I. Für die Stadt München war er von 1870–1875 bürgerlicher Magistratsrat, was einem heutigen Stadtrat entsprach. Schließlich vertrat er noch von 1871–1881 den Wahlkreis Hof als Abgeordneter der Nationalliberalen im Deutschen Reichstag.[178]

Liberale und Demokraten hatten 1863 in Bayern die »Fortschrittspartei« gegründet und ein liberales Wahlprogramm veröffentlicht. An der Spitze ihrer Ziele stand die staatliche Einigung, die Wiederherstellung des deutschen Parlaments und

[177] Hauptstaatsarchiv: AR Fasz. 3704/596
[178] Hermann Kalkoff: Nationalliberale Parlamentarier. 1867–1917 1917
[179] Häuserbuch der Stadt München: K 39
[180] Gerhard Stoltenberg: Der Deutsche Reichstag. 1871–1873 1955

Verbindungen der Familien
von Schauß, von Maffei, von Dufrésne und von Klenze und ihre Beziehung zu Kempfenhausen

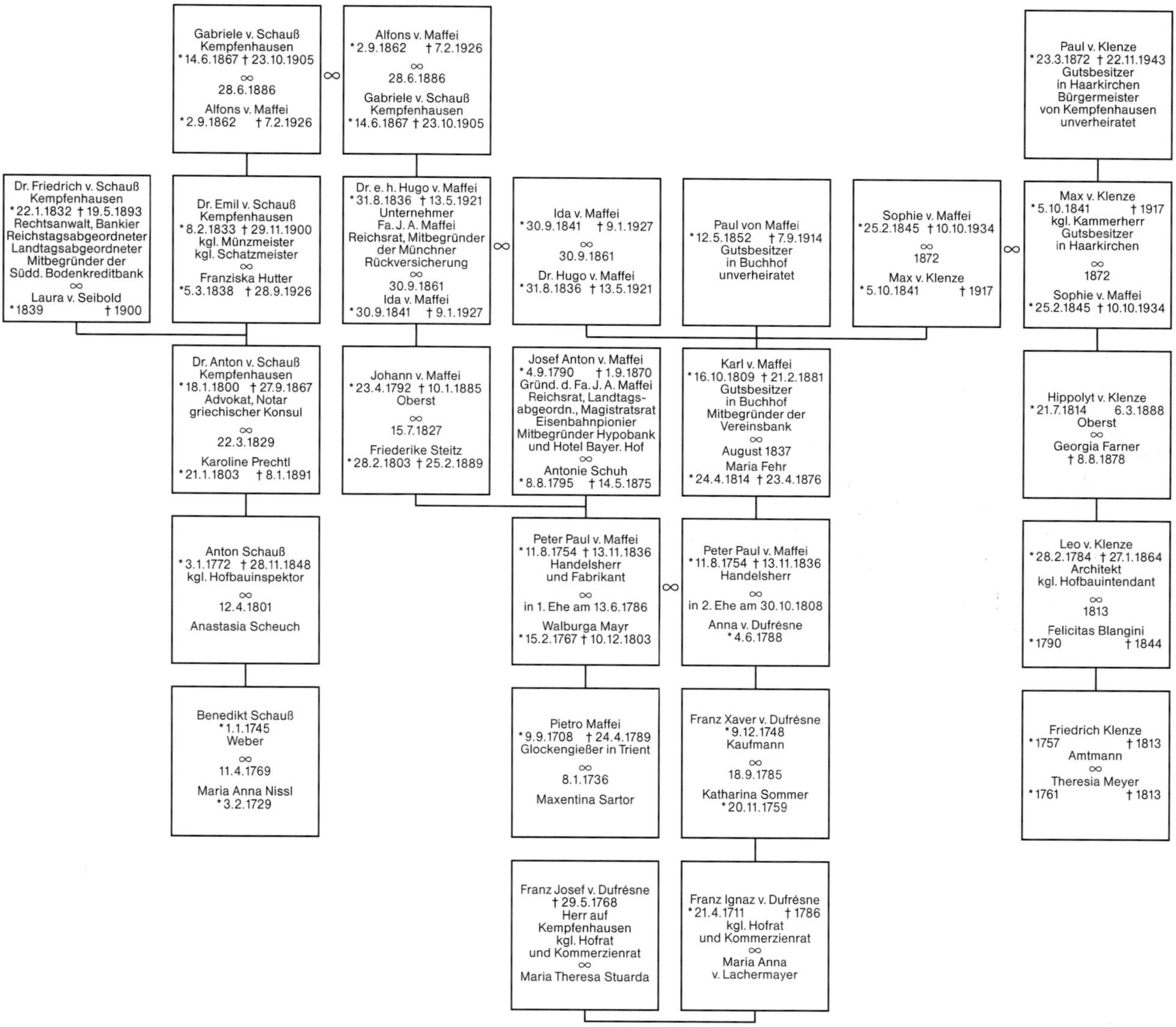

Stammbaum der von Schauß, von Maffei, von Dufrésne und von Klenze

Ernte bei Kempfenhausen
Aquarell
Ludwig Friedrich 1850

gesicherte Freiheiten im Innern.[178] Träger der liberalen Bewegung war das, durch den wirtschaftlichen Aufschwung und den wissenschaftlich-technischen Fortschritt erstarkte Bürgertum. In den Landtagswahlen von 1868 war die Fortschrittspartei erfolgreich und konnte 21 von 48 Sitzen erringen. Da es noch keine eigentlichen Parteiorganisationen gab, lag der Wahlkampf und die Kandidatenaufstellung bei regionalen Bürgervereinen, bei ständischen Organisationen und bei den Publikationsorganen.

Die Liberalen haben die Reichsgründung von 1871 entscheidend gefördert. Die nationalen Triumphe von 1870/71 gaben ihnen dann zusätzliche Impulse, so daß sie nach der Gründung des Kaiserreichs aus der ersten Reichstagswahl von 1871 als eindeutige Sieger hervorgingen, mit 171 Abgeordneten bei insgesamt 389 Sitzen. Die regierungsfreundliche Gruppe des Liberalismus, die »Nationalliberalen« erhielten 120 Sitze und die liberale Opposition des »Fortschritts« 46 Sitze. Reichsgründung und Wirtschaftsaufschwung haben zwar einerseits die Ideen des Liberalismus beflügelt, andererseits aber auch die Blindheit gegen die Krisenzeichen der sozialen Not und die Unterschätzung der Kräfte des religiösen Glaubens gefördert.[180] Die Versäumnisse auf diesen Gebieten führten 1880 zum Verlust der Parlamentsmehrheit im Reichstag.

Innerhalb der nationalliberalen Fraktion des Reichstags erschien den 120 Abgeordneten des rechten Flügels, zu denen Friedrich von Schauß gehörte, Unabhängigkeit und Stärke des Staates die beste Garantie für die Freiheit des Bürgers und für den kulturellen und wirtschaftlichen Fortschritt. Sie betrieben deshalb die Eindämmung des Partikularismus und eine kompromißbereite Zusammenarbeit mit Bismarck. Dagegen ging es dem linken Flügel der nationalliberalen Fraktion, zu dem als einziger altbayerischer Abgeordneter Baron Franz von Stauffenberg gehörte, der den Wahlkreis München vertrat, vor allem um die Verwirklichung liberaler Verfassungsideen und die Begrenzung der preußischen Hegemonie.

Zwischen diesen beiden Polen entfaltete sich in der Fraktion, der eine feste Organisationsform fehlte, eine Fülle individueller Auffassungen und Standpunkte, denn sie vereinte eine Vielzahl an Traditionen und eigenwilligen und bedeutenden Köpfen. Allen war jedoch der Wille zur freiheitlichen Ausgestaltung des Staates durch konkrete Mitarbeit gemeinsam, und das hielt sie zusammen.

Für die Reichstagswahl vom 30.7.1878 war Friedrich von Schauß Wahlkampfleiter seines Parteifreundes Franz von Stauffenberg.[181] Dieser verlor jedoch in der Stichwahl, mit 6524 Stimmen gegen 9745 Stimmen der Koalition aus »Patrioten« »Konservativen« und »Sozialdemokraten«, seinen Münchner Wahlkreis, den er noch 1877 mit deutlicher Mehrheit gewonnen hatte.

Stauffenberg war einer der entschiedensten Gegner der sich anbahnenden protektionistischen Wirtschaftspolitik Bismarcks. Schon das Jahr 1879 brachte das

[181] Helmut Steinsdorfer: Franz Freiherr Schenk von Stauffenberg (1834–1901) 1959

Ende der liberalen Wirtschaftspolitik durch Bismarck. Dies löste eine Krise der Nationalliberalen Partei aus, denn sie war aus der Verbindung der nationalen Ziele mit liberalen Gedanken hervorgegangen. Die wirtschaftspolitische Schwenkung Bismarcks und seine Verständigung mit Zentrum und Konservativen stellte deshalb die Partei vor die Alternative, entweder mit Bismarck zu brechen oder mit ihrer liberalen Tradition.[180] Der Versuch, in diesem Konflikt, den linken Flügel der Partei zum Austritt zu bewegen, dessen treibende Kraft Friedrich von Schauß gewesen sein soll, schlug fehl, worauf von Schauß die Fraktion verließ. Doch schon im August des darauffolgenden Jahres, trat der linke Flügel dann doch aus und gründete die »Liberale Vereinigung«. Zu den sogenannten »Sezessionisten« gehörte auch Stauffenberg. Als Folge der Abspaltung erhielten die »Nationalliberalen« in der Reichstagswahl 1881 nur noch 47 Mandate während die neue »Liberale Vereinigung« 46 Mandate erhielt. Damit war der Liberalismus weiter gespalten und geschwächt. Für die Reichstagswahl im Oktober 1884 kandidierte Friedrich von Schauß im Wahlkreis Erlangen als nationalliberaler Gegenkandidat gegen Franz von Stauffenberg, der für die »Freisinnige Partei« antrat, die im März 1884 aus der Vereinigung der »Fortschrittspartei« mit den nationalliberalen »Sezessionisten« entstanden war. Schauß verlor in der Stichwahl mit 5740 Stimmen gegen 10520 Stimmen.[181]

Im März 1884 fühlte sich von Schauß durch eine politische Äußerung seines ehemaligen Parteifreundes Bamberger, nun »Freisinniger«, so beleidigt, daß er diesen zum Duell forderte und zum Entsetzen seiner Parteifreunde nahm Bamberger diese Duellforderung an. Das Duell, das beiden Parteien großen Schaden zugefügt hätte, konnte jedoch verhindert werden.[182]

Ebenso engagiert wie als Politiker, war Friedrich von Schauß als Bankier.[183] Als 1871 die Süddeutsche Bodencreditbank auf Initiative des Nürnberger Reichsrats und Unternehmers Dr. Cramer Klett gegründet wurde, sicherte sich dieser für die Leitung des neuen Bankinstituts Dr. Friedrich von Schauß, dessen impulsiver Tatkraft es mit zu verdanken war, daß die Gründung der Bank unter Beteiligung namhafter bayerischer Persönlichkeiten rasch gelang. In der ersten Generalversammlung am 21.6.1871 im Hotel »Vierjahreszeiten« wurde Friedrich von Schauß zum Vorsitzenden gewählt und war von da ab 22 Jahre Mitglied des Vorstands und selbst Aktionär. Die Bank entwickelte sich erfolgreich und arbeitete schon im ersten Jahr mit Gewinn. Im ersten Jahrzehnt konnte sie jährlich 8–9% Dividende ausschütten. Bei der Münchner Rückversicherung und bei deren Tochterunternehmen, der Allianz Versicherungs-AG, war Friedrich von Schauß Mitbegründer und Aufsichtsratsmitglied.

Friedrich von Schauß, ein ebenso brillanter, wie eigenwilliger Geist, Ritter der I. Klasse des bayerischen Verdienstordens des heiligen Michael (1877) und Ritter des Verdienstordens der bayerischen Krone (1884), starb, einundsiebzigjährig, am 19. Mai 1893 in München.

Der Jüngste der drei Geschwister, *Dr. Emil von Schauß*, wurde am 8.2.1833 in München geboren. Auch er studierte Rechtswissenschaft und promovierte 1856 zum Dr. jur. Schon 1855 trat er in die königliche Münze in München ein. Die Stationen seiner Karriere lassen sich im Hofkalender ablesen. 1867 war er kgl. Münzschneider, 1870 Münzwardein und seit 1872 Münzdirektor der Königlichen Münze und Schatzmeister des Königlichen Hausschatzes. Er brachte die unter König Ludwig II. zerrütteten Finanzen wieder in Ordnung. Seine Dienstwohnung in der Alten Münze an der Maximilianstraße hatte 42 Zimmer, einen Tanzsaal und einen direkten Zugang zur Oper. 1880 erhielt Emil von Schauß den Verdienstorden der bayerischen Krone, 1887 ernannte ihn der Prinzregent zum Geheimen Rat und 1889 verlieh er ihm den Verdienstorden des heiligen Michael.

Als Dr. Emil von Schauß am 29.11.1900 starb, hinterließ er 5 Töchter. Eine von ihnen, *Gabriele von Schauß* (1867–1905), heiratete am 27.6.1886 *Alfons Ritter von Maffei* (1862–1926).

Dessen Vater, Hugo Ritter von Maffei (1836–1921), war der Neffe und Haupterbe von *Joseph Anton Ritter von Maffei* (1790–1870), der einer der bedeutendsten Münchner Unternehmerpersönlichkeiten gewesen war, schöpferisch, wagemutig und erfolgreich. 1861 hatte ihn König Maximilian II. zum Reichsrat ernannt, die Stadt verlieh ihm die goldene Bürgermedaille und benannte 1876 eine Straße der Innenstadt nach ihm.

Joseph Anton von Maffei war der Gründer der Maschinenfabrik J. A. Maffei am Englischen Garten in München. Dort baute er 1841 die erste bayerische Lokomotive, die von König Ludwig I. den Namen »Der Münchner« erhielt. Zehn Jahre später gewann er 1851 die internationale Wettfahrt auf der Steilstrecke zum Semmering mit seiner Lokomotive »Bavaria«. Das brachte ihm und seinen Dampfloks internationales Ansehen. 1852 konnte bereits die hundertste Lokomotive das Werk verlassen und bis zu seinem Todesjahr, 1870, waren es 800 Lokomotiven. Ihn, den erfolgreichen Eisenbahnpionier, nannte sein Freund und Rechtsberater Dr. Anton von Schauß-Kempfenhausen in einem Brief scherzhaft:[184] »Großmächtiger Beherrscher der schwarzen, qualmenden Dämpfe, infernaler Kräfte furchtbarer Bezwinger, der du wandelst in Rauch und Feuersäulen, dessen Nahen schreckbareres als Klapperschlangengepolter kündet, vernimm ...«.

J. A. von Maffei hat nicht nur Lokomotiven gebaut, sondern war auch der Hersteller des »Maximilian«, des ersten Dampfers für den Starnberger See und hat sich neben der Maschinenfabrik auf vielen Gebieten erfolgreich unternehmerisch betätigt.

1835 war er Mitbegründer, und dann mehrere Jahre Verwaltungsrat und Vorsitzender, der Bayerischen Hypotheken- und Wechselbank in München. 1837 war er

[182] Paul Wentzke: Deutscher Liberalismus im Zeitalter Bismarcks. Bd. 2 1926
[183] Rudolf Weidenhammer: Die Entwicklung der Süddeutschen Bodencreditbank 1921
[184] Familienchronik Maffei. Privatbesitz 1923

Mitbegründer und 1. Vorsitzender der München-Augsburger Eisenbahngesellschaft, die im Oktober 1841 die Strecke München–Augsburg mit einer Reisegeschwindigkeit von mehr als 50 km/h in Betrieb nehmen konnte.

Als Initiator und zeitweiliger Betreiber war J. A. von Maffei auch für den Bau des Hotels »Bayerischer Hof« in München, 1841, und des heutigen Hotels »Kaiserin Elisabeth« in Feldafing tätig. In Feldafing verbrachte er meist die Sommermonate auf seinem dort erworbenen Landsitz und verkehrte freundschaftlich mit Dr. Anton von Schauß in Kempfenhausen, Graf Vieregg in Tutzing und Graf Pocci in Ammerland.

An der Gründung des Hüttenwerks »Maximilianshütte« in der Oberpfalz war er ebenfalls beteiligt, und er war viele Jahre Mitglied des Aufsichtsrats dieser Gesellschaft. Neben seinen unternehmerischen Aktivitäten widmete sich J. A. von Maffei intensiv dem Gemeinwohl. 40 Jahre lang, von 1821 bis 1861, war er Magistratsrat der Stadt München und Mitglied des »Ausschusses für das städtische Ökonomie-, Schul- und Wohlfahrtswesen«. Er war Vorstandsmitglied der Handelskammer von Oberbayern und seit 1837 Abgeordneter des bayerischen Landtags. Dort galt er als Experte für finanz-, wirtschafts- und verkehrspolitische Fragen und wurde schon nach einem Jahr vom Landtag zum »Staatsschuldentilgungskommissar« gewählt.

Als *Joseph Anton von Maffei* am 1. September 1870 kinderlos starb, wurde sein Neffe Hugo Ritter von Maffei Haupterbe.

Hugo Ritter von Maffei (1836–1921) war gleichfalls eine eindrucksvolle Unternehmerpersönlichkeit. Unter seiner Firmenleitung konnte 1874 die tausendste Lokomotive ausgeliefert werden, 1891 die zweitausendste und 1909 konnte die dreitausendste Maffeische Lokomotive das Werk verlassen. Die Firma lieferte 6 große Dampfer für die Bodenseeschiffahrt, und für den Starnberger See die »Tutzing« und die »München«. In der Nachfolge seines verstorbenen Onkels wurde Hugo von Maffei Aufsichtsrat der Bayerischen Hypotheken- und Wechselbank und Aufsichtsrat und Vorsitzender der »Maximilianshütte«. 1880 war er Mitbegründer der »Münchner Rückversicherungsgesellschaft« und 1886 Aufsichtsrat der »Allianz Versicherungs-AG« in München. 1881 begründete er die Ammerseeschiffahrt, die er 1906 für 110 000 Mark an den bayerischen Staat verkaufte. 1893 wurde er Vorstand der Schuckert AG, 1902 ernannte ihn der König zum erblichen Reichsrat, und 1918 verlieh ihm die Technische Hochschule München die Ehrendoktorwürde.

Hugo von Maffei, impulsiv und weitblickend, war mit Friedrich von Schauß befreundet. Beide waren Anhänger der »Nationalliberalen Partei«, für die Hugo von Maffei 1876 im Wahlkreis München 2 für den Landtag kandidierte. Er unterlag jedoch dem konservativen Vertreter der »Patriotenpartei«. 1877 ersteigerte er Bad Petershausen bei Leutstetten mit 270 Tagwerk Grund und eigener Jagd. Diesen Besitz verkaufte er 1912 an den unmittelbaren Nachbarn, Prinz Ludwig von Bayern in Leutstetten. Das 1886 von ihm erworbene Gut Freiham mit 3000 Tagwerk Grundbesitz behielt er jedoch.

Hugo von Maffei hatte 1861 seine Cousine Ida von Maffei (1841–1927) geheiratet, die Tochter seines Onkels Karl von Maffei (1809–1881). Deren Großmutter Anna von Dufrésne war 1808 die zweite Frau seines Großvaters Peter Paul von Maffei (1754–1836) geworden. Sie war die Enkelin des Hofrats Franz Ignaz von Dufrésne (1707–1785), dessen Bruder Franz Joseph von Dufrésne von 1748–1768 als Hofmarkbesitzer Herr auf Kempfenhausen gewesen ist. Idas Schwester, Olga von Maffei, heiratete 1872 Max von Klenze, Gutsbesitzer in Haarkirchen und Enkel des berühmten Architekten Leo von Klenze. Am 24. 10. 1892 verkauften die Geschwister Dr. Friedrich von Schauß, Dr. Emil von Schauß und Charlotte, geb. von Schauß, Schloß Kempfenhausen an Professor Dr. August Sartorius von Waltershausen.

3. Schloß Kempfenhausen im Besitz des Freiherrn Dr. August Sartorius von Waltershausen 1892–1900

Professor *August Sartorius Freiherr von Waltershausen* erwarb Schloß Kempfenhausen am 24. Oktober 1892 für 36 000 Mark. Er stammte aus einer alten Göttinger Professorenfamilie. Sein Großvater, Professor *Georg Sartorius* (1766–1828), war seit 1792 Privatdozent an der Universität Göttingen, seit 1797 Professor an der philosophischen Fakultät und von 1802–1828 Ordinarius für Geschichte. 1824 erhielt er die Professur für Politik. Er war mit Goethe befreundet und korrespondierendes Mitglied zahlreicher ausländischer Wissenschaftsgesellschaften. Seine Vorlesungen hatte auch König Ludwig I. von Bayern als Kronprinz besucht, denn Sartorius besaß einen Ruf als Historiker und Staatsrechtslehrer. Auf Wunsch des Großherzogs von Weimar hatte er am Wiener Kongreß teilgenommen.

Im Februar 1825 stellte Professor Georg Sartorius beim bayerischen König Max Joseph den Antrag, ihn in den Adelsstand zu erheben, da er seinen ältesten Sohn in Bayern ansiedeln wolle und im Königreich die größeren Güter, wegen der darauf haftenden Patrimonialgerichtsbarkeit, nur von Adeligen besetzt und benützt werden könnten.[185] Als Antwort ließ ihm König Max Joseph mitteilen, daß ihm dieser Wunsch genehmigt werde, sobald er sich als wirklicher Gutsbesitzer in Bayern ausweise.

Das konkrete Gesuch zur Erhebung in den Freiherrnstand ging schließlich im Mai 1827 bei König Ludwig I. ein. Georg Sartorius hatte die verlangten Voraussetzungen durch den Erwerb des Patrimonialgutes Waltershausen bei Neustadt an der Saale im Untermainkreis geschaffen, das ihn 56 000 Gulden gekostet hatte. Den Antrag hat das Staatsministerium des königlichen Hauses befürwortet, obwohl für die Erwerbung des Freiherrntitels eigentlich ein schuldenfreies Grundeigentum von mindestens 60000 Gulden nachgewiesen werden mußte. So wurde Professor Georg Sartorius am 29. Mai 1827 vom König in den erblichen Freiherrnstand »von Waltershausen« erhoben. Als Freiherr ist Georg Sartorius von Waltershausen am 24. August 1828 gestorben.

Sein Sohn *Wolfgang Sartorius Freiherr von Waltershausen* war am 19.12. 1809 in Göttingen geboren worden. Goethe war Taufpate und der berühmte Mathematiker Karl Friedrich Gauß hatte an seiner Wiege gestanden. Nach einem naturwissenschaftlichen Studium wandte sich Wolfgang Sartorius speziell der Mineralogie und Geologie zu. 1834 begann er eine dreijährige Reise nach Italien zur Erforschung der Vulkane in Sizilien. Auf der Heimreise besuchte er Gibraltar, Lissabon und England. Auf einer zweiten, fünfjährigen Reise wurde von ihm der Vulkan Ätna kartologisch im Maßstab 1:50000 aufgenommen und geologisch erforscht. 1843–1846 bereiste Sartorius, gemeinsam mit Bunsen, Irland, Schottland, die Hebriden, Island und Norwegen. Daran anschließend wurde er an der Universität Göttingen Professor für Geologie und Direktor der mineralogisch-paläontologischen Sammlungen der Universität. In den darauffolgenden Jahren bis 1857 sind von ihm zahlreiche Veröffentlichungen über sein Forschungsgebiet erschienen. Eine weitere Reise führte ihn 1859 nach Rußland und 1869–1870 erneut nach Sizilien. Erst nach seinem Tode, am 16.10.1876, wurde das Ergebnis seiner vulkanologischen Forschungen von Lascaulx unter dem Titel »Der Ätna nach den Manuskripten des verstorbenen Dr. Wolfgang Sartorius von Waltershausen« herausgegeben.

Sein Sohn *August Sartorius von Waltershausen*, der 1892 Schloß Kempfenhausen erworben hat, wurde am 23.5. 1852 in Göttingen geboren. Am 16.11. 1881 heiratete er die 1861 in St. Petersburg geborene Charlotte Freiin von Kap-her, deren Bruder, Dr. Johann Freiherr von Kap-her, 1897 den Sattlerhof in Kempfenhausen erwarb.

Dr. August Sartorius hatte Rechtswissenschaft und Wirtschaftswissenschaften studiert und erwarb drei Doktortitel, 1877 den Dr. jur. an der Universität Heidelberg, 1880 den Dr. phil. an der Universität Göttingen und den Dr. rer. pol. erhielt er ehrenhalber. Von 1880–1885 war Dr. August Sartorius Privatdozent für Nationalökonomie an der Universität Göttingen. Dann erhielt er einen Ruf als Professor an die Universität Zürich. Als Züricher Professor machte er 1887 eine längere Studienreise durch die USA. 1898 wurde er als Professor für Nationalökonomie und Finanzwirtschaft an die juristische Fakultät der Kaiser Wilhelm Universität in Straßburg berufen, der er bis zum Ende des 1. Weltkriegs 1918 angehörte. Dann zog er sich 66jährig nach Gauting zurück. Dort konnte er 1931 die goldene Hochzeit feiern. August Sartorius hatte 3 Söhne und 2 Töchter. Sein Sohn Wolfgang Sartorius, 1901 geboren, wurde Direktor der Musikhochschule in München.

[185] Hauptstaatsarchiv: Adelsmatrikel Frh. S 4 Beiakt
[186] Staatsarchiv: Kataster 20797

Seinen Besitz in Kempfenhausen hat Freiherr August Sartorius von Waltershausen bis 1899 durch Zukauf um 17 Tagwerk Ackerland, 1 Tagwerk Wiesen und 52 Tagwerk Wald vergrößert. 1901 verkaufte er den Wald und am 10.9.1909 trennte er sich von Schloß Kempfenhausen, das *Graf Friedrich Otto von Bylandt* für 130000 Mark erwarb.[186]

4. *Schloß Kempfenhausen im Besitz des Grafen Friedrich Otto von Bylandt von 1909–1938*

Die Grafen von Bylandt sind rheinischer Uradel und wurden 1294 erstmals urkundlich erwähnt. Sie waren Erbmarschälle von Kleve und Erbjägermeister der Reichsabtei Herford. 1590 wurden sie Freiherren und 1678 Grafen.

Graf Friedrich Otto von Bylandt, Besitzer des Schlosses Kempfenhausen von 1909 bis 1938, stammt aus der niederländischen Linie des Geschlechts, die sich bis Graf Alexander von Bylandt (1743–1819) zurückverfolgen läßt.[187] Sein Urgroßvater, *Graf Wilhelm Frederik von Bylandt* (1771–1855) wurde in den Haag in den Niederlanden geboren, war königlich niederländischer Generalleutnant und heiratete 1802 Mary, die Tochter des britischen Admirals Christian Hughes. Sein Großvater, Graf *Alfred Eduard Agnew von Bylandt* (1829–1890) wurde in Brüssel geboren. Er war königlich niederländischer Kammerherr und heiratete 1852 Anna Charlotte Vokes, aus dem Haus des Earl of Carberry. Er starb 1891 in Stanleyville im Kongo.

Graf Friedrich Otto von Bylandt wurde am 7.10.1874 in Arnheim in den Niederlanden geboren. Er war königlich preußischer Rittmeister und Ritter des Johanniterordens. Am 11.10.1902 heiratete er in Köln Maria Augusta Heuser (1867–1924). Aus dieser Ehe stammen die Kinder Emilia Anna Eugenia Gräfin von Bylandt, die am 30.12.1904 in Köln geboren wurde und am 8.1. 1929 Kajetan Graf von Spreti, Herr auf Ast in Niederbayern, heiratete, sowie Alfred Robert Friedrich Graf von Bylandt, am 18.6.1906 geboren, der die Gräfin Leonille von Walterskirchen, Freiin von Wolfsthal, heiratete. Auch der Bruder von Graf Friedrich Otto von Bylandt, Graf Karl Wilhelm von Bylandt war königlich preußischer Rittmeister. Er heiratete am 26.10.1903 Franziska Gräfin von Törring Minucci und wohnte in Feldafing am Starnberger See.

Durch Graf Friedrich Otto von Bylandt wurden am Schloß in Kempfenhausen Renovierungs- und Umbauarbeiten veranlaßt. Er ließ den Haupteingang von der Nordseite an die Nordwestecke verlegen und mit einer kleinen Freitreppe versehen. Über dem Eingangsportal ließ er sein Wappen mit der Jahreszahl 1909 anbrin-

[187] Gothaisches genealogisches Taschenbuch 1935

gen. Auch im Norden des Schlosses, am Torbogen des Durchgangs zu den Nebengebäuden der Dienerschaft, findet sich sein Wappen. Die für das Schloß heute charakteristische dunkle Schindelverkleidung aus Lärchenholz ließ er 1909 anbringen.

Gräfin Maria Augusta von Bylandt starb am 18.10.1924 im Schloß Kempfenhausen. Ein Jahr später, am 11.9.1925, wurde Graf Friedrich Otto von Bylandt bei Interlaken in der Schweiz mit der 1882 in den Haag in den Niederlanden geborenen Gräfin Lida von Randwyck getraut. Während seiner ersten Ehe hatte sich Graf Bylandt als Gutsbesitzer betätigt. 1909 ließ er im Schloßpark von Kempfenhausen ein Stallgebäude, ein Parkhäuschen als Atelier und einen Küchenanbau errichten und 1911 erwarb er von Dr. August Sartorius von Waltershausen 17 Tagwerk Grund. In seiner zweiten Ehe war er dagegen meist auf Reisen. Er war mit dem deutschen Kaiser Wilhelm II. befreundet und hat diesen mehrmals in seinem Exil in Doorn in Holland besucht. 1928 übersiedelte Graf Bylandt selbst nach Holland und wohnte nun in Nordholland im Schloß Nederhorst den Berg.

Schloß Kempfenhausen stand lange leer, bis es schließlich am 22.9.1938 die Reichsärztekammer für 210000 Reichsmark erwarb,[188] um auf dem dazugehörenden Grundbesitz ein »Biologisches Krankenhaus« zu errichten. So wurde das Schloß in den folgenden Jahren nicht mehr von Schloßbesitzern, sondern von Bauleitungen und Ärzten bewohnt.

Mit der Eingliederung Kempfenhausens in die Gemeinde Berg am 1. Oktober 1937 und mit dem Verkauf des Schlosses endete die eigenständige Geschichte Kempfenhausens. Jahrhundertelang war es Sitz einer Hofmark und, nach Aufhebung der Hofmarken im Jahre 1848, adeliger Herrensitz gewesen.

Kempfenhausen wurde jedoch nicht nur von seinen wechselnden Grundherren geprägt, sondern auch von den Bauern, Fischern und Handwerkern, die dort gelebt und gearbeitet haben und im 20. Jahrhundert von den Bauherren der, seit der Jahrhundertwende, vor allem am Seeufer entstandenen Villen und Parkanlagen.

VIII. Das Schloßgut Kempfenhausen nach dem Verkauf von 1938

Nachdem Graf Bylandt im September 1938 das Schloßgut Kempfenhausen an die Reichsärztekammer verkauft hatte, um der eingeleiteten Zwangsenteignung zu entgehen, zog Chefarzt Dr. Schauer von der Paul-Heyse-Klinik in München in das Schloß ein, um den Bau des Biologischen Krankenhauses vorzubereiten. Dafür stand ein Grundstück mit 100000 m^2 am »Milchberg« zur Verfügung. So heißt heute die von Haarkirchen kommende Straße, die jahrhundertelang zwischen »Schmauz« und »Schweiger« unmittelbar an der Schloßkirche St. Anna vorbeigeführt hatte, bevor sie 1910 nach Norden verlegt und dabei begradigt worden ist. Vom alten Straßenverlauf ist nur noch das kurze Stück des »Queriweges« erhalten.

Die Bauarbeiten, die zügig begonnen hatten, kamen durch den Kriegsausbruch am 1. September 1939 und die Entwicklung des Krieges allmählich zum Stillstand. Erst nachdem die staatliche Bauträgerorganisation »Reichsautobahnen« den Gesamtkomplex am 29. 5. 1940 für 950 000 Reichsmark übernommen hatte, konnten die angefangenen Bauten fertiggestellt werden, denn der Organisation »Reichsautobahnen« standen, trotz des Krieges, die Mittel zur Fortführung der Bauarbeiten zur Verfügung. Doch auch sie war schließlich gezwungen, nachdem Hauptgebäude, Schwesternheim, Labor, Hauptküche und Wäscherei fertiggestellt waren, als Notbehelf vier große Arbeitsdienstbaracken aufzustellen, um das Krankenhaus notdürftig betriebsfähig zu machen.

Im September 1944 wurde das Krankenhaus Kempfenhausen durch die sog. »Aktion Brand«, des damaligen Generalbevollmächtigten für das Gesundheitswesen, Dr. Brand, in Betrieb genommen. Es hatte die vier Abteilungen Chirurgie, Innere Medizin, Gynäkologie und Röntgenologie. Bis zum Kriegsende im Mai 1945 wurden Kranke aus den zerstörten westdeutschen Krankenhäusern und Kinder aus den beschädigten Münchner Kinderkrankenhäusern aufgenommen.

Im Juni 1945 erhielt die Stadt München von der amerikanischen Militärregierung die Auflage, alle TBC-Kranken stationär unterzubringen. Dafür übernahm sie das Krankenhaus Kempfenhausen mit der Verpflichtung, die in den Wirren des Krieges angefallenen Schulden zu bezahlen. Im Oktober 1945 wurden die ersten TBC-Kranken eingewiesen, für die 280 Betten, 4 Ärzte, 34 Schwestern und 2 Pfleger zur Verfügung standen.

1966 wurde das Krankenhaus Kempfenhausen von der Stadt München für 8,3 Mio. DM erworben und in eine Innere Klinik umgewandelt. Die TBC-Station wurde aufgelöst.

1982 verlegte die Stadt München die medizinische Abteilung des städtischen Krankenhauses Kempfenhausen nach München-Bogenhausen. Im gleichen Jahr wurde eine Trägergesellschaft für eine MS-Klinik zur Behandlung der Multiplen Sklerose gegründet. Sie hat das gesamte Areal erworben, mit Ausnahme des Schlosses und der Schloßkirche St. Anna. Das Schloß blieb im Besitz der Stadt München und steht heute für kulturelle Veranstaltungen zur Verfügung. In der wunderschön renovierten Schloßkirche werden noch heute Gottesdienste abgehalten.

Nach dem gründlichen Umbau und Ausbau der vorhandenen Krankenhausgebäude und zahlreichen modernen Neubauten, konnte 1988 das »Behandlungszentrum Kempfenhausen für Multiple Sklerose« eröffnet werden, als erste bayerische Fachklinik zur Behandlung dieser Krankheit. Es erhielt den Namen »Marianne-Strauß-Klinik«. Die Klinik verfügt über 100 Betten und 30 Plätze im Wohn- und Pflegeheim. Für die Kranken steht der 80 000 m^2 große Schloßpark mit schönem alten Baumbestand, Teichen, Spazierwegen und Ruheplätzen zur Verfügung.

[188] Staatsarchiv: Kataster 20798

DRITTER TEIL

Das bäuerliche Kempfenhausen

I. Die Entwicklung des bäuerlichen Lebens von der bayerischen Landnahme im 6. Jahrhundert bis zur »Bauernbefreiung« 1848

Als sich die Bajuwaren im 7. Jh. n. Chr. in Kempfenhausen und Haarkirchen niederließen, waren sie nicht die ersten Bauern und Fischer an diesem Uferabschnitt des Starnberger Sees. Schon 4500 Jahre vorher hatte dort eine jungsteinzeitliche Uferrandsiedlung bestanden. Durch Pollenanalysen[1] an den benachbarten Mooren von Bachhausen und Leutstetten ließ sich für das Gebiet des nördlichen Starnberger Sees ein kontinuierlicher Ackerbau von der Jungsteinzeit bis zur Ankunft der Bajuwaren nachweisen. Diese fanden also bereits gerodetes und bestelltes Land vor.

Zu Beginn der bajuwarischen Besiedlung gab es Einzelhofsiedlungen. Der Grundherr war alleiniger Besitzer von Feld, Wiese, Weide und Wald. Die Gesamtheit der Personen, die auf seinem Besitz lebten und arbeiteten und durch ein enges persönliches Abhängigkeitsverhältnis mit ihm verbunden waren, bezeichnete man als »familia«.[2]

Bis ins 10. Jh. bestimmten die juristischen Begriffe »Freier« und »Unfreier« die Klassifizierung des einzelnen, und erst im 12. Jh. vollzog sich ein grundsätzlicher Wandel, so daß die Rangordnung der grundherrlichen Untertanen nunmehr durch die konkreten sozialen Gegebenheiten bestimmt wurde. Der Grundherr hatte durch sein erbliches Besitzrecht nahezu uneingeschränkte Verfügungsgewalt über die unfreien Tagewerker in seinem Bereich. Er konnte sie nach Belieben mit schwersten Arbeiten beauftragen und nach Gutdünken versetzen oder verkaufen.[3] Ohne Zustimmung des Grundherrn konnte kein Unfreier heiraten. Die Ehe eines Unfreien mit der Frau aus dem Bereich eines anderen Grundherrn war ungültig. Ihm war der Zugang zum Priestertum verwehrt, und vor Gericht konnte er nicht als Zeuge auftreten.

[1] G. Kossak und H. Schmeidl: Vorneolithischer Getreidebau im Bayerischen Alpenvorland 1974/75
H. Küster: Vegetationsgeschichtliche Untersuchungen im Fünfseenland, Ldkr. Starnberg 1991

Nach der »Lex Baiuvariorum« wurde die Tötung eines freien Bauern mit 160 Schillingen Wehrgeld belegt, während das Wehrgeld für die Tötung eines Unfreien nur 20 Schillinge betrug, das zudem dem Grundherrn zustand, während die Familie des Opfers keinerlei Entschädigung erhielt. Das Verbrechen eines Freien konnte durch ein Bußgeld gesühnt werden, dagegen wurde der Unfreie körperlich bestraft bis zur Verstümmelung oder zum Tod.

Die Grundherrschaft war in den ersten Jahrhunderten ein wirtschaftlich zusammenhängender Besitz und, bis zum Ende der Karolingerzeit, nach dem »Villikationssystem« organisiert. D.h., sie bestand aus einem zentralen Gutshof mit dem Herrenland, »Salland« genannt, das meist ⅓ bis ¼ des Villikationsbereiches ausmachte und vom Grundherrn mit Hilfe der Frondienste, der Hofknechte und seines Gesindes als Eigenbetrieb bearbeitet wurde, und sie hatte weitere Hofstellen, die gegen feste Abgaben und die genannten Frondienste an Hofleute vergeben waren. Die enge Abhängigkeit dieser Hofleute auf dem Salland vom Grundherrn war das wesentliche Merkmal dieses Systems. Erträge, die die fronenden Untertanen auf dem Salland auf den Feldern, Wiesen und in den Wäldern erwirtschafteten, standen dem Grundherrn zu.

Im 12. Jh. vollzog sich dann eine regelrechte wirtschaftliche Revolution, als das Salland im großen Umfang an Bauern gegen Zins vergeben wurde und das selbstbewirtschaftete Salland fast völlig verschwand. Die Zinshofverfassung löste das Villikationssystem ab, das jahrhundertlang die bestimmende Organisationsform der grundherrlichen Wirtschaft gewesen war.

Die Grundlage für die Bemessung der Abgaben und Dienste an den Grundherrn einer vollbewirtschafteten, zunächst unteilbaren, Hofstelle war die »Hufe«. Sie war sowohl die Bezeichnung einer Hofstelle als auch die Wirtschaftseinheit bzw. Bodenmeßeinheit, die zum Unterhalt einer Familie notwendig war. Die Größe der Hufen war deshalb zunächst unterschiedlich. Sie betrug für eine freie Hofstelle 45 Tagwerke und für eine unfreie Hofstelle 36 Tagwerke. Diese Unterschiede lösten sich bis zum 12. Jh. auf, und danach war die Hufe mit 36 Tagwerken die übliche Hofgröße. Das »Tagwerk« war ursprünglich kein geometrisches Maß, sondern ein Arbeitsmaß und entsprach der Fläche, die an einem Tag mit ein Paar Ochsen gepflügt werden konnte. Das entsprach 240 m x 140 m = 3400 m^2. Als Folge der wachsenden Bevölkerung und durch eine intensivere Bodennutzung ermöglicht, wurden in der Folge die Hofstellen immer weiter zerstückelt. Am Ende des 11. Jh.s überwogen in Bayern bereits die halben Höfe und am Ende des 13. Jh.s die Viertelhöfe.

[2] Philipp Dollinger: Der Bayerische Bauernstand vom 9. Jh. bis zum 13. Jh. 1949

[3] Monumenta Boica VI Seite 72: »1440 Egilof übergibt dem Kloster Tegernsee einen seiner Dienstmannen namens Dietrich durch Ulrich von Kempfenhausen«
Monumenta Boica VI Seite 81: »1140 Hartmann von Haarkirchen schenkt dem Kloster Tegernsee einen seiner Dienstmannen durch Rüdiger von Bouchin am Würmsee«

Im 12. Jh. unterschied man in der Rechtsform der Hofvergaben zwischen der »Unfreien Leihe«, das war die »hofrechtliche« Vergabe, und der »Freien Leihe«, die durch das Landgericht verliehen oder zumindest bestätigt wurde und damit rechtlich abgesichert war.

Die »Unfreie Leihe« war sehr stark von der Grundherrschaft abhängig und durch Naturalabgaben und umfangreiche Frondienste belastet. Der Hofstelleninhaber verfügte über seinen Hof nur leihweise, so daß er ihm prinzipiell jederzeit wieder genommen werden konnte, doch schützte ihn das Hofrecht vor willkürlichen Maßnahmen. Strenggenommen war die Vergabe einer unfreien Hofstelle noch nicht einmal ein Rechtsgeschäft, und nur selten machte sich jemand die Mühe, die Vergabebedingungen schriftlich zu fixieren. Die Abhängigkeit von der Grundherrschaft war so stark, und die Belastungen waren so schwerwiegend, daß sie den persönlichen Status des Hofstelleninhabers äußerst nachteilig beeinflußten und sich die persönliche Abhängigkeit über kurz oder lang zu regelrechter Unfreiheit entwickelte.

Im Gegensatz dazu besaß der Hofinhaber der »Freien Leihe« den Hof rechtlich abgesichert auf Lebenszeit und konnte ihn vererben und veräußern. Außerdem hatte die freie Hofstelle nur geringfügige Belastungen zu tragen und entweder gar keine oder nur geringfügige Frondienste und Naturalabgaben zu leisten, die zudem häufig durch eine feste Pachtsumme ersetzt werden konnten. Durch diese weitgehende wirtschaftliche und rechtliche Unabhängigkeit blieb auch der persönliche Status des Hofstelleninhabers unangetastet.

Frondienste wurden zunächst für so selbstverständlich gehalten, daß sie erst im 12. Jh., als diese Rechte durch die wirtschaftliche Revolution zu verfallen drohten, schriftlich fixiert wurden. Der Frondienst war die Verpflichtung, unentgeltlich für den Grundherrn zu arbeiten. Dabei waren drei Arten zu unterscheiden:[2]

1. Die »unbemessenen Dienste« der Knechte des Sallandes und des herrschaftlichen Hofes, die täglich und unbeschränkt zu leisten waren. Später wurden sie durch 1–2 freie Tage in der Woche gemildert.
2. »Frondienste an 3 Tagen in der Woche«, die die unfreien Hüfner zu leisten hatten. Sie waren schon in der »Lex Baiuvariorum« festgesetzt und in der Karolingerzeit allgemein verbreitet. Sie existierten in abgemilderter Form, »eines Tages pro Woche und Hufe«, auch noch im 12. Jh. In der Regel geschah die Reduzierung jedoch dadurch, daß der Frondienst nicht mehr das ganze Jahr hindurch gefordert wurde, sondern nur noch in der Zeit des größten Arbeitsanfalls, an Pfingsten und bei der Ernte.
3. Die »halbjährige Fronverpflichtung«, die am häufigsten vorkam und sich am längsten hielt. Sie war an Pfingsten oder Johannis (24. 6.), an Michaelis (29. 9.) oder Martini (11. 11.) abzuleisten und wurde ursprünglich von den Freihöfen gefordert.

Frondienst für den Grundherrn wurde bei der Feldarbeit geleistet, und dies stellte ursprünglich eine außerordentlich hohe Belastung dar. Erst die Aufteilung der Hufen, wodurch sich mehrere Bauernfamilien die Arbeit teilten, und vor allem die Vergabe des Sallandes gegen Zins, wodurch der Frondienst in vielen Fällen überflüssig wurde, brachten spürbare Erleichterung. Spätestens im 13. Jh. waren nicht mehr alle Hofinhaber zur Bearbeitung der Felder verpflichtet. Der Grundherr behielt sich zwar das Recht vor, die Frondienste einzufordern, bevorzugte aber nun die Einziehung einer entsprechenden Geldabgabe. Der Hofinhaber war nicht verpflichtet, die Bearbeitung der Feldflur in eigener Person zu leisten, sondern es wurde nur verlangt, daß er an bestimmten Tagen eine bestimmte Anzahl von Feldarbeitern abstellte.

Neben der Feldarbeit waren als Frondienste auch Instandsetzungsarbeiten und vor allem Transportleistungen zu erbringen und zwar nicht nur innerhalb der Villikation. Holz, Getreide, Salz und Wein waren beispielsweise oft über weite Strekken zu transportieren. Nahrung und Wohnung gingen während des Frondienstes meist zu Lasten des Grundherrn, der den Fronleuten zweimal am Tag »genug zu essen« gab und denen, die übernachteten, zusätzlich ein leichtes Abendbrot. Neben den Frondiensten spielten die Naturalabgaben eine bedeutende Rolle, vor allem die Getreideabgaben an Hafer, Roggen, Weizen und Gerste. Dabei hatte Hafer einen mehr als viermal so großen Anteil als alle anderen Getreidearten zusammen. Die Aufzählung der geforderten Abgaben gibt jedoch kein zutreffendes Bild der Produktion einer Grundherrschaft, da sich die Abgaben nach den lokalen Bedürfnissen richteten. Beispielsweise fehlen in den Abgabelisten bis ins 13. Jh. Milch, Butter und Hirse, obwohl es diese Produkte sicher gab und Hirse in großem Umfang angebaut wurde.

Die Entwicklung der Getreidepreise zeigt eine starke Geldentwertung in der Zeit vom 10. Jh. bis zum 13. Jh. Der Preis für 1 Scheffel Hafer stieg von 1 Pfennig in der Karolingerzeit, über 6 Pfennige im 12. Jh., auf 10 Pfennige im 13. Jh., und der Preis für 1 Scheffel Weizen von 12 Pfennigen im 12. Jh. auf 20 Pfennige im 13. Jh.

Bei den Abgaben an den Grundherrn stand, nach dem Getreide, das Vieh an erster Stelle, wobei die Schweine dominierten. Der Preis für ein großes Schwein betrug im 12. Jh. 40–60 Pfennige und im 13. Jh. bereits 120 Pfennige, während ein Lamm nur 1–5 Pfennige kostete. Pferde und Rinder fehlen fast ganz in den Abgabelisten, in denen aber Gänse, Hühner, Hennen, Eier, Fische und Käse zu finden sind. Fische, Renken, Hechte, Karpfen etc. sind häufig unter den Abgabeverpflichtungen und wurden in Seen, Flüssen, Bächen oder Fischweihern gefangen. Zu den abzuliefernden Naturalien gehörte auch Brenn- und Bauholz.

Als drittes mußte der Hofstelleninhaber Gebühren und Abgaben entrichten: wenn er den Hof übernahm, die Stiftsgilt, als Mietpreis für Hof und Felder den

Hofzins, an Grundherrn und Pfarrer den Zehnt, wodurch sein Lebensstandard dürftig blieb.

Die Nahrungsgrundlage für die ständig wachsende Bevölkerung war der Getreidebau. Deshalb stand die Bodenbearbeitung im Mittelpunkt, und die Viehhaltung war dem Ackerbau nur zugeordnet, um Ochsen als Zugtiere und Vieh für die Düngung zu haben. Die Viehhaltung hatte nicht den Charakter eines selbständigen Produktionszweiges. Die geregelte Dreifelderwirtschaft war vorherrschend. Durch sie konnten die Erträge seit dem 9. Jh. um 50% gesteigert und die anfallenden Arbeiten gleichmäßiger über die Vegetationsperiode verteilt werden. Im Frühjahr wurde das Sommerfeld bestellt, im Herbst das Winterfeld und im ruhigen Juli konnte das Brachfeld gepflügt werden. Die Fruchtfolge war häufig Roggen, Hafer, Brache und in günstigen Lagen auch Weizen und Gerste. Die charakteristische Sommerfrucht war der Hafer, der im Mittelalter nicht nur als Futterpflanze, sondern auch als vollwertiges Nahrungsmittel gesät wurde, denn es herrschte die Breinahrung vor und nicht die Brotnahrung. Der Hauptlieferant für Fleisch war das Schwein. Deshalb war die Schweinehaltung mit Wald- und Weidemast in den damals vorherrschenden lichten Mischwäldern eine wichtige Ernährungsgrundlage. Für die Feldarbeit wurden Ochsen eingesetzt und erst sehr viel später Pferde, die man zunächst nur für Transporte verwendete.

Das 12. und 13. Jh. war eine Epoche bedeutender technischer Neuentwicklungen in der Gerätetechnik der Landwirtschaft und setzte Maßstäbe für die Arbeitstechnik, die 650 Jahre lang, bis ins 19. Jh., nahezu unverändert blieb.

Im 13. Jh. wurde die bis dahin bei der Getreideernte verwendete Sichel durch die Sense verdrängt, die bereits die noch heute verwendete Form hatte. Außerdem verbreitete sich der bis heute verwendete Pflugtyp mit einem senkrecht stehenden Messersech, waagerecht stehender Pflugschar und einem konisch geschwungenen Streichbrett, wodurch der Boden nicht nur geritzt, sondern auch gewendet wurde. Die Arbeitsleistung wurde durch die Verwendung eines zweirädrigen Pflugkarrens gesteigert und die Pflugführung und die Arbeitsqualität dadurch verbessert. Eine wesentliche Neuerung war auch die Einführung des Kummets für Pferde, anstelle der bis dahin verwendeten Joche. Dadurch wurde der Druck auf Schulter und Brust des Zugtieres verlagert und seine Leistung auf das 4- bis 5-fache gesteigert. Schließlich gestattete die Erfindung des genagelten Hufeisens, Pferdegespanne auch auf härter befestigten Straßen einzusetzen.

Dies hatte nachhaltige Auswirkungen auf den Straßenbau und das Transportwesen. Mit dem zweiteiligen Dreschflegel gelang es schließlich, ein billiges und wirksames Arbeitsgerät zu schaffen.[4]

[4] Dietmar Stutzer: Geschichte des Bauernstandes in Bayern 1988

Das Leben des mittelalterlichen Bauern war abhängig und war bis zu seiner Kleidung hin reglementiert. Im Bayerischen Landfrieden vom 1. 2. 1244 war für den Bauern, um ihn vom Adel zu unterscheiden, u. a. festgelegt:

- er soll das Haar kurz geschnitten bis zu den Ohren tragen
- seine Kleidung soll aus grauem, derben Stoff bestehen und darf weder luxuriös, noch bunt sein
- seine Schuhe sollen aus Ochsenleder gemacht sein
- die Frauen dürfen keine Seidengewänder tragen und außerhalb der Kirche auch keine Schleier. Nur Leinenumhänge sind ihnen erlaubt

Von der Heerfolge war der Bauer ausgeschlossen. Er durfte weder Harnische, Helme, Hauben, Panzerhemden, noch Angriffs- oder Verteidigungswaffen tragen. Privatfehden oder Zweikämpfe waren ihm untersagt. Nur zur Verfolgung von Räubern und zur Verteidigung des Landes bei Invasionen wurde er zur Landwehr eingezogen und hatte dazu Waffen zu Hause aufzubewahren.

Im 12. Jh. hatte sich, vermutlich im Zusammenhang mit der Auflösung der Villikationen, als bäuerlicher Haustyp das nach Osten ausgerichtete Einfirsthaus herausgebildet, das Wohnung, Stall und Stadel unter einem Dach vereinte. Bis ins 18. Jh. wurde als Baustoff ausschließlich Holz verwendet, das in Blockbauweise verarbeitet wurde.[5] Nur wenige Beispiele solcher Blockbauten sind heute noch erhalten. Eines davon ist das Haus des Heimatmuseums Starnberg und das daneben liegende »alte Fischerhäusl«. Erst ab ca. 1800 wurde zunächst das Untergeschoß neu erbauter Höfe und schließlich der ganze Hof gemauert. Die Dacheindeckung bestand ursprünglich aus Stroh, später aus Legschindeln und schließlich aus Ziegeln.[5]

Große Menschenverluste hatten die Pestjahre von 1348 und 1349 in den Alpenländern und im Voralpengebiet gebracht, und dadurch die ausschließliche Bindung an den grundherrlichen Boden und das Heiratsverbot mit Angehörigen anderer Grundherrschaften gelockert.

Mit dem Hofmarksdiplom von Kaiser Ludwig IV., aus dem Jahre 1330, hatten die Hofmarksherrn das Recht erhalten, Handwerker ohne Bindung an den Zunftzwang in ihrer Hofmark anzusiedeln. Dabei wurde diesen vom Grundherrn meist das Verfügungsrecht über ein »Häusl« und etwa 0,5 bis 3 ha Grund zur eigenen Nutzung überlassen. Damit konnten die Handwerker, in Verbindung mit ihren handwerklichen Nebentätigkeiten, eine Familie ernähren. Da sich durch Handwerker die Einkünfte der Hofmark vermehren ließen, entstanden vor allem in den adeligen Hofmarken solche Handwerker »Sölden«. An der Spitze der Landhandwerker standen Weber und Tuchmacher, gefolgt von Schustern, Schneidern und Zimmerleuten, die die Funktion von Baumeistern hatten und die Frondienste über-

[5] Bildseite B 51

Typisches, ursprünglich erhaltenes Bauernhaus mit Blockbau und umlaufender Laube im Obergeschoß aus dem 17. Jh.

wachten. Im 13. Jh. wurden die Höfe nach dem Beruf des Hofinhabers genannt. Solche alten Hofbezeichnungen haben sich in Kempfenhausen im »Sattlerhof«, »Fischergut« und »Schustergut« erhalten und in Haarkirchen im »Webergut«.

In Bayern bildete sich im 15. Jh. für die Steuer- und Abgabeleistungen das Hoffußmaß heraus. Das Grundmaß war der ganze Hof. Von ihm wurden Bruchteilwerte von $1/2$ Hof bis zu $1/64$ Hof abgeleitet. Den $1/2$ Hof nannte man »Hube«, deshalb gibt es den Namen Huber so häufig. Der $1/4$ Hof hieß »Lehen«, der $1/8$ Hof »Bausölde« und der $1/16$ Hof »Sölde«. Ein Nebenerwerb war schon ab $1/6$ Hof für den Lebensunterhalt einer Familie erforderlich. Im Jahre 1691 war die Hälfte aller 80 000 Anwesen in Bayern $1/6$–$1/32$ Höfe. Bayern hatte damals durch ländliche Nebenbetriebshandwerker mit Abstand die größte Handwerkerdichte aller deutschen Länder.

Im 14. Jh. bestand zwischen Grundherr und Hintersasse kein einseitiges Gewaltverhältnis mehr. Statt dessen hatten sich nachstehende Rechtsformen der Hofverleihung herausgebildet:

- *Das Erbrecht*. Es wurde selten verliehen und ermöglichte den Übergang an die Erben ohne Einflußnahme des Grundherrn.
- *Das Leibrecht*. Es war an den »Leib« des Hofinhabers gebunden, d. h. der Hof war ihm nur auf Lebenszeit verliehen. Häufig wurde jedoch schon zu seinen Lebzeiten das Leibrecht für die voraussichtlichen Erben neu begründet.
- *Die Freistift*. Sie war die häufigste Art der Verstiftung. Dem Grundsatz nach konnte dem Hofinhaber unter Einhaltung einer gewissen Kündigungsfrist zwar jederzeit gekündigt werden, doch wurde davon kaum Gebrauch gemacht, so daß die Freistiftgüter in der Regel über viele Generationen in der gleichen Familie blieben. Eine größere Sicherheit gegen Abstiftung bot
- *die veranlaite Freistift*. Hierbei zahlte der Hofinhaber bei Stiftsbeginn des Grundherrn eine bestimmte Summe, die sog. »Anlait«, die ihm der Grundherr bei Abstiftung zurückzahlen mußte, weshalb diese meist unterblieb. In Kempfenhausen und Haarkirchen hatten alle Hofvergaben diese Rechtsform.
- *Das Beutellehen*. Das war ein bäuerliches Lehen, das sowohl beim Tod des Herrn, als auch beim Tod des Leheninhabers erneuert werden mußte. Nach dieser Rechtsform hatte Hans Heinrich Hörl die Mühle in Martinsholzen 1652 von der Kurfürstinwitwe Anna erworben.[116]

Gegen die Aufsplitterung der Höfe durch Erbteilungen schützte in Bayern das »Anerbenrecht«. Danach konnte nur »ein« Erbe den Hof übernehmen und mußte seine Geschwister oder die Witwe auszahlen. Da dies hohe finanzielle Verpflichtungen mit sich brachte, erhielt den Hof meist der, der die reichste Heirat gemacht hatte und damit die größten verfügbaren Geldmittel besaß.

Die Situation der bayerischen Bauern um 1500 ist durch den bayerischen Historiker Aventinus in seiner bayerischen Weltchronik von 1519 überliefert: »Der gemain man, so auf dem gä (das offene, der Landwirtschaft dienende Land) und land sitzt, gibt sich auf den ackerpau und das viech, ligt demselbigen allein ob, darf sich nichts on geschaft der obrigkeit untersten, wird auch in kainen rat genommen oder Landschaft ervordert; doch ist er sunst frei, mag auch frei ledig aigen guet haben, dient seinem herren, der sunst kain gewalt über ihn hat, jerliche güld, zins und scharwerk, tuet sunst was er wil, sitzt tag und nacht bei dem wein, schreit singt tanzt kart spilt; mag wer (Waffen) tragen, schweinspiess und lange messer. Grosse und überflüssige hochzeit, totenmal und kirchtag haben ist erlich und unsträflich, raicht keinem zu nachteil, kumpt kainem zu übel«.

Im 16. Jh., bis zum Beginn des Dreißigjährigen Krieges, im Jahre 1618, erlebte die Landwirtschaft in Bayern einen ausgesprochenen Aufschwung und kurz vor Kriegsbeginn erreichten die Agrarpreise den Höchststand. Der Rinderbestand war seit der Mitte des 16. Jh.s um 40–100% gestiegen und der Schweinebestand um 100%. Die Viehwirtschaft war ein eigener Betriebszweig mit eigenen Marktbeziehungen geworden. Im Getreidebau war der Übergang von der reinen Selbstversorgerproduktion für den Eigenbedarf zur Marktproduktion erfolgt. Die günstige Lage der Landwirtschaft wird noch in den zahlreichen landesherrlichen Verordnungen sichtbar, mit denen gegen zu üppigen Luxus der Bauern bei Hochzeiten und Kirchweihfesten eingeschritten werden sollte. Ein Mandat von 1617 gestattete dem Bauern nicht, mehr als 50 Personen und Spielleute zur Hochzeit einzuladen. Fische, Krebse und kostbarer Wein waren ihm verboten.

Mit dem Beginn des Dreißigjährigen Krieges ging in Altbayern eine 123jährige Friedensperiode zu Ende. Dieser Krieg bestand aus Feldzügen mit einzelnen Schlachten und dazwischenliegenden Pausen, die meist jahreszeitlich bedingt waren. Die Truppen versorgten sich während der gesamten Dauer des Krieges aus dem Gebiet, in dem sie standen. Jeder nahm sich, was er brauchte, und es machte für die betroffene Bevölkerung keinen Unterschied, ob es die eigenen Truppen oder die des Feindes taten. Genommen wurden Nahrungsmittel, Pferde, Futter, Eisen- und Lederzeug und die Bauernfahrzeuge. Von angedrohten Plünderungen konnte sich die Bevölkerung freikaufen, wobei die geforderte »Kontribution« für Residenzstädte etwa 100 Taler/Kopf, für Kleinstädte ca. 10 Taler/Kopf und für Landorte etwa 2 Taler/Kopf betrug. Je nach Kriegslage wurde sie mehrmals gefordert von einer Bevölkerung, die durch hohe Kriegsabgaben, Plünderungen, Geldentwertung, Verwüstungen, Morde und Seuchen verarmt und dezimiert war.

Nach dem Krieg war die Landwirtschaft nicht nur durch die Verwüstungen von Hof und Flur belastet und behindert, sondern auch durch einen Jahrzehnte anhaltenden Arbeitskräftemangel infolge der hohen Personenverluste, die in Bayern ca. 50% der Bevölkerung betrugen. Dies verhinderte während der nächsten 100 Jahre eine Intensivierung der Bodennutzung und der Viehhaltung und änderte sich erst, als man sich in der Epoche der Aufklärung intensiv um die Verbesserung der Landwirtschaft bemühte. Am längsten dauerte es, bis die Kriegsverluste an Pferden ersetzt waren. Deshalb wurde 1767 ein »Churbayerisches Landgestüt« gegründet. Dafür erwarb Kurbayern zwischen 1767–1775 aus Andalusien, Piemont und Savoyen 61 Zuchthengste zum Preis von 766 Gulden je Hengst. Das war ein enormer Preis, denn ein normaler Hengst kostete damals lediglich 30–100 Gulden, eine Mutterstute etwa 50–70 Gulden und ein Arbeitspferd nur 35–45 Gulden. Die Stallung der Stuten und die Aufzucht der Fohlen wurden an Bauern übertragen, während die Zuchthengste, die im Sommer den Stuten zugeführt wurden, im Winter in den kurfürstlichen Marställen standen. Auf einen Hengst kamen etwa 37 Stuten.

Im Jahre 1816 gab es eine Mißernte, durch die es in Süddeutschland zu einer Agrarkrise kam. Als Folge der Mißernte stieg der Getreidepreis von 1815–1817 auf 49 Gulden je Scheffel, doch dann fiel er und betrug 1820 nur noch ein Viertel davon, da die Ernten ab 1817 ausgezeichnet gewesen waren.

Auf diese Krise folgte eine Periode, in der die Agrargesetze reformiert wurden. Auf der Basis des neugeschaffenen Landeskatasters wurde die Grundsteuergesetzgebung neu geregelt. Der Steuer wurde nun die vermessene Grundstücksfläche und die natürliche Ertragsfähigkeit aus einem mehrjährigen Durchschnittsertrag zugrunde gelegt. Dazu wurden die Grundstücke in Bonitätsklassen eingeteilt. Der Jahresertrag wurde im Wert des achten Teils eines Scheffels Getreide ausgedrückt und dann für je 1 Kreuzer Grundsteuer veranschlagt. Die standes- und gutsherrschaftliche Gerichtsbarkeit und Polizeigewalt wurde mit dem bayerischen Gesetz vom 4. Juni 1848 aufgehoben und dem Staat übertragen. Alle noch bestehenden Naturalfrondienste wurden entschädigungslos abgeschafft. Die Erhebung des »Besthaupts« bei Erbfall und Besitzwechsel wurde ebenso gestrichen wie die Ablieferung der Blut- und Kleinzehnte und alle nicht dem Grund und Boden anhaftenden Abgaben. Noch bestehende Grundabgaben konnten durch Geldbeträge abgelöst werden. Damit waren die Bauern zwar nicht von Bindungen völlig befreit, doch nun »freie Eigentümer« ihrer Anwesen. Mit dieser grundlegenden Änderung der bäuerlichen Situation wurde der nun folgende Aufschwung der Landwirtschaft begünstigt.

Die Situation des Landes und der Bevölkerung am Starnberger See hat Ritter von Hazzi 1803 beschrieben:[6] »Dieser Distrikt ist mit mißhandelten Waldungen, mit Filzen und Weiden bedeckt, und die kleinen hölzernen Hütten, deren Dächer mit Schindeln gedeckt und mit großen Steinen beschwert sind, harmonieren ganz mit diesem verwilderten Zustand. Das einzige lebhafte Seegebiet eröffnet sich aus den endlich überdrüssig werdenden Waldungen (wenn man von München kommt) und erregt in dem Wanderer das nämlich frohe Gefühl, das in ihm entsteht, wenn nach langem Regen die Sonne durch die Wolken bricht.

[6] Joseph Ritter von Hazzi (1768–1835): Auszüge aus der Beschreibung des Gerichts Starnberg 1803

Tracht am Starnberger See
Maibaum der Stadt Starnberg

Das Männergeschlecht erscheint hier in großer, schlanker, imponierender Gestalt, nicht so das weibliche; unter die schönen ist es wenigstens nicht zu zählen. Der Charakter dieser Menschen ist schon etwas aufgeweckter, nicht so bigott und sehr arbeitssam; auch sind ihre Ehen mit 8–10 Kindern gesegnet und sie erreichen ein ziemlich hohes Alter in vollkommener Gesundheit, obschon die Nahrung nicht viel zuträglich ist und aus gewöhnlichen Nudeln, Kraut und Fischen besteht. Die Männer kleiden sich in blaue Röcke, grüne und rote Westen, schwarze runde Hüte, blaue Strümpfe und schwarze Hosen. Die Tracht der Weiber sieht häßlich aus: ein schwarzer kurzer Rock hängt mit einem grünen mit gelben Bändern eingefaßten Mieder zusammen und preßt den Körper ein. Um den Hals hängt ein kleines Golla von weißer Leinwand und eine kleine Pelzhaube oder ein schwarzer Hut bedeckt den Kopf. Der Tagelohn beläuft sich auf 34–40 Kreuzer«.

»In den Waldungen stehen mit den Fichten gemeinschaftlich die Buchen, für welche aber wegen des zu starken Laubscharrens und Weidenschaffen kein Nachwuchs zu hoffen ist. Das Getreide, als Korn, Gerste und Hafer, wird in 3 Feldern zu 4–6 Samen erzielt, besonders wenn es den Sommer öfter regnet. Sowohl der Wildbestand, als trockene Sommer und Schauer verursachen für die Landwirtschaft Schäden. Es gibt allerlei Arten Vieh, allein es ist durchaus von kleiner, magerer Gestalt«.

»Der Würmsee mit seiner wahren Schweizergegend ist hier die schönste, auffallendste Szene, der die Wälder, wovon sie beschränkt wird, ein melancholisches Aussehen, ein lebhaftes aber die vielen in romantischen Gruppen situierten Schlösser und Anhöhen und die stolzen Gebirge im Hintergrund, geben. Der See hat 5 Stunden in der Länge, 1½ Stunden in der größten Breite, 11 Stunden im Umkreis und 140 Klafter Tiefe bei Allmannshausen. Sein Wasser ist von heller Farbe und so rein wie die Quellen, die ihn allein nähren. Die Bewohner dieses Sees sind von der ersten Klasse die vortrefflichen Lachsforellen und Renken, in der zweiten die Waller, Karpfen, Hechte, Rutten und Brachsen und in der dritten die Äschen, Pürstlinge, Rotaugen und Laugen. Den See verwest ein kurfürstlicher Fischmeister nach alten Fischordnungen. Man kann für wenig Geld auf den See fahren, wozu man sich der Einbäume aus gehöhlten Eichenstämmen bedient«.

»Diese vorzüglich schöne Gegend könnte erst interessant und lebhaft werden, wenn sie nur in Verbindung mit der Hauptstadt käme, wozu die Mutter Natur einen so mächtigen Fingerzeig mittelst des Würmflusses gibt, der den einzigen Abfluß des Sees bildet und bis Nymphenburg, also beinahe bis an die Tore der Hauptstadt fließt und zu einem so schönen, als nützlichen Kanal umgestaltet werden könnte, als derjenige ist, welcher Mailand mit dem Lago di Como verbindet«.

II. Die Fischerei am Starnberger See

Fischerei gibt es am Starnberger See seitdem es Menschen gab, die an seinen Ufern siedelten, angezogen von seinem klaren Wasser und seinem Fischreichtum. Das war im Uferbereich von Kempfenhausen bereits vor 6000 Jahren, im 4. Jahrtausend v. Chr. in der sogenannten Jungsteinzeit.

Als älteste Namen von Fischern in Kempfenhausen sind Namen von Zeugen in den Schäftlarner Klostertraditionen mit der Berufsbezeichnung »piscator« überliefert: 1204/08 »Sigboto de Chempfinhusen«[7] und 1207/18 »Siboto Genach« und »Sigboto Hufnagel« von Kempfenhausen.[8] Der Fischer »Perchtold« saß 1367 auf dem Hof des Greiff von Greifenberg in Kempfenhausen.[9]

Die Fischer benötigten für das Fischen auf dem See die Erlaubnis des Landesherrn. Diese »Fischereigerechtigkeit« wurde »Segen« genannt, nach dem großen Zugnetz, das die Fischer verwendeten. Ein Segen berechtigte, jährlich 50–60 Renken und 150–200 Riedlinge, das waren einjährige Renken, zu fischen. Die Fischer unterstanden dem Richter des Landgerichts in Starnberg, der auch das Seerichteramt innehatte. Der Seerichter ist erstmals in einer Urkunde von 1346 erwähnt, doch gab es dieses Amt vermutlich schon vor der Jahrtausendwende, denn schon damals war das Fischen nicht jedermanns Recht und nicht überall auf dem See erlaubt. Die älteste überlieferte Seeordnung ist die aus dem Jahre 1444 von Herzog Albrecht III.,[10] die u. a. regelte, wo gefischt werden darf und wann gefischt werden darf. Dieser Seeordnung von 1444 folgten wesentlich umfangreichere und detaillierte. Sie dienten vor allem der Erhaltung des Fischbestandes im See und der Sicherstellung ausreichender Fischlieferungen an die herzogliche Hofhaltung, die einen außerordentlich großen Bedarf hatte. Gleiches galt für die zahlreichen Klöster, die am Starnberger See »Segengerechtigkeiten« besaßen und Fische als Fastenspeise benötigten. Es waren dies die Klöster Schäftlarn, Benediktbeuern, Beuerberg, Bernried, Tegernsee, Dietramszell, Fürstenfeld und Polling.

1508 erließ Herzog Wolfgang ein »kräftiges Mandat« an den Pfleger zu Starnberg mit der Aufforderung, »anhand der Albrecht'schen Seeordnung den Mißbräuchen zu steuern«. Ein neues, sehr umfangreiches Statut erließen am 13. 2. 1522 die Herzöge Wilhelm und Ludwig,[11] das später von der Fischordnung von Herzog Albrecht IV., aus dem Jahre 1569, und von der »Fischeinigung« von Herzog Wilhelm von 1585, fast wörtlich übernommen wurde.

Die Fischordnung von 1522 hatte als Präambel: »Von Gottes Gnaden, wir Wilhelm und Ludwig, Pfalzgrafen bei Rhein, Herzöge in Ober- und Niederbayern, tun kund allen männiglich, daß wir nach sonder fleißiger Erfahrung mit Rat unserer

[7] Traditionen des Klosters Schäftlarn: Nr. 372
[8] Traditionen des Klosters Schäftlarn: Nr. 394
[9] Hauptstaatsarchiv: Kurbayern U 171176 von 1367
[10] Hartwig Reetz: »Zur älteren Geschichte der Fischerei am Würmsee« 1884

Räte und anderer die des Fischwerks kundig, an unserem See dem Würmsee an dato, des Fischens daselbst gemeinsamen Nutz zur Förderung, eine Ordnung vorgenommen und gemacht haben, die hernach folgt«.

Die Präambel der dreiundsechzig Jahre später erlassenen Fischordnung von 1585 hatte den Wortlaut: »Fürnemlich ist und bleibt dieser Würmsee unser frei eigen Gut, den wir zu unserer Gelegenheit, Lust und Gefallen ohne männigliche Verhinderung nießen und gebrauchen mögen, so daß auch ein Jeder, so sich des Fischens allda gebraucht, allen und jeden unseren Geboten, Verboten, Ordnungen und Gesetzen unterworfen sein soll«.[11]

Die Fangzeit wurde auf die Zeit zwischen dem Weißen Sonntag (1. Sonntag nach Ostern) und dem St. Gallitag (16. Oktober) beschränkt, um »den Renken und Laxln (Saiblingen) Ruhe zum laichen zu lassen«.

Zu enge Netze wurden verboten und den Fischern für das Knüpfen ihrer Netze die Maschenweite vorgegeben durch das »Pritlmaß«, das nach den Brettchen benannt war, die die Fischer als Maßstab erhielten. Die Netze wurden vor Beginn der Fangzeit vom Pfleger in Starnberg überprüft und bei Verstößen gegen die Fischordnung eingezogen. Zu kleine Fische sollten unverletzt in den See zurückgeworfen werden. Die Strafbestimmung hierzu hieß: »Sollten solch kleine Setzhechtl zu München oder anderwärts getroffen werden, darauf wir Späh halten lassen wollen, so sollten diese Fischer ohne Mittel und auf ewig vom See geschafft und noch dazu gestraft werden«.

Für alle Fische bestand Vorkaufsrecht des Hofes. Dazu waren zwei »Hoffischkäufl« bestellt, einer für den unteren See in Possenhofen und einer für den oberen See in Ambach, die den See mit einer weißen Fahne befuhren, um anzuzeigen, daß der Hof Fische benötigt. Daneben waren »gemeine« Fischkäufl zugelassen, die in Starnberg, Berg, Tutzing, Bernried, Feldafing und Seeshaupt saßen, und, im Gegensatz zu den Hoffischkäufln, den See nicht befahren durften, sondern »am Tag und in Person« die Fischer am Ufer erwarten mußten.

Abgesehen von den Zuchtfischen sollte jeder Fischer »den täglichen Fang an die Fischkäufl verkaufen, die solche Fische nach München oder an unseren fürstlichen Hof zu bringen schuldig sind und erst wenn sie Küchenmeister oder Küchenschreiber nicht behalten, zum offenen Markt bringen«.

Verstöße gegen diese Bestimmungen wurden immer wieder beklagt, weil von dem Fischkäufln »die besten Fische und größten Renken heimlich in den Winkelwirtshäusern abgegeben oder sonst durch bestellte Personen in der Stadt oder vor den Toren zu heimlichen Käufern oder Contrakten vertragen wurden«. Bodenrenken sollten unmittelbar dem Hof zukommen und nicht den Fischkäufln angeboten werden.

Zur Überwachung, daß die Bestimmungen der Fischordnung eingehalten wurden, waren 4 »Auflueger« eingesetzt, in Berg, Ambach, Bernried und Tutzing, die den See zu beobachten und Verstöße zu melden hatten. Die Fischordnung schrieb vor, daß jährlich zu Pfingsten eine »Fischeinigung«, d. h. eine Versammlung aller Fischer vor dem Seerichter, abgehalten wird, bei der die Seeordnung verlesen wurde, da die meisten Fischer nicht lesen konnten. Verstöße wurden vom Seerichter während der Versammlung geahndet. Jeder Fischer hatte für die Segenzulassung jährlich 24 Pfennige zu bezahlen und, bei Besitzübergang vom Vater auf den Sohn oder bei Verkauf, den »Übergabeschilling« oder Seetaler zu bezahlen.

Als Fischpreise waren in der Fischordnung von 1585 festgesetzt:

- Lachsferchen 15 kr/Pfd.
- kleine Lachse 1 kr/St.
- große Ferchen 12 kr/Pfd.
- Bodenrenken 6 kr/Pfd.
- Hechte 6 kr/Pfd.
- Waller 6 kr/Pfd.
- Rutten 5 kr/Pfd.

Die 15 »Hoffischer« in Feldafing, Tutzing und Unterzeismering unterstanden unmittelbar dem Hofkastenamt in Starnberg, während die »gemeinen Fischer« dem Seerichteramt und dem Hofmarksherrn bzw. den Klosterherren unterstanden. Ein Register der Hoffischer wurde erstmals 1527 aufgestellt, und ein Register aller erteilten Fischgerechtigkeiten erstmals 1539. Dieses und die späteren Segenregister enthielten allerdings oft Fehler, Lücken und zeitlich unzutreffende, nachträgliche Eintragungen.

Die Zahl der »Segenfischer« war im Lauf der Jahre immer mehr gestiegen, von 50 auf 73 und schließlich auf 91, so daß schon die Fischordnung von 1585 die Verringerung der Segenzahl vorsah. Die Arbeit der Fischer war hart und anstrengend, doch ihre Verdienstmöglichkeiten durch die kurfürstlichen Preisfestsetzungen und Verkaufsvorschriften gering, so daß nur wenige Fischer vom Fischfang allein leben konnten. Sie hatten in der Mehrzahl zusätzlich eine kleine Landwirtschaft oder übten einen Handwerkerberuf aus. Das Fischrecht war nicht an die Person, sondern an das Haus gebunden und ging bei Besitzwechsel an den Erwerber des Anwesens über. Im Jahre 1777 waren 76 der Fischeranwesen Sölden (1/16 Höfe), 2 Leerhäusl (1/32 Höfe), 10 Bausölden (1/8 Höfe), 23 Lehen (1/4 Höfe) und nur eines eine Hube (1/2 Hof) und eines ein ganzer Hof.[12]

Im Jahr 1690 waren am See 16 Hoffischer und 99 Segen der übrigen Fischer registriert, insgesamt 69 ganze Segen und 46 halbe Segen, die jedoch nicht alle ausfuhren.

[11] Staatsarchiv: A 365 Fischordnung am Würmsee vom 13. 2. 1522
[12] Joseffranz Drummer: Fischereifamilien am Würmsee 1527–1777, 1942

Die Fischereirechte verteilten sich auf die Uferorte und Grundherrn wie folgt:

Lfd. Nr.	Standort	Hoffischer	Segen-Gerechtigkeit	Ganze Segen	Halbe Segen	Inhaber der Fischereigerechtigkeit		
						Hofmark	Kloster	Sonstige Grundherrn
1	Starnberg		11	8	3	6 Tutzing 2 Allmannshausen 1 Seefeld	1 Dietramszell	1 Gotteshaus St. Benedikt
2	Percha		9	5	4		9 Schäftlarn	
3	Kempfenhausen		3	3	3	3 Kempfenhausen		
4	Berg		4	2	2	4 Berg		
5	Buchhaus (Leoni)		2		2	2 Possenhofen		
6	Allmannshausen		1			1 Allmannshausen		
7	Ammerland		5	3	2	5 Ammerland		
8	Ambach	1	8	9		2 Eurasburg	5 Bernried 1 Beuerberg	
9	St. Heinrich		2	2			2 Beuerberg	
10	Seeshaupt		19	9	10		10 Polling 4 Benediktbeuern	2 Gemeinde 2 eigene 1 Gotteshaus St.Michael
11	Seeseiten		3	3			3 Polling	
12	Bernried		9	4	5		9 Bernried	
13	Unterzeismering	4	1	2	3	1 Tutzing		
14	Tutzing	6	10	9	7	10 Tutzing		
15	Garatshausen		3	1	2	3 Garatshausen		
16	Insel Wörth		2		2			2 Rosenbusch
17	Feldafing	5	5	6	4	5 Garatshausen		
18	Possenhofen		2	2		2 Possenhofen		
	Summe	16	99	69	46	47	44	8

Die Fische des Starnberger Sees unterschied man nach »edlem Fischwerk«, das waren Renken, Lachsferchen bzw. Seeforellen und Goldferchen bzw. Seesaiblinge, nach »geringem Fischwerk«, Hechte, Waller, Karpfen, Rutten und Brachsen und schließlich nach »letztem Fischwerk«, das waren Älten, Bürstlinge, Rotaugen, Haseln und Lauben. Im Jahre 1690 wurden von den Fischern beispielsweise an den kurfürstlichen Hof geliefert: 123 Stück Lachsferchen mit 406 Pfd., 1061 Pfd. Bodenrenken, 43628 gemeine Renken und eine Anzahl Karpfen. Karpfen und Brachsen waren keine eigentlichen Fische des Sees. Sie wurden eingesetzt und wurden darin groß, ohne jemals im See zu laichen.[13] Der Ertrag an diesen Fischen war jedoch gering. In der Abrechnung vom Jahre 1690 fehlen Karpfen ganz, obwohl man einige Jahre vorher 30000 Setzlinge im See ausgesetzt hatte.

Fischer und Fischereigerechtigkeiten am Starnberger See um 1690

Renken aus dem Starnberger See waren im Mittelalter ein wertvolles Geschenk. So wurden sie 1425 auf Veranlassung von Herzog Wilhelm als Geschenk für Kaiser Sigismund, in Kisten mit feuchtem Sand verpackt, bis nach Preßburg gesandt. Als besondere Delikatesse galten seit Jahrhunderten die Goldferchen und die Lachsferchen, von denen Exemplare mit 15–20 Pfund Gewicht, ja selbst Vierzigpfünder, gefangen wurden. Sie waren ebenso selten wie begehrt, weshalb sie alle dem Hof zustanden und für sie eigene Fangbücher geführt wurden. Das hauptsächliche Fanggebiet dieser Fische befand sich bei den »Ferchabergen« zwischen Ammerland, Garatshausen, Feldafing und Allmannshausen und war den Hoffischern vorbehalten.

Die Renke, den berühmtesten Fisch des Starnberger Sees, hat Lorenz Westenrieder 1784 beschrieben: »Die Renke gehört unstreitig unter die gesündesten und schmackhaftesten Fische in ganz Deutschland. Er wird fast in allen bayrischen Seen, aber von der vortrefflichsten Art in dem Würmsee angetroffen. In seiner ersten Jugend wird er ›Züngel‹, nach einem Jahr ›Riedling‹, wenn sie 7 bis 8 Pfund wiegen, werden sie ›Bodenrenken‹ genannt. In dem Augenblick, in dem sie aus dem Wasser kommen, sind sie auch schon tot und es ist nicht möglich, sie lebendig zu verschicken. Der Augenring ist weiß mit einem rötlichen Schein. Die Farbe des Kopfes ist oben schattenbraun, an den Seiten beinweiß mit einem Silberglanz. Die Farbe des Rückens ist stahlblau, verliert sich aber noch über der Seitenlinie durch eine grünliche Schattierung in ein silberweiß, von welcher letzteren Farbe der ganze Bauch ist«.[13]

Renken, Ferchen und Karpfen wurden mit Zugnetzen gefangen, die nur in bestimmten Bereichen ausgelegt und gezogen werden durften. Angeln war verboten. Die besten Fangergebnisse erzielte man in stillen und dunklen Nächten mit wenig Wind und kaum Mondschein. Hechte wurden mit der Hechtschnur bzw. Legangel gefangen, die fest im See verankert war und 10–15 Haken hatte. Außerdem wurden noch Reusen verwendet. Die größten Fische, die je im See gefangen wurden, waren Waller und Karpfen mit mehr als 40 Pfund Gewicht.

Als Boote verwendeten die Fischer bis zum Ende des 19. Jahrhunderts Einbäume aus ausgehöhlten Eichenstämmen. Erst danach wurden sie durch Bretterboote ersetzt, die heute wiederum durch die Kunststoffboote verdrängt sind.

1791 fertigte der Starnberger Zimmermeister Jakob Pachschuster für den Fischmeister in Ambach einen Einbaum, »21 Schuh lang, 4 Schuh breit, 6 Zoll dick« und berechnete dafür:

Eichenstock:		10 fl
2 Gesellen Mitarbeit, 9 Tage	x 24 kr =	7 fl 12 kr
4 Tagwerker	x 18 kr =	2 fl 24 kr
Gesamtpreis		19 fl 36 kr

[13] Lorenz Westenrieder: Beschreibung des Würm- oder Starnberger Sees 1784

Ein 13 m langer, ca. 2 800 Jahre alter Einbaum aus dem 8. Jh. vor Chr., wurde 1989 bei der Roseninsel aus dem See geborgen und soll nach seiner Konservierung Aufnahme im geplanten Schiffahrtsmuseum in Starnberg finden.

Die Fischlehen Kempfenhausens lassen sich bis ins frühe 15. Jh. zurückverfolgen, da sie dem Seerichter, und damit dem Landgericht Starnberg, unterstanden, während alle anderen Anwesen zum Landgericht Wolfratshausen gehörten. Lediglich in der Zeit von 1538 bis 1554 und seit 1816 gehörten Kempfenhausen und Haarkirchen insgesamt zum Landgericht Starnberg.

Vom 13. Jh. bis zum 15. Jh. waren die Kempfenhausener Fischlehen im Besitz der Münchner Patrizier Part. In der Starnberger Hussitensteuerliste von 1430 – der einzigen dieser Listen, die erhalten geblieben ist – sind drei Kempfenhausener Fischer aufgeführt: Stoll, Partl und Damkel.[14] Sie hatten den zweifachen Steuersatz zu entrichten, während für ganze Höfe der vierfache Satz galt.

Im Jahre 1517 war Caspar Maleskirchner, der Sohn des Malers Gabriel Maleskirchner, Grundherr von drei der vier Kempfenhausener Fischlehen,[15] die jedoch schon 1520 wieder den Part gehörten. Archatius Part, der Schwager des Caspar Maleskirchner und zeitweiliger Bürgermeister der Stadt München, war Hofmarksherr von Kempfenhausen und Haarkirchen geworden. Von Archatius Part gingen Kempfenhausen und Haarkirchen 1597 auf seinen Bruder Servatius Part über. Von diesem erwarb die vier Fischlehen 1607 dessen Schwager Alexander Schrenck. Nachdem, um 1620, mit dem Tod des Servatius Part die Kempfenhausener Linie der Part erlosch, erbte Alexander Schrenck auch die Hofmark. Die vier Segengerechtigkeiten lagen auf dem »Clausenhof«, dem »Schwaigerhof«, dem »Fischergut« und dem »Schustergut«. Die beiden ersten verfügten damals über je einen ½ Hof, die beiden anderen über ⅓ Höfe und ihr Handwerk. In der Güterkonskription von 1752 wurden »Claus« und »Schwaiger« als ½ Höfe und das »Fischergut« und das »Schustergut« als 1/16 Höfe eingestuft. Neben dem Kempfenhausener Schuster gab es am See mehrere Schuster, die gleichzeitig Fischer waren, den »Blaslschuster« in Starnberg, den »Seeschuster« in Tutzing und den »Kammerdienerschuster« in Bernried.

Die Kempfenhausener Fischer mußten nach der Hofmarksbeschreibung von 1696 »alles Fischwerk für den Gebrauch der Herrschaft zutragen, in dem Wert, wie es der Kurfürst zahlt«. Die drei Fischlehen »Claus«, »Fischer« und »Schuster« hatten außerdem eine grunddienstbare Abgabeverpflichtung von 12 Bodenrenken und 6 Pfund Rutten an den jeweiligen Hofmarksherrn. Nach dem Protokoll der »Fischeinigung« von 1690[16] »sollten alle Fischer beim Würmsee ernstlich und bei Strafen angehalten werden, die verkäuflichen Fische und Krebse beim Hoffischer anzusagen, und auch die Fischer zu Ammerland, Possenhofen und Kempfenhausen unge-

[14] Hauptstaatsarchiv: Altbayerische Landschaft Lit. 1489. 1430
[15] Staatsarchiv: Landgericht Wolfratshausen BGJ. Kuchelbuch von 1517
[16] Hauptstaatsarchiv: Faszikel 3803/99

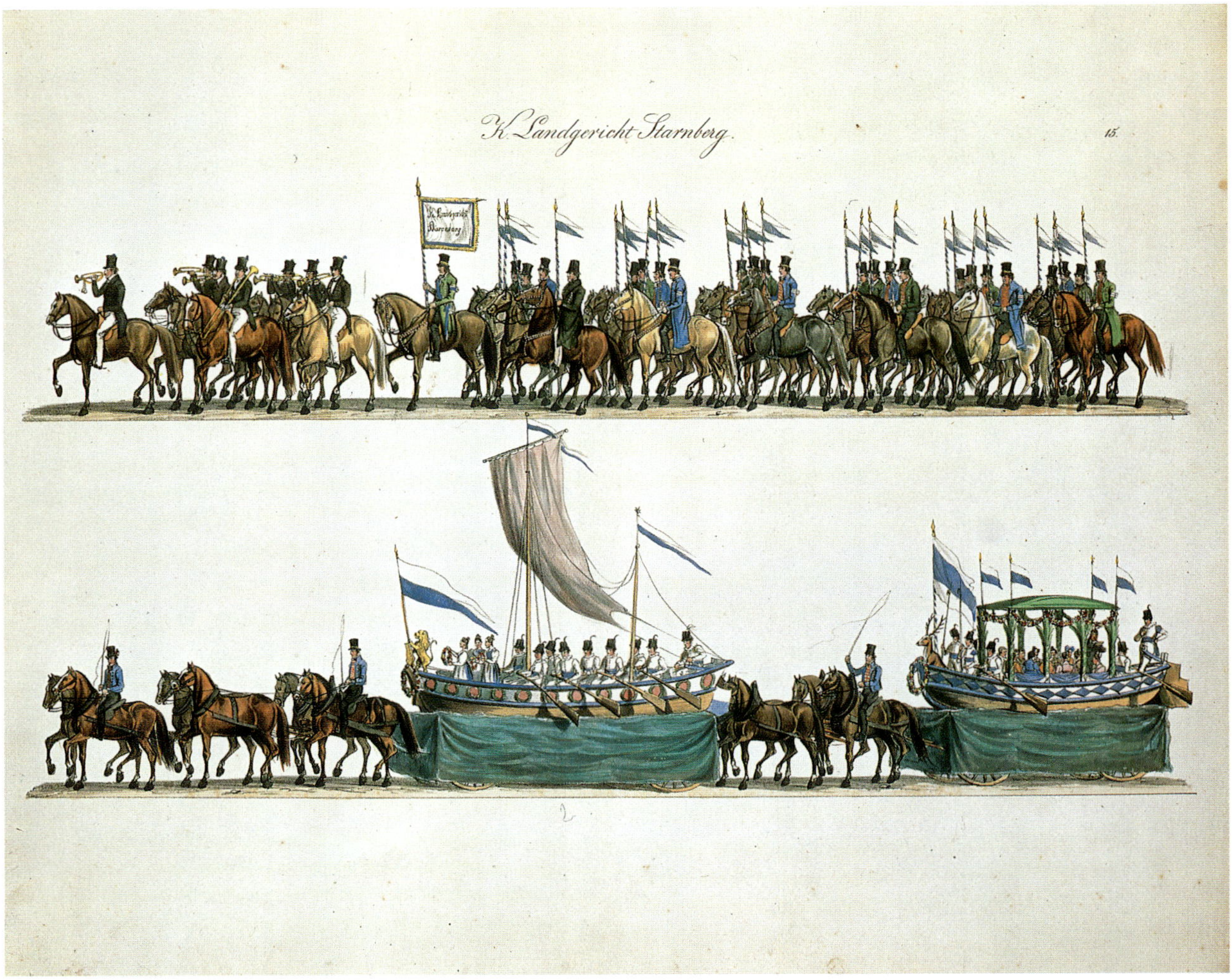

Festwagen des Landgerichts Starnberg im Festzug von 1835 in München
Lithographie
Gustav Wilhelm Kraus 1835

achtet, daß sie anderen Herrschaften zugetan sind, gemäß der Seeordnung daran gebunden und gehalten sein sollen«.

Neben Segengerechtigkeiten auf dem See besaß die Hofmark Kempfenhausen auch Fischrechte für den Lüssbach, der früher Farchenbach genannt wurde, von Berg bis zum Einfluß in den Würmsee bei Percha. Darüber kam es 1611 zum Streit zwischen Servatius Part, Hofmarksherr von Kempfenhausen und Hans Georg Hörwarth von und zu Hohenberg, Landschaftskanzler und Hofmarksherr von Berg.[17]

Forellen, Karpfen und Hechte wurden in die 5 Kempfenhausener Fischweiher eingesetzt und gezüchtet. Von diesen Weihern sind noch die Flurnamen »Forellenweiherwiesl«, »Hechtweiherl«, »Weiherwiese« und »Schusterweiher« in Kempfenhausen und »Weiherbreite« und »Weiherwiese« in Haarkirchen erhalten.

Die Mehrzahl der Kempfenhausener Fischer stammte aus alteingesessenen Fischerfamilien, die an mehreren Uferorten des Starnberger Sees über viele Jahrzehnte ansässig waren und das Fischereihandwerk ausübten:

Die »Greimold«, die 1538 auf dem »Schustergut« saßen, gab es seit 1527 in Tutzing und Unterzeismering, seit 1539 in Bernried, Seeshaupt und Seeseiten und im 17. Jh. in Berg, Starnberg, Ambach, Garatshausen und Feldafing.

Die »Weiß«, 1534 auf dem »Clausenhof«, waren seit 1539 Fischer in Ambach und St. Heinrich, seit 1578 in Starnberg und Assenhausen und seit 1581 in Tutzing und Feldafing.

Die »Doll«, seit 1588 auf dem »Clausenhof« und seit 1612 auf dem »Fischergut«, saßen seit 1527 in Tutzing, seit 1539 in Percha, seit 1564 in Starnberg und Bernried und im 17. Jh. in Allmannshausen, Seeshaupt, Garatshausen und Possenhofen.

Die »Streitl«, 1629 auf dem »Clausenhof«, waren seit 1539 Fischer in Seeshaupt und im 16. Jh. in Berg und Tutzing.

Die »Pfanzelter«, seit 1661 auf dem »Clausenhof«, waren seit 1539 auch Fischer in Seeshaupt und im 16. Jh. in Berg und Tutzing.

Die »Mayr«, seit 1612 auf dem »Schwaigerhof«, waren im 17. Jh. Fischer in Starnberg und Percha.

Die »Gebhardt«, seit 1666 auf dem »Fischergut«, saßen seit 1539 als Fischer in Percha, Ambach, Seeshaupt und Seeseiten und im 17. Jh. in Bernried, Feldafing und St. Heinrich.

Die »Gröber«, seit 1692 auf dem »Schustergut«, seit 1727 auf dem »Fischergut«, gab es seit 1564 in Seeshaupt, seit 1661 in Leoni und St. Heinrich und im 18. Jh. in Tutzing, Assenhausen und Seeseiten.

Heute gibt es am Starnberger See nur noch 37 Fischer und darunter schon seit langer Zeit keinen Fischer mehr aus Kempfenhausen.

[17] Hauptstaatsarchiv: Kloster Schäftlarn, Faszikel 866/306

III. Die Siedlungsentwicklung von Kempfenhausen und Haarkirchen

Für Kempfenhausen und Haarkirchen ist die große Kontinuität der Siedlungsstruktur charakteristisch, die beide Orte über viele Jahrhunderte bewahrt haben.

Die Sedelhöfe aus dem 7. Jh. der bajuwarischen Ortsgründung, der »Sattlerhof« in Kempfenhausen und der »Blaslhof« in Haarkirchen, blieben bis in unser Jahrhundert an ihrem Standort erhalten und ebenso ist die Charakteristik der sie umgebenden Blockfluren aus der Zeit der Ursiedlung erhaltengeblieben. Die Höfe selbst wurden allerdings im Lauf der Jahrhunderte immer wieder erneuert und in ihrer Bausubstanz verbessert.

Zu den ältesten Höfen der beiden Orte gehören auch der »Clausenhof« in Kempfenhausen und der »Wirth« in Haarkirchen, die ursprünglich zum Besitz der Sedelhöfe gehört haben müssen und wohl erst mit dem Ende der Villikationsverfassung selbständig geworden sind, aber vom Grundherrn abhängig blieben.

In einer zweiten Siedlungsphase, etwa im 11. oder 12. Jh., entstanden dann zwei neue Höfe am nördlichen Rand der ursprünglichen Rodungsinsel Kempfenhausen, der »Schmausenhof« und der »Schwaigerhof«, die als Starthilfe mit einem Stück Land der Urhöfe ausgestattet wurden. Diese Höfe kultivierten weiteres Land, wie sich an ihren Besitzverhältnissen und an den Streifenfluren im Kataster von 1812 ablesen läßt.

In dieser Zeit muß an der Flurgrenze von Haarkirchen auch schon die Mühle entstanden sein, doch fehlen dafür urkundliche Zeugnisse. In den Aufzeichnungen des Klosters Schäftlarn ist jedoch im 13. Jh. eine Mühle in Percha belegt, die später abgegangen ist und eine ähnliche Lage und ähnlichen Besitz hatte wie die Mühle in Haarkirchen. Mühlen wurden bis ins 13. Jh. von den Grundherren in eigener Regie betrieben und erst mit Aufhebung der Villikationsverfassung an Pächter vergeben. Sie waren meist Viertelhöfe, hatten aber die Abgaben eines ganzen Hofes zu leisten.

Für die Entstehungszeit der Fischlehen, »Fischer« und »Schuster«, fehlen ebenfalls frühe Belege. Sie könnten als Ausbruch aus dem Schwaigerhof aus dem 13. oder 14. Jh. stammen, als man Handwerker ansiedelte und ihnen durch ein Haus und etwas Land die Ausübung ihres Handwerks ermöglichte.

Zur Hussitensteuer wurden im Jahre 1430 drei Fischlehen in Kempfenhausen herangezogen, wobei sich die Namen noch nicht bestimmten Hofstellen zuordnen lassen. Das ist im Jahre 1517 anders. Die nunmehr vier Fischlehen waren der »Claus«, der »Schwaiger«, der »Fischer« und der »Schuster«.

Im Dreißigjährigen Krieg haben die Schweden die Mühle und 2 Lehen in Kempfenhausen niedergebrannt. Das war noch glimpflich, denn Percha verlor durch die Schweden einen Hof, zwei Lehen und 8 Sölden und dort starben 1634 die Familien auf 11 Hofstellen durch die Pest aus.

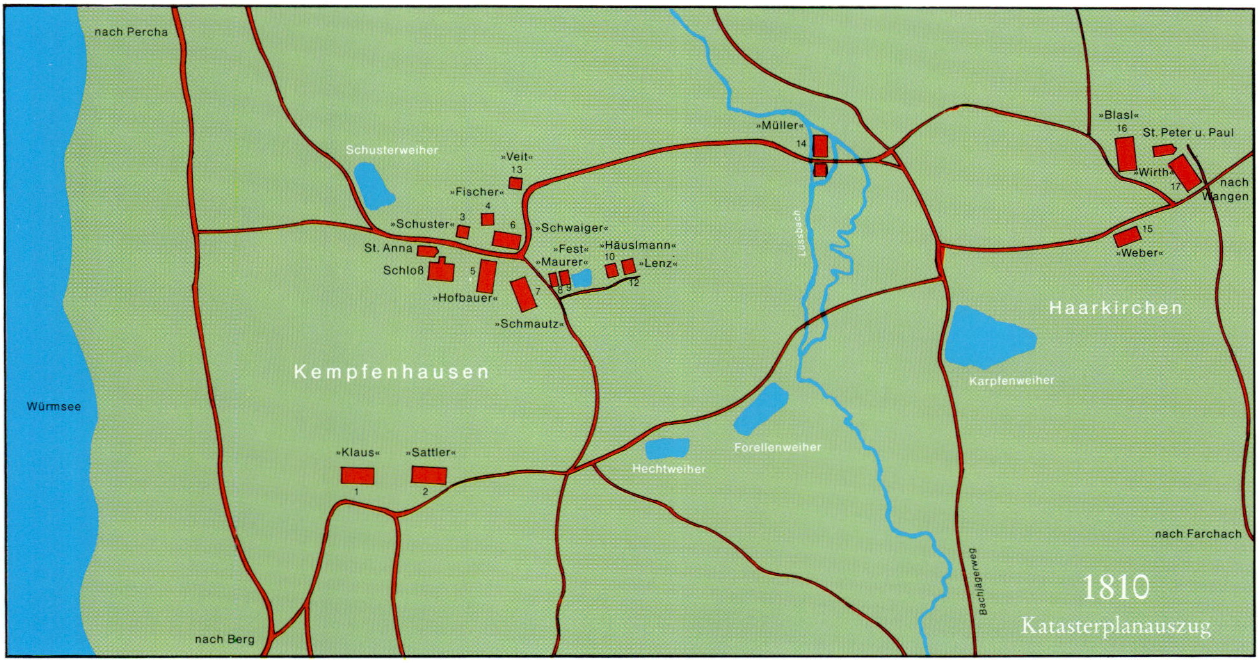

Die Siedlungsstruktur Kempfenhausens im Katasterplan von 1810

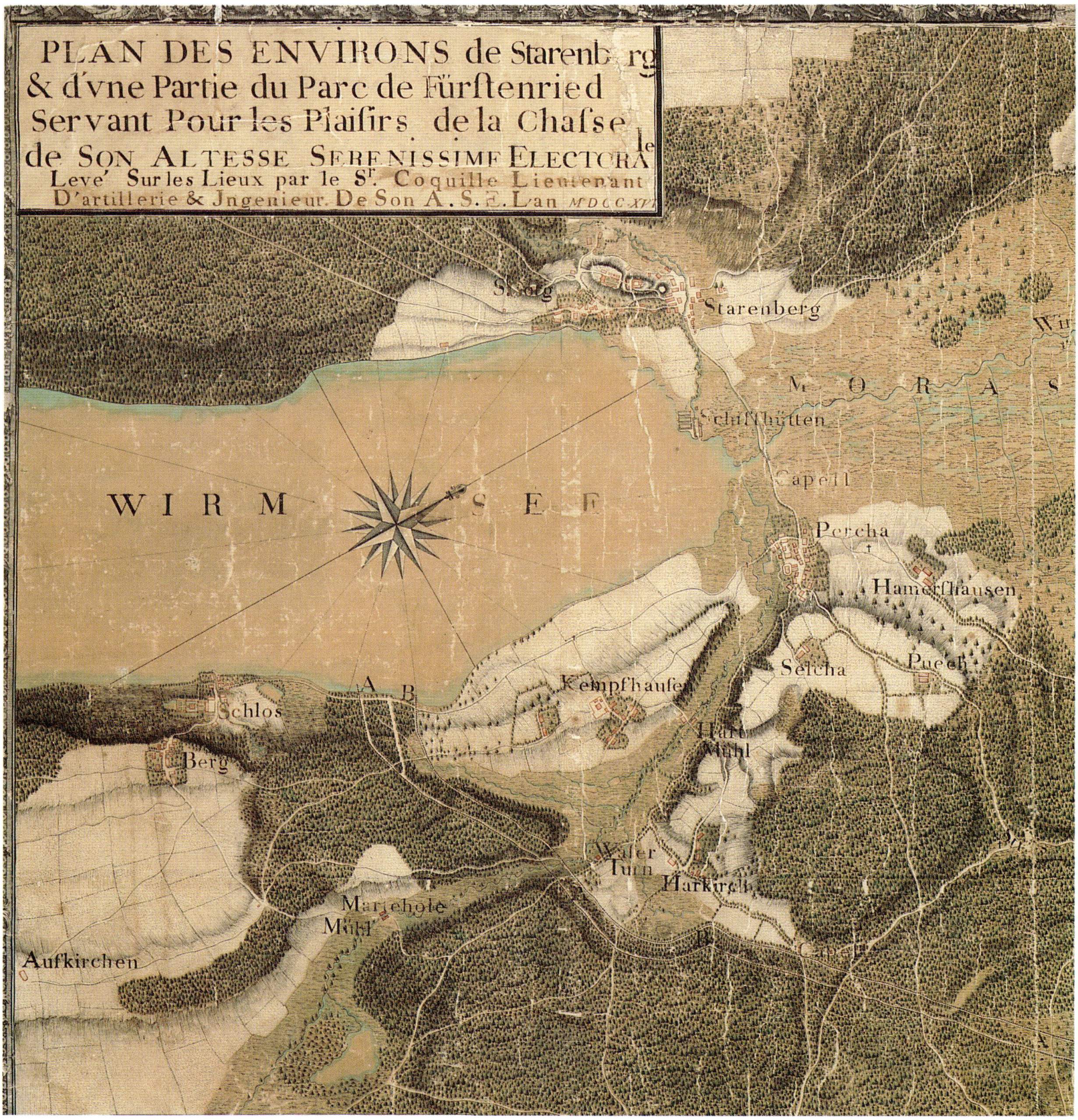

Kempfenhausen und Haarkirchen zur Zeit von Kurfürst Max Emanuel
Jagdkarte des französischen Leutnants Coquille von 1716
mit dem Wildzaun »A«–»B« vom Hofoldinger Forst nach Kempfenhausen
für die kurfürstliche Seejagd

Die Kirche St. Peter und Paul in Haarkirchen hat schon vor den Ungarneinfällen im 10. Jh. als adelige Eigenkirche bestanden. Dagegen ist das Schloß in Kempfenhausen, auf dem Seehang bei den Aussiedlerhöfen, erst am Ende des 15. Jahrhunderts entstanden und geht in seiner heutigen Form auf die Zeit um 1520 zurück. Aus derselben Zeit wie das Schloß stammt auch der erste Bau der Schloßkirche St. Anna. An dieser Siedlungsstruktur des 16. Jh.s hat sich bis zum Beginn des Dreißigjährigen Krieges nichts mehr geändert.

Als Kurfürst Ferdinand Maria 1678 die Hofmark erwarb, bestanden Kempfenhausen und Haarkirchen aus 10 Anwesen: »Sattler«, »Claus«, »Schmauz«, »Schweiger«, »Fischer« und »Schuster« in Kempfenhausen, und »Blasl«, »Wirth«, »Mühle« und »Weber« in Haarkirchen. Das »Webergut« war als Handwerkeransiedlung neu dazugekommen.

Im 18. Jh. erscheint um 1715 als einziger neuer Hof seit dem frühen Mittelalter der »Hofbauer«. Er stand zunächst in unmittelbarer Schloßnähe und wurde um 1850 an das Seeufer verlegt.

1632 ist in Kempfenhausen ein Zimmermann namentlich belegt, der Zimmermann Jörg Arnold, der von schwedischen Reitern bei ihrem Vorstoß nach Oberbayern erschlagen wurde. Zimmerleute waren als Baumeister unverzichtbar, da alle Gebäude noch in Blockbauweise gezimmert wurden.

Erst im 18. Jh. wurde es üblich, zunächst das Untergeschoß der Höfe zu mauern und später den ganzen Hof. Dafür wurden Maurer benötigt. Auf einem eigenen Anwesen, dem »Festgut«, sind die Zimmerleute in Kempfenhausen seit 1712 belegt, und die Maurer auf dem »Maurergut« seit 1721. Beide Anwesen hatten 1690 noch nicht existiert.

Zwischen den Jahren 1722 und 1743 wurden in Kempfenhausen weitere Handwerker angesiedelt, die, ebenso wie die Zimmerer und Maurer, keinen Landbesitz mehr erhielten, sondern nur noch ein »Häusl« mit Garten. Auf diese Weise entstanden die Handwerkeranwesen »beim Fischer Veith« 1722, »Schneider« 1725 und »Lenz«, später »Schäffler« genannt, 1743. Das Anwesen »Häuslmann« geht auf das Pfleghäusl des Schlosses zurück und bestand vermutlich schon im 16. Jh.

Nach der Montgelas-Statistik von 1811 hatte Kempfenhausen 1 Kirche, 14 Wohngebäude, 9 Scheunen und Stadl, und Haarkirchen 1 Kirche, 4 Wohngebäude und 4 Scheunen und Stadl. Von diesen 33 Gebäuden waren 29 mit Schindeln gedeckt, und lediglich 3 Gebäude in Kempfenhausen und ein Gebäude in Haarkirchen, hatten schon Ziegeldächer. Vermutlich befanden sich darunter das Schloß und die beiden Kirchen.

Die Montgelas-Statistik von 1811[18] liefert auch interessante Aufschlüsse über Art und Anzahl der damaligen Handwerker in Bayern.

[18] Bayerisches Hauptstaatsarchiv: cgm 6844, 6845, 6849, 6852

So waren in den Landgerichten Wolfratshausen und Starnberg 1811 die nachstehenden Handwerker am häufigsten vertreten:

Wolfratshausen	**Starnberg**
70 Leinenweber, davon 1 in Haarkirchen	98 Zimmerergesellen, davon 2 in Kempfenhausen
54 Schuhmacher, davon 1 in Kempfenhausen	69 Schuhmacher
41 Hufschmiede	62 Leinenweber
40 Müller, davon 1 in Haarkirchen	46 Hufschmiede
34 Schneider	32 Fischer, davon 1 in Kempfenhausen
27 Wagner	27 Müller
26 Schäffler	23 Krämer
19 Bäcker	20 Bäcker
19 Tafernwirte, davon 1 in Haarkirchen	20 Metzger
15 Goldschläger	19 Schäffler
11 Kistler, d. h. Schreiner	15 Schneider
9 Zimmermeister	10 Goldschläger

In beiden Landgerichten gab es nur je 1 Kaminkehrer, aber das Landgericht Wolfratshausen hatte 8 Schokoladenmacher und das Landgericht Starnberg 9 Schokoladenmacher. Als weitere Handwerker hatte jedes der beiden Landgerichte 3 Hafner, 2 Salzstöckler und 1 Zinngießer und das Landgericht Wolfratshausen zusätzlich 1 Waffenschmied, 1 Kupferschmied, 1 Nagelschmied, 2 Siebmacher, 2 Seiler, 2 Glaser, 1 Weinsieder, 1 Seifensieder, 1 Uhrmacher und 1 Strumpfsticker.

Die Namen der Hofinhaber sind vor dem Schwedeneinfall 1632 nur vereinzelt in den Gerichtsurkunden, Klosterurbaren und in den Steuererhebungen und Scharwerkbüchern, jedoch ohne Hofbezeichnung zu finden. Urkunden und Aufzeichnungen über die Hofübergaben fehlen zum größten Teil. Ab 1632 sind die Kirchenbücher von Aufkirchen erhalten, doch fehlen Eheschließungen und Sterbedaten, wenn diese Ereignisse außerhalb des Pfarrbezirks Aufkirchen stattgefunden haben. Normalerweise blieben die Höfe lange in Familienbesitz, bevor ein Besitzwechsel stattfand.

Auf dem »Sattlerhof« ist die Familie Sattler, von 1477–1629, d. h. 152 Jahre lang, urkundlich belegt und von 1689 bis 1888, d. h. fast 200 Jahre lang, saß die Familie Pischetsrieder auf dem Sattlerhof. Den »Clausenhof« besaß die Familie Pfannzelter von 1648–1772, d. h. 124 Jahre, bevor er auf den Schwiegersohn Norbert Gattinger überging. Bis 1845, also 73 Jahre, blieb er bei der Familie Gattinger und ging dann an den Schwiegersohn, Lorenz Pellet, über. Der »Schwaigerhof« war von 1716–1878, d. h. 162 Jahre lang, im Besitz der Familie Queri, das »Fischergut« von 1748–1882, das sind 134 Jahre, im Besitz der Familie Gröber und das »Webergut« von 1688–1829, d. h. 141 Jahre, im Besitz der Familie Heilmayer, um nur einige der längsten Besitzperioden zu nennen. Zu erwähnen ist auch die Familie Schmauz. Sie ist auf ihrem Hof von 1477–1585, 108 Jahre lang urkundlich belegt.

Große Kinderzahlen waren häufig; in manchen Jahren und in manchen Familien auch die Kindersterblichkeit.

Es hatte im 17. Jh.:

der »Sattler« Melchior Huber mit seiner Ehefrau Maria von 1650–1684 12 Kinder
der »Claus« Johann Pfanzelter mit seiner Ehefrau Elisabeth von 1685–1705 13 Kinder
der »Müller« Andreas Lenz mit seiner Ehefrau Elisabeth von 1684–1702 10 Kinder.

im 18. Jh.:

der Jäger Heichl des Baron von Zündt	von 1699–1723 16 Kinder, davon	5 Totgeburten
der »Schmauz« Georg Hochenleitner	von 1708–1726 9 Kinder, davon	2 Totgeburten
der »Schuster« Johann Gröber jun.	von 1713–1748 16 Kinder, davon	6 Totgeburten
der »Hofbauer« Thomas Pentenrieder	von 1715–1733 11 Kinder, davon	2 Totgeburten
der »Schwaiger« Hans Queri	von 1716–1730 10 Kinder	
der »Claus« Georg Pfanzelter	von 1723–1745 10 Kinder	
der »Sattler« Andreas Pischetsrieder	von 1729–1749 10 Kinder, davon	2 Totgeburten
der »Hofbauer« Georg Pentenrieder	von 1748–1770 12 Kinder, davon	7 Totgeburten
der »Wirth« Joseph Pentenrieder	von 1753–1767 10 Kinder, davon	5 Totgeburten
der »Müller« Caspar Frech	von 1747–1770 15 Kinder, davon	13 Totgeburten
der »Sattler« Mathias Pischetsrieder	von 1760–1781 13 Kinder, davon	3 Totgeburten
der »Claus« Norbert Gattinger	von 1773–1803 13 Kinder, davon	2 Totgeburten
der »Hofbauer« Mathias Pentenrieder	von 1779–1798 9 Kinder, davon	3 Totgeburten

im 19. Jh.:

der »Weber« Mathias Heilmayer	von 1802–1812 9 Kinder, davon	5 Totgeburten
der »Blasl« Niclas Wach	von 1806–1828 16 Kinder, davon	7 Totgeburten
der »Weber« Paul Mayer	von 1830–1846 10 Kinder, davon	3 Totgeburten
der »Wirth« Thomas Mauser	von 1831–1842 10 Kinder, davon	4 Totgeburten
der »Claus« Lorenz Pellet	von 1846–1860 13 Kinder, davon	5 Totgeburten
der »Weber« Xaver Mayer	von 1861–1878 9 Kinder, davon	4 Totgeburten.

Wenn der Bauer oder die Bäuerin starb, wurde sofort wieder geheiratet, damit der Hof und die Kinder versorgt blieben. Von den 19 oben genannten Beispielen kinderreicher Familien waren – mit 4 Ausnahmen – alle Kinder von einer Mutter, bei den vier Ausnahmen, von 2 Müttern.

Der größte Grundbesitzer war der »Sattler«, doch am vermögendsten waren die beiden Höfe »Blasl« und »Wirth« in Haarkirchen. Nach dem ersten Kataster von 1812 hatten die Höfe folgenden Grundbesitz, ausgedrückt in Tagwerken:

Kempfenhausen									
Haus Nr.	2	1	6	7	5	4	3	10	8, 9, 12, 13
Besitz	»Sattler«	»Claus«	»Schwaiger«	»Schmauz«	»Hofbauer«	»Fischer«	»Schuster«	»Schneider«	»Maurer« »Fest«
	Tagwerk	Tagwerk	Tagwerk	Tagwerk	Tagwerk	Tagwerk	Tagwerk	Tagwerk	»Lenz« »Beim Veit«
Haus	0,41	0,71	0,17	0,12	0,12	0,35	0,22	0,10	Haus u. Garten
Garten	9,18	0,51	2,31	2,41	0,58	–	–	0,02	–
Acker	44,83	44,88	29,97	50,71	76,65	7,10	8,15	1,96	–
Wiese	17,08	24,80	4,90	10,83	15,82	2,30	–	–	–
Wald	73,29	1,50	–	–	4,11	–	–	–	–
Summe	166,34	71,12	37,75	64,07	97,55	9,95	8,37	2,08	0,03 0,04 0,04 0,03

Haarkirchen				
	16	17	15	14
Besitz	»Blasl«	»Wirth«	»Weber«	»Mühle«
	Tagwerk	Tagwerk	Tagwerk	Tagwerk
Haus	0,68	0,53	0,04	0,52
Garten	5,94	--	1,10	0,36
Acker	94,21	75,30	--	28,04
Wiese	8,53	45,69	--	7,58
Wald	5,30	21,57	--	10,68
Summe	114,66	143,09	1,14	47,18

Bis 1887 hat sich die Anzahl der Hofstätten nicht mehr verändert. Noch vor der Jahrhundertwende wurden jedoch mehrere bäuerliche Betriebe durch auswärtige Gutsherrn aufgekauft:

1895 der »Sattlerhof« durch Freiherrn von Kap-her
1896 der »Blaslhof«, der »Wirtshof« und die »Mühle« durch Max von Klenze
1898 der »Hofbauer« durch die russische Fürstin Anna Bariatinsky

Bis 1909 entstanden in Kempfenhausen fünf herrschaftliche Villen wohlhabender Bauherrn, mit einer Ausnahme, am Seeufer, wodurch sich die Gemeindefinanzen stark verbesserten, sich aber auch die Struktur der Gemeinde zu verändern begann. Jahrhundertelang hatte sich auch im Viehbestand der Gemeinde der bäuerliche Wohlstand ausgedrückt, der 1671 und 1811 mit nachstehenden Ergebnissen gezählt wurde:

Kempfen-hausen	Rosse	Jährlinge + Füllen	Kühe	Jung-vieh	Kälber	Stiere	Schweins-mütter	Schweine	Frisch-linge	Schafe	Impen d. h. Bienen
»Sattler«	3	1	3	2	–	–	1	–	4	–	–
»Claus«	3	–	6	1	–	–	1	–	4	4	2
»Schmauz«	2	–	4	3	1	–	–	1	–	8	–
»Schwaiger«	3	–	3	2	–	–	–	–	6	2	–
»Fischer«	2	1	2	1	–	–	–	–	–	3	1
»Schuster«	2	–	3	–	2	–	–	–	–	3	2
1671	15	2	21	9	3	–	2	1	14	20	5
1811	15	14	35	19	–	3	–	8	14	8	–

Haarkirchen	Rosse	Jährlinge + Füllen	Kühe	Jung-vieh	Kälber	Stiere	Schweins-mütter	Schweine	Frisch-linge	Schafe	Impen d. h. Bienen
»Blasl«	5	3	8	5	2	1	2	8	–	8	1
»Wirth«	4	3	5	3	–	–	1	1	–	9	–
»Weber«	–	–	1	–	–	–	–	–	–	–	–
»Müller«	2	–	3	2	2	–	1	–	8	–	–
1671	11	6	17	10	2	1	4	9	8	17	1
1811	10	4	24	14	–	2	–	–	–	–	5

Der größte Viehbestand ergab sich bei der Viehzählung von 1877. Kempfenhausen hatte 10 Pferde und 65 Rinder, Haarkirchen 15 Pferde und 51 Rinder, beide Orte zusammen 25 Pferde und 116 Rinder. Dieser Viehbestand ging nun laufend zurück. 1888 waren es insgesamt noch 11 Pferde, 82 Rinder und 15 Schweine; 1904 nur noch 8 Pferde, 83 Rinder und 10 Schweine. Bei den Volkszählungen von 1928 und 1950 wurde der Viehbestand gar nicht mehr aufgenommen. Es zählte nur noch die Bevölkerungsentwicklung und die Zahl der Wohngebäude.

Verhältnismäßig spät begann man die Bevölkerungsentwicklung im Kurfürstentum Bayern statistisch zu erfassen. Mit dem Generalmandat vom 30. 9. 1771 verordnete Kurfürst Maximilian Joseph die erste Gesamtvolkszählung im alten Bayern. Allen Richtern, Kastnern, Hofmarksrichtern und Klosterrichtern wurde befohlen, »die Zählung und Beschreybung in ihren Örtlichkeiten vorzunehmen und die Ortsconspekte für ihn getreulich auszuschreyben und zuzufertigen«. Mit der Leitung dieser ersten »Volksbeschreibung« Bayerns wurde Baron Dachsberg, Chef der Finanzverwaltung beim Rentamt Landshut, beauftragt.

Es dauerte jedoch 10 Jahre bis das Ergebnis vorlag, da die Bevölkerung in seltener Eintracht mit ihren adeligen und klösterlichen Hofmarksherrschaften die statistische Erfassung der Volksmenge auf jede nur denkbare Weise hintertrieb, da sie der Wißbegier des Staates gründlich mißtraute. Die Volkszählung sollte u.a. Aufschluß über die Arbeitskräftesituation liefern, denn es herrschte chronischer Arbeitskräftemangel, und die Anzahl der verfügbaren Gebäude erfassen. Gezählt wurde nach Ständen: Adel und Beamte, Bürger und Handwerker, Bauern und Leerhäusler, Bedienstete und Taglöhner, die Geistlichkeit und schließlich die »übrige Volksklasse«. Die notwendigen Angaben bekam man aus der direkten Befragung der Bevölkerung. 1781 ergab sich schließlich, daß Bayern damals etwa 920 000 Einwohner hatte und einen Frauenüberschuß von ca. 8%. 52% aller erfaßten Arbeitskräfte waren in der Landwirtschaft tätig und 18% im Handwerk. Verwaltung, Militär- und Hofdienst hatten einen Anteil von 7,5% der Beschäftigten. Angesichts der Randbedingungen dieser ersten Volkszählung ist anzunehmen, daß sie lokal erhebliche Fehlerquoten aufweist.

Im Gegensatz dazu war die Montgelas-Statistik von 1809/10 bzw. 1811/12 wesentlich exakter und erfaßte, anstelle der Stände, bereits die Berufe und zahlreiche Details.

Weitere Statistiken waren die »Tabellarische Beschreibung des Bistums Freysing« aus dem Jahre 1820, das »Topographisch statistische Lexikon vom Königreich Bayern« des Dr. Joseph Anton Eisenmann von 1830 und »Das Königreich Bayern topographisch statistisch in lexicographischer und tabellarischer Form« von M. Siebert aus dem Jahre 1840. Die Ergebnisse der staatlichen Volkszählung von 1875 wurden im ersten Ortschaftenverzeichnis von 1877 veröffentlicht, dem die Ortschaftenverzeichnisse von 1888, 1904, 1928, 1950, 1964, 1973 und 1991 folgten. Ihnen waren jeweils Volkszählungen vorausgegangen. Zwischen diesen Volkszählungen liegt die »Statistische Beschreibung des Erzbistums München-Freising« von A. Mayer und G. Westermayer aus dem Jahre 1884.

Für Kempfenhausen und Haarkirchen läßt sich aus diesen Unterlagen folgende Entwicklung ablesen:

Jahr	Statistik	Kempfenhausen		Haarkirchen		Summe	
		Einw.	Wohngeb.	Einw.	Wohngeb.	Einw.	Wohngeb.
1811	Montgelas-Statistik	–	14	–	4	–	18
1820	Beschreibung Bistum Freysing	63	12	35	4	98	16
1830	Topgraph.stat.Lexikon Dr. Eisenmann	60	12	25	5	85	17
1840	Königreich Bayern von M. Siebert	70	13	25	5	95	18
1877	Ortschaftenverz., Volkszählung 1875	65	–	46	–	111	–
1884	Beschreibung Erzbistum München-Freising	65	14	33	5	98	19
1888	Ortschaftenverz., Volkszählung 1885	72	15	29	5	101	20
1904	Ortschaftenverz., Volkszählung 1900	65	17	29	5	94	22
1928	Ortschaftenverz., Volkszählung 1925	141	27	25	5	166	32
1950	Ortschaftenverz., Volkszählung 1950	238	54	50	6	288	60
1964	Ortschaftenverz., Volkszählung 1961	353	79	60	12	413	91
1973	Ortschaftenverz., Volkszählung 1970	427	–	73	–	500	–
1991	Ortschaftenverz., Volkszählung 1987	685	150	52	15	737	165

Die Einwohnerzahl im Landkreis Starnberg ist von 12011 im Jahre 1877 auf 108887 im Jahre 1987 gestiegen und im Landkreis Wolfratshausen, auch als Folge der Gebietsreformen, von 14943 im Jahre 1877 auf 98579 im Jahre 1987. Bei der Volkszählung von 1950 waren im Landkreis Starnberg von 63000 Einwohnern 16100, d.h. 25,5%, Heimatvertriebene und im Landkreis Wolfratshausen von 40500 Einwohnern 12660 Heimatvertriebenen, das sind 31,2%. Schon 1964 wurde dies nicht mehr unterschieden. Gebietsreformen, wodurch vor allem Großgemeinden geschaffen wurden, fanden von 1969 bis 1978 statt. In der Gemeinde Berg gingen dadurch nachstehende Gemeinden auf, deren Mehrzahl 1928 noch selbständig gewesen war: Assenbuch (heute Leoni), Aufkirchen, Haarkirchen, Bachhausen, Aufhausen, Farchach, Martinsholzen, Mörlbach, Höhenrain, Allmannshausen, Biberkor, Rottmannshöhe und Sibichhausen. Berg ist dadurch seit 1928 von 356 Einwohnern auf 6381 Einwohner im Jahr 1987 angewachsen.

In Kempfenhausen war noch vor 1820 mit dem »Manthalhammer« ein ländlicher Handwerksbetrieb entstanden, der das Wasser des Lüßbaches mit einem Wasserrad für eine Hammerschmiede und eine Nagelschmiede nutzte.

Zwischen 1909 und 1925 sind am Seeufer zu den herrschaftlichen Villen der Jahrhundertwende fünf weitere Villen mit Parkanlagen entstanden. Vor der Ansiedlung dieser vermögenden Villenbesitzer waren die Gemeindeeinnahmen Kempfenhausens gering gewesen. Deshalb hatte das Bezirksamt Starnberg dem Gemeinderat 1890 empfohlen, sich an eine Nachbargemeinde anzuschließen. Als Kempfenhausen jedoch lieber bezahlen als seine Selbständigkeit aufgeben wollte,

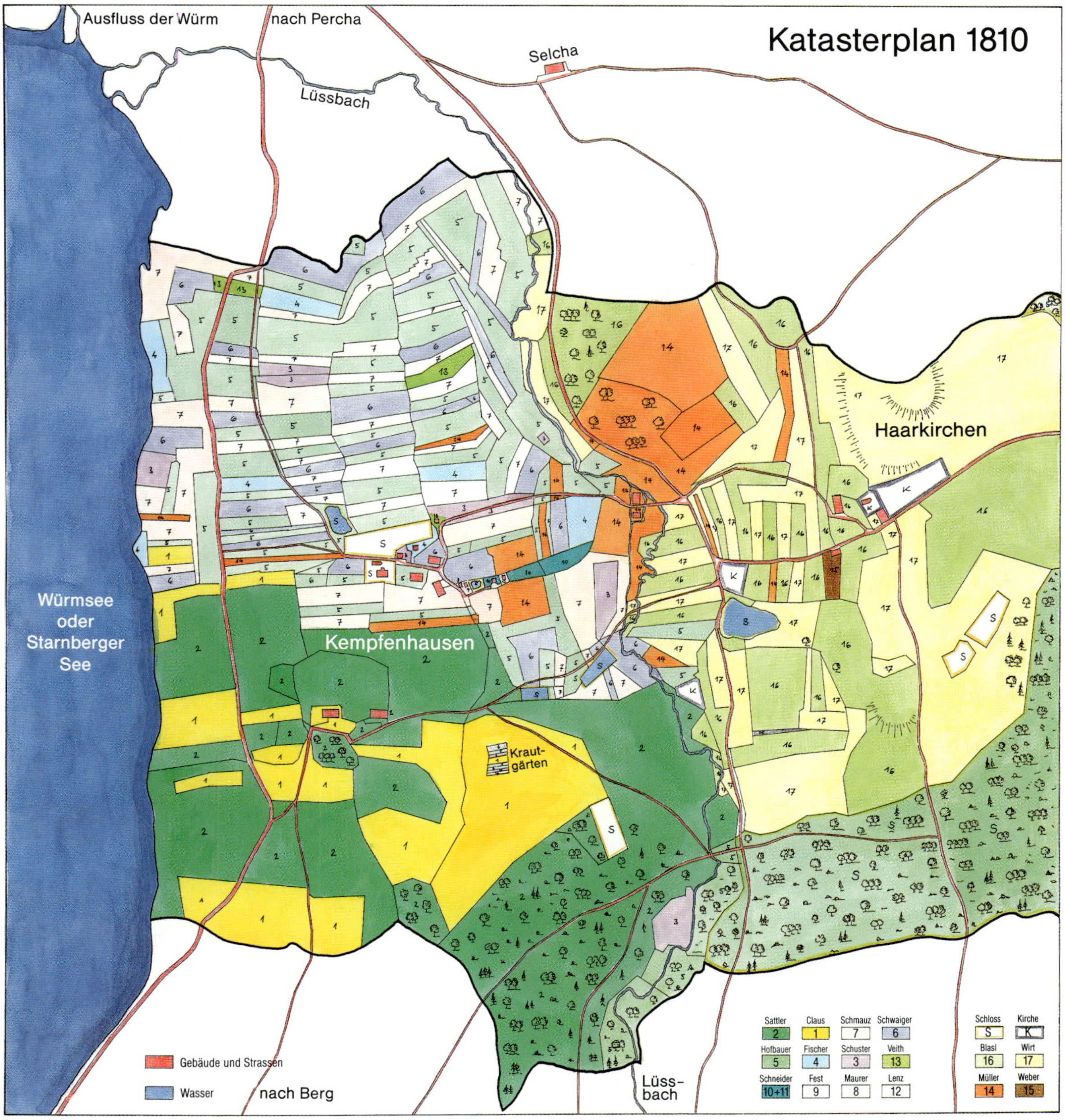

Grundbesitz nach dem Katasterplan von 1810

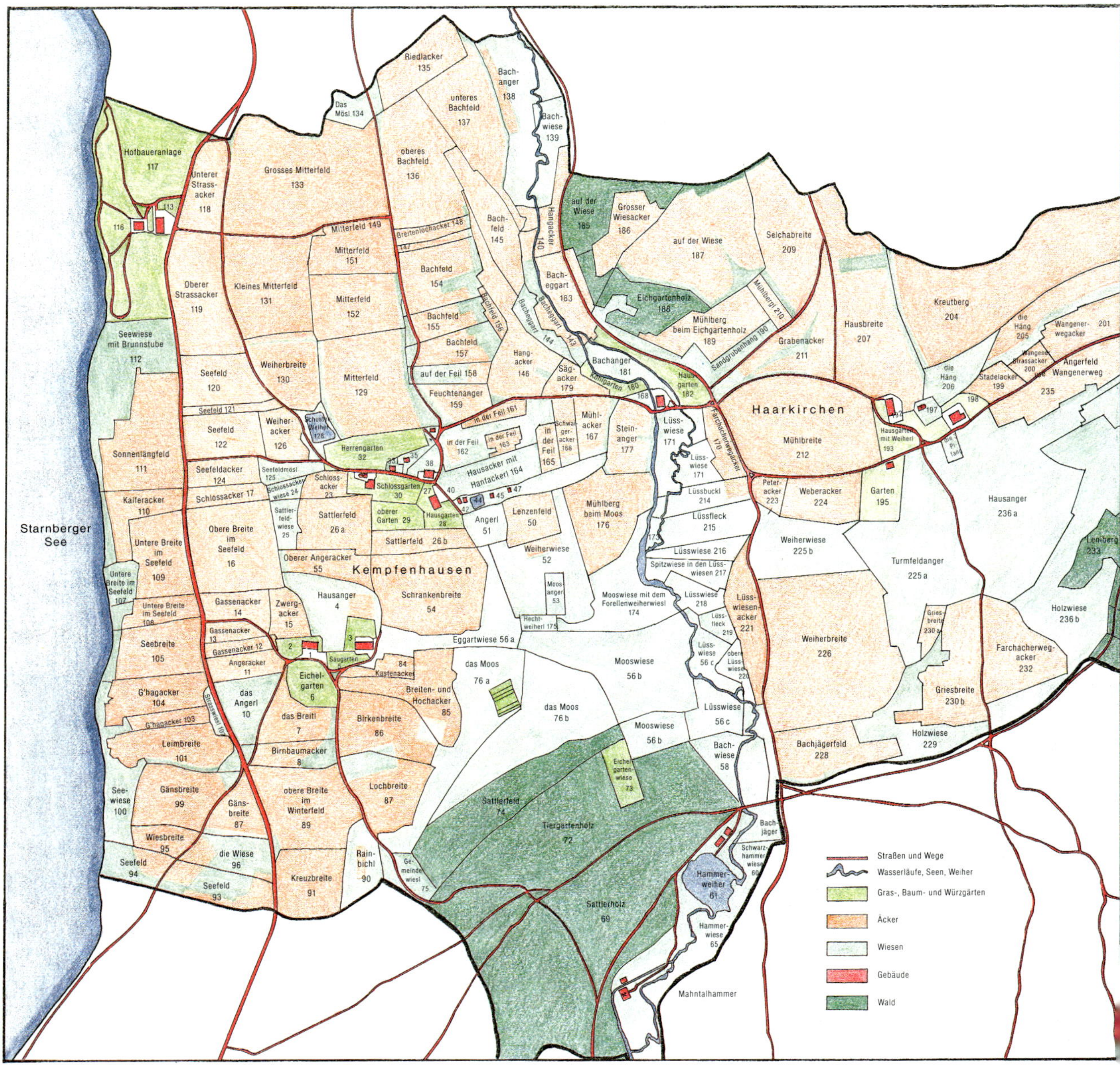

Flurnamenkarte und Flurnutzung nach dem Katasterplan von 1867

wurde dies im Protokoll des Bezirksamtes dem »Eigendünkel« der Kempfenhausener zugeschrieben. Wenige Jahre später gehörte Kempfenhausen zu den reichsten Gemeinden am See.

Größere Siedlungstätigkeit brachten das Jahr 1938 und die Jahre nach 1960. Dadurch ist die Anzahl der Wohngebäude, die 1925 nur 32 betragen hatte, bis 1987 auf 165 angestiegen, während im Gemeindegebiet die Landwirtschaft nahezu völlig verschwand.

Zeitweilig gehörte auch die Mühle Martinsholzen, ein Gut der bayerischen Herzöge, das als Beutellehen verliehen wurde, zum Besitz der Hofmarksherren von Kempfenhausen: 1550 und 1612 den Part, 1634 Alexander Schrenck und ab 1652 den Hörl. Die Mühle blieb bei Kempfenhausen, bis sie 1717 von Graf Hörwarth erworben wurde. 105 Jahre lang, von 1612 bis 1717, hießen die Müller Weiß, und von 1870 bis heute gehört Martinsholzen der Familie Demmler. 1975 wurde der Weiler, gemeinsam mit Bachhausen, in die Gemeinde Berg eingemeindet.

Kempfenhausen war bis 1937 eine selbständige Gemeinde, für die als Bürgermeister tätig waren:

1868	Ferdinand Queri	vom Schweigerhof	in Kempfenhausen
1872	Franz Gröber	vom Fischergut	in Kempfenhausen
1881 und 1887	Josef Pischetsrieder	vom Sattlerhof	in Kempfenhausen
1889 und 1892	Martin Maier	vom Clausenhof	in Kempfenhausen
1894–1919	Johann Treutterer	vom Schweigerhof	in Kempfenhausen
1926–1933	Paul von Klenze	vom Blaslhof	in Haarkirchen
1934–1937	Karl Laux	vom Sattlerhof	in Kempfenhausen

Den Bürgermeistern stand der Gemeinderat zur Seite mit zunächst 4, später 6 Mitgliedern. Die Bürgermeister und Gemeinderäte waren durchwegs ausgeprägte Persönlichkeiten, die die Interessen der Gemeinde mit Nachdruck und Umsicht vertreten haben, bis Kempfenhausen 1937 in die Gemeinde Berg eingemeindet worden ist.

IV. Die Höfe Kempfenhausens nach dem Kataster von 1812

4.1 Der »Sattlerhof«, der Sedelhof Kempfenhausens, 1/1 Hof, Haus 2 im Kataster von 1812

Der »Sattlerhof« war der Sedelhof Kempfenhausens, d. h. der Herrensitz des Ortsgründers und hatte noch in der Mitte des 19. Jh.s den größten Grundbesitz in Kempfenhausen. Zu den »Häusern des Kempfo«, durch die der Ort seinen Namen »Kempfenhausen« erhalten hat, gehörte neben dem »Sattlerhof« auch der »Clausenhof«.

Die Grundherren des Sattlerhofes sind in Urkunden belegt, doch für viele Jahrhunderte ist unbekannt, wer auf dem Hof saß und ihn bewirtschaftete, bis 1477 in einem Gerichtsverfahren der Name Conz Sattler erscheint. Der Sattler hatte auf

seinen Feldern einen Flurschaden von »16 Gulden rheinisch und 72 Pfennig« erlitten, den ihm alle Nachbarn anteilig ersetzt hatten mit Ausnahme des Schmauz vom Schmausenhof. Daraufhin hat ihn Conz Sattler wegen der ausstehenden »2 Gulden, 5 Schilling und 2 Pfennig« verklagt. Die Sattler, von denen dieser Hof den Hofnamen hat, sind von da ab bis 1634 auf dem Sattlerhof belegt, also über einen Zeitraum von 157 Jahren. Seit dem 26. 7. 1536 waren sie selbst Grundeigentümer, da ihr damaliger Grundherr, Hans von Törring, Herr auf Seefeld, den Sattlerhof an Ulrich Sattler, der den Hof bereits bewirtschaftete, gegen ein jährliches Ewiggeld von 4 Pfund Pfennigen verkauft hat.

Auf die Sattler folgten als Hofbesitzer 1634 Georg Schmidt und 1648 Melchior

Hueber, der den Hof bis 1684 besaß. Nach ihm kam er an Marcus Pischetsrieder und blieb mehr als 200 Jahre im Besitz der Familie Pischetsrieder. 1888 verkaufte die Witwe von Joseph Pischetsrieder, der Bürgermeister in Kempfenhausen gewesen war, den Sattlerhof für 33000 Mark an Ludwig Seybold. Dieser tauschte ihn schon 1889 mit Gottfried Kohlermann gegen einen Hof im Bezirk Vilshofen. 1895 erwarb den Sattlerhof Freiherr Dr. Johannes von Kap-her für 46500 Mark und ließ ihn von nun an von einem Verwalter bewirtschaften. Er blieb im Besitz der Familie Kap-her bis ihn 1933 der damalige Bürgermeister von Kempfenhausen, der Ökonomierat Karl Laux, für 22000 Mark gekauft hat. 1938 ging der Sattlerhof für 58500 Reichsmark an die Kassenärztliche Vereinigung Deutschlands. Von ihr erwarb ihn 1989 Peter Will. Heute ist der Sattlerhof der einzige Hof Kempfenhausens, der noch landwirtschaftlich genutzt wird. Peter Will hält auf dem Hof Charolais-Rinder, die für ihre hervorragende Fleischqualität bekannt sind. Zur Zeit stehen 25 Rinder auf dem Hof.

An Informationen über den Sattlerhof enthalten die Scharwerkbücher, Kirchenbücher und Steuerbeschreibungen folgendes:

1538 hat Ulrich Sattler nach der Steuerfestschreibung 7 Pfd. 2 ß und 20 kr an Steuer zu bezahlen

1554 ist Ulrich Sattler nach dem Scharwerkbuch auf einem eigenen Hof Hauptmann und Brotbauer der Hauptmannschaft im Amt Wolfratshausen

1585 ist Ulrich Sattler nach dem Scharwerkbuch auf einem eigenen Hof Mitglied der Hauptmannschaft im Amt Wolfratshausen

1612 hat Ulrich Sattler auf einem eigenen Hof 7 Pfd. 5 ß 7 Pfg. zu versteuern, und für die Fahrnis 3 Pfd. 2 ß 3 Pfg. Der Zehnt geht zu 2 Teilen an das Kloster Tegernsee und zu einem Teil an den Pfarrer von Aufkirchen

1622 hat Hans Sattler auf seinem eigenen Hof unverändert 7 Pfd. 5 ß 7 Pfg. Steuer zu bezahlen und für die Fahrnis 3 Pfd. 2 ß 3 Pfg.

1629 sind unter den »Communicantes« im Kirchenbuch von Aufkirchen Jörg Sattler mit seiner Hausfrau Regina und die Witwe Barbara Sattler genannt

1630 und 1631 ist Georg Sattler nach den Kirchenbüchern Trauzeuge

1635 ist seine Ehefrau Regina bereits Witwe

1634 sitzt nach dem »Anschlag für die Hofmark Haarkirchen, Sitz Kempfenhausen«, Georg Schmidt mit seiner Hausfrau Regina auf dem Sattlerhof. Die jährlichen Abgaben betragen: 7 fl Wißgilt, 8 kr Stiftsgilt, 200 Eier, 8 Hühner, 1 Althenne, 2 Gänse, 1 Lamm, 7 Schäffel Korn, ½ Schäffel Gerste, 10 Schäffel Hafer. Außerdem müssen jährlich 6 Klafter Buchenholz für die Hofmarksherrschaft nach München gefahren werden

1643 ist Barbara Sattler, die Witwe des Hans Sattler und Schwägerin des Balthasar Heimrath in Kempfenhausen, Erbin ihres verstorbenen Bruders Caspar Heimrath von Aufkirchen

1671 gehört Melchior Hueber nach dem Steuerbuch mit seinem halben Hof unter die Niedergerichtsbarkeit des gestrengen Herrn Hörl. Er stiftet jährlich an Geld und Getreide 25 fl 4 kr Stiftgilt. Er ist Freistifter. Den Hof hat er erstanden, also nicht geerbt und nicht erheiratet. Haus und Stadel sind erzimmert und werden auf 100 Gulden geschätzt. Er besitzt 3 Rosse, 1 Füllen, 3 Kühe, 2 Stück Jungvieh, 1 Schweinsmutter und 4 Frischlinge. Seinen drei Kindern aus erster Ehe schuldet er für das mütterliche Gut 75 Gulden ohne Zins und der Hofmarksherrschaft 150 Gulden Bargeld. Über seine »Hausnotdurft« hinaus kann er weder Getreide noch Vieh verkaufen

1677 ist im »Steueranschlag über den adeligen Sitz Kempfenhausen und die Hofmark Haarkirchen« das Sedelgut zu Kempfenhausen ein halber Hof, den Melchior Hueber in veranlaiter Freistiftgerechtigkeit besitzt. Bisher hatte er 3½ Schäffel Roggen, 1 Schäffel Gerste und 3½ Schäffel Hafer zu dienen, doch ist ihm dies »leibslebenlang« zu Geld angeschlagen worden. Dafür hat er jährlich 20 fl zu bezahlen. Außerdem hat er zu leisten: 5 fl Stiftsgilt, 4 fl Scharwerksgilt, 6 kr Stiftsgilt, 100 Eier, 4 Hühner, 1 Henne, 1 Gans und 1 Lamm

1735 sitzt nach dem Herdstattverzeichnis Andreas Pischetsrieder auf dem Sattlerhof

1761 hat Andreas Pischetsrieder, genannt »beim Sattler«, nach dem »Anlagsbuch der Dufrénischen Hofmark Kempfenhausen« 1/1 Hof in veranlaiter Freistift. Er wird veranlagt für Fourage mit 7 fl, für Vorspanndienste mit 1 fl 15 kr, für die Herdstatt mit 25 kr und zur Steuer mit 3 fl 1 kr 5 hl

1808 sitzt Leonhard Pischetsrieder, genannt »Sattler«, nach den »Steuerfassionen der Hofmark Kempfenhausen des Damenstifts« auf einem ganzen Hof. Er hat 2 fl 45 kr Gilt und Grundstift zu bezahlen und für den Küchendienst 4 fl 45 kr. Für die abgelösten Getreidelieferungen von 1 Schäffel Weizen, 2 Schäffel Roggen, 1 Schäffel Gerste und 4 Schäffel Hafer hat er 46 fl 24 kr zu entrichten. Seine geschuldeten grundherrlichen Frondienste sind mit 6 fl veranschlagt

1812 ist nach dem Steuerkataster, dem erstmals die Ergebnisse der von Graf Montgelas veranlaßten Landvermessung zugrunde liegen, Leohard Pischetsrieder Eigentümer des Sattlerhofes. Er hat 166,34 Tagwerk Grundbesitz, davon 9,59 Tagwerk Haus und Garten, 66,34 Tagwerk Acker, 32,12 Tagwerk Wiesen und 58,29 Tagwerk Wald. Er ist Freistifter und zur Hofmark Kempfenhausen gerichtsbar. Seine Dominikalsteuer beträgt 1 fl 10 kr 3 hl und die Rustikalsteuer 5 fl 39 kr 6 hl. Der Zehnt geht zu ⅔ an das Rentamt und zu ⅓ an den Pfarrer von Aufkirchen. Das Anwesen ist mit 1500 Gulden eingeschätzt. Für die Leistungen des Hofes ist veranschlagt: das Roßscharwerk mit 5 fl, die Stift mit 2 fl 25 kr, im Küchendienst 20 kr für 2 Hennen, 1 fl für 10 Hühner, 24 kr für 100 Eier, 30 kr für 2 Gänse und 24 kr für 1 Lamm, im

Getreidedienst 10 fl für 1 Schäffel Weizen, 16 fl für 2 Schäffel Korn, 6 fl für 1 Schäffel Gerste und 18 fl für 4 Schäffel und 4 Metzen Hafer

1867 heißt der »Sattler« im Grundsteuerkataster Georg Pischetsrieder. Er hat den Hof 1841 um 6 800 fl von den Eltern übernommen. Sein Grundbesitz umfaßt 161,2 Tagwerk, davon 8 Tagwerk Haus und Garten, 65,68 Tagwerk Acker, 36,32 Tagwerk Wiesen und 51,2 Tagwerk Wald. Zur Grundsteuer ist er mit 19 fl 12 kr 4 hl veranlagt.

Auf den zum Sattlerhof gehörenden Grundstücken sind später drei der sieben, heute denkmalgeschützten, Villen Kempfenhausens entstanden. Die erste dieser Villen hat Freiherr Dr. Johannes von Kap-her 1897 im »Eichelgarten« errichten lassen. 1921 wurde sie von Karl Lüderitz erworben, der sie 1938 an die Reichsärztekammer verkauft hat.

1904 entstand auf der »Seewiese« ein Landhaus für den Münchner Landschafts- und Genremaler Ernst Ludwig Plass, das 1925 in ein neubarockes Palais umgebaut wurde.

1932 wurde auf der »Unteren Breite« die Villa für Fritz de Osa, im Stil eines Gartenpalais des Rokoko, errichtet. Jede dieser Villen war von parkartigen Gartenanlagen umgeben.

Als von 1926–1929 ein Wasserflugzeug in Kempfenhausen stationiert war, stand auf der »Gänsebreite« eine Flugzeughalle, bis sie 1929 wieder abgebrochen wurde.

Der Sattlerhof, der noch zu Beginn des 19. Jh.s ein Holzblockbau mit Schindeldach gewesen ist, ist heute ein Neubau aus dem Jahre 1989. Nur durch die sich wiederholenden Erneuerungen konnte der Sattlerhof, trotz aller Veränderungen in seiner Umwelt und in der Lebensweise, seinen Standort 1200 Jahre lang behaupten.

»Sattlerhof« – Sedelhof von Kempfenhausen – 1/1 Hof – Haus 2 im Kataster von 1812

Jahr	Datum	Name	Ehefrau	Kinder	Geb.	Ehe	Tod	Besitz	Urkunde
1477		Sattler Conz							KU Schäftlarn Lit 184
1536	26. 7.	Sattler Ulrich						1/1 Hof	GU Wolfratshausen 436
1538		Sattler Ulrich						Steuer	Kurb. Geh. La. Arch. 1231
1574		Sattler Ulrich						Scharw.	Kurb. Geh. La. Arch. 1231
1585		Sattler Ulrich						Scharw.	Kurb. Geh. La. Arch. 1231
1610		Sattler Ulrich							GU 420 Kirchenprobst
1612		Sattler Hans	Barbara					1/1 Hof	Steuerb. Wolfratsh. 489
1612	–1628	Sattler Hans	Barbara					1/1 Hof	Steuerb. Wolfratsh. 490
1622		Sattler Hans	Barbara					1/1 Hof	Steuerb. Wolfratsh. 493
16		Sattler Hans +					+		Sterberegister Aufkirchen
1629		Sattler Georg	Regina						»Communicantes« Aufk.
1630	3. 11.	Sattler Georg						Trauzeuge	Trauungsreg. Aufkirchen
1631	1. 9.	Sattler Georg						Trauzeuge	Trauungsreg. Aufkirchen
163		Sattler Georg +					+		Sterberegister Aufkirchen
1633	14. 9.	Schmidt Georg						Trauzeuge	Trauungsreg. Aufkirchen
1634	23. 4.	Schmidt Georg						Trauzeuge	Trauungsreg. Aufkirchen
1634		Schmidt Georg	Regina					1/2 Hof	GL Faszikel 4541/25
1643			Barbara Sattler Witwe						GU Stbg. Erbin v. Casp. Heimrath
16		Hueber Melchior	Anna			X			Trauungsreg. Aufkirchen
1650	12. 12.	Hueber Melchior	Anna	Thomas	X				Taufregister Aufkirchen
1659	20. 2.	Hueber Melchior	Anna	Petrus	X				Taufregister Aufkirchen

1659	20. 2.		Anna Hueber +				+		Sterberegister Aufkirchen
1659	27. 3.	Hueber Melchior	Maria Sibichhauser			X			Trauungsreg. Aufkirchen
1661	9. 4.	Hueber Melchior	Maria	Michael	X				Taufregister Aufkirchen
1663	5. 8.	Hueber Melchior	Maria	Anna	X				Taufregister Aufkirchen
1665	6. 1.	Hueber Melchior	Maria	Melchior	X				Taufregister Aufkirchen
1666	24. 5.	Hueber Melchior	Maria	Ursula	X				Taufregister Aufkirchen
1668	13. 3.	Hueber Melchior	Maria	Andreas	X				Taufregister Aufkirchen
1669	8. 6.	Hueber Melchior	Maria	Regina	X				Taufregister Aufkirchen
1670	21. 11.	Hueber Melchior	Maria	Catharina	X				Taufregister Aufkirchen
1671		Hueber Melchior						½ Hof	Steuerb. Wolfratsh. 510
1673	1. 2.	Hueber Melchior	Maria	Eva	X				Taufregister Aufkirchen
1676	9. 11.	Hueber Melchior						½ Hof	Verz. Hofgilt Kempfenh.
1677	19. 2.	Hueber Melchior						½ Hof	GL Wolfratsh. 4541/25
1678	22. 6.	Hueber Melchior	Maria	Afra	X				Taufregister Aufkirchen
1678	3. 2.	Hueber Melchior						Sedelgut	Verz. f. Kurf. Ferd. Maria
1679		Hueber Melchior	geg. Gg. Schlemmer					Verh. Prot.	Pflegg. Wolfratsh. 51
1684	18. 4.	Hueber Melchior	Maria	Sebastian	X				Taufregister Aufkirchen
16		Hueber Melchior +					+		Sterberegister Aufkirchen
1688	4. 8.	Pischetsrieder Marcus	Anna	Mathias	X				Taufregister Aufkirchen
1689		Pischetsrieder Marcus						⅟₁ Hof	Kurb. Geh. La. Arch. 1233
1690	1. 9.	Pischetsrieder Marcus	Anna	Maria	X				Taufregister Aufkirchen
1693	10. 9.	Pischetsrieder Marcus	Anna	Andreas	X				Taufregister Aufkirchen
1697	28. 5.	Pischetsrieder Marcus	Anna	Magdalena	X				Taufregister Aufkirchen
1699	25. 5.	Pischetsrieder Marcus	Anna	Johann	X				Taufregister Aufkirchen
1701	5. 4.	Pischetsrieder Marcus						Trauzeuge	Trauungsreg. Aufkirchen
17		Pischetsried. Marc. +					+		Sterberegister Aufkirchen
1727	24. 11.	Pischetsrieder Andr.	Elisabeth Pallauf			X			Trauungsreg. Aufkirchen
1729	13. 7.	Pischetsrieder Andr.	Elisabeth	Mathias +	X		+		Taufregister Aufkirchen
1731	30. 1.	Pischetsrieder Andr.	Elisabeth	Joseph	X				Taufregister Aufkirchen
1732	25. 12.	Pischetsrieder Andr.	Elisabeth	Johann	X				Taufregister Aufkirchen
1734	31. 3.	Pischetsrieder Andr.	Elisabeth	Catharina	X				Taufregister Aufkirchen
1735	1. 4.	Pischetsrieder Andr.						Sattlerhof	GL Faszikel 4583/183
1735	23. 11.	Pischetsrieder Andr.	Elisabeth	Andreas	X				Taufregister Aufkirchen
1739	11. 11.	Pischetsrieder Andr.	Elisabeth	Mathias	X				Taufregister Aufkirchen
1741	27. 10.	Pischetsrieder Andr.	Elisabeth	Simon	X				Taufregister Aufkirchen
1744	14. 4.	Pischetsrieder Andr.	Elisabeth	Monica	X				Taufregister Aufkirchen
1745	5. 1.		Anna Pischetsried. +				+		Sterberegister Aufkirchen
1746	30. 10.	Pischetsrieder Andr.	Elisabeth	Petrus +	X		+		Taufregister Aufkirchen
1749	10. 3.	Pischetsrieder Andr.	Elisabeth	Georgius	X				Taufregister Aufkirchen
1750	12. 8.		Elisab. Pischetsried. +				+		Sterberegister Aufkirchen
1758	3. 6.	Pischetsried. Andr. +					+		Sterberegister Aufkirchen
1759	10. 7.	Pischetsrieder Math.	Magd. Heimrath			X			Trauungsreg. Aufkirchen
1760	16. 10.	Pischetsrieder Math.	Magdalena	Leonardus	X				Taufregister Aufkirchen
1761	30. 4.	Pischetsrieder Math.						⅟₁ Hof	Pflegg. Wolfratsh. B33
1762	1. 6.	Pischetsrieder Math.	Magdalena	Thomas	X				Taufregister Aufkirchen
1764	18. 1.	Pischetsrieder Math.	Magdalena	Maria	X				Taufregister Aufkirrchen
1765	31. 8.	Pischetsrieder Math.	Magdalena	Mathias	X				Taufregister Aufkirchen
1766	10. 11.	Pischetsrieder Math.	Magdalena	Maria Magd.	X		+		Taufregister Aufkirchen
1768	12. 11.	Pischetsrieder Math.	Magdalena	Andreas +	X				Taufregister Aufkirchen
1770	26. 6.	Pischetsrieder Math.	Magdalena	Joh. Bapt.	X				Taufregister Aufkirchen
1772	25. 10.	Pischetsrieder Math.	Magdalena	Leonardus	X				Taufregister Aufkirchen
1774	8. 5.	Pischetsrieder Math.	Magdalena	Theresia	X				Taufregister Aufkirchen
1776	5. 1.	Pischetsrieder Math.	Magdalena	Maria	X				Taufregister Aufkirchen
1777	10. 5.	Pischetsrieder Math.	Magdalena	Georgius	X		+		Taufregister Aufkirchen
1779	16. 2.	Pischetsrieder Math.	Magdalena	Maria +	X				Taufregister Aufkirchen
1781	17. 1.	Pischetsrieder Math.	Magdalena	Antonius	X				Taufregister Aufkirchen
1799	29. 1.	Pischetsried. Math. +					+		Sterberegister Aufkirchen
1799	25. 6.	Pischetsrieder Leonh.	Magdalena Kracher			X			Trauungsreg. Aufkirchen
1800	11. 7.	Pischetsrieder Leonh.	Magdalena	Georgius	X				Taufregister Aufkirchen
1801	22. 7.	Pischetsrieder Leonh.	Magdalena	Magdalena	X				Taufregister Aufkirchen
1803	16. 11.	Pischetsrieder Leonh.	Magdalena	Georgius	X				Taufregister Aufkirchen
1808		Pischetsrieder Leonh.						⅟₁ Hof	Steuerfassionen
1812		Pischetsrieder Leonh.						⅟₁ Hof	Steuerkataster von 1812
1812	29. 6.		Magd. Pischetsried. +				+		Sterberegister Aufkirchen
1841	2. 1.	Pischetsrieder Georg	Maria Schuster			X			Trauungsreg. Aufkirchen
1841	1. 5.	Pischetsrieder Georg						Übernahme	Pflegg. Wolfrtsh.
1842	31. 10.	Pischetsrieder Georg	Maria	Bernhard +	X		+		Taufregister Aufkirchen
1843	22. 12.	Pischetsrieder Georg	Maria	Viktoria +	X		+		Taufregister Aufkirchen
1844	23. 11.	Pischetsrieder Georg	Maria	Georg +	X		+		Taufregister Aufkirchen
1845	29. 10.	Pischetsrieder Georg	Maria	Maria	X				Taufregister Aufkirchen
1847	9. 4.	Pischetsrieder Georg	Maria	Joseph	X				Taufregister Aufkirchen
1848	16. 4.	Pischetsrieder Georg	Maria	Veronika	X				Taufregister Aufkirchen

1849	19. 8.	Pischetsrieder Georg	Maria	Joh. Bapt.	X				Taufregister Aufkirchen
1850	3. 8.	Pischetsrieder Georg	Maria	Creszenz	X				Taufregister Aufkirchen
1867	23. 4.	Pischetsrieder Georg						1/1 Hof	Grundst. Kat. 20797/98
1868		Pischetsrieder Georg							Gemeinderat LRA 31952
1871		Pischetsrieder Gg. +					+		Sterberegister Aufkirchen
1871	9. 9.		Maria Pischetsrieder					Übergang	Sterbekat. Kempfenh.
1877	17. 5.	Pischetsrieder Josef						Übernahme	Grundst. Kat. 20797/98
1877	18. 6.	Pischetsrieder Josef	Theresa Glas			X			Trauungsreg. Aufkirchen
1877	29. 9.	Pischetsrieder Josef	Theresa	Rosina +	X		+		Taufregister Aufkirchen
1878	22. 9.	Pischetsrieder Josef	Theresa	Theresa	X				Taufregister Aufkirchen
1879	26. 9.	Pischetsrieder Josef	Theresa	Cäcilia	X				Taufregister Aufkirchen
1880	28. 11.	Pischetsrieder Josef	Theresa	Christian	X				Taufregister Aufkirchen
1881		Pischetsrieder Josef							Bürgermeister LRA 31952
1882	15. 4.	Pischetsrieder Josef	Theresa	Ludwig	X				Taufregister Aufkirchen
1883	8. 5.	Pischetsrieder Josef	Theresa	Isidor	X				Taufregister Aufkirchen
1884	28. 6.	Pischetsrieder Josef	Theresa	Peter	X				Taufregister Aufkirchen
1885	1. 10.	Pischetsrieder Josef	Theresa	Eduard	X				Taufregister Aufkirchen
1887	9. 5.	Pischetsrieder Josef	Theresa	Robert	X				Taufregister Aufkirchen
1887		Pischetsrieder Josef							Bürgermeister LRA 31952
1887	3. 12.	Seybold Ludwig						Kauf	f. 33000 Mk Kat. 20797
1889	23. 9.	Kaufmann Gottfried						Kauf	f. 35000 Mk Kat. 20797
1895	16. 2.	v. Kap-her Johannes						Kauf	f. 33000 Mk Kat. 20797
1897		v. Kap-her Johannes						Neubau	Villa, Wohnhaus Garten
1901	19. 12.	v. Kap-her Johannes						Kauf	17,77 Tgw. Wald Schlossb.
1923	23. 4.	v. Kap-her Johannes							2/20 von 900000 Mk
		v. Kap-her Gg. Sohn							9/20 von 900000 Mk
		v. Kap-her M. Tochter							9/20 von 900000 Mk
1924	29. 8.	v. Kap-her Johannes							2/20 des Besitzes
		v. Kap-her M. Tochter							9/20 des Besitzes
		v. Kap-her M. Enkelin						Erbfolge	4,5/20 des Besitzes
		v. Kap-her E. Enkelin						Erbfolge	4,5/20 des Besitzes
1932	9. 11.	Laux Karl						Kauf	f. 22000 Mk Kat. 20797
1938	12. 9.	Kassenärztl. Vereinig. Dtschl.						Kauf	f. 58500 Mk Kat. 20797
1948		Kassenärztl. Vereinig. Bayern						Übertrag.	Kataster 20797/98
1981	11. 8.	Will Peter u. Christine						Kauf	Grundbuchamt

4.2 Der »Clausenhof«, 1/2 Hof und ein altes Fischlehen, Haus 1 im Kataster von 1812

Der »Clausenhof« ist der zweite Hof der ursprünglichen Paarhofsiedlung Kempfenhausen. Er liegt, ebenso wie der Sattlerhof, im Zentrum der alten Rodungsinsel. Der »Clausenhof« besaß das älteste der späteren 4 Fischrechte Kempfenhausens und unterstand deshalb, wie auch die anderen Fischlehen, dem Seerichter in Starnberg. Alle anderen Höfe in Kempfenhausen, die keine »Segengerechtigkeit« besaßen, unterstanden dagegen dem Landgericht Wolfratshausen.

Vom 13. Jh. bis zum 15. Jh. gehörte der Clausenhof vermutlich zum Grundbesitz der Münchner Patrizier Part in Kempfenhausen, die nach der »Altbayerischen Landschaft«, ab 1520 sowohl Inhaber des Sitzes Kempfenhausen gewesen sind als auch der Hofmark Haarkirchen und dies 100 Jahre lang, bis 1620, blieben.

Den ersten namentlich genannten Hofinhaber des Clausenhofes enthält die Hussitensteuerliste des Landgerichts Starnberg von 1430, doch läßt sich nicht feststellen, welcher der drei Namen dem Clausenhof zuzuordnen ist. Erst mit den Scharwerkbüchern, Segenregistern, Steuerlisten und Kirchenbüchern lassen sich die Hofinhaber namentlich und in ihrer familiären Struktur erfassen. 1517 und 1538 saß der Fischer Hans Asen auf dem Clausenhof. Nach ihm waren es die Fischer Hans Weiss 1554 und 1577, Hans Doll von 1587–1612 und Anthony Doll von 1613–1629. 1634 hieß der Hofinhaber Christoph Streitl und von 1638–1647 Andreas Saxenheimer. Nach dem Ende des Dreißigjährigen Krieges kam der Clausen-

hof in den Besitz der Familie Pfanzelter, die ihn 130 Jahre lang, bis 1772, bewirtschaftete. Dann erhielten ihn jeweils die Schwiegersöhne: 1772 Norbert Gattinger, der Schwiegersohn von Adam Pfanzelter, 1845 Lorenz Pellet, der Schwiegersohn von Norbert Gattinger, 1882 Martin Maier, der Schwiegersohn von Lorenz Pellet und 1907 Josef Gastl, der Schwiegersohn von Martin Maier. Seitdem ist der Clausenhof im Besitz der Familie Gastl geblieben. Wilhelm Gastl, der Sohn von Josef Gastl, wurde 1953 Hofbesitzer und war von 1953 bis 1978 Bürgermeister der Gemeinde Berg. Bis 1985 hat er auf dem Clausenhof noch aktive Landwirtschaft betrieben.

An Informationen über den Clausenhof blieben erhalten:

1538 hat Hans Asen nach der Steuerfestschreibung 5 ß 7 Pfg. an Steuern zu entrichten

1554 sitzt Hans Weiss nach dem Scharwerkbuch auf einem Lehen und fährt den Amtmann in Amtsgeschäften auf dem See

1577 sitzt Hans Weiss nach dem Scharwerkbuch auf einem Lehen und scharwerkt nun mit einem halben Wagen

1588 sitzt Hans Doll nach dem Scharwerkbuch auf dem Lehen und scharwerkt mit einem halben Wagen

1599 hat Hans Doll nach dem Scharwerkbuch ein Fischlehen und scharwerkt mit einem halben Wagen

1612 ist Hans Doll Freistifter auf einem Fischlehen und ist mit 3 ß 1 Pfg. 2 hl zur Steuer veranlagt. Der Zehnt gehört dem Pfarrer von Aufkirchen

1629 sind unter den »Communicantes« im Kirchenbuch von Aufkirchen Christoph Streidl, Witwer, und seine zweite Ehefrau Maria genannt

1634 besitzt nach dem »Anschlag für die Hofmark Haarkirchen, Sitz Kempfenhausen«, Christoph Streidl das dritte Fischlehen von Kempfenhausen, das aber nicht gebraucht wird. Den Hof hat er zu alleinigem Leibgeding, sonst frei ledig eigen und dient jährlich 12 fl Wißgilt, 4 kr Stiftgilt, 100 Eier, 3 Hühner, 1 Gans. Von alters her hat er 2 Klafter Buchenholz für die Hofmarksherrschaft nach München zu fahren und, wenn die Herrschaft nicht selber bauen will, 4 Tage mit seinem Pflug zu ackern und 2 Tage zu fahren

1661 hat Georg Pfanzelter nach dem Segenregister einen ganzen Fischsegen

1666 hat Georg Pfanzelter nach der »Beschreibung der Untertanen im Landgericht Starnberg« einen halben Hof, 10½ Juchart (Tagwerk) und drei Rosse

1671 besitzt Georg Pfanzelter nach dem Steuerbuch einen halben Hof, ist dem Hörl'schen Grundherrn grundgiltbar und mit der Jurisdiktion dem Landgericht Starnberg zugetan. Er gibt jährlich 12 fl 4 kr Gilt, dem Landgericht 3 fl Scharwerkgilt und an Steuer 1 fl 22 kr 2 hl. Nach dem Brief vom 14. 11. 1662 besitzt er veranlaite Freistiftgerechtigkeit. Er hat den Hof vor 16 Jahren durch Kauf von den Hörl'schen Erben für 100 fl an sich gebracht und 20 fl Anfall gegeben. Den Hof hat er bisher ziemlich erfreulich erhalten. Die Gerechtigkeit wird auf 150 fl geschätzt und die Fahrnis auf 5 fl. Er besitzt 3 Rosse, 6 Kühe, 1 Jungrind, 4 Schafe. Seiner Grundherrschaft ist er vom Kaufschilling und den seit 16 Jahren aufgeschwollenen Zinsen her 120 fl schuldig. Weder an Getreide, noch an Vieh hat er etwas übrig und ernährt sich vom Fischen

1677 hat Georg Pfanzelter zusätzlich zu den Abgaben von 1671 der Grundherrschaft an Fischdienst zu leisten: 12 St. Bodenrenken und 6 Pfund Rutten

1680 übergibt Georg Pfanzelter am 31. August den Hof an seinen Sohn Hans Pfanzelter. Nach dem Briefprotokoll des Landgerichts Starnberg lautet der Übergabebrief: »Übergabsbrief den 31. August 1680. Georg Pfanzelter zu Kempfenhausen, der kurfürstlichen Hofmark daselbst, bekennt und übergibt mit Consens der kurfürstlich hochlöblichen Hofkammer sein derzeit innegehabtes und mit Grund und Boden Ihrer Kurfürstlichen Durchlaucht unserem Kur- und Landesfürsten gehörendes Lehengütl daselbst mit verliehener und habender Freistiftgerechtigkeit, samt der dabei seit altem Herkommen auf dem Würmsee habenden ganzen Segengerechtigkeit, samt allem was demselben in Dorf und Wald rechtlich ein- und zugehörig ist, nichts davon ausgenommen, neben aller toten und lebenden Haus- und Baumannsfahrnis, in specie 3 Zugrosse, 6 Kühe, 2 Jungrinder, 2 Kälber, 5 Schafe, 4 Schweine, 1½ Wagen, 1 Pflug und eine hölzerne Egge, dem ehrbaren, seinem lieben Sohn Hans Pfanzelter, dessen Erben und Nachkommen, um 300 fl. Hiervon sollen gleich zu seiner Verheiratung 50 fl und von selbiger Zeit an übers Jahr auch 50 fl, dann hernach jährlich auf solche Zeitplanung 25 fl bezahlt werden, bis völlige Summe, jedoch ohne Interesse (Zins) gutgemacht worden.

Der Übertragabnehmer hat dem übergebenden Vater beim Übernommenen Zeit seines Lebens die Herberge und den offenen Tisch, so gut das Haus vermag, nichts ausgenommen, vorzuhalten. Anders soll der Übernommene auch schuldig und verpflichtet sein, den übergebenden Vater mit aller Notwendigkeit, sowohl mit Kleidung, als auch anderem, nichts ausgenommen, was er immer von Nöten haben wird, Zeit lebens zu unterhalten und ihn nach christlich katholischem Brauch ehrlich bestatten zu lassen.

Die dermalen vorhandenen Schulden soll der übergebende Vater ohne des Übernehmers Entgelt von obiger Übergabssumme allein abführen. Schließlich ist dabei paktiert worden, daß dann, wenn der übergebende Vater über lang oder kurz mit Tod abgehen und viel oder wenig übrig lassen würde, dessen Verlassenschaft sowohl an Geld, als auch an Fahrnis, die 5 Geschwister, als da sind Joseph 24, Agathe 28, Anna 18, Maria 25 und Ursula 16 Jahre alters, in gleichem miteinander verteilen sollen, und der Übernommene dabei nichts zu sagen hat. Hingegen sollen die verwandten 5 Kinder bei dem Gut des Übernommenen nichts zu erreichen haben. Hiergegen verspricht Übergeber dem Übernommenen die landesgebräuchliche Gewährschaft. Treulich: Die Testes Johann Mayer und Mathias Gisser, beide Gerichts Procuratoren allhier«.

1735 sitzt Georg Pfanzelter nach dem Herdstattverzeichnis auf dem Hof

1761 hat Adam Pfanzelter, genannt »Claus«, nach dem »Anlagsbuch der Dufrénischen Hofmark Kempfenhausen« ½ Hof in veranlaiter Freistift und wird veranlagt für Fourage mit 3 fl 30 kr, für Vorspanndienste mit 37½ kr, für die Herdstatt mit 25 kr und zur Steuer mit 1 fl 22 kr 6 hl

1808 sitzt Norbert Gattinger, genannt »Claus«, nach den »Steuerfassionen der Hofmark Kempfenhausen des Damenstifts« auf einem halben Hof, zahlt für Gilt und Grundstift 12 fl 4 kr, für den Küchendienst 3 fl 50 kr und für die Frondienste 5 fl

1812 ist Michael Gattinger nach dem Steuerkataster Eigentümer des Clausenhofes. Er hat 71,12 Tagwerk Grundbesitz, davon 1,22 Tagwerk Haus und Garten, 43,6 Tagwerk Acker, 24,8 Tagwerk Wiesen und 1,5 Tagwerk Wald. Er ist Freistifter der Hofmark Kempfenhausen. Die Dominikalsteuer beträgt 24 kr 6 hl, die Rustikalsteuer 2 fl 35 kr 5 hl. Der Zehnt geht an den Pfarrer von Aufkirchen. Der Clausenhof ist mit 1000 fl eingeschätzt. Für die Leistungen des Hofes ist veranschlagt: das Roßscharwerk mit 3 fl, die Stift mit 12 fl 4 kr, im Küchendienst 100 Eier mit 30 kr, 3 Hennen mit 18 kr, 1 Gans mit 20 kr und 2 Klafter Holz nach München fahren mit 4 fl 48 kr

1867 heißt im Grundsteuerkataster der »Claus« Lorenz Pellet. Er hat den Hof 1845 vom Vater um 2550 fl übernommen. Sein Grundbesitz umfaßt 65,72 Tagwerk, ist also seit 1812 geringer geworden. Davon sind 1,34 Tagwerk Gebäude und Garten, 28,54 Tagwerk Acker, 30,16 Tagwerk Wiesen und 5,68 Tagwerk Wald. Die Grundsteuer beträgt 8 fl 18 kr 44 hl

Auf den Seegrundstücken des Clausenhofes sind nach der Jahrhundertwende zwei der denkmalgeschützten Villen Kempfenhausens entstanden. Das war 1910 auf dem »Kalferacker« die »Villa de Osa«, nach dem Vorbild des Stuttgarter Schlosses Solitude, und 1921 auf dem »Ghagacker« die »Villa Friedländer« im neoklassizistischen Stil.

»Clausenhof« – 1/2 Hof – und ein altes Fischlehen – Haus 1 im Kataster von 1812

Jahr	Datum	Name	Ehefrau	Kinder	Geb.	Ehe	Tod	Besitz	Urkunde
1430								Fischlehen	Altbay. Landsch. Lit 1489
1517								Fischlehen	Pflegg. Wolfratsh. B63
1538		Asen Hans						Steuer	Kurb. Geh. La. Arch. 1196
1539		Asen Hans						Fischlehen	GL Faszikel 3804
1554		Weiss Hans						Beschreib.	Kurb. Geh. La. Arch. 1196
1577		Weiss Hans						Scharwerk	Kurb. Geh. La. Arch. 1196
1578		Asen Hans						Segenreg.	GL Faszikel 3804
1581		Asen Hans						Segenreg.	GL Faszikel 3804
1584		Asen Hans						Segenreg.	GL Faszikel 3804
1587		Doll Hans						Segenreg.	nach J. Drummer
1588		Doll Hans						Scharwerk	Kurb. Geh. La. Arch. 1196
1594		Doll Hans						Fischlehen	Kurb. Geh. La. Arch. 1197
1599		Doll Hans						Scharwerk	Kurb. Geh. La. Arch. 1196
1607	8. 1.	Doll Hans						Fischlehen	Kurb. Geh. La. Arch. 1482
1612		Doll Hans						Fischlehen	Steuerbuch Starnberg 412
16		Doll Anthony						Fischlehen	Steuerbuch Starnberg 412
1629		Streidl Christoph	Anna						»Communicantes« Aufk.
1632	14. 8.		Anna Streidl +				+		Sterberegister Aufkirchen
1634		Streidl Christoph	Maria					Fischlehen	GL Faszikel 4541/25
1635	1. 6.	Streidl Christoph					+		Sterberegister Aufkirchen
16		Saxenheimer Andreas	Barbara			X			Trauungsreg. Aufkirchen
1638	1. 7.	Saxenheimer Andreas	Barbara	Maria	X				Taufregister Aufkirchen
1640	7. 8.	Saxenheimer Andreas	Barbara	Barthelmes	X				Taufregister Aufkirchen
1642	14. 10.	Saxenheimer Andreas	Barbara	Rosina	X				Taufregister Aufkirchen
1645	10. 2.	Saxenheimer Andreas	Barbara	Mathias	X				Taufregister Aufkirchen
1647	15. 2.	Saxenheimer Andreas	Barbara	Regina	X				Taufregister Aufkirchen
16		Pfanzelter Georg	Sabine			X			Trauungsreg. Aufkirchen
1648	11. 10.	Pfanzelter Georg	Sabine	Johann	X				Taufregister Aufkirchen
1652	3. 2.	Pfanzelter Georg	Sabine	Agathe	X				Taufregister Aufkirchen
1654	28. 2.	Pfanzelter Georg	Sabine	Georg	X				Taufregister Aufkirchen

1656	25. 1.	Pfanzelter Georg	Sabine	Maria	X				Taufregister Aufkirchen
1660	5. 3.	Pfanzelter Georg	Sabine	Joseph	X				Taufregister Aufkirchen
1661		Pfanzelter Georg						Fischlehen	GL Starnberg 3804
1663	1. 1.	Pfanzelter Georg	Sabine	Eva	X				Taufregister Aufkirchen
1666	1. 1.	Pfanzelter Georg	Sabine	Ursula	X				Taufregister Aufkirchen
1666		Pfanzelter Georg						½ Hof	Kurb. Geh. La. Arch. 1197
1668		Pfanzelter Georg						Segenreg.	GL Starnberg 3804
1671		Pfanzelter Georg						½ Hof	Steuerbuch Stbg. 413
1677		Pfanzelter Georg						Fischlehen	GL Faszikel 4541/25
1678	3. 2.	Pfanzelter Georg						Fischlehen	Verz. f. Kurf. Ferd. Maria
1678	22. 10.		Sabine Pfanzelter +				+		Sterberegister Aufkirchen
1680	12. 2.	Pfanzelter Johann	Elisabeth Sedlmayer			X			Trauungsreg. Aufkirchen
1680	31. 8.	Pfanzelter Johann						Übernahme	Pflegg. Stbg. PR 11
1682	12. 2.	Pfanzelter Johann						Fischlehen	GL Faszikel 3804/101
1685	9. 1.	Pfanzelter Johann	Elisabeth	Sebastian	X				Taufregister Aufkirchen
1687	6. 1.	Pfanzelter Johann	Elisabeth	Caspar	X				Taufregister Aufkirchen
1688	9. 7.	Pfanzelter Georg +					+		Sterberegister Aufkirchen
1688	16. 11.	Pfanzelter Johann	Elisabeth	Andreas	X				Taufregister Aufkirchen
1690		Pfanzelter Johann						Fischlehen	Kurb. Geh. La. Arch. 1197
1690		Pfanzelter Johann						Segenreg.	GL Faszikel 3804
1691	15. 3.	Pfanzelter Johann	Elisabeth	Maria	X		+		Taufregister Aufkirchen
1692	1. 4.	Pfanzelter Johann	Elisabeth	Georg	X				Taufregister Aufkirchen
1694	21. 9.	Pfanzelter Johann	Elisabeth	Jos.Mathias	X				Taufregister Aufkirchen
1697	16. 4.	Pfanzelter Johann	Elisabeth	Catharina +	X		+		Taufregister Aufkirchen
1698	6. 5.	Pfanzelter Johann	Elisabeth	Johann	X				Taufregister Aufkirchen
1699	9. 5.	Pfanzelter Johann	Elisabeth	Magdalena	X				Taufregister Aufkirchen
1700	9. 4.	Pfanzelter Johann	Elisabeth	Marcus +	X		+		Taufregister Aufkirchen
1701	7. 7.	Pfanzelter Johann	Elisabeth	Anna	X				Taufregister Aufkirchen
1703	10. 8.	Pfanzelter Johann	Elisabeth	Petrus	X				Taufregister Aufkirchen
1705	23. 10.	Pfanzelter Johann	Elisabeth	Martha	X				Taufregister Auflirchen
1723	29. 4.	Pfanzelter Johann +					+		Sterberegister Aufkirchen
1723	30. 9.	Pfanzelter Georg						Segenreg.	GL Faszikel 3804/100
1723	27. 9.	Pfanzelter Georg	Ursula Pischetsried.			X			Trauungsreg. Aufkirchen
1724	27. 9.	Pfanzelter Georg	Ursula	Johann	X				Taufregister Aufkirchen
1726	10. 9.	Pfanzelter Georg	Ursula	Magdalena	X				Taufregister Aufkirchen
1728	12. 6.	Pfanzelter Georg	Ursula	Mathias	X				Taufregister Aufkirchen
1730	14. 12.	Pfanzelter Georg	Ursula	Adam	X				Taufregister Aufkirchen
1732	25. 11.	Pfanzelter Georg	Ursula	Catharina	X				Taufregister Aufkirchen
1735	23. 1.		Elisab. Pfanzelter +				+		Sterberegister Aufkirchen
1735	1. 4.	Pfanzelter Georg						»Claus«	GL Faszikel 2583/183
1737	8. 10.	Pfanzelter Georg	Ursula	Georg	X				Taufregister Aufkirchen
1740	4. 12.	Pfanzelter Georg	Ursula	Maria	X				Taufregister Aufkirchen
1742	8. 6.	Pfanzelter Georg	Ursula	Andreas	X				Taufregister Aufkirchen
1745	12. 6.	Pfanzelter Georg	Ursula	Maria	X				Taufregister Aufkirchen
1747	26. 11.	Pfanzelter Georg +					+		Sterberegister Aufkirchen
1757	15. 7.	Pfanzelter Adam	Theresa Sadler			X			Trauungsreg. Aufkirchen
1755	30. 5.	Pfanzelter Adam	Theresa	Vitus +	X		+		Taufregister Aufkirchen
1756	1. 6.	Pfanzelter Adam	Theresa	Joh. Bapt.	X				Taufregister Aufkirchen
1757	6. 7.	Pfanzelter Adam	Theresa	Magdalena +	X		+		Taufregister Aufkirchen
1759	2. 2.	Pfanzelter Adam	Theresa	Josephus	X				Taufregister Aufkirchen
1760	2. 7.	Pfanzelter Adam	Theresa	Jacobus +	X		+		Taufregister Aufkirchen
1761	30. 4.	Pfanzelter Adam						½ Hof	Pflegg. Wolfratsh. B 33
1762	11. 4.	Pfanzelter Adam	Theresa	Agathe +	X		+		Taufregister Aufkirchen
1763	6. 7.	Pfanzelter Adam	Theresa	Augustin +	X		+		Taufregister Aufkirchen
1765	11. 2.	Pfanzelter Adam	Theresa	Mathias	X				Taufregister Aufkirchen
1766	2. 11.	Pfanzelter Adam	Theresa	Leonardus	X				Taufregister Aufkirchen
1767	11. 7.		Theresa Pfanzelter +				+		Sterberegister Aufkirchen
1768	15. 2.	Pfanzelter Adam	Maria A. Bernwieser			X			Trauungsreg. Aufkirchen
1772	29. 6.	Pfanzelter Adam +					+		Sterberegister Aufkirchen
1773	11. 1.	Gattinger Norbert	Maria A. Pfanzelter	Witwe		X			Trauungsreg. Aufkirchen
1773	17. 10.	Gattinger Norbert	Maria Anna	Maria	X				Taufregister Aufkirchen
1774	15. 1.		Ursula Pfanzelter +				+		Sterberegister Aufkirchen
1778	24. 5.	Gattinger Norbert	Maria Anna	Baptist +	X		+		Taufregister Aufkirchen
1782	22. 11.		Maria A. Gattinger +				+		Sterberegister Aufkirchen
1783	1. 1.	Gattinger Norbert	Maria Pentenrieder			X			Trauungsreg. Aufkirchen
1784	21. 10.	Gattinger Norbert	Maria	Michael	X				Taufregister Aufkirchen
1786	11. 8.	Gattinger Norbert	Maria	Laurentius	X				Taufregister Aufkirchen
1788	3. 5.	Gattinger Norbert	Maria	Georgius	X				Taufregister Aufkirchen
1790	10. 3.	Gattinger Norbert	Maria	Josephus +	X		+		Taufregister Aufkirchen
1791	7. 3.	Gattinger Norbert	Maria	Rosina	X				Taufregister Aufkirchen
1793	25. 3.	Gattinger Norbert	Maria	Norbertus	X				Taufregister Aufkirchen
1794	9. 10.	Gattinger Norbert	Maria	Andreas	X				Taufregister Aufkirchen

1796	28. 7.	Gattinger Norbert	Maria	Jacobus	X				Taufregister Aufkirchen
1798	29. 8.	Gattinger Norbert	Maria	Creszentia +	X		+		Taufregister Aufkirchen
1800	22. 11.	Gattinger Norbert	Maria	Leonardus	X				Taufregister Aufkirchen
1803	26. 9.	Gattinger Norbert	Maria	Joh. Evangel.	X				Taufregister Aufkirchen
1807	9. 1.		Maria Gattinger +				+		Sterberegister Aufkirchen
1808		Gattinger Norbert						»Claus«	Steuerfass. RFK 5486
1809	6. 3.	Gattinger Norbert +					+		Sterberegister Aufkirchen
1810	8. 7.	Gattinger Michael	Maria Zeisinger			X			Trauungsreg. Aufkirchen
1811	29. 4.	Gattinger Michael	Maria	Maria Anna	X				Taufregister Aufkirchen
1812		Gattinger Michael						»Claus«	Steuerkataster 20475
1819	13. 11.	Gattinger Michael	Maria	Cath. Regina	X				Taufregister Aufkirchen
1845	26. 1.	Gattinger Michael +					+		Sterberegister Aufkirchen
1845	23. 9.		Katharina Gattinger	Tochter				Übernahme	Umschreibkataster
1845	21. 10.	Pellett Lorenz	Katharina Gattinger			X			Trauungsreg. Aufkirchen
1846	26. 8.	Pellet Lorenz	Katharina	Theresa	X				Taufregister Aufkirchen
1847	25. 7.	Pellet Lorenz	Katharina	Anna	X				Taufregister Aufkirchen
1849	2. 1.	Pellet Lorenz	Katharina	Ferdinand	X				Taufregister Aufkirchen
1850	23. 1.	Pellet Lorenz	Katharina	Paulus	X				Taufregister Aufkirchen
1851	14. 3.	Pellet Lorenz	Katharina	Katharina	X				Taufregister Aufkirchen
1852	11. 5.	Pellet Lorenz	Katharina	Lorenz +	X		+		Taufregister Aufkirchen
1853	16. 4.	Pellet Lorenz	Katharina	Maria	X				Taufregister Aufkirchen
1854	14. 4.	Pellet Lorenz	Katharina	Georg	X				Taufregister Aufkirchen
1855	19. 12.	Pellet Lorenz	Katharina	Viktoria	X				Taufregister Aufkirchen
1857	19. 8.	Pellet Lorenz	Katharina	Lorenz +	X		+		Taufregister Aufkirchen
1859	25. 1.	Pellet Lorenz	Katharina	Agathe +	X		+		Taufregister Aufkirchen
1859	19. 11.	Pellet Lorenz	Katharina	Katharina +	X		+		Taufregister Aufkirchen
1860	22. 12.	Pellet Lorenz	Katharina	Thomas +	X		+		Taufregister Aufkirchen
1867	23. 8.	Pellet Lorenz	Katharina					»Claus«	Grundst. Kat. 20797/98
18		Pellet Lorenz +					+		Sterberegister Aufkirchen
1879	12. 8.		Katharina Pellet	Tochter				Übernahme	13200 Mk Kat. 20797/98
1881	7. 2.	Maier Martin	Katharina Pellet			X			Trauungsreg. Aufkirchen
1881	17.11.	Maier Martin	Katharina Pellet					Ehevertrag	14700 Mk Kat. 20797
1882	15. 12.	Maier Martin	Katharina	Benedikt +	X		+		Taufregister Aufkirchen
1883	19. 9.	Maier Martin	Katharina	Katharina +	X		+		Taufregister Aufkirchen
1885	9. 1.	Maier Martin	Katharina	Theresa +	X		+		Taufregister Aufkirchen
1886	1. 7.	Maier Martin	Katharina	Maria	X				Taufregister Aufkirchen
1888	26. 2.	Maier Martin	Katharina	Katharina	X				Taufregister Aufkirchen
1889		Maier Martin							Bürgermeister LRA 31952
1892		Maier Martin							Bürgermeister LRA 31952
1895		Maier Martin							Gemeinderat LRA 31952
1896		Maier Martin							Gemeinderat LRA 31952
1907	16. 5.	Maier Martin	Maria Maier	Tochter				Übergabe	Grundst. Kat. 20797/98
1907	6. 7.	Josef Gastl	Maria Maier			X			Trauungsreg. Aufkirchen
1907	6. 7.	Josef Gastl	Maria Maier					Ehevertrag	6300 Mk Umschr.Kat.
1909		Maier Martin							Gemeinderat LRA 31952
1911	10. 3.		Maria Maier +				+		Sterberegister Aufkirchen
1911	10. 3.	Gastl Josef Witwer						Erbfolge	Grundst. Kat. 20797/98
1912	22. 7.	Gastl Josef	Katharina			X			Trauungsreg. Aufkirchen
1913		Gastl Josef							Gemeinderat LRA 31952
1916		Gastl Josef							Gemeinderat LRA 31952
1950	22. 5.	Gastl Josef +					+		Sterberegister Aufkirchen
1950	22. 5.		Katharina Gastl					Erbfolge	Grundst. Kat. 20797/98
1953	4. 2.	Gastl Wilhelm						Übernahme	Grundst. Kat. 20797/98
1953	23. 3.	Gastl Wilhelm	Elisab. Darchinger			X			Trauungsreg. Aufkirchen

4.3 Der »Schmausenhof«, ½ Hof, Haus 7 im Kataster von 1812

Der »Schmausenhof« liegt am nördlichen Rand der ursprünglichen Rodungsinsel Kempfenhausen und ist um die Jahrtausendwende entstanden, als die Bevölkerung zugenommen hatte und weiteres Land gerodet und kultiviert werden mußte. Er war der erste »Aussiedlerhof« Kempfenhausens. 1158 hat ihn der Ritter in Freisinger Diensten, Sigboto von Irschenhausen, an das Kloster Schäftlarn geschenkt. 500 Jahre lang blieb der Schmausenhof Klosterbesitz, bis ihn der Abt des Klosters 1659 für 700 Gulden an den Münchner Bürgermeister Hans Heinrich Hörl verkauft hat. Dem langen Klosterbesitz ist es zu verdanken, daß vom Schmausenhof frühere und umfangreichere Informationen existieren als von allen anderen Höfen Kempfenhausens.

Der Name »Schmauz«, der Hofname wurde, ist erstmals aus dem Jahr 1457 überliefert, als Hans Schmauz von seinem Nachbarn Conz Sattler verklagt wurde, weil er dessen Flurschaden nicht anteilig ersetzen wollte. Von da ab blieb der Hof noch 130 Jahre lang im Besitz der »Schmauz«. 1538 saß Jacob Schmauz auf dem Hof, 1553 Jörg Schmauz und 1585 Archati Schmauz. Auf Archati Schmauz folgten als »Schmauzbauern« 1592 Barthelmes Friedinger, 1598 Hans Mayr aus Söcking, 1623 Ludwig Seutz, 1624 Benedict Leuttenpaur aus Percha, 1640 Hans Greimold, 1642 Andreas Schweiger, 1644 Mathäus Rottmeyer, 1651 Wolf Schlemmer, 1666 Georg Schlemmer, 1708 Georg Hochenleithner, 1797 Paul Klostermaier und 1813 Andreas Pentenrieder. Seitdem, und das sind inzwischen 180 Jahre, ist der Schmausenhof im Besitz der Familie Pentenrieder, die ihn noch bis 1982 landwirtschaftlich genutzt hat.

In den Klosterurbaren und Steuerbüchern ist über den Schmausenhof verzeichnet:

1313 betragen die Abgaben des Schmausenhofes nach dem Urbar des Klosters Schäftlarn den dritten Teil der Feldfrüchte, 30 Pfg. Gilt, 100 Eier, 10 Käse, Rüben, Gemüse und Hopfen. Das läßt darauf schließen, daß das Kloster damals Bier gebraut hat

1427 betragen die Abgaben nach dem Klosterurbar 3 ß Grasgilt, 12 Pfg. Stiftgilt, 18 Pfg. Mahlgeld, 100 Eier, 2 Hühner, 2 Mähtage, Besthau in den Feldern oder das Dritteil

1538 beträgt die Steuer des Schmausenhofes 1 Pfund 3 ß

1553 hat Jörg Schmauz nach dem Scharwerkbuch eine Hube und als Hauswehr einen Spieß

1554 ist Schmauzens Haus neu erzimmert. Es hat dabei einen eichenen Stadel und Stallung, einen Schweinestall, Backofen, Badestube, einen Kasten und eine Wagenhütte. Es gehören 22 Tagwerk Wiesen dazu, davon 1 Tagwerk Anger mit einem zweiten Krautgarten, ein Angerl beim Haus, 1 Tagwerk beim großen Anger von Selcha, 1 Tagwerk beim Hausangerl, 5 Tagwerk im Bachfeld, 9 Tagwerk im Seefeld, 6 Tagwerk im Moosfeld mit einem Krautpölt und 19 Juchart Acker, davon 6 Juchart im Bachfeld, 6½ Juchart im Seefeld und 6½ Juchart im Moosfeld

1574 hat Archati Schmauz nach dem Scharwerkbuch eine Hube und ist des Amtmanns Brotbauer

1585 besitzt Archati Schmauz nach dem Scharwerkbuch eine Hube

1600 leistet Hans Mayr dem Kloster an Abgaben 34 kr 2 hl Gilt, 3 kr 5 hl Stiftgilt, 5 kr 3 hl Mahlgeld, 2 Mähtage, 6 Metzen Weizen, 3 Schäffel Roggen, 6 Metzen Gerste, 3 Schäffel Hafer, 100 Eier und 2 Hühner

1612 hat Hans Mayr für eine Hube 2 Pfd. 6 ß 6 Pfg. zu versteuern und für die Fahrnis 1 Pfd. 3 ß 21 Pfg. Der Zehnt geht zu zwei Teilen an das Kloster Tegernsee und zu einem Teil an den Pfarrer von Aufkirchen

1622 leistet Hans Mayr jährlich 34 kr 2 hl Grasgilt, 3 kr 5 hl Stiftgilt, 5 kr 1 hl Mahlgeld, 2 Mähtage, 6 Metzen Weizen, 3 Schäffel Roggen, 6 Metzen Gerste, 3 Schäffel Hafer, 100 Eier und zwei Hühner

1623 übernimmt Ludwig Seutz den Hof des Klosters Schäftlarn. Der Stiftsbrief lautet: »Allda, den 22. Mai 1623, erscheint vor uns, Michael Abt zu Schäftlarn, auf Absterben weiland des edlen und festen Herrn Servaty Part zu Kempfenhausen Ludwig Seutz von Söcking mit der Bitte, das Schmauz'sche Gut und den Hof allda zu Kempfenhausen, darauf zuvor Hans Mayr selig gehaust, und er, Seutz, sich zu seiner verlassenen Witwe verehelicht, zu verstiften, welches also geschehen ist. Wir haben als Abt dem Seutz hiermit solches Gut und den Hof freistiftsweise von einem Jahr zum anderen verstiftet und überlassen, wie es im Oberland Bayern gebräuchlich, und solcher Hof dem Kloster Schäftlarn eigentümlich zugehörig ist, dergestalt, daß der Seutz als Stifter diesen unsern Hof und Gut zu Haus, Hof, Dorf und Feldern, Dachweg, Gebäuden und Zäunen, zu Wasser, Wiese und Weide, zu Holz, Trieb und Traid, verstreut und beiliegend, haben und halten, darauf nichts verkommen, verkaufen, versetzen, verwechseln, vertauschen, verändern, noch zerteilen, zu keiner Weise, noch obengenanntes gestatten soll, ohne Vorwissen und Bewilligung der Grundherrschaft bei Verlierung seiner habenden Freistift. Er hat also ganze und völlige Stift und es verbleibt bei der vorherigen alten Gilt wie in dem Schäftlarn'schen Stift- und Saalbuch begriffen. Er sollte auch jährlich allhier zum Kloster gehorsamlich erscheinen, seine schuldige Traid, Gilt und anderes treulich erlegen und bezahlen wie es recht und billig ist. Deswegen sind für des Stifters Wohlhausen Bürgen geworden: Hans Schmauz von Leutstetten und Georg Gewander von Zell, damit das, was am Stifter abgehen würde, von den Bürgen wieder zugehen und erstattet werden würde. Zum Anfall hat Seutz 50 Gulden erlegt und bezahlt«.

1624 vertauscht Ludwig Seutz den Schmausenhof an Benedict Leittenpaur aus Percha. Leittenpaur erhält mit dem Hof 5 junge und alte Rosse, 2 Rinder, 6 Ferkel und einen Wagen

1634 ist der Hof als Folge des Dreißigjährigen Krieges abgebrannt

1673 sitzt Georg Schlemmer auf dem Hof, der Herrn Hörl gehört. Er gibt weiterhin Vogtei und an Gilt außer 24 kr nichts, an Getreide aber ½ Schäffel Weizen, 3 Schäffel Korn, ½ Schäffel Gerste und 3 Schäffel Hafer. Er hat den Hof übergabsweise an sich gebracht und hat veranlaite Freistift. Zum Anfall hat er 45 Gulden gegeben. Die Gerechtigkeit wird, da es ein alter Stand ist, auf 200 Gulden geschätzt. Er hat 2 Zugrosse, 4 Milchkühe, 2 Jungrinder, 1 Kalb, 8 Schafe und eine Schweinsmutter. Von der Übergabesumme schuldet er seiner Mutter 216 Gulden, der bayerischen Vormundschaft 30 Gulden und den Hörls 20 Gulden, die zu verzinsen sind

1679 wird Georg Schlemmer vom kurfürstlichen Überreiter Martin Hilgersheimer, dem Waldaufseher, wegen Waldfrevel verklagt und im gleichen Jahr verklagt ihn der »Sattler« Melchior Hueber, da er durch das Schwein des Schmauz einen Flurschaden erlitten habe

1735 sitzt Georg Hochenleithner auf dem Schmausenhof

1761 hat Hans Hochenleithner, genannt »beim Schmauz«, nach dem »Anlagsbuch der Dufrénischen Hofmark Kempfenhausen« ½ Hof und wird veranlagt für Fourage mit 3 fl 30 kr, für Vorspanndienste mit 37½ kr, für die Herdstatt mit 25 kr und zur Steuer mit 3 fl 10 kr

1808 sitzt Paul Klostermaier, genannt »Schmauz«, nach den »Steuerfassionen der Hofmark Kempfenhausen des Damenstifts« auf einem ½ Hof. Gilt und Grundstift betragen 30 fl

1812 ist Paul Klostermaier nach dem Steuerkataster Eigentümer des Schmausenhofs. Er hat 64,07 Tagwerk Grundbesitz, davon 2,53 Tagwerk Haus und Garten, 50,71 Tagwerk Acker und 10,83 Tagwerk Wiesen. Die Dominikalsteuer beträgt 43 kr 8 hl und die Rustikalsteuer 2 fl 28 kr 4 hl. Der Zehnt geht an den Pfarrer von Aufkirchen. Der Schmausenhof wird mit 1000 fl geschätzt. Für die Leistungen des Hofes ist veranschlagt das Scharwerk mit 3 fl, der Fuhrlohn für 3–4 Klafter Holz nach München fahren mit 9 fl 36 kr, die Stift mit 3 fl 46 kr und der Küchendienst und Getreidedienst mit 24 fl

1867 heißt der »Schmauz« Georg Pentenrieder. Er hat den Hof 1859 vom Vater für einen Anschlag von 7000 fl übernommen. Sein Grundbesitz umfaßt 65,34 Tagwerk. Davon sind 2,83 Tagwerk Haus und Garten, 41,93 Tagwerk Acker, 14,86 Tagwerk Wiesen und 5,93 Tagwerk Wald. Die Grundsteuer beträgt 9 fl 12 kr 30 hl

»Schmausenhof« – ½ Hof – ehemaliges Klostergut – Haus 7 im Kataster von 1812

Jahr	Datum	Name	Ehefrau	Kinder	Geb.	Ehe	Tod	Besitz	Urkunde
1158								1 Hof	KL Schäftlarn Trad. 97
1313								1 Hof	KL Schäftl. Urbar Lit 2
1427								1 Hof	KL Schäftl. Urbar Lit 26
1457		Schmauz Hans						1 Hof	KL Schäftl. Urbar Lit 25
1477		Schmauz							KL Schäftl. Urbar Lit 184
1515		Muwenseer Hans						1 Hof	KL Schäftl. Urbar 30
1538		Schmauz Jacob						Steuer	Kurb. Geh. La. Arch. 1231
1553		Schmauz Jörg						Scharwerk	GL Wolfratsh. 4541/25
1554		Schmauz Jörg						Beschr.	KL Schäftl. Urbar Lit 51
1574		Schmauz Archazi						Scharwerk	Kurb. Geh. La. Arch. 1231
1585		Schmauz Archazi						Scharwerk	Kurb. Geh. La. Arch. 1231
1592	22. 12.	Friedinger Barthelmes						1 Hof	KL Schäftlarn Lit 40
1598	26. 8.	Mayr Hans						1 Hof	KL Schäftlarn Lit 40
1612		Mayr Hans						1 Hube	Steuerbuch Wolfratsh. 489
1620		Mayr Hans						1 Hube	Steuerbuch Wolfratsh. 490
1622		Mayr Hans						1 Hube	Steuerbuch Wolfratsh. 493
1623	22. 5.	Seutz Ludwig						1 Hube	Schäftl. Rep. 46/2 Nr. 570
1624	13. 6.	Leittenpaur Benedict						1 Hube	Schäftl. Rep. 46/2 Nr. 570
1631		Leittenpaur Benedict						1 Hof	Schäftlarn Lit 47
1633	28. 3.		Elis. Leittenpaur +				+		Sterberegister Aufkirchen
1634	12. 10.	Leittenpaur Benedict +					+		Sterberegister Aufkirchen
1634								abgebrannt	GL Wolfratsh. 4541/25
1640	19. 1.	Greimold Hans						»Schmauz«	Pflegg. Starnberg PR 1
1642	14. 5.	Schwaiger Andreas						»Schmauz«	KU Schäftlarn Nr. 482
16		Rottmeyer Mathäus	Anna			X			Trauungsreg. Aufkirchen
1644	18. 4.	Rottmeyer Mathäus	Anna	Georg	X				Taufregister Aufkirchen
1646	20. 2.	Rottmeyer Mathäus						»Schmauz«	KU Schäftlarn Nr. 486
1648	4. 1.	Rottmeyer Mathäus	Anna	Maria	X				Taufregister Aufkirchen
16		Rottmeyer Mathäus +					+		Sterberegister Aufkirchen
16		Schlemmer Wolfgang	Catharina			X			Trauungsreg. Aufkirchen
1651	1. 5.	Schlemmer Wolfgang	Catharina	Caspar	X				Taufregister Aufkirchen
1659	10. 11.	Schlemmer Wolfgang						»Schmauz«	KU Schäftlarn Nr. 496
1666		Schlemmer Wolfgang +					+		Sterberegister Aufkirchen
1668	10. 8.	Schlemmer Georg	Maria Hueber			X			Trauungsreg. Aufkirchen
1671	8. 4.	Schlemmer Georg Witw.	Maria Gädinger			X			Trauungsreg. Aufkirchen
1673		Schlemmer Georg						1 Hube	Pflegg. Wolfratsh. B 8
1673		Schlemmer Georg						1 Hube	Steuerbuch Stbg 491
1677		Schlemmer Georg						½ Hof	GL Faszikel 4541/25
1678	3. 2.	Schlemmer Georg						½ Hof	Verz. f. Kurf. Ferd. Maria
1679		Schlemmer Georg	geg. Melchior Hueber					Verh. Prot.	Pflegg. Wolfratsh. Nr. 51

1683		Schlemmer Georg	geg. Hans Denk					Verh. Prot.	Pflegg. Wolfratsh. Nr. 51
1683		Schlemmer Georg	geg. Hans Pfanzelter					Verh. Prot.	Pflegg. Wolfratsh. Nr. 51
1689		Schlemmer Georg						½ Hof	Kurb. Geh. La. Arch. 1233
1705	17. 5.		Maria Schlemmer +				+		Sterberegister Aufkirchen
1709	19. 4.	Schlemmer Georg +					+		Sterberegister Aufkirchen
17		Hochenleithner Georg	Agathe			X			Trauungsreg. Aufkirchen
1708	28. 5.	Hochenleithner Georg	Agathe	Elisabeth	X				Taufregister Aufkirchen
1711	8. 5.	Hochenleithner Georg	Agathe	Johann	X				Taufregister Aufkirchen
1714	13. 8.	Hochenleithner Georg	Agathe	Maria	X				Taufregister Aufkirchen
1717	16. 1.	Hochenleithner Georg	Agathe	Joseph	X				Taufregister Aufkirchen
1718	29. 9.	Hochenleithner Georg	Agathe	Michael	X				Taufregister Aufkirchen
1721	24. 2.	Hochenleithner Georg	Agathe	Mathias	X				Taufregister Aufkirchen
1724	24. 10.	Hochenleithner Georg	Agathe	Georg	X				Taufregister Aufkirchen
1726	6. 8.	Hochenleithner Georg	Agathe	Laurentius	X		+		Taufregister Aufkirchen
1728	12. 12.	Hochenleithner Georg	Agathe	Ursula +	X		+		Taufregister Aufkirchen
1735	1. 4.	Hochenleithner Georg						»Schmauz«	GL Faszikel 4583/183
1743	20. 5.	Hochenleithner Gg. +					+		Sterberegister Aufkirchen
1737	18. 2.	Hochenleithner Joh.	Maria Albrechts			X			Trauungsreg. Aufkirchen
1738	5. 6.	Hochenleithner Joh.	Maria	Andreas	X				Taufregister Aufkirchen
1740	5. 2.	Hochenleithner Joh.	Maria	Mathias +	X		+		Taufregister Aufkirchen
1743	10. 5.	Hochenleithner Joh.	Maria	Elisabeth	X				Taufregister Aufkirchen
1744	4. 10.	Hochenleithner Joh.	Maria	Monica	X				Taufregister Aufkirchen
1745	24. 10.		Agathe Hochenleith.				+		Sterbergister Aufkirchen
1746	18. 9.	Hochenleithner Joh.	Maria	Ursula	X				Taufregister Aufkirchen
1750	2. 11.	Hochenleithner Joh.	Maria	Catharina +	X		+		Taufregister Aufkirchen
1761		Hochenleithner Joh.						½ Hof	Pflegg. Wolfratsh. B 33
1794		Hochenleithner Joh.						½ Hof	Steuerkataster Lit 1773
1767	21. 4.		Maria Hochenleith. +				+		Sterberegister Aufkirchen
1797	27. 11.	Klostermaier Paulus	Elis. Pentenrieder			X			Trauungsreg. Aufkirchen
1808		Klostermaier Paulus						½ Hof	Steuerfass. RFK 5486
1812		Klostermaier Paulus						½ Hof	Kataster 20475
18		Klostermaier Paulus +					+		Sterberegister Aufkirchen
1813	2. 6.	Pentenrieder Andreas	Maria			X			Trauungsreg. Aufkirchen
1814	21. 10.	Pentenrieder Andreas	Maria	Creszentia	X				Taufregister Aufkirchen
1816	29. 10.	Pentenrieder Andreas	Maria	Maria	X				Taufregister Aufkirchen
1818	26. 11.	Pentenrieder Andreas	Maria	Catharina	X				Taufregister Aufkirchen
1820	1. 10.	Pentenrieder Andreas	Maria	Andreas	X				Taufregister Aufkirchen
1822	17.11.	Pentenrieder Andreas	Maria	Maria Anna +	X		+		Taufregister Aufkirchen
1825	28. 2.	Pentenrieder Andreas	Maria	Rosina	X				Taufregister Aufkirchen
1827	23. 5.	Pentenrieder Andreas	Maria	Georgius	X				Taufregister Aufkirchen
1832	26. 2.	Pentenrieder Andreas	Maria	Joseph +	X		+		Taufregister Aufkirchen
1859	14.10.	Pentenrieder Georg						Übernahme	Kaster 20477
1861	25. 11.	Pentenrieder Georg	Maria Albrecht			X			Trauungsreg. Aufkirchen
1863	26. 3.	Pentenrieder Georg	Maria	Maria	X				Taufregister Aufkirchen
1864	31. 10.	Pentenrieder Georg	Maria	Elisabeth	X				Taufregister Aufkirchen
1864	31. 10.	Pentenrieder Georg	Maria	Creszentia	X				Taufregister Aufkirchen
1866	14. 8.	Pentenrieder Georg	Maria	Barthelmes	X				Taufregister Aufkirchen
1867	23. 4.	Pentenrieder Georg	Maria					»Schmauz«	Grundst. Kat. 20797/98
1894	16. 9.	Pentenrieder Bartholom.						Übernahme	Grundst. Kat. 20797/98
1894	1. 10.	Pentenrieder Bartholom.	Magdalena Pickl			X			Trauungsreg. Aufkirchen
1895	2. 7.	Pentenrieder Bartholom.	Magdalena	Barthol. +	X		+		Taufregister Aufkirchen
1897	17.11.	Pentenrieder Bartholom.	Magdalena	Bartholom.	X				Taufregister Aufkirchen
1898	8. 10.	Pentenrieder Bartholom.	Magdalena	Ursula	X		+		Taufregister Aufkirchen
1900	18. 6.	Pentenrieder Bartholom.	Magdalena	NN +	X		+		Taufregister Aufkirchen
1901	21. 8.	Pentenrieder Bartholom.	Magdalena	Ursula	X				Taufregister Aufkirchen
1927		Pentenrieder Barthol. +					+		Sterberegister Aufkirchen
1927	7. 10.		Magd. Pentenried.					Erbfolge	Grundst. Kat. 20797/98
1934	5. 11.	Pentenrieder Bartholom.						Übernahme	Grundst. Kat. 20797/98
1935	30. 10.	Pentenrieder Bartholom.	Maria Schuster		X				Trauungsreg. Aufkirchen
1939	10. 9.	Pentenrieder Bartholom.	Maria	Maria Magda.	X				Taufregister Aufkirchen
1939	27. 8.	Pentenrieder Bartholom.	Maria	Anna Elisab.	X				Taufregister Aufkirchen
1961	23. 12.	Pentenrieder Barthol. +					+		Sterberegister Berg

4.4 *Der »Schweigerhof«, ½ Hof und ein Fischlehen, Haus 6 im Kataster von 1812*

Der »Schweigerhof«, der 1990 abgebrochen wurde, lag, wie der Schmausenhof, am nördlichen Rand der ursprünglichen Rodungsinsel Kempfenhausen. Obwohl frühe urkundliche Nennungen dieses Hofes fehlen, ist nach der Lage seines Grundbesitzes im Kataster von 1810 anzunehmen, daß er zur gleichen Zeit entstanden ist wie der Schmausenhof und, vom 13. Jh. bis zum 15. Jh., zum Grundbesitz der Münchner Patrizier Part in Kempfenhausen gehört hat. Das »Fischergut« und das »Schustergut« könnten Ausbrüche aus diesem Hof sein.

Im Jahre 1517 war der Schweigerhof eines der vier Fischlehen von Kempfenhausen. Der Name des Hofes könnte auf Wolf Schweiger zurückgehen, der in der Steuerliste von 1538 mit einem Steuersatz von 4 ß 12 Pfg. aufgeführt ist.

Nach Wolf Schweiger wurden Hof und Fischlehen von 1554–1629, 75 Jahre lang, von der Familie Lucas bewirtschaftet, dann von 1629–1710, 81 Jahre lang, von der Familie Mayr und schließlich 176 Jahre lang, von 1710–1886, von der Familie Queri. Nach dem Tod von Georg Queri ging der Schweigerhof an dessen Schwiegersohn Johann Treutterer, der von 1894–1919 Bürgermeister der Gemeinde Kempfenhausen gewesen ist. Sein Sohn, Johann Treutterer jun., übernahm den Hof 1933 und bewirtschaftete ihn bis zu seinem Tod 1984. Danach war der Hof verlassen.

1989 stand der Schweigerhof noch in der Denkmalliste des Landkreises Starnberg mit nachstehender Eintragung: »Am Bachfeld 10. Wohnteil eines Bauernhauses, im Kern zweigeschoßiger Blockbau, zweite Hälfte 17. Jh., verputzt, an der Südseite vorgesetzter Anbau des 1. Viertels des 19. Jh.s mit schmiedeeisernem Balkon. Der Hof ist eines der beiden Anwesen, die sich in einer zweiten Siedlungsphase von der alten Paarhofsiedlung trennten und am östlichen, zum Lüssbach abfallenden Abhang Platz fanden. Die vom Schloß herabführende Straße lief ursprünglich südlich am Haus vorbei. Unter dem Putz des heute verlassenen Hofes verbirgt sich ein zweigeschoßiger Blockbau, dessen Schwellenhölzer z.T. unten am Sockel sichtbar sind. Im Innern ist der ursprüngliche Blockbau im Wohnteil vollständig, im Wirtschaftsteil über der Stalldecke fast ungestört überliefert. Die Konstruktion mit z.T. bemerkenswerten Details ist in gutem Erhaltungszustand. Das Gebäude war ursprünglich ein Rauchhaus. In einer Schlafkammer ist noch eine Tür mit einem Sturz in Form eines Eselsrücken erhalten. Auf der Südseite wurde, um das Haus zu erweitern, der alten Blockwand im Abstand von etwa einem Meter eine neue, gemauerte Wand vorgestellt. Zum Abbruch der alten Blockwand kam es infolge Geldmangels während der Inflationszeit aber nicht mehr, so daß das Haus heute kurioserweise zwei Außenwände besitzt«.

Heute stehen am Platz des alten Schweigerhofes zwei moderne Schwesternheime der Kempfenhausener Klinik Dr. Argirov.

In den Scharwerk- und Steuerbüchern ist über den Schweigerhof zu finden:

1554 sitzt Hans Lucas nach dem Scharwerkbuch auf einem Lehen als Freistifter und scharwerkt mit zwei Rossen

1555 besitzt Hans Lucas nach dem Scharwerkbuch ein Lehen und scharwerkt mit 2 Rossen

1588 besitzt nach dem Scharwerkbuch Caspar Lucas das Lehen und dient mit 2 Rossen

1599 sitzt Caspar Lucas nach dem Scharwerkbuch noch auf dem Lehen und scharwerkt nun mit einem halben Wagen

1612 hat Caspar Lucas ein Lehen mit Freistiftgerechtigkeit, hat 1 ß 22 Pfg. 1 hl zu versteuern und für die Fahrnis 5 ß 6 Pfg. Er besitzt 2 Rosse, 1 Kuh, 2 Jungrinder und 2 Schafe. Der Zehnt gehört dem Pfarrer von Aufkirchen

1629 ist unter den »Communicantes« im Kirchenbuch von Aufkirchen sowohl Hans Lucas und seine Ehefrau Margarethe genannt, als auch sein Nachfolger auf dem Hof, Georg Mair und dessen Ehefrau Regina. Regina war vermutlich die Tochter von Hans Lucas

1634 betragen die Abgaben des Schweigerhofes 12 fl Wißgilt, 4 kr Stiftgilt und 100 Eier, 3 Hühner und eine Gans

1666 besitzt Hans Mayr einen halben Hof ohne Gerechtigkeit, dem Hörl in München grundeigen, 10½ Juchart und zwei Rosse

1666 erhält am 20. Oktober der »Hörlsche Grund- und Hofmarksuntertan Hans Mayr von dem wohledlen und gestrengen Herrn Friedrich Alois Hörl von Kempfenhausen auf Haarkirchen, der kurfürstlichen Haupt- und Residenzstadt München Stadtoberrichter, für dessen freieigentümliche Hube veranlaite Freistiftgerechtigkeit, um sie mit eigenem Mut zu besitzen und dieselbe samt allem Zubehör gebührlich zu nutzen, zu genießen und zu gebrauchen«. Nach dem Stiftsbrief durfte er die Hube »nicht schmälern, teilen, verändern, verwechseln, versetzen, verkaufen oder anderen desgleichen gestatten« und mußte alle Jahre »zu Galli dienen und reichen 12 fl Gilt und an Küchendienst 100 Eier, 3 Hühner, 1 Gans«. Außerdem mußte er eine Summe hinterlegen, damit bei Umbau, Schauer, Krieg, Brunst und Sturm das Entgelt entfallen konnte

1671 besitzt Hans Mayr einen halben Hof und ist den Hörls grundgiltbar. Er gibt 12 fl jährliche Gilt und dem Landgericht 3 fl Scharwerkgilt und 1 fl Steuer. Er hat veranlaite Freistift, darüber aber noch keinen Brief. Den Hof hat er vor 2 Jahren um 150 fl erworben und keinen weiteren »Anfall« gegeben. Seine Gerechtigkeit wird auf den obigen Kaufschilling geschätzt und seine Fahrnis auf 5 fl. Haus und Stadel sind ziemlich abgeschluft und bräuchten der Verbesserung. Er hat 3 Rosse, 3 Kühe, 2 Jungrinder, 2 Schafe und 6 Frischlinge. Dem Gotteshaus Starnberg ist er 30 Gulden verbrieftes und zu verzinsendes Geld schuldig. Über seine Hausnotdurft kann er nichts verkaufen

1677 hat Hans Mayr 12 fl Gilt, 4 kr Stiftgilt, 100 Eier, 3 Hühner und 1 Gans als Abgabe zu leisten und jährlich 2 Fuhren Holz nach München zu fahren

1683 wird Hans Mayr vom kurfürstlichen Überreiter Hilgersheimer wegen Waldfrevel verklagt

1685 und 1686 ist Hans Mayr Kirchenprobst

1716 erwirbt Hans Queri aus Percha den Schweigerhof, nachdem er die Sölde »beim Fischer« in Percha verkauft hat, auf der sein Vater von 1652–1686 Hoffischer gewesen ist

1735 sitzt nach dem Herdstattverzeichnis Hans Queri auf dem Hof

1761 wird Niclaus Queri, genannt »beim Schweiger«, auf seinem ½ Hof veranlagt für Fourage mit 30 fl 30 kr, für Vorspanndienste mit 37½ kr, für die Herdstatt mit 25 kr und zur Steuer mit 59 kr

1808 sitzt Anton Queri nach den Steuerfassionen auf dem Schweigerhof, einem ½ Hof, und hat 12 fl 4 kr als Gilt und Grundstift an das Damenstift zu entrichten

1812 ist Anton Queri nach dem Steuerkataster Eigentümer des Schweigerhofes. Er hat 37,35 Tagwerk Grundbesitz, davon 2,48 Tagwerk Haus und Garten, 29,97 Tagwerk Acker und 4,90 Tagwerk Wiesen. Die Dominikalsteuer beträgt 22 kr 4 hl und die Rustikalsteuer 1 fl 31 kr 2 hl. Der Zehnt geht an den Pfarrer von Aufkirchen. Der Hof wird mit 500 fl eingeschätzt. Für die Leistungen des Hofes sind veranschlagt: 3 fl für das Scharwerk, 2 fl für 2 Klafter Buchenholz nach München fahren, 12 fl 4 kr Stift und im Küchendienst für 3 Hühner, 100 Eier und 1 Gans 3 fl 8 kr

1867 heißt der »Schweiger« Ferdinand Queri. Er hat den Hof 1843 vom Vater um 1830 fl übernommen. Sein Grundbesitz umfaßt 38,96 Tagwerk, davon 0,91 Tagwerk Haus und Garten, 22,82 Tagwerk Acker, 11,36 Tagwerk Wiesen und 3,87 Tagwerk Wald. Die Grundsteuer beträgt 5 fl 49 kr 7 hl

»Schweigerhof« – 1/2 Hof – ein Fischlehen – Haus 6 im Kataster von 1812

Jahr	Datum	Name	Ehefrau	Kinder	Geb.	Ehe	Tod	Besitz	Urkunde
1538		Schweiger Wolf						Steuer	Kurb. Geh. La. Archiv 1231
1554		Lucas Hans						Beschr.	Kurb. Geh. La. Arch. 1196
1577		Lucas Hans						Scharwerk	Kurb. Geh. La. Arch. 1196
1588		Lucas Caspar						Scharwerk	Kurb. Geh. La. Arch. 1196
1594		Lucas Caspar						Scharwerk	Kurb. Geh. La. Arch. 1197
1599		Lucas Caspar						Scharwerk	Kurb. Geh. La. Arch. 1196
1612		Lucas Caspar						Lehen	Steuerbuch Stbg. 412
1629		Lucas Hans	Margarete						»Communicantes« Aufk.
1629		Mair Georg	Regina			X			»Communicantes« Aufk.
1634	31. 1.		die alte Schwaigerin						
			Catharina Lucas +				+		Sterberegister Aufkirchen
1634	31. 3.		Regina Mair +				+		Sterberegister Aufkirchen
1634	15. 8.	Mair Georg	Anna Rieger			X			Trauungsreg. Aufkirchen
1635	6. 4.	Mair Georg	Anna	Georg	X				Taufregister Aufkirchen
1635	26. 5.		Anna Mair +				+		Sterberegister Aufkirchen
1639	25. 1.	Mair Georg Witwer	Barbara Thannwirth			X			Trauungsreg. Aufkirchen
1648	6. 1.	Mayr Joannis	Margarete Denk			X			Trauungsreg. Aufkirchen
1648	28. 10.	Mayr Hans	Margarete	Regina	X				Taufregister Aufkirchen
1651	6. 4.	Mayr Hans	Margarete	Georg	X				Taufregister Aufkirchen
1652	22. 4.	Mayr Hans	Margarete	Philipp	X				Taufregister Aufkirchen
1665	5. 4.	Mayr Hans	Margarete	Georg	X				Taufregister Aufkirchen
1666	20. 10.	Mayr Hans						Freistift	durch Friedrich Alois Hörl
1666		Mayr Hans						½ Hof	Kurb. Geh. La. Arch. 1197
1668		Mayr Hans						Schulden	Pflegg. Starnberg PR 6
1669	27. 2.	Mayr Hans	Margarete	Corbinian	X				Taufregister Aufkirchen
1671		Mayr Hans						½ Hof	Steuerbuch Starnberg 413
1671	12. 1.	Mayr Hans						Schulden	Pflegg. Starnberg PR 7
1677	19. 2.	Mayr Hans						Lehen	GL Wolfratsh. 4541/25
1678	3. 2.	Mayr Hans						Lehen	Verz. f. Kurf. Ferd. Maria
1683		Mayr Hans	gegen Hilgersheimer					Verh. Prot.	Pflegg. Wolfratsh. 51
1685		Mayr Hans						Kirch. Prop.	Pflegg. Starnberg PR 13
1686		Mayr Hans						Kirch. Prop.	Pflegg. Starnberg PR 14
1690		Mayr Hans						½ Hof	Kurb. Geh. La. Arch. 1197
1710	25. 11.	Mayr Hans +					+		Sterberegister Aufkirchen
17		Queri Hans	Anna			X			Trauungsreg. Percha
1716	28. 11.	Queri Hans	Anna	Niclaus	X				Taufregister Aufkirchen
1718	24. 3.	Queri Hans	Anna	Joseph	X				Taufregister Aufkirchen
1719	4. 3.	Queri Hans	Anna	Magdalena	X				Taufregister Aufkirchen
1719		Queri Hans						Schulden	Pflegg. Starnberg PR 37
1721	5. 1.	Queri Hans	Anna	Caspar	X				Taufregister Aufkirchen
1722	1. 3.	Queri Hans	Anna	Theresa	X				Taufregister Aufkirchen
1724	26. 1.	Queri Hans	Anna	Agathe	X				Taufregister Aufkirchen
1724		Queri Hans						Schulden	Pflegg. Starnberg PR 38
1725	15. 3.	Queri Hans	Anna	Gertraud	X				Taufregister Aufkirchen
1726	9. 10.	Queri Hans	Anna	Andreas	X				Taufregister Aufkirchen
1729	28. 6.	Queri Hans	Anna	Petrus	X				Taufregister Aufkirchen
1730	2. 7.	Queri Hans	Anna	Augustus	X				Taufregister Aufkirchen
1735	1. 4.	Queri Hans						Schwaiger	GL Faszikel 4583/183
1738	6. 12.	Queri Hans +					+		Sterberegister Aufkirchen
1743	4. 3.	Queri Niclaus	Barbara Beimers			X			Trauungsreg. Aufkirchen
1744	31. 7.	Queri Niclaus	Barbara	Anton	X				Taufregister Aufkirchen
1746	22. 6.	Queri Niclaus	Barbara	Joh. Bapt.	X				Taufregister Aufkirchen
1749	1. 1.	Queri Niclaus	Barbara	Caspar	X				Taufregister Aufkirchen
1760		Queri Niclaus						½ Hof	Kurb. Hofanl. Buchh. 510
1761	10. 11.	Queri Niclaus						½ Hof	Pflegg. Wolfratsh. B33
1768	11.11.	Queri Hans Witwer					+		Sterberegister Aufkirchen
1772	11. 3.		Barbara Queri +				+		Sterberegister Aufkirchen
1774	10. 1.	Queri Niclaus Witwer	Theres Hanfstingl			X			Trauungsreg. Aufkirchen
1776	29. 4.		Theres Queri +				+		Sterberegister Aufkirchen

1782	8. 4.	Queri Anton	Maria Solani			X			Trauungsreg. Aufkirchen
1787	7. 3.		Maria Queri +				+		Sterberegister Aufkirchen
1787	13. 3.	Queri Anton	Maria Nebl			X			Trauungsreg. Aufkirchen
1788	7. 1.	Queri Anton	Maria	Maria	X				Taufregister Aufkirchen
1790	11. 3.	Queri Anton	Maria	Martin	X				Taufregister Aufkirchen
1791	5. 2.	Queri Niclaus +					+		Sterberegister Aufkirchen
1795	18. 1.	Queri Anton	Maria	Clara +		X	+		Taufregister Aufkirchen
1797	4. 7.		Maria Queri +				+		Sterberegister Aufkirchen
1808		Queri Anton						½ Hof	Steuerfass. RFK 5486
1812		Queri Anton						½ Hof	Kataster 20475
1813	14. 11.	Queri Martin	Theres Sibichhauser			X			Trauungsreg. Aufkirchen
1814	17. 1.	Queri Martin	Theres	Ferdinand	X				Taufregister Aufkirchen
1814	14. 10.	Queri Martin	Theres	Thomas	X				Taufregister Aufkirchen
1816	23. 8.	Queri Martin	Theres	Joseph	X				Taufregister Aufkirchen
1817	30. 11.	Queri Martin	Theres	Andreas	X				Taufregister Aufkirchen
1819	10. 9.	Queri Martin	Theres	Theresa	X				Taufregister Aufkirchen
1821	15. 5.	Queri Martin	Theres	Martin	X				Taufregister Aufkirchen
1824	20. 7.	Queri Martin	Theres	Magdalena	X				Taufregister Aufkirchen
1826	10. 10.	Queri Martin	Theres	Franziskus	X				Taufregister Aufkirchen
1828	20. 5.	Queri Martin	Theresa	Maria +	X		+		Taufregister Aufkirchen
1830	4. 2.	Queri Martin	Theresa	Joseph	X				Taufregister Aufkirchen
1833	20. 4.	Queri Martin	Theresa	Anselm	X				Taufregister Aufkirchen
1843	10. 2.	Queri Ferdinand						Übernahme	Kataster 20798
1843	30. 1.	Queri Ferdinand	Thersia Seidl			X			Trauungsreg. Aufkirchen
1843	5. 10.	Queri Ferdinand	Theresia	Georg	X				Taufregister Aufkirchen
1845	15. 3.	Queri Ferdinand	Theresia	Ferdinand	X				Taufregister Aufkirchen
1847	27. 6.	Queri Ferdinand	Theresia	Maria	X				Taufregister Aufkirchen
1849	14. 3.	Queri Ferdinand	Theresia	Joh.Baptist	X				Taufregister Aufkirchen
1851		Queri Ferdinand						Schwaiger	Kataster 20798
1854	26. 10.	Queri Ferdinand	Theresia	Max	X				Taufregister Aufkirchen
1867	23. 4.	Queri Ferdinand	Theresia					Schwaiger	Grundst. Kat. 20797/98
1872		Queri Ferdinand							Gemeinderat LRA 31952
18		Queri Ferdinand +					+		Sterberegister Aufkirchen
1878		Queri Georg	Pauline Gailer			X			Trauungsreg. Aufkirchen
1886		Queri Georg +					+		Sterberegister Aufkirchen
1886	1. 5.		Maria Queri					Erbfolge	Grundst. Kat. 20797/98
1886	6. 7.	Treutterer Johann	Maria Queri			X			Trauungsreg. Aufkirchen
1887	14. 6.	Treutterer Johann	Maria	NN +	X		+		Taufregsiter Aufkirchen
1888	15. 11.	Treutterer Johann	Maria	Maria	X				Taufregister Aufkirchen
1889		Treutterer Johann							Gemeinderat LRA 31952
1890	11. 7.	Treutterer Johann	Maria	Max	X				Taufregister Aufkirchen
1891	9. 10.	Treutterer Johann	Maria	Joh.Baptist	X				Taufregsiter Aufkirchen
1895		Treutterer Johann							Bürgermeister LRA 31952
1898		Treutterer Johann							Bürgermeister LRA 31952
1900		Treutterer Johann							Bürgermeister LRA 31952
1903		Treutterer Johann							Neubau Wohnh. u. Stall
1909		Treutterer Johann							Bürgermeister LRA 31952
1910		Treutterer Johann							Bürgermeister LRA 31952
1913		Treutterer Johann							Bürgermeister LRA 31952
1915		Treutterer Johann							Bürgermeister LRA 31952
1919		Treutterer Johann							Bürgermeister LRA 31952
19		Treutterer Johann +					+		Sterberegister Aufkirchen
1933	20. 10.	Treutterer Joh. jun.						Übernahme	Grundst. Kat. 20797/98
1933		Treutterer Joh. jun.				X			Trauungsreg. Aufkirchen
1984	15. 5.	Treutterer Joh. jun.+					+		Sterberegister Berg

4.5 Der »Hofbauerhof«, 1/1 Hof, Haus 5 im Kataster von 1812

Der »Hofbauer« ist der jüngste der Kempfenhausener Höfe. Im 17. Jh. ist er noch nicht erwähnt. Der Hof erscheint erst um 1715, als Maximilan Anton, der Sohn des verstorbenen Freiherrn Caspar Marquard von Zündt, Grundherr der Hofmark Kempfenhausen und Jeremias Sebastian Maier sein adeliger Verwalter gewesen sind. Der Hof stand damals in unmittelbarer Nähe des Schlosses auf dem »Schloßanger«. Der erste »Hofbauer« war Thomas Pentenrieder. Nach dem Verzeichnis der Hofstätten saß er auch noch 1735 auf dem Hof. Nach dem Tod des Vaters übernahm sein Sohn Georg Pentenrieder den Hof und nach ihm, 1775, dessen Sohn Mathias Pentenrieder. Die Witwe von Mathias Pentenrieder heiratete 1799 Georg Jungwirth, und dieser übergab den Hof 1826 an seinen Stiefsohn Michael Pentenrieder. Als dieser 1843 kinderlos gestorben war, verkaufte der alte »Hofbauer« Georg Jungwirth am 29. 3. 1843 den Hof an den Starnberger Posthalter Andreas Pellet und dessen Ehefrau Maria, geb. Kalb.

»Hofbauerhof«
Lavierte Bleistiftzeichnung
Franz von Pocci 1841

Andreas Pellet hatte sich als Posthalter und Gastwirt in Starnberg von 1829–1839 mehrmals vergeblich um eine Taferngerechtigkeit bemüht, war aber am Einspruch seiner Konkurrenten, vor allem von Graf Vieregg, dem Besitzer des »Tutzinger Hofes«, gescheitert. Tafern wurden den Ehehaftgerechtigkeiten zugerechnet, die einer landesherrlichen Bewilligung bedurften. Nach Graf Vieregg »wurde eine Wirtschaft nach hiesigem Landesgebrauch für vollkommen geachtet, wenn der Wirt nicht nur öffentliches Schenk-, Herbergs- und Gastrecht hat, sondern auch Hochzeiten, Stuhlfeste und andere solche Gastereien halten darf und dies ist eigentlich dasjenige, was man hier zu Lande eine ehehafte Taferngerechtigkeit tabernam publicam zu nenen pflegt, ohne Unterschied zwischen der bürgerlichen Stadt-, Markt- und den Land- oder sogenannten Gautafern«. Davon gäbe es aber in der Umgebung schon genug.

Nach dem Mißerfolg in Starnberg hat Andreas Pellet seine Aktivitäten offensichtlich nach Kempfenhausen verlegt. Nach dem Erwerb des Hofbauerbesitzes in Kempfenhausen begann er, seinen Grundbesitz durch umfangreichen Grundstückstausch an das Seeufer zu verlegen und dort zu konzentrieren. Die wesentlichen Tauschverträge wurden am 9. 5. 1844 und am 6. 4. 1846 beurkundet. Insgesamt hat Pellet 59 Tagwerk und 83 Dezimale abgegeben und 64 Tagwerk und 16 Dezimale in Seenähe neu erworben. 1851 verlegte er seinen Hof auf die Seewiese am Seeufer. Daneben ließ er ein dreistöckiges Gast- und Rasthaus als Landhaus im Stil alpenländischer Bauernhäuser errichten und am Seeufer umfangreiche Parkanlagen anlegen. Dieses »Pellethaus« war eines der frühen Beispiele dieses Haustyps am See.

Das Pellet'sche Gasthaus wird auch »Wagnerhaus« genannt, da Richard Wagner als Gast von König Ludwig II. vom 14. Mai 1864 bis zum 3. Oktober 1864 dort gewohnt hat. Daran erinnert eine am Haus angebrachte Gedenktafel.

Richard Wagner war nach überstürzter Abreise aus Wien nahezu mittellos, kränkelnd, verzweifelt und auf der Flucht vor einem Heer von Gläubigern am 25. 3. 1864 im Bayerischen Hof in München angekommen. Kurz vorher, am 10. 3. 1864, war König Max II. gestorben. Der neue König, Ludwig II., ließ durch seinen Kabinettsekretär Richard Wagner am 2. 5. 1864 in Stuttgart, wohin Wagner inzwischen gereist war, eine Einladung nach München überreichen. Der König und Richard Wagner trafen sich daraufhin am 4. Mai 1864 in der Münchner Residenz. Nach diesem Gespräch konnte Wagner am 9. Mai mit 4000 Gulden aus der königlichen Kabinettskasse nach Wien reisen und sich seiner dringlichsten Verpflichtungen entledigen. Der König hatte ihm außerdem freie Miete und eine jährliche Zuwendung von 4000 Gulden zugesagt, die er später auf 8000 Gulden erhöhte. In Kempfenhausen, das nur eine halbe Wegstunde von Schloß Berg entfernt lag, ließ Ludwig II. das Pellet'sche Landhaus für Wagner anmieten, und dort hieß ihn am 14. 5. 1864 der königliche Kabinettsekretär herzlich willkommen.

Im nahegelegenen Schloß Berg kam es während Wagners Aufenthalt in Kempfenhausen zu zahlreichen Treffen zwischen dem König und Wagner mit endlosen Gesprächen. Das »Pellethaus« in dem mit Eichen bestandenen Park, nur wenige Schritte vom Seeufer und dem dortigen Anlegesteg entfernt, fand Wagner »schön und einsam«. Er war jedoch nervös und unfähig zu arbeiten, wozu auch das schlechte Wetter des damaligen Sommers beitrug. Da er sich zudem einsam fühlte, war er hocherfreut, als die befreundete Familie von Bülow ihren Besuch ankündigte. Am 29. 6. 1864 kam zunächst Cosima, die Tochter von Franz Liszt und Ehefrau des Dirigenten Hans von Bülow, mit ihren beiden Töchtern ins Pellethaus nach Kempfenhausen. Hans von Bülow sollte in Kürze nachkommen. In dieser Woche wurde in Kempfenhausen die Verbindung zwischen Cosima und Richard Wagner besiegelt, deren gemeinsame Tochter, Isolde von Bülow, im darauffolgenden Jahr, am 10. 4. 1865, geboren wurde. Als Hans von Bülow am 7. 7. 1864 schließlich ebenfalls im Pellethaus ankam, ahnte er nicht, was inzwischen geschehen war und sein schlechter Gesundheitszustand verhinderte, ihn zu informieren. Krank und verstimmt reiste er am 19. 8. 1864 mit seiner Familie nach München ab. Cosima fuhr zu ihrem Vater nach Karlsruhe und kam gemeinsam mit ihm, am 28. August, nach München zurück. »Für einen Tag und eine Nacht« fuhr Liszt zu Wagner nach Kempfenhausen, wo es zu einer heftigen Aussprache der beiden Männer über das Verhältnis zwischen Wagner und Cosima kam. Wagner, der sich schon 1861 endgültig von seiner ersten Frau getrennt hatte, heiratete Cosima jedoch erst 1870.

Im August 1864 komponierte Wagner zum Geburstag von König Ludwig II. in Kempfenhausen einen Huldigungsmarsch für 80 Musiker, den er später für große Orchester umschrieb. Im September nahm er die Kompositionsarbeit am »Ring der Nibelungen« wieder auf und arbeitete an der Siegfried-Musik, bereitete aber auch seinen Umzug nach München vor und verließ Kempfenhausen schließlich am 3. 10. 1864. Von Mai bis Oktober hatte er die Kabinettskasse 30 000 Gulden gekostet, doch in Kempfenhausen nur wenig geschaffen und damit die großen Erwartungen des Königs zunächst nicht erfüllt.

1866 starb Andreas Pellet. Seine Witwe wurde Alleinerbin des umfangreichen Besitzes, der mit 58 942 fl veranschlagt wurde. Ihren Besitz in Kempfenhausen verkaufte sie 1898 für 350 000 Mark an die russische Fürstin Anna Bariatinsky, aus St. Raphael an der Riviera, und an deren Gatten Fürst Alexander.

Der Fürst ließ Kempfenhausen zu einem herrschaftlichen Sitz ausbauen und beauftragte damit den Münchner Architekten Lachermaier. 1901 wurde das Pellethaus erweitert und erhielt zur Seeseite einen Erker und eine Terrasse. Außerdem wurde ein Dienerschaftsgebäude und ein Portiershaus errichtet. 1903 kamen ein Gewächshaus und eine Gärtnerwohnung dazu. 1904 mußte der Bauernhof einer Fremdstallung weichen und wurde abgebrochen. 1906 entstand ein weiteres Glashaus, eine Gartenwohnung und vor allem die »Kleine Villa«, die heute unter Denkmalschutz steht. Das Landhaus Pellet dagegen hat, vor allem in den letzten Jahren, durch die zahlreichen Umbauten im Innern und die Anbauten, seinen ursprünglichen Charakter weitgehend verloren und wurde deshalb aus der Denkmalliste gestrichen. 1907 ließ Fürst Bariatinsky ein Automobilhaus und 1908 einen Bibliotheksanbau errichten und das Dienerschaftsgebäude erweitern.

Um die Gebäude war ein großer Ziergarten mit Blumenrabatten und gepflegten Rasenflächen angelegt worden, an den sich ein englischer Landschaftspark anschloß.

Die fürstliche Familie führte ein herrschaftliches Haus, hatte 40–50 Pferde im Stall und fuhr vierspännig über Land. In Kempfenhausen wurden großartige Feste gefeiert, deren Höhepunkt jedes Jahr ein glanzvolles Park- und Sommerfest gewesen ist, zu dem 200–300 Gäste eingeladen waren. Haus und Park waren dekoriert und illuminiert, Musikkapellen spielten, zwischen den Parkbäumen wurden bengalische Feuer gezündet und zum Abschluß ein prachtvolles Feuerwerk abgebrannt.

Im Winter 1912/13 starb Fürst Alexander. Die Fürstin und ihre Tochter führten das Haus bis zum Juli 1914 weiter. Kurz vor Ausbruch des 1. Weltkrieges verließen sie Deutschland und kehrten nach Frankreich zurück. Ihr Besitz wurde als »Feindeigentum« beschlagnahmt und der Pferdebestand für das Militär requiriert. Nach Kriegsende hat der Staat den Besitz zum Kauf angeboten.

Das »Pellethaus«

Ausfahrt der Fürsten Bariatinsky

Am 17.12. 1919 erwarb ihn Alfred Graf von Oberndorff, deutscher Gesandter in Sofia, und seine Gattin, Gräfin Marguerita, eine in Versailles geborene Jonkvrouw de Stuers, für 1 250 000 Mark. Im Kaufpreis waren 500 000 Mark für »bewegliche Sachen« enthalten.

Graf Oberndorff, inzwischen zum deutschen Gesandten in Warschau berufen, beantragte am 24. April 1920 für sich und seine Familie die bayerische Staatsbürgerschaft, da er »die Absicht habe, im Herbst mit seiner Familie auf das erworbene Gut in Kempfenhausen zu ziehen und sein 1900 in Brüssel geborener Sohn in Ettal erzogen werde«. Am 7. 9. 1920 erhielt er die beantragte Staatsbürgerschaft. Zum Umzug kam es durch seine diplomatische Tätigkeit jedoch nicht. Im Juni 1930 verunglückten Graf Oberndorff und seine Gattin bei einem Autounfall tödlich.

Der Besitz, bis 1928 von Graf Strasoldo bewohnt und betreut, ging daraufhin am 18. 6. 1930 durch Erbfolge an die noch minderjährige, 1917 in München geborene, Tochter Elisabeth von Oberndorff über, die in Luxemburg lebte. Das hatte zur Folge, daß die Parkanlagen verwilderten und die Gebäude verwahrlosten, bis sich 1938 für den umfangreichen Besitz eine neue Nutzung ergab.

Am 25. 3. 1938 erwarb ihn die sächsische Pädagogin *Elisabeth Hunaeus* für ihr »Seminar für Frauenbildung«, das sie 1926 in Dresden als Ausbildungsstätte für Kindergärtnerinnen gegründet hatte. Sie verlegte es 1938 nach Kempfenhausen. Entsprechend ihren pädagogischen Vorstellungen erhielten ihre Schülerinnen neben der Fachausbildung auch Gelegenheit zu praktischer Arbeit in Haus und Garten und die Möglichkeit, künstlerische und handwerkliche Fähigkeiten zu entfalten und zu pflegen.

Während des Krieges drohte dem Seminar 1943 die Beschlagnahme durch das Generalkommando der Wehrmacht, das aus München ausgelagert werden sollte. Frau Hunaeus konnte das zunächst durch den Abschluß eines Vertrages mit der Firma BMW verhindern, der die Aufnahme und Betreuung bombengefährdeter Kinder der BMW-Belegschaft in Kempfenhausen regelte. 1944 erfolgte die Beschlagnahme dann doch. Das hatte zur Folge, daß 1945 die Amerikaner in das Pellethaus einzogen.

Nach dem Krieg wurden von Frau Hunaeus zunächst Flüchtlingskinder aufgenommen und die Ausbildung von Kindergärtnerinnen fortgesetzt. Später begann sie mit dem Aufbau einer Realschule. Als 1967 der »Zweckverband für Landschulheime« die Anlage übernahm, bestanden drei Klassen Realschule und zwei Klassen Kindergärtnerinnenseminar.

Der neue Schulträger begann sofort damit, Kempfenhausen zu einem Mädchengymnasium des »sozialwissenschaftlichen Zweigs« auszubauen, einem Schultyp, den das Kultusministerium 1964 neu geschaffen hatte. Gleichzeitig baute er die Realschule Zug um Zug ab und löste 1968 die Haushaltsschule auf. Das Kindergärtnerinnenseminar wurde jedoch weitergeführt und bis 1973 in eine »Fachakademie für Sozialpädagogik« umgewandelt.

1972 wurde die Internatsschule auch für externe Schülerinnen geöffnet, und ab 1981 konnten mit der Aufnahme eines »mathematisch-naturwissenschaftlichen Zweigs« nun auch Buben die Schule besuchen, womit das »Mädchenmonopol« nach 44 Jahren endete. Als dritter Ausbildungszweig wurde 1988 die »wirtschaftswissenschaftliche Ausbildung« aufgenommen.

Mit der Erweiterung des Ausbildungsangebots stiegen die Schülerzahlen ständig. Waren es im Jahre 1968 etwa 50 Schülerinnen gewesen, so waren es 1972 bereits 175 und 1981 schon 400 Schüler. Bis 1992 stieg diese Zahl auf 600 Schüler, von denen knapp 200 im Internat untergebracht sind. Nichts verdeutlicht besser als diese Zahlen, welch lebendige Ausbildungsstätte Kempfenhausen mit dem Landschulheim, dem Gymnasium und der Fachakademie für Sozialpädagogik hat.

Nach den Steuerkatastern war der »Hofbauer« wie folgt veranlagt:

1761 ist Georg Pentenrieder, genannt »Hofbauer«, im »Anlagsbuch der Dufrénischen Hofmark Kempfenhausen«, Eigentümer eines ganzen Hofes in veranlaiter Freistift. Er ist veranlagt für Fourage mit 7 fl, für Vorspanndienste mit 1 fl 15 kr, zur Herdstatt mit 25 kr und zur Steuer mit 4 fl 28 kr 1 hl

1808 sitzt Georg Jungwirth nach den »Steuerfassionen der Hofmark Kempfenhausen des Damenstifts« auf einem ganzen Hof. Er hat 70 fl Gilt und Grundstift zu entrichten und ist veranlagt mit 8 fl für die grundherrlichen Frondienste

1812 ist Georg Jungwirth nach dem »Steuerkataster der Hofmark Kempfenhausen« noch immer Eigentümer des Hofbauerhofes. Er hat 97,55 Tagwerk Grundbesitz, davon 0,97 Tagwerk Haus und Garten, 76,65 Tagwerk Acker, 15,82 Tagwerk Wiesen und 4,11 Tagwerk Wald. Die Dominikalsteuer beträgt 1 fl 29 kr 7 hl und die Rustikalsteuer 4 fl 3 kr 1 hl. Der Zehnt geht an den Pfarrer in Aufkirchen. Das Anwesen wird auf 1000 fl geschätzt. Die Leistungen des Hofes sind veranlagt für das Scharwerk mit 8 fl, für den Fuhrlohn, um 6 Klafter Holz nach München zu fahren, mit 6 fl, für Stift und Gilt mit 69 fl 30 kr und für das Naturalscharwerk mit 24 kr

1867 ist der »Hofbauer« Maria, die Witwe des Andreas Pellet. Ihr gehören 89,76 Tagwerk Grundbesitz, davon 64,22 Tagwerk Acker, 9,03 Tagwerk Wiesen, 0,19 Tagwerk Wege und 16,20 Tagwerk Haus und Garten. Die Grundsteuer beträgt 15 fl 6 kr 55 hl

»Hofbauer Hof« – 1/1 Hof – Haus 5 im Kataster von 1812

Jahr	Datum	Name	Ehefrau	Kinder	Geb.	Ehe	Tod	Besitz	Urkunde
1715	7. 5.	Pentenrieder Thomas	Catharina	Maria	X				Taufregister Aufkirchen
1717	13. 6.	Pentenrieder Thomas	Catharina	Anna +	X		+		Taufregister Aufkirchen
1718	20. 2.	Pentenrieder Thomas	Catharina	Joseph	X				Taufregister Aufkirchen
1720	2. 3.	Pentenrieder Thomas	Catharina	Georg	X				Taufregister Aufkirchen
1720	19. 7.		Cath. Pentenried. +				+		Sterberegister Aufkirchen
1721	21. 8.	Pentenrieder Thomas	Maria Pischetsrieder			X			Trauungsregister Aufkirchen
1723	17. 3.	Pentenrieder Thomas	Maria	Joseph	X				Trauungsreg. Aufkirchen
1724	17. 5.	Pentenrieder Thomas	Maria	Johann	X				Taufregister Aufkirchen
1726	2. 6.	Pentenrieder Thomas	Maria	Maria	X				Taufregister Aufkirchen
1728	2. 1.	Pentenrieder Thomas	Maria	Joseph	X				Taufregister Aufkirchen
1729	18. 7.	Pentenrieder Thomas	Maria	Magdalena	X				Taufregister Aufkirchen
1732	6. 2.	Pentenrieder Thomas	Maria	Anna	X				Taufregister Aufkirchen
1733	17. 9.	Pentenrieder Thomas	Maria	Mathias +	X		+		Taufregister Aufkirchen
1741	11. 2.		Maria Pentenried. +				+		Sterberegister Aufkirchen
1745	5. 2.	Pentenrieder Thomas +					+		Sterberegister Aufkirchen
1747	2. 5.	Pentenrieder Georg	Magdal. Pfanzelter			X			Trauungsreg. Aufkirchen
1748	10. 3.	Pentenrieder Georg	Magdalena	Josephus	X				Taufregister Aufkirchen
1751	13. 2.	Pentenrieder Georg	Magdalena	Mathias	X				Taufregister Aufkirchen
1753	15. 4.	Pentenrieder Georg	Magdalena	Maria	X				Taufregister Aufkirchen
1755	24. 1.	Pentenrieder Georg	Magdalena	Monica	X				Taufregister Aufkirchen
1756	6. 5.	Pentenrieder Georg	Magdalena	Magdalena +	X		+		Taufregister Aufkirchen
1759	20. 5.	Pentenrieder Georg	Magdalena	Theresia +	X		+		Taufregister Aufkirchen
1760	19.11.	Pentenrieder Georg	Magdalena	Maria Anna+	X		+		Taufregister Aufkirchen
1761		Pentenrieder Georg						1/1 Hof	Pflegger. Wolfratsh. B 33
1762	5. 8.	Pentenrieder Georg	Magdalena	Mechtildis	X				Taufregister Aufkirchen
1764	14. 5.	Pentenrieder Georg	Magdalena	Joh.Nepomuk	X		+		Taufregister Aufkirchen
1766	17. 3.	Pentenrieder Georg	Magdalena	Georgis +	X		+		Taufregister Aufkirchen

1768	16. 2.	Pentenrieder Georg	Magdalena	Georgis +	X		+		Taufregister Aufkirchen
1770	27. 7.	Pentenrieder Georg	Magdalena	Laurentius	X		+		Taufregister Aufkirchen
1773	9. 3.		Magd. Pentenried. +				+		Sterberegister Aufkirchen
1775	4. 8.	Pentenrieder Georg +					+		Sterberegister Aufkirchen
1776	21. 10.	Pentenrieder Mathias	Maria Bauer			X			Trauungsreg. Aufkirchen
1779	12. 6.	Pentenrieder Mathias	Maria	Martin	X				Taufregister Aufkirchen
1780	23. 5.	Pentenrieder Mathias	Maria	Mathias +	X		+		Taufregister Aufkirchen
1782	26. 6.	Pentenrieder Mathias	Maria	Maria +	X		+		Taufregister Aufkirchen
1783	28. 8.	Pentenrieder Mathias	Maria	Augustus	X				Taufregister Aufkirchen
1785	11. 1.	Pentenrieder Mathias	Maria	Mathias	X				Taufregister Aufkirchen
1788	20. 1.	Pentenrieder Mathias	Maria	Maria +	X		+		Taufregister Aufkirchen
1790	25. 2.		Maria Pentenried. +				+		Sterberegister Aufkirchen
1790	26. 4.	Pentenrieder Mathias	Monica Gwantner			X			Trauungsreg. Aufkirchen
1791	1. 8.	Pentenrieder Mathias	Monica	Mathias	X				Taufregister Aufkirchen
1798	18. 12.	Pentenrieder Mathias	Monica	Magdalena	X				Taufregister Aufkirchen
1799	18. 5.	Pentenrieder Mathias +					+		Sterberegister Aufkirchen
1799		Jungwirth Georg	Monica Pentenrieder			X			Trauungsreg. Aufkirchen
1799		Jungwirth Georg						1/1 Hof	Kataster Kempfenhausen
1800	28. 8.	Jungwirth Georg	Monica	Georgius	X				Taufregister Aufkirchen
1808		Jungwirth Georg						1/1 Hof	Steuerfass. RFK 5486
1812		Jungwirth Georg						1/1 Hof	Steuerkat. von 1812
1823	6. 2.	Jungwirth Georg							Steuerkataster
1825	18. 7.	Jungwirth Georg							Steuerkataster
1826	21. 12.	Pentenrieder Michael	Stiefsohn					Übernahme	Steuerkataster
1826	21. 12.	Pentenrieder Michael	Rosina Fastl			X			Trauungsreg. Aufkirchen
1830	2. 3.	Pentenrieder Michael	Rosina	Nicolaus	X				Taufregister Aufkirchen
1831	11. 5.	Pentenrieder Michael	Rosina	Rosina	X				Taufregister Aufkirchen
1831	8. 6.	Pentenrieder Michael						Hofbauer	Steuerkataster
1832	12. 8.	Pentenrieder Michael	Rosina	Monica +	X		+		Taufregister Aufkirchen
1834	15. 2.	Pentenrieder Michael	Rosina	Magdalena	X				Taufregister Aufkirchen
1836	23. 2.	Pentenrieder Michael	Rosina	Mathias +	X		+		Taufregister Aufkirchen
1837	27. 12.	Pentenrieder Michael	Rosina	Anastasia	X				Taufregister Aufkirchen
1838	17. 4.	Pellet Andreas	Maria Kalb			X			Trauungsreg. Aufkirchen
1840	9. 9.	Pentenrieder Michael	Rosina	Maria	X				Taufregister Aufkirchen
1843	29. 3.	Pellet Andreas						Übernahme	Kataster 20476
1845	30. 5.	Pellet Andreas						Hofbauer	Steuerkataster
1846	22. 5.	Pellet Andreas						Hofbauer	Steuerkataster
1847	28. 4.	Pellet Andreas						Hofbauer	Steuerkataster
1866	20. 3.	Pellet Andreas +					+		Sterberegister Aufkirchen
1866	20. 3.		Maria Pellet					Erbfolge	Steuerkataster
1867	23. 4.		Maria Pellet					Bäuerin	Steuerkat. 20797/98
1898	20. 12.	Fürstin	Anna v. Bariatinsky					Kauf	Steuerkat. 20797/98
1905		Fürstin	Anna v. Bariatinsky					Abriß	Bauernhof u. Neubau Villa

4.6 *Das »Fischergut« 1/16 Hof, eine Sölde und Fischlehen, Haus 4 im Kataster von 1812*

Das »Fischergut« ist eines der alten Fischlehen in Kempfenhausen und ist in der Hussitensteuerliste von 1430 und im Kuchelbuch von 1517 aufgeführt. Vermutlich ist es schon im 14. Jh. entstanden und mit Grund und Boden des Schweigerhofes ausgestattet worden. Nach den Registern der Fischer, die Segengerechtigkeiten auf dem Starnberger See besaßen, hieß der »Fischer« 1538 und 1554 Ulrich Schneider und von 1564 bis 1588 Mull Utz. Von 1594 bis 1634 saß Anthony Doll auf dem Fischergut, das von ihm an seinen Schwiegersohn Sebastian Gebhardt überging. Bis 1710, also 76 Jahre, blieb es bei der Familie Gebhardt, dann wurde es vom Schwiegersohn Georg Resch und schließlich 1732 von Georg Stimpfl übernommen. Die Familie Gröber besaß das Fischergut von 1740 bis 1882, also über einen Zeitraum von 142 Jahren. 1882 übernahm es der Schwiegersohn Sebastian Fastl, 1917 hat es der Schloßbesitzer Friedrich Otto Graf von Bylandt erworben, der es 1934 an Ulrich Mayer verkauft hat. In der Familie Meyer blieb es daraufhin bis heute.

Aus den Scharwerkbüchern, Segenregistern und aus den Steueranschlägen ist zu ersehen:

1538 hat Ulrich Schneider nach der Steuerfestschreibung 5 ß an Steuern zu entrichten

1554 sitzt Ulrich Schneider nach dem Scharwerkbuch auf einem Lehen und scharwerkt mit 2 Rossen

1577 scharwerkt der Fischer mit einem halben Wagen

1588 scharwerkt der Fischer ebenfalls mit einem halben Wagen

1599 hat Anthony Doll nach dem Scharwerkbuch ein Fischlehen und scharwerkt mit einem halben Wagen

1612 hat Anthony Doll ein Fischlehen in bloßer Freistift ohne Gerechtigkeit. Er ist mit 7 ß zur Steuer veranlagt. Für die Fahrnis, 2 Rosse und 1 Kuh, zahlt er 3 ß 18 Pfg.

1629 sind unter den »Communicantes« im Kirchenbuch von Aufkirchen Sebastian Gebhardt und seine Ehefrau Anna genannt

1634 besitzt Anthony Doll, Fischer, ein Fischlehen zu Kempfenhausen freistiftsweise von einem Jahr zum anderen, sonst frei ledig eigen. Er gibt jährlich 10 fl Wißgilt, 4 kr Stiftgilt, 100 Eier, 3 Hühner, 1 Gans, 12 Stck. Bodenrenken und 6 Pfd. Rutten. Das übrige Fischwerk, das die Herrschaft braucht, muß er um den Wert hergeben, wie es der Kurfürst seinen Fischern bezahlt. Jährlich muß er 1 Klafter Holz nach München zur Herrschaft fahren

1666 hat Sebastian Gebhardt nach der »Beschreibung der Untertanen im Landgericht Starnberg« einen Drittelhof, keine Gerechtigkeit, aber 9 Juchart und 2 Rosse

1671 besitzt Peter Gebhardt nach dem Steuerbuch einen Drittelhof, dem Hörl grundgiltbar und mit der Jurisdiktion dem Landgericht Starnberg zugetan. Er gibt jährlich 10 fl Gilt, dem Landgericht 2 Fl Scharwerkgilt und an Steuer 1 fl 29 kr 1 hl. Er hat keine Gerechtigkeit und man könnte ihn alle Jahre abstiften. Das Gut hat er vor 2 Jahren von seinem Vater Sebastian Gebhardt durch Übergabe an sich gebracht. Er hat sonst keinen weiteren Anfall gegeben. Das Gut hat er treulich erhalten. Die Fahrnis wird auf 5 fl geschätzt. Er hat 2 Rosse, 2 Kühe, 1 Jungrind, 3 Schafe, 1 Frischling. Seiner Herrschaft ist er aus ausständiger, verbriefter und aufgeschwollener Gilt 80 fl schuldig, aus der Gilt von 2 Jahren her. Er könnte sich nicht hinbringen, wenn er bei dem schlechten Gütl nicht auch auf dem Würmsee zu fischen hätte

1677 besitzt Peter Gebhardt in Kempfenhausen, Gericht Starnberg, ein ganzes Fischlehen frei ledig eigen in veranlaiter Freistiftgerechtigkeit. Er dient jährlich 10 fl Eisengilt, 4 kr Stiftgilt, Getreide nichts, 100 Eier, 3 Hühner, 1 Gans und für 1 Klafter Holz nach München fahren, 1 fl. An Fischdienst leistet er 12 St. Bodenrenken und 6 Pfd. Rutten

1678 vergleicht sich der Witwer Peter Gebhardt nach dem Ableben seiner Ehefrau Anna, 1677, mit seinen Kindern laut Vertragsbrief: »Auf ihr zeit- und natürlichem Ableben der Anna Gebhardt zu Kempfenhausen des kurfürstlichen Landgerichts Starnberg, hat sich ihr nachgelassener Witwer Peter Gebhardt daselbst mit den, mit ihr in der Zeit der Ehe erworbenen 3 Kindern namens Sebastian 7 Jahre, Barbara 5 Jahre und Katharina 3½ Jahre alters, auf Zutun und Beistandsleistung ehrlicher Leute und Befreundeter, als da sind Georg Schlemmer zu Kempfenhausen und Andreas Lenz, Müller zu Haarkirchen, wegen der Verstorbenen mütterliches Erbgut, dahin gütlich vereinbart verglichen, daß ihrem Vater alles und jedes Vermögen wie es Namen hat und vorhanden ist, nichts ausgenommen, mitsamt der Gutsgerechtigkeit, auch Schulden und Gegenschulden, völlig in Händen bleiben soll. Hingegen soll der Vater schuldig sein, daß seinen 3 Kindern für ihr mütterliches Erbe, für alles und alles, dem Sohn 15 fl und jeder Tochter die Gutspacht der Pachtstätte die der Vater besitzt und für die er eine Gebühr vonnöten haben würde, unverzinst in Händen verbleiben soll. Auch der Vater schuldig sein soll, seine vorgenannten Kinder, bis jedes sein Brot selbst würde gewinnen können, mit Kost und Kleidung der Notdurft nach zu unterhalten und zu christlichen Tugenden aufzuerziehen. Inzwischen aber, bis obengesagtes Kindergeld völlig bezahlt ist, verschreibt er hierzu als Unterpfand all sein jetziges bewegliches und unbewegliches Hab und Gut, nichts ausgenommen«.

1685 und 1686 ist Peter Gebhard Kichenprobst

1735 sitzt nach dem Herdstattverzeichnis Georg Stimpfl auf dem Fischergut

1761 hat Johann Gröber, genannt »beim Fischer«, 1/16 Hof und wird veranlagt für Fourage mit 26¼ kr, für die Herdstatt mit 25 kr und zur Steuer mit 32 kr 4 hl

1808 sitzt nach den »Steuerfassionen der Hofmark Kempfenhausen des Damenstifts« Josef Gröber, genannt »beim Fischer«, auf einem 1/16 Hof und zahlt 3 fl 2 kr Gilt und Stift, 1 fl 2 kr für den Küchendienst und 5 fl für den Fuhrlohn

1812 ist nach dem Steuerkataster Josef Gröber Eigentümer des Fischergutes. Er hat 9,75 Tagwerk Grundbesitz, davon 0,35 Tagwerk Haus und Garten, 7,10 Tagwerk Acker und 2,30 Tagwerk Wiesen. Die Dominikalsteuer beträgt 6 kr 4 hl, die Rustikalsteuer 20 kr 5 hl. Der Zehnt geht an den Pfarrer von Aufkirchen. Das Anwesen ist mit 500 fl eingeschätzt. Für die Leistungen des Fischergutes ist veranschlagt: das Scharwerk mit 1 fl 15 kr, die Stift mit

3 fl 2 kr, der Küchendienst für 2 Hennen mit 12 kr, 25 Eier mit 7 kr und der Forststeuerbetrag für 2 Klafter Holz mit 4 kr

1867 heißt im Grundsteuerkataster der »Fischer« Franz Gröber. Sein Grundbesitz umfaßt 13,78 Tagwerk, ist also nahezu um 40% angewachsen. Davon sind 0,44 Tagwerk Haus und Garten, 7,89 Tagwerk Acker, 3,59 Tagwerk Wiesen und 1,96 Tagwerk Wald. Die Grundsteuer beträgt 1 fl 59 kr 26 hl

»Fischergut« – 1/16 Hof – ein Fischlehen Haus 4 im Kataster von 1812

Jahr	Datum	Name	Ehefrau	Kinder	Geb.	Ehe	Tod	Besitz	Urkunde
1430								Fischlehen	Altbay. Landschaft 1489
1517								Fischlehen	Pflegg. Wolfratsh. B 63
1538		Schneider Ulrich						Fischlehen	Kurb. Geh. La. Arch. 1196
1554		Schneider Ulrich						Scharwerk	Kurb. Geh. La. Arch. 1196
1564		Utz Mull						Fischsegen	GL Faszikel 3804
1570		Utz Leonhardt Mull						Fischlehen	GL Faszikel 3801/96/1
1577		Leonhardt Fischer						Scharwerk	Kurb. Geh. La. Arch. 1196
1578		Utz Leonhardt Mull						Fischsegen	GL Faszikel 3804
1581		Utz Leonhardt Mull						Fischsegen	GL Faszikel 3804
1584		Utz Mull						Fischsegen	GL Faszikel 3804
1588		Utz Leonhardt Mull						Scharwerk	Kurb. Geh. La. Arch. 1196
1594		Doll Anthony						Fischlehen	Kurb. Geh. La. Arch. 1197
1599		Doll Anthony						Scharwerk	Kurb. Geh. La. Arch. 1196
1612		Doll Anthony						Fischlehen	Steuerbuch 412 Starnberg
1613		Doll Anthony						Fischsegen	GL Faszikel 3804
1629		Doll Anthony	Elisabeth Doll			X			»Communicantes« Aufk.
1629	23. 8.		Elisabeth Doll +				+		Sterberegister Aufkirchen
1634		Doll Anthony						Fischlehen	GL Wolfratsh. 4541/25
1631	1. 9.	Gebhardt Sebastian	Anna Doll			X			Trauungsreg. Aufkirchen
1635	9. 1.	Gebhardt Sebastian	Anna	Joannis	X				Taufregister Aufkirchen
1641	28. 1.	Gebhardt Sebastian	Anna	Petrus	X				Taufregister Aufkirchen
1644	28. 12.	Gebhardt Sebastian	Anna	Silvester	X				Taufregister Aufkirchen
1647	15. 1.	Gebhardt Sebastian	Anna	Catharina	X				Taufregister Aufkirchen
1661		Gebhardt Sebastian						Fischsegen	GL Faszikel 3804
1664		Gebhardt Sebastian						Fischsegen	GL Faszikel 3804
1666		Gebhardt Sebastian						Drittelhof	Kurb. Geh. La. Arch. 1197
1668		Gebhardt Peter						Fischsegen	GL Faszikel 3804
1670	26. 1.	Gebhardt Peter	Anna Schlemmer			X			Trauungsreg. Aufkirchen
1671	9. 2.		Anna Gebhardt +				+		Sterberegister Aufkirchen
1671	23. 2.	Gebardt Peter	Anna	Sebastian	X				Taufregister Aufkirchen
1671		Gebhardt Peter						Drittelhof	Steuerbuch 413 Starnberg
1675	23. 4.	Gebhardt Sebastian +					+		Sterberegister Aufkirchen
1677	19. 2.	Gebhardt Peter						Drittelhof	GL Wolfratshausen 4541
1677	16. 12.		Anna Gebhardt +			+			Sterberegister Aufkirchen
1678		Gebhardt Peter						Erbverglei.	Pflegg. Starnberg PR 10
1678		Gebhardt Peter						Drittelhof	Kurb. Geh. La. Arch. 1197
16		Gebhardt Peter	Afra			X			Trauungsreg. Aufkirchen
1683	9. 12.	Gebhardt Peter	Afra	Elisabeth	X				Taufregister Aufkirchen
1685		Gebhardt Peter						Kirch. Propst	Pflegg. Starnberg PR 13
1686		Gebhardt Peter						Kirch. Propst	Pflegg. Starnberg PR 14
1690		Gebhardt Peter						Drittelhof	Kurb. Hofk. Hofanl. 111
1690		Gebhardt Peter						Fischsegen	GL Faszikel 3804
1710	20. 6.	Gebhardt Peter +					+		Sterberegister Aufkirchen
1709		Resch Georg	Elisabeth Gebhardt			X			Trauungsreg. Aufkirchen
1709	8. 8.	Resch Georg						Fischsegen	GL Faszikel 3804/101
1709	23. 10.	Resch Georg	Elisabeth	Bernhardt	X				Taufregister Aufkirchen
1711	1. 2.		Afra Gebhardt +				+		Sterberegister Aufkirchen
1711	22. 2.	Resch Georg	Elisabeth	Maria	X				Taufregister Aufkirchen
1712	29. 8.	Resch Georg	Elisabeth	Theresia	X				Taufregister Aufkirchen
1730		Resch Georg						Fischer	GL Faszikel 4583
1732	22. 1.	Resch Georg +					+		Sterberegister Aufkirchen
1733	22. 2.	Stimpfl Georg	Theresia Resch			X			Trauungsreg. Aufkirchen
1735	1. 4.	Stimpfl Georg							GL Faszikel 1583/183
1735	23. 4.	Stimpfl Georg	Theresia	Maria	X				Taufregister Aufkirchen
1736	19. 5.	Stimpfl Georg	Theresia	Maria	X				Taufregister Aufkirchen
1739	1. 2.	Stimpfl Georg	Theresia	Simon	X				Taufregister Aufkirchen
1739	25. 11.	Gröber Johann	Catharina	Andreas	X				Taufregister Aufkirchen

1740	3. 6.		Theresa Stimpfl +				+		Sterberegister Aufkirchen
1740	21. 9.		Elisabeth Resch +				+		Sterberegister Aufkirchen
17		Stimpfl Georg +					+		Sterberegister Aufkirchen
1748	20. 2.	Gröber Johann	Catharina	Magdalena	X				Taufregister Aufkirchen
1753	21. 8.	Gröber Johann +					+		Sterberegister Aufkirchen
1756	27. 7.	Gröber Joseph	Ursula Nagel			X			Trauungsreg. Aufkirchen
1758	17. 10.	Gröber Joseph	Ursula	Emanuel +	X		+		Taufregister Aufkirchen
1761	30. 4.	Gröber Joseph						1/16 Hof	Pflegg. Wolfratsh. B 33
1762	24. 8.	Gröber Joseph	Ursula	Nicolaus +	X		+		Taufregister Aufkirchen
1763	19. 11.	Gröber Joseph	Ursula	Nicolaus	X				Taufregister Aufkirchen
1765	8. 4.	Gröber Joseph	Ursula	Barbara +	X		+		Taufregister Aufkirchen
1766	10. 8.	Gröber Joseph	Ursula	Maria +	X		+		Taufregister Aufkirchen
1769	13. 8.		Ursula Gröber +				+		Sterberegister Aufkirchen
1770	24. 9.	Gröber Joseph jun.	Maria Steinberger			X			Trauungsreg. Aufkirchen
1772	4. 1.	Gröber Joseph jun.	Maria	Casparus	X				Taufregister Aufkirchen
1772	29. 3.		Cathar. Gröber +				+		Sterberegister Aufkirchen
1773	6. 8.	Gröber Joseph jun.	Maria	Maria Clara	X				Taufregsiter Aufkirchen
1774	16. 12.	Gröber Joseph jun.	Maria	Nicolaus +	X		+		Taufregister Aufkirchen
1777	24. 4.	Gröber Joseph jun.	Maria	Joseph +	X		+		Taufregister Aufkirchen
1777		Gröber Joseph jun.						1/16 Hof	GL Faszikel 3804
1778	21. 7.	Gröber Joseph jun.	Maria	Josephus	X				Taufregister Aufkirchen
1779	4. 11.	Gröber Joseph jun.	Maria	Maria	X				Taufregister Aufkirchen
1781	17. 2.	Gröber Joseph jun.	Maria	Mathias	X				Taufregister Aufkirchen
1781	15. 1.	Gröber Joseph jun.	Maria	Antonius	X				Taufregister Aufkirchen
1800	7. 5.	Gröber Joseph sen. +					+		Sterberegister Aufkirchen
1804		Gröber Joseph jun.						1/16 Hof	Kataster Kempfenhausen
1804	9. 9.		Maria Gröber +				+		Sterberegister Aufkirchen
1805	20. 5.	Gröber Joseph Sohn	Maria Pfanzelter			X			Trauungsreg. Aufkirchen
1806	11. 3.	Gröber Joseph Sohn	Maria	Joseph	X				Taufregister Aufkirchen
1807	25. 4.	Gröber Joseph Sohn	Maria	Georgius	X				Taufregister Aufkirchen
1808	30. 7.	Gröber Joseph Sohn	Maria	Maria +	X		+		Taufregister Aufkirchen
1808		Gröber Joseph Sohn						1/16 Hof	Steuerfassionen
1810	1. 3.	Gröber Joseph Sohn	Maria	Casparus	X				Taufregister Aufkirchen
1811	29. 6.	Gröber Joseph Sohn	Maria	Magdalena	X				Taufregister Aufkirchen
1812		Gröber Joseph Sohn						Fischergut	Steuerkataster 20475
1813	14. 7.	Gröber Joseph Sohn	Maria	Franz Xaver	X				Taufregister Aufkirchen
1815	9. 1.	Gröber Joseph Sohn	Maria	Maria Amelie	X				Taufregister Aufkirchen
1817	17. 4.	Gröber Joseph Sohn	Maria	NN +	X			+	Taufregister Aufkirchen
1818	14. 8.	Gröber Joseph Sohn	Maria	Cath. Barb.	X				Taufregister Aufkirchen
1820	18. 8.	Gröber Joseph Sohn	Maria	Sophia +	X		+		Taufregister Aufkirchen
1821	13. 8.	Gröber Joseph Sohn	Maria	Augustin +	X		+		Taufregister Aufkirchen
1844		Gröber Joseph Sohn +					+		Sterberegister Aufkirchen
1844	15. 4.	Gröber Franz						Übernahme	Steuerkataster 20797/98
1844		Gröber Franz	Viktoria Bach			X			Trauungsreg. Aufkirchen
1845	21. 11.	Gröber Franz	Viktoria	Viktoria +	X		+		Taufregister Aufkirchen
1847	1. 9.	Gröber Franz	Viktoria	Maria	X				Taufregister Aufkirchen
1850	21. 5.	Gröber Franz	Viktoria	Joh.Nepom.	X				Taufregister Aufkirchen
1851	3. 9.	Gröber Franz	Viktoria	Joseph +	X		+		Taufregister Aufkirchen
1867	23. 4.	Gröber Franz						Fischergut	Grundst. Kat. 20797/98
1882		Fastl Sebastian	Maria Gröber			X			Trauungsreg. Aufkirchen
1882	11. 8.	Fastl Sebastian	Maria					Übernahme	Grundst. Kat. 20797/98
1913	20. 8.		Maria Fastl +				+		Sterberegister Aufkirchen
1917	28. 7.	Bylandt Graf von						Kauf	Grundst. Kat. 20797/98
1934	5. 11.	Mayer Ulrich						Kauf	Grundst. Kat. 20797/98
1936	10. 6.	Mayer Ulrich	Anna Pauli					Ehevertrag	Grundst. Kat. 20797/98
1936	18. 4.	Mayer Ulrich	Anna	Ulrich	X				Taufregister Aufkirchen
1939	15. 4.	Mayer Ulrich	Anna	Anna Maria	X				Taufregsiter Aufkirchen
1986	8. 4.	Mayer Ulrich +					+		Sterberegister Berg

4.7. *Das »Schustergut« 1/16 Hof, eine Sölde und Fischlehen, Haus 3 im Kataster von 1812*

Das »Schustergut« ist eines von mehreren Schusteranwesen am Starnberger See, die mit einem Fischlehen verbunden waren. Es ist zur selben Zeit – vermutlich im 14. Jh. – entstanden wie das Fischergut, wobei die Ansiedlung eines Handwerkers maßgebend war, dessen Existenzgrundlage durch ein Haus, etwas Land und das Fischlehen gesichert wurde. Das Schustergut ist als eines der vier Fischlehen von Kempfenhausen im Kuchelbuch von 1517 verzeichnet. Später, als sich in Kempfenhausen ein zweiter Schuster angesiedelt hatte, wurde das Anwesen »beim Grabschuster« genannt.

Von 1538 bis 1613 läßt sich auf dem Schustergut die Familie Greimold nachweisen. Auf sie folgte die Familie Pichler, die von 1629 bis 1666 belegt ist. 1670 wurde das Schustergut von Barthelmes Obholzer erworben, der es 1677 an seinen Sohn Georg übergab. Von 1692 bis 1735 sitzt Hans Gröber auf dem Schustergut. Zwischen 1735 und 1764 hieß der »Schuster« Rauscher und ab 1765 Pfandorfer. Die nächsten 120 Jahre von 1777 bis 1898 gehörte das Schustergut der Familie März, von der es 1898 Josef Hartlmeier gekauft hat. 1910 erwarb es Friedrich Otto Graf von Bylandt, der Schloßherr von Kempfenhausen, und verkaufte es 1935 an Josef Mayer. 1960 wurde das Schustergut abgebrochen.

Aus den Scharwerkbüchern, Segenregistern und Steueranschlägen ergibt sich:

1538 ist Michael Greimold mit 5 ß 24 Pfg. zur Steuer veranlagt

1554 sitzt Michael Greimold auf dem Schustergut und scharwerkt mit einem Wagen

1557 besitzt Michael Greimold eine Hube und scharwerkt mit einem Wagen

1588 besitzt die Hube Georg Greimold und scharwerkt mit einem halben Wagen

1599 hat Georg Greimold ein Lehen, den Part zugehörig, und scharwerkt mit einem halben Wagen

1612 hat Georg Greimold ein Lehen in Freistift. Er steuert 2 ß 18 Pfg. 1 hl und hat 2 Rosse, 2 Kühe, 1 Jungrind, 1 Schaf. Für die Fahrnis ist er mit 6 ß 18 Pfg. veranlagt

1629 sind unter den »Communicantes« im Kirchenbuch von Aufkirchen Jörg Pichler, seine Ehefrau Catharina und sein Sohn Hans genannt

1634 besitzt Georg Pichler ein Fischlehen freistiftsweise von einem Jahr zum anderen, sonst frei ledig eigen. Er gibt jährlich 3 fl 30 kr Gilt, 3 kr 2 hl Stiftgilt, 12 St. Bodenrenken und 6 Pfd. Rutten. Der Herrschaft muß er das Fischwerk zum Gebrauch geben wie der »Fischer«. Für die auf 3 Jahre verstifteten Wiesen und Äcker zahlt er jährlich 4 fl

1666 besitzt nach der »Beschreibung der Untertanen im Landgericht Starnberg« Hans Pichler einen 1/3 Hof ohne Gerechtigkeit, 9 Juchart und 2 Rosse

1671 besitzt Barthelmes Obholzer einen Drittelhof den Hörl stiftbar. Er gibt jährlich 10 fl, doch keinen Dienst, dem Landgericht 2 fl Scharwerkgilt und an Steuer 1 fl 25 kr 2 hl. Er hat das Schustergut vermöge Brief der Landgerichtsobrigkeit, Fertigung 14. Januar 1670, von der Herrschaft um 200 fl an sich gebracht und dabei ist ihm Freistiftsgerechtigkeit versprochen worden. Weiter hat er keinen Anfall gegeben. Er hat das Gut treulich erhalten. Die Gerechtigkeit wird auf 200 fl geschätzt und die Fahrnis auf 3 fl. Er hat 2 Rosse, 3 Kühe, 2 Kälber, 3 Schafe, und zusammen mit seinem Vetter Martin Denk zu Haarkirchen 2 Bienenvölker. Laut Brief ist er seiner Herrschaft 100 fl ohne Interesse zu zahlen schuldig. Über seine Notdurf kann er weder Vieh noch Getreide verkaufen

1678 besitzt Georg Obholzer ein Fischlehen, so eigen in veranlaiter Freistift und gibt jährlich 10 fl Eisengilt, 4 kr Stiftgilt und 100 Eier

1690 ist das Schustergut ein Drittelhof und gibt 2 fl

1735 sitzt Johann Gröber auf dem Schustergut

1761 hat Stephan Rauscher, genannt beim »Schuster«, einen 1/16 Hof und ist veranlagt für Fourage mit 26 1/4 kr, für die Herdstatt mit 25 kr und an Steuer mit 32 kr 4 hl

1808 sitzt nach den Steuerfassionen Josef März auf einem 1/16 Hof und zahlt 2 fl 50 kr 2 hl Gilt und an Küchendienst 1 fl 48 kr und für das Holzfahren nach München 2 fl

1812 ist Joseph März Eigentümer des Schustergutes. Er hat 8,37 Tagwerk Grundbesitz, davon 0,22 Tagwerk Haus und Garten, 6,21 Tagwerk Acker und 1,94 Tagwerk Wiesen. Der Zehnt geht an den Pfarrer von Aufkirchen. Das Anwesen ist mit 340 fl veranschlagt, das Scharwerk mit 2 fl und die Stift mit 2 fl 51 kr 4 hl. Der »Schuster« bezieht unentgeltlich 1 Klafter Buchenholz und 1 Klafter Fichtenholz von der Herrschaft

1867 ist Franz März der Eigentümer des Schustergutes. Sein Grundbesitz beträgt 11,23 Tagwerk, hat sich also seit 1812 um 34% vermehrt. Davon sind 0,31 Tagwerk Haus und Garten, 7,34 Tagwerk Acker, 1,55 Tagwerk Wiesen und 2,03 Tagwerk Wald. Die Grundsteuer beträgt 1 fl 29 kr 83 hl

»Schustergut« – 1/16 Hof – ein Fischlehen – Haus 3 im Kataster von 1812

Jahr	Datum	Name	Ehefrau	Kinder	Geb.	Ehe	Tod	Besitz	Urkunde
1517									Pflegg. Wolfratsh. B 63
1538		Greimold Michael						Fischlehen	Kurb. Geh. La. Arch. 1196
1554		Greimold Michael						Fischlehen	Kurb. Geh. La. Arch. 1196
1577		Greimold Michael						Scharwerk	Kurb. Geh. La. Arch. 1196
1588		Greimold Georg						Scharwerk	Kurb. Geh. La. Arch. 1196
1594		Greimold Georg						Lehen	Kurb. Geh. La. Arch. 1197
1599		Greimold Georg						Scharwerk	Kurb. Geh. La. Arch. 1196
1612		Greimold Georg						Lehen	Steuerbuch Stbg. 412
1613		Greimold Michael						Fischsegen	GL Faszikel 3804
1629			Maria Greimold Witwe						»Communicantes« Aufk.
1629		Pichler Jörg Damian	Catharina Pichler	Hans	X	X			»Communicantes« Aufk.
1631	1. 9.	Pichler Georg						Trauzeuge	Trauungsreg. Aufkirchen

1632	14. 12.		Catharina Pichler +				+		Sterberegister Aufkirchen
1634	23. 4.	Pichler Hans	Anna Friedinger			X			Trauungsreg. Aufkirchen
1634		Pichler Georg						Fischlehen	GL Faszikel 4541/25
1634	21. 9.	Pichler Georg						Trauzeuge	Trauungsreg. Aufkirchen
1635	10. 5.	Pichler Georg						Trauzeuge	Trauungsreg. Aufkirchen
1639	25. 1.	Pichler Hans						Trauzeuge	Trauungsreg. Aufkirchen
1639	9. 2.	Pichler Hans						Trauzeuge	Trauungsreg. Aufkirchen
1639	14. 2.	Pichler Hans	Anna	Mathias	X				Taufregister Aufkirchen
1641	28. 4.	Pichler Hans	Anna	Georg	X				Taufregister Aufkirchen
1643	19. 7.	Obholzer Barthelmes	Maria Denk			X			Trauungsreg. Aufkirchen
1645	21. 1.	Pichler Hans	Anna	Anna	X				Taufregister Aufkirchen
1648			Anna Pichler +				+		Sterberegister Aufkirchen
1648	22. 11.	Pichler Hans	Margarte Hueber			X			Trauungsreg. Aufkirchen
1651	20. 8.	Pichler Hans	Margarete	Bernhard	X				Taufregister Aufkirchen
1653	3. 4.	Pichler Hans	Margarete	Balthasar	X				Taufregister Aufkirchen
1656	5. 4.	Pichler Hans	Margarete	Balthasar	X				Taufregsiter Aufkirchen
1661		Pichler Hans						Fischsegen	GL Faszikel 3804
1666		Pichler Hans						Drittelhof	Kurb. Geh. La. Arch. 1197
1670		Obholzer Barthelmes						Fischsegen	Pflegg. Starnberg Pr 7
1671		Obholzer Barthelmes						Drittelhof	Steuerbuch Stbg. 413
1674		Obholzer Barthelmes +					+		Sterberegister Aufkirchen
1677		Obholzer Georg						Übernahme	Pflegg. Starnberg PR 10
1677		Obholzer Georg						Fischlehen	GL Faszikel 4541/25
1677		Obholzer Georg	Eva Stuppauer			X			Trauungsreg. Aufkirchen
1678	3. 2.	Obholzer Georg						Viertelleh.	Verz. f. Kurf. Ferd. Maria
1678	1. 9.	Obholzer Georg	Eva	Aegidy	X				Taufregister Aufkirchen
1681	11. 12.	Obholzer Georg	Eva	Mathias	X				Taufregister Aufkirchen
1683		Obholzer Georg	gegen Higersheimer					Verh. Prot.	Pflegg. Wolfratsh. 51
1684	1. 1.	Obholzer Georg	Eva	Agathe	X				Taufregister Aufkirchen
1686	24. 6.	Obholzer Georg	Eva	Johann	X				Taufregister Aufkirchen
1687		Obholzer Georg	geg. Hans Heimrath					Verh. Prot.	Pflegg. Wolfratsh. 51
1688	14. 9.	Obholzer Georg	Eva	Barbara	X				Taufregister Aufkirchen
1690		Obholzer Georg						Drittelhof	Kurb. Geh. La. Arch. 1197
1691	14. 11.	Obholzer Georg	Eva	Adam	X				Taufregister Aufkirchen
1692		Obholzer Georg +					+		Sterberegister Aufkirchen
1692	3. 5.	Gröber Hans						Fischsegen	GL Faszikel 3777/13–2
1692	30. 9.	Gröber Johann	Afra	Maria	X				Taufregister Aufkirchen
1697	13. 6.	Gröber Johann	Afra	Vitus	X				Taufregister Aufkirchen
1712		Gröber Johann						Fischlehen	GL Faszikel 3804
1712	5. 3.	Gröber Johann jun.	Scholastica Keller			X			Trauungsreg. Aufkirchen
1712	11. 5.	Gröber Johann jun.						Fischsegen	GL Faszikel 3804
1713	12. 6.	Gröber Johann jun.	Scholastica	Magdalena	X				Taufregister Aufkirchen
1714	25. 11.	Gröber Johann jun.	Scholastica	Sebastian	X				Taufregister Aufkirchen
1715	1. 2.	Gröber Johann sen. +					+		Sterberegister Aufkirchen
1716	15. 3.	Gröber Johann jun.	Scholastica	Maria +	X		+		Taufregister Aufkirchen
1717	24. 6.	Gröber Johann jun.	Scholastica	Joh.Baptist	X				Taufregister Aufkirchen
1720	6. 7.	Gröber Johann jun.	Scholastica	Magdalena	X				Taufregister Aufkirchen
1722	17. 4.	Gröber Johann jun.	Scholastica	Maria Anna	X				Taufregister Aufkirchen
1727	25. 8.	Gröber Johann jun.	Scholastica	Joseph	X				Taufregister Aufkirchen
1727	15. 10.		Scholastica Gröber +				+		Sterberegister Aufkirchen
1735		Gröber Johann jun.						»Schuster«	GL. Faszikel 4583/18
1735	1. 4.	Gröber Johann jun.						»Schuster«	GL Faszikel 4583/183
1754	13. 4.	Rauscher Johann	Maria Pentenrieder			X			Trauungsreg. Aufkirchen
1755	20. 6.	Rauscher Johann	Maria	Maria Anna	X				Taufregister Aufkirchen
1758	13. 3.	Rauscher Stephan +					+		Sterberegister Aufkirchen
1760	31. 7.	Rauscher Johann						Drittelhof	Kurb. Hofanl. Buchh. 510
1761	30. 4.	Rauscher Johann						1/16 Hof	Pflegg. Starnberg B 33
1764	24. 8.	Rauscher Johann +					+		Sterberegister Aufkirchen
1765		Pfandorfer Veit						Kauf	Faszikel 3804
1777		Pfandorfer Veit						1/16 Hof	GL Faszikel 3804
1803		Pfandorfer Veit +					+		Sterberegister Aufkirchen
1804		März Joseph						1/16 Hof	Steuerkat. Kempfenh.
1808		März Joseph						1/16 Hof	Steuerfass. RFK 5486
1812		März Joseph						1/16 Hof	Kataster 20475
1814	15. 11.	März Joseph	Maria Rath			X			Trauungsreg. Aufkirchen
1815	28. 5.	März Joseph	Maria	Elisabeth	X				Taufregister Aufkirchen
181			Maria März +				+		Sterberegister Aufkirchen
181	25. 2.	März Joseph	Maria Kugelmiller			X			Trauungsreg. Aufkirchen
1818	27. 6.	März Joseph	Maria	Jacobs +	X				Taufregsiter Aufkirchen
1820	26. 2.	März Joseph	Maria	Franziskus	X				Taufregister Aufkirchen
1823	12. 12.	März Joseph	Maria	Viktoria	X				Taufregister Aufkirchen
18		März Joseph +					+		Sterberegister Aufkirchen

1860	3. 2.		Maria März +				+		Sterberegister Aufkirchen
1860	3. 2.	März Franz						Erbfolge	Kataster 20797
1860	13. 2.	März Franz	Anna Bremauer			X			Trauungsreg. Aufkirchen
1863	18. 2.	März Franz	Anna	Barbara	X				Taufregister Aufkirchen
1864	22. 1.	März Franz	Anna	Jacob	X				Taufregister Aufkirchen
1867	30. 4.	März Franz						»Schuster«	Kataster 20797
1898	23. 2.	Hartlmaier Josef						Kauf	Kataster 20797
1910	15. 7.	Bylandt Graf von						Kauf	Kataster 20797
1935	28. 8.	Mayer Jacob						Kauf	Kataster 20797
1935	12. 9.	Mayer Josef	Maria			X			Trauungsreg. Aufkirchen
1954	16. 9.		Maria Mayer					Erbfolge	Kataster 20797
1960								Abbruch	Kataster

4.8 Das »Festgut«, 1/32 Hof, Haus 9 im Kataster von 1812

Auf dem »Festgut« in Kempfenhausen saß jeweils der Zimmermann. Als erster auf dem »Festgut« ist seit 1712 Hans Kölbl in den Kirchenbüchern von Aufkirchen unter Kempfenhausen genannt. 1735 ist er mit einer eigenen Herdstätte im Herdstattverzeichnis, als Vorgänger seines Sohnes Martin Kölbl aufgeführt, an den er das »Festgut« 1727 übergeben hatte. Martin Kölbl saß auf dem Gut bis 1762. Ihm folgten die Zimmerleute der Familie März, die das Festgut von 1762 bis 1804 in Besitz hatten. 1804 wurde es von Zimmermeister Sebastian Gaisreiter übernommen, in dessen Familie es bis 1898 blieb. Danach wechselte es den Besitzer, bis es schließlich 1936 von der Gemeinde Kempfenhausen übernommen wurde. Heute steht auf diesem Grundstück das Feuerwehrhaus der Gemeinde.

Aus den Steueranschlägen und Katastern ist zu ersehen:

1761 hat Martin Kölbl, genannt »beim Fest«, einen 1/32 Hof und ist veranlagt für Fourage mit 13 kr, für die Herdstatt mit 25 kr und zur Steuer mit 15 kr

1804 betragen die Abgaben des Festgutes 7 fl 30 kr Laudemium und 2 fl 3 kr grundherrliche Taxen

1808 sitzt Sebastian Gaisreiter nach den Steuerfassionen auf einem 1/32 Hof und zahlt 1 fl Gilt und für den geschuldeten Frondienst 1 fl 15 kr

1812 ist Martin Gaisreiter Eigentümer des Festgutes. Er hat als Grundbesitz ein Haus mit 0,04 Tagwerk Grund. Das Anwesen ist mit 185 fl veranschlagt. Die Stift beträgt 2 fl und die Dominikalsteuer 2 kr 2 hl. Darin ist der kostenlose Bezug von 2 Klafter Holz aus dem Wald der Grundherrschaft bereits berücksichtigt

1867 ist Konrad Gaisreiter Eigentümer des Festgutes. Er hat es 1847 von den Eltern für 400 fl übernommen. Der Grundbesitz umfaßt 1,27 Tagwerk, davon

0,38 Tagwerk Haus und Garten und 0,99 Tagwerk Wald. Die Grundsteuer beträgt 9 kr 18 hl

»Festgut« – 1/32 Hof – in Kempfenhausen – Haus 9 im Kataster von 1812

Jahr	Datum	Name	Ehefrau	Kinder	Geb.	Ehe	Tod	Besitz	Urkunde
171		Kölbl Johann	Eva			X			Trauungsreg. Aufkirchen
1712	19. 10.	Kölbl Johann	Eva	Maria Anna	X				Taufregister Aufkirchen
1727	27. 11.	Kölbl Johann +					+		Sterberegister Aufkirchen
1732	26. 11.	Kölbl Martin	Elisab. Huppenberger			X			Trauungsreg. Aufkirchen
1733	11. 7.	Kölbl Martin	Elisabeth	Jacob +	X		+		Taufregister Aufkirchen
1735	1. 4.	Kölbl Martin	Elisabeth					Festgut	GL Faszikel 4583/183
1737	18. 9.	Kölbl Martin	Elisabeth	Mathias	X				Taufregister Aufkirchen
1740	1. 9.	Kölbl Martin	Elisabeth	Anna	X				Taufregister Aufkirchen
1743	4. 4.	Köbl Martin	Elisabeth	Isidorus	X				Taufregister Aufkirchen
1743	19. 4.		Elisabeth Kölbl +				+		Sterberegister Aufkirchen
1743	29. 7.	Köbl Martin	Maria Schäffler			X			Trauungsreg. Aufkirchen
1748	18. 4.	Köbl Martin	Maria	Maria	X				Taufregister Aufkirchen
1761		Köbl Martin »Fest«						1/32 Hof	Pflegg. Wolfratsh. B 33
1762	30. 8.	März Anton	Apollonia Gerbl			X			Trauungsreg. Aufkirchen
1763	15. 8.	März Anton	Apollonia	Joh. Joseph	X				Taufregister Aufkirchen
1766	4. 8.	Köbl Martin +					+		Sterberegister Aufkirchen
1767	19. 8.	März Anton	Apollonia	Barthelmes	X				Taufregister Aufkirchen
1784	16. 4.	März Anton +					+		Sterberegister Aufkirchen
1784	1. 6.	März Joseph	Anna Reiser			X			Trauungsreg. Aufkirchen
1786	7. 1.	März Joseph	Anna	Joseph	X				Taufregister Aufkirchen
1787	11. 2.	März Joseph	Anna	Anna Maria	X				Taufregister Aufkirchen
1789	21. 1.	März Joseph	Anna	Norbertus	X				Taufregister Aufkirchen
1790	14.	März Joseph	Anna	Joh. Baptist	X				Taufregister Aufkirchen
1796	10. 5.		Apollonia März +				+		Sterberegister Aufkirchen
1798	20. 6.	März Joseph	Anna	Creszentia	X				Taufregister Aufkirchen
1802	2. 2.	März Joseph	Anna	Franz Xaver	X				Taufregister Aufkirchen
18		März Joseph +					+		Sterberegister Aufkirchen
1804		Gaisreiter Silverster						1/32 Hof	Steuerkat. Kempfenh.
1808		Gaisreiter Silvester						1/32 Hof	Steuerfass. RFK 5486
1811	15. 9.	Gaisreiter Martin	Catharina	Melchior	X				Taufregsiter Aufkirchen
1812	4. 10.	Gaisreiter Martin	Catharina	Gertrud	X				Taufregister Aufkirchen
1812		Gaisreiter Martin						1/32 Hof	Kataster 20475
1813	8. 9.	Gaisreiter Martin	Catharina	Thomas	X				Taufregister Aufkirchen
1818	25. 11.	Gaisreiter Martin	Catharina	Conradus	X				Taufregister Aufkirchen
1847	22. 7.	Gaisreiter Conrad	Creszentia Peter			X			Trauungsreg. Aufkirchen
1847	23. 8.	Gaisreiter Conrad						Übernahme	Kataster 20797
1848	18. 8.	Gaisreiter Conrad	Creszentia	Theresia					Taufregister Aufkirchen
1867	23. 4.	Gaisreiter Conrad						»Fest«	Grundst. Kat. 20797/98
1877	11. 6.	Gaisreiter Conrad +					+		Sterberegister Aufkirchen
1877	11. 6.		Cresz. Gaisreiter					Erbin	Grundst. Kat. 20798
1878	29. 1.	Gaisreiter Konrad	Creszentia Kohlauf			X			Trauungsreg. Aufkirchen
1878	27. 11.	Gaisreiter Konrad	Creszentia	NN +	X		+		Taufregister Aufkirchen
1897	17. 2.	Gaisreiter Konrad +					+		Sterberegister Aufkirchen
1897	17. 2.		Cresz. Gaisreiter					Erbin	Grundst. Kat. 20798
1898	16. 7.	Kolb Sebastian						Kauf	Grundst. Kat. 20798
1899	2. Quart	Stadtmüller Michael						Kauf	Grundst. Kat. 20798
1899	2. Quart	Hausmann Friedrich	Luise					Kauf	Grundst. Kat. 20798
1909	16. 8.	Hausmann Friedr. +					+		Sterberegister Aufkirchen
1909	16. 8.		Luise Hausmann Ww.					Erbin	Grundst. Kat. 20798
1920	1. 9.		Rosalie Hausmann					Erbin	Grundst. Kat. 20798
1936	15. 8.	Gemeinde Kempfenh.						Kauf	Grundst. Kat. 20798

4.9. *Das »Maurergut«, 1/16 Hof, Haus 8 im Kataster von 1812*

Auch das »Maurergut« ist in der Zeit entstanden, als Baron Zündt Hofmarksherr in Kempfenhausen gewesen ist. Der Maurer Urban Gräz wurde um 1721 angesiedelt. Nach seinem Tod folgte auf ihn 1741 sein Sohn Aegidus Gräz. 1761 war dieser bereits verstorben und seine Witwe, Eva Gräz, Inhaberin des Maurergutes, einer Halbsölde. In der anderen Hälfte des Hauses befand sich die Badstube der Juliane St. Johannser. Ihren Besitz erbte nach ihrem Tod im Jahre 1762 der Schloßwart von Starnberg, der ihn im gleichen Jahr für 40 fl an Eva Gräz verkauft hat. Damit umfaßte das Maurergut nun das ganze Haus. 1762 heiratete der Maurer Johann Erhard Anna Gräz und übernahm das Maurergut.

Seine Tochter Maria heiratete 1782 den Maurermeister Sebastian Gröber. Von ihm ist belegt, daß er 1793 das Kirchendach von St. Peter und Paul in Baierbrunn und die dortige Kirchenmauer repariert hat. Als Entgelt für seine Arbeit erhielt er für 16 Tage je 30 kr, insgesamt 8 fl, seine Gesellen für 82 Tage je 24 kr bzw. 32 fl 48 kr, der Zimmermann für 6 Tage jeweils 24 kr bzw. 2 fl 24 kr und die Handlanger für 41 Tage je 18 kr, d. h. insgesamt 12 fl 18 kr. Die Gesamtrechnung betrug 78 fl 22 kr.

1804 hieß der Maurer Anton Kirchner und ab 1821, nach der Verheiratung mit dessen Tochter Katharina, Bernhard Wunderl. Durch die Ehe mit Maria Wunderl kam 1876 Simon Melf in den Besitz des Maurergutes. Es blieb von da ab bei der Familie Melf.

Aus den Steueranlagen und Katastern ergibt sich:

1735 sitzt nach dem Herdstattverzeichnis Urban Gräz auf dem Maurergut

1761 hat die Witwe Eva Gräz, genannt »beim Maurer«, einen 1/32 Hof und ist veranlagt für Fourage mit 13 kr, für die Herdstatt mit 25 kr und zur Steuer mit 15 kr

1804 betragen die Abgaben des Maurergutes 9 fl Laudemium und 2 fl 3 kr grundherrliche Taxen

1808 sitzt Anton Kirchner nach den Steuerfassionen auf einem 1/16 Hof und bezahlt 3 fl 45 kr Gilt

1812 ist Anton Kirchner Eigentümer des Maurergutes. Er hat ein Haus mit 0,03 Tagwerk Grundbesitz. Das Anwesen ist mit 185 fl veranlagt. Stift und Scharwerkgilt betragen 3 fl 46 kr und die Dominikalsteuer 4 kr 1 hl. Darin ist der kostenlose Bezug von 1 Klafter Fichtenholz aus dem Wald der Grundherrschaft berücksichtigt

1867 ist Simon Melf Eigentümer des Maurergutes. Er hat es 1847 von seiner verwitweten Mutter für 400 fl übernommen. Er hat 0,28 Tagwerk Grundbesitz an Haus und Garten und 1,06 Tagwerk Wald. Die Grundsteuer beträgt 8 kr 15 hl

»Maurergut« – 1/16 Hof – in Kempfenhausen – Haus 8 im Kataster von 1812

Jahr	Datum	Name	Ehefrau	Kinder	Geb.	Ehe	Tod	Besitz	Urkunde
1721		Gräz Urban	Maria					»Maurer«	GL Faszikel 4583
1735	1. 4.	Gräz Urban						»Maurer«	GL Faszikel 4583/183
1735	7. 2.	Gräz Aegidus	Eva Wunderl			X			Trauungsreg. Aufkirchen
1736	3. 2.	Gräz Aegidus	Eva	Blasius	X				Taufregister Aufkirchen
1737	11. 9.	Gräz Aegidus	Eva	Anna	X				Taufregister Aufkirchen
1740	20. 2.		Maria Gräz +				+		Sterberegister Aufkirchen
1741	6. 4.	Gräz Aegidus	Eva	Vitus +	X				Taufregister Aufkirchen
1741	18. 5.	Gräz Urban +					+		Sterberegister Aufkirchen
1761			Eva Gräz Witwe					»Maurer«	Pflegg. Wolfrsth. B 33
1763	18. 11.	Erhard Joannis	Anna	Andreas	X				Taufregister Aufkirchen
1765	22. 6.		Eva Gräz +				+		Sterberegister Aufkirchen
1766	19. 5.	Erhard Joannis	Anna	Josephus +	X		+		Taufregister Aufkirchen
1768	1. 1.	Erhard Joannis	Anna	Margaretha+	X		+		Taufregister Aufkirchen
1769	7. 2.	Erhard Joannis	Anna	Mathias +	X		+		Taufregister Aufkirchen
1773	23. 2.		Anna Erhard +				+		Sterberegister Aufkirchen
1773	12. 4.	Erhard Joannis	Elisabeth Pfister			X		»Maurer«	Trauungsreg. Aufkirchen
1775	16. 11.	Erhard Joannis	Elisabeth	Andreas +	X		+		Taufregister Aufkirchen
1777	6.12.	Erhard Joannis	Elisabeth	Nik. Julius	X				Taufregister Aufkirchen
17			Elisabeth Erhard +				+		Sterberegister Aufkirchen
1782	9. 4.	Gröber Sebastian	Maria Erhard			X			Trauungsreg. Aufkirchen
1783	4. 6.	Gröber Sebastian	Maria	Juliane	X				Taufregister Aufkirchen
1784	18. 7.	Gröber Sebastian	Maria	Georgius	X				Taufregister Aufkirchen
1785	29. 12.	Gröber Sebastian	Maria	Laurentius	X				Taufregister Aufkirchen
1787	5. 9.	Gröber Sebastian	Maria	Sebastianus	X				Taufregister Aufkirchen
1788	3. 12.	Gröber Sebastian	Maria	Nicolaus	X				Taufregister Aufkirchen
1789			Maria Gröber +				+		Sterberegister Aufkirchen
1789	2. 6.	Gröber Sebastian Witwer	Maria Stadler			X			Trauungsreg. Aufkirchen
1790	25. 2.	Gröber Sebastian	Maria	Maria +	X		+		Taufregister Aufkirchen
1791	17. 2.	Gröber Sebastian	Maria	Josephus +	X		+		Taufregister Aufkirchen
1793	6. 10.	Gröber Sebastian	Maria	Leonardus +	X		+		Taufregister Aufkirchen
1793	2. 9.	Erhard Joannis +					+		Sterberegister Aufkirchen
1793		Kirchner Anton						»Maurer«	Katast. Kempfenh.
1808		Kirchner Anton +						1/16 Hof	Steuerfass. RFK 5486
1812		Kirchner Anton						1/16 Hof	Kataster 20475
1821	23. 7.		Kath.Kirchner Toch.					Übernahme	Kataster 20476
1821	23. 7.	Wunderl Bernhard	Katharina Kirchner			X			Trauungsreg. Aufkirchen
1822	27. 8.	Wunderl Bernhard	Katharina	Maria	X				Taufregister Aufkirchen
1824	4. 4.	Wunderl Bernhard	Katharina	Catharina +	X		+		Taufregister Aufkirchen
18		Wunderl Bernhard +					+		Sterberegister Aufkirchen
1846	10. 2.		Maria Wunderl Toch.					Übernahme	Kataster 20478
1846	10. 2.	Melf Simon	Maria Wunderl			X			Trauungsreg. Aufkirchen
1846	15. 11.	Melf Simon	Maria	Franz Xaver	X				Taufregister Aufkirchen
1849	20. 6.	Melf Simon	Maria	Anastasia	X				Taufregister Aufkirchen
1851	26. 8.	Melf Simon	Maria	Maria	X				Taufregister Aufkirchen
1856	20. 5.	Melf Simon	Maria	Anna +	X		+		Taufregister Aufkirchen
1859	9. 2.	Melf Simon	Maria	Creszenz	X				Taufregister Aufkirchen
1867	23. 4.	Melf Simon	Maria					»Maurer«	Grundst. Kat. 20797/98
18		Melf Simon +					+		Sterberegister Aufkirchen
1888	27. 2.		Anastasia Premauer					Erbvergl.	Grundst. Kat. 20797/98
1890	29. 3.	Melf Georg	Anastasia Premauer					Erben	Grundst. Kat. 20797/98
1915	1. 3.		Anastasia Premauer					Erbin	Grundst. Kat. 20797/98
1925	27. 3.	Melf Josef						Erbe	Grundst. Kat. 20797/98
1934	14. 1.	Melf Josef						Erbe	Grundst. Kat. 20797/98
1943	12. 8.	Melf Josef						Erbe	Grundst. Kat. 20797/98
1952	8. 10.	Melf Josef						Übernahme	Grundst. Kat. 20797/98

4.10 Der »Fischer Veith«, 1/32 Hof, Haus 13 im Kataster von 1812

Der »Fischer Veith«, der dem Anwesen den Namen gegeben hat, war Vitus Gröber, seit 1722 mit Anna Queri vom Schweigerhof verheiratet. Später wurde der Hausname in »Feicht« verfremdet. 1760 hat Vitus Gröber das Gut an seinen gleichnamigen Sohn übergeben. 1786 gelangte es in den Besitz von Mathias Hirn. 1811 heiratete dessen Tochter Agathe Martin Weiß und brachte das Festgut in die Ehe ein. Nachdem sowohl die erste Ehe als auch die zweite Ehe von Martin Weiß kinderlos blieb, konnte 1836 Leonhard Klenzinger das Feichtgut erwerben. 1842 hat er es für 550 fl an Michael Streitberger verkauft. Von da ab blieb es im Besitz dieser Familie bis es 1953, durch die Ehe mit Maria Streitberger, in den Besitz von Karl Pischetsrieder gelangte.

Aus den Steuerkatastern ergibt sich:

1735 sitzt Veith Gröber nach dem Herdstattverzeichnis auf dem Anwesen des »Fischer Veith«

1761 hat Veith Gröber einen 1/32 Hof und ist veranlagt für Fourage mit 13 1/4 kr, für die Herdstatt mit 25 kr und zur Steuer mit 15 kr

1804 betragen die Abgaben des Feichtgutes 4 fl 30 kr Laudemium und 2 fl 3 kr grundherrliche Taxen

1808 sitzt Mathias Hirn, genannt »beim Veicht«, nach den Steuerfassionen auf einem 1/32 Hof und bezahlt 1 fl 15 kr Gilt an das Damenstift und für den geschuldeten Fuhrdienst 1 fl 15 kr

1812 ist Martin Weiß Eigentümer des Feichtgutes. Er hat ein Haus mit 0,03 Tagwerk Grundbesitz. Das Anwesen ist mit 50 fl veranlagt. Die Stift beträgt 1 fl, die Scharwerkgilt 15 kr und die Dominikalsteuer 2 kr 4 hl. Darin ist der kostenlose Bezug von 1/2 Klafter Buchenholz und 1/2 Klafter Fichtenholz aus dem Wald der Grundherrschaft bedrücksichtigt

1867 ist Michael Streitberger Eigentümer des Feichtgutes. Er hat es 1842 für 550 fl von Bernhard Klenzinger gekauft. Sein Grundbesitz beträgt 3,16 Tagwerk, davon 0,07 Tagwerk Haus und Garten, 2,09 Tagwerk Wiesen und 1 Tagwerk Wald. Die Grundsteuer beträgt 30 kr 70 hl

»Fischer Veith« – später »Feichtgut« – 1/32 Hof – in Kempfenhausen – Haus 13 im Kataster von 1812

Jahr	Datum	Name	Ehefrau	Kinder	Geb.	Ehe	Tod	Besitz	Urkunde
1722	5. 7.	Gröber Vitus	Anna Queri			X			Trauungsreg. Aufkirchen
1722	11. 8.	Gröber Vitus	Anna	Maria	X				Taufregister Aufkirchen
1724	1. 1.	Gröber Vitus	Anna	Nicolaus	X				Taufregister Aufkirchen
1729	5. 9.	Gröber Vitus	Anna	Joachim	X				Taufregister Aufkirchen
1731	4. 3.	Gröber Vitus	Anna	Joseph	X				Taufregister Aufkirchen
1735	1. 4.	Gröber Vitus						»Veith«	GL Faszikel 4583/183
1760	21. 4.	Gröber Vitus jun.	Maria Hirn			X			Trauungsreg. Aufkirchen
1761		Gröber Vitus						1/32 Hof	Pflegger. Wolfratsh. B 33
1767	15. 12.	Gröber Vitus +					+		Sterberegister Aufkirchen
1786	27. 2.	Hirn Mathias	Ursula Hanfstingl			X		»Veith«	Trauungsreg. Aufkirchen
1789	26. 3.		Maria Gröber +				+		Sterberegister Aufkirchen
1789	20. 5.		Hirn Ursula +				+		Sterberegister Aufkirchen
1789		Hirn Mathias	Catharina			X			Trauungsreg. Aufkirchen
1800	19. 8.	Hirn Mathias	Catharina	Maria +	X		+		Taufregister Aufkirchen
1808		Hirn Mathias						1/32 Hof	Steuerfass. RFK 5486
1810	25. 4.	Hirn Mathias +					+		Sterberegister Aufkirchen
1811		Weiss Martin	Agathe Hirn			X			Trauungsreg. Aufkirchen
1812		Weiss Martin						»Veith«	Kataster 20475
1813	27. 10.		Agathe Weiss +				+		Sterberegister Aufkirchen
1814	20. 11.	Weiss Martin	Catharina Preiser			X			Trauungsreg. Aufkirchen

1814	27. 10.		Catharina Hirn +				+		Sterberegister Aufkirchen
1836	28. 2.	Weiss Martin	Catharina, kinderlos					Verkauf	Kataster 20476
1836	28. 2.	Klenzinger Leonhard						Kauf	Kataster 20476
1842	20. 6.	Klenzinger Leonhard						Verkauf	Kataster 20476
1842	20. 6.	Streitberger Michael						Kauf	Kataster 20476
1842	20. 6.	Streitberger Michael	Maria Winter			X			Trauungsreg. Aufkirchen
1843	3. 3.	Streitberger Michael	Maria	Joseph +	X		+		Taufregister Aufkirchen
1848	3. 3.	Streitberger Michael	Maria	Benedikt	X				Taufregister Aufkirchen
1844	29. 7.	Streitberger Michael	Maria	Michael	X				Taufregister Aufkirchen
1846	29. 4.	Streitberger Michael	Maria	Maria +	X		+		Taufregister Aufkirchen
1867	23. 4.	Streitberger Michael						»Feicht«	Grundst. Kat. 20797/98
1868	14. 10.	Streitberger Michael +					+		Sterberegister Aufkirchen
1868	14. 10.	Streitberger Benedikt						Erbe	Grundst. Kat. 207977/98
1868		Streitberger Benedikt	Magdalena Pichler			X			Trauungsreg. Aufkirchen
1871	29. 3.	Streitberger Benedikt	Magdalena	Maria	X				Taufregister Aufkirchen
1872	11. 4.	Streitberger Benedikt	Magdalena	Magdalena +	X		+		Taufregister Aufkirchen
1877	16. 9.	Streitberger Benedikt	Magdalena	Joh. Evangel.	X				Taufregister Aufkirchen
1879	10. 1.	Streitberger Benedikt	Magdalena	Agnes	X				Taufregister Aufkirchen
1882	27. 6.	Streitberger Benedikt	Magdalena	Benedikt	X				Taufregister Aufkirchen
1885	6. 4.	Streitberger Benedikt	Magdalena	Michael	X				Taufregister Aufkirchen
19		Streitberger Benedikt +					+		Sterberegister Aufkirchen
1913	23. 4.	Streitberger Michael	Mathilde Wallrapp			X			Trauungsreg. Aufkirchen
1914	9. 1.	Streitberger Michael	Mathilde	Michael	X				Taufregister Aufkirchen
1914	23. 6.	Streitberger Michael	Mathilde					Übernahme	Kataster 20798
1952		Streitberger Michael +					+		Sterberegister Aufkirchen
1952	9. 1.		Mathilde Streitberger					Erbin	Kataster 20798
1953	20. 5.		Maria Streitberger					Übernahme	Kataster 20798
1953	20. 5.	Pischetsrieder Karl	Maria Streitberger			X			Trauungsreg. Aufkirchen
1985	10. 7.	Pischetsrieder Karl +					+		Sterberegister Berg

4.11 Das »Schneidergut«, 1/32 Hof, Haus 11 im Kataster von 1812

Das »Schneidergut« ist im Herdstattverzeichnis vom 1. April 1735 noch nicht als eigenes Anwesen verzeichnet, obwohl der erste »Schneider« Mathias Huber schon seit 1725 unter Kempfenhausen in den Kirchenbüchern zu finden ist. Im Steueranschlag von 1761 ist noch Mathias Huber der »Schneider«. Auf ihn folgt um 1778 Anton Prändl. 1826 wird das Schneidergut von Michael Doll gekauft und mit dem von ihm gleichzeitig erworbenen »Häuslmann« zu einem Besitz vereinigt. 1829 heiratet Anastasia, die Witwe von Michael Doll, Xaver März, der damit in den Besitz des Schneidergutes gelangt. Von da ab blieb es im Besitz dieser Familie bis 1952. Dann erwirbt es Alois Jungwirth durch Heirat mit Therese März, die das »Schneidergut« in die Ehe einbringt.

Aus den Steueranschlägen und Katastern ergibt sich:

1761 hat Mathias Hueber, genannt »beim Schneider«, einen 1/32 Hof und ist veranlagt für Fourage mit 13 kr, für die Herdstatt mit 25 kr und zur Steuer mit 15 kr

1804 betragen die Abgaben des Schneidergutes 6 fl 45 kr Laudemium und die grundherrlichen Taxen 1 fl 48 kr

1808 sitzt Anton Prändl nach den Steuerfassionen auf einem 1/32 Hof und zahlt 1 fl 15 kr Gilt an das Damenstift und 1 fl 15 kr für den geschuldeten Fuhrdienst

1810 sitzt Anton Präntl auf dem Schneidergut

1812 zahlt Melchior Ailer für das Schneidergut 50 kr Stift

1867 ist Xaver März Eigentümer des Schneidergutes. Er hat es 1862 von der verstorbenen Mutter für 200 fl erhalten. Er hat 4,41 Tagwerk Grundbesitz, davon 0,19 Tagwerk Haus und Garten, 1,9 Tagwerk Wiesen, 1,27 Tagwerk Acker und 1,05 Tagwerk Wald. Die Grundsteuer beträgt 36 kr 19 hl

»Schneidergut« – 1/32 Hof in Kempfenhausen – Haus 11 im Kataster von 1812

Jahr	Datum	Name	Ehefrau	Kinder	Geb.	Ehe	Tod	Besitz	Urkunde
17		Hueber Mathias	Agathe Gröber			X			Trauungsreg. Aufkirchen
1725	1. 2.	Hueber Mathias	Agathe	Maria	X				Taufregister Aufkirchen
1726	23. 2.	Hueber Mathias	Agathe	Mathias +	X		+		Taufregister Aufkirchen
1727	2. 8.	Hueber Mathias	Agathe	Laurentius +	X		+		Taufregister Aufkirchen
1728	30. 10.	Hueber Mathias	Agathe	Andreas +	X		+		Taufregister Aufkirchen
1730	24. 7.	Hueber Mathias	Agathe	Anna +	X		+		Taufregister Aufkirchen
1732	22. 10.	Hueber Mathias	Agathe	Simon	X				Taufregister Aufkirchen
1733	22. 6.	Hueber Mathias	Agathe	Joh. Baptist +	X		+		Taufregister Aufkirchen
1734	23. 11.	Hueber Mathias	Agathe	Andres +	X		+		Taufregister Aufkirchen
1736	28. 4.	Hueber Mathias	Agathe	Magdalena	X				Taufregister Aufkirchen
1737	17. 7.	Hueber Mathias	Agathe	Margarethe	X				Taufregister Aufkirchen
1739	23. 4.	Hueber Mathias	Agathe	Georgis	X				Taufregister Aufkirchen
1760	8. 2.		Agathe Hueber +				+		Sterberegister Aufkirchen
1761		Hueber Mathias						1/32 Hof	Pflegger. Wolfratsh. B 33
17		Hueber Mathias +					+		Sterberegister Aufkirchen
1778		Präntl Anton							Steuerkat. Kempfenh.
1808		Präntl Anton						»Schneider«	Steuerfass. RFK 5486
1812		Präntl Anton						»Schneider«	Kataster 20475
1826	20. 4.	Doll Michael						Kauf	Kataster 20480
1826	20. 4.	Doll Michael	Anast. Pischetsrieder			X			Trauungsreg. Aufkirchen
1826	22. 6.	Doll Michael	Anastasia	Martinus+	X		+		Taufregister Aufkirchen
182		Doll Michael +					+		Sterberegister Aufkirchen
1829		März Xaver	Anastasia Doll			X			Trauungsreg. Aufkirchen
1830	26. 6.	März Xaver	Anastasia	Petrus +	X		+		Taufregister Aufkirchen
1837	2. 8.	März Xaver	Anastasia	Franz Xaver	X				Taufregister Aufkirchen
1862			Anastasia Doll +				+		Sterberegister Aufkirchen
1862	12. 5.	März Xaver						Erbvergl.	Steuerkataster 20798
1863		März Xaver Franz	Rosina Rieger			X			Trauungsreg. Aufkirchen
1863	7. 3.	März Xaver Franz	Rosina	Joseph	X				Taufregsiter Aufkirchen
1864	17. 2.	März Xaver Franz	Rosina	Anastasia	X				Taufregister Aufkirchen
1865	1. 7.	März Xaver Franz	Rosina	Franz Xaver	X				Taufregister Aufkirchen
1866	21.10.	März Xaver Franz	Rosina	Sebastian	X				Taufregister Aufkirchen
1867	23. 4.	März Xaver Franz						»Schneider«	Kataster 20797/98
1871	11. 2.	März Xaver Franz	Rosina	Agathe	X				Taufregister Aufkirchen
1872	18. 6.	März Xaver Franz	Rosina	Joh. Baptist	X		+		Taufregister Aufkirchen
1875	24. 4.	März Xaver Franz	Rosina	Joh. Baptist	X				Taufregister Aufkirchen
1878	14. 4.	März Xaver Franz	Rosina	Georg	X				Taufregister Aufkirchen
1905	19. 6.	März Georg						Übernahme	Kataster 20798
1905	12. 7.	März Georg	Therese Bradl			X			Trauungsreg. Aufkirchen
1907	21. 8.	März Georg	Therese	Ludwig	X				Taufregister Aufkirchen
1908	1. 11.	März Georg	Therese	Kreszenz	X				Taufregister Aufkirchen
1911	11. 1.	März Georg	Therese	Rosina	X				Taufregister Aufkirchen
1912	17. 3.	März Georg	Therese	Maria	X				Taufregister Aufkirchen
1913	10. 6.	März Georg	Therese	Theresia	X				Taufregister Aufkirchen
19		März Georg	Therese	Georg	X				Taufregister Aufkirchen
1949	23. 4.	März Georg				X		Ehevertrag	Trauungsreg. Aufkirchen
1952	29. 12.	Jungwirth Alois	Therese März					Übernahme	Kataster 20798
1988	21. 2.	Jungwirth Alois +					+		Sterberegister Berg

4.12 Der »Häuslmann«, 1/32 Hof, Haus 10 im Kataster von 1812

Das Anwesen »Häuslmann« ist aus dem »Pfleghäusl« des Schlosses hervorgegangen und war lange Zeit von den Schloßpflegern bewohnt. Von 1680–1726 war dies Jacob Gebhardt und von 1726–1772 Andreas Gebhardt, der sich auch als »Holzhay« betätigte. Von 1772 bis 1826 saß Melchior Ailer auf dem Anwesen. 1826 hat es Michael Doll käuflich erworben und mit dem Schneidergut zu einem Besitz vereinigt, wodurch der »Häuslmann« erlosch.

Nach den Steuranschlägen und Katastern ergibt sich:

1735 ist Andreas Gebhardt Schloßpfleger und »Häuslmann«

1761 hat Andreas Gebhardt, genannt »Häuslmann«, einen 1/32 Hof und ist veranlagt für Fourage mit 26 1/4 kr, für die Herdstatt mit 25 kr und zur Steuer mit 12 kr

1804 betragen die Abgaben des »Häuslmann« 1 fl 15 kr Laudemium und 2 fl 3 kr grundherrliche Taxen

1808 sitzt Melchior Ailer nach den »Steuerfassionen« auf einem 1/32 Hof und zahlt 2 fl 32 kr Gilt an das Damenstift und 1 fl 15 kr für den geschuldeten Fuhrdienst

1812 ist Melchior Ailer nach dem Steuerkataster Eigentümer des Anwesens »Häuslmann«. Er hat 2,08 Tagwerk Grundbesitz, davon 0,12 Tagwerk Haus und Garten und 1,96 Tagwerk Acker. Das Anwesen ist mit 150 fl veranlagt. Die Scharwerkgilt beträgt 50 kr und die Stift 4 fl 6 kr. An Dominikalsteuer hat er 6 kr 2 hl zu bezahlen. Dabei ist der kostenlose Bezug von 1/2 Klafter Buchenholz und 1/2 Klafter Fichtenholz berücksichtigt

1867 ist im Grundsteuerkataster das Anwesen »Häuslmann« nicht mehr enthalten, da es 1826 im »Schneidergut« aufgegangen ist

»Häuslmann« – 1/32 Hof – Haus 10 im Kataster von 1812 – 1826 mit Haus 11 vereinigt

Jahr	Datum	Name	Ehefrau	Kinder	Geb.	Ehe	Tod	Besitz	Urkunde
1680		Gebhardt Jacob	Magdalena			X			Trauungsreg. Aufkirchen
1680	22. 8.	Gebhardt Jacob	Magdalena	Catharina	X				Taufregister Aufkirchen
1683	24. 7.	Gebhardt Jacob	Magdalena	Jacob	X				Taufregister Aufkirchen
1685	12. 9.	Gebhardt Jacob	Magdalena	Anna	X				Taufregister Aufkirchen
1688	19. 3.	Gebhardt Jacob	Magdalena	Joseph	X				Taufregister Aufkirchen
1690	25. 6.	Gebhardt Jacob	Magdalena	Magdalena	X				Taufregister Aufkirchen
1692	20. 9.	Gebhardt Jacob	Magdalena	Andreas	X				Taufregister Aufkirchen
1696	19. 2.	Gebhardt Jacob	Magdalena	Barbara	X				Taufregister Aufkirchen
1697	5. 7.	Gebhardt Jacob	Magdalena	Elisabeth	X				Taufregister Aufkirchen
1726	4. 3.	Gebhardt Andreas	Maria Johanna Fleck			X			Trauungsreg. Aufkirchen
1726	20. 8.	Gebhardt Andreas	Johanna	Theresia	X				Taufregister Aufkirchen
1728	8. 10.	Gebhardt Andreas	Johanna	Catharina	X				Taufregister Aufkirchen
1729	29. 11.	Gebhardt Andreas	Johanna	Andreas	X				Taufregister Aufkirchen
1730	13. 1.	Gebhardt Jacob +					+		Sterberegister Aufkirchen
1731	29. 1.	Gebhardt Andreas	Johanna	Joseph	X				Taufregister Aufkirchen
1732	27. 9.	Gebhardt Andreas	Johanna	Michael +	X		+		Taufregister Aufkirchen
1733	16. 12.	Gebhardt Andreas	Johanna	Maria +	X		+		Taufregister Aufkirchen
1735	1. 4.	Gebhardt Andreas						Schloßpfleger	GL Faszikel 4583/183
1735	13. 11.	Gebhardt Andreas	Johanna	Maria	X				Taufregister Aufkirchen
1737	27. 1.	Gebhardt Andreas	Johanna	Agathe	X				Taufregister Aufkirchen
1738	29. 8.		Magd. Gebhardt +				+		Sterberegister Aufkirchen
1739	18. 9.	Gebhardt Andreas	Johanna	Agnes +	X		+		Taufregister Aufkirchen

1742	2. 5.		Johanna Gebhardt +				+		Sterberegister Aufkirchen
1761		Gebhardt Andreas						1/32 Hof	Pflegg. Wolfratsh. B 33
1772	18. 5.	Gebhardt Andreas +					+		Sterberegister Aufkirchen
17		Streitl Franz Xaver	Rosina Pauer			X			Trauungsreg. Aufkirchen
1783	11. 2.	Streitl Franz Xaver	Rosina	Mathias	X				Taufregister Aufkirchen
1794	9. 9.	Ailer Melchior	Gertrud Achberger			X			Trauungsreg. Aufkirchen
1794		Ailer Melchior						1/32 Hof	Steuerkat. Kempfenh.
1797	6. 10.	Ailer Melchior	Gertrud	Elisabeth	X				Taufregister Aufkirchen
1808		Ailer Melchior						1/32 Hof	Steuerfass. RFK 5486
1812		Ailer Melchior						»Häuslmann«	Steuerkataster 20475
18		Ailer Melchior +					+		Sterberegister Aufkirchen
1826	20. 4.		Gertrud Ailer					Verkauf	Kataster 20797/98
1826	20. 4.	Doll Michael						Kauf	Kataster 20797/98
1826	20. 4.	Doll Michael						Vereinigung	mit Haus 11 »Schneider«

4.13 Das »Lenzgut«, 1/32 Hof, Haus 12 im Kataster von 1812

Das »Lenzgut« ist das letzte, der im Kataster von 1812 erfaßten Handwerkeransiedlungen in Kempfenhausen. Es wurde 1743 von dem Schneider Laurentius Schaitenhofer gegründet, dessen Vorname den Hausnamen des Anwesens geliefert hat. 1779 heiratete Johann Brändl die Witwe Maria Schaitenhofer und gelangte dadurch in den Besitz des »Lenzgutes«. Nach dessen Tod kauft es Peter Gebhardt von der Witwe Clara Brändl. 1877 erwirbt Jacob Pfandorfer das Lenzgut. Seine Tochter Magdalena heiratet 1904 Josef Bauer und bringt das Lenzgut in die Ehe ein. Von diesem Zeitpunkt an blieb es im Besitz der Familie Bauer. Um 1867 war der Hausname in »Schäffler« geändert worden.

Aus den Steueranschlägen und Katastern ergibt sich:

1761 hat Laurentius Schaitenhofer, genannt »Lenz«, einen 1/32 Hof und ist veranlagt für Fourage mit 13 kr, für die Herdstatt mit 25 kr und zur Steuer mit 15 kr veranlagt

1804 betragen die Abgaben des Lenzgutes 6 fl 45 kr Laudemium und 1 fl 48 kr grundherrliche Taxen

1808 sitzt Josef Brändl nach den Steuerfassionen auf einem 1/32 Hof und zahlt 1 fl 15 kr Gilt und 1 fl 15 kr für den geschuldeten Fuhrdienst an das Damenstift in München

1812 ist Johann Brändl Eigentümer des Lenzgutes. Er hat ein Haus mit 0,04 Tagwerk Grundbesitz. Das Anwesen ist mit 90 fl veranlagt. Die Stift beträgt 1 fl 40 kr, die Scharwerkgilt 40 kr und die Dominikalsteuer 3 kr 6 hl. Darin ist der kostenlose Bezug von 1 Klafter Fichtenholz aus dem Wald der Grundherrschaft berücksichtigt

1867 ist Peter Gebhardt Eigentümer des »Schäfflergutes«, wie das Lenzgut nun genannt wird. Er hat es 1837 für 250 fl von der Witwe Clara Brändl erworben. Sein Grundbesitz umfaßt 1,19 Tagwerk, davon 0,09 Tagwerk Haus und Garten und 1,10 Tagwerk Wald. Die Grundsteuer beträgt 6 kr 25 hl

»Lenz« – später »Schäffler« – 1/32 Hof – in Kempfenhausen – Haus 12 im Kataster von 1812

Jahr	Datum	Name	Ehefrau	Kinder	Geb.	Ehe	Tod	Besitz	Urkunde
174		Schaitenhofer Laur.	Maria			X			Trauungsreg. Aufkirchen
1743	18. 8.	Schaitenhofer Laur.	Maria	Catharina	X				Taufregister Aufkirchen
1744	3. 9.	Schaitenhofer Laur.	Maria	Maria	X				Taufregister Aufkirchen
1746	25. 2.	Schaitenhofer Laur.	Maria	Monica	X				Taufregister Aufkirchen
1748	23. 3.	Schaitenhofer Laur.	Maria	Elisabeth +	X		+		Taufregister Aufkirchen
1751	22. 9.	Schaitenhofer Laur.	Maria	Elisabeth	X				Taufregister Aufkirchen
1753	6. 2.	Schaitenhofer Laur.	Maria	Gertrudis	X				Taufregister Aufkirchen
1761		Schaitenhofer Laur.						1/32 Hof	Pflegg. Wolfratsh. B 33
1762	19. 3.	Schaitenhofer Laur. +					+		Sterberegister Aufkirchen
1779	28. 7.	Brändl Joannis	Maria			X			Trauungsreg. Aufkirchen
1779		Brändl Joannis »Lenz«						1/32 Hof	Kataster Kempfenhausen
1782	1. 11.	Brändl Joannis	Maria	Antonius	X				Taufregister Aufkirchen
1785	26. 3.		Maria Schaitenhof. +				+		Sterberegister Aufkirchen
1788	16. 4.	Brändl Joannis	Maria	Anna Maria +	X		+		Taufregister Aufkirchen
1808		Brändl Joannis »Lenz«						1/32 Hof	Steuerfass. RFK 5486
1812		Brändl Joannis »Lenz«						1/32 Hof	Kataster 20475
1813	10. 8.		Maria Brändl +				+		Sterberegister Aufkirchen
1814	31. 3.	Brändl Johann	Clara Maria Maier			X			Trauungsreg. Aufkirchen
18		Brändl Joannis +					+		Sterberegister Aufkirchen
1837	22. 3.		Clara Brändl Witwe					Verkauf	Kataster 20475
1837	22. 3.	Gebhard Peter						Kauf	Kataster 20475
1837	22. 3.	Gebhard Peter	Maria Kugler			X			Kataster 20475
1867	23. 4.	Gebhard Peter »Schäffler«	Maria					»Schäffler«	Grundst. Kat. 20797/98
1843	13. 6.	Gebhard Peter	Maria	Maria Anna	X				Taufregister Aufkirchen
1877	28. 3.	Pfandorfer Jacob	Theresia					Kauf	Kataster 20798
1877	9. 9.	Pfandorfer Jacob	Theresia	Jacobus	X				Taufregister Aufkirchen
1878	20. 11.	Pfandorfer Jacob	Theresia	Josephus	X				Taufregister Aufkirchen
1882	1. 3.	Pfandorfer Jacob	Theresia	Magdalena	X				Taufregister Aufkirchen
1883	31. 5.	Pfandorfer Jacob	Theresia	Joh. Baptist +	X		+		Taufregister Aufkirchen
1886	25. 5.	Pfandorfer Jacob +					+		Sterberegister Aufkirchen
1886	25. 5.		Theresia Pfandorfer					Erbin	Kataster 20798
1904	3. Quart		Magd. Pfandorfer					Übernahme	Kataster 20798
1904		Bauer Josef	Magd. Pfandorfer			X			Trauungsreg. Aufkirchen
1904	18. 9.	Bauer Josef	Magdalena	Stephan	X				Taufregister Aufkirchen
1925	24. 7.	Bauer Josef	Magdalena	Albert	X				Taufregister Aufkirchen
1934	17. 9.	Bauer Josef +					+		Sterberegister Aufkirchen
1934	17. 9.	Bauer Josef jun.						Erbe	Kataster 20798
1934	17. 9.	Bauer Josef	Elisabeth			X			Trauungsreg. Aufkirchen
1960		Bauer Albert							

V. Die Höfe Haarkirchens nach dem Kataster von 1812

5.1 Der »Blaslhof«, der Sedelhof Haarkirchens, 1/1 Hof, Haus 16 im Kataster von 1812

Der »Blaslhof« war der Sedelhof, d. h. der Herrenhof von Haarkirchen. Sein Ursprung geht vermutlich auf die Zeit der bajuwarischen Landnahme zurück. Um 995 vergab Bischof Gottschalk von Freising die verwüstete Kirchstätte in Haarkirchen und den Zehnt eines Hofes in Kempfenhausen und eines Hofes in Haarkirchen mit der Verpflichtung, die Kirche wieder aufzubauen. Im 12. und 13. Jh. war der Sedelhof Sitz Freisinger Ministerialen. Dann versiegten die Geschichtsquellen des Blaslhofes bis zu den Scharwerkbüchern im 16. Jh. 1533 hieß der »Blasl« nach dem Scharwerkbuch Jörg Hamann, 1574 und 1585 Hans Vässl und 1612 nach dem Steuerbuch Caspar Vässl.

»Blaslhof« mit St. Peter und Paul

1629 und 1634 saß Peter Seemüller auf dem Hof, von dem er noch vor 1640 an Christoph Denk überging. Von ihm erhielt ihn 1643 sein Sohn Andreas Denk. Nach dessen Tod heiratete die Witwe 1660 Christoph Wastian. Von den Erben des Christoph Wastian gelangte der Hof an Hans Denk, der ihn am 3. 1. 1685 an seine Tochter Katharina übergab, von der er am gleichen Tag in die Ehe mit Blasius Pischetsrieder eingebracht wurde.

Der Heiratsbrief lautete: »Blasy, als des ehrbaren und bescheidenen Georg Pischetsrieder von Kempfenhausen, noch im Leben, und Regina dessen Eheweib beider eheleiblicher Sohn, hat sich auf Zutun beiderseits eheliebender Freundschaft zu des ehrbaren Hans Denk des Älteren von Haarkirchen der kurfürstlichen Hofmark daselbst und Eva dessen Eheweib, beide noch im Leben, in der Zeit der Ehe erworbenen Tochter namens Catharina durch priesterliche Copulation ehelich verheiratet. Gedachte Catharina hat ihrem angehenden Ehewirt Blasius zu seinen Rechten Heiratsgut, alle ihre jetzige und künftige bewegliche und unbewegliche Habe, Stück und Güter, nichts hiervon ausgenommen, samt aller toten und lebendigen Haus- und Baumannsfahrnis, alles was sie von ihrem Vater durch Übergabe an sich gebracht, 8 Zugrosse, 8 Milchkühe, 8 Frischlinge, 1 Schweinsmutter, 9 Schafe, 30 Schäffel allerlei Getreide, 2 Fuhrwagen, 2 Pflüge sowie 800 fl rheinische Münze Gulden, verschrieben und verheiratet. Hingegen hat zur gebührenden Ergänzung und Widerlag vorstehender Blasy Pischetsrieder seiner angehenden Ehewirtin Catharina zu ihren Rechten an unwiderruflichem Heiratsgut versprochen namentlich 312 fl 30 kr, von welcher Summe bereits 162 fl 30 kr bezahlt sind, dann an kommenden heiligen Weihnachten 100 fl und die noch anstehenden 50 fl auf besagte Zeit der heiligen Weihnachten über ein Jahr, doch ohne Interesse bezahlt werden sollen. Im Todesfall soll es zwischen den beiden Eheleuten nach den löblichen Landrechten gehalten werden. Die Heiratsbeistände sind auf der Seite des Bräutigams Mathias Reis, Fischkäufl in Berg, und Georg Pollinger von Percha, dann auf der Seite der Braut Hans Denk der Jüngere von Haarkirchen, Max Hohenleitner von Wangen und Hans Milberer von Weßling im Weilheimer Landgericht. Treulich Testes und Gerichtsprokuratores allhier«.

Auf Blasius Pischetsrieder folgte 1725 sein Sohn Georg und 1758, nach der Trauung mit Anna Pischetsrieder, Stephan Hanfstingl. Ab 1767 hieß der »Blasl« Nicolaus Achmiller und seit 1778 Simon Wach, nachdem dieser die Witwe Margarete Achmiller geheiratet hatte. Der Blaslhof blieb bis 1897 im Besitz der Familie Wach.

Am 17.2.1897 hat *Max von Klenze*, der Enkel des Münchner Hofbauintendanten, Leo von Klenze, den Blaslhof für 93250 Mark gekauft und gleichzeitig die anderen Höfe Haarkirchens erworben, mit Ausnahme des Weberguts. Damit gehörte ab 1897 die Ortsflur Haarkirchen den Klenzes. Am 22.9.1916 hat sie Paul von Klenze vom Vater geerbt. Er war von 1926 bis 1933 Bürgermeister der Gemeinde Kempfenhausen. Nach seinem Tod, im Jahre 1944, erbte den Gesamtbesitz sein Neffe Herbert von Klenze, zu dieser Zeit noch Farmer in Südafrika. Nach Kriegsende kam er nach Haarkirchen und hat 1961 den gesamten Besitz in Haarkirchen, einschließlich Blaslhof, an die Stadt München verkauft. Diese ließ 1964 den Blaslhof, dessen Bausubstanz noch auf das Jahr 1783 zurückging, abbrechen, womit die mehr als 1200-jährige Hofgeschichte des Blaslhofes ihr Ende fand.

In den Scharwerkbüchern, Steueranschlägen und Katastern ist vom Blaslhof überliefert:

1553 sitzt Jörg Hamann nach dem Scharwerkbuch auf einem Sedelhof. Seine Hauswehr ist ein Spieß

1574 sitzt Hans Vässl nach dem Scharwerkbuch auf dem Sedelhof in Haarkirchen und gehört zur Hauptmannschaft Bachhausen

1585 sitzt Hans Vässl nach dem Scharwerkbuch auf dem Sedelhof

1612 sitzt Caspar Vässl auf dem Hof und bezahlt 1 Pfd. 5 ß Steuer und für die Fahrnis 4 Pfd. 1 ß

1629 ist unter den »Communicantes« im Kirchenbuch von Haarkirchen Peter Seemüller und seine Ehefrau Margarete aufgeführt

1634 besitzt Peter Seemüller nach dem Steueranschlag einen ganzen Hof zu Haarkirchen freistiftsweise, sonst frei ledig eigen. Er gibt jährlich 7 fl Wißgilt, 8 kr Stiftgilt, 200 Eier, 8 Hennen, 1 Althenne, 2 Gänse, 1 Lamm oder Schaf und an Getreide 7 Schäffel Korn, ½ Schäffel Gerste und 10 Schäffel Hafer. Vom Herrschaftsgehölz muß er jährlich 6 Klafter Holz nach München fahren. Der Hof ist jetzt an Christoph Denk übergegangen

1671 sitzen Christoph Wastians Erben auf dem Hof, unter die Niedergerichtsbarkeit des Herrn Hörl gehörend. Sie geben jährlich 55 ß Pfennigstift Getreide und 8 kr Stiftgilt. Sie haben eine veranlaite Freistiftgerechtigkeit. Auf dieses Gut haben sie vor 10 Jahren hineingeheiratet und 40 fl zum Anfall gegeben. Das Anwesen wird auf 2000 fl geschätzt und verfügt über 5 Rosse, 2 Jährlinge, ein Füllen, einen Stier, 8 Kühe, 5 Jungrinder, 2 Kälber, 8 Schafe, 2 Schweinsmütter, 8 Schweine und 1 Bienenvolk

1677 besitzen die Erben von Christoph Wastian den Sedelhof von Haarkirchen, einen ganzen Hof, frei ledig eigen mit angehefteter Jurisdiktion in veranlaiter Freistiftgerechtigkeit. Sie dienen jährlich 7 Schäffel Roggen, 3 Metzen Gerste und 10 Schäffel Hafer. Es ist ihnen, je nach Verwendung wie es der Herrschaft beliebt, mit 48 fl zu Geld angeschlagen worden. Die Wißgilt beträgt 7 fl, die Scharwerkgilt 8 fl und die Stiftgilt 8 kr. Sie geben 200 Eier, 8 Hühner, 1 Henne, 2 Gänse und ein Lamm

1678 besitzt Hans Denk der Ältere den Blaslhof in veranlaiter Freistift. Er dient jährlich an barem Geld 42 fl, Wißgilt 8 fl, Scharwerkgilt 8 fl, Stiftgilt 8 kr, 150 Eier, 6 Hühner, 1 Henne, 2 Gänse und ein Lamm. Bei der Schloßkirche St. Anna hat er 130 fl Schulden und jährlich die Zinsen dafür zu entrichten

1735 sitzt Gregor Pischetsrieder auf dem Blaslhof

1761 ist Stephan Hanfstingl, genannt »Bläsl«, Eigentümer eines ⅟₁ Hofes. Er ist mit 7 fl für Fourage veranlagt, mit 1 fl 15 kr für die geschuldeten Vorspanndienste und mit 4 fl 59 kr 4 hl zur Steuer

1804 betragen die Abgaben des Blaslhofes 105 fl Laudemium und 4 fl 43 kr für die grundherrlichen Taxen

1808 ist Nicolas Wach nach den Steuerfassionen Eigentümer des Blaslhofes und zahlt 47 fl 8 kr Eisengilt und Grundgilt an das Damenstift und für die geschuldeten Frondienste 8 fl

1812 hat Niclas Wach 114,06 Tagwerk Grundbesitz, davon 6 Tagwerk Haus und Garten, 94,21 Tagwerk Acker, 8,33 Tagwerk Wiesen und 5,3 Tagwerk Wald. Der Zehnt geht an den Pfarrer von Aufkirchen. Das Anwesen ist mit 1800 fl bewertet. Er entrichtet für Stift und Küchendienst 50 fl 21 kr, 8 fl für die Scharwerkgilt und 6 fl für den Holzfuhrdienst. Aus dem Wald der Hofmarksherrschaft bezieht er unentgeltlich 4 Klafter Buchenholz und 4 Klafter Fichtenholz, die je zu 2 kr angeschlagen sind. Die Dominikalsteuer beträgt 1 fl 9 kr 5 hl und die Rustikalsteuer 4 fl 23 kr 2 hl

1867 hat Simon Wach 115,15 Tagwerk Grundbesitz, davon 2,35 Tagwerk Haus und Garten, 75,28 Tagwerk Acker, 31,53 Tagwerk Wiesen, 0,49 Tagwerk Wege und 5,49 Tagwerk Wald. Die Grundsteuer beträgt 17 fl 13 kr 58 hl

»Blaslhof« – 1/1 Hof – der Sedelhof von Haarkirchen – Haus 16 im Kataster von 1812

Jahr	Datum	Name	Ehefrau	Kinder	Geb.	Ehe	Tod	Besitz	Urkunde
1553		Hamann Jörg						Sedelhof	GL Wolfratsh.. 4541/25
1574		Vässl Hans						Sedelhof	Kurb. Geh. La. Arch. 1231
1585		Vässl Hans						Sedelhof	Kurb. Geh. La. Arch. 1231
1612		Vässl Caspar							Steuerbuch Stbg. 489
1629		Seemüller Peter							»Communicantes« Aufk.
1634		Seemüller Peter	Magdalena					Sedelhof	GL Faszikel 4541/25
1640		Denk Christoph	Maria					Sedelhof	GL Faszikel 4541/25
1643		Denk Christoph +					+		Sterberegister Aufkirchen
1643	3. 5.	Denk Andreas	Appolonia Blaiker			X			Trauungsreg. Aufkirchen
1644	7. 4.	Denk Andreas	Appolonia	Michael	X				Taufregister Aufkirchen
1648	18. 3.	Denk Andreas	Appolonia	Johann	X				Taufregister Aufkirchen
1652			Maria Denk +				+		Sterberegister Aufkirchen
1654	15. 1.	Denk Andreas	Appolonia	Sebastian	X				Taufregister Aufkirchen
1657	10. 2.	Denk Andreas	Appolonia	Elisabeth	X				Taufregister Aufkirchen
1657	23. 4.	Denk Andreas +					+		Sterberegister Aufkirchen
1659	24. 8.	Wastian Christoph	Appolonia Denk Ww.			X			Trauungsreg. Aufkirchen
1660	23. 12.	Wastian Christoph	Appolonia	Maria	X				Taufregister Aufkirchen
1671	27. 6.	Wastian Christoph +					+		Sterberegister Aufkirchen
1671		Wastian Christ. Erben						Sedelhof	Steuerb. Wolfratsh. 510
1677	19. 2.	Wastian Christ. Erben						Sedelhof	GL Faszikel 4541/25
1678	3. 2.	Denk Hans d. Ä.						Sedelhof	Verz. f. Kurf. Ferd. Maria
1683		Denk Hans d. Ä.	geg. Georg Schlemmer					Verh. Prot.	Pflegg. Wolfratsh. 51
1685	3. 1.	Denk Hans d. Ä.	Cath. Denk Tochter					Übergabe	Pflegg. Starnberg PR 13
1685	3. 1.	Pischetsrieder Blasius	Cath. Pischetsrieder			X			Pflegg. Starnberg PR 13
1687	22. 5.	Pischetsrieder Blasius	Catharina	Magdalena	X				Taufregister Aufkirchen
1689	17. 3.	Pischetsrieder Blasius	Catharina	Georgius	X				Taufregister Aufkirchen
1691	9. 11.	Pischetsrieder Blasius	Catharina	Maria	X				Taufregister Aufkirchen
1694	23. 2.	Pischetsrieder Blasius	Catharina	Anna	X				Taufregister Aufkirchen
1696	3. 9.	Pischetsrieder Blasius	Catharina	Eva	X				Taufregister Aufkirchen
1699	20. 1.	Pischetsrieder Blasius	Catharina	Sebastian	X				Taufregister Aufkirchen
1701	26. 8.	Pischetsrieder Blasius	Catharina	Ursula	X				Taufregister Aufkirchen
1715	18. 5.		Cath. Pischetsrieder +				+		Sterberegister Aufkirchen
17		Pischetsrieder Gregor	Anna			X			Trauungsreg. Aufkirchen
1725	20. 2.	Pischetsrieder Gregor	Anna	Sebastian	X				Taufregister Aufkirchen

1727	29. 3.	Pischetsrieder Gregor	Anna	Gregor	X				Taufregister Aufkirchen
1729	30. 11.	Pischetsrieder Gregor	Anna	Andreas	X				Taufregister Aufkirchen
1732	11. 3.	Pischetsrieder Gregor	Anna	Joseph	X				Taufregister Aufkirchen
1733	8. 4.	Pischetsrieder Gregor	Anna	Joh. Baptist	X				Taufregister Aufkirchen
1735	6. 1.	Pischetsrieder Gregor	Anna	Catharina	X				Taufregister Aufkirchen
1735	1. 4.	Pischetsrieder Gregor						»Blasl«	GL Faszikel 4583/183
17		Pischetsrieder Greg. +					+		Sterberegister Aufkirchen
17		Hanfstingl Stephan	Cath. Pischetsrieder			X			Trauungsreg. Aufkirchen
1758	6. 5.	Hanfstingl Stephan	Catharina	Ursula	X				Taufregister Aufkirchen
1760	8. 4.	Hanfstingl Stephan	Catharina	Georgy +	X		+		Taufregister Aufkirchen
1761		Hanfstingl Stephan						1/1 Hof	Pflegg. Wolfratsh. B 33
1762		Hanfstingl Stephan	Catharina	Michael	X				Taufregister Aufkirchen
1765	5. 3.		Anna Pischetsried. +				+		Sterberegister Aufkirchen
17		Hanfstingl Stephan +					+		Sterberegister Aufkirchen
1767	14. 9.	Achmiller Nicolaus	Margarete Stock			X			Trauungsreg. Aufkirchen
1769	13. 1.	Achmiller Nicolaus	Margarete	Magdalena +	X		+		Taufregister Aufkirchen
1771	1. 5.	Achmiller Nicolaus	Margarete	Maria	X				Taufregister Aufkirchen
1772	28. 10.	Achmiller Nicolaus	Margarete	Magdalena +	X		+		Taufregister Aufkirchen
1775	24. 8.	Achmiller Nicolaus	Margarete	Maria	X				Taufregister Aufkirchen
1777	29. 5.	Achmiller Nicolaus	Margarete	Maria Anna+	X		+		Taufregister Aufkirchen
1778	1. 9.	Achmiller Nicolaus	Margarete	Mathias	X				Taufregister Aufkirchen
1778	30. 10.	Achmiller Nicol. +					+		Sterberegister Aufkirchen
1778		Wach Joannis	Margarete Achmiller			X			Trauungsreg. Aufkirchen
1779	1. 12.	Wach Joannis	Margarete	Nicolaus	X				Taufregister Aufkirchen
1780	14. 12.	Wach Joannis	Margarete	Thomas	X				Taufregister Aufkirchen
1782	6. 5.	Wach Joannis	Margarete	Petrus	X				Taufregister Aufkirchen
1783	14. 6.	Wach Joannis	Margarete	Benno	X				Taufregister Aufkirchen
1800		Wach Niclas						Übernahme	Steuerkat. Kempfenh.
1805		Wach Niclas	Creszentia Heimrath			X			Trauungsreg. Aufkirchen
1806	14. 1.	Wach Niclas	Creszentia	Maria +	X		+		Taufregister Aufkirchen
1807	25. 2.	Wach Niclas	Creszentia	Josephus	X				Taufregister Aufkirchen
1808		Wach Niclas						1/1 Hof	Steuerfass. RFK 5486
1808	14. 3.	Wach Niclas	Creszentia	Benedictus	X				Taufregister Aufkirchen
1809	10. 6.	Wach Niclas	Creszentia	Anastasia	X				Taufregister Aufkirchen
1810	26. 10.	Wach Niclas	Creszentia	Simon	X				Taufregister Aufkirchen
1812		Wach Niclas						1/1 Hof	Steuerkataster 20475
1812	25. 1.	Wach Niclas	Creszentia	Maria +	X		+		Taufregister Aufkirchen
1813	19. 2.	Wach Niclas	Creszentia	Bernhard +	X		+		Taufregister Aufkirchen
1813	18. 6.	Wach Joannis +					+		Sterberegister Aufkirchen
1813	29. 8.		Margarete Wach +				+		Sterberegister Aufkirchen
1814	4. 3.	Wach Niclas	Creszentia	Maria +	X		+		Taufregister Aufkirchen
1815	21. 8.	Wach Niclas	Creszentia	Creszentia +	X		+		Taufregister Aufkirchen
1817	8. 3.	Wach Niclas	Creszentia	Sebastian	X				Taufregister Aufkirchen
1818	8. 3.	Wach Niclas	Creszentia	Georgius	X				Taufregister Aufkirchen
1819	31. 8.	Wach Niclas	Creszentia	Nicolaus	X				Taufregister Aufkirchen
1821	8. 4.	Wach Niclas	Creszentia	Joh.Georgis +	X		+		Taufregister Aufkirchen
1822	13. 7.	Wach Niclas	Creszentia	Jacobus	X				Taufregister Aufkirchen
1827	25. 5.	Wach Niclas	Creszentia	Joh. Baptist +	X		+		Taufregister Aufkirchen
1828	1. 10.	Wach Niclas	Creszentia	Karl	X				Taufregister Aufkirchen
1842	30. 11.	Wach Niclas							Kataster 20476
1844	22. 10.	Wach Simon						Übernahme	Kataster 20476
1844	11. 11.	Wach Simon	Anna Maria Schuster			X			Trauungsreg. Aufkirchen
1846	28. 7.	Wach Simon	Anna Maria	Georg +	X		+		Taufregister Aufkirchen
1847	9. 10.	Wach Simon	Anna Maria	Simon	X				Taufregister Aufkirchen
1849	11. 4.	Wach Simon	Anna Maria	Maria	X				Taufregister Aufkirchen
1850	30. 6.	Wach Simon	Anna Maria	Peter	X				Taufregister Aufkirechen
1851	8. 10.	Wach Simon	Anna Maria	Leonhard +	X		+		Taufregister Aufkirchen
1854	10. 3.	Wach Simon	Anna Maria	Anna Maria	X				Taufregister Aufkirchen
1855	24. 5.	Wach Simon	Anna Maria	Creszenz +	X		+		Taufregister Aufkirchen
1857	27. 1.	Wach Simon	Anna Maria	Veronika +	X		+		Taufregister Aufkirchen
1859	10. 8.	Wach Simon	Anna Maria	Susanne	X				Taufregister Aufkirchen
1860	22. 12.	Wach Simon	Anna Maria	Adam +	X		+		Taufregister Aufkirchen
1862	24. 9.	Wach Simon	Anna Maria	Creszenz	X				Taufregister Aufkirchen
1867	23. 8.	Wach Simon	Anna Maria					Blaslhof	Grundst. Kat. 20797/98
1868	27. 4.	Wach Simon	Anna Maria					Blaslhof	Grundst. Kat. 20797/98
1872		Wach Simon +					+		Sterberegister Aufkirchen
1872	20. 8.		Anna Maria Wach					Erbfolge	Grundst. Kat. 20797/98
1875	14. 6.	Wach Simon						Übernahme	Grundst. Kat. 20797/98
1897	17. 2.	Klenze Max von						Kauf	Grundst. Kat. 20797/98
1917	14. 4.	Klenze Paul von						Erbfolge	Grundst. Kat. 20797/98
1944	20. 7.	Klenze Herbert von						Erbfolge	Grundst. Kat. 20797/98
1960	19. 12.	Stadt München						Kauf	Grundst. Kataster

5.2 *Der »Wirth«, 1/1 Hof, Haus 17 im Kataster von 1812*

Der zweite Hof der Paarhofsiedlung Haarkirchen war der »Wirth«. Der Hausname stammt jedoch aus der Zeit nach 1700, denn erst der damalige Hofinhaber Hans Denk hat die Zapf- und Schankgerechtigkeit erworben. Frühe Namen der Hofinhaber sind nicht erhalten. Sie sind erstmals in den Scharwerkbüchern von 1553 und 1574 überliefert. In diesen Jahren war der Hofinhaber Hans Holtmayer, der auch noch 1585 auf dem Hof saß. Auf ihn folgte Balthasar Haimrath, der von 1629 bis 1637 belegt ist. 1638 erwarb der Blaslbauer Christoph Denk den Hof und überließ ihn seinem Sohn Hans Denk, der ihn bis 1677 bewirtschaftete.

Dessen Sohn, Johann Denk der Jüngere, erhielt am 17. 2. 1677 vom Grundherrn, dem Münchner Stadtoberrichter Friedrich Alois Hörl, die Freistiftgerechtigkeit, und er erwarb 1700 auch die Zapf- und Schankgerechtigkeit. 87 Jahre blieb der Hof im Besitz der Familie Denk, dann erwarb ihn 1725 Michael Pentenrieder durch Heirat mit Anna Denk. 1785 beantragte der Wirt Georg Pentenrieder die Genehmigung, das von ihm in Seeshaupt erworbene Holz auf dem Wasserweg über den See nach Starnberg bringen zu dürfen. 1793 heiratete Magdalena, die Witwe von Johann Pentenrieder, Thomas Fastl. Dessen Witwe heiratete 1818 Georg Maurus, der den Hof 1826 an seinen Stiefsohn Michael Kölbl übergab. Katharina, die Witwe von Michael Kölbl, heiratete 1830 Thomas Mauser. Dessen Sohn hat den »Wirthshof« 1875 für 24 600 Mark an Josef Stengl verkauft. Von der Witwe erwarb ihn am 17. 2. 1897 Max von Klenze für 44 355 Mark. Nach dem Erwerb des Hofes hat Max von Klenze die darauf ruhende Zapf- und Schankgerechtigkeit auf den, von ihm gleichfalls erworbenen, Hof des Müllers im Manthal übertragen. So ist die heutige »Waldgaststätte Manthal« entstanden. Nach dem Brand beim »Wirth« von 1899 mußten die Stallungen und die Wagenremise neu erbaut werden. 1917 hat Paul von Klenze den Hof durch Erbgang erhalten. Von ihm erbte ihn 1944 Herbert von Klenze, der ihn mit dem gesamten Haarkichner Besitz 1961 an die Stadt München verkauft hat.

In den Scharwerkbüchern, Steueranschlägen und Katastern ist überliefert:

1553 hat Hans Holtmayer nach dem Scharwerkbuch einen Hof und hat als Hauswehr einen Schweinespieß

1574 gehört Hans Holzmaier auf einem Hof zur Hauptmannschaft Bachhausen

1585 besitzt Hans Holtmaier nach dem Scharwerkbuch einen Hof in der Hofmark Haarkirchen

1612 geht der Zehnt des Hofes zu einem Teil an den Pfarrer in Aufkirchen und zu zwei Teilen an den Grundherrn Archati Part

1629 ist unter den »Communicantes« im Kirchenbuch Aufkirchen Balthasar Haimrath und seine Ehefrau Anna genannt

1634 hat Balthasar Haimrath zu Haarkirchen einen ganzen Hof auf Hans Pabenstuber und dessen Hausfrau Leib, sonst frei eigen. Er dient 8 fl Wißgilt, 7 kr Stiftgilt, 150 Eier, 6 Hühner, 1 Henne, 2 Gänse, 1 Lamm, 7 Schäffel Korn, 1/2 Schäffel Gerste und 8 Schäffel Hafer

1671 sitzt Hans Denk mit einem Hof und Niedergerichtsbarkeit hinter dem strengen Herrn Hörl. Er gibt jährlich für Stift, Gilt und Getreide 50 fl 8 kr. Er hat eine veranlaite Freistiftgerechtigkeit. Den Hof hat er vor 36 Jahren von seinem Vater an sich gebracht, weiß aber nicht, was sein Vater an Anfall gegeben hat. Die Hube hat er bisher etwas verbessert. Die Gerechtigkeit wird auf 180 fl geschätzt. Er hat 4 Rosse, 3 Jährlinge, 5 Kühe, 3 Jungrinder, 1 Schweinsmutter und 9 Schafe. Seiner Grund- und Hofmarksherrschaft ist er 132 fl schuldig, die jährlich zu verzinsen sind, und seinen zwei Kindern aus erster Ehe schuldet er auf das mütterliche Gut 150 fl, jedoch ohne Zinsen. Er weiß über sein Hauswesen jährlich sowohl an Getreide als auch Vieh, wenig zu verkaufen

1677 besitzt Johann Denk der Ältere einen ganzen Hof frei eigen mit angehängter Jurisdiktion in veranlaiter Freistiftgerechtigkeit. Er hat bisher jährlich gedient 7 Schäffel Roggen, 3 Metzen Gerste und 8 Schäffel Hafer. Jetzt ist er, gleich dem Blasl, auf Verordnung nach der Herrschaft Willkür für Getreide und Gilt zusammen mit 42 fl angeschlagen worden. Die Wißgilt beträgt 8 fl, die Scharwerkgilt 8 fl, die Stiftgilt 8 kr. Er dient 150 Eier, 6 Hühner, 1 Henne, 2 Gänse und 1 Lamm

1678 besitzt Johann Denk der Ältere einen ganzen Hof, frei ledig eigen in veranlaiter Freistift und dient jährlich 42 fl Gilt, 8 fl Wißgilt, 8 fl Scharwerkgilt, 8 kr Stiftgilt, 150 Eier, 6 Hühner, 1 Henne, 2 Gänse und 1 Lamm

1735 sitzt Michael Pentenrieder nach dem Herdstattverzeichnis auf dem Hof

1761 hat Joseph Pentenrieder, genannt »Wirth«, 1/1 Hof und ist veranlagt für Fourage mit 7 fl für Vorspanndienste mit 1 fl 15 kr, für die Herdstatt mit 25 kr und zur Steuer mit 6 fl 55 kr

1804 betragen die Abgaben des »Wirth« 210 fl Laudemium und 5 fl 33 kr für grundherrliche Taxen

1808 hat Thomas Fastl nach den »Steuerfassionen« einen 1/1 Hof und bezahlt 65 fl 38 kr Eisengilt und Grundstift an das Damenstift und 5 fl 16 kr Küchendienst und 8 fl für die geschuldeten Frondienste

1812 besitzt Thomas Fastl, genannt »Wirth«, 121,52 Tagwerk Grundbesitz, davon 0,59 Tagwerk Haus und Garten, 75,30 Tagwerk Acker, 45,69 Tagwerk Wiesen und 21,57 Tagwerk Wald. Die Dominikalsteuer beträgt 1 fl 32 kr 7 hl und die Rustikalsteuer 4 fl 32 kr. Der Bezug von 4 Klafter Buchenholz ist mit 8 kr veranschlagt. Der Zehnt geht an den Pfarrer von Aufkirchen. Das Anwesen ist mit 2800 fl eingeschätzt. Die Scharwerkgilt beträgt 8 fl, der Fuhrdienst 6 fl, Stift und Wißgilt 50 fl 14 kr, das Zapfgeld 15 fl und der Küchendienst 3 fl 9 kr

1867 besitzt Georg Maurus den »Wirth«. Er hat ihn am 23.4.1858 für 30500 Mark von Thomas Mauser gekauft. Stallung und Stadl wurden 1864 neu erbaut. Der Grundbesitz beträgt 115,68 Tagwerk, davon 1,29 Tagwerk Haus und Garten, 60,09 Tagwerk Acker, 51,73 Tagwerk Wiesen und 2,57 Tagwerk Wald. Die Grundsteuer beträgt 16 fl 2 kr 66 hl

»Wirth« – 1/1 Hof – in Haarkirchen – Haus 17 im Kataster von 1812

Jahr	Datum	Name	Ehefrau	Kinder	Geb.	Ehe	Tod	Besitz	Urkunde
1553		Holzmaier Hans						1 Hof	GL Wolfratsh. 4541/25
1574		Holzmaier Hans						1 Hof	Kurb. Geh. La. Arch. 1231
1585		Holzmaier Hans						1 Hof	Kurb. Geh. La. Arch. 1231
1629		Heimrath Balthasar	Anna						»Communicantes« Aufk.
1634		Heimrath Balthasar	Anna					1 Hof	GL Wolfratsh. 4541/25
1634	23. 4.	Heimrath Balthasar	Anna	Elisabeth	X				Taufregister Aufkirchen
1637	3. 8.	Heimrath Balthasar	Anna	Catharina	X				Taufregister Aufkirchen
1638	31. 12.		Anna Heimrath +				+		Sterberegister Aufkirchen
1638		Denk Johann						Übernahme	Pflegg. Wolfratsh. 510
16		Denk Johann	Maria			X			Trauungsreg. Aufkirchen
1639	18. 10.	Denk Johann	Maria	Andreas	X				Taufregister Aufkirchen
1643	23. 3.	Denk Johann	Maria	Georg	X				Taufregister Aufkirchen
1644	21. 8.	Denk Johann	Maria	Barbara	X				Taufregister Aufkirchen
1646	11. 6.	Denk Johann	Maria	Johannes	X				Taufregister Aufkirchen
1649	21. 2.	Denk Johann	Maria	Georg	X				Taufregister Aufkirchen
1651	10. 4.	Denk Johann	Maria	Margarethe	X				Taufregister Aufkirchen
1652	14. 5.	Denk Johann	Maria	Sabine	X				Taufregister Aufkirchen
1652			Maria Denk +				+		Sterberegister Aufkirchen
1671		Denk Johann d. Ä.						1/1 Hof	Steuerb. Wolfratsh. 510
1677		Denk Johann d. Ä.						1/1 Hof	GL Wolfratsh. 4541/25
1678		Denk Johann d. Ä.						1/1 Hof	Verz.f.Kurf.Ferd. Maria
16		Denk Johann d. Ä. +					+		Sterberegister Aufkirchen
16		Denk Hans	Magdalena			X			Trauungsreg. Aufkirchen

1679		Denk Hans	Magdalena	Catharina	X				Taufregister Aufkirchen
1682		Denk Hans	Magdalena	Maria	X				Taufregister Aufkirchen
1683		Denk Hans	geg. Georg Schlemmer					Verh. Prot	Pflegg. Wolfratsh. 51
1684	29. 3.	Denk Hans	Magdalena	Maria	X				Taufregister Aufkirchen
1686	14. 5.	Denk Hans	Magdalena	Johann	X				Taufregister Aufkirchen
1688	12. 11.	Denk Hans	Magdalena	Elisabeth	X				Taufregister Aufkirchen
1692	8. 4.	Denk Hans	Magdalena	Georg	X				Taufregister Aufkirchen
1694	10. 10.	Denk Hans	Magdalena	Anna	X				Taufregister Aufkirchen
1700	12. 10.		Magdalena Denk +				+		Sterberegister Aufkirchen
1700		Denk Hans						Schankger.	
1714	13. 5.	Denk Georg	Theresia Geiger			X			Trauungsreg. Aufkirchen
1716	8. 6.	Denk Georg	Theresia	Maria	X				Taufregister Aufkirchen
1717	13. 7.	Denk Georg	Theresia	Joseph	X				Taufregister Aufkirchen
1718	10. 8.	Denk Georg	Theresia	Laurentius	X				Taufregister Aufkirchen
1720	10. 4.	Denk Georg	Theresia	Maria	X				Taufregister Aufkirchen
1721	11. 8.	Denk Georg	Theresia	Catharina	X				Taufregister Aufkirchen
1723	17 1.	Denk Georg	Theresia	Maria Anna	X				Taufregister Aufkirchen
1725	11. 1.	Denk Hans +					+		Sterberegister Aufkirchen
17		Pentenrieder Michael	Anna Denk			X			Trauungsreg. Aufkirchen
1725	4. 8.	Pentenrieder Michael	Anna	Domenicus +	X		+		Taufregister Aufkirchen
1728	23. 9.	Pentenreider Michael	Anna	Michael +	X		+		Taufregister Aufkirchen
1730	17 4.	Pentenrieder Michael	Anna	Georg	X				Taufregister Aufkirchen
1731	9. 7.	Pentenrieder Michael	Anna	Laurentius +	X		+		Taufregister Aufkirchen
1733	6. 3.	Pentenrieder Michael	Anna	Gregor	X				Taufregister Aufkirchen
1735	1. 4.	Pentenrieder Michael						Wirth	GL Faszikel 4583/183
1735	19. 5.	Pentenrieder Michael	Anna	Johann	X				Taufregister Aufkirchen
1737	11. 9.	Pentenrieder Michael	Anna	Magdalena	X				Taufregister Aufkirchen
1740	4. 2.	Pentenrieder Mich. +					+		Sterberegister Aufkirchen
1751	19. 10.	Pentenrieder Joseph	Maria Schuster			X			Trauungsreg. Aufkirchen
1753	7. 11.	Pentenrieder Joseph	Maria	Martinus	X				Taufregister Aufkirchen
1754	26. 11.	Pentenrieder Joseph	Maria	Magdalena	X				Taufregister Aufkirchen
1756	14. 3.	Pentenrieder Joseph	Maria	Joseph +	X		+		Taufregister Aufkirchen
1757	23. 7.	Pentenrieder Joseph	Maria	Jacob	X				Taufregister Aufkirchen
1760	12. 3.	Pentenrieder Joseph	Maria	Josephus	X				Taufregister Aufkirchen
1761	13. 5.	Pentenrieder Joseph	Maria	Joh. Nepomuk	X		+		Taufregister Aufkirchen
1762	27. 10.	Pentenrieder Joseph	Maria	Simon	X				Taufregister Aufkirchen
1764	8. 10.	Pentenrieder Joseph	Maria	Joh. Franzis.	X				Taufregister Aufkirchen
1766	31. 3.	Pentenrieder Joseph	Maria	Georgis	X				Taufregister Aufkirchen
1767	16. 8.	Pentenrieder Joseph	Maria	Barthelmes	X				Taufregister Aufkirchen
1761		Pentenrieder Joseph						1/1 Hof	Pflegg. Wolfratsh. B33
1772	3. 5.	Pentenrieder Jos. +					+		Sterberegister Aufkirchen
1785	26. 10.	Pentenrieder Georg						Wirth	GL Faszikel 3804/101
1790			Maria Pentenrieder +				+		Sterberegister Aufkirchen
1791	31. 3.	Pentenrieder Johann	Magdal. Stubenhauser			X			Trauungsreg. Aufkirchen
1793	9. 3.	Pentenrieder Joh. +					+		Sterberegister Aufkirchen
1793	29. 4.	Fastl Thomas	Magdal. Pentenrieder			X			Trauungsreg. Aufkirchen
1794	8. 10.	Fastl Thomas	Magdalena	Martinus	X				Taufregister Aufkirchen
1798	24. 3.	Fastl Thomas	Magdalena	Simon	X				Taufregister Aufkirchen
1799	14. 7.	Fastl Thomas	Magdalena	Magdalena	X				Taufregister Aufkirchen
1801	4. 4.	Fastl Thomas	Magdalena	Thomas	X				Taufregister Aufkirchen
1802	30. 3.	Fastl Thomas	Magdalena	Rosina	X				Taufregister Aufkirchen
1803	12. 2.		Magdalena Fastl +				+		Sterberegister Aufkirchen
1804	15. 5.	Fastl Thomas	Magdalena Kölbl			X			Trauungsreg. Aufkirchen
1808		Fastl Thomas						1/1 Hof	Steuerfass. RFK 5486
1812		Fastl Thomas						1/1 Hof	Kataster 20475
1814	25. 1.	Fastl Thomas +					+		Sterberegister Aufkirchen
1818	29. 3.	Maurus Georg	Magdal. Fastl Witwe			X			Trauungsreg. Aufkirchen
1826	31. 10.	Kölbl Mich. Stiefsohn						Übernahme	Pflegg. Wolfratsh.
18		Kölbl Michael	Kathar. Schuhlander						Trauungsreg. Aufkirchen
1829		Kölbl Michael	Katharina	Michael	X				Taufregister Aufkirchen
18		Kölbl Michael +					+		Sterberegister Aufkirchen
1830	28. 10.	Mauser Thomas	Kath. Kölbl Witwe			X			Trauungsreg. Aufkirchen
1831	12. 6.	Mauser Thomas	Katharina	Viktoria	X				Taufregister Aufkirchen
1832	20. 4.	Mauser Thomas	Katharina	Katharina +	X		+		Taufregister Aufkirchen
1833	23. 5.	Mauser Thomas	Katharina	Anton +	X		+		Taufregister Aufkirchen
1835	26. 7.	Mauser Thomas	Katharina	Franz Xaver	X				Taufregister Aufkirchen
1836	21. 6.	Mauser Thomas	Katharina	Anna	X				Taufregister Aufkirchen
1837	9. 5.	Mauser Thomas	Katharina	Xaver	X				Taufregister Aufkirchen
1838	11. 5.	Mauser Thomas	Katharina	Joseph +	X		+		Taufregister Aufkirchen
1839	2. 7.	Mauser Thomas	Katharina	Anton	X				Taufregister Aufkirchen
1840	5. 12.	Mauser Thomas	Katharina	Maria	X				Taufregister Aufkirchen
1842	19. 2.	Mauser Thomas	Katharina	Franziska +	X		+		Taufregister Aufkirchen

1858			Katharina Mauser +				+		Sterberegister Aufkirchen
1858	23. 4.	Maurus Georg						Kauf	Kataster 20477
18		Maurus Georg	Caroline Grad			X			Trauungsreg. Aufkirchen
1859	14. 6.	Maurus Georg	Caroline	Karolina	X				Taufregister Aufkirchen
1860	19. 11.	Maurus Georg	Caroline	Franziska	X				Taufregister Aufkirchen
1861	23. 11.	Maurus Georg	Caroline	Josepha +	X		+		Taufregister Aufkirchen
1863	28. 3.	Maurus Georg	Caroline	Georg	X				Taufregister Aufkirchen
1864	30. 8.	Maurus Georg	Caroline	Wilhelm	X				Taufregister Aufkirchen
1866	26. 5.	Maurus Georg	Caroline	Maria +			+		Taufregister Aufkirchen
1867	23. 4.	Maurus Georg						Wirth	Grundst. Kat. 20797/98
1868	13. 8.	Maurus Georg	Caroline	Franz Xaver	X		+		Taufregister Aufkirchen
1872	4. 8.	Maurus Georg	Coaroline	Ludwig	X				Taufregister Aufkirchen
1875	2. 4.	Stengl Josef	Augusta					Kauf	Grundst. Kat. 20797/98
1894		Stengl Josef +					+		Sterberegister Aufkirchen
1894	16. 12.		Augusta Stengl					Erbfolge	Grundst. Kat. 20797/98
1897	17. 2.	Klenze Max von						Kauf	Grundst. Kat. 20797/98
1917	14. 4.	Klenze Paul von						Erbfolge	Grundst. Kat. 20797/98
1926		Klenze Paul von							Bürgermeister LRA 31952
1927		Klenze Paul von							Bürgermeister LRA 31952
1928		Klenze Paul von							Bürgermeister LRA 31592
1929		Klenze Paul von							Bürgermeister LRA 31592
1931		Klenze Paul von							Bürgermeister LRA 31592
1932		Klenze Paul von							Bürgermeister LRA 31592
1933		Klenze Paul von							Bürgermeister LRA 31952
1944	21. 7.	Klenze Herbert von						Erbfolge	Grundst. Kat. 20797/98
1960	19. 12.	Stadt München						Kauf	Grundsteuerkatster

5.3 Die »Mühle«, ein Lehen, 1/4 Hof, Haus 14 im Kataster von 1812

Bis ins 13. Jh. wurden die Mühlen von den Grundherren in eigener Regie betrieben und erst mit der Aufhebung der Villikationsverfassung an Pächter vergeben. Von

den ältesten Müllern auf der Mühle in Haarkirchen ist nichts überliefert, bis in den

Scharwerkbüchern von 1574 und 1585 der Müller von Haarkirchen erstmals namentlich genannt wird. Es ist dies Georg Lankhauser. 1629 hieß der Müller Georg Seemüller und auch noch im Jahre 1634. Zu diesem Zeitpunkt war die Mühle als Folge der Schwedeneinfälle von 1632 und 1634, im Verlauf des Dreißigjährigen Krieges, abgebrannt. 1671 wurde die Mühle von Andreas Lenz übernommen und blieb bis 1747, über einen Zeitraum von 76 Jahren, im Besitz der Familie Lenz. 1747 wurde Caspar Frech nach der Heirat mit Magdalena Lenz neuer »Müller«. Seine zweite Frau, Theresa, heiratete 1773, nachdem sie Witwe geworden war, Paul Delfner. Nach ihrem Tod heiratete dieser in zweiter Ehe Catharina Acher und sie in zweiter Ehe Simon Kaspar. Dieser übergab die Mühle 1848 an seinen Stiefsohn

»Fuchsmühle«
Bleistiftzeichnung
Wilhelm von Kobell 1796

Paul Delfner jun. Dessen Tochter Creszenz brachte sie 1870 in die Ehe mit Franz Huber ein. Nach seinem Tod verkaufte sie die Mühle 1887 für 14000 Mark an Johann Grad. In der Zwangsversteigerung am 16.9.1892 erwarb sie Georg Fink. Drei Monate später, am 4.12.1892, hat er sie an Leonhard Zacher für 25000 Mark verkauft. 1896 kam es erneut zur Zwangsversteigerung. Diesmal erwarb die Mühle Karl Wolf für 24500 Mark. Drei Monate später hat sie Max von Klenze von ihm für 35000 Mark gekauft. Er hat noch im gleichen Jahr die auf dem »Wirthhof« in

Haarkirchen ruhende Zapf- und Schankgerechtigkeit dort gelöscht und auf den Hof des »Müllers« übertragen. Am 14. 4. 1917 ging die Mühle in Erbfolge an Paul von Klenze über, der sie am 7. 3. 1930 für 19000 Mark an Johann Hartmann verkauft hat.

Am 23. 7. 1953 hat die Brauerei »Thomas Paulaner« den Hof mit der Waldgaststätte »Manthal« erworben. Die Sägemühle blieb dagegen bei Johann Hartmann. 1973 hat sie dessen Ziehsohn Hans Vordermayer übernommen. Sie wird noch heute betrieben.

Aus den Scharwerkbüchern, Steueranschlägen und Katastern ist zu ersehen:

1553 hat der Müller nach dem Scharwerkbuch als Hauswehr einen Halbspieß

1574 sitzt Georg Lankhauser auf einer Mühle und Lehen und gehört zur Hauptmannschaft Bachausen

1585 sitzt Georg Lankhauser auf einer Mühle und Lehen

1612 sitzt Georg Lenz auf einem Lehen hinter dem Archaty Part und dient 6 ß 3 kr 1 hl und für die Fahrnis 2 Pfd. 1 ß 7 kr

1629 sind unter den »Communicantes« im Kirchenbuch von Aufkirchen Georg Seemüller und seine Ehefrau Regina aufgeführt

1634 sitzt Georg Seemüller auf der abgebrannten Mühle von Haarkirchen. Er hat die Mühle mit drei Gängen samt der Sägemühle und den zugehörigen Bauten auf sein, und seiner Hausfrau Regina, Leib, sonst frei ledig eigen. Er gibt jährlich 30 fl Wißgilt, 7 kr Stiftgilt, 100 Eier, 4 Hühner, 1 Henne, 1 Gans und 1 Lamm. Von der auf drei Jahre verstiften Zupacht gibt er jährlich 8 fl. Für die Herrschaft muß er jährlich 2 Klafter Holz nach München fahren

1671 sitzt Andreas Lenz auf der Mühle zu Haarkirchen und mit der Niedergerichtsbarkeit hinter dem strengen Herrn Hörl. Er reicht jährlich 30 fl an Geld, an Getreide aber nichts. Er hat veranlaite Freistiftgerechtigkeit und die Mühle erst vor 2 Jahren von der Hofmarksherrschaft um 600 fl an sich gebracht und davon erst 200 fl bezahlt. So ist er der Herrschaft noch 400 fl schuldig. Er hat 2 Rosse, 3 Kühe, 2 Jungrinder, 1 Schweinsmutter und 8 Schweine. Seinen vier Geschwistern ist er unverzinst 100 fl, und seiner Grundherrschaft 100 fl alte Schuld neben den obigen 400 fl schuldig. Er hat nichts zu verkaufen

1677 besitzt Andreas Lenz die Mühle und eine Sägemühle frei ledig mit angehefteter Jurisdiktion in veranlaiter Freistiftgerechtigkeit. Er dient jährlich 30 fl 8 kr Stiftgilt, 100 Eier, 4 Hühner, 1 Henne, 1 Gans und 1 Lamm

1684 wurden Caspar Lenz zu Haarkirchen und Elisabeth Obholzer von Kempfenhausen, beide ledigen Standes, wegen vorehelicher Copulation, wodurch sie sich in Unlauterkeit begriffen, und er sie eines Kindes geschwängert hat, zu welchem sie sich bekennt, er zu 6-tägiger und sie zu 4-tägiger Gefängnisstrafe im Amtshaus ohne Eisen und 1 Pfd. zu Ehren des heiligen Ehestandes abzubüßen, verurteilt, zusammen mit einem strengen Verweis. Die Gebühr betrug 3 fl 25 kr 5 hl

1690 besitzt Andreas Lenz die Mühle hinter dem Freiherrn Caspar Marquardt von Zündt

1735 sitzt nach dem Herdstattverzeichnis Georg Lenz auf der Mühle

1761 heißt der Müller Caspar Frech. Er hat einen ¼ Hof und ist veranschlagt für Fourage mit 1 fl 45 kr, für den Vorspanndienst mit 18¾ kr, für die Herdstatt mit 25 kr und zur Steuer mit 2 fl 39 kr 3 hl

1804 besitzt die Mühle Paul Delfner. Seine Abgaben betragen 75 fl Laudemium und 7 fl 19 kr grundherrliche Taxen

1808 ist der Müller Paul Delfner auf einem ¼ Hof. Er dient 30 fl 8 kr Eisengilt und Grundgilt und für den Küchendienst 3 fl 2 kr

1812 hat Paul Delfner 47,18 Tagwerk Grundbesitz, davon 0,88 Tagwerk Haus und Garten, 28,04 Tagwerk Acker, 7,58 Tagwerk Wiesen und 10,68 Tagwerk Wald. Der Zehnt geht an den Pfarrer von Aufkirchen. Die Dominikalsteuer beträgt 42 kr 8 hl und die Rustikalsteuer 91 kr 3 hl. Die Mühle ist auf 1000 fl geschätzt. Die Eisengilt beträgt 30 fl 8 kr und der Küchendienst 1 fl 50 kr. Das Widdumgut ist mit 4 fl 6 kr Stift und 1 fl 17 kr Küchendienst veranschlagt und geht an das Augustinerkloster in München

1867 hat der Witwer Paul Delfner 56,57 Tagwerk Grundbesitz, davon 3,86 Tagwerk Haus und Garten, 28,79 Tagwerk Acker, 16,74 Tagwerk Wiesen, 6,63 Tagwerk Wald und 0,55 Tagwerk Wasser. Die Grundsteuer beträgt 7 fl 32 kr 72 hl

»Mühle« – ¼ Hof – Haus 14 im Kataster von 1812

Jahr	Datum	Name	Ehefrau	Kinder	Geb.	Ehe	Tod	Besitz	Urkunde
1553								Mühle	GL Wolfratsh. 4541/25
1574		Lankhauser Georg						Mühle	Kurb. Geh. La. Arch. 1231
1580								Mühle	Kurb. Geh. La. Arch. 1231
1585		Lankhauser Georg						Mühle	Kurb. Geh. La. Arch. 1231
1597								Mühle	Kurb. Geh. La. Arch. 1232
1606								Mühle	GL Faszikel 4541/25
1620								Mühle	Pflegg. Wolfratsh. B 5
1629		Seemüller Georg	Regina						»Communicantes« Aufk.
1634		Seemüller Georg	Regina						GL Faszikel 4541/25
16		Seemüller Georg +					+		Sterberegister Aufkirchen
16		Lenz Martin	Elisabeth			X			Trauungsreg. Aufkirchen
1646	29. 11.	Lenz Martin	Elisabeth	Andreas	X				Taufregister Aufkirchen
1648	29. 3.	Lenz Martin	Elisabeth	Michael	X				Taufregister Aufkirchen
1653	23. 3.	Lenz Martin	Elisabeth	Ambrosius	X				Taufregister Aufkirchen
1653	12. 2.	Lenz Martin						Trauzeuge	Trauungsreg. Aufkirchen
1659	16. 11.	Lenz Martin						Trauzeuge	Trauungsreg. Aufkirchen
1668	17. 1.	Lenz Martin +					+		Sterberegister Aufkirchen
1670	17. 10.	Lenz Andreas	Barbara Angermayer			X			Trauungsreg. Aufkirchen
1671		Lenz Andreas						Müller	Steuerb. Wolfratsh. 510
1671	20. 11.	Lenz Andreas	Barbara	Maria	X				Taufregister Aufkirchen
1672	19. 11.	Lenz Andreas	Barbara	Catharina	X				Taufregister Aufkirchen
1673	25. 4.	Lenz Andreas						Trauzeuge	Trauungsreg. Aufkirchen
1674	24. 1.	Lenz Andreas	Barbara	Anna	X				Taufregister Aufkirchen
1675	21. 11.	Lenz Andreas	Barbara	Elisabeth	X				Taufregister Aufkirchen
1677	19. 2.	Lenz Andreas						Müller	GL Wolfratsh. 4541/25

1677	1. 4.	Lenz Andreas	Barbara	Georg	X				Taufregister Aufkirchen
1678	3. 2.	Lenz Andreas						Müller	Verz. f. Kurf. Ferd. Maria
1678	19. 6.		Barbara Lenz +				+		Sterberegister Aufkirchen
1678		Lenz Andreas	Appolonia			X			Trauungsreg. Aufkirchen
1679	26. 11.	Lenz Andreas	Appolonia	Afra	X				Taufregister Aufkirchen
1681	17. 3.	Lenz Andreas	Appolonia	Barbara	X				Taufregister Aufkirchen
1683	10. 3.	Lenz Andreas	Appolonia	Elisabeth	X				Taufregister Aufkirchen
1683		Lenz Andreas jun.	Elisabeth			X			Trauungsreg. Aufkirchen
1684	18. 10.	Lenz Andreas jun.	Elisabeth	Martin	X				Taufregister Aufkirchen
1687	14. 1.	Lenz Andreas jun.	Elisabeth	Sebastian	X				Taufregister Aufkirchen
1689		Lenz Andreas jun.						Müller	Kurb. Geh. La. Arch. 1233
1691	18. 7.	Lenz Andreas jun.	Elisabeth	Maria Magdal	X				Taufregister Aufkirchen
1693	9. 5.	Lenz Andreas jun.	Elisabeth	Maria +	X				Taufregister Aufkirchen
1694	6. 8.	Lenz Andreas jun.	Elisabeth	Andreas	X				Taufregister Aufkirchen
1696	21. 3.	Lenz Andreas jun.	Elisabeth	Catharina	X				Taufregister Aufkirchen
1697	1. 9.	Lenz Andreas jun.	Elisabeth	Mathias	X				Taufregister Aufkirchen
1698	30. 5.	Lenz Andreas sen. +					+		Sterberegister Aufkirchen
1699	23. 4.	Lenz Andreas jun.	Elisabeth	Afra	X				Taufregister Aufkirchen
1700	16. 9.	Lenz Andreas jun.	Elisabeth	Elisabeth	X				Taufregister Aufkirchen
1700	10. 10.		Elisabeth Lenz +				+		Sterberegister Aufkirchen
1701	5. 1.	Lenz Andreas	Anna Burkmayer			X			Trauungsreg. Aufkirchen
1702	16. 9.	Lenz Andreas	Anna	Mathias	X				Taufregister Aufkirchen
1712	19. 12.	Lenz Andreas +					+		Sterberegister Aufkirchen
17		Lenz Georg	Maria			X			Trauungsreg. Aufkirchen
1716	13. 5.	Lenz Georg	Maria	Magdalena	X				Taufregister Aufkirchen
1722		Lenz Georg						Müller	Steuerb. Wolfratsh. 493
174		Frech Caspar	Magdalena Lenz			X			Trauungsreg. Aufkirchen
1747	3. 12.	Frech Caspar	Magdalena	Maria +	X		+		Taufregister Aufkirchen
1750	27. 4.	Lenz Georg +					+		Sterberegister Aufkirchen
1751	11. 2.	Frech Caspar	Magdalena	Anna +	X		+		Taufregister Aufkirchen
1752	26. 5.	Frech Caspar	Magdalena	Monica +	X		+		Taufregister Aufkirchen
1753	29. 7.	Frech Caspar	Magdalena	Augustus	X		+		Taufregister Aufkirchen
1754	18. 10.	Frech Caspar	Magdalena	Andreas +	X		+		Taufregister Aufkirchen
175			Magdalena Frech +				+		Sterberegister Aufkirchen
175		Frech Caspar	Theresia			X			Trauungsreg. Aufkirchen
1755	17. 10.	Frech Caspar	Theresia	Magdalena +	X		+		Taufregister Aufkirchen
1756	18. 10.	Frech Caspar	Theresia	Joh. Baptist	X				Taufregister Aufkirchen
1759	25. 2.	Frech Caspar	Theresia	Mechtildis	X				Taufregister Aufkirchen
1760	14. 10.	Frech Caspar	Theresia	Theresia +	X		+		Taufregister Aufkirchen
1761	30. 4.	Frech Caspar						Müller	Pflegg. Wolfratsh. B 33
1761	16. 11.	Frech Caspar	Theresia	Caspar +	X		+		Taufregister Aufkirchen
1762	4. 12.	Frech Caspar	Theresia	Maria Barbara	X		+		Taufregister Aufkirchen
1764	14. 2.	Frech Caspar	Theresia	Joh. Joseph	X		+		Taufregister Aufkirchen
1765	13. 8.	Frech Caspar	Theresia	Maria +	X		+		Taufregister Aufkirchen
1767	2. 4.	Frech Caspar	Theresia	Magdalena +	X		+		Taufregister Aufkirchen
1770	1. 9.	Frech Caspar	Theresia	Leonardus +	X		+		Taufregister Aufkirchen
1773	9. 2.	Frech Caspar +					+		Sterberegister Aufkirchen
1773	8. 11.	Delfner Paul	Theresia Frech Ww.			X			Trauungsreg. Aufkirchen
1775	18. 9.	Delfner Paul	Theresia	Mathias +	X		+		Taufregister Aufkirchen
1798	2. 5.		Theresia Delfner +				+		Sterberegister Aufkirchen
1798	27. 11.	Delfner Paul	Catharina Acher			X			Trauungsreg. Aufkirchen
1801	14. 9.	Delfner Paul	Catharina	Maria Anna	X				Taufregister Aufkirchen
1803	20. 3.	Delfner Paul	Catharina	Catharina	X				Taufregister Aufkirchen
1804	26. 9.	Delfner Paul	Catharina	Paulus	X				Taufregister Aufkirchen
1804		Delfner Paul						Müller	Steuerkat. Kempfenh.
1808		Delfner Paul						Müller	Steuerfass. RFK 5486
1809	22. 9.	Delfner Paul	Catharina	Mathias	X				Taufregister Aufkirchen
1812		Delfner Paul						Müller	Kataster 20475
1812	6. 4.	Delfner Paul	Catharina	Josephus +	X		+		Taufregister Aufkirchen
		Delfner Paul +					+		Sterberegister
1815	8. 11.	Kaspar Simon	Catharina Delfner			X			Trauungsreg. Aufkirchen
1825	18. 7.	Kaspar Simon						Müller	Kataster
1845	30. 5.	Kaspar Simon						Müller	Kataster
1848	6. 7.	Kaspar Simon						Übergabe	Kataster
1848	6. 7.	Delfner Paul Stiefsohn	Anna Huber			X			Trauungsreg. Aufkirchen
1849	25. 10.	Delfner Paul Stiefsohn	Anna	Creszenz	X				Trauungsreg. Aufkirchen
1851	13. 1.	Delfner Paul Stiefsohn	Anna	Anna Maria	X				Taufregister Aufkirchen
1867	23. 4.	Delfner Paul Witwer					+	Müller	Kataster 20797/98
18		Delfner Paul +					+		Sterberegister Aufkirchen
1870	15. 11.	Huber Franz	Creszenz Delfner			X			Trauungsreg. Aufkirchen
1871	15. 8.	Huber Franz	Creszenz	Amalie +	X		+		Taufregister Aufkirchen
1872	18. 11.	Huber Franz	Creszenz	Georg	X				Taufregister Aufkirchen

1874	30. 1.	Huber Franz	Creszenz	Franz Seraph	X				Taufregister Aufkirchen
1875	19. 7.	Huber Franz	Creszenz	Paul	X				Taufregister Aufkirchen
1876	13. 1.	Huber Franz	Creszenz	Creszentia +	X		+		Taufregister Aufkirchen
1878	4. 8.	Huber Franz	Creszenz	Michael	X				Taufregister Aufkirchen
1882	10. 2.	Huber Franz	Creszenz	Amalie +	X		+		Taufregister Aufkirchen
1884	21. 10.	Huber Franz	Creszenz	Anna	X				Taufregister Aufkirchen
188		Huber Franz +					+		Sterberegister Aufkirchen
1887	27. 6.	Grad Johann						Kauf	Kataster 20797/98
1892	16. 9.	Fink Georg						Zw. Verst.	Kataster 20797/98
1892	4. 12.	Zacher Leonhard						Kauf	Kataster 20797/98
1893	4. 6.	Zacher Leonhard	Maria	Bernhard	X				Taufregister Aufkirchen
1894	5. 10.	Zacher Leonhard	Maria	Karoline	X				Taufregister Aufkirchen
1896	16. 12.	Wolf Karl						Zw. Verst.	Kataster 20797/98
1897	17. 2.	Klenze Max von						Kauf	Kataster 20797/98
1917	14. 4.	Klenze Paul von						Erbfolge	Kataster
1931	27. 3.	Hartmann Johann						Kauf	Kataster 20797/98
1953	23. 7.	Thomas Paulanerbräu						Kauf Hof	Grundbuchamt Starnberg
1971	1. 6.	Vordermayer Hans						Übernahme Mühle	Grundbuchamt Starnberg
1971	24. 11.	Hartmann Johann +					+		Sterberegister Berg

5.3 Das »Webergut« in Haarkirchen, 1/16 Hof, Haus 15 im Kataster von 1812

Das »Webergut« ist eine Handwerkeransiedlung aus dem 17. Jh. Unter den »Communicantes« von 1629 im Kirchenbuch von Aufkirchen ist noch kein »Weber«

aufgeführt. Er erscheint erstmals, im Steueranschlag von 1634, als Hans Schweiger auf einem Haus und Garten. Ab 1638 sitzt Georg Wörner auf dem Webergut. 1661 folgt ihm sein Sohn Sebastian. Am 17. 2. 1677 erhielt er vom Hofmarksherrn Friedrich Alois Hörl, dem Stadtoberrichter der Residenzstadt München, auf dieser Sölde veranlaite Freistiftsgerechtigkeit. 1688 erwarb Josef Heilmayer das Webergut, das nun bis 1829 im Besitz der Familie Heilmayer blieb, d. h. über einen Zeitraum von 140 Jahren. 1829 heiratete Creszenz Heilmayer Paul Meyer und brachte das Webergut in die Ehe ein. Bis heute ist es im Besitz der Familie Meyer geblieben, und das sind inzwischen 163 Jahre.

Das heutige Anwesen ist in die Denkmalliste aufgenommen worden, mit dem Eintrag: »Haarkirchner Straße 40, Bauernhaus, Einfirstanlage, sogenannter Mittelstalltyp, z. T. verputzter Blockbau aus dem 18. Jh. bzw. vom Beginn des 19. Jhs. Die flache Dachneigung des Legschindeldaches wurde kaum verändert, die ursprüngliche Bretterverschalung des Giebels wurde durch Mauerwerk ersetzt und das Haus nach Süden um eine Fensterachse erweitert«.

In den Steueranschlägen und Katastern ist verzeichnet:

1634 sitzt Hans Schweiger auf einem Haus und Garten mit Freistift von einem Jahr auf das andere. Er zahlt jährlich 3 fl 30 kr Gilt und 2 kr Stiftgilt. Zur Winterzeit soll er die Fischweiher eisen, für die Untertanen 24 Klafter Buchenholz hacken und auf den Forst acht geben. Das ist mit 4 fl 48 kr angeschlagen

1671 besitzt Sebastian Wörner eine Sölde unter dem gestrengen Herrn Hörl und gehört auch mit der Niedergerichtsbarkeit dahin. Er stiftet jährlich 3 fl 18 kr und ist ein bloßer Freistifter. Bisher hat er das Gut treulich erhalten. Er besitzt keine schätzbare Gerechtigkeit. Im Stall hat er als Fahrnis eine Kuh

1677 besitzt Georg Wörner eine Sölde zu Haarkirchen frei eigen mit angehefteter Jurisdiktion in veranlaiter Freistiftgerechtigkeit. Er dient jährlich neben der Verpflichtung im Winter die Weiher zu eisen, 2 fl Eisengilt, 1 fl Angerzins, 1 fl 15 kr Scharwerkgilt und 2 kr Stiftgilt

1735 sitzt nach dem Herdstattverzeichnis Jacob Hallmayer auf dem Webergut

1761 besitzt Barthelmes Hallmayer, genannt »Weber«, einen 1/16 Hof und ist veranlagt für Fourage mit 26 1/4 kr, für die Herdstatt mit 25 kr und zur Steuer mit 32 kr 4 hl

1804 zahlt Mathias Heilmayer, genannt »Weber«, 22 fl 30 kr Laudemium und 2 fl grundherrliche Taxen

1808 besitzt Mathias Heilmayer, genannt »Weber«, einen 1/16 Hof und zahlt Eisengilt und Grundstift 3 fl 1 kr, Küchendienst 3 fl 2 kr

1812 besitzt Mathias Heilmayer 1,14 Tagwerk Haus und Garten als Grundbesitz. Die Dominikalsteuer beträgt 5 kr 3 hl und die Rustikalsteuer 1 fl 4 kr. Aus der Hofmarkswaldung bezieht er 1/2 Klafter Buchenholz und 1/2 Klafter Fichtenholz, angeschlagen zu je 2 kr. Die Scharwerkgilt beträgt 1 fl 15 kr. Das Anwesen ist mit 300 fl veranschlagt. Die Stift beträgt 3 fl 2 kr

1867 hat Xaver Mayer das Webergut, das er am 11. 4. 1859 von seinen Eltern Paul und Creszenz Meyer um 1200 fl übernommen hat. Er besitzt 7,02 Tagwerk Grundbesitz, davon 2,21 Tagwerk Haus und Garten, 2,35 Acker, 1,43 Tagwerk Wiese und 1,03 Tagwerk Wald. Die Grundsteuer beträgt 1 fl 24 kr 57 hl

»Webergut« – 1/16 Hof in Haarkirchen – Haus 15 im Kataster von 1812

Jahr	Datum	Name	Ehefrau	Kinder	Geb.	Ehe	Tod	Besitz	Urkunde
1634		Schweiger Hans						Haus	Faszikel 4541/25
1638	18. 1.	Wörner Georg	Margarethe	Sebastian	X				Taufregister Aufkirchen
1640	22. 2.	Wörner Georg	Margarethe	Maria	X				Taufregister Aufkirchen
1642	5. 8.	Wörner Georg	Margarethe	Regina	X				Taufregister Aufkirchen
1647	25. 10.	Wörner Georg	Margarethe	Georg	X				Taufregister Aufkirchen
16		Wörner Sebastian	Anna			X			Trauungsreg. Aufkirchen
1661	19. 3.	Wörner Sebastian	Anna	Maria	X			»Weber«	Taufregister Aufkirchen
1662	20. 5.	Wörner Sebastian	Anna	Margarethe	X			»Weber«	Taufregister Aufkirchen
1671		Wörner Sebastian						Sölde	Steuerb. Wolfratsh.
1677	17. 11.	Wörner Sebastian						Freistift	GL Wolfrastshausen
1677		Wörner Georg						Sölde	Gl Faszikel 4541/25
1678	3. 2.	Wörner Georg						Sölde	Verz. f. Kurf. Ferd. Maria
16		Wörner Georg +					+		Sterberegister Aufkirchen
1688	27. 4.	Heilmayer Josephus	Regina Hueber			X			Trauungsreg. Aufkirchen
1689	12. 8.	Heilmayer Josephus	Regina	Johann	X				Taufregister Aufkirchen
1701	10. 4.	Wörner Sebastian +					+		Sterberegister Aufkirchen
17		Heilmayer Joseph. +					+		Sterberegister Aufkirchen
1704	10. 4.	Heimayer Jacob	Anna Hochenleithner			X			Trauungsreg. Aufkirchen
1707	19. 8.	Heilmayer Jacob	Anna	Bartholomäus	X				Taufregister Aufkirchen
1709	29. 5.	Heilmayer Jacob	Anna	Joh. Baptist	X				Taufregister Aufkirchen
1713	4. 3.	Heilmayer Jacob	Anna	Joseph	X				Taufregister Aufkirchen
1713	4. 9.		Anna Wörner +				+		Sterberegister Aufkirchen
1735	1. 4.	Heilmayer Jacob						»Weber«	GL Faszikel 4583/183
1748	1. 7.		Anna Heilmayer +				+		Sterberegister Aufkirchen
1748	8. 11.	Heilmayer Jacob +					+		Sterberegister Aufkirchen
1745	29. 7.	Heilmayer Barth.	Agathe Bauer			X			Trauungsreg. Aufkirchen
1746	26. 2.	Heilmayer Barth.	Agathe	Josephus	X				Taufregister Aufkirchen
1761		Heilmayer Barth.						1/16 Hof	Pflegg. Wolfratsh. B 33
1767	15. 1.	Heilmayer Barth. +					+	»Weber«	Sterberegister Aufkirchen
1772	3. 2.	Heilmayer Johann	Cath. Leuthenbauer			X		»Weber«	Trauungsreg. Aufkirchen
1773	28. 10.	Heilmayer Johann	Catharina	Anna +	X		+		Taufregister Aufkirchen
1774	14. 12.	Heilmayer Johann	Catharina	Thomas +	X		+		Taufregister Aufkirchen
1777	29. 3.	Heilmayer Johann	Catharina	Maria	X				Taufregister Aufkirchen
1779			Agathe Heilmayer +				+		Sterberegister Aufkirchen
1780	16. 9.	Heilmayer Johann	Catharina	Mathäus	X				Taufregister Aufkirchen
1782	23. 11.	Heilmayer Johann	Catharina	Catharina	X				Taufregister Aufkirchen
1797	22. 2.	Heilmayer Johann +					+		Sterberegister Aufkirchen
1799	29. 10.	Heilmayer Mathias	Maria Kiener			X		»Weber«	Trauungsreg. Aufkirchen
1802	17. 2.	Heilmayer Mathias	Maria	Creszentia	X				Taufregister Aufkirchen
1803	29. 6.		Cath. Hailmayer +				+		Sterberegister Aufkirchen
1803	30. 6.	Heilmayer Mathias	Maria	Petrus +	X		+		Taufregister Aufkirchen
1803	12. 9.	Heilmayer Mathias	Maria	Ursula +	X		+		Taufregister Aufkirchen
1805	15. 11.	Heilmayer Mathias	Maria	Andreas	X				Taufregister Aufkirchen
1807	13. 4.	Heilmayer Mathias	Maria	Anastasia	X				Taufregister Aufkirchen
1808	19. 6.	Heilmayer Mathias	Maria	Joh. Baptist +	X		+		Taufregsiter Aufkirchen
1808		Heilmayer Mathias						1/16 Hof	Steuerfass. RFK 5486
1809	18. 11.	Heilmayer Mathias	Maria	Maria +	X		+		Taufregister Aufkirchen
1811	5. 5.	Heilmayer Mathias	Maria	Catharina +	X		+		Taufregister Aufkirchen
1812	29. 4.	Heilmayer Mathias	Maria	Laurentius	X				Taufregister Aufkirchen
1812		Heilmayer Mathias						»Weber«	Kataster 20475
1814	19. 6.	Heilmayer Mathias	Maria	Maria	X				Taufregister Aufkirchen
1816	19. 12.	Heilmayer Mathias	Maria	Thomas	X				Taufregister Aufkirchen
18		Heilmayer Mathias +					+		Sterberegister Aufkirchen
1824			Maria Heilmayer Ww.						Kataster

1829	10. 11.		Creszentia Heilmayer					Übernahme	Kataster
1829	10. 11.	Meyer Paul	Creszentia Heilmayer			X		Ehevertrag	Kataster
1830	11. 5.	Meyer Paul	Creszentia	Katharina	X				Taufregister Aufkirchen
1831	8. 5.	Meyer Paul	Creszentia	Theresia +	X		+		Taufregister Aufkirchen
1832	3. 9.	Meyer Paul	Creszentia	Anastasia	X				Taufregister Aufkirchen
1834	3. 3.	Meyer Paul	Creszentia	Cresentia	X				Taufregister Aufkirchen
1835	6. 5.	Meyer Paul	Creszentia	Franz Xaver	X				Taufregister Aufkirchen
1837	12. 1.	Meyer Paul	Creszentia	Maria	X				Taufregister Aufkirchen
1840	30. 7.	Meyer Paul	Creszentia	Paulus	X				Taufregister Aufkirchen
1842	25. 3.	Meyer Paul	Creszentia	Elisabeth +	X		+		Taufregister Aufkirchen
1844	14. 1.	Meyer Paul	Creszentia	Genovefa	X				Taufregister Aufkirchen
1846	1. 7.	Meyer Paul	Creszentia	Magdalena +	X		+		Taufregister Aufkirchen
1859	11. 4.	Mayer Xaver						Übernahme	Grundst. Kat. 20797/98
18		Mayer Xaver	Maria Specker			X			Trauungsreg. Aufkirchen
1861	29. 7.	Mayer Xaver	Maria	Augustin +	X		+		Taufregister Aufkirchen
1862	20. 6.	Mayer Xaver	Maria	Maria	X				Taufregister Aufkirchen
1865	2. 5.	Mayer Xaver	Maria	Joh. Nepomuk	X		+		Taufregister Aufkirchen
1866	24. 11.	Mayer Xaver	Maria	Andreas	X				Taufregister Aufkirchen
1869	24. 12.	Mayer Xaver	Maria	Stephan	X				Taufregister Aufkirchen
1871	23. 4.	Mayer Xaver	Maria	NN +	X		+		Taufregister Aufkirchen
1872	5. 4.	Mayer Xaver	Maria	Agathe	X				Taufregister Aufkirchen
1875	17. 2.	Mayer Xaver	Maria	Maria +	X		+		Taufregister Aufkirchen
1878	3. 3.	Mayer Xaver	Maria	Xaverius +	X		+		Taufregister Aufkirchen
1867		Mayer Xaver						»Weber«	Grundst. Kat. 20797/98
1895	16. 5.	Mayer Stefan						Übernahme	Grundst. Kat. 20797/98
1895	27. 5.	Mayer Stefan	Anastasia Schäffler		X			»Weber«	Trauungsreg. Aufkirchen
1897	27. 2.	Mayer Stefan	Anastasia	Maria	X				Taufregister Aufkrichen
1898	29. 9.	Mayer Stefan	Anastasia	Stefan +	X		+		Taufregister Aufkirchen
1899	30. 12.	Mayer Stefan	Anastasia	Andreas	X				Taufregister Aufkirchen
1901	12. 4.	Mayer Stefan	Anastasia	Anastasia	X				Taufregister Aufkirchen
1904	15. 9.	Mayer Stefan	Anastasia	Stefan	X				Taufregister Aufkirchen
1906	8. 4.	Mayer Stefan	Anastasia	Ulrich	X				Taufregister Aufkirchen
1936	21. 8.	Mayer Stefan jun.	Elisabeth Moser			X			Trauungsreg. Aufkirchen
1936	11. 12.	Mayer Stefan jun.						Übernahme	Grundst. Kat. 20797/98
1983	12. 6.	Mayer Stefan +					+		Sterberegister Berg

VIERTER TEIL

Die denkmalgeschützten Gebäude in Kempfenhausen und Haarkirchen

I. Die historischen Gebäude in der Denkmalliste

Das Schloß Kempfenhausen

Das Schloß Kempfenhausen ist ein alter bayerischer Herrensitz, der in seiner heutigen Form um 1520 in landschaftsbeherrschender Lage auf dem Höhenrücken von Kempfenhausen entstanden ist, mit weitem Blick über den See und nach Haarkirchen. Heute ist das Schloß gegen den See durch die hohen Bäume des ehemaligen Schloßparks und durch die Bauten der MS-Klinik verdeckt, doch aus der Richtung von Haarkirchen ist es noch weithin sichtbar.

Das Schloß ist ein stattlicher, hoher Satteldachbau mit steilem Krüppelwalmdach im Westen. Zu den ältesten Teilen des Schlosses gehören das Treppenhaus und ein überwölbter Gang im Erdgeschoß. Im Obergeschoß befindet sich ein großer Saal, der sogenannte »Rittersaal«, dessen Balkendecke 10 m frei gespannt ist und auf Steinkonsolen, in der Form von Menschenköpfen, aufliegt. Im Saal dominiert ein monumentaler Kamin im Stil der Renaissance. Die Ausstattung entspricht dem späten Historizismus und ist am Ende des 18. Jh.s entstanden.

Der letzte adelige Besitzer des Schlosses, Friedrich Otto Graf von Bylandt, hat 1909 die dunkle Holzschindelverkleidung der Westfassade anbringen lassen, den Bau der nördlichen Nebengebäude mit dem Verbindungstrakt über der Tordurchfahrt und den Neubau der Küche und der Terrasse veranlaßt. Heute gehört das Schloß der Stadt München und wird für kulturelle Veranstaltungen genutzt.

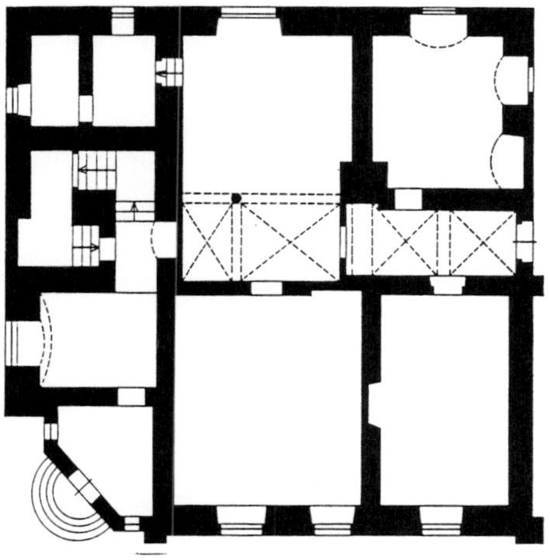

Erdgeschoß

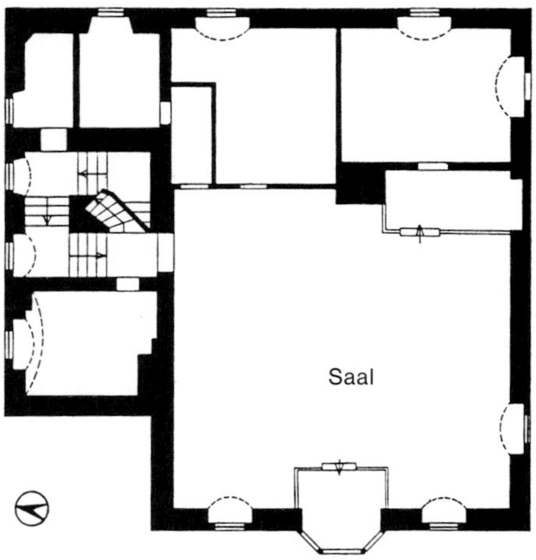

Obergeschoß

Die Schloßkirche St. Anna

Seite 358: Schloßkirche St. Anna

Seite 359: Schloßkirche St. Anna – Altarraum

Seite 360: Schloßkirche St. Anna – Empore

Seite 361: Schloßkirche St. Anna – Nordseite

Die Schloßkirche St. Anna ist, gleichzeitig mit dem Schloß, um 1520 entstanden. 1524 wird sie in der Matrikel des Bistums Freising als Filialkirche von Aufkirchen erstmals genannt. 1691 hat der damalige Hofmarksbesitzer Caspar Marquardt Zündt von Kenzingen einen Neubau errichten lassen, nachdem der erste Kirchenbau baufällig geworden war. Der Neubau wurde 1692 fertiggestellt. 1774 erhielt er auf Veranlassung von Freiherr Johann Baptist von Pirchinger, inzwischen Inhaber der Hofmark Kempfenhausen, eine reiche Rokokoausstattung durch den bedeutenden Rokokomaler Christian Wink, der auch den Saal im Schloß Schleißheim und die Kirche St. Joseph in Starnberg ausgemalt hat.

Mit ihrer reizvollen Architektur im Innern, der reichen Gliederung, den Doppelpilastern und der außerordentlichen Altarausstattung gehört die Schloßkirche St. Anna zu den bedeutendsten Bauwerken des Landkreises Starnberg.

Sie ist äußerlich ein einfacher Bau. Im Westen ist der Satteldachturm vorgestellt. Chor und Kirchenschiff sind gleich breit und durch einen stattlichen Torbogen getrennt, an dem Freiherr von Pirchinger sein Wappen hat anbringen lassen. Die Wände sind durch Doppelpilaster gegliedert. Die Kuppel, die Gewölbezwickel und die Wandbereiche sind mit reichen Freskomalereien von Christian Wink versehen, signiert 1774. Die kostbaren Rokokoaltäre stammen aus der Zeit um 1780 und sind von bemerkenswerter Qualität. Die Figur im Mittelteil des Hauptaltars ist eine spätgotische »Anna Selbdritt«. Die Seitenfiguren des Hauptaltars, der heilige Joseph und der heilige Joachim, sowie die Figuren der Nebenaltäre, der heilige Silvester und der heilige Leonhard, stammen aus der Zeit zwischen 1710 und 1760. Zur Ausstattung der Kirche gehört ein Tafelbild »Die Kreuzigung«, vom Ende des 15. Jh.s, das ihr Dr. Anton von Schauß 1861 geschenkt hat, und ein wertvolles, auf Kupfer gemaltes Triptichon »Die Dreifaltigkeit« aus dem Jahre 1700.

1991/92 wurde die Schloßkirche im Auftrag des Landesamtes für Denkmalpflege in vorbildlicher Weise restauriert. Sie ist ein beeindruckendes Kleinod in dem noch heute Gottesdienste abgehalten werden.

Die Kirche St. Peter und Paul

St. Peter und Paul – Altaraufsatz

St. Peter und Paul – Innenraum

Die Kirche St. Peter und Paul in Haarkirchen gehört zu den ältesten bayerischen Kirchen und bestand schon im 1. Jahrtausend als adelige Eigenkirche. Während der Ungarneinfälle, vermutlich kurz vor 950 n. Chr., wurde sie zerstört, jedoch auf Veranlassung von Bischof Gottschalk von Freising wieder aufgebaut. In der ersten Matrikel des Bistums Freising von 1315 ist sie als Filialkirche von Aufkirchen genannt. Sie war als ehemalige adelige Eigenkirche mit dem Recht zu Bestattungen ausgestattet.

St. Peter und Paul wurde im 18. Jh. wie nahezu alle bayerischen Kirchen, barockisiert und hat heute einen kleinen Zwiebelturm auf mittelalterlicher Bausubstanz. Der Innenraum ist einfach, aber sehr hübsch. Das flachgedeckte Langhaus ist mit einer einfachen Kehlleiste gerahmt. Der Chor ist dreiseitig geschlossen. Die Sakristei ist seitlich angeordnet. Der Hauptaltar wird von zwei 50 cm hohen Holzfiguren flankiert, den Aposteln Peter und Paul, die um 1510/1520 entstanden sind. An den Wänden stehen die 12 Apostel auf Konsolen, Holzplastiken vom Ende des 15. Jhs.

Die kleine Landkirche mit ihrer großen Tradition liegt reizvoll in einer Wiese am Hang und wird von Obstbäumen gesäumt.

St. Peter und Paul – St. Petrus

Manthalhammer 1993

Der »Manthalhammer«, vom Wasser des Lüßbach angetrieben, war noch bis zur Jahrhundertwende in Betrieb und bewahrt die Erinnerung an die vor der Industrialisierung an unseren Bächen ansässigen, und mit einem Mühlrad ausgestatteten, Handwerksbetriebe, die Mühlen, die Sägen und die Schmieden.

Die Bedeutung des »Manthalhammers« als Baudenkmal liegt nicht in der baukünstlerischen Gestaltung, sondern in der anschaulichen Überlieferung vorindustrieller, kulturgeschichtlicher und landschaftsprägender Qualität und in dem vielfältigen Bezug der baulichen Anlage zur Landschaft und zum Wasser.

Obwohl die technische Anlage des Hammers verloren ist, vermitteln die Gebäude, die Wasserhaltung, die Lage im Tal und die Namengebung Erkenntnisse über seine geschichtliche Bedeutung. Im Umkreis von München gibt es nur sehr wenige Baudenkmale, die sich in einer so ungestörten landwirtschaftlichen Überlieferungstradition erhalten haben wie der »Manthalhammer«.

Als erster »Hammerschmied« ist 1824 Joseph Singer überliefert. Demnach ist anzunehmen, daß der »Manthalhammer« vom damaligen Hofmarkbesitzer, Staatsrat Ritter von Mann, eingerichtet und als eigener Besitz betrieben worden ist.

1850 hat ihn der Schmiedemeister Karl Weinbacher, aus der Vorstadt Au vor München, für 9000 Gulden von der Schloßherrschaft erworben, zusammen mit 1,72 Tagwerk Wiese und 2,34 Tagwerk Wasser. Nach dem Tod von Karl Weinbacher ging der Besitz und die Hammerschmied- und Nagelschmiedgerechtsame am 22. 6. 1864 von der Witwe Maria Weinbacher für 11400 Gulden an den Sohn Anton Weinbacher über. Offensichtlich besaß er nicht die Qualitäten des Vaters, denn der »Manthalhammer« mußte 1872 versteigert werden. Nach dem Steuerkataster von 1867 umfaßte der Besitz 13,49 Tagwerk, davon 0,15 Tagwerk Wohnhaus, Stallung und Hofraum, 0,13 Tagwerk Schwarzhammer mit Kohlenhütte und Hofraum, 0,12 Tagwerk Waffenhammer mit Kohlestadel und Hofraum, 0,01 Tagwerk Kellergebäude, 0,10 Tagwerk Hammerbach, 1,92 Tagwerk Schwarzhammerwiesl, 0,22 Tagwerk Hammerweg, 8,70 Tagwerk Hammerweiherwiese und 2,14 Tagwerk Hammerweiher. Die Grundsteuer dafür betrug 1867 2 fl 1 kr 76 hl.

Am 16. 2. 1898 hat der Besitzer von Haarkirchen, Max von Klenze, auch den »Manthalhammer« erworben, der zuvor immer wieder den Besitzer gewechselt hatte. Von seinem Großneffen, Herbert von Klenze, wurde der »Manthalhammer« 1961, zusammen mit dem Blaslhof und dem Wirthhof, an die Stadt München verkauft, in deren Besitz er noch heute ist.

II. Die historischen Villen in der Denkmalliste

Der von einem dichten Schilfgürtel gesäumte Uferstreifen von Kempfenhausen wurde noch 1867 vorwiegend als Ackerland landwirtschaftlich genutzt. Eine Ausnahme bildete der, an der nördlichen Ortsgrenze zu Percha gelegene, Landschaftspark, den der Gastwirt Andreas Pellet für die Gäste seines 1850 errichteten Rast- und Gasthauses hatte anlegen lassen.

Mit der Eröffnung der Dampfschiffahrt auf dem Starnberger See, 1851, und der Fertigstellung der Eisenbahnlinie München–Starnberg, 1854, waren der See und seine Uferorte nun leichter und rascher zu erreichen, und es entstanden an den Ufern, angezogen vom Reiz dieser Landschaft, Landhäuser und Villen, zunächst vorwiegend am Westufer und später, ab der Jahrhuntertwende, auch am Ostufer.

Die erste dieser Villen in Kempfenhausen war 1895 die Villa »Alte Eichen« des Freiherrn Dr. Kap-her im »Baumgarten« des Sattlerhofes. Ihr folgten 1904 die »Kleine Villa« und 1907 die »Villa auf dem Sonnenlängsfeld« der russischen Fürsten Bariatinsky, die 1961 für den Villenneubau Breiter abgebrochen wurde. 1909 ließ die Witwe des kolumbianischen Botschafters in Paris auf dem »Kalferacker«, der an den Grundbesitz der Bariatinsky anschloß, die »Villa de Osa« errichten. In den zwanziger Jahren entstanden auf dem Grundstück »Untere Breite« die »Villa Seehaus« von Fritz de Osa und auf dem »Ghagacker« die »Villa Friedländer«. 1925 wurde die »Villa Plass« auf der »Seewiese« in ein neubarockes Palais umgebaut und 1938 das Landhaus »Pössenbacher« fertiggestellt, so daß nun der gesamte Uferstreifen, vom heutigen Bucentaurweg bis zur Einmündung des Seeuferweges in die Seestraße, von Villen und ihren Parkanlagen gesäumt war. Dadurch war das Landschaftsbild in diesem Uferabschnitt grundlegend verändert.

Unmittelbar am Haus und an den Terrassenanlagen der Villen waren üppige Blumenbeete mit Brunnen und Gartenfiguren angelegt worden, an die sich jeweils ein englischer Landschaftspark mit Baumgruppen, Wiesen, Weihern und überraschenden Durchblicken anschloß. Ganz selbstverständlich gehörte zu den Besitzungen ein Bootshaus, eine Badehütte und eine Mole oder ein Anlegesteg. Für die Bepflanzung standen eigene Gärtnereien und Gewächshäuser zur Verfügung und zahlreiche Gärtner waren mit der Pflege der Anlagen betraut. Von den Parkanlagen sind nur noch Fragmente erhalten, so daß heute nur noch schöne alte Bäume und Baumgruppen die Pracht dieser ehemals geschlossenen Parklandschaft erahnen lassen.

Die Villa »Alte Eichen«

Die erste herrschaftliche Villa in Kempfenhausen ließ Freiherr Dr. Johannes von Kap-her, Gutsbesitzer des Sattlerhofes, 1897 an dominanter Stelle des Kempfenhausener Höhenrückens in dem, mit alten Eichen und Buchen bestandenen, »Baumgarten« des Sattlerhofes errichten.

Die Villa « Alte Eichen« besitzt ein neubarockes Mansardendach und an der Nordwestecke einen Eckturm mit Kupferhaube. Durch spätere An- und Umbauten war sie zweitweise in ihrer baulichen Qualität gemindert, wurde aber 1989 vorbildlich wieder instandgesetzt.

Bevor er 1895 den Sattlerhof erwarb, war Dr. Johannes von Kap-her Privatdozent für Geschichte an der Universität Göttingen gewesen. Er entstammte hessischem Adel und wurde 1857 in St. Petersburg geboren. Seine Schwester, Charlotte von Kap-her, war seit 1881 die Gattin des Schloßbesitzers von Kempfenhausen, des Freiherrn Dr. August Sartorius von Waltershausen.

1920 wurde die Villa für 500 000 Mark von Freiherr Karl von Biel erworben, der sie 1923 für 1 Million Mark an Carl Lüderitz verkauft hat, weshalb sie zeitweise auch »Villa Lüderitz« genannt wurde. Carl Lüderitz war der Sohn des Bremer Großkaufmanns Adolf Lüderitz, der 1883/84 Schutzgebiete für das Deutsche Kaiserreich in Afrika erworben hat. Nach ihm ist eine Stadt und die Lüderitzbucht in Südwestafrika benannt. Sein Sohn Carl Lüderitz wurde 1874 in Bremen geboren und vertrat von 1910–1920 als Konsul in Baltimore die deutsche Industrie in den Vereinigten Staaten von Amerika. 1926, drei Jahre nach dem Erwerb der Villa »Alte Eichen«, erwarb er die bayerische Staatsbürgerschaft. 1938 hat die Reichsärztekammer die »Villa Lüderitz« gekauft, von der sie 1949 an das Land Bayern überging. 1953 erhielt sie die »Arbeiterwohlfahrt« in Bayern, in deren Zeit sie ihren ursprünglichen Charme verlor. Seit 1985 besitzt sie der Unternehmer Ludwig Ruppert, dem die Renovierung der Villa und die Wiederherstellung ihrer alten Qualität zu verdanken ist.

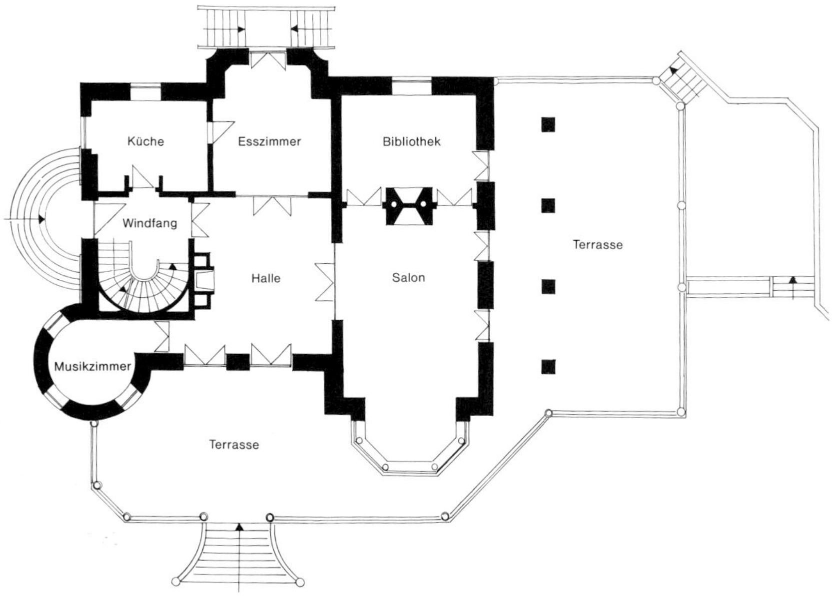

Die »Kleine Villa« der Fürsten Bariatinsky

Die »Kleine Villa« wurde 1904 als Gästehaus für das russische Fürstenpaar Bariatinsky westlich vom »Pellethaus« erbaut. Sie besitzt noch heute überwiegend ihre originale Gestalt und ist ein eindruckvoller Vertreter des barockisierenden Heimatstils der Jahrhundertwende, wie er gerade in München von bedeutenden Architekten, wie Gabriel und Emanuel von Seidl, August Thiersch und anderen gepflegt wurde.

Das heute »Direktorenhaus« genannte Gebäude ist erdgeschoßig, hat Krüppelwalmdächer, Lauben und einen malerischen Giebelrisalit. Nach dem 1. Weltkrieg wurde die als Feindvermögen beschlagnahmte »Kleine Villa« 1919 mit dem übrigen Pellet'schen Besitz vom Bayerischen Staat an Graf Alfred von Oberndorff verkauft und 1938 von der Pädagogin Elisabeth Hunaeus für ihr »Seminar für Frauenbildung« erworben. Heute ist diese Villa das »Direktorenhaus« des Kempfenhausener Gymnasiums.

Die »Villa de Osa«

Die »Villa de Osa« wurde im Jahre 1909 für Auguste de Osa, die Witwe des kolumbianischen Botschafters in Paris, Norberto de Osa, nach dem Vorbild des fürstlichen Schloßbaues der Solitude, westlich von Stuttgart, erbaut und gehört zu den eindrucksvollsten Villen am Starnberger See.

Das ursprünglich freistehende, schloßartige Gebäude ist ein rundplastischer Baukörper in neubarockem Stil mit überkuppeltem Mittelbau und Seitenflügeln, die sich halbkreisförmig zu Seeseite öffnen. Auf der Seeseite war eine großzügige Terrassenanlage mit einer Freitreppe zum Park vorgelagert und auf der Straßenseite ein Vestibül mit ionischem Portikus. Architekt der Villa war Ernst Heiger aus München.

Im Innern beeindruckt die herrschaftlich konzipierte Raumfolge. Im Erdgeschoß befanden sich die Wohn- und Gesellschaftsräume und im Obergeschoß die Schlaf- und Gasträume.

Die Fassadengestaltung ist von hoher Qualität. Elegante Fenster und Fenstertüren, Pilaster, Putzbänder, flache Nischen mit Steinkrügen auf Säulen finden sich im Erdgeschoß, und im Obergeschoß Nischen mit Büsten und attraktiven Dekorationen aus Girlanden und Putten. Die ursprüngliche Farbgebung, lichter Ocker auf den Flächen, kräftiges Grün auf den Klappläden und helles Grau auf Putten, Vasen und Löwenköpfen, wurde 1987 wiederhergestellt.

Die unter Denkmalschutz stehende Villa ist heute Teil der Internen Klinik Dr. Argirov Kempfenhausen. Die ursprüngliche Gartenanlage ist leider nicht mehr vorhanden, und die seeseitige Parkanlage ist stark verkleinert.

Die »Villa de Osa« wurde 1909 auf dem ehemaligen »Kalferacker« erbaut und wurde von 1909 bis zum Jahre 1944 von Auguste de Osa bewohnt. Nach ihrem Tode gelangte das Anwesen in den Besitz der Erbengemeinschaft der Söhne Salvador und Frederico, der Töchter Veronica de Bruyn, geb. de Osa, und Maria Bonaventura, geb. de Osa, sowie der Schwiegertochter Theresa, geb. Espirella. Im Jahre 1944 wurde die Villa von der deutschen Wehrmacht für den, in München ausgebombten Stab des Generalkommandos, beschlagnahmt und die Fassade mit einem grauen Tarnanstrich versehen.

Als Folge der militärischen Nutzung quartierten sich 1945 amerikanische Truppen in der »Villa de Osa« ein, die sie erst 1946 wieder räumten. Im Anschluß daran wurde das Gebäude von der Gemeinde Berg als Flüchtlingsunterkunft genutzt. 1950 wurde das Anwesen an einen der Erben, an Fritz de Osa, zurückgegeben, der nach einer gründlichen Renovierung des Gebäudes, noch im gleichen Jahr mit seiner Frau Marietta und der Tochter Julia einzog.

Ein Jahr später, in der Nacht vom 10. auf den 11. September 1951, erlag die ganze Familie de Osa dem Mordanschlag des Hausmeisters und Gärtners, der sich nach dem Verbrechen tötete.

Das zunächst leerstehende, schloßartige Gebäude wurde 1952 für den Film genutzt. Die Filme »Ave Maria« mit Zarah Leander und »Servus Peter« mit Wolf Albach-Retty und Oskar Sima wurden dort gedreht.

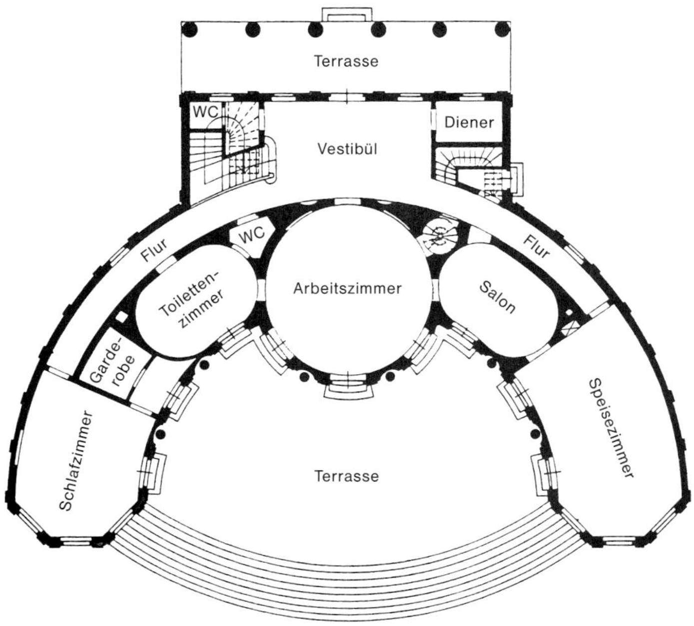

1953 wurde die »Villa de Osa« von Veronica de Bruyn und ihrer Schwester Maria Bonaventura an den Arzt Dr. Heinz Bannaski verkauft. Dieser richtete eine Klinik ein und ließ im Norden einen zweistöckigen Klinikanbau mit einem gläsernen Verbindungstrakt zur Villa erstellen.

1980 hat der Arzt Dr. Valentin Argirov den Komplex erworben, umfassend saniert und durch mehrere Neubauten erweitert. Es enstand ein internistisches Akutfachkrankenhaus mit modernsten Diagnostik-Einrichtungen, 105 Betten und 190 Mitarbeitern.

Die »Villa Friedländer«

Die noble, neoklassizistische Villa wurde 1920/22 von Architekt Carl Sattler auf der »Seebreite« für Meta Friedländer gebaut. Der Mitteltrakt, mit kräftig gerahmtem Giebelfeld, wird von zwei erdgeschoßigen Seitenbauten eingefaßt und bildet mit ihnen zur Straßenseite einen Hof. Von der Straßenseite führt die Auffahrtsallee auf die Mittelachse der Villa. Mit ihren klassizistischen Formen und der strengen Symmetrie ist die »Villa Friedländer« charakteristisch für die Bauauffassung der frühen zwanziger Jahre. Auf der Südseite befindet sich eine Gartenanlage und zur Seeseite schließt eine englische Parklandschaft an.

1932 verkaufte das Ehepaar Friedländer den Besitz für 125000 Reichsmark an den Waggonhersteller Talbot, der ihn als Gästehaus für seine Geschäftspartner und seine leitenden Angestellten nutzte. Den südlichen Grundstücksteil, an der Ecke Seestraße – Münchner Straße, behielt das Ehepaar Friedländer zurück und ließ dort 1953 den »Birkenhof« im Stil eines Isartaler Landhauses errichten, in dem in den sechziger Jahren die Schauspielerin Hildegard Knef gewohnt hat.

Die »Villa Friedländer« wurde 1935 vom damaligen Reichsinnenminister Dr. Wilhelm Frick für 115000 Reichsmark erworben, der bauliche Änderungen vornehmen ließ. Bei Kriegsende, 1945, wurde Dr. Frick in seiner Villa in Kempfenhausen verhaftet und nach dem Schuldspruch im Nürnberger Kriegsverbrecherprozeß am 16.10.1946 hingerichtet.

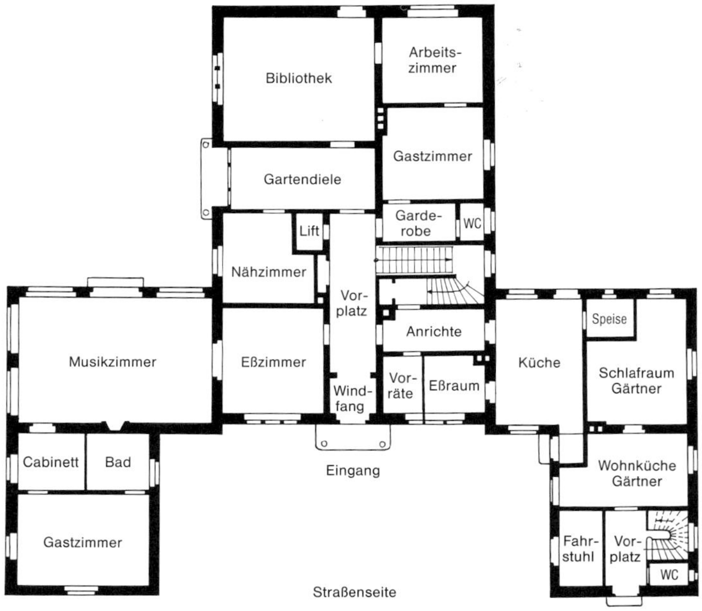

Nachdem die Villa 1945 als ehemaliges Reichseigentum in den Besitz des Freistaates Bayern gelangt war, diente sie einem hohen amerikanischen Offizier als Wohnsitz. 1956 hat sie der Verleger Josef Keller erworben, in dessen Besitz sie heute noch ist. Seitdem wurden auf dem Grundstück zahlreiche Verlagsneubauten errichtet, doch blieb der Charakter der Villa und der Parklandschaft erhalten.

Die »Villa Seehaus« von Fritz de Osa

Am Seeufer des Familiengrundstücks »de Osa«, »Untere Breite«, ließ sich Fritz de Osa, der jüngste Sohn von Auguste de Osa, 1922 eine Villa im Stil eines Gartenpalais des Rokoko bauen. Der Architekt auch für dieses Gebäude war Ernst Heiger aus München.

Das kleine »Palais« unter alten Bäumen steht heute noch weithin sichtbar frei am Ufer, als reizvoller Akzent dieses Seeuferabschnitts von Kempfenhausen.

Der Mittelteil ist vorgezogen und wird durch die Freitreppe, die Rokokodekoration und das kleine Dachbelvedere mit dem feinen Rokokogitter aus Schmiedeeisen als Zentrum der Hauptwohnräume betont. Die helle Lisenengliederung, die großformatigen Fenster mit ihrer kleinteiligen Sprossengliederung und das elegante, pagodenartig eingezogene Dach erinnern an die französischen »maisons de plaisir« des 18. Jh.s und vermitteln den palaisartigen Eindruck.

Nach dem Tod von Fritz de Osa im Jahr 1951 war das reizvolle Gebäude zunächst im Besitz der Erben, die es 1954 an den ehemaligen General der Waffen-SS, Karl Wolff, verkauften. Das Bade- und Bootshaus wurde beim Verkauf abgetrennt. Der Fußweg zwischen See und Grundstück war 1921 dorthin verlegt worden, wo er heute verläuft.

Wolff, der im 2. Weltkrieg der letzte Stadtkommandant von Rom gewesen war, wurde 1962 festgenommen und in München zu 15 Jahren Haft verurteilt. Die »Villa Seehaus« hat 1965 Barbara Trott erworben und heute noch in Besitz.

Das neubarocke »Palais« der 1925 umgebauten »Villa Plass«

Der Landschafts- und Genremaler Ernst Ludwig Plass hatte 1904 das Grundstück »Seewiese« für 55 000 Mark erworben und sich dort von Architekt J. Angermayer ein Landhaus errichten lassen. 1917 starb er und zwei Jahre später, 1919, verkaufte seine Witwe den Besitz für 130 000 Mark an Gisela Freifrau von Korff, später verehelichte Drenhaus Baratky.

Die neue Besitzerin ließ das Gebäude 1925 teilweise abbrechen und in ein repräsentatives neubarockes »Palais« umbauen. Die Fassaden erhielten eine neue Fensterordnung, das Innere eine neue Raumaufteilung und das Giebeldach wurde durch ein Mansardendach ersetzt.

Man betritt das Gebäude durch das Vestibül im Süden. Die Raumaufteilung ist großzügig. Eine doppelläufige Treppe führt von der Eingangshalle in das Obergeschoß. Dort blieben Schrankeinbauten und im »Frühstückszimmer« eine sehr bemerkenswerte, raumumfassende Dekoration des frühen Jugendstils erhalten, die in ihrer frühen Charakteristik ziemlich einmalig ist. Möglicherweise sind die vier Jahreszeiten oder die vier Himmelsrichtungen dargestellt.

Zwischen 1953 und 1958 wurde das Gebäude als Kinderklinik der Ärzte Dr. Michael Faul und Dr. Paul Kazmaier genutzt. Deshalb haben so viele Kinder des Landkreises, die in dieser Zeit dort zur Welt kamen, Kempfenhausen als Geburtsort.

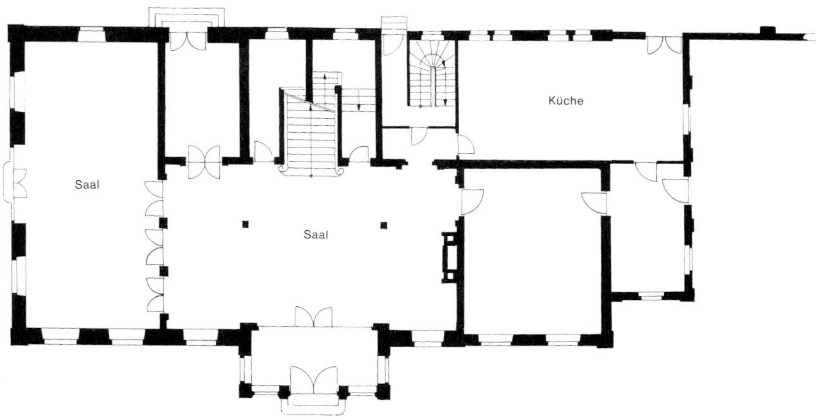

Anschließend hatte die Bundeswehr das Haus für ein Schulungszentrum angemietet. 1989 ging es von den Erben Dr. Fauls in den Besitz der Bayerischen Hypotheken- und Wechselbank über. Mit der Restaurierung, Ausstattung und Erweiterung des denkmalgeschützten Gebäudes wurden die Münchner Architekten Hilmer und Sattler betraut. Das, um drei Pavillons erweiterte, Ensemble in der reizvollen Lage am See, umgeben von alten Bäumen, dient heute der Bank als Kommunikationsstätte und ist mit Werken zeitgenössischer Künstler ausgestattet.

Das »Landhaus Pössenbacher«

Als letzte Villa der Villen- und Parklandschaft am Kempfenhausener Seeuferabschnitt hat Heinrich Pössenbacher 1935 ein Landhaus im Heimatstil der dreißiger Jahre erbaut. Das dreiflügelige, zum See geöffnete Gebäude ist das Beispiel eines Landhauses von besonderer Qualität aus dem ersten Drittel unseres Jahrhunderts.

Die Walmdächer sind schindelgedeckt. Eine Terrasse verbindet Zentrum und Seitenflügel und durch eine halbhohe, im Mittelabschnitt konkav nach innen gezogene Mauer ergibt sich ein abgeschlossener Terrassenraum. Davor liegt eine weitere kleine Terrasse mit Freitreppe zum Garten.

Heute ist das »Landhaus Pössenbacher« im Besitz von Dr. Friedrich Flick, der es 1975 erworben hat.

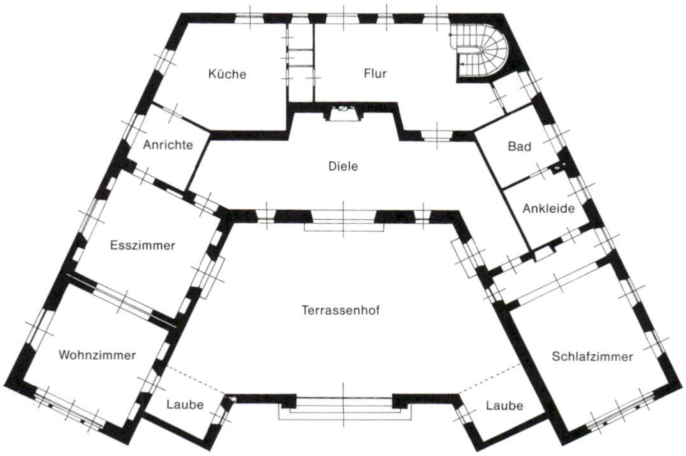

Auch die »Villa Pössenbacher« an der Grenze zwischen den Ortsteilen Kempfenhausen und Berg prägt, vom See aus gesehen, diesen reizvollen Seeuferabschnitt.

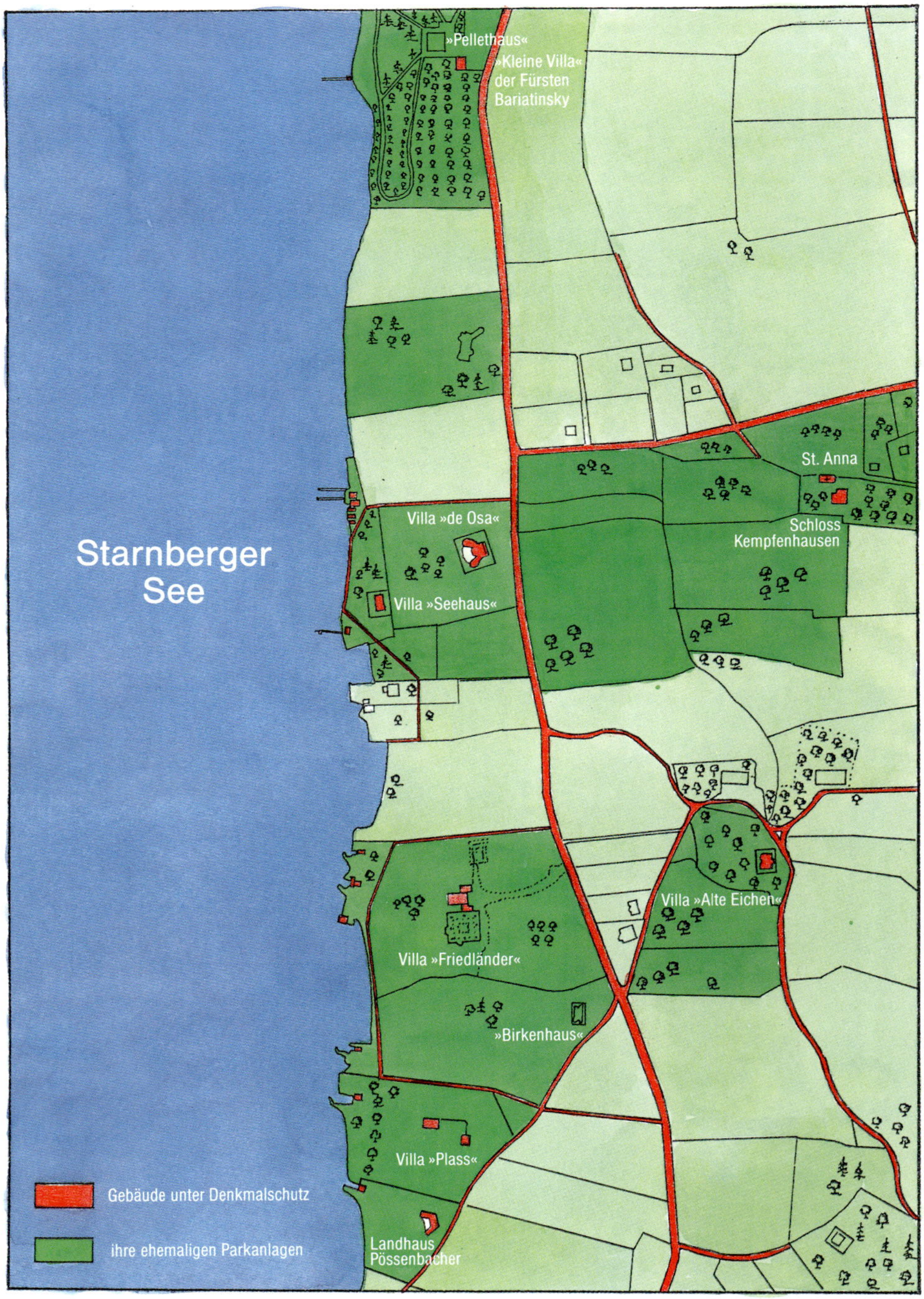
»Pellethaus«
»Kleine Villa« der Fürsten Bariatinsky
Starnberger See
St. Anna
Villa »de Osa«
Schloss Kempfenhausen
Villa »Seehaus«
Villa »Alte Eichen«
Villa »Friedländer«
»Birkenhaus«
Villa »Plass«
Gebäude unter Denkmalschutz
ihre ehemaligen Parkanlagen
Landhaus Pössenbacher

Die heute unter Denkmalschutz stehenden Villen und ihre Parkanlagen am Ufer des Starnberger Sees in Kempfenhausen und das Schloß, aus der Zeit um 1520, mit dem Schloßpark. Nach dem Katasterplan 1938

Ausklang

Nach 6000 Jahren Siedlungsgeschichte und 1200 Jahren geschichtlicher Vergangenheit mit eigenem überlieferten Ortsnamen ist Kempfenhausen, trotz bedeutender Kliniken, Verlage und Ausbildungsstätten, vor allem ein begehrtes Wohn- und Freizeitgebiet.

In den letzten 40 Jahren wuchs die Zahl der Wohngebäude von 50 auf 165 und der Ort wandelte sich von der ursprünglichen landwirtschaftlichen Dorfsiedlung in ein nahezu reines Villengebiet.

Seine Anziehungskraft verdankt Kempfenhausen seiner reizvollen Lage am Starnberger See und seiner abwechslungsreichen, lebendigen Umgebung. Jährlich ist es das Ziel vieler Tausend Erholungssuchender, die sich am See beim Spazierengehen, Schwimmen und Segeln erholen und entspannen wollen, seitdem in den sechziger Jahren der Kempfenhausener Uferstreifen großzügig zum »Freizeit- und Erholungsgelände Kempfenhausen« ausgebaut worden ist.

ANLAGEN

Bildverzeichnis

Aufnahmen des Verfassers: 290, 296, 302, 307, 341, 345, 350, 356, 363, 364, 365, 366, 369, 371, 373, 375, 377, 378, 379
Aufnahme Foto Saßner Dachau: 358
Aufnahmen Wiegerling Bad Tölz: 359, 360, 361
Aufnahmen Archiv Schober: 372, 381
Bleistiftzeichnung von Franz von Pocci 1840: 312
Bleistiftzeichnung von Wilhelm von Kobell 1796: 346

Die Herrscher Bayerns

1. Agilolfinger

548	Garibald I.	Herzog	Sitz Regensburg	548– 593
593	Tassilo I.	Herzog	Sitz Regensburg	593– 610
610	Garibald II.	Herzog	Sitz Regensburg	610– 630
630	keine Herzognamen überliefert			630– 640
640	Theodo I.	Herzog	Sitz Regensburg	640– 680
680	Theodo II.	Herzog	Sitz Regensburg	680– 718
711	Theodebert }	Herzog	Sitz Regensburg	711– 723
	Grimoald }	Herzog	Sitz Freising	711– 725
723	Grimoald	Herzog	Sitz Regensburg	723– 725
725	Huckbert	Herzog	Sitz Regensburg	725– 737
737	Odilo	Herzog	Sitz Regensburg	737– 748
748	Tassilo III.	Herzog	Sitz Regensburg	748– 788

2. Karolinger

788	Karl der Große	Kaiser		788– 814
814	Lothar	König		814– 817
817	Ludwig der Deutsche	König	Sitz Regensburg	817– 876
876	Karlmann	König	Sitz Regensburg	876– 886
882	Karl der Dicke	König		882– 887
887	Arnulf von Kärnten	König	Sitz Regensburg	887– 899

3. Luitpoldinger

895	Luitpold	Markgraf	895– 907
907	Arnulf	Herzog	907– 937
937	Eberhard	Herzog	937– 938
938	Berthold	Herzog	938– 947

4. Sachsen

947	Heinrich I.	Herzog	947– 955
955	Heinrich II. der Zänker	Herzog	955– 974
974	Otto II.	Herzog	976– 982
985	Heinrich II. der Zänker	Herzog	985– 995
995	Heinrich IV.	Herzog	995–1002
		König, als Heinrich II.	1002–1014
		Kaiser, als Heinrich II.	1014–1024
1004	Heinrich V., Lützelburger	Herzog	1004–1008
			1017–1018

5. Bayern unter den Saliern praktisch Reichsland

1024	Bayern unter königlicher Vormundschaft der Salier	1024–1070

6. Welfen, Staufer, Babenberger

1070	Welf I.	Herzog,	Welfe	1070–1077
1096	Welf I.	Herzog,	Welfe	1096–1101
1101	Welf II.	Herzog,	Welfe	1101–1120
1120	Heinrich IX. der Schwarze	Herzog,	Welfe	1120–1126
1126	Heinrich X. der Stolze	Herzog,	Welfe	1126–1138
1139	Leopold IV.	Herzog,	Babenberger	1139–1141

1141	Konrad III.	König, Staufer	1141–1143
1143	Heinrich XI. Jasomirgott	Herzog, Babenberger	1143–1156
1156	Heinrich XII. der Löwe	Herzog, Welfe	1156–1180

7. Wittelsbacher Herzöge

1180	Otto I.	Herzog	1180–1183
1183	Ludwig I. der Kelheimer	Herzog	1183–1231
1231	Otto II. der Erlauchte	Herzog	1231–1253
1253	Ludwig II. der Strenge	Herzog von Oberbayern	1255–1294
1294	Rudolf I. }	Herzog von Oberbayern	1294–1317
	Ludwig IV. der Bayer }	Herzog von Oberbayern	1294–1314
		König	1314–1328
		Kaiser	1328–1347
1347	Ludwig V.	Herzog von Oberbayern und Tirol	1349–1361
1353	Landesteilung		1353–1505
1361	Meinhard	Herzog von Oberbayern und Tirol	1361–1363
1363	Stephan II.	Herzog von Oberbayern, Tirol und Niederbayern	1363–1375
1375	Stephan III. d. Kneißl }		
	Friedrich der Weise }	Herzöge von Oberbayern und Niederbayern	1375–1392
	Johann II. }		
1392	Johann II.	Herzog von Bayern/München	1392–1397
1397	Ernst }	Herzog von Bayern/München	1397–1435
	Wilhelm III. }	Herzog von Bayern/München	
1435	Ernst	Herzog von Bayern/München	1435–1438
1438	Albrecht III.	Herzog von Bayern/München	1438–1460
1460	Johann IV. }	Herzog von Bayern/München	1460–1463
	Sigismund }	Herzog von Bayern/München	1460–1463
1463	Sigismund	Herzog von Bayern/München	1463–1465
1465	Albrecht IV. der Weise	Herzog von Bayern/München	1465–1505
1505	Wiedervereinigung Bayerns		1505
1505	Albrecht IV. der Weise	Herzog von Bayern	1505–1508
1508	Wilhelm IV.	Herzog von Bayern	1508–1550
1550	Albrecht V. der Großmütige	Herzog von Bayern	1550–1579
1579	Wilhelm V. der Fromme	Herzog von Bayern	1579–1594
1594	Wilhelm V. }	Herzog von Bayern	1594–1597
	Maximilian I. }	Herzog von Bayern	1594–1597
1597	Maximilian I.	Herzog von Bayern	1597–1623

8. Wittelsbacher Kurfürsten

1623	Maximilian I.	Kurfürst	1623–1651
1651	Ferdinand Maria	Kurfürst	1651–1679
1679	Maximilian II. Emanuel	Kurfürst	1679–1726
1726	Karl Albrecht	Kurfürst	1726–1742
		Kaiser, als Karl VII.	1742–1745
1745	Maximilian III. Joseph	Kurfürst, mit ihm endet die altbayerische Linie	1745–1777
1777	Karl Theodor	Kurfürst der Linie Pfalz/Sulzbach	1777–1799
1799	Maximilian IV. Joseph	Kurfürst der Linie Pfalz/Zweibrücken	1799–1805

9. Wittelsbacher Könige

1806	Maximilian I. Joseph	König, bis 1805 Kurfürst Max IV. Joseph	1806–1825
1825	Ludwig I.	König	1825–1848
1848	Maximilian II.	König	1848–1864
1864	Ludwig II.	König	1864–1886
1886	Luitpold	Prinzregent für König Otto I.	1886–1912
1913	Ludwig III.	König	1913–1918

Kempfenhausener und Haarkirchner Ministeriale in den Zeugenlisten der Traditionen des Hochstifts Freising 926 – 1283 (F) und der Klöster Tegernsee 1008 – 1242 (T), Schäftlarn 726 – 1305 (S), Neustift bei Freising 1142 – 1350 (N) und Weihenstephan 1021 – 1258 (W)

Lfd. Nr.	Zeitraum	Tradition	Nennung		Zeugenposition	Bemerkungen
1	1078 – 1084	F 1647	Zeuge:	Odalrich de familia	14. von 16 Zeugen	
2	1078 – 1091	T 93	Zeuge:	Volchart servi Frisigensis	13. von 26 Zeugen	
3	1078 – 1098	F 1487d	Zeuge:	Gotehalm de familia	2. von 3 Zeugen	
4	1078 – 1098	F 1487e	Zeuge:	Gotehalm de familia	4. von 7 Zeugen	
5	1090 – 1104	F 1661	Zeuge:	Volchart de familia	8. von 9 Zeugen	
6	1098 – 1157	F 1519	Zeuge:	Volchart de Pigarten	1. von 8 Zeugen	
7	1102 – 1114	W 69	Zeuge:	Volchart de Hartchirchin	10. von 19 Zeugen	
8	1102 – 1114	S 69	Zeuge:	Volchart de Harchirchin	11. von 20 Zeugen	
9	1104 – 1122	F 1681	Zeuge:	Sigoboto de Hartchirchin	10. von 12 Zeugen	
10	1113 – 1121	T 147	Zeuge:	Sigboto de familia	10. von 21 Zeugen	
11	1121 – 1126	T 157	Notar:	Odalrici de Chemphenhusen		
12	1130 – 1135	F 1735	Zeugen:	Sigboto de Hartchirchen	3. von 9 Zeugen	
				Volchart de Hartchirchen	4. von 9 Zeugen	Bruder von Sigboto
13	1130 – 1139	S 36	Zeuge:	Volchardus de Pigarten	1. von 7 Zeugen	
				Odalricus de Hartchirchen	6. von 7 Zeugen	
14	1140 – 1150	S 37	Zeuge:	Volchart ohne Ortsangabe	1. von 9 Zeugen	Haarkirchen nach »Abt«
15	1140	S 38	Zeugen:	Volchart ohne Ortsangabe	1. von 7 Zeugen	
				Sigboto ohne Ortsangabe	2. von 7 Zeugen	
				Odalrich ohne Ortsangabe	3. von 7 Zeugen	
16	1140 – 1152	S 39	Zeugen:	2 servi von Volchart de Bigarten	1./2. von 5 Zeugen	
17	1140 – 1152	S 40	Zeuge:	Sigboto ohne Ortsangabe	5. von 5 Zeugen	
18	1140 – 1152	S 41	Zeugen:	Odalrich de Hartchirchen	2. von 21 Zeugen	
				Hartman de Hartchichen	3. von 21 Zeugen	Sohn von Odalrich
19	1140 – 1152	S 42	Zeuge:	Volchart de Bigarten	1. von 9 Zeugen	
20	1140 – 1152	S 45	Zeugen:	Volchart de Hartkirchen	5. von 13 Zeugen	
				Sigbot de Ursenhusen	13. von 13 Zeugen	
21	1140 – 1152	S 46	Zeugen:	Sigboto ohne Ortsangabe	1. von 9 Zeugen	
				Volchart ohne Ortsangabe	4. von 9 Zeugen	
22	1140 – 1152	S 48	Zeugen:	Sigboto ohne Ortsangabe	1. von 7 Zeugen	Haarkirchen nach »Abt«
				Volchart ohne Ortsangabe	3. von 7 Zeugen	Haarkirchen nach »Abt«
				Odalrich ohne Ortsangabe	4. von 7 Zeugen	Haarkirchen nach »Abt«
23	1140 – 1152	S 50	Zeugen:	Volchart ohne Ortsangabe	8. von 21 Zeugen	Haarkirchen nach »Abt«
				Penno ohne Ortsangabe	9. von 21 Zeugen	Bruder v. Volchart Irschenhausen
24	1140 – 1152	S 51	Zeuge:	Volchart de Hartchirchen	2. von 4 Zeugen	
25	1140 – 1152	S. 52	Zeuge:	Richere de Chempfenhusen	3. von 4 Zeugen	
26	1140 – 1152	S 53	Zeugen:	Volchart de Hartchirchen	5. von 15 Zeugen	de familia sancte Mariae Freising
				Gotehalm de Chempfenhusen	6. von 15 Zeugen	
				Richere de Ursinhusen	2. von 15 Zeugen	Bruder vom Bernhart und Rudolf
27	1140 – 1152	S 54	Zeugen:	Sigboto de Hartchirchen	2. von 7 Zeugen	
				Volchart de Hartchirchen	3. von 7 Zeugen	
				Odalrich de Hartchirchen	4. von 7 Zeugen	
				Eberhart de Hartchirchen	5. von 7 Zeugen	
28	1140 – 1152	S 55	Tradent:	Sigboto de Hartchirchen		übergibt Gut in Hohenschäftlarn
			Zeuge:	Volchart ohne Ortsangabe	1. von 8 Zeugen	Haarkirchen nach »Abt«
29	1140 – 1152	S 57	Zeugen:	Sigboto ohne Ortsangabe	1. von 7 Zeugen	
				Volchart ohne Ortsangabe	2. von 7 Zeugen	
				Odalrich ohne Ortsangabe	3. von 7 Zeugen	
30	1140 – 1152	S 58	Zeugen:	Volchart ohne Ortsangabe	1. von 7 Zeugen	Haarkirchen nach »Abt«
				Sigboto ohne Ortsangabe	2. von 7 Zeugen	
31	1140 – 1152	S 59	Zeuge:	Sigboto ohne Ortsangabe	4. von 9 Zeugen	
32	1140 – 1152	S 60	Zeugen:	Sigboto ohne Ortsangabe	4. von 9 Zeugen	ministre
				Pernhart ohne Ortsangabe	5. von 9 Zeugen	ministre
33	1140 – 1152	S 62	Zeugen:	Sigboto ohne Ortsangabe	1. von 7 Zeugen	Haarkirchen nach »Abt«
				Volchard ohne Ortsangabe	2. von 9 Zeugen	
34	1140 – 1152	S 65	Zeugen:	Eberare de Hartchirchen	2. von 12 Zeugen	
				Urliuch de Hartchirchen	3. von 12 Zeugen	
				Odalrich de Hartchirchen	4. von 12 Zeugen	
35	1147	S 137	Zeuge:	Folchart de Pigarten	3. von 13 Zeugen	
36	1147	W 137	Zeuge:	Volchart de Pigarten	3. von 12 Zeugen	
37	1148 – 1158	F 1549	Zeuge:	Volchart de Pigarten	2. von 4 Zeugen	
38	1149 – 1155	T 268	Notar:	Odalrich de Hartchirchen	1. von 7 Zeugen	
39	1152	S 72	Zeugen:	Volchart de Bigarten	2. von 21 Zeugen	
				Eberhart de Hartchirchen	5. von 21 Zeugen	
40	1152	S 73	Zeugen:	Volchart de Bigarten	2. von 14 Zeugen	
				Chonrat de Bigarten	3. von 14 Zeugen	Sohn von Volchart
				Gebehart de Pigarten	4. von 14 Zeugen	Sohn von Volchart
				Eberhart de Hartchirchen	7. von 14 Zeugen	
41	1152 – 1153	S 74	Zeugen:	Odalrich de Hartchirchen	46. von 49 Zeugen	
				Volchart de Pigarten	69. von 79 Zeugen	
42	1152 – 1153	S 75	Zeugen:	Odalrich de Hartchirchen	9. von 13 Zeugen	
				Volchart de Pigarten	10. von 13 Zeugen	
43	1152 – 1153	S 76	Zeugen:	Volchart ohne Ortsangabe	2. von 10 Zeugen	
				Chonrat ohne Ortsangabe	3. von 10 Zeugen	Sohn von Volchart
44	1152 – 1153	S 77	Zeugen:	Volchart ohne Ortsangabe	5. von 21 Zeugen	
				Chonrat ohne Ortsangabe	6. von 21 Zeugen	Sohn von Volchart
				Odelrich de Hartchirchen	7. von 21 Zeugen	
				Hartmann de Hartchirchen	8. von 21 Zeugen	Sohn von Odelrich
				Eberhart de Hartchirchen	9. von 21 Zeugen	
45	1154 – 1157	S 84	Tradent:	Sigboto von Irschenhausen		übergibt Gut in Irschenhausen
46	1155	S 280	Zeugen:	Hartmannus de Hartchirchen	10. von 11 Zeugen	
				Odalricus de Hartchirchen	11. von 11 Zeugen	Bruder von Hartmannus
47	1155 – 1160	S 87	Zeugen:	Volchard ohne Ortsangabe	1. von 12 Zeugen	
				Gebehart ohne Ortsangabe	2. von 12 Zeugen	Sohn von Volchart
				Odalrich de Hartchirchen	3. von 12 Zeugen	
48	1155 – 1160	S 89	Zeuge:	Gebehart de Bigarten	6. von 8 Zeugen	
49	1157 – 1158	S 91	Zeugen:	Volchardus de Bigarten	1. von 15 Zeugen	
				Gebehart de Bigarten	2. von 15 Zeugen	Sohn von Volchart
				Odalrich de Hartchirchen	3. von 15 Zeugen	
50	1158 – 1159	S 97	Tradent:	Sigboto von Irschenhausen		übergibt Hof in Kempfenhausen

Lfd. Nr.	Zeitraum	Tradition	Nennung		Zeugenposition	Bemerkungen
51	1158 - 1160	S 105	Zeugen:	Odalrich de Hartchirchen	3. von 15 Zeugen	
				Volchart de Bigarten	4. von 15 Zeugen	
52	1158 - 1162	S 108	Zeugen:	Chonrat de Bigarten	7. von 17 Zeugen	
				Gebehart de Bigarten	8. von 17 Zeugen	
53	1160 - 1162	S 115	Zeuge:	Chonrat de Bigarten	1. von 11 Zeugen	Sohn von Volchart
54	1160 - 1162	S 116	Zeuge:	Chonrat de Bigarten	8. von 11 Zeugen	
55	1162 - 1165	S 126	Tradent:	Chonradus de Bigarten		
			Zeuge:	Gebehardus de Bigarten	3. von 13 Zeugen	Bruder von Chonrat
56	1162 - 1165	S 126	Zeugen:	Chonrad de Bigarten	1. von 9 Zeugen	
				Gebehart de Bigarten	2. von 9 Zeugen	Bruder von Chonrat
				Ingram de Hartkirchen	7. von 9 Zeugen	
57	1163/5 - 1170	S 128	Zeuge:	Chonradus de Bigarten	4. von 7 Zeugen	
58	1163/5 - 1170	S 129	Zeuge:	Chonradus de Bigarten	1. von 7 Zeugen	
59	1167 - 1170	S 143	Zeugen:	Chonradus de Bigarten	1. von 9 Zeugen	
				Ingram de Hartkirchen	9. von 9 Zeugen	
60	1169 - 1170	S 149	Zeuge:	Odalricus de Hartchirchen	2. von 7 Zeugen	
61	1170	S 155	Zeugen:	Chonradus de Bigarten	1. von 11 Zeugen	
				Gebehardus de Bigarten	2. von 11 Zeugen	
62	1170	S 158	Zeuge:	Gebehart de Pigarten	4. von 17 Zeugen	
63	1170 - 1173	S 160	Tradent:	Chonradi de Bigarten		
			Zeuge:	Odalrich servus von Chonradi	14. von 19 Zeugen	
64	1170 - 1173	S 162	Zeuge:	Odalrich de Hartkirchen	1. von 12 Zeugen	
65	1170 - 1173	S 163 a	Tradent:	Hartmanus de Hartkirchen		Die Brüder von Odalrich
				Alban de Hartchirchen		schenken an dessen Todestag
				Ingram de Hartchirchen		Hube an Schäftlarn
			Zeugen:	Chonradus de Bigarten	1. von 16 Zeugen	
				Odalrich ohne Ortsangabe	15. von 16 Zeugen	Sohn des Toten
66	1170 - 1173	S 163 b	Tradent:	Hainricus, Ehemann der		verzichtet auf Rechte an der Hube
				Chunigunde von Haarkirchen		
67	1171/72	S 166	Zeugen:	chonradus de Pigarten	1. von 8 Zeugen	
				Gebehardus de Pigarten	2. von 8 Zeugen	Bruder von Chonradus
68	1171/72	S 166	Zeuge:	Chonradus ohne Ortsangabe	1. von 7 Zeugen	
69	1171/72	S 175	Salmann:	Gebhardus de Bigarten		
			Zeuge:	Chonradus de Bigarten	1. von 6 Zeugen	Bruder von Gebehard
70	1172/73	S 188	Zeugen:	Chonradus de Bigarten	1. von 17 Zeugen	
				Odelricus de Hartchirchen	11. von 17 Zeugen	
71	1172/73	S 191	Zeuge:	Chonradus de Bigarten	1. von 13 Zeugen	
72	1172/73	T 329 b	Zeuge:	Hartmann de Hartchirchen	11. von 35 Zeugen	
73	1172/73	S 192	Zeuge:	Chonradus de Bigarten	1. von 13 Zeugen	
74	1172/73	S 197	Zeugen:	Chonradus de Bigarten	1. von 11 Zeugen	
				Hartmann de Hartchirchen	9. von 11 Zeugen	
				Hainrich de Hartchirchen	10. von 11 Zeugen	
				Odelrich de Hartchirchen	11. von 11 Zeugen	
75	1173 - 1180	T 333	Zeugen:	Hartmannus de Hartchirchen	7. von 23 Zeugen	
				Ingrammus de Hartchirchen	8. von 23 Zeugen	
76	1174 - 1178	S 210	Tradent:	Erchafried von Hartchirchen		Edle von Haarkirchen
			Salmann:	Chonradus de Pigarten		
			Zeugen:	Chonradus de Pigarten		
				Odalrich de Pigarten		servus von Chonrad
77	1174 - 1180	S 214	Zeugen:	Chonradus ohne Ortsangabe	1. von 14 Zeugen	
				Odalricus ohne Ortsangabe	2. von 14 Zeugen	miles von Chonrad
				Odalricus de Hartkirchen	7. von 14 Zeugen	
78	1174 - 1180	S 215	Zeugen:	Chonradus de Pigarten	3. von 10 Zeugen	
				Odalricus de Pigarten	4. von 10 Zeugen	
79	1179 - 1180	S 265	Zeuge:	Hartmannus de Hartchirchen	10. von 28 Zeugen	
80	1179 - 1180	S 228	Zeugen:	Chonradus de Bigarten	1. von 24 Zeugen	
				Odelrich de Hartchirchen	9. von 24 Zeugen	
81	1179 - 1180	S 234	Tradent:	Chonradus de Bigarten		
				Odelrich de Bigarten	37. von 38 Zeugen	miles von Chonrad
				Chonradus de Bigarten	38. von 38 Zeugen	Sohn von Gebhard
82	1180 - 1181	S 243	Zeuge:	Chonradus de Bigarten	4. von 7 Zeugen	domnus
83	1181 - 1183	S 247	Zeuge:	Chonradus de Bigarten	2. von 13 Zeugen	
84	1181 - 1183	S 250	Zeuge:	Chonradus de Bigarten	6. von 18 Zeugen	
85	1184 - 1185	F 1561 c	Zeugen:	Sibot de Pigarten	3. von 10 Zeugen	
				Gebhardus sveuus	6. von 10 Zeugen	
86	1184 - 1186	S 257	Zeuge:	Chonradus de Bigarten	31. von 36 Zeugen	
87	1184 - 1186	S 258	Zeuge:	Hartmannus de Hartchirchen	13. von 13 Zeugen	Weingärten in Südtirol
88	1185	F 1562 b	Zeugen:	Gebhardus sveuus	1. von 3 Zeugen	
				Gebhardus de Holzhusen	2. von 3 Zeugen	
89	1187 - 1188	S 276	Zeugen:	Hartmannus de Hartchirchen	11. von 27 Zeugen	
				Ingram de Hartchirchen	12. von 27 Zeugen	Bruder von Hartmannus
90	1189	S 285	Zeugen:	Chonradus de Pigarten	4. von 45 Zeugen	
				Ingram de Hartchirchen	5. von 45 Zeugen	
				Ulricus de Hartchirchen	6. von 45 Zeugen	
91	1189	S 286	Zeugen:	Hartmannus de Hartchirchen	5. von 34 Zeugen	
				Ingram de Hartchirchen	6. von 34 Zeugen	Bruder von Hartmannus
92	1190 - 1206	T 373 a	Zeugen:	Hartmannus de Hartchirchen	15. von 24 Zeugen	
				Ingrammaus de Hartchirchen	16. von 24 Zeugen	
93	1190 - 1200	N 61	Salmann:	Hartmann von Hartkirchen		Die Edle Willibirg von Girlan
			Treuhänder:	Ingram de Hartkirchen		vermacht Erbgut in Südtirol
				für das Kloster Schäftlarn		
94	1197 - 1199	S 339	Schlichter:	Bischof Otto II. v. Freising		
			Partei:	Kolster Schäftlarn gegen		
				Berta von Haarkirchen und		Ehefrau von Chonrad
				Gebhard von Haarkirchen		Sohn von Chonrad de Bigarten
			Zeugen:	Hartmann von Haarkirchen	3. von 17 Zeugen	
				Ingram von Haarkirchen	4. von 17 Zeugen	Sohn von Hartmann
95	1204 - 1208/10	S 372	Zeuge:	Sigboto de Chempfenhusen	3. von 13 Zeugen	piscator = Fischer
96	1204 - 1208/10	S 373	Zeugen:	Gebehardus de Bigarten	12. von 38 Zeugen	
				Hartmannus de Hartchirchen	15. von 38 Zeugen	
				Ulricus de Hartchirchen	16. von 38 Zeugen	
97	1208/10	S 378	Tradent:	Gebehardus de Bigarten		
98	1207 - 1218	S 394	Zeugen:	Perthold de Pigarten	1. von 23 Zeugen	Stiefvater von Gebehardi
				Ulricus de Hartchirchen	4. von 23 Zeugen	
				Siboto Genach de Kempfenhusen	5. von 23 Zeugen	piscator = Fischer
				Sigboto Hufnagel Kempfenhusen	6. von 23 Zeugen	piscator = Fischer

Besitzwechsel des Sattlerhofes von den Greifenbergern über die Gundelfinger bis zu den Törring

Hans v. Törring
1501
Herr auf Seefeld

Seifried v. Törring
1477
Herr auf Seefeld

Thomas v. Preysing
zu Wolnzach
1450
Herr auf Seefeld

Swiker v. Gundelfingen d. J.
*1360/65 †1424
Hzgl. Rat u. Kammermeister
von Herzog Ludwig
dem Brandenburger
Pfleger von Vohburg
und Neuburg
Herr auf Seefeld
∞
1380 Barbara N
∞
1414 N. v. Öttingen

Georg v. Gundelfingen
*1380 †1450
Hzgl. Rat und Hofmeister
Vorsitzender des
hzgl. Hofgerichts
Besitzer des Sattlerhofes
Herr auf Seefeld,
Greifenberg u. Werdenfels
∞
1310
Giburg v. Fraunberg
*1385 †1440

Anna v. Gundelfingen
†1415
∞
1396
Thomas v. Preysing

Otto Greiff v. Greifenberg
1361
Ritter des Turnieradels
Besitzer des Sattlerhofes
1351 - 1363 in Urkunden
des Klosters Dießen
∞
1365
Ursula v. Schmiecher
†1396

Hilpolt v. Stein d. J.
†1385
Herr auf Seefeld
∞
1367
Margarete v. Geroldsegg
∞
2. Ehe
Hans Greiff v. Greifenberg
Erbe des Sattlerhofes
1396
bei Nikopolis enthauptet

Swiker v. Gundelfingen d. Ä.
*1335/40 †1421
Herr auf Seefeld
Hzgl. Rat
Reichsvogt in Augsburg
∞
1360/65
Elisabeth v. Hilpoltstein
∞
Elisabeth v. Hohenfels
†1394

Otto Greiff v. Greifenberg
1343
Kämmerer von Markgraf
Ludwig v. Brandenburg
1348
Pfleger zu Landsberg
in Urkunden der Klöster
Dießen, Steingaden
und Benediktbeuern
†1353

Margarete v. Seefeld
Tochter des
Marquard von Seefeld
∞
Hilpolt v. Stein
†1383
Herr auf Seefeld
1356 Landeshauptmann
und Pfleger von Obb.
1371 Landesverweser
von Obb.

Swigger v. Gundelfingen
*1310/15 †1383/84
Hofmeister von
Herzog Ludwig
Vogt d. Klosters Ottobeuren
1349 Pfleger
zu Wolfratshausen
∞
1335/40 Salome v. Neuffen
∞
1356 Agnes
v. Zollern Schalksberg

Otto Greiff v. Greifenberg
1310 - 1324
In Urkunden der Klöster
Tegernsee und Dießen
†1324

Marquard v. Seefeld
†1353
Kaiserlicher Rat
Präsident des kaiserlichen
Hofgerichts
∞
Anna N
∞
Elisabeth NN
1322

Conrad v. Gundelfingen
Ritter seit 1314
Hofmeister von
Kaiser Ludwig d. Bayer
∞
1310/15
N. v. Neuffen
∞
Hiltrud v. Egling

Besitzer des Sattlerhofes

Ahnenreihe von Freiherr Dr. Johannes von Kap-her

Marianne v. Kap-her
*8.8.1915
München

Elisabeth v. Kap-her
*19.10.1919
München

Georg Michael v. Kap-her
*16.9.1892 † 8.12.1923
Göttingen München
Gutsbesitzer in Kempfenhausen
∞
20.4.1914
London
Blanche Gambotti
*26.1.1889 † 8.12.1923
Paris München

Margarete v. Kap-her
*19.10.1889
Göttingen
Gutsbesitzerin in Kempfenhausen
∞
15.10.1924

Dr. Johannes v. Kap-her
*3.4.1857 † 4.2.1939
St. Petersburg Starnberg
Dozent für Geschichte
Gutsherr in Kempfenhausen
∞
28.2.1884
Alexandrine Freiin v. Meyen-Hohenberg
*27.12.1855 † 30.10.1943
Gotha Starnberg

Charlotte v. Kap-her
*9.9.1861 † nach 1938
St. Petersburg
∞
16.11.1881
Dr. August Sartorius v. Waltershausen
*23.5.1852 † nach 1938
Göttingen

∞

Hermann Friedrich v. Kap-her
*25.4.1830 † 27.5.1885
St. Petersburg St. Petersburg
Bankier
∞
17.5.1856
1. Ehe Elisabeth Lappenberg
*25.2.1833 † 6.6.1872
∞
25.4.1876
2. Ehe Alma Baronin v. Kruedener
*25.3.1834 Livland

Hermann Christian v. Kap-her
Freiherr
*16.9.1801 † 30.10.1877
Rostock Dresden
Bankier
kgl. spanischer Konsul
∞
St. Petersburg
Charlotte v. Kap-her
Tochter des W. St. Rats
Johann Christian v. Kap-her
*26.4.1806 † 20.10.1866
St. Petersburg St. Petersburg

Ahnenreihe von Dr. August Sartorius Freiherr von Waltershausen

Dr. August Sartorius von Waltershausen
*23.5.1852 † nach 1938
Prof. für Nationalökonomie
Schloßherr in Kempfenhausen
∞
16.11.1881
Charlotte v. Kap-her
*9.9.1861 † nach 1938

Dr. Wolfgang Sartorius von Waltershausen
*17.12.1809 † 16.10.1876
Prof. für Mineralogie und Geologie
∞
23.8.1848
Emilie Larrenberg
*23.3.1829 † 16.3.1891

Dr. Georg Sartorius von Waltershausen
*25.8.1765 † 24.8.1828
Kassel Göttingen
kgl. hannov. Hofrat
Prof. für Geschichte
∞
Karoline Dorothea v. Voigt
*30.10.1779 † 24.11.1830

Ahnenreihe von Friedrich Otto Graf von Bylandt

Friedrich Otto Graf v. Bylandt
Schloßherr in Kempfenhausen
kgl. preussischer Rittmeister
*7.10.1784 in Arnheim
∞
11.10.1902
1. Ehe Maria Augusta Heusser
*19.6.1867 † 18.10.1924
∞
11.9.1925
2. Ehe Lida Gräfin Randwyck
*13.11.1882

Alfred Willem Graf v. Bylandt
*1.7.1853 † 10.10.1891
England Kongo
∞
1.5.1873
Emilia Margarete Meulen
*20.4.1851 † 16.3.1888
Amsterdam Heidelberg

Alfred Eduard Graf v. Bylandt
*14.10.1829 † 8.1.1890
kgl. niederl. Kammerherr
∞
12.6.1852
1. Ehe Anna Charlotte Vokes aus dem Haus des Earl of Carberry
*10.10.1828 † 8.7.1861
∞
27.11.1862
Ikor Petronella von Massow
*25.11.1845 † 16.6.1909

Willem Frederik Graf v. Bylandt
*5.6.1771 † 25.10.1855
kgl. niederl. Generalleutnant
∞
20.6.1802
1. Ehe Mary Hughes Christian
Tochter des brit. Admirals Sir Christian
∞
22.12.1825
Virginia Friderike Graan
*14.10.1800 † 29.12.1879

Alexander Graf v. Bylandt
*1743 † 1819
aus rheinischem Uradel
Freiherren seit 1590
Grafen seit 1678
Erbmarschälle von Kleve
Erbjägermeister der Reichsabtei Herford

Währungstabelle

Heller	1 hl	= ½ Pfennig	
Pfennig	1 Pfg.	= 2 Heller	
Kreuzer	1 kr	= 7 Heller	= 3½ Pfennig
Schilling	1 ß	= 60 Heller	= 30 Pfennig
1 Pfund Pfennig	1 Pfd.	= 7 Schilling	= 210 Pfennig seit 1506
Gulden	1 fl	= 7 Schilling	= 60 Kreuzer

Maße und Gewichte in Bayern

Hohlmaße		
1 Metzen	= ca. 37 Liter	
1 Liter	= ca. 0,027 Metzen	
1 Schäffel, Scheffel	= ca. 222,4 Liter	= 6 Metzen
1000 Liter	= ca. 4,5 Schäffel	
Gewichte		
1 Pfund	= 560,00 Gramm	= 0,56 kg
1 Loth	= 17,50 Gramm	= 1/32 Pfund
Längenmaße		
1 Zoll	= ca. 2,92 cm	
1 Fuß	= ca. 29,00 cm	
1 Elle	= ca. 83,30 cm	
1 Meter	= ca. 1,20 Ellen	
1 Klafter	= ca. 1,75 m	= 6 Fuß
1 Post- oder Wegstunde	= ca. 3707,50 m	= 12784 Fuß
1 Kilometer	= ca. 0,27 Wegstunden	
1 Chausseemeile	= ca. 7,36 km	= 7367,74 m
Flächenmaße		
1 Dezimale	= 34 m^2	
1 Ar	= 100 m^2	
1 Hektar	= 100 Ar	= 10000 m^2
1 Tagwerk	= 3400 m^2	
Holzmaß		
1 Klafter	= 3 m^3	= 3 Ster

Begriffserklärungen

Acht
Ausschluß vom weltlichen Recht, aus dem Rechtsverband

Abfahrtsgeld
Gebühr an die Grundherrschaft, bei Güterwechsel zu zahlen

abgeschlupft
heruntergewirtschaftet

Ableben
Tod

Abstandsgelt
Geldbetrag, bei der Übernahme eines Gutes zu zahlen

abstiften
Einziehen eines Gutes durch die Grundherrschaft

Almende
Gemeindegrundstücke

Allod
bäuerlicher Besitz, der von keinem Grundherren abhängig ist

Anfall
Laudemium, Abgabe an den Grundherrn

Anlait
Besitzveränderungsgebühr an den Grundherrn, fällig bei Wechsel im Grundbesitz. Sie betrug gewöhnlich 5% des Grundwertes

Anger
zum Graswuchs bestimmte Weidefläche am Haus

Anschlag
Schätzung

Bausölde
Achtelhof

Beutellehen
Lehen, das sowohl beim Tod des Grundherrn, als auch beim Tod des Leheninhabers erneuert werden mußte

Bifang
Aufhäufelung des beackerten Feldes zwischen den Ackerfurchen

Blumbesuch
Weiderecht, Viehweide

Briefprotokoll
Protokollbuch über die Verbriefung von Übergaben, Heiratsverträgen, Erbregelungen, Schulden und Verkäufen

Dechel
Schweinemast mit Eicheln und Bucheckern durch Beweidung der Laubwälder

Denar
Silberpfennig

Dezimale
Flächenmaß von ca. 34 m^2, der hundertste Teil eines Tagwerks

Dirn
Dienstmagd

Dominium directum
Eigentum des Grundherrn

Dominium utile
das nutzbare Eigentum

Dominikalsteuer
Steuer von allen grundherrlichen Bezügen, Zehnten, Grund- und Bodenzinsen

Dreifelderwirtschaft
Bewirtschaftung einer Flur im dreijährigen Wechsel von Wintergetreide, Sommergetreide und Brache. Statt Brache werden heute Hackfrüchte angebaut

Edelmannsfreiheit
Besitz der Niedergerichtsbarkeit

Eggart, Egert
ödliegendes Ackerland

Ehaftgewerbe
von der Grundherrschaft rechtsverbindlich übertragenes Gewerbe, vor allem Mühlen, Schmieden und Gasthäuser (Tafern)

Ehehalten
Hausgesinde mit lebenslangem Wohnrecht

Einfang
durch Zäune oder Gräben eingefriedete Grundstücke

Erchtag
Dienstag

Fahrnis
bewegliches Gut

familia
der Abhängigkeitsverband einer Grundherrschaft des Adels, des Bischofs oder eines Klosters

Farchen
Föhren, Kiefern

Fassion
Zustandsbericht, Statusbeschreibung, eine Art Steuerbeschreibung

Ferchen
Forellen

Fiskalgut
Königsgut oder Herzogsgut, später Staatsgut

Florin
Gulden, Goldmünze zu 60 Kreuzern. Bezeichnung »fl«

Fourageanlage
Kapitalisierung der Fourageleistung. Das war die Verpflichtung der Naturalverpflegung und Quartierung der Truppen

Freiheit
Recht, Privileg

Freistift
Rechtsform der bäuerlichen Grundleihe.
bloße Freistift: Leiheverhältnis, das jederzeit durch den Grundherren gekündigt werden kann.
Veranlaite Freistift: erhöhter Besitzanspruch durch Entrichtung einer Anlaitgebühr

Frondienst
dem Grundherrn zu leistende Dienstleistungen

Gaden
Geschoß. Dreigadig bedeutet dreistöckig

Gant
Versteigerung

Georgi
23. April

Gerechtigkeit
hergebrachte Rechte

Gilt, Gült
jährliche Schuldigkeit für den geliehenen Grund und Boden als Naturalleistung, Arbeit oder Abgabe von Getreide und Feldfrüchten etc.

Gulden
Goldmünze zu 60 Kreuzern, Bezeichnung »fl«

Heller
Münze, im Wert eines halben Pfennig , Bezeichnung »hl«

Hintersasse
Grundholde eines Grundherren

hochfrei
edelfrei

Hochgerichtsbarkeit
im Strafrecht: Rechtsprechung über Leib und Leben
im Zivilrecht: Rechtsprechung über Erb- und Eigengut
Regelgericht: das fürstliche Landgericht

Hoffuß
Bodenqualitätsgröße als Grundlage für die Besteuerung eines Bauerngutes nach der Hofgröße:
- ganzer Hof
- halber Hof oder Hube
- Viertelhof oder Lehen
- Achtelhof oder Bausölde
- $1/16$ Hof oder Sölde
- $1/32$ Hof oder Leerhäusl

Hofmark
Bezirk, in dem der Grundherr die Niedergerichtsbarkeit und die Polizeigewalt ausübt

Holzbesuch
Waldweide

Hube
halber Hof

Imme, Impe
Biene, Bienenstock

Inkorporation
Einverleibung

Interdikt
Verbot des Gottesdienstes

Interesse
jährlicher Ertrag, Zins

Jakobi
25. Juli

Juchart
Flächenmaß von der Größe eines Tagwerks mit ca. 3400 m^2

Jurisdiktion
Gerichtsbarkeit

Kasten
Speicher für das gedroschene Getreide

Kastner
Verwalter einer Grundherrschaft

Kataster
Kopfsteuerverzeichnis

Kirchenbann
Exkommunikation

Kircheprobst
Finanzverwalter des Kirchenvermögens

Klafter
Holzmaß, das ca. 3 m^3 entspricht

Kreuzer
Münze im Wert von 3½ Pfennigen oder 1/60 Pfund Bezeichnung »kr«

Krautgarten
eingefriedetes Grundstück im Feld oder am Haus

Landschaft
Vertretungskörperschaft der Landstände gegenüber dem Landesherrn mit der Machtbefugnis der Steuerbewilligung, der Mitwirkung bei wesentlichen Landesangelegenheiten wie Gesetzgebung, Abtretung von Landesteilen etc. und dem Beschwerderecht bei öffentlichen Mißständen

Landstände
waren die in der Landschaft vertretenen Inhaber der Niedergerichtsbarkeit. Sie waren ständisch gegliedert in Adel, als »Ritterbank« bezeichnet, Geistlichkeit, als »Prälatenbank« und Städte und Märkte, als »Städtebank« bezeichnet

Lamp
Lamm

Laudemium
Abgabe an den Grundherrn bei Besitzwechsel

Langhaus
Kirchenschiff

Leerhäusl
Sölde ohne Viehbestand

Lehen
Viertelhof

Leibgeding, Leibrecht
Rechtsform der bäuerlichen Grundleihe mit Leihe und Nutzung auf Lebenszeit

Leiten
Feld, Wiese oder Waldgelände an einem Hang

Lex Baiuvariorum
Volksrecht der Bajuwaren aus dem 7. Jh., das um 635 n. Chr. erstmals in lateinischer Sprache niedergeschrieben wurde

Loden
aus Schafwolle verfertigtes Tuch

Luß, Lüß
Grundzuteilung mittels eines Loses, Flurname

Mahd
Wiese

Mandat
Erlaß

Malefizhändel
schwere Verbrechen

Martini
11. November

Metze
Hohlmaß für Getreide mit ca. 37 Litern, sechs Metzen ergeben einen Schäffel

Michaeli
29. September

miles
Ritter

Ministeriale
ritterlicher Dienstmann

Monate
7 bris = September
8 bris = Oktober
9 bris = November
X bris = Dezember

Monumenta Boica
Sammlung urkundlicher Quellen zur bayerischen Geschichte durch die Bayerische Akademie der Wissenschaften seit 1763

Niedergerichtsbarkeit
im Strafrecht: Bußen und leichte Straffälle
im Zivilrecht: Schulden- und Fahrnisfälle
Regelgericht: adelige oder geistliche Hofmarksgerichte

nießen
nutzen

nobilis vir
Adelige

Notdurft
Bedürfnisse

Oppidium
Stadt, speziell eine keltische, befestigte, stadtähnliche Siedlung, z. B. Manching

Patrozinium
Schutzherrschaft eines Heiligen (Patrons) über eine Kirche, die den Namen des Heiligen trägt

Pau
Gebäude

Paumann
Bauer, der das Feld bestellt und eine Nutznießung hat. Eigentümer ist der Grundherr

Pfund
Rechnungseinheit von 240 Pfennigen im Mittelalter und in Altbayern seit 1506 von 210 Pfennigen

Pfinztag
Donnerstag

Peinliche Frag
Folter

Plumbesuch
Weidemast

Puechen
Buchen

raichen
darbringen

Raichnis
Bezeichnung für eine grundherrliche Abgabe, Steuer oder Gilt

Rauch
Besitz eines eigenen Herdes

Reichsacht
Rechtlosstellung eines Missetäters durch den König im Gebiet des Heiligen Römischen Reiches Deutscher Nation

Ruperti
24. September

Rustikalsteuer
Steuer für unbebaute Grundstücke

Säkularisation
Enteignung von Kirchenbesitz, z. B. 907/911 und 1813

Salbuch
grundherrliches Verzeichnis der Grunderträge

Salland
Herrenland, das für die landwirtschaftliche Eigennutzung der Grundherrschaft reserviert ist

Salmann
Treuhänder bei dinglichen Rechtsgeschäften, wie Übergabe und Übereignung von Grund und Boden

Schäffel, Scheffel
Hohlmaß für Getreide mit ca. 222 Litern

Scharwerk
die zu verrichtende Fronarbeit

Schauer
Hagel

Schilling
Rechnungseinheit, keine Münze. Sie entsprach 30 Pfennigen, so daß 7 ß seit 1506 ein Pfund ergaben. Bezeichnung »ß«

Schranne
Gerichtsstätte

Schupfen
überdachter Abstellplatz für Wagen und Geräte

Schwaige
Hof mit Viehwirtschaft

Sedelhof
Bauernhof, der ursprünglich adeliger Sitz gewesen ist

Seelgerät
testamentarische Stiftung zum Seelenheil eines Verstorbenen für geistliche oder karitative Zwecke

Sölde
1/16 Hof

Stift
Geldabgabe an den Grundherren für die Grundleihe

Stuhlfest
Feier des Eheverlöbnisses

Tafern
Wirtshaus, eines der Grundgewerbe

Tafernrecht
Monopol des Grundherrn, das die Grunduntertanen zur Benutzung der Tafern zwingt

Tagwerk
Flächenmaß mit ca. 3400 m^2

Todfall
Besitzwechsel nach dem Ableben eines Grunduntertanen

Taiding
Gerichtstag

Tradition
Niederschrift eines Übergabegeschäfts mit der Angabe der Zeugen

Trieb
Viehweide

Überreiter
Jagdaufseher, Forstaufseher

Urbar
grundherrliches Verzeichnis der Güterverträge

Vierer
die vier Bauern, die den Gemeindevorstand bilden, oder die vier Salzsender, die den Zunftvorstand bilden

Viertel
Hohlmaß für Getreide mit ca. 18 Liter. 2 Viertel ergeben 1 Metze

Vitztum
Stellvertreter des Landesherrn. In Altbayern gab es die vier Vitztumämter in München, Burghausen, Landshut und Straubing

Vogt
Rechtsvertreter einer geistlichen Institution, eines Klosters oder einer Kirche vor Gericht und bei der Güterverwaltung

Veitstag
15. Juni

Vorspannanlage
Kapitalisierung des ursprünglichen Naturalkriegsscharwerks des Vorspanndienstes mit Zugtieren

walzende Grundstücke
freiverkäufliche Grundstücke

Weistum
überliefertes Recht

Wergeld
Gerichtsgebühren

Widumgut
Grundbesitz einer Kirche an Gütern und Rechten

Wiesgilt
Abgaben für die Nutzung einer Wiese

Wiesmahd
Wiese

Zehnt
Abgabe des 10ten Teils der Einkünfte, in der Regel an die Kirche

LITERATURVERZEICHNIS

ABEL, Wilhelm: Geschichte der deutschen Landwirtschaft. Stuttgart 1978

ABSTREITER, Leo: Geschichte der Abtei Schäftlarn. Schäftlarn 1916

ACHT, Peter: Die Traditionen des Klosters Tegernsee 1003–1242. (QENF 9.1). München 1952

ALBRECHT, Dieter: Die Gerichts- und Grundherrschaftsverhältnisse im Raum der ehemaligen Grafschaft Andechs vom 13. bis 19. Jh. Dissertation. München 1951

ALBRECHT, Dieter: Das Landgericht Starnberg. (Historischer Atlas von Bayern, Heft 3), 1951

ALBRECHT, Dieter: Das Landgericht Weilheim. (Historischer Atlas von Bayern, Heft 4), 1951

APIAN, Philipp: Topographie von Bayern. (OA 39) 1880

BAIERISCHE AKADEMIE DER WISSENSCHAFTEN: Geschichte von Baiern. München 1785

BACKMUND, Fritz: Der Wandel des Waldes im Alpenvorland. Frankfurt 1951

BARY, Roswitha von: Henriette Adelaide, Kurfürstin von Bayern. München 1980

BARY, Roswitha von: Verwaltung und Verfassung der Stadt München von der frühesten Zeit bis zum Beginn der Ratsprotokolle 1459. (Stadtarchiv München, ungedruckt). München 1951

BAUERREIS, Romuald: Kirchengeschichte Bayerns. St. Ottilien 1949–1970

BAUERREIS, Romuald: Die älteste Kirche von Tegernsee. (Studien und Mitteilungen zur Geschichte des Benediktinerordens). München 1951

BAUMGÄRTNER, Anton: Geschichte der Stadt Freising und ihrer Bischöfe. Meichelbeck 1852

BAVARIA FRANCISCANA ANTIQUA: Franziskanerkloster der Pütrichschwestern zum Heiligen Christopherus. München 1957

BAYERISCHER GESCHICHTSATLAS: Hrsg. Max Spindler. München 1962

BECK, Wilhelm: Tegernseeische Güter aus dem 10. Jh. München 1914

BEYERLE, Konrad: Lex Baiuvariorum. München 1924

BITTERAUF, Theodor: Die Traditionen des Hochstifts Freising von 744–1283. (QENF 4). München 1905/09

BOCK, Friedrich: Die Gründung des Klosters Ettal. (OA 66). München 1929

BORCHERDT, Hans Christoph: Probleme der altbayerischen Kulturlandschaft am Beispiel des Landkreises Starnberg. Dissertation. München 1950

BOSL, Karl: Bayerische Geschichte. Stuttgart 1971

BOSLS BAYERISCHE BIOGRAPHIE. Regensburg 1983

BUCHER, Ernst: Der wirkliche Gabriel Maleskirchner. München 1938/39

BUCHHEIT, Franz: Katalog der Ausstellung Altmünchner Tafelgemälde im bayerischen Nationalmuseum. München 1909

BUSLEY, Hans Joseph: Traditionen, Urkunden und Urbare des Klosters Neustift bei Freising. München 1968

CHUR-BAYERISCHER HOF CALENDER 1728–1768. München

DACHS, Hans: Römisch-germanische Zusammenhänge. München 1924

DANNHEIMER, Hermann: Epolding-Mühltal. (Münchner Beiträge zur Vor- und Frühgeschichte). 1968

DENKMÄLER IN BAYERN. Landkreis Starnberg. Bilder von Gerhard Schober. Bayerisches Landesamt für Denkmalpflege. München 1989

DIRR, Pius: Denkmale des Münchner Stadtrechts. München 1934

DOLLINGER, Philippe: Der bayerische Bauernstand vom 9.–13. Jh. München 1982

DRUMMER, Josefranz: Fischerfamilien am Würmsee 1527–1777. München 1942

DÜNNINGER, Johann: Aventinus, Leben und Werk des bayerischen Geschichtsschreibers. 1957

EBEL, Wilhelm: Catalogus Professorum Gottingensium 1734–1962. Göttingen 1962

EBERL, Bartholomäus: Die Bayerischen Ortsnamen als Grundlage der Siedlungsgeschichte. München 1925

ECHTER, Claus Peter: Die Baugeschichte von Schloß Berg. München 1985

EISENMANN, Joseph Anton und HOHN C. F.: Topographisch-statistisches Lexicon vom Königreiche Bayern. Erlangen 1840

EISFELD, Gerhard: Die Entstehung der liberalen Parteien in Deutschland 1858–1870. Hannover 1969

FASTLINGER, Max: Die Kirchenpatrozinien in ihrer Bedeutung für Altbayerns ältestes Kirchenwesen. (OA 50). München 1889

FASTLINGER, Max: Die wirtschaftliche Bedeutung der Bayerischen Klöster in der Zeit der Agilolfinger. Freiburg 1903

FEHN, Klaus: Die bayerische Siedlungsgeschichte. (Zeitschrift für bayerische Landeskunde, Band 28, Heft 3). München 1965

FERCHL, Georg: Bayerische Behörden und Beamte 1550–1804. München 1908/10
FIBAS, Franz: Spät- und nacheiszeitliche Waldgeschichte Mitteleuropas nördlich der Alpen. Jena 1952
FISCHER, Stefan: Geheimer Rat und die geheimen Konferenzen unter Kurfürst Karl Albrecht. (Schriftreihe zur Bayerischen Landesgeschichte, Band 86). München 1987
FLOHRSCHÜTZ, Günther: Die Freisinger Dienstmannen des 10. und 11. Jh.s (OA 97). 1973
FLOHRSCHÜTZ, Günther: Die Freisinger Dienstmannen des 12. Jh.s (OA 97). 1973
FLOHRSCHÜTZ, Günther: Die Dienstmannen des Klosters Tegernsee. München 1983
FÖRINGER, Heinrich K.: Der Würmsee und seine Uferorte. München 1845
FRIESENEGGER, Maurus: Tagebuch aus dem Dreißigjährigen Krieg. Von P. W. Mathäser. München 1974
FÜRNROHR, Walter: Kurbaierns Gesandte auf dem Immerwährenden Reichstag 1663–1806. Göttingen 1971
GALLAS, Klaus: München. Köln 1980
GEISS, Ernst: Geschichte der Stadtpfarrei St. Peter. München 1868
GOETZ, Hans-Werner: Das Geschichtsbild Ottos von Freising. Köln 1984
GOTHAISCHES GENEALOGISCHES TASCHENBUCH. 1935
GRASSER, Walter: Johann Freiherr von Lutz, eine politische Biographie 1826–1890. München 1967
GRILL, P. Leopold Josef: Das Itinerar Ottos von Freising. Graz 1977
HÄUSERBÜCHER DER STADT MÜNCHEN. 1958/62
HANKE, René: Eiszeitalter. Thun 1951
HAZZI, Joseph von: Aufschlüsse über das Herzogthum Baiern. Nürnberg 1801
HEIDER, Joseph: Das bayerische Kataster. (Bayerische Heimatkunde 8). München 1954
HEMMERLE, Josef: Die Benediktinerklöster in Bayern. Augsburg 1951
GROSSER HISTORISCHER SCHULATLAS. München 1978
HÖPPL, Reinhard: Die Traditionen des Klosters Wessobrunn. (QENF 32.1). München 1984
HOFMANN, Hermann: Münzen, Maße, Gewichte, Preise und Lohn in Bayern. (Mitteilungen für die Archivpflege in Bayern). München 1955
HOLST, G. A.: Der Starnberger See. München 1876
HOLZFURTNER, Ludwig: Gründung und Gründungsüberlieferung der bayerischen Klöster der Agilolfingerzeit. München 1985
HOLZFURTNER, Ludwig: Klostergericht Tegernsee. (Historischer Atlas von Bayern, Heft 54). 1985
HUNDT, Friedrich Hector Graf von: Das Cartular des Klosters Ebersberg. München 1879
JORDAN, Karl: Investiturstreit und frühe Stauferzeit. Stuttgart 1970
JOCHUM, Friedrich: Geschichte der Grafschaft und des Marktes Wolfratshausen. München 1886
KALKOFF, Hermann: Nationalliberale Parlamentarier des Reichstags und der Einzellandtage 1867–1917. Berlin 1917
KARAISL, Franz von: Zur Geschichte des Münchner Patriziats. München 1939/40
KELLNER, Hans-Jörg: Die Römer in Bayern. München 1978
KLEBEL, Ernst: Die Städte und Märkte des bayerischen Stammesgebietes. München 1939/40
KNAUR HISTORISCHER WELTATLAS. München 1979
KNESCHKE, ADELSLEXIKON. Leipzig 1929
KOSCHIK, Harald: Die Bronzezeit im südlichen Oberbayern. Kelheim 1986
KOSSACK, Georg: Südbayern, Mensch und Umwelt. München 1978
KOSSACK, Georg: Südbayern während der Hallstattzeit. Berlin 1985
KRÄMER, Wolfgang: Vor- und Frühgeschichte von Gauting. Gauting 1965/67
KRAUS, Andreas: Geschichte Bayerns. München 1983
KUKULA, Richard: Allgemeiner deutscher Hochschulalmanach. Wien 1888
KUNSTMANN, Friedrich: Beiträge zur Geschichte des Würmtales. 1865
KÜRSCHNERS DEUTSCHER GELEHRTEN-KALENDER. Berlin 1928/29 und 1935
LAMMERS, W.: Weltgeschichte und Zeitgeschichte bei Otto von Freising. (Quellen zur deutschen Geschichte des Mittelalters), 1960
LERCHENFELD, G. von: Die altbayerischen landsässigen Freibriefe. München 1853
LIEBERICH, Heinz: Einige Grundbegriffe des kurbayerischen Verfassungsrechts. (Mitteilungen für die Archivpflege in Oberbayern). München 1940
LIEBERICH, Heinz: Landesherren und Landleute. (Schriftreihe zur bayerischen Landesgeschichte, Band 63). München 1964
LIEBERICH, Heinz: Das ländliche Handwerk in Altbayern im 16. bis 18. Jh. (Mitteilungen zur Archivpflege in Oberbayern, Band 27). München 1947
LINDGREN, Uta: Alpenübergänge, 1500–1850. München 1986
LIPOWSKY, Felix Joseph: Des Ferdinand Maria Leben und Regierungsgeschichte. München 1831
LÜTGE, Friedrich: Die bayerische Grundherrschaft. Untersuchung über die Agrarverfassung in Altbayern, 16.–18. Jh. München 1940

LÜTTICH, R.: Ungarnzüge in Europa im 10. Jh. Berlin 1910
MAYER, A. und WESTERMAYER, G.: Statistische Beschreibung des Erzbistums München-Freising. München 1874/84
MAYER, Hans E.: Geschichte der Kreuzzüge. 1985
MASS, Joseph: Geschichte des Erzbistums München und Freising. München 1986
MITTERWIESER, Alois: Das Jagdschloß Starnberg und die Tiergärten bei Possenhofen und Berg. (Festschrift für Georg Leidinger). München 1930
MONUMENTA BOICA: Band 6, 7, 8, 9, 10, 14.1, 19.1, 35.2
MÖCKL, Karl: Die Prinzregentenzeit. München 1972
MÜLLER, Peter: Die Kreuzzüge, Krieg im Namen Gottes. München 1988
MÜNCHNER STADTMUSEUM: Katalog der Ausstellung: Die Isar, ein Lebenslauf. München 1983
NIPPERDEY, Thomas: Deutsche Geschichte 1866–1918. München 1992
NIPPERDEY, Thomas: Die Organisation der deutschen Parteien vor 1918. 1961
NORDHAGEN, R. und GAMS, H.: Postglaciale Veränderungen. München 1923
OEFELE, Eduard von: Geschichte der Grafen von Andechs. Innsbruck 1877
ORTSCHAFTENVERZEICHNISSE DES KÖNIGREICHES BAYERN: Beiträge zur Statistik, 1888 Heft 54, 1904 Heft 65, 1928 Heft 109, 1952 Heft 169, 1973 Heft 335, 1978 Heft 380, 1991 Heft 450
PAULI, Ludwig: Die Alpen in Frühzeit und Mittelalter. München 1981
PEETZ, Hartwig: Zur älteren Geschichte der Fischerei am Starnberger See. (Bayerische Fischereizeitung, IX. Jahrg. 1884). München 1884
PENK, A. und BRÜCKNER, E.: Die Alpen im Eiszeitalter. München 1901/09
PFARR, Jost: Die Schweden am Würmsee 1632–1634 (Bayerland Band 10) München 1899
PLÖCHL, Willibald: Eigenkirche. (Lexikon für Theologie und Kirche, Sonderausgabe). Freiburg 1986
PRIMBS, K.: Das Landgericht Wolfratshausen in OA 42. München 1885
I. C. POGGENDORF'S biographisch-literarisches Handwörterbuch zur Geschichte der exakten Wissenschaften. Leipzig 1889
PRÄHISTORISCHE STAATSSAMMLUNG MÜNCHEN: Katalog der Bajuwarenausstellung 1988
PRINZ, Friedrich: Frühes Mönchstum im Frankenreich. Darmstadt 1965
PRINZ, Friedrich: Herzog und Adel im agilolfingischen Bayern. (ZBLG 25). München 1962
PFARRARCHIV ST. PETER in München: Urkunden. (Bayerische Archivinventare, Heft 35). 1972
PUCHER, Karl: Landkreis Ebersberg: (Historisches Ortsnamenbuch von Bayern). München 1951
PUCHER, Karl: Die Ortsnamen auf -kirchen in Bayern. (Bayerische Heimatforschung, Heft 6). München 1952
RAMBALDI, Karl von: Geschichte der Pfarrei Aufkirchen am Würmsee, 1500–1900. Starnberg 1900
REINDEL, Kurt: Das Zeitalter der Agilolfinger. München 1967
REINDEL, Kurt: Die bayerischen Luitpoldinger 893–989. (QENF 11). München 1953
REISER, Rudolf: Die Agilolfinger. Pfaffenhofen 1985
REITZENSTEIN, Alexander von: Frühe Geschichte rund um München. München 1956
RIEZLER, Sigmund: Geschichte Baierns. Gotha 1878–1914
RIEZLER, Sigmund: Die Ortsnamen der Gegend von München. (OA 44). München 1887
ROIDL, Gerhard: Besuch der Zarin Maria Alexandrowna in Schloß Berg 1868. (Lech-Isar-Land 1984)
ROTHPLETZ, A.: Die Osterseen und der Isarvorlandgletscher. München 1917
RUMSCHÖTTL, Hermann: Das bayerische Staatsministerium der Justiz 1799–1966. (Festschrift für Karl Bengl). München 1984
RUNCIMAN, Steven: Geschichte der Kreuzzüge. München 1957/60
SANDBERGER, Adolf: Tegernseeische Lehen und Altstraßen. (»Gesellschaft und Herrschaft« in der Festschrift für Karl Bosl). München 1969
SCHADEN, Adolf: Beschreibung des Würm- oder Starnberger Sees, seiner Ufer und interessanten Umgebungen. München 1832
SCHÄRL, Walter: Die Zusammensetzung der bayerischen Beamtenschaft von 1806–1918. Kallmünz 1918
SCHATTENHOFER, Michael: Geschichte des Münchner Rates. München 1963
SCHATTENHOFER, Michael: Das Münchner Patriziat. München 1974
SCHEIDL, Josef: Die Bevölkerungsentwicklung des altbayerischen Landgerichts Dachau im Laufe früherer Jahrhunderte. (Zeitschrift für bayerische Landeskunde 3) München 1930
SCHLEICHER, Heinz W.: Der bayerische Staatsrat. (Zeitschrift für bayerische Landeskunde, Band 28). München 1960
SCHLÖGL, Waldemar: Die Traditionen des Stiftes Dießen 1114–1362. (QENF 22.1). München 1967
SCHLOSSARCHIV HARMATING: (Bayerische Archivinventare Heft 2). München 1955
SCHMELLER, Johann Anton: Bayerisches Wörterbuch. München 1872/77 und 1983
SCHMID, Josef Anton: Diöcesanbeschreibung des Bisthums Freising. 1738/40

SCHMIDTNER, Andreas: Genealogie der Pütricher. München 1882
SCHNELL, Friedrich: Orts- und Pfarrgeschichte von Münsing, 740–1400. München 1966
SCHNETZ, Josef: Flurnamenkunde. (Bayerische Heimatforschung 5). München 1952
SCHOBER, Gerhard: Prunkschiffe auf dem Starnberger See. München 1982
SCHROTT, Ludwig: Herrscher Bayerns. München 1977
SCHWARZBACH, Martin: Das Klima der Vorzeit. Stuttgart 1950
SEDLMAYER, Hans: Bibliographie der Kunst in Bayern. Wiesbaden 1961/83
SELLE, Götz von: Die Georg-August Universität zu Göttingen 1737–1937. Göttingen 1937
SIEBERT, Max: Das Königreich Bayern, topographisch-statistisch in lexicographischer Form dargestellt. München 1840
SIEBMACHER, Johann: Großes und allgemeines Wappenbuch. I/83 Bayerisch III. Neustadt 1970
SIMONSFELD, Henry: Der Bucentaur auf dem Starnberger See. München 1894
SITZMANN, G. H.: Aventinus und seine Zeit. Abensberg 1977
SOLLEDER, Fridolin: München im Mittelalter. München 1938
SPINDLER, Max: Handbuch der bayerischen Geschichte. München 1968/69
STAHLEDER, Helmuth: Bischöfliche und adelige Eigenkirchen des Bistums Freising im frühen Mittelalter und die Kirchenorganisation im Jahre 1315. München
STEINSDORFER, H.: Franz Freiherr Schenk von Stauffenberg. München 1959
STÖCKL, Emil: Der frühmittelalterliche Wasserweg auf der mittleren Isar. (OA 97). München 1973
STÖRMER, Wilhelm: Fernstraße und Kloster. (ZLBG 29). München 1966
STÖRMER, Wilhelm: Früher Adel. (8.–11. Jh.). Stuttgart 1973
STÖRMER, Wilhelm: Adelsgruppen im früh- und hochmittelalterlichen Bayern. München 1972
STÖRMER, Wilhelm: Schäftlarn, Murrhardt und die Waltriche des 8. und 9. Jh.s. Klostergründungen und Sippenbeziehungen im bayerisch-württembergischen Raum. (ZLBG 28). 1965
STRAUB, Eberhard: Repraesentatio Maiestatis oder churbayerische Freudenfeste. München 1969
STURM, Josef: Die Anfänge des Hauses Preysing. (Schriftenreihe zur bayerischen Landesgeschichte). München 1931
STURM, Josef: Rodungen in den Forsten um München. München 1941
STUTZ, Ulrich: Die Eigenkirche als Element des mittelalterlich-germanischen Kirchenrechts. Berlin 1895
STUTZER, Dietmar: Weingüter bayerischer Prälatenklöster in Südtirol
STUTZER, Dietmar: Geschichte des Bauernstandes in Bayern. München 1988
TÖPFER, Friedrich: Geschichte des gräflich Torringischen Schlosses Seefeld. München 1847
TOPOGRAPHISCHER ATLAS BAYERN VON 1812. Landesvermessungsamt München
TROLL, Karl: Die Rückzugsstadien der Würmeiszeit im nördlichen Vorland der Alpen. München 1917
TROLL, Wilhelm: Die natürlichen Wälder im Gebiet des Isar-Vorlandgletschers. München 1926
TYROLLER, Franz: Genealogie des altbayerischen Adels im Hochmittelalter. Göttingen 1962
UHL, Bodo: Traditionen des Klosters Weihenstephan. (QENF 25). München 1972
UHRLE, Alfons: Regesten zur Geschichte der Edelherren von Gundelfingen. Dissertation, 1960
VANDENHOECK & RUPRECHT: Deutsche Geschichte. Sonderausgabe. Göttingen 1985
VIETZEN, Hermann: Der Münchner Salzhandel 1158–1587. München 1936
VOGEL, Hubert: Die Urkunden des Heiliggeistspitals in München (QENF 16.1). München 1960
WAGNER, Friedrich: Die Römer in Bayern. München 1924
WAGNER, Friedrich: Denkmale und Fundstätten der Vorzeit Münchens und seiner Umgebung. München 1958
WEIDENHAMMER, Rudolf: Entwicklung der Süddeutschen Bodencreditanstalt. Dissertation, Würzburg 1921
WEISSTHANNER, Alois: Traditionen des Klosters Schäftlarn 760–1305. (QENF 10.1). München 1953
WEISSTHANNER, Alois: Urkunden und Urbare des Klosters Schäftlarn. (QENF 10.2). München 1957
WESTENRIEDER, Lorenz: Beschreibung des Würm- oder Starnberger Sees. 1784. Reprint 1977
WESTENRIEDER, Lorenz: Beschreibung der Haupt- und Residenzstadt München. 1782. Reprint 1984
WIEDEMANN, Theodor: Die Pienzenauer. (OA 49). 1895
WILLEN, Richard: Aus einer alten Klosterchronik. Bau der Kesselbergstraße. (Augsburger Abendzeitung 91. Jahrg. Nr. 27) Augsburg, März 1922
WENTZKE, Paul: Deutscher Liberalismus im Zeitalter Bismarcks 1871–1890. Osnabrück 1967
WITZLEBEN, Hermann von und VIGNAU, Ilka von: Die Herzöge in Bayern. Von der Pfalz zum Tegernsee. München 1976
WÜRDINGER, J.: Kriegsgeschichte von Bayern. München 1869
WOLF, Joseph Heinrich: Urkundliche Chronik und Adressenbuch von München. München 1882
WEISBACH, W.: Der Barock als Kunst der Gegenreformation. Berlin 1921
ZAUNER, Franz: Münchens Umgebung in Kunst und Geschichte. München 1912

REGISTER

Den nachstehenden Personen und Institutionen dankt der Autor für die Unterstützung bei der Bearbeitung und Verwirklichung dieses Buches:

Dr. Ernst Aicher, Museumsdirektor des Bayerischen Armeemuseums Ingolstadt
Hieronymus Graf Almeida, Starnberg
Dr. Valentin Argirov, Chefarzt Kempfenhausen
Dr. Jörn Bahns, Museumsdirektor Kurpfälzisches Museum Heidelberg
Bayerische Hypotheken- und Wechselbank München, Direktor Preisler
Dipl.Ing. Hubert Beer, Archälogische Tauchgruppe Bayern e.V. München
Dipl.Ing. Hans Beigel, Staatliches Vermessungsamt Starnberg
Dr. Sigmund Benker, Leiter des Archivs des Erzbistums München und Freising
Frau Angela Bingler, München
Dr. H. Dannheimner, Leiter der Prähistorischen Staatssammlung München
Gemeinde Berg, Starnberger See
Präsident Rudolf Giehl, Bayer. Landesamt für Statistik und Datenverarbeitung München
Dr. Gisela Goldberg, Landeskonservatorin der Bayer. Staatsgemäldesammlungen München
Hanns Grimm, Denkmalschutz im Landratsamt Starnberg
Josef Hackl, Stadtmuseum München
Dr. Rudolf Heinrich, Kartensammlung Deutsches Museum München
Dr. Ludwig Holzfurtner, Historische Kommission der Bayer. Akademie der Wissenschaften München
Dr. Höppl, Archivoberrat im Bayer. Hauptstaatsarchiv
Dr. Ulrich Hunger, Archiv der Georg August Universität Göttingen
Freiherr Franz Kareisl von Kareis, München
Peter Keller, Verleger Kempfenhausen
Robert Kindelhofer, Stadtpfarrer von St. Peter in München
Frau Theresa Kisslinger, Pfarramt Aufkirchen
Frau Liselotte Klein, Kempfenhausen
Dr. Peter O. Krückmann, Bayer. Verwalt. der Staatl. Schlösser, Gärten und Seen München
Dr. Gottfried Langenstein, Wiesbaden
Dr. Mai, Leiter des Bischöflichen Zentralarchivs Regensburg
Dr. Franz Merta, Bayerische Staatsbibliothek München
Horst Müller, Verlagsbuchhändler Kempfenhausen
Dr. Heribert Muser, Oberstudiendirektor Kempfenhausen
Max Oppel, Wittelsbacher Ausgleichsfonds München
Jacques d' Orleans, Archiv Straßburg
J.-Y. Mariotte, Direktor, Archiv Straßburg
Dr. Hans Puchta, Archivdirektor des Geheimen Hausarchivs im Bayerischen Hauptstaatsarchiv München
Dr. Gertrud Sandberger, Historikerin München
Dr. Michael Schattenhofer, Stadtdirektor und ehem. Leiter des Stadtarchivs München
Freiherr Albert von Schirnding, Harmating
Dr. Rolf S. Schulz, Konsul Kempfenhausen
Dr. Tausendpfund, Archivdirektor Staatsarchiv München
Gerhard Schober, Kreisheimatpfleger Unterbrunn
Dr. Stahleder, Archivdirektor und stellvertr. Leiter des Stadtarchivs München
Joseph Ücker, Bürgermeister der Gemeinde Berg
Erwin Wiegerling, Restaurator Bad Tölz
Dr. G. Winkelmaier, Universität München, Lehrstuhl für Geologie
Dr. Wolff, Leiter der Kartenabteilung der Bayer. Staatsbibliothek München
Dipl.Ing. Peter Wüstefeld, München
Heinrich Wutz, Oberamtsrat der Gemeinde Berg